U0451672

大足石刻全集

第十一卷
附录及索引

大足石刻研究院　编

黎方银　主编

DAZU SHIKE QUANJI

THE DAZU ROCK CARVINGS

Vol. XI

APPENDIX AND INDEX

EDITED BY
ACADEMY OF DAZU ROCK CARVINGS

EDITOR IN CHIEF
LI FANGYIN

总 策 划　　郭　宜　黎方银

《大足石刻全集》学术委员会

主　　任　　丁明夷
委　　员　　丁明夷　马世长　王川平　宁　强　孙　华　李志荣　李崇峰　李裕群
　　　　　　李静杰　杨　泓　陈明光　陈悦新　杭　侃　姚崇新　郭相颖　雷玉华
　　　　　　霍　巍（以姓氏笔画为序）

《大足石刻全集》编辑委员会

主　　任　　王怀龙　黎方银
副 主 任　　郭　宜　谢晓鹏　刘贤高　郑文武
委　　员　　王怀龙　毛世福　邓启兵　刘贤高　米德昉　李小强　周　颖　郑文武
　　　　　　郭　宜　黄能迁　谢晓鹏　黎方银（以姓氏笔画为序）
主　　编　　黎方银
副 主 编　　刘贤高　邓启兵　黄能迁　谢晓鹏　郑文武

《大足石刻全集》第十一卷编纂工作团队

本卷主编　　黎方银
编写人员　　黎方银　黄能迁　邓启兵　赵凌飞　未小妹　张媛媛
　　　　　　米德昉　郭　静　王　春　杨　娟
英文翻译　　姚淇琳
英文审定　　Tom Suchan　唐仲明
审　　定　　丁明夷

《大足石刻全集》第十一卷编辑工作团队

工作统筹　　郭　宜　郑文武
三　　审　　杨希之　李盛强　王怀龙
编　　辑　　郑文武　夏　添
印前审读　　曾祥志
装帧设计　　胡靳一　郑文武
排　　版　　肖蜀侠
校　　对　　刘　真　廖应碧　李小君　刘　艳

总目录

第一卷　　　北山佛湾石窟第1—100号考古报告

第二卷　　　北山佛湾石窟第101—192号考古报告

第三卷　　　北山佛湾石窟第193—290号考古报告

第四卷　　　北山多宝塔考古报告

第五卷　　　石篆山、石门山、南山石窟考古报告

第六卷　　　宝顶山大佛湾石窟第1—14号考古报告

第七卷　　　宝顶山大佛湾石窟第15—32号考古报告

第八卷　　　宝顶山小佛湾及周边石窟考古报告

第九卷　　　大足石刻专论

第十卷　　　大足石刻历史图版

第十一卷　　附录及索引

GENERAL CATALOGUE

Vol. I　　　　FOWAN (NOS. 1–100), BEISHAN

Vol. II　　　　FOWAN (NOS. 101–192), BEISHAN

Vol. III　　　FOWAN (NOS. 193–290), BEISHAN

Vol. IV　　　DUOBAO PAGODA, BEISHAN

Vol. V　　　　SHIZHUANSHAN, SHIMENSHAN AND NANSHAN

Vol. VI　　　DAFOWAN (NOS. 1–14), BAODINGSHAN

Vol. VII　　　DAFOWAN (NOS. 15–32), BAODINGSHAN

Vol. VIII　　XIAOFOWAN AND SURROUNDING CARVINGS, BAODINGSHAN

Vol. IX　　　COLLECTED RESEARCH PAPERS ON THE DAZU ROCK CARVINGS

Vol. X　　　　EARLY PHOTOGRAPHS OF THE DAZU ROCK CARVINGS

Vol. XI　　　APPENDIX AND INDEX

目 录

附录
 附录一　大足石刻年表 3
 附录二　大足石刻研究文献目录 54
 附录三　《大足石刻全集》铭文总目 104
 附录四　《大足石刻全集》铭文异体字与简化字对照表 146

索引
 索引字头笔画检字 232
 一、人名索引 239
 二、地名索引 270
 三、书名索引 289
 四、铭文索引 310
 五、年号索引 321
 六、重要术语索引 329

后记 347

Catalogue

Appendixes

    Appendix Ⅰ Chronology of the Dazu Rock Carvings 3

    Appendix Ⅱ Bibliography of Studies on the Dazu Rock Carvings 54

    Appendix Ⅲ Catalogue of Inscriptions 104

    Appendix Ⅳ Comparison List of Variant and Simplified Chinese Characters 146

Indexes

    Chinese Character Index by Strokes for All Entries 232

    Ⅰ. Index of Names 239

    Ⅱ. Index (all entries ordered by the stroke count of the first character) 270

    Ⅲ. Index of Book Titles 289

    Ⅳ. Index of Inscriptions 310

    Ⅴ. Index of Reign Titles 321

    Ⅵ. Index of Important Terms 329

Afterword 347

附 录

附录一　大足石刻年表

王　春　杨　娟　未小妹

凡　例

一、本年表收编时限，起于大足石刻始建的唐永徽年间（650—655年），迄至2015年。

二、本年表收编范围，主要以大足石刻为主，兼及寺、塔和大足其他文物。其内容涉及大足石刻开凿、培修、保护、管理、研究、传承和合理利用中重要的人或事。

三、本年表资料主要来源于造像记、题记、培修记、碑记，以及文献、档案资料等。

四、本年表以时间先后为序编排。个别事例，因涉及时间较长，采用纪事本末体编写，以便见其首尾。

一　唐代

650—655年　永徽年间
　　□年八月，开凿大足尖山子第7号弥勒说法龛。

666年　乾封元年
　　八月，佚名镌刻大足尖山子第10号龛游记。

758年　乾元元年
　　左拾遗李鼎祚奏"以山川阔远"，请割泸、资、合、普四州界地置昌州，隶东川，并置昌元、大足、静南三县以属，州治昌元。大足，析合州巴川县绥仁乡地置，以境内大足川为名。

771年　大历六年
　　州治为狂贼张朝等所焚，州县俱废，其地各还故属。

775年　大历十年
　　西川节度使崔宁以"镇押夷獠"奏请复置，州治徙静南。

776年　大历十一年
　　析资、渝二州地置永川县，隶昌州。昌州辖静南、大足、昌元、永川四县。

855年　大中九年
　　六月，柳本尊（俗名居直）出生嘉州（今四川乐山）龙游县玉津镇天池坝。

857—859年　大中十一年至十三年
　　昌、泸二州刺史以次等丝绸强买獠人粮食，昌州獠人被迫多次起义。

885年　光启元年
　　昌州由静南迁治大足，至宋末历时四百余年未变。

890年　大顺元年
　　设昌普渝合四州都指挥、静南军使于昌州，隶东川。光化二年（899年）罢。

892年　景福元年

昌州刺史、充昌普渝合四州都指挥、静南军使韦君靖在大足县城北龙岗山建永昌寨，并于寨内"凿出金仙，现千手眼之威神，具八十种之相好"，首开北山石窟。

895年　乾宁二年

十二月，于大足北山佛湾南端摩崖刻军事判官将仕郎、前守静南县令胡密撰《韦君靖碑》。

896年　乾宁三年

五月，比丘尼惠志为奉报十方施主，镌造大足北山佛湾第240号欢喜王菩萨龛。

九月，检校司空守昌州刺史王宗靖，节度左押衙、检校左散骑常侍兼御史大夫、上柱国赵师恪为故外姑何氏，镌妆大足北山佛湾第58号观音、地藏龛。

十二月，佚名镌造北山营盘坡第6号释迦佛龛。

897年　乾宁四年

正月，女弟子黎氏，奉为亡夫□□昌□将□□御史大夫刘□□，镌造大足北山佛湾第52号阿弥陀佛并观音、地藏龛。

三月，□都典座僧明悟，奉为十方施主，镌造大足北山佛湾第50号如意轮菩萨龛。

899年　光化二年

七月，节度左押衙、充四州都指挥兼昌州军事银青光禄大夫、上柱国王宗靖镌造大足北山佛湾第51号三世佛龛。

901年　天复元年

五月，军事押衙蹇知进镌造大足北山佛湾第243号千手观音龛。

二　五代

913年　前蜀永平三年

九月，周氏奉为亡姒镌造大足北山佛湾第32号日月光菩萨龛。

915年　前蜀永平五年

四月，右衙第三军散副将种审能，为亡男希言被贼伤煞，祈化生西方，见佛闻法，镌造大足北山佛湾第53号阿弥陀佛并观音、地藏龛。

922年　前蜀乾德四年

十二月，弟子温孟达等镌造大足北山佛湾第39号大威德炽盛光佛龛。

938年　后蜀广政元年

七月，佚名镌造大足北山佛湾第27号观音菩萨龛。

940年　后蜀广政三年

二月，右弟子于彦章、邓知进以希眷属宁泰，发心镌造大足北山佛湾第37号地藏菩萨龛。

941年　后蜀广政四年

二月，佚名镌造大足北山佛湾第35号阿弥陀佛龛。

945年　后蜀广政八年

四月，佚名镌造大足北山佛湾第244号观音、地藏龛。

954年　后蜀广政十七年

二月，右弟子右厢都押衙知衙务刘恭等，伏愿身田清爽，寿算遐昌，眷属康安，高封禄位，镌造大足北山佛湾第281号药师琉璃光佛、八菩萨、十二神王一部众并七佛、三世佛、阿弥陀佛、尊胜幢一所，兼地藏菩萨三身共一龛。

955年　后蜀广政十八年

二月，弟子通引官行首王承秀夫妇希保家门之昌盛，夫妇以康，镌造大足北山佛湾第279号十方佛、阿弥陀佛、尊胜幢、地藏菩萨四身共一龛。

佚名造大足北山佛湾第260号佛顶尊胜陀罗尼经幢。

三 宋代

995—997年 北宋至道年间

　　□年四月，女弟子李氏九娘子，奉为亡夫妆銮大足北山佛湾第249号观音、地藏龛。

998—1003年 北宋咸平年间

　　弟子王德志为乞亡父早生仙界，镌銮大足大钟寺尊者像。

999年 北宋咸平二年

　　三月，女弟子董氏妆銮大足北山佛湾第279号陀罗尼经幢。

1000年 北宋咸平三年

　　十一月，弟子李承谦镌妆大足大钟寺圣僧像。

1001年 北宋咸平四年

　　二月，都知兵马使、前知昌元、永川、大足县事陈绍珣夫妇为淳化五年（994年）草乱之时眷属平善，妆绘大足北山佛湾第253号观音、地藏龛。

1003年 北宋咸平六年

　　十月，佛弟子张文信就院画妆大足北山佛湾第247号观音菩萨龛。

1005年 北宋景德二年

　　二月，弟子胡承进为合家妆銮大足北山佛湾第281号药师经变龛。

1013年 北宋大中祥符六年

　　弟子资□胜镌造大足石壁寺毗沙门天王像。

1050年 北宋皇祐二年

　　十二月，女弟子赵氏妆銮大足大钟寺圣僧像。

1052年 北宋皇祐四年

　　十一月，镌作文昌、文惟简、文惟一造大足大钟寺佛顶尊胜陀罗尼经幢。

1062年 北宋嘉祐七年

　　二月，主持僧淳朴、弟子郑少年镌妆大足大钟寺圣僧像。

1063年 北宋嘉祐八年

　　十一月，双腊乡弟子陈炳，进士陈琪、陈漳、陈俞乞保堂上父安乐，镌作大足大钟寺罗汉像一身。

　　弟子李彦翼为祈乞一家安泰，镌妆大足大钟寺迦叶尊者像。

1078年 北宋元丰元年

　　二月，奉佛弟子任□□等镌造大足三教寺第6号佛菩萨龛。

1082年 北宋元丰五年

　　八月，庄园主严逊舍地，岳阳镌匠文惟简、文居政、文居用、文居礼镌造大足石篆山第7号毗卢释迦弥勒佛龛。

1083年 北宋元丰六年

　　六月，庄园主严逊舍地开山镌造大足石篆山第8号太上老君龛。

1085年 北宋元丰八年

　　六月，前郡幕吴绶题记刻于大足北山佛耳岩第12号药师佛龛。

　　是年，庄园主严逊舍地，岳阳镌匠文惟简镌造大足石篆山第2号志公像龛。

1088年 北宋元祐三年

　　庄园主严逊舍地，岳阳镌匠文惟简镌造大足石篆山第6号文宣王龛。

1090年 北宋元祐五年

　　二月，僧希昼书《严逊记碑》刻于大足石篆山罗汉湾。

是年，岳阳镌作文惟简，男居安、居礼镌造大足石篆山第5号文殊、普贤菩萨龛。

1094年　北宋绍圣元年

五月，岳阳镌匠文惟一镌造大足石门山第13-2号龛。

是年，僧法顺发心造大足石门山第4号水月观音龛，文居道镌刻。

1095年　北宋绍圣二年

二月，杨才友等为祈乞一家安乐，造大足石门山第13-1号龛。镌作匠人文居道。

1096年　北宋绍圣三年

四月，大足县长溪里奉佛女弟子赵氏一娘子等发心镌造大足石门山第3号释迦佛、香花菩萨、阿难、迦叶共一龛。镌作文惟一，男居道镌刻。

是年，庄园主严逊舍地开山造大足石篆山第9号地藏十王龛。岳阳文惟简，男居安、居礼镌刻。

1107年　北宋大观元年

十一月，马道者镌造大足北山佛湾第288号龛。

1109年　北宋大观三年

正月，佚名镌造大足北山佛湾第286号观音龛。

1116年　北宋政和六年

一月，县门前仕人邓惟明为乞一家安乐，镌造大足北山佛湾第180号十三观音变相窟内观音像一身。

1120年　北宋宣和二年

三月，贺恩水造大足北山佛湾第180号十三观音变相窟内观音像。

1121年　北宋宣和三年

昌州在城□□□居住奉善弟子李世明夫妇，为乞合家安宁、寿命延长，镌造大足北山佛湾第168号五百罗汉窟内罗汉像五身。

1122年　北宋宣和四年

六月，昌州大足县袁□乡东郊住何仪兴合家发心镌造妆銮大足北山佛湾第168号五百罗汉窟内罗汉像十九身。

是年，佚名妆銮大足北山佛湾第168号五百罗汉窟内罗汉像十六身。

是年，佚名画妆大足北山佛湾第180号十三观音变相窟内观音像。

1119—1125年　北宋宣和年间

宣和□□七月，奉善弟子苗以夫妇合家发心镌造大足北山佛湾第168号五百罗汉窟内罗汉像五身。伏小八镌刻。

王惟祖镌造大足北山佛湾第168号五百罗汉窟内罗汉像。

弟子赵仲□妆大足北山佛湾第168号五百罗汉窟内罗汉像十身。

1126年　北宋靖康元年

是年，匠师伏元俊、男世能镌刻大足北山佛湾第155号孔雀明王窟。

是年，匠师伏元俊、男世能镌刻大足北山佛湾第176号弥勒下生经变窟。

是年，匠师伏元俊镌刻大足北山佛湾第177号泗州大圣窟。

1128年　南宋建炎二年

四月，奉直大夫、知军州事任宗易同恭人杜氏，为祈乞干戈永息，发心镌造妆銮大足北山佛湾第149号如意轮圣观自在菩萨窟。

1130年　南宋建炎四年

二月，昌州克宁荣□挥十将文志夫妇一家等，发心认妆大足北山佛湾第168号五百罗汉窟内罗汉像五身。

五月，大足县石壁乡任氏等发心造大足老君庙第6号观音龛。

1133年　南宋绍兴三年

李良臣等镌造大足张家庙第3号一佛二菩萨窟。

1134年　南宋绍兴四年

重九日，当州克宁十将文志施钱三贯，李大郎摹，罗复明另刻大足北山佛湾第137号维摩诘经变相。

1136年　南宋绍兴六年

　　八月，黄氏等为祈合家安康，镌造大足峰山寺第7号圣母龛。镌作处士文玠镌刻。

　　十月，佚名镌造大足兴隆庵第8号三圣像龛。

　　是年，化首岑忠用与裴氏夫妇建大足石门山第6号无量寿佛并十圣菩萨窟。始自丙辰（1136年）兴工，至庚申（1140年）残腊了毕。

1137年　南宋绍兴七年

　　十二月，佚名镌造大足玉滩第1号地藏龛。

1138年　南宋绍兴八年

　　奉佛修龛化主岑忠用合家发心镌造大足石门山第6号窟内宝经手观音像一身并妆金，至庚申（1140年）季冬工毕。

1139年　南宋绍兴九年

　　八月，弟子斯远、斯敏等祈保合家安乐，发心造大足佛耳岩第2号龛太上老君、元始天尊像。

1140年　南宋绍兴十年

　　四月，普慈赵子充同弟□文、侄廷彦乘兴同游大足北山佛湾并刻题记。

　　季冬，古□□为父早生西方镌造大足佛安桥第6号水月观音龛。镌作处士东普文玠镌刻。

　　是年，释祖觉重修《唐柳本尊传》，眉山张岷著跋，张济书丹，宣化县王秉题额，王直清刻石，立于弥蒙寿圣本尊院柳氏墓左。其碑早没不考。后赵智凤建宝顶山石窟时摹刻立碑于小佛湾坛台。

1141年　南宋绍兴十一年

　　上元，昌州大足县陵山乡奉佛承信郎陈充一宅长少等，命工镌造大足石门山第6号窟内莲花手观音一身。

　　正月，昌州大足县陵山乡奉佛□□□，发心镌造大足石门山第6号窟内正法明王观音一身。

　　正月，苏严镇在郭居住奉善佛弟子岑忠志等舍财造大足石门山第6号窟内宝蓝手观音一身。

　　正月，奉佛弟子庞休一家等造大足石门山第6号窟内甘露玉观音一身。

　　正月，昌州在城左厢界居住奉佛弟子赵勤典等，造大足石门山第6号窟内宝镜观音一身。

　　正月，奉善弟子谢继隆、何氏夫妇一家等造大足石门山第6号窟内献珠龙女一身。

　　正月，奉佛庞师上父子造大足石门山第6号窟内如意轮观音一身。

　　正春，奉善弟子岑忠信夫妇一家等发心造大足石门山第6号窟内宝扇手观音一身。

　　二月，奉善弟子杨作安等发心镌刻大足石门山第6号窟内大势至菩萨一身。

　　三月，奉佛弟子侯良夫妇与子孙发心造大足石门山第6号窟内数珠手观音一身。

　　是年，奉善弟子甄典□夫妇等造大足石门山第6号窟内宝莲手观音一身。

　　是年，奉佛道弟子侯惟正、崔氏夫妇，念心认造大足石门山第6号窟内善财一身。

　　是年，摩崖刻大足南山第5号三清窟左外壁《左朝请大夫知剑州军州事张宗彦诗碑》及《左朝请大夫知昌州军州事何格非和张宗彦诗碑》。

1142年　南宋绍兴十二年

　　十一月，左朝散大夫、权发遣昌州军州事张莘民，祈乞国祚兴隆，阖门清吉，谨发诚心就院镌造大足北山佛湾第136号转轮经藏窟内观音菩萨一身。

1142—1146年　南宋绍兴十二年至十六年

　　南山乡居住奉善弟子陈吉，同诚郭氏，孙男文明、王氏，共发丹诚，捐舍净财，銮彩大足北山佛湾第136号转轮经藏窟内释迦牟尼佛。

1143年　南宋绍兴十三年

　　正月，陈文明等镌妆大足北山佛湾第136号转轮经藏窟内大势至菩萨、迦叶、阿难共三身。赖川镌匠胥安镌刻。

　　五月，王谅造大足舒成岩第5号玉皇大帝龛。伏忠靖镌刻。

　　六月，左从事郎、昌州录事参军兼司户司法赵彭年同寿杨氏，发至诚心，镌造大足北山佛湾第136号转轮经藏窟内文殊、普贤菩萨二龛。

1144年　南宋绍兴十四年

　　十月，奉善弟子念一娘子等发心建造大足佛安桥第8号引路王菩萨龛。

　　是年，奉善弟子古贯之等镌造大足佛安桥第2号无量寿佛窟。

　　是年，佚名造大足妙高山第2号"三教窟"。东普攻镌文仲璋，侄文玢、文珠镌刻。

1145年　南宋绍兴十五年

　　十一月，弟子斯远之男□□等发心造大足佛耳岩第4号无量寿佛像。

1146年　南宋绍兴十六年

　　十二月，在城奉佛弟子王陛同政何氏，伏为在堂父王山、母亲周氏，谨舍净财，镌妆大足北山佛湾第136号转轮经藏窟内数珠手观音菩萨一身。

1147年　南宋绍兴十七年

　　二月，杨伯高为故父杨文忻造大足石门山第2号龛玉皇大帝及其父真容像一身。

　　是年，王慈济于大足北山多宝塔底层外北面镌造第128号窟释迦佛一尊；赵瓦于其西南面造第125号浅龛。

1148年　南宋绍兴十八年

　　四月，大北街居住佛弟子何正言等镌造大足北山多宝塔第二级第8号观音龛。

　　十月，普州攻镌文仲璋，男文玚，侄男文恺等镌造大足玉滩第11号千佛洞。

　　是年，昌州石膏滩奉佛弟子李小大等镌造大足北山多宝塔内第五级第58号观自在菩萨龛，并于绍兴二十五年（1155年）刊石记其事。

1150年　南宋绍兴二十年

　　本州在郭右厢界正北街居住奉佛进士刘升、弟进士刘陟等，为故父摄本州助教刘撰发心镌造大足北山多宝塔内第二级第7号如意轮菩萨龛。

1151年　南宋绍兴二十一年

　　正月，奉佛信士□于滨，舍财建造大足北山多宝塔内第三级第23号西方三圣龛。

　　十一月，佚名造大足石门山第1号药师佛龛。镌匠寒忠进刻。

　　初冬，张大成书《邓早阕辛酉岁张何二公诗跋》刻于大足南山石窟。

1152年　南宋绍兴二十二年

　　二月，敷文阁直学士、左中奉大夫、潼川府路兵马都铃辖、泸南沿边安抚使、知泸州军州提举学事，兼管内劝农使，文安县开国伯，食邑九百户，赐紫金鱼袋冯大学（冯楫），施钱造大足北山多宝塔内第四级第39、41、43、45、47、50号共6龛像，以及塔第六级全。

　　九月，本县押录王谅造大足舒成岩第2号东岳大帝龛。都作伏元俊、伏元信，小作吴宗明镌龛。

1153年　南宋绍兴二十三年

　　三月，昌州大足县若子乡琼林里故城垣本庄居住奉道弟子宋美意，发诚心镌造大足舒成岩第1号淑明皇后龛。

　　十一月，昌州在城圜通善友王堂造大足北山多宝塔内第五级第54号释迦佛龛，并化众安砌塔第八级。

　　是年，文陟造大足北山多宝塔内第五级第57号无量寿佛龛。

　　是年，昌州大足县玉溪井住铁匠刘杰及妻杨氏，造大足北山多宝塔内第五级第60号龙树菩萨一龛。

1154年　南宋绍兴二十四年

　　五月，何正言等镌造大足北山观音坡第1号地藏、引路王菩萨龛。伏小六镌刻。

　　是年，匠师伏小八镌大足北山多宝塔内第六级第64号涅槃图。

1155年　南宋绍兴二十五年

　　二月，洋川印祖传、蓬莱胜子仁、宝盖智元明同游大足妙高山并刻题记。

　　六月，大宋昌州永川县使汉卿、本师庞上明与祖母胡氏三娘，发心认砌大足北山多宝塔第十一级全。

1157年　南宋绍兴二十七年

二月，东普攻镌文琇镌刻大足玉滩第5号观音窟。

1159年　南宋绍兴二十九年

十月，东普攻镌处士文玠，男文孟周镌刻大足石佛寺第3号老君龛。

七月十四日，赵智凤生于大足县米粮里沙溪赵延富家。

1163—1189年　南宋隆兴至淳熙年间

复刻元祐七年（1092年）范祖禹撰、蔡京书《赵懿简公神道碑》于大足北山佛湾。

摩崖刻范祖禹书《古文孝经》碑于大足北山佛湾。

1164年　南宋隆兴二年

赵智凤"年甫五岁，靡尚华饰，以所居近旧有古佛岩，遂落发剪爪入其中为僧"。

1166年　南宋乾道二年

李审持等瞻礼妙高煮茗。

1167年　南宋乾道三年

东普攻镌作□士文玠，男文孟周、□□□、文孟通镌刻大足佛耳岩第1号天尊龛。

1169年　南宋乾道五年

知昌州陈伯疆于大足南山缑先考并刻题记。

1171年　南宋乾道七年

懿恪公后裔王季立游大足北山佛湾、观吕元锡题刻。

1172年　南宋乾道八年

三月，古及之等镌造大足佛安桥第12号"三教"窟。东普攻镌处士文孟周镌刻。

1175年　南宋淳熙二年

赵智凤"年十六，西往弥年，云游三昼。既还，命工首建圣寿本尊殿，因名其山曰宝顶。发弘誓愿，普施法水，御灾捍患，德洽远近，莫不皈依。凡山之前岩后洞，琢诸佛像，建无量功德"。他毕其一生，弘扬其教，创建宝顶山石窟。

1177年　南宋淳熙四年

吕元锡同弟元牧于大足北山佛湾避暑，煮饼沦茶，弈棋赋诗，并刻记。

1178年　南宋淳熙五年

六月，杨彦翔、吕元丙追凉于大足北山佛湾并刻记。

六月，吕元锡游大足南山咏诗题跋。

七月，宋以道书大足石门山"圣府洞"题刻。

1182年　南宋淳熙九年

昌南郡从事邓桱游大足石门山并赋诗刻碑。

1186年　南宋淳熙十三年

四月，资中刘子发、广安姚舜卿、眉山史岩叟、隆山陈德用等游大足北山佛湾并刻记。

1187年　南宋淳熙十四年

三月，普慈赵宋瑞、孙伯清，清川黄平叔，资中王子仪，郡人王延禧、高智夫、何志升、杨起之、何长文等游大足北山佛湾并刻记。

1188年　南宋淳熙十五年

六月，梁当之等于大足南山避暑并刻记。

1193年　南宋绍熙四年

是年，东普攻镌文艺（文惟简玄孙）镌刻大足灵岩寺第2号九子母龛。

是年，弟子高仁同等镌造大足灵岩寺第5号毗卢佛龛。

是年，弟子袁伯宁镌造大足灵岩寺第8号献花龙女龛。

1198年　南宋庆元四年

春，李季升等游大足北山佛湾并刻记。

1200年　南宋庆元六年

冬，谯人曹伟卿，公余侍亲游大足南山并刻题记。

1210年　南宋嘉定三年

梁元清等修设大足石壁寺《石竭水陆三碑》。

1212年　南宋嘉定五年

八月，赵循父登大足北山并刻题记。

1219年　南宋嘉定十二年

六月，郭庆祖等于大足北山避暑并刻题记。

1223年　南宋嘉定十六年

朝散大夫、守太常少卿、兼国史院编修、实录院检讨官魏了翁，朝请大夫、权尚书兵部侍郎、兼同修国史、兼实录院同修撰杜孝严，朝散郎、知昌州军州事宇文屺等，参礼大足宝顶山并赋诗题书。

1227年　南宋宝庆三年

王象之《舆地纪胜》首载"宝峰山在大足县东三十里，有龛岩，道者赵智凤修行之所"。

1229年　南宋绍定二年

八月，陈及之、陈具之，自郡城省坟过大足南山。

1231年　南宋绍定四年

庆元府阿育王山广利禅寺住持、传法臣僧道权嘉定十年（1217年）书《释迦舍利宝塔禁中应现之图碑》镶嵌于大足宝顶山小佛湾第9号毗卢庵背壁。

1235年　南宋端平二年

江原樊允季，领客资阳王熙避暑大足南山并刻题记。

1237—1240年　南宋嘉熙年间

承直郎、昌州军事判官席存著《赵智凤事实》刻于大足宝顶山小佛湾第2号七佛龛壁。今仅存"承直"二字，清乾隆《大足县志·隐逸仙释》载其残文。

1247年　南宋淳祐七年

十月，《何光震饯郡守王梦应记碑》摩崖刻于大足南山第5号三清古洞右外岩壁。

四　元代

1285年　至元二十二年

撤昌州。省昌元、永川入大足。旋废，大足并入合州。

1330—1332年　至顺年间

复置大足（旧载至正二十三年，即1363年，复置），隶合州。

五　明代

1368—1374年　洪武元年至七年

洪武初，大足临济宗初祖僧元亮，居宝顶山大弘道化，蜚声蜀藩。其后弘传八代走向衰落。

1374年　洪武七年

大足改隶重庆府。

1377—1398年　洪武十年至三十一年

大足青山院立《护佛榜文碑》。

重修大足玄妙观。

1381年　洪武十四年

大足设僧会司于报因寺，设官"僧会"不给禄。

1397年　洪武三十年

春月，佚名镌造大足宝顶山高观音摩崖造像。

1399年　建文元年

僧元亮于大足北山佛湾礼佛。

1400年　建文二年

僧元亮圆寂。明《补续高僧传·晓山亮传》曰："庚辰十月十三日，忽索浴更衣危坐……荼毗，舍利如注。"

1401年　建文三年

二月，僧铭宗募造大足石篆山寨子坡观音菩萨龛（佛会寺寺第4号）。

1403年　永乐元年

僧铭宗等募化造大足千佛岩第1号十二光佛龛。

1404年　永乐二年

十一月，江世聪等造大足石壁寺圆雕观音像。李觉崇镌刻。

1410年　永乐八年

正月，任俍年造大足千佛岩第8号西方净土变龛。

1411年　永乐九年

六月，佚名造大足七佛岩第10号西方三圣龛。

七月，佚名造大足七佛岩第4号二菩萨龛。

1412年　永乐十年

蜀献王朱椿礼佛大足宝顶山。明成化十年（1474年）僧超禅立《恩荣圣寿寺记碑》载："永乐十年，敬奉蜀献祖驾临本寺，见得石像俨然，殿宇倾颓，缺僧修理。"

1413年　永乐十一年

六月，张壁撰大足石篆山《重修佛惠寺碑记》。

八月，中顺大夫、重庆府知府、开封胡靖为公务事，便道游大足宝顶山，并于大佛湾第14号毗卢洞口左壁题刻。

九月，承事郎、重庆府推官、庐江之金斗张显，为民瘼事，同大足县儒学教谕庐陵刘畋人，训导武昌樊谦，于重阳前三日游大足宝顶山，并于大佛湾第14号毗卢洞口左壁题刻。

1414年　永乐十二年

八月，佚名建大足妙高山重开山祖关通禅师塔并刻像。

1416年　永乐十四年

十二月，任□□造大足大石佛寺第9号地藏龛。

十二月，易伯源等造大足大石佛寺第15号地藏龛。

1418年　永乐十六年

大足报恩寺僧惠妙（别号玄极）奉蜀献王朱椿"令旨"，与师弟惠旭住持宝顶山寺。后历时七载，重修圣寿寺院，培修宝顶山大、小佛湾及四周造像，且为纪念"蜀献王驾临宝顶寺"新建万岁楼。此为宝顶山石窟史上第一次大培修。

1425年　洪熙元年

正月，住持僧惠妙刻前云南考试官、重庆府大足县儒学教谕刘畋人撰《重开宝顶石碑记》（略称洪熙《刘畋人碑》）于大足宝顶山大佛湾第27号正觉像龛外左壁。次年，同名碑（略称宣德《刘畋人碑》）刻于正觉像龛外右壁，内容与洪熙碑无大异。

1426年　宣德元年

八月，惠妙刻《重修宝顶事实》碑于大足宝顶山大佛湾第27号正觉像龛外左壁。其记《刘畋人碑》未记宝顶山培修各项工程之事。

是年，惠妙重开大足宝顶山圣迹池。

1427年　宣德二年

三月，佚名建造大足青山院殿宇。

1433年　宣德八年

五月，重庆府通判豫章游和书律诗一首，摩崖刻于大足宝顶山大佛湾南崖宣德《刘畋人碑》右上部。

1457年　天顺元年

五月，余应廉等装绘大足宝顶山佛祖岩龛像，并刻记。

1466年　成化二年

冯楫题书"大沐王"刻于大足妙高山第3号罗汉洞。

1471年　成化七年

比丘法常命铜梁县匠人汪孟良镌造镂雕香炉一座（新中国成立之初置圣寿寺燃灯殿，1962年移存大足宝顶山小佛湾坛台，现藏大足石刻博物馆）。

1472年　成化八年

佚名镌造镂雕大足宝顶山佛祖岩华严三圣龛前香炉一座。

1474年　成化十年

六月，蜀王赐令旨一道给大足县僧会司宝顶山圣寿寺住持僧超禅收照，并立《恩荣圣寿寺记碑》于大足宝顶山小佛湾，榜示晓谕军民人毋得侵欺。

1475年　成化十一年

六月，僧智晓等化造镂雕香炉一座（20世纪80年代初置大足宝顶山大佛湾六道轮回图龛前，1988年移置小佛湾）。

1482年　成化十八年

彩培大足石篆山"佛会之塔"。

1486年　成化二十二年

六月，重庆府大足县静南乡遇仙里中峰山观音寺住持僧集能造大足宝丰寺圆雕观音像。镌匠冯永受等作。

1504年　弘治十七年

十二月，大足宝顶山圣寿寺住持法金，立南京山东道监察御史曹琼撰《恩荣圣寿寺记》碑于宝顶山圣寿寺玉皇殿内。碑记弘治十六年（1503年）朝廷绘观音水莲画像，信以国宝，十七年（1504年）九月命僧录觉义成完领捧亲置雁堂，为诸释子供侍等诸事。

1512年　正德七年

大足玉滩第11号千佛洞中心柱左下部立《郑敬之书碑》。

1517年　正德十二年

六月，僧如胜于大足无量寺修造石砌塔亭。李民三等镌妆塔亭内无量寿佛。

1519年　正德十四年

正月，籍湖广郴州之黄朝同缘苏氏，睹大足宝顶圆觉洞，发心买木，命匠修门，以遮风雨。

1521年　正德十六年

五月，王伯富造大足南山石窟第1号真武大帝龛香炉。石匠黄相、黄□、钱国用镌。

1523年　嘉靖二年

九月，僧性寅妆大足宝顶山大佛湾第18号观经变龛右大势至菩萨满岩石像。妆匠丘遵道、丘守道作。

1524年　嘉靖三年

六月，僧性寅妆大足宝顶山大佛湾第18号观经变龛左观音菩萨满岩石像。妆匠黄锋作。

八月，《范府书林俊诗并跋》刻于大足北山佛湾第290号。

1526年　嘉靖五年

智岩镌妆大足宝丰寺圆雕大势至菩萨像。

1530年　嘉靖九年

二月，大足知县袁衍书诗并序刻于大足宝顶山圣寿寺帝释殿明间右侧《恩荣圣寿寺记》碑阴。

1553年　嘉靖三十二年

二月，潼川州遂宁县安仁里净明寺住持觉寿（号南山）等妆绚大足宝顶山大佛湾第29号圆觉洞三身佛等。

1557年　嘉靖三十六年

三月，大足儒学教谕陈重题诗刻于大足宝顶山大佛湾圆觉洞甬道右壁。

六月，僧慈渤书《述思古迹记》刻于大足石篆山佛会寺《严逊记碑》碑阴。

1559年　嘉靖三十八年

五月，比丘苾琴于大足石篆山栽植柏树计5048株，并于次年（1560年）刻记示知僧俗人等不许抽扯镰割。

1567年　隆庆元年

五月，普州安岳县长宁乡兴隆寺僧正海（号无涯），施资妆严大足宝顶山大佛湾圆觉洞文殊菩萨一尊。

1570年　隆庆四年

秋，遂宁净明寺比丘悟惊等妆塞大足宝顶山大佛湾千手观音、"卧佛"及九族四位，修砌圆觉洞顶大佛三尊菩萨等。

1571年　隆庆五年

十二月，僧悟朝于大足宝顶山小佛湾坛台立《临济正宗记》碑，记临济宗自元末明初传入大足，弘传八代，至明万历的兴衰史略。

1580年　万历八年

三月，邓志高等妆彩大足舒成岩玉皇大帝、五显灵官土地二位。

1585年　万历十三年

二月，佚名镌造大足眠牛石第1号牛王菩萨龛。

1592年　万历二十年

三月，泸州邓太山等金装大足宝顶山大佛湾第27号龛正觉像。

1598年　万历二十六年

信士□□霞装修大足九蹬桥第2号观音龛。

1614年　万历四十二年

佚名题"江山风月"刻于大足宝顶山大佛湾第29号窟圆觉洞口外左崖上壁。

1634年　崇祯七年

六月，带发弟子潘绂撰《西域坐化大禅师记事》碑，嵌于大足北山佛湾第168号窟"西域坐脱大禅师之塔"正面。

六　清代

1662年　康熙元年

荣昌知县王濂兼摄大足县事。大足因明末清初遭受兵燹，至雍正六年（1728年）一直由荣昌县事兼摄。

1681年　康熙二十年

天津监生史彰知荣昌摄大足县事。

1682年　康熙二十一年

秋，史彰巡视大足。见宝顶山"所存瓦砾亦不可睹，惟修藤巨木缠绵，菁霭红翠填塞，飞鸟上下而已"。又闻：前有行僧欲修葺，因裹粮不继，不久他去。彰深感有地方官之责，给示招僧开建，然皆以工大而不敢任。

1683年　康熙二十二年

夏，贵州绥阳道者性超，随师朝峨嵋，住宿荣昌宝城禅院。闻讯，冒雨往观，然至宝顶崖畔，睹其凄景，俾草径稽首而去。

1684年　康熙二十三年

春，史彰奉檄查木至贵州绥阳，又去与性超"复申前约"。超毅然允诺。四月，超偕五僧到大足。先结庐山下，史彰给以资种，执刀荷锄垦荒。力作勤苦，从者多有悔心，超坚忍不拔。继而入寺，蛇虎遁迹。旱祷，灵雨应祈，县民胥悦，远徙者闻风而归。公请祝发住持。超以身许佛，立誓永守。募建大雄殿，修圆觉洞记，然志愿犹未满慊。师弟性正，募建天堂，惜工未兴而寂，超复竭力终其事，然已神疲力瘁。

1690年　康熙二十九年

十一月，性超重开宝顶毕，史彰撰《重开宝顶碑记》记其事，并刻于大足宝顶山大佛湾第27号龛正觉像左壁。此为宝顶山石窟史上第二次大维修。

1698年　康熙三十七年

十一月，开山僧寂先（法号月见）主持修建大足青山院上殿。

1709年　康熙四十八年

大足宝顶山广大寺自明末清初兵燹后殿额圮，是年重新开建。

1717年　康熙五十六年

六月，悉然题识《金刚经》写本。该经由卢震书、僧南翁入蜀携至大足宝顶山广大寺，现存大足石刻研究院。

是年，培修大足宝顶山万岁楼。重庆府正堂周元勋，提调汉土官□□□□□石柱土司镇淮□府副总兵杜清□，重庆府□□□□□堂兼大足县事李敬之，重庆府荣昌县驻防兼摄大足县事朱相吉，重庆府荣昌县儒学兼摄大足县事艾国寿、刘绮，荣昌县兼摄大足县事范庭□等墨书题名楼顶梁架上。

1719年　康熙五十八年

十二月，于大足南山第5号三清洞左龙柱上部刻《玉皇观置田产契约碑》。

1721年　康熙六十年

九月，唐子俊等装绚大足南山第5号三清古洞天尊像并刻记。

1726年　雍正四年

十一月，住持嗣祖沙门万庵募化金装大足宝顶山圣寿寺大雄宝殿毗卢佛像，并立《重修大佛碑记》记其事。

1738年　乾隆三年

二月，《亘古昭然碑》记更换宝顶圣寿寺住持及重新勘定常住田土四至界畔事。

1740年　乾隆五年

一月，住持僧照慧于大足无量寺立《万年灯碑》。

1741年　乾隆六年

于大足圣水寺石窟对面岩壁刊刻大足知县李德题"滴水清波"四个大字及律诗。

1744年　乾隆九年

八月，《创修□宇大殿碑记》立大足宝顶山圣寿寺维摩殿外，记大足县事沈潜、李德等助银补修圣寿寺之事。

十二月，于大足宝顶山广大寺大雄宝殿立《无量□□》碑及《修像碑记》，记众善培修广大寺之事。

1746年　乾隆十一年

住持僧翠峰等装大足无量寺如胜祖师像一尊。

1748年　乾隆十三年

十一月，宝顶寺住持方丈净明嵌《遥播千古碑》于大足宝顶山大佛湾第7号龛毗卢庵壁下，张仁山镌刻。碑记僧净明、乡约会首黄成先等妆千手观音法像一堂等事。

1750年　乾隆十五年

十月，张书绅撰《契约存照》碑刻于大足石门山。

是年，大足知县李德修乾隆《大足县志》成。《志》卷一载"宝鼎图"，并略记宝顶山事。

1751年　乾隆十六年

夏月，舒宏明、何资玺同撰《圣府洞置常住田碑序》刻于大足石门山。

冬月，维修大足北山北塔寺后殿。

1752年　乾隆十七年

罗□□出功德装修大足玉滩第11号千佛洞。

1754年　乾隆十九年

十月，于大足妙高山立赵当阳撰《功垂万奕碑》。

1755年　乾隆二十年

二月，于大足妙高山立蒲宏道书《重修妙高老祖塔殿碑》。

1757年　乾隆二十二年

六月，于大足石门山第13-1号龛外左壁摩崖刻《重□荡荡碑》。

七月，于大足石门山第13-1号龛外左壁摩崖刻张子华等《重修大殿记》。

1758年　乾隆二十三年

九月，姜□□撰《刊刻碑文》刻于大足石门山。

是年，宝顶住持僧悟宗等补修宝顶山圣寿寺，所书"西竺仙景"刻于圣寿寺与小佛湾之间的护墙上。

1760年　乾隆二十五年

五月，宝顶住持僧有久、本邑会首乡约黄成先等募化修装大足宝顶山大佛湾圆觉洞满堂佛像，立四柱塑金龙四条，造化钱炉一座；洗妆牛王菩萨及殿宇；兼修山王庙圣像、龙神共四尊；修妆万岁阁，普陀岩观音菩萨、金童、玉女。功果告毕，本山住持僧石传、监院觉舟刻石为记。

六月，余源□撰书《掉常住田》碑刻于大足石门山。

1767年　乾隆三十二年

僧慧心立《圣旨》碑于大足宝顶山圣寿寺大雄殿右后檐下（现位于维摩殿右前侧八角亭内）。

1770年　乾隆三十五年

十一月，于大足石壁寺宋立《石碾水陆三碑》碑阴，刻顾相琮撰《维德之基碑》。匠师刘三伦刊。

1772年　乾隆三十七年

七月，晏正朝等造大足三教寺第7号玉皇龛。

1775年　清乾隆四十年

五月，宝顶住持僧睛舟立《实录碑记》于宝顶山。碑身石在民国时被移作圣寿寺燃灯殿壁石。1980年培修时取出移存宝顶山小佛湾第2号七佛龛壁下。

1776年　乾隆四十一年

顾国祥造大足石壁寺文昌帝君像。

1777年　乾隆四十二年

一月，顾相和发心妆彩大足石壁寺佛、土地圣像。

三月，顾相龙等妆塑大足石壁寺圆雕坐像。

是年，顾天鉴等妆大足石壁寺圆雕三官像。

1780年　乾隆四十五年

夏月，遂宁县中安里善士张龙□等金装大足宝顶山大佛湾千手观音一尊及圣寿寺维摩像一尊、韦陀像一尊、送子娘娘像十尊、毗卢佛像一尊，并于圣寿寺维摩殿坛台坐佛背屏阴刻镌记。

1782年　乾隆四十七年

佚名于大足佛耳岩第2号释迦、观音龛左外壁题刻"惠民宫"。

1783年　乾隆四十八年

　　冬月，众善于大足三存岩立罗廷用书《修神像石座龙龛碑记》。

1784年　乾隆四十九年

　　六月，大足县安贤里蒲家坝信士宋延龄、室人刘氏，发心建修大足七拱桥第1号龛释迦佛一尊，左右阿难、迦叶二尊，并香炉一座。

　　十二月，顾相和等凿大足石壁寺圆雕坐像。匠师顾国明镌。

1785年　乾隆五十年

　　五月，古桐村信士赵维元等捐刻大足石门山第5号阿弥陀佛龛。

1788年　乾隆五十三年

　　三月，募化培修大足峰山寺。临济正宗第八代住持明善等于第12号龛左摩崖刻《栽培善果碑》记其事。石匠唐文耀刻。

　　十月，众善捐修大足玄顶村观音、文殊、普贤、阿难、迦叶、金童、玉女等，并于第6号龛下壁镌刻造像捐资碑记其事。

1789年　乾隆五十四年

　　夏月，建修大足石门山石窟巷道券拱。

1791年　乾隆五十六年

　　二月，于大足青山院刊刻《圣旨晓谕碑》。

1792年　乾隆五十七年

　　六月，宝顶住持僧□□立《正堂示禁》碑于大足宝顶山圣寿寺帝释殿明间右侧。

1793年　乾隆五十八年

　　一月，于大足无量寺立陈清选撰《永垂万古》碑，记培修无量寺事。

　　一月，杨国学等于大足无量寺立《百代流芳》碑，记其培修无量寺事。

　　冬月，会首谭世伦等修塑大足眠牛石第6号三圣龛像。龛外刻《阿弥陀佛碑》记其事。

1794年　乾隆五十九年

　　十二月，于大足潮水寺立张龙芝撰《培修潮水寺碑记》，记其培修潮水寺事。

1795年　乾隆六十年

　　二月，张之贵修大足三教寺山门石梯。

　　冬月，住持僧募化重整大足宝顶山佛祖寺大雄殿等。

1796年　嘉庆元年

　　三月，僧慧心立《正堂示禁》碑于大足宝顶山圣寿寺大雄殿右后檐下。

　　冬月，张文元等造大足雷打岩第2号观音像龛。

1801年　嘉庆六年

　　六月，遂宁县下安里颜家沟陈宗昭等虔修大足宝顶山圣寿寺释迦佛。

1804年　嘉庆九年

　　二月，众善敬修大足峰山寺法像。

　　是年，刻大肚罗汉一身置于大足宝顶山佛祖寺。

1808年　嘉庆十三年

　　七月，高峰寺僧□恒装绚大足九蹬桥第3号弥勒龛。

1809年　嘉庆十四年

　　十月，于大足妙高寺同立前、后《妙高寺碑序》，内容略同。碑记会首王伟□施田等事。

1810年　嘉庆十五年

　　二月，蒋信魁等绘装大足玉皇庙玉皇龛，并立碑记其事。

六月，于大足宝顶山圣寿寺大雄殿右后檐下立《善果流芳》碑，记众善捐资装彩关圣夫子、文昌夫子、火德星君金容等事。

1811年　嘉庆十六年

三月，于朝虎等重修大足菩萨岩阿弥陀佛、观音菩萨等，并立碑记其事。

1816年　嘉庆二十一年

六月，会首文顺纪等镌造大足雷打岩第2号观音龛。

是年，佚名培修大足玄顶村第1号六臂观音龛。

1818年　嘉庆二十三年

深冬，邑令张澍撰《前游宝顶山记》。后载嘉庆、道光《大足县志》卷一。清同治十三年（1874年），大足知县王德嘉书碑刻石立于大足宝顶山圣寿寺三世佛殿。

十二月，于大足南山第2号窟刻《张澍重九日偕友登高记》《张澍重游南山诗并跋》，记其重九日偕友登南山及其后重游之事；又于南山第3号刻张澍书"蓊然云起"题刻。

1819年　嘉庆二十四年

正月，邑令张澍再登大足宝顶山撰《后游宝顶山记》。后载道光《大足县志》卷一。

初春，邑令张澍登大足北山多宝塔并作《登多宝塔记》。文载《民国重修大足县志》卷一。

1821年　道光元年

五月，善士黄寿锡等妆绚大足峰山寺第1号龛佛像。

1822年　道光二年

十二月，总领袖龙万清等重修大足宝顶山小佛湾坛台殿宇。

1824年　道光四年

六月，信士彭世琏等装彩大足宝顶山大佛湾圆觉洞正壁三身佛像及洞口石狮。

八月，住持僧洪参装彩大足宝顶山广大寺灵官大帝、文昌神像金身二尊，立太子一尊，并于寺正殿左地坝碑壁立《永垂万古碑记》记其事。

八月，谭世坤等捐造大足雷打岩观音、文殊、普贤等像。

1826年　道光六年

六月，善士黄宝礼等妆彩大足舒成岩东岳大帝、淑明皇后龛。

十二月，信士张忠瑚彩画大足舒成岩玉皇大帝龛。

1827年　道光七年

六月，信士马大元等妆彩大足峰山寺第11号龛三官金容及左右五像。

十一月，信士李高培修大足灵岩寺第7号牛王菩萨龛。

是年，胥廷溢培修大足兴隆庵第10号西方三圣龛像。

1829年　道光九年

二月，重庆府荣昌县仁义里车坪丘居住信士萧必恒等妆彩大足张家庙第7号九子圣母像。

1831年　道光十一年

正月，僧弘参等妆修大足宝顶山广大寺观音像。寺大雄宝殿右立《万古不朽》碑记其事。

四月，僧秀然妆彩大足宝顶山圣迹池释迦佛像。池中佛足相石旁立碑记其事。

1832年　道光十二年

九月，于大足三存岩立雷孔文撰《复修金身万古千秋碑》。

1833年　道光十三年

一月，于大足千佛岩第6号川主、土主、赵公、玉皇龛外左侧立《天灯碑》，记捐资人名及培修诸事。

1835年　道光十五年

众姓同立《妆塑玉皇碑记》于大足石门山第2号玉皇龛下方左外。

1836年　道光十六年

　　正月，邑人李型廉游大足妙高山。

　　正月，邑人李型典游大足石篆山。

　　五月，众善募化妆彩大足宝顶山高观音像。

　　六月，众善重修大足宝顶山广大寺观音殿、普陀岩。广大寺方丈洪参等于其寺观音殿右地坝碑壁立《重修小宝顶广大寺观音殿普陀岩碑志铭》记其事。

　　十一月，程道平等造大足佛耳岩送子娘娘像。

　　冬，邑人李型廉游大足石门山。

1837年　道光十七年

　　十一月，众善捐资补修大足老佛洞佛像，并于寺前石堡上立碑记其事。

1838年　道光十八年

　　正月，刘义秀等于大足千佛岩立《天灯碑记》，记捐资人姓名及点灯之事。

1840年　道光二十年

　　五月，佚名妆塑大足玉皇庙文昌帝君。庙正殿左壁立碑记其事。

1843年　道光二十三年

　　正月，棠城信士徐荣德等妆彩大足北山佛湾第155号孔雀明王窟中诸像。

　　冬月，于大足北山北塔寺立铜梁县贡生杨应□佛山氏撰、大足县文生周明□石□氏书《白塔寺碑序》。

1844年　道光二十四年

　　五月，于大足双山寺第2号弥勒佛龛上崖刻《关圣帝君觉世真经》。

　　八月，信士易天伟金妆大足佛硐岩（现名佛岩洞）佛像、修立庙宇。

1848年　道光二十八年

　　二月，罗元吉撰《关圣碑记》立于大足宝顶山圣寿寺帝释殿明间右侧。

　　九月，信士杜宏章等妆彩大足宝顶山大佛湾第30号龛牧牛图像一身。

1849年　道光二十九年

　　三月，住持僧德芳立《重创碑》于大足宝顶山广大寺左地坝碑壁，记寺创建及道光十四年（1834年）至道光二十二年（1842年）众善复修广大寺殿宇并正殿佛像、下殿文武诸神像事。

　　十一月，谭家隆等重慕妆修大足雷打岩神像金容，并于第8号土地龛上岩摩崖刻《重慕装修神像金容记碑》记其事。

1852年　咸丰二年

　　三月，僧源朝等于大足无量寺正殿左侧立《恩沛佛门》碑。

　　十二月，僧浩然等培修大足青山院寺院。于寺院上殿正脊前第三根背檩面墨书记其事。

1854年　咸丰四年

　　陈天应等于大足妙高寺观音殿内立碑记众善捐资之事。

1855年　咸丰五年

　　佚名补塑大足七佛岩佛像。

1856年　咸丰六年

　　晚清书法家、邑人曾志敏所书"西竺一脉""诸恶莫作众善奉行"及"忍"字刻于大足宝顶山大佛湾。另书"海棠香国"4个大字刻于大足北山多宝塔前崖壁。

1857年　咸丰七年

　　九月，宋万有妆彩大足宝顶山大佛湾第30号龛牧牛图像一身。

1859年　咸丰九年

　　三月，住持僧成器重建大足青山院天灯柱。

八月，彭陈氏捐修大足眠牛石第2号灶王菩萨龛。

九月，谭家珍等募资培修大足光明殿第4号川主龛。

1861年　咸丰十一年

七月，佚名造大足青山院圆雕石幢。

1862—1874年　同治年间

众善于大足宝顶山大佛湾立《善由人作碑》。碑记募化妆彩神像事。

1862年　同治元年

二月，陈学士等培修大足千佛岩石窟。

二月，匠师袁化吉等妆彩大足宝顶山高观音像。

是年，广大寺僧德芳等四十人募化一万余金，重修大足宝顶山圣寿寺维摩殿、经殿、正殿、玉皇殿、东南二岳、灵官殿、万岁楼等处庙宇，至同治九年（1870年）工竣，于圣寿寺三世佛殿左立廖沛霖撰《重修宝顶山圣寿寺等处庙宇并诸佛像总碑》记其事。此为宝顶山石窟史上第三次大维修。

1863年　同治二年

三月，陈天应等于大足无量寺正殿右壁外侧立《县正堂批准示禁碑》。

七月，众善于大足佛祖岩立《佛宇重新碑》，记其募化重修大佛寺事。

九月，住持僧源朝等捐金新修大足无量寺。寺正殿神台正面刻蒋瑞山撰《修砌小引》记其事。

1864年　同治三年

三月，住持僧志容妆彩大足石篆山佛会寺"佛会之塔"像。

九月，众善重建大足三存岩观音堂并妆修佛像，立碑记其事。

十二月，众善补修大足菩萨岩神像，并于第4号龛右壁立欧阳灿撰《补修功德碑》记其事。

1865年　同治四年

正月，住持净云子造大足双山寺第2号弥勒佛龛。

1867年　同治六年

十二月，于大足石篆山第6号文宣王龛左侧立刘纯斋撰《修治庙貌神龛记碑》，碑阴为《县正堂示禁碑》。

1868年　同治七年

正月，僧德芳等培修大足宝顶山万岁楼，并于楼顶屋架抬梁墨书题记。

三月，信士赵思维装彩大足三教寺第1号千手观音像龛。

1869年　同治八年

八月，张灼昆造大足大石佛寺第21号灵祖大帝龛。

十一月，杨昺道光五年（1825年）题诗刻于大足宝顶山小佛湾第8号窟外西壁。

1870年　同治九年

八月，住持觉朗（号志容）于大足石篆山佛会寺右侧石池边巨石上刻《佛会寺觉朗拾铙记》。

1873年　同治十二年

春，大足县令王德嘉游大足南山寺，步吕张二公原韵作诗，刻于大足南山。

四月，王德嘉所书"绝尘"刻于大足南山；所书"宝顶"刻于大足宝顶山大佛湾。

六月，于大足舒成岩三清洞龛右侧壁摩崖刻《县正堂王为示禁碑》。

1874年　同治十三年

正月，王德嘉书张澍《前游宝顶山记》碑立于大足宝顶山圣寿寺三世佛殿内。

秋，兰汀王德铭临山谷道人书后汉诗三篇刻于大足南山。

1875年　光绪元年

夏日，王德嘉隶书碑刻于大足南山第2号窟。

1876年　光绪二年

　　二月，大足石篆山佛会寺大雄殿外左岩壁刻主持僧文彬题诗。

1877年　光绪三年

　　六月，会首舒隆文等彩画大足舒成岩三清洞龛像。

1878年　光绪四年

　　十一月，众善补修灵岩寺太玄世尊像，并刻《补修临岩寺太玄世尊菩萨序》记其事。

1879年　光绪五年

　　三月，众善装金焕彩大足龙凤山庙神像，其庙左外墙壁碑石记其事。

　　八月，公众新创大足峰山寺戏台。

1880年　光绪六年

　　八月，众善妆绚大足佛硐岩（现名佛岩洞）满堂神像。佛岩洞外左壁刻易清霖撰书《妆绚佛洞满堂神像记》记其事。

1881年　光绪七年

　　二月，主持僧圣质题书"白石青山"刻于大足石篆山。

　　九月，众善捐资培修大足梓桐沟观音龛。龛左壁刻碑记其事。

　　十月，主持僧宏济等妆大足石门山韦驮金身像。

1882年　光绪八年

　　赵紫光题《西域禅师坐化塔》诗刻于大足北山佛湾第155号孔雀明王窟口右外壁，编为第156号。

1883年　光绪九年

　　十二月，会众新修大足半沟湾观音像等。

1885年　光绪十一年

　　二月，于大足北山北塔寺立《县正堂丁示》碑。

　　七月，贡生李学纲等妆彩大足宝顶山高观音像。

1887年　光绪十三年

　　七月，会众培修大足佛耳岩龛像，并于第1号菩萨龛右壁刻唐心一撰书《培修记碑》记其事。

1889年　光绪十五年

　　四月，黄兆堂等培修大足灵岩寺大路。

　　六月，璧山信士戴光升捐金重装大足宝顶山大佛湾千手观音满座金身，并装绚岩"左石壁大佛金身三尊、八十八佛、转轮金车、舍利沙智宝塔、送子殿满堂神像诸胜"。兼补修十八梯石坎数步，使之焕然一新。大足宝顶山大佛湾第4号广大宝楼阁图龛下壁刻碑记其事。

　　是年，杨顺祀题书"福寿"刻于大足南山。

1890年　光绪十六年

　　正月，刻《皇恩碑》于大足宝顶山小佛湾第2号七佛壁《实录碑记》碑阴。

1892年　光绪十八年

　　六月，佚名装彩大足宝顶山大佛湾第21号柳本尊行化图。

1893年　光绪十九年

　　十月，于大足北山多宝塔第七级回廊内嵌僧成书《培修多宝塔记碑》及僧崇书《培修多宝塔题名碑》，记善众培修多宝塔事。

　　十二月，会首周顺禄等培修大足老君庙神像，并于第1号龛左门柱刻镌记记其事。

1894年　光绪二十年

　　于大足北山北塔寺《县正堂丁示》碑阴，刻《县正堂桂示》碑。

1900年　光绪二十六年

　　七月，众善创修大足雷打岩庙宇。

1901年　光绪二十七年（［日］明治三十四年）

　　［日］大村西崖著《中国美术史》于其宋代部分略记大足北山石窟。

1902年　光绪二十八年

　　八月，霍勤炜书《教孝》碑刻于大足北山佛湾，编为第102号。

1903年　光绪二十九年

　　三月，施主李三合施山土为大足光明殿庙产。

1905年　清光绪三十一年

　　三月，僧永学等立《县正堂示》碑于大足宝顶山圣寿寺大雄宝殿右前檐下。

1906年　光绪三十二年

　　三月，李殿卿等培修大足光明殿字库基坝。

　　九月，众姓妆彩大足老君庙神像。

1907年　光绪三十三年

　　十一月，众姓补修大足老君庙三清像。

1908年　光绪三十四年

　　二月，佚名造大足佛耳岩第3号真武大帝龛。

　　张春城培修大足龙神村第2号观音、川主龛金容。

1909年　宣统元年

　　二月，杨顺达妆彩大足石壁寺三教堂神像。

1910年　宣统二年

　　是年，龙必飞书"福寿"刻于大足宝顶山大佛湾南崖西端。

　　是年，陈希夷书"福寿"二字复刻于宝顶山大佛湾第23号三清与赵公明夫妇龛左右端壁面。

七　中华民国

1913年　民国二年

　　三月，龙蜚声书"与佛有缘"刻于大足宝顶山大佛湾第23号三清与赵公明夫妇龛左端壁面。

　　是年，横跨大足宝顶山大佛湾南北崖壁的石拱桥"佛缘桥"竣工。

1915年　民国四年

　　四月，黄清莲等募造大足宝顶山大佛湾第25号玉皇、地母龛。

1916年　民国五年

　　十二月，众善新修大足七佛岩庙宇。该石窟中部石壁刻《新修庙碑》记其事。

1917年　民国六年

　　二月，刊像彩化大足星火村石窟佛像。石窟内立碑记其事。

　　二月，新修大足半沟湾玉皇三教神像。殿宇内立碑记其事。

　　二月，姜秋舫游记刻于大足宝顶山大佛湾第30号牧牛图龛外。

1920年　民国九年

　　二月，大足县知事刘灼先撰联刻于大足南山石窟。

　　夏月，但道玄撰《建修劝善所叙碑》摩崖刻于大足石门山石窟"杏林宫"题刻上方壁面。

1923年　民国十二年

　　四月，众善新修大足雷公嘴土地尊神等。

1924年　民国十三年

九月，大足光明殿第4号川主龛左侧刻《募众善功资碑》。

九月，大足老佛洞第1号释迦佛龛左壁摩崖刻《佛祖会碑记》。

九月，大足老佛洞第1号释迦佛龛左侧立《观音会碑记》。

秋，知大足县事杨渭莘纪游诗并序刻于大足宝顶山大佛湾南崖西端。

是年，遵义鲁瀛书"烽烟永靖"及所作五古十七韵诗摩崖刻于大足北山佛湾。

1935年　民国二十四年

《东方杂志》第三十二卷第五号《东方画报》专栏刊载刘蕴华所摄大足北山、宝顶山石窟照片8幅。

1940年　民国二十九年

1月18日，中国营造学社梁思成、刘敦桢、莫宗江、陈明达等至大足，调查北山、宝顶山石窟及古建筑等。

1944年　民国三十三年

是年，李枕宇《和杨昙原韵》刻于大足宝顶山小佛湾第8号窟外西壁。

是年，璧山乾缘堂彩焕大足宝顶山大佛湾第21号柳本尊十炼图。

1945年　民国三十四年

4月25日，中国辞典馆馆长杨家骆邀顾颉刚、马衡、傅振伦等十四人组成"大足石刻考察团"，赴大足考察北山、宝顶山、南山、石门山石窟，历时八日。考察结束后，考察团成员相继撰文在国内各大报刊上发表，同时在重庆、上海等地发表演讲。

夏，法国驻华使馆文化专员叶里夫到大足考察石刻。

1946年　民国三十五年

2月，画家王仲博、佟超君邂逅合阳，挚约参礼大足石刻。是年王仲博撰《大足石刻参礼》一文发表于《旅行杂志》7月号，第20卷第7期。

2月，青年华侨画家杨夏林（爪哇人）、孔继昭（女，东北人）伉俪，由重庆到大足写生石刻，时约两月。

3月，复塑大足玉滩石窟神像。

是年，将1945年大足石刻考察团成员发表的文章和讲演稿汇编成《大足石刻图征初编》，作为《民国重修大足县志》卷首。

是年，李德芳参观大足石刻撰《记四川大足宝顶山唐宋石像》，刊行《南方杂志》1946年第1卷第1期。

1947年　民国三十六年

1月，佛学家王恩洋访大足石刻，撰《大足石刻之艺术与佛教》发表于当年《文教丛刊》第7、8期。

2月，杨家骆撰《大足龙岗区石刻记略》《大足宝岗区石刻记略》《大足龙岗宝顶以外各区石刻记略》，连续发表于《中央日报·文物周刊》第20、21、22期。

4月，梁思成受邀参加美国普林斯顿大学举办的"远东文化与社会"国际研讨会，与会期间，讲演两场，其一为关于此前未见报道的大足石刻。

八　中华人民共和国

1949年

12月13日，大足县解放。21日，大足县人民政府成立。

1951年

12月，西南文教部专家张圣奘考察大足南山、北山、宝顶山、三华山、古佛洞、石门山、观音岩、石篆山、七拱桥、妙高山、舒成岩、小凤凰、三圣祠、丁字桥、灌岭坡等10多处石窟。

1952年

6月，西南文教部拨专款新建北山佛湾保护长廊，并培修部分石刻。7月兴工，至次年7月竣工。

8月，苏联雕塑家克宁杜霍夫考察大足北山、宝顶山石窟，历时四天。

11月12日，大足县人民政府以府〔1952〕教社字第293号文件通知成立大足县文物保管委员会，下设大足县石刻保管所。

1953年

1月15日，大足县委、县政府领导在进行"土改"复查时，发现"土改"中重要石刻所在区、乡政府未落实"留石刻临近地面以备培修"的指示，即以大足县人民政府〔1953〕教社字第014、015、016、017号文，向北山、宝顶山、南山、舒成岩、石篆山、石门山、佛安桥、七拱桥、妙高山等处石刻所在区公所发出紧急通知，要求在石刻周围，划出文物保护范围，留作公地，以备培修之用。并指出："事关保存古迹文物，勿忽为要！"

1月，大足县人民政府通知将宝顶山圣寿寺交由大足县石刻保管所管理使用。

4月，四川省文化局拨款对宝顶山大佛湾牧牛图、圆觉洞、鲁班仓、柳本尊行化图、地狱变、净土变、父母恩重经变、雷音图等龛窟基岩进行填充加固；石砌柳本尊行化图、雷音图、毗卢洞等处堡坎；重修佛缘桥地面石板、两边栏杆等；翻盖维修圣寿寺殿宇、小佛湾坛宇、佛祖岩、广大寺房宇和南山、石门山房宇等。

6月2日，大足县石刻保管所更名为大足县文物保管所，编制3人，设在大足县文化馆内。

7月，张圣奘撰《大足安岳的石窟艺术》一文在《西南文艺》第19期发表。

是年，在北山营盘坡发现唐末五代石刻11龛，出土6龛，有形未挖的5龛；在宝顶山万岁楼脚下发现"打鱼郎"；调查宝顶山珠始山、黄桷坡、岩湾，以及七区玉滩、七拱桥、佛安桥，三区小佛湾，十区大佛寺，二区高坪乡小凤凰、罗汉岩、三圣祠、丁字桥、青龙乡灌岭坡，四区玉龙乡三清洞等10余处造像。

1954年

5月27日，四川省文物管理委员会派出的由潘中玲、刘真廉、林坤雪组成的第一调查组到大足，与大足县文管所蒋美华、邓之金、邓耘丛一起组成"大足县文物调查小组"，对全县文物进行调查，至6月28日结束。共调查北山、南山、宝顶山、舒成岩、石篆山、石门山、陈家岩、玉滩、七拱桥、佛安桥、妙高山、猫猫岩（妙高山附近）等唐宋石刻，以及千佛岩、朝阳岩等明代石刻，并逐处登记、编号，共捶拓碑刻、题记156张。此外，还调查了宝林寺、潮音寺等寺庙及城西、双河水库等处宋墓。其后以四川省文物管理委员会名义辑成计约9万余字的《大足县文物调查小结》。

7月，西南美术专科学校（四川美术学院前身）雕塑系学生徒步考察大足石刻。自此，雕塑系师生多次到大足写生、拍照、临摹，至1958年翻刻大足石刻雕塑200余件。

7—12月，大足县文管所按照大足县人民政府〔1954〕文社字第103号文，对全县文物古迹和文物品进一步进行调查收集。计查出摩崖石刻造像50余处，寺观115座，古墓葬12座，崖墓4处，古寨7处，古塔4座，收集到瓷、铜、玉器和碑刻、拓片等290件，古旧书刊8000余册。

11月，在大足县万古镇曹家村四组发现古墓一座。此外，国梁镇膏家坝挖塘损坏古墓一座。

12月28日，大足县人民政府以府〔1954〕文社字第200号文向各区、乡、县直单位发出《关于工地和用土工程中发现历史文物应切实保护的通知》。

12月，西南图书馆持四川省文物局通知，从大足县文管所调去古旧书刊1589册。

是年，中央文化部文物局长郑振铎在全国科普协会上讲话指出：大足的摩崖造像是具有头等价值之文物。

1955年

2—4月，为有效管理当时明文保护的13处石窟，大足县文管所在石门山、妙高山、石篆山、北山、宝顶山等处创建"群众文物保护小组"。

5月，四川省博物馆从大足县文管所调提铜、铁、玉、陶、象牙、石刻、化石、拓片等8类201件文物，大多为珍品。

6月，大足县人民政府将四川省文史馆馆员陈习删著《大足石刻志略》（草稿）油印，分送有关单位和专家征求意见。

7月6日，大足县人民政府通知遵照四川省文化局文社字第141号文件精神，撤销大足县文管所，并入大足县文化馆。

1956年

1月，重庆建筑工程学院教授辜其一等15人到大足考察北山、宝顶山石窟。

1月，国家文物局首次拨款4万元，培修宝顶山、北山石窟。

5月16日，大足县人民政府组建大足石刻培修委员会，办公室设文化馆。

8月15日，宝顶山、北山石窟培修工程开工，至1957年完工。主要项目有：加固宝顶山大佛湾护岩堡坎，修建沿岩参观路旁石条栏杆，钢筋混凝土补接释迦涅槃圣迹图龛檐、父母恩重经变龛檐，新添雷音图龛檐，兴建"倒塔"、牧牛图亭宇，修复九龙浴太子龛，加固地狱变"剑树地狱"崖壁，新修大佛湾沿岩大排水沟和北山佛湾后岩大排水沟等。此外，还在宝顶山大佛湾龛洞壁空白面，用土红、牛胶、白矾等材料合成液体涂抹，以防风化。

8月16日，北山、宝顶山、南山、石篆山摩崖造像和北山多宝塔，被四川省人民委员会公布为全省第一批历史及革命文物保护单位。

11月，由中国美术家协会组织，中央美术学院及其华东分院（中国美术学院前身）、东北美术专科学校（鲁迅美术学院前身）、中南美术专科学校（广州美术学院前身）、西南美术专科学校（四川美术学院前身）、中国雕塑工厂等单位的12位雕塑家、美术史家组成的"四川省古代石刻考察团"，进行以大足石刻为中心的考察。日后，发表多篇大足石刻著述，编著的32开本《大足石刻》图书，于1959年由文物出版社出版。

1957年

3月，傅扬编《大足石刻》一书由朝花美术出版社出版。

是年，珠溪乡七拱桥石窟、庙宇，因修"双珠公路"被炸毁，今仅存宋刻残龛和清初一佛洞。

1959年

2月，从宝顶山岩湾新修一条约一公里的石梯道路，让从化龙至宝顶香山场的行人由此路抵达，改变了行人原从化龙至宝顶山香山场，必经大佛湾佛缘桥下，再穿过大佛湾石窟区的历史。同时，在佛缘桥下建一门关闭，使大佛湾石窟得到有效管理。

4月，对全县寺庙进行调查后发现，1955年普查时共有寺庙581座，时仅存446座，已被拆毁135座：弥陀1座、化龙4座、城北1座、二区13座、三区6座、四区6座、五区10座、六区30座、七区39座、八区5座、九区20座。且存者大多由粮站、学校、乡政府所用，或由农民居住。

9月，四川省文化局拨款对宝顶山大佛湾毗卢洞顶进行加固、防漏、排水，以及对洞下岩洞填充条石加固等。

秋冬际，中央新闻电影制片厂范克勤到大足摄制大足石刻新闻片。

是年，大足香山乡（公社）粮点借用宝顶山圣寿寺各殿宇储售粮食及作营业点。日后，把地坝左右清初所建天王殿拆毁，改建为石条粮仓，把燃灯殿改作油榨房。

1960年

2月7日，捷克斯洛伐克援华专家扎特洛乌·卡尔等2人参观北山、宝顶山石窟。

7月，四川省文化局拨款3万元，兴建宝顶山小佛湾保护围墙、堡坎，治理浸水，培修七佛龛壁基部等。时值三年困难时期，经费几经冻结、解冻，至1963年方告竣。

1961年

3月4日，中华人民共和国国务院公布大足北山、宝顶山摩崖造像为第一批全国重点文物保护单位。

春夏，雕塑家、美学家王朝闻考察大足石刻。

10月，荫远（潘绍棠别名）编著的《大足石刻》一书由上海人民美术出版社出版。该书为32开本，载图20帧。

是年，四川省文化局通知，恢复大足县文物保管所建制。

1962年

1月28日—2月14日，北京大学考古系教授阎文儒率中国佛教协会释通一，敦煌文物研究所刘玉权、祁铎，甘肃省博物馆董玉祥、张宝玺等一行五人至大足，历时半月，对北山、宝顶山、南山、石门山石窟进行登记、测量、拍照、辨识等工作。时阎文儒撰成的《大足宝顶石窟》《大足龙岗山石窟》两篇文稿，至1986年方刊于《四川文物》石刻研究专辑。

5月，四川美术学院雕塑系李巳生主持编撰的《大足石刻》大型图录，由朝花美术出版社出版。该书为精装大8开本，收载大足石刻图版200多帧，为大足石刻史上第一部大型图录。

6—8月，中央美术学院雕塑家王临乙、钱绍武，先后考察大足北山、宝顶山石窟。

10月，国家文物局古建筑研究所余鸣谦、姜怀英、杨玉柱，同四川省文化局文物处宋之正到大足，历时11天，首次对大足北山、宝顶山石窟的保护情况进行现场调研。

11月24日，中国美术家协会副主席、雕塑家刘开渠，敦煌文物研究所所长常书鸿等一行18位专家学者考察大足石刻。

1963年

4月26日，大足县人委向全县发出〔1963〕会办字第235号文，通报江津专区养路段为修公路炸片石损坏南山石窟龙洞之事，并再次公布北山、南山、宝顶山、石门山、石篆山、妙高山、舒成岩、陈家岩、玉滩、佛安桥、七拱桥、千佛岩石窟和多宝塔等13处石刻，以及解瑜墓等5处宋代古墓为大足县文物保护单位。

5月，北京地质学院教授苏良赫、吴震寰及文化部文物博物馆研究所岳瑾瑜等专家，首次考察大足石刻防风化问题。并于1965年1月撰成《广元、乐山、大足等县石刻岩石风化调查报告》《大足宝顶山摩岩造像风化岩石性质研究》两篇文稿。

5月，中央新闻电影制片厂薛鹏荦、张家渊拍摄宝顶山等石刻纪录片。

6月21日，中央美术学院教授王临乙、王合内、滑田友等雕塑家考察大足石刻。王临乙在留言簿题书："前有云岗龙门，后继北山宝顶"。

11月5日，国家文物局副局长王书庄、古建筑专家罗哲文、四川省博物馆馆长冯汉骥、四川省文化局文物处处长高文、四川省文管会专家吴觉非等一行，首次到大足考察石刻。

1964年

4月10日，大足县人委以〔1964〕长明文字第129号文件，通知各区乡政府加强文物保护，明确要求"对我县已公布的文物保护单位的保护范围"，必须"划出安全保护区和一般保护区"范围。为把此项工作落到实处，大足县人委组成以副县长蒋明哲为组长的工作组，赴北山、宝顶山等国家、省、县级文物保护单位，会同所在区乡村干部，进行划界定桩。

4月，国家古代建筑修整所专家纪恩、贾瑞广、李哲元至大足考察石刻保护问题。

6—12月，大足县文管所制作、竖立各级文物保护单位标志碑11块，"文物安全保护区"和"石刻风景名胜区"石条界桩101根。

1965年

5月，国家文物局拨款1.5万元，用钢筋混凝土补接宝顶山大佛湾毗卢洞顶和孔雀明王岩檐。7月开工，9月完成。

5月，四川省文化局拨款治理南山三清古洞渗水，制作钢筋水泥抬梁一根加固窟口，石砌三圣母洞券拱。

1967年

1月，"文革"扫"四旧"风起。大足县城关地区出现大足石刻是"四旧"、文管所是"保护牛鬼蛇神的黑机构"等大字报，叫喊"砸烂"北山、宝顶山石窟。时大足县文管所深感责任在身，邓之金等同志深夜向县长邓承忠报告，并分赴北山、宝顶山，在乡社领导的支持下，会同当地"群众文物保护小组"人员死看硬守，向串联的"红卫兵"宣传文物政策；在宝顶山的文管所的同志还走家串户，发动小学校师生，动员就近的群众，护卫石刻安全。宝顶山不仅没人带头打砸石刻，一些群众还手持农用器具与"群众文物保护小组"人员一起共护石刻。

2月，中国科学院历史研究所奉国务院令，向大足县文管所发电询问全国重点文物保护单位北山、宝顶山石窟安全情况，并限两日回报。大足县文管所同志遂将此电报抄贴北山、宝顶山和大足城区，"砸烂"之声方渐消停，使大足石刻幸免于难。

1968年

春夏间，北山、宝顶山石窟区又成为"武斗"据点。大足县文管所同志当仁不让，张孝达住守北山佛湾，邓之金、邓耘丛守护宝顶山，与"国宝"共安危。

1969年

7月，宝顶山圣寿寺两廊天王殿，被东方红公社（香山乡）粮点拆除，改建成石条粮仓。

夏，宝顶山广大寺下殿被大足县财政局以3000元变卖给大足县医药公司；其后北山北塔寺前殿又被作价变卖拆走。

1971年

10月，大足县文管所与文化馆合并成立革命领导小组。

1972年

10月，四川省文化局拨款6000元，培补宝顶大佛湾释迦涅槃圣迹图龛南部垮残龛檐。

1973年

8月，国家文物局拨款5.92万元，培修北山、宝顶山石窟，新建保护设施。至1974年，主要完成：北山佛湾第136号窟渗水治理，置铁栅栏关护北山佛湾第136号窟及多宝塔塔门、第二级洞窟；治理宝顶山大佛湾毗卢洞、圆觉洞渗水，将大佛湾南崖进口石梯道改为"之"字形，做大佛湾龛洞崖檐滴水垂珠；兴建北山佛湾小院接待室及守护管理用房，结束了管理人员住佛廊檐下看守的历史。

11月1日，国家文物局党组书记刘仰峤在四川省文化局文物处处长高文陪同下到大足考察石刻。

1975年

3月，大足县革命委员会通知：宝顶山石窟区在"香会节"期间不对群众开放。

1976年

7月，四川省文化局拨款1.5万元（1977年7月增拨1万元），修建宝顶山石窟区管理用房，至1977年冬竣工，结束了管理人员长住圣寿寺的历史。

12月7日，大足县委通知，撤销大足县文管所、文化馆革命领导小组，恢复大足县文物保管所建制，调陈明光任所长。

1977年

6月27日，参加四川省委在大足召开的地、市、州、县委书记会议的代表600多人，在江津地委书记刘萍、大足县委书记李培全等陪同下，参观宝顶山石窟。

7月5日上午，四川省委主要领导，在永川地委书记安法孝、白兰芳，大足县委第一书记李延生等陪同下，参观宝顶山石窟。

8月30日，宝顶山大佛湾"西方净土变"崖檐脱落一块重达一吨以上的巨石，砸断地上石条栏杆。

9月5日，下午3时许，宝顶山"万岁楼"底层西南面板壁失火，后扑灭。火因时住楼下的圣寿寺老僧禅定贴壁堆放火灰复燃引起。

10月22日，四川省文管会工程师马家郁、技术室主任康建国和生物所徐某某到大足，试用化学材料粘接石刻。至11月5日粘接造像有：宝顶山大佛湾圆觉洞面佛长跪菩萨断头，右壁第1、3、6身菩萨断手，左壁第1身菩萨断手、第2身菩萨耳环；毗卢洞前壁、洞口右上菩萨断头；释迦涅槃圣迹图像头前平顶方巾像断头和破裂身躯；牧牛图牧童破裂斗笠；小佛湾明代镂雕香炉等。因北山《韦君靖碑》右上角表面起层，故割缝复原粘合，虽效果不甚理想，但保存了碑文。

11月，四川省文化局拨款1.5万元，维修北山佛湾长廊，至1978年5月完成。主要内容有：翻盖加固长廊房宇，清理后檐下排水沟道，拓宽南、北段之间人行通道。

1978年

1月10日，国家文物局高级工程师齐英涛、雕塑家刘开渠，与12个省市的雕塑、美术专家100余人，考察大足石刻。

4月，大足县文管所为促进大足石刻早日对外开放，提出了"加强宣传，以外促内，争取开放，走向世界"的工作目标。其后主动送图片、资料给《四川画报》《人民画报》《艺苑掇英》等出专刊，在报刊、广播上广为宣传，邀请四川省和重庆市外事、旅游部门领导考察大足石刻，为大足石刻的对外开放奠定了基础。

6月15—19日，四川省文物工作会议在大足县举行。会上，四川省文化局领导宣布：大足石刻规划为全省第一批对外旅游开放点。

6—11月，上海科学电影制片厂导演陈冀，摄影师李文秀，导演助理章以谦等一行14人，先后两次到大足摄制完成35毫米、时长30分钟的《大足石刻》电影，并于1979年在全国发行放映。此为大足石刻史上第一部正式对外公开发行的影片。

7月，大足县委、县政府决定：宝顶公社粮点迁出圣寿寺，以备培修、对外开放。

7月，四川省文化局拨款2万元，补接宝顶山大佛湾"大方便佛报恩经变""西方净土变""六耗图"龛檐。

冬，大足县委在县万亩绿化片区指挥部下，设立南、北山石刻绿化片区，组建以所在社队人员为主的绿化专业队。经其后十余年的绿化，南山、北山石窟区绿树成林。

1979年

1月，大足县城西乡八村四队农民在兴修水利时挖出宋墓1座，出土墓志铭1方及宋"四灵铜镜"1面。

2月6日，动工新建长达1500米的北山佛湾石刻区围墙和南北进出口门厅，至1980年春节前夕竣工。1980年农历正月初一，北山石窟正式对外售票参观。

2月6—17日，四川省博物馆古史部主任范桂杰和陈列部副主任王家祐一行4人，到大足城西乡六村清理佛耳岩南宋墓1座。清理出人物、生肖等陶俑43个，墓志铭1方。

4月4日、9日，四川省委书记杨超、杜心源先后考察北山、宝顶山石窟。

4月6日，四川省委顾问张秀熟、任白戈，成都军区政治部主任杨白冰，重庆市政协副主席周钦岳等一行，参观宝顶山石窟。

4月26日，文物出版社摄影师彭华士、陈志安来大足拍摄石刻照片，于1984年出版《大足石窟》一书。

4月，四川省文化局拨款1.5万元，新建从北山南麓至佛湾南端入口石梯大道，宽3米，长约1500米，当年10月竣工。

7月14日，宝顶山大佛湾千手观音崖檐落石一块，重约500斤。

8月28日，香港长城影片公司导演孙华，同峨影厂摄制人员一行，拍摄《四川漫游·大足石刻》部分，后定名《四川奇趣录》，发行海内外。

8月，四川省文化局拨款5000元修复宝顶山大佛湾"卧佛"前立菩萨、天王像。时"卧佛"前立菩萨群像裙脚显露前人补塑残迹，右天王像头断毁，卧佛像头前卷发人像头风化、断残落地，平顶方巾人像和龛左柱下软脚幞头力士像头面破残，供台上泥塑供物剥残。遂先请民间艺人蒙海云等，历时近半年，试行补塑复原"卧佛"供台上供物和卷发人头像，然不理想。复请四川省博物馆雕塑专家任义伯、赵竹同等修补复原。

冬，大足县文管所编印《大足石刻》简介，1980年送国家旅游局展出。

1980年

1月，上海美术出版社《艺苑掇英》刊出《大足石刻》专辑。

2月20—21日，在四川外语学院执教的加拿大语言学家司徒尔特及其夫人一行，参观北山、宝顶山石窟。司徒尔特是大足石刻对外开放后的第一位外宾。

2月，兴工培修百年失修的宝顶山圣寿寺，至次年10月竣工。主要工程内容包括：下架培修玉皇殿、大雄殿、三世佛殿、维摩殿和山门，拆除石条粮仓复原为天王殿。燃灯殿因资金不敷，仅作一般维修。

4月5—6日，在四川外语学院执教的日本语言学家石川一成参观大足北山、宝顶山石窟。当年回国后，石川一成连续撰文在日本《读卖新闻》《朋友》等报刊上介绍大足石刻。

4月17日，画家苏葆祯等到大足参观石刻，并即席作画。同日，四川省委第一书记谭启龙在大足县委领导陪同下考察宝顶山石窟。

4月，四川省委批复同意开辟大足石刻旅游区。

6月4日，由香港14家通讯社、两家电视台组成的四川访问团，造访北山、宝顶山石窟。返港后浓墨重彩报道大足石刻。

6月，《四川画报》第3期刊《大足石刻》专辑。

7月7日，四川省人民政府以川府发〔1980〕154号文，重新公布全省文物保护单位名单，大足石刻除此前已公布的北山、宝顶山、南山、石篆山外，又增石门山石窟。

7月18日，中国艺术研究院美术研究所教授、所长温廷宽一行6人考察大足石刻。

9月27日，国家文物局文物保护研究所副所长蔡学昌、高级工程师余鸣谦，四川省文管会办公室丁祖春、马家郁一行到大足考察石刻保护工作，研究制订维修工程方案。

10月，中日合拍电视片《长江》制作团队，分A、B队先后到大足拍摄北山、宝顶山石窟。

11月9—10日，国家文物局局长汪小川调研大足石刻保护工作。

11月19日，芬兰驻华大使苏奥默林一行参观宝顶山石窟。这是大足石刻史上正式接待的第一位大使级外交官。

11月25日，人民日报、新华社、人民中国、中国日报等11个新闻单位的20多位记者，参观大足石刻。

12月，四川省委统战部公布《四川省第二批开放教堂寺庙名单》。在既未按规定报经国务院批准，亦未与四川省文化厅协商的情况下，把属全国重点文物保护单位宝顶山石窟附属建筑的圣寿寺列入该名单。

1981年

1月8日，大足县人民政府发布《关于保护文物的布告》。

3月，四川省人民政府批准大足石刻（北山、宝顶山）正式对外旅游开放。

4月1—3日，国家文物局局长任质斌一行五人到大足调研文物保护工作。

4月10—14日，中国文物保护协会石窟保护技术经验交流会在大足县举行。全国各地50多位专家、学者，实地研讨大足北山、宝顶山石窟维修方案。会后，由贾瑞广、黄克忠和大足县文管所的同志一道，具体编制北山、宝顶山石窟第一、二期维修保护工程规划方案，逐级上报国家文物局。

春，动工维修北山、宝顶山石刻。至1983年主要完成：宝顶山"地狱变"危崖除险、治水工程；北山佛湾第136号窟顶裂隙渗水治水、加固除险工程；按《金石续编》载文复刻《韦君靖碑》上部正文；在宝顶山大佛湾南崖西端，新修进口门厅、梯道（因过陡峭，加之泥土填方，山水流入，经工欠善等原因，临竣工时曾垮塌，后从善复建）。国家文物局派贾瑞广、黄克忠、马家郁等现场指导。

5—6月，大足县人民政府组织工作组，对大足石刻保护范围和大足风景名胜资源进行调查。事后撰成《大足文物风景名胜资源的调查、评价、鉴定报告》上报四川省人民政府。

8月，永川地区文化局、大足县文物保管所等编《大足石刻》（16开本）画册，由四川人民出版社出版。

10月15日，印度驻华大使巴杰帕伊参观大足石刻。

10月31日，应国家对外友协邀请，英籍华人作家韩素英女士首访北山、宝顶山石窟。

10月，兴工修建宝顶山圣寿寺及全长约2000余米的"倒塔"四周和大佛湾西北面文物安全保护石条墙。至次年10月1日培修告竣，圣寿寺正式对外开放。

12月，四川省文化厅拨款治理南山三清洞渗水，修砌龙洞券拱顶，至次年冬完工。

1982年

2月，《人民画报》第2期刊文报道大足石刻。

3月14日，农历二月十九日，赴宝顶山"朝山进香"者众，大佛湾南崖石巷子石条栏杆被挤垮抛坠，一人滚至岩檐，幸无伤亡。为此，是年夏兴工修建南崖西端进口，以缓解南崖中部独门进出拥挤之患。至是年10月竣工，关闭南崖中部进出口，启用新门厅进口。

4月4日，大足县人民政府公布余栋臣反"洋教"斗争起义遗址——龙水镇东岳庙、石马镇天主教堂为大足县文物保护单位。

5月9日，中国摄影家协会主席吴印咸参观宝顶山石窟。

5月，中华民国时期重庆市长杨森之子、美籍华人、建筑学家杨汉沪参观宝顶山石窟。

6月19日，大足县人民政府发出《关于对北山石窟文物景区的界畔和有关问题的处理决定》，使其多年界畔争端得以基本解决。

7月21日，日本和光大学武者小路穰一行考察北山、宝顶山石窟。事后撰《大足石刻四则》，刊于1985年日本中央公论事业出版社出版的《宫川一雄著作目录》。

10月9日，国务院、中共中央军委通知大足县为乙类开放地区。

10月26日，国家旅游局局长韩克华考察大足石刻旅游工作。

11月18—25日，四川省社会科学院在大足举行"四川省文艺理论研究会、美学会年会暨大足石刻讨论会"。经与会专家学者提议、永川地委宣传部批准，成立"大足石刻研究学会"（1989年更名为"重庆大足石刻研究会"），以推动大足石刻研究。

11月26日，大足石刻研究会召开成立大会，推举永川地区行署顾问凌文远为首任会长。

12月，大足县人民政府拨款培修宝顶山大佛湾入口至广大寺石板道路，于次年"香会节"前竣工。

1983年

3月17日，画家华君武、牛文参观大足石刻。

3月，永川地区并入重庆市，大足县更隶重庆市。

4月，国务院公布全国汉族地区重点开放寺观名单，宝顶山圣寿寺不在其列。然四川省委统战部单方面决定将大足圣寿寺列入宗教开放寺庙名单，此既与《文物保护法》不合，也与国务院文件相抵触。由此，文物与宗教部门就圣寿寺管理权属问题争议长达十余年。

10月2—3日，中共中央宣传部副部长林默涵，在四川美术学院院长叶毓山陪同下考察宝顶山、北山石窟，并指出，应在北京举办大足石刻艺术展。

11月，在北山脚下动工修建大足县文管所办公用房，次年夏竣工。

冬，于宝顶山大佛湾南崖西端进口脚下崖壁，刻林默涵等现代名家书法作品10方。

冬至次年初春，大足县文管所清理宝顶维摩顶东被泥土掩埋的圆雕残像。挖出较大的石刻残件百余件，小件未计数。视其风格，宋、明、清皆有。择其较好者27身，于殿内外石砌神龛陈列，余存殿内右耳室及殿后檐下。

1984年

2月23日，日本小原三世子、法国圭纳德·埃林，擅入非开放的南山、石门山、舒成岩、佛安桥石窟拍照。当晚，大足县公安局将其胶片曝光。

4月23日，全国人大常委会副委员长王任重视察宝顶山石窟。

4月23—26日，四川省科委、文化厅，在大足召开"大足石刻加固技术鉴定暨第一、二期保护维修工程验收会"。

4月，大足县文管所所长陈明光去职。

5月14日，中共中央政治局委员、书记处书记宋任穷视察宝顶山石窟。

5月，邓之金、王庆煜、黎方银任大足县文管所副所长。

5月，动工兴建北山石窟文物区外宾接待室，当年竣工。

6月，大足县文物保管所编《大足石窟》（大16开）图录，由文物出版社出版。

6月27日，经国家公安部批准，大足县成为重庆市第一个甲类对外开放县。

7月，陈明光、邓之金等于原石马镇团丰村蒋家团坝水田中发现圆雕菩萨像及柱础石。

8月25日，大足县人民政府转发四川省文化厅通知，经四川省编委川编发〔1984〕066号文批准，建立大足石刻艺术博物馆，实行与大足县文管所一套机构、两块牌子的管理办法。

10月4日，大足县文管所组成文物普查小组，对全县文物进行普查。至1985年9月结束。1986年1月22日，大足县人民政府以府发〔1986〕4号文件将其中较为重要的32处石刻、宋墓和古塔公布为大足县文物保护单位。

10月，大足县文管所于宝顶山小佛湾围墙外公路正中，建成仿古牌坊一座，上书"宝顶"二字。

1985年

3月13日，日本朝阳株式会社社长华井满在重庆市市长肖秧、大足县县长叶学文陪同下参观大足石刻。

3月14日，外交部组织驻华外交机构官员一行35人（其中大使、公使8人，联合国代表2人，余多为文化参赞）参观大足石刻。

3月15日，重庆市人民政府副市长冯克熙召集市、县文物和宗教部门负责人会议，提出拟同意大足县人民政府建议，辟广大寺为开放寺庙，宗教活动不在圣寿寺内举行。由于宗教方面持保留意见未果。

4月15日—5月2日，"大足石刻艺术展"在中国美术馆隆重展出。此次展览由文化部顾问林默涵首先发起，后经商议，决定由文化部文物局、重庆市文化局、中国美术馆、四川美术学院、大足石刻艺术博物馆联合筹备举办。当代著名雕塑家、中国美术馆馆长刘开渠撰写《辉煌的大足石刻》一文作为展览前言。共展出与原作等大的18尊石刻造像复制品及206幅彩色巨照。4月15日，举行了盛大的开幕式。全国人大常委会副委员长王任重、国防部长张爱萍、文化部顾问林默涵，以及首都各界著名人士廖沫沙、刘开渠、傅天仇、钱绍武等200多人出席开幕式。人民日报、新华社、光明日报、中央电视台等媒体竞相报道。展览半个月，有6万多人参观。

4月，《大足石刻研究》（16开本）、《大足石刻内容总录》（32开本）由四川省社科院出版社出版。

6月2日，中共中央书记处书记、中宣部部长邓力群视察北山、宝顶山石窟。

10月，哲学家、宗教学家任继愈，佛教研究专家郭朋考察宝顶山石窟。

11月15日—12月8日，由重庆市文化局、四川美术学院、成都市展览馆、大足石刻艺术博物馆举办的"大足石刻艺术展"在成都市展览馆展出。

11月28—29日，四川省文管会、四川省社科院和大足石刻艺术博物馆共同在四川省社科院举办"大足石窟艺术座谈讨论会"，就大足石刻的历史地位和价值、研究中的问题和方法等进行了深入探讨。

12月，国家文物局授予大足县文物保管所"全国文物博物馆系统先进集体"称号。

是年，国家文物局拨款20万元，维修宝顶山石窟，至1986年完成。主要工程内容包括：加厚宝顶山圣迹池堤坝，堵隔"卧佛"渗水；石砌圣迹池内"佛臀相石""佛足相石"周围隔水墙，建亭宇覆盖"佛足相石"，并置跳蹬石与之相接，供人步入参观。

1986年

1月31日上午，邓小平在中共中央顾问委员会副主任王震，四川省委书记杨汝岱，重庆市委书记廖伯康、市长肖秧，大足县委书记邓中文、县长叶学文的陪同下，视察宝顶山石窟。大足县副县长郭相颖为其讲解。

4月17—22日，大足石刻研究会第二届年会在大足召开。会议选举产生以宋朗秋为会长、丁先发为秘书长等29人组成的理事会，聘请傅振伦、梅健鹰、杨明照等10位专家为学会顾问。会议收到学术论文、资料50多篇。

5月1—20日，由四川省文化厅、桂林市文化局、重庆市文化局、桂林市展览馆和大足石刻艺术博物馆联合举办的"大足石刻艺术展"，在桂林市展览馆展出。

6月1—15日，由四川省对外文化交流中心、重庆市文化局、大足石刻艺术博物馆、深圳国际展览馆联合举办的"大足石刻艺术展"在深圳国际展览馆展出。

6月，万古镇长生村农民周明泉在大钟寺坡地上挖掘屋基时，出土北宋圆雕石刻近百件。部分镌有北宋咸平、皇祐、嘉祐、治平年号及匠师文昌、文惟简、文惟一题名。大足县文管所派员查考后，拣选出雕像、经幢等51件运回收藏。

7月1日下午，宝顶山大佛湾"地狱变相"龛顶檐石脱落一块，重约200斤。

7月15日，国务委员谷牧参观北山、宝顶山石窟。

7—9月，大足县文管所修建北山佛湾石窟前后坡林间游径石板路751米。

10月12日上午，宝顶山大佛湾"华严三圣"龛顶檐石脱落一方，重约200斤。

11月21日，英国科学家、皇家学会会员，中国科学院自然科学史研究所名誉教授，86岁高龄的李约瑟博士考察大足北山、宝顶山石窟。

11月25日，中央顾问委员会常务委员萧克将军参观宝顶山石窟。

12月，北山佛湾、宝顶山大佛湾大部分龛前安置钢管栏杆，总长约400米。

1987年

2月7日，民主柬埔寨联合政府主席西哈努克亲王偕夫人莫尼克公主一行参观宝顶山石窟。这是大足石刻正式对外开放后接待的首位外国元首。

4月3日，中央军委第一副主席杨尚昆、全国人大常委会副主任廖汉生一行视察北山、宝顶山石窟。

5月7日，大足县人民政府成立大足县全国第二次文物普查办公室，调配专人，分片包干，再次对全县文物进行普查。后历时6个月完成。次年9月16日以大足府发〔1988〕134号文件，将其中价值较高的36处石刻、19处古墓葬等文物点公布为大足县文物保护单位。

5月16日，中共中央对外宣传领导小组组长朱穆之考察宝顶山石窟。

6月4日，中共中央宣传部部长王忍之考察大足石刻。

9月6日，美国前国务卿基辛格博士及其夫人一行参观宝顶山石窟。

9月，大足县全国第二次文物普查办公室在宝山乡建角村发现有初唐"永徽"纪年的尖山子石窟。1992年，重庆市人民政府将其公布为重庆市文物保护单位。

1988年

6月22—23日，全国政协副主席、中国佛教协会会长赵朴初参观宝顶山、北山石窟。

8月8日，高坪乡发现古钱币窖藏。

9月23日，四川省人民政府在《关于大足县圣寿寺归属问题的通知》中，要求将圣寿寺交僧人管理。

11月4日，全国政协副主席王恩茂参观大足石刻。

12月10日，中共中央顾问委员会常委、全国地方志指导小组组长胡乔木考察大足石刻。

1989年

4月21日，四川省省长张皓若考察大足石刻。

4月22日，重庆市人民政府以重府发〔1989〕42号文提出贯彻川府函〔1988〕448号文的《实施意见》：宝顶山圣寿寺除小佛湾外交僧人使用。

4月29日，大足县委宣传部任命黎方银为大足县文管所党支部书记、所长。

4—7月，大足县文管所委托南江地质大队对北山、宝顶山文物区进行地形测绘。

7—10月，大足县文管所委托中国地质大学（武汉）教授潘别桐、方云对北山、宝顶山石窟区进行水文地质勘探。

1990年

2月，兴工修建北山佛湾长廊后檐排水沟，长290米，至次年2月竣工。

3月11日，国家文化部以文物函〔1990〕333号文致函四川省人民政府：圣寿寺是全国重点文物保护单位，不属于落实宗教政策的范围，不应交由僧人管理。

5月5日，宝顶山大佛湾"地狱变相"龛顶檐石剥落一块，重约200斤。

6月27日，大足县编委通知，经重庆市编委批准，大足石刻艺术博物馆更名为重庆大足石刻艺术博物馆，提升为县（处）级事业单位，隶属大足县委、县政府领导，业务方面按市文化局直属单位对待，与大足文管所仍实行两块牌子一套班子的管理办法。

8月22日，大足县委以足委函〔1990〕178号文件通知，成立中共重庆大足石刻艺术博物馆党组，郭相颖为书记，陈明光、黎方银为成员。

8月27日，大足县人民政府以大足府函〔1990〕107号文件通知，任命郭相颖为重庆大足石刻艺术博物馆馆长，陈明光为副馆长。

12月11日，著名作家、文学翻译家、书法家楚图南参观宝顶山石窟。

12月21日，大足县人民政府《关于执行〈重庆市人民政府贯彻省政府关于大足县圣寿寺归属问题的实施意见〉的通知》（足府发〔1990〕190号）通知："限在年底前将圣寿寺交给和尚管理"。

1991年

1月3日，重庆大足石刻艺术博物馆以大足县人民政府足府发〔1990〕190号文违反《中华人民共和国文物保护法》为由（实为四川省人民政府违法），根据《中华人民共和国行政复议条例》，依法申请重庆市人民政府复议：要求撤销大足县人民政府违反《中华人民共和国文物保护法》的足府发〔1990〕190号文件。时《中华人民共和国行政复议条例》刚于是年1月1日生效。

1月15日，国家文物局致函四川省人民政府办公厅：如果一定要改变圣寿寺的管理体制，请依法报国务院批准。当晚圣寿寺及外地"和尚"和老年男女"信众"数十人，在县政府办公楼前静坐。

1月16—17日，圣寿寺及外地"和尚"和一些老年男女"信众"，以及不明身份者数百人，打砸重庆大足石刻艺术博物馆设在圣寿寺的消防室、治安室、文物库房、职工食堂和部分职工的宿舍，并殴打个别职工。哄闹通宵，至17日未停。17日晚，大足县人民政府领导接重庆市人民政府领导电话指示：复议期间不停止"移交"，限于22日前"移交"。

1月22日，大足县政府办公室主任张腾才，在圣寿寺燃灯殿召集有关人员办理圣寿寺"移交"。重庆大足石刻艺术博物馆副馆长陈明光、办公室主任黎方银参加。陈明光签字："思想不通，组织服从，保留依法向法院提起诉讼的权利"。

2月，宝顶山大佛湾"大悲阁"外西侧钢筋混凝土新架平桥竣工。

3月初，重庆市人民政府驳回重庆大足石刻艺术博物馆"行政复议申请"。15日，重庆大足石刻艺术博物馆法律顾问、西南政法大学教授金平、赵泽隆作为代理诉讼人，向大足县人民法院提起诉讼。21日，大足县人民法院立案受理。后经数年未审理，终无果。

3月17日，中共中央政治局常委、全国政协主席李瑞环视察北山、宝顶山石窟。

3月26日，国家文物局在大足召开"北山石窟治水工程方案论证会"。国家文物局专员朱长翎、中国文物研究所副所长黄克忠、高级工程师贾瑞广等28位专家学者参会。

4月13日，北山佛湾后坡深土层排水沟动土，历时月余，挖沟长220米，土约500立方米。

5月，重庆大足石刻艺术博物馆编《中国大足石刻》图录（大16开、中英文精装彩色），由重庆出版社与香港万里书店联合出版。

6月20日，"大足地方史陈列室"（2010年改为大足石刻保护中心）破土动工，至次年夏竣工。

7月，大足石刻省级以上文物保护单位的保护范围，经大足县国土局确权，制作、安装界桩100余根。

8月，大足县文管所收集龙水镇政府在"文革"中收藏的瓷器、铁范等300余件。

9月26日，北山佛湾"孝经碑亭"下架维修，至次年6月竣工。此碑亭系1952年修建长廊时建成，为纯木结构。因材单质劣，结构不当，梁、枋多处断裂。维修时采用钢筋混凝土结构，按原形式改造成平面八角形，但增加了高度。

10月14日，四川省社科院批准建立四川省社科院大足石刻艺术研究所。次年2月10日，大足县人民政府任命郭相颖兼任其所长、陈明光兼任其常务副所长。

10月25日，北山石窟治水工程动工，至次年10月竣工。工程内容主要包括：一是在北山长廊后檐原有排水沟的基础上，新开凿宽1.5—2米、深0.5米的排水沟92米。二是改造长廊后坡出檐，安置钢筋混凝土排水槽70米。三是在崖顶后坡洼地开挖排水渠长88.4米。四是在距136号窟后壁6米，距155号窟5米远处开凿一条南北向的主排水隧洞，同时分别在124、145、163号龛窟处各开挖一条支洞为出入口；主隧洞和支隧洞全长共157米，隧洞断面高2.5米、宽1.5米；隧洞内排水最高点低于石窟地面40厘米；为充分扩大排水面，在隧洞顶部布设孔径42厘米，孔深3—6米的放射钻孔170个。

11月4日，中共中央政治局委员、国务院副总理田纪云在重庆市委书记肖秧、市长孙同川陪同下视察大足石刻。

12月，黎方银著《大足石窟艺术》获重庆市第三次哲学社会科学优秀科研成果三等奖。

是年，为解决北山石窟渗水风化问题，对北山石窟第105—113、168、180、192、194号等龛窟渗水裂隙处，用环氧树脂进行封护治理，至1993年底结束。

是年，由中国文物研究所、重庆建筑大学、重庆大足石刻艺术博物馆和大足县城乡建委组成项目组，启动编制《大足宝顶山、北山、南山石刻文物名胜区保护建设总体规划》，至1995年底完成，1998年经重庆市人民政府批准实施。

1992年

1月8日，重庆大足石刻艺术博物馆法律顾问金平、赵泽隆教授向国务院、四川省人民政府呈送《关于大足县宝顶山圣寿寺是否应交僧人管理的法律意见书》。

3月19日，重庆市人民政府将大足尖山子、舒成岩、妙高山、千佛岩摩崖造像和石马马跑天主教堂、邮亭双墙村崖墓公布为重庆市第二批文物保护单位。

3月，用钢筋混凝土建南山石窟左崖摩崖碑壁保护檐，前建仿古廊宇，至6月完工。廊长16.7米，宽5米，建筑面积约80平方米；铺设碑壁前地面石板180平方米。同时拆迁清建玉皇观中殿，移至下殿遗址重建，至7月完成。

5月，治理宝顶山大佛湾圆觉洞顶及释迦涅槃圣迹图南崖檐顶部渗水，至9月竣工。

6月，下架维修南山三清古洞前房宇，整治周围道路堡坎，至11月完工。

8月6日，在宝顶山大佛湾北崖西端崖下破土动工兴建仿古建筑"波涌梵宫"，至次年10月17日竣工。并制挂楹联匾额，于崖壁刻赵朴初、乔石等人题刻。

9月28日，国家文物局局长张德勤陪同新加坡华人文物收藏家徐湛堂一行参观大足石刻。

10月28日，国家文物局专家罗哲文一行13人检查北山佛湾治水隧洞工程。

11月5—9日，重庆大足石刻研究会第三届年会暨四川石窟艺术研讨会在大足召开。全国各地专家学者120余人参会，收到学术论文、资料30多篇。选举宋朗秋为会长、陈明光为副会长兼秘书长，聘请段文杰等18位专家为顾问。

11月13日，宝顶山大佛湾西端修建的"龙潭水库"破土动工，至1994年10月建成。水库大坝长78米，宽2.3米，高27.2米；泄洪口弧长10米；大坝基础深11.2米，用石材料4100立方米；设计蓄水可达6万立方米。因勘察不善，库壁渗水，多次治理未果，至2014年方根治。

11月，敦煌研究院院长段文杰考察大足石刻，历时10余日，曾先后三次举办讲座。其讲座内容后以《谈大足石刻十大特点》为题刊于1995年编印的《大足石刻研究文选》（内刊）。

1993年

3月，启动大足石刻铭文收集工作。首对宝顶山小佛湾祖师法身经目塔、释迦舍利宝塔禁中应现之图和尖山子、圣水寺石窟进行搭架勘查，至6月完成，后撰成3篇勘查报告发表于《文物》1994年第2期。6月后，对宝顶山其他石窟进行搭架勘查、搜集铭文，至年底大成。

4月，维修宝顶山小佛湾建筑及整治环境，至次年夏完成。工程内容主要包括：下架维修小佛湾坛台建筑，并添置望板、红油漆梁柱等；在坛台前正中砌筑厚约米许的券拱门洞进口，可从原东边梯道上坛台；券拱门上置平台，正中搭桥与坛台连为一体，西边置梯道上下；在坛台前地坝新修八角亭，移置小佛湾明成化镂雕石香炉置亭中；于坛台前约50米，面北修建四排三开间门厅，正中置圆雕仿佛祖寺大肚弥勒像；在门厅前地坝面东北置门，门匾刻"圣寿本尊殿遗址"。

5月5日，中华全国美学学会会长、《中国美术分类全集·中国石窟雕塑全集》编委会主任王朝闻考察大足石刻，确定将大足石刻单独作为一卷纳入全集。

5月28日，全国政协副主席、著名物理学家钱伟长参观大足石刻。

6月5日，中共中央政治局常委、全国人大常委会委员长乔石，在省、市领导蒲海清、宋宝瑞、白尚武、滕久明及大足县委书记王庆瑜陪同下，视察大足石刻。乔石回京后，于当年8月28日题书"艺术宝藏"寄赠重庆大足石刻艺术博物馆，后刻石于宝顶山大佛湾波涌梵宫崖壁。

6月8日，全国政协副主席吴学谦在重庆市政协副主席邓中文等陪同下视察大足石刻。

9月，重庆大足石刻艺术博物馆等编《大足石刻研究文集（1）》由重庆出版社出版。

10月6日，原国家主席杨尚昆、中共中央政治局委员杨白冰一行在四川省委副书记郭金龙、重庆市委副书记黄立沛和大足县委书记郑洪等陪同下视察大足石刻。这是杨尚昆第二次到大足视察石刻。

12月10日，重庆大足石刻艺术博物馆向国家文物局具文申请将大足石刻列入《世界遗产名录》预备清单。

1994年

1月20日，重庆市委、市政府命名大足石刻为全市首批"青少年教育基地"。

1月26日，中共中央政治局委员杨白冰在四川省委副书记宋宝瑞及大足县委书记郑洪、县长陈怀文等陪同下第三次到大足视察石刻。

4月29日，北山佛湾北段治水挡土墙工程动工，至8月17日完工。挡土墙全长181米，基深1.3—3.7米，墙身高4—7米，挖填方2430立方米，安砌毛石1375立方米。该工程系1991年12月北山排水隧洞开工建成后的后续工程。

5月13日，丹麦汉学家、考古学家安·帕鲁丹女士应国家文物局邀请，第五次考察大足石刻。

5—11月，陈明光、邓之金、黎方银、唐毅烈、唐长清、张文刚等，搜集完成北山石窟和多宝塔铭文资料。

6月15日，在圣寿寺维摩顶前发现铜锣响器，后交圣寿寺保存。

6月25日，宝顶山万岁楼维修工程动工，12月完工。

7—12月，用化学封护材料封护加固多宝塔、北山佛湾及南山部分风化严重的碑铭。

8月27日，全国政协副主席胡绳，在重庆市政协副主席邓中文和大足县委书记郑洪等陪同下参观宝顶山石刻。

8月，广东到大足龙水镇合办"涛洲"五金厂的吴锦德、吴和森捐资8万元修复北塔寺后殿，至年底竣工。

9月1—2日，《大足宝顶山、北山、南山石刻文物名胜区保护建设总体规划》专家评审会和北山隧洞排水工程专家验收会在大足举行，均通过评审和验收。

9月3日凌晨，广大寺木雕二十四诸天像被盗7尊。大足县公安局立案调查无果。

12月10日，国务院总理李鹏在国务院副秘书长何椿霖，国家计委副主任郭树高，交通部部长黄镇东，机械工业部副部长包叙定，四川省委书记谢世杰、省长肖秧，重庆市委书记孙同川、市长刘志忠、副市长甘宇平等陪同下视察宝顶山石窟。

1995年

2月15日—8月9日，大足石刻铭文收集课题组完成大足县境55处石窟（市、县级文物保护单位）铭文资料收集工作。

2月，首次对北山、宝顶山石窟文物区古树林木进行编号、钉牌、登记造册管理，计约2420株。

4月26日，大足金山镇退休教师杨英奇向重庆大足石刻艺术博物馆捐赠宋代陶碗一个。

4月28—30日，国家文物局在大足召开"大足石刻防风化保护论证会"。来自国家文物局、中国文物研究所、故宫博物院、敦煌研究院等单位的专家、学者18人，对四川省文物考古研究所编制的《大足石刻防风化保护方案》进行评审。

5月5日，中央电视台《东方时空·东方之子》栏目记者白岩松对重庆大足石刻艺术博物馆馆长郭相颖进行专访。5月14日在该栏目播出。继后在中央电视台二、三、四套节目中播出。

5月16日，新加坡总理吴作栋一行80余人，在国家经贸委副主任杨昌基，四川省省长肖秧，重庆市市长刘志忠、副市长肖祖修及大足县委书记郑洪、县长陈怀文的陪同下参观宝顶山石窟。

夏至冬，将宝顶山大佛湾南崖石巷子通道由原宽不过2米拓宽至3米以上。施工中，在石巷子至大佛湾南崖进口梯道处、接待室前右堡坎下巷道路上，发现圆形莲座石和俯伏狮子扁方形门墩石的上半节。狮头下面竖刻"各发无"3字，与小佛湾毗卢庵刻"各发无上菩提心"字形相同。另在石巷子东头堡坎内，还出土有力士残像。

6月5日凌晨，北山多宝塔内第1号窟主尊释迦牟尼佛头像被盗。这是新中国成立以来大足石刻文物首次被盗。7月1日，案件告破，抓获主要嫌疑人王洪君，追回被盗佛头。另一嫌疑人逃脱，于2006年抓捕归案。

6—11月，北山多宝塔佛头被盗后，为加强北山佛湾石窟安全管理，用铁栅栏将北山佛湾长廊全封闭。

7月18日，大足县人民政府召开全县文物保护工作会。会上，重庆市文化局、重庆市文物管理委员会和重庆大足石刻艺术博物馆，分别向破获"6·5"佛头被盗案的大足县公安局赠送锦旗，并颁发奖金。

8月13日，联合国教科文组织文化资源总署官员沙威尔·托巴斯先生参观大足石刻，希望通过大足人民的努力，在不久的将来将大足石刻列入《世界遗产名录》。

9月6—10日，重庆大足石刻研究会第四届年会在大足召开。来自全国各地的专家、学者和有关部门的领导共计120余人参会。会议收到论文、资料等43篇。大会选举郭相颖为会长，陈明光为副会长兼秘书长；聘请傅振伦、段文杰等20位专家为顾问；推举前任会长宋朗秋为名誉会长。

9月7—9日，"1995年中国大足石刻艺术节"在大足隆重举行。其间，中央芭蕾舞团创作、演出了芭蕾舞剧《大足石魂》。

9月18日，重庆市公安局表彰大足县公安局侦破"6·5"文物特大盗窃案专案组人员。次年1月4日，四川省公安厅给专案组记集体二等功一次。

9月29日，重庆市委、市政府命名重庆大足石刻艺术博物馆为"爱国主义教育基地"。

10月23日，重庆市委书记孙同川陪同"海峡两岸关系协会"会长汪道涵一行参观大足石刻。

10月27日，国务院副总理姜春云一行，在四川省省长肖秧、副省长甘宇平，重庆市委书记孙同川、市长刘志忠及大足县县长陈怀文陪同下参观宝顶山石窟。

12月3日，北山南麓西至"一碗水"段公路破土动工，至1996年12月28日验收通车，历时年余。

12月9日，全国政协副主席万国权参观宝顶山石窟。

1996年

1月，童登金荣获1995年全国文物安全工作先进个人。

1月2日，大足县人民政府以府函〔1996〕1号文件公布国梁镇饶国梁烈士故居、沙坝乡佛耳岩摩崖造像、宝兴镇写字岩摩崖题刻、季家镇回龙寺僧人墓、金山镇杨施庙遗址圆雕罗汉像等5处文物点为大足县文物保护单位。至此，大足县各类、各级文物保护单位多达108处，其中石窟造像75处。

2月9日，泰国上议院议长米猜·立初攀及其夫人一行35人，在全国政协副主席万国权、重庆市政协副主席邓中文陪同下参观宝顶山石窟。

3月25日，经国家文物局批准，首对宝顶山大佛湾大方便佛报恩经变相龛，采用有机硅树脂材料进行防风化加固处理。其后对护法神等龛也作了类似加固处理。

3月29日，重庆市中级人民法院在大足县法院审判庭，对王洪君盗割北山多宝塔佛头一案进行审判。法庭审理查明：被告王洪君，成都市龙泉驿区农民。1995年5月，在成都结识大足农民阳文德（同案犯，在逃），共谋盗窃文物。27日两人在大足与当地农民刘强先到北山窥测、预谋盗窃佛头像。6月4日晚，王、阳二犯，携带钢锯等盗具，锯开多宝塔塔门，至5日凌晨，割下1号窟主尊佛头像，携匿成都。7月1日，被大足县公安局抓获。法庭一审判决：王洪君犯盗掘古文化遗址罪，判处死刑，剥夺政治权利终身。王犯不服判决，上诉至四川省高级人民法院，改判为死刑，缓期二年执行。后王洪君病死。

4月26日，为表彰重庆大足石刻艺术博物馆馆长郭相颖对发展我国文化艺术事业所做出的突出贡献，重庆市人事局召开颁奖大会，向其颁发国务院政府特殊津贴专家证书。

4—12月，《大足石刻铭文录》资料搜集工作告一段落。其间历时39天，分赴24个石窟点搜集碑铭资料。至此，自1993年起，对其时分布全县32个镇乡的28个镇乡境内的75处石窟、两座古塔的铭文搜集工作，告一段落。计拓碑411方，拓片701张，拍照900

余张，测量、记录碑铭约10万余字。

5月14日，国际文化与自然遗址保护委员会地质及古生物遗址工作组执行委员、中国地质博物馆潘江研究员在参观大足石刻后，与大足县领导就世界遗产如何申报的问题进行座谈。

5月30日，重庆市文化局、大足县人民政府以渝文物〔1996〕18号文向重庆市人民政府呈报《关于大足石刻申报世界文化遗产的请示》。建议重庆市人民政府成立"申遗"委员会，负责领导和协调"申遗"工作。

6月6—7日，由国家自然科学基金会、国家建设部主办的国家自然科学基金项目"大足石刻保护研究"成果鉴定会在大足举行。专家们通过现场考察和听取课题组汇报，对建筑规划、防酸雨防风化化学保护、水污染防治、岩体稳固性评估、微生物防治等5个子课题进行了评审，同意通过部级技术鉴定。

6月30日—7月31日，宝顶山圣寿寺邀集和尚等百余人，在寺内闹事，无日停歇，要求将由重庆大足石刻艺术博物馆用作职工食堂和住宿的圣寿寺东偏房交由圣寿寺管理使用。8月1日，《工人日报》主任记者陈宗舜至打砸现场拍摄照片，17日《工人日报》以《大足告急：谁来保护圣寿寺》、19日《首都生活报》以《假和尚砸真庙 大足石刻遭毒手》为题进行报道，并刊登现场照片。

8月6日下午，大足县人民政府开会决定将由重庆大足石刻艺术博物馆用作职工食堂和住宿的圣寿寺东偏房交由圣寿寺管理使用。7日，副馆长童登金、黎方银上宝顶山，向圣寿寺办理移交。至此，从1983年起即争议不断的宝顶山圣寿寺管理权属问题，以交由宗教部门管理告终。

8月26日，尼泊尔国王比兰德拉·比尔·比克拉姆·沙阿·德瓦一行25人，在重庆市市长刘志忠、大足县县长陈怀文陪同下参观宝顶山石窟。

9月19日，中共中央政治局常委、国家副主席胡锦涛视察宝顶山石窟。四川省委书记谢世杰、省长宋宝瑞，重庆市委书记张德邻、代市长蒲海清等陪同。

11月20日，国务院国发〔1996〕47号文公布将大足南山、石篆山摩崖造像和北山多宝塔纳入全国重点文物保护单位北山摩崖造像范围；石门山摩崖造像纳入全国重点文物保护单位宝顶山摩崖造像范围。

12月1日，动工修建从宝顶山圣寿寺维摩殿西进入大佛湾南崖西端进口的大道及停车场，至1997年5月10日竣工。

12月20日，重庆市人民政府发文成立"重庆市大足石刻申报世界文化遗产委员会"。由市委副书记滕久明任名誉主任，市政府副市长窦瑞华任主任。申报委员会的成立，标志着大足石刻申报世界文化遗产工作正式启动。

1997年

1月3日，凌晨1点左右，7名犯罪嫌疑人潜入宝顶山广大寺盗窃后殿泥塑普陀岩主尊观音像，被潜伏的保卫人员发现，并现场抓获1名犯罪嫌疑人，另一人跳进寺前堰塘被淹死。6日，大足县公安局将其余犯罪嫌疑人全部抓获归案。

1月23日，由陈明光、邓之金执笔撰写、发表于《文物》1994年第2期上的《大足宝顶山小佛湾祖师法身经目塔勘查报告》获重庆市第五次社会科学优秀科研成果三等奖。

1月26日，国务院副总理朱镕基在重庆市委书记张德邻、代市长蒲海清，大足县委书记郑洪、县长陈怀文陪同下，视察宝顶山石窟。

1月28日，在北山营盘坡新掘出水月观音龛像。

2月18日，重庆市副市长、"申遗"委员会主任窦瑞华率市级有关部门领导，赴大足实地调研大足石刻"申遗"工作，并在大足宾馆主持召开"申遗"委员会全体会议，安排部署"申遗"工作。

2月，动工对北山多宝塔进行全面维修，至12月竣工。主要工程内容包括：补砌塔刹，安装避雷设施，补砌塔身及塔檐、梯道，墙身防渗处理，粉刷白灰，对佛龛、龙柱进行防风化加固，建围护栏杆及塔门等。

3月，在全国政协八届五次会议期间，重庆市民建委员会提案建议国家文物局把大足石刻正式列入"申遗"名单。后国家文物局复函"拟优先考虑大足石刻申报问题"。

3月，聘请国家文物局古建专家组组长、教授罗哲文，国际古迹保护与修复委员会秘书长（中国）郭旃为大足石刻"申遗"委员会顾问。

4月3日，民盟中央主席丁石孙一行在大足县委书记郑洪陪同下参观宝顶山石窟。

4月6日，民进中央主席陈舜礼一行参观宝顶山石窟。

4月15日，全国政协副主席、民革中央主席何鲁丽一行参观宝顶山石窟。

4月25日，重庆市人民政府副市长、"申遗"委员会主任窦瑞华主持召开第二次"申遗"委员会全体会议，安排部署相关工作。

4月，对北山多宝塔前二佛进行维修，至次年2月竣工。主要内容包括：窟檐加固，修复佛像，对危岩采取化灌、打锚等措施加固除险；对二佛像后世补塑不当部位进行作旧处理等。

5月5日，重庆市人民政府副秘书长王长寿在重庆大足石刻艺术博物馆主持召开"大足石刻申报世界文化遗产工作规划会"。

5月，动工实施宝顶山大佛湾柳本尊行化道场造像区顶板岩体加固工程，至10月10日竣工验收。此项工程系因1995年在进行例行石窟调查时发现其顶板岩体有坍塌危险，遂委托中国文物研究所制定保护方案，经国家文物局批准后实施。工程内容主要包括采用锚、粘、拉等措施加固岩体和封、导渗水。

5月，高坪乡高峰寺村民杨本玖将在"文革"期间收存的明崇祯十四年（1641年）铜质"佛法僧宝"印一方捐赠给重庆大足石刻艺术博物馆。

6月17日，大足县委成立"大足县申报大足石刻列入《世界遗产名录》工作指挥部"。由大足县委书记郑洪任指挥长，县长吕明良、县人大常委会主任陈怀文、重庆大足石刻艺术博物馆馆长郭相颖任副指挥长。指挥部下设办公室、环境整治组、宣传组、申报文本编辑制作组。

6月25日，应重庆市市长蒲海清邀请，日本政治家、自民党最高顾问二阶堂进先生一行6人参观宝顶山石窟。

8月，《大足石刻铭文录》历时四年编纂完成，送重庆出版社出版。

8月，完成石篆山8个龛窟和北塔内外碑刻造像的防风化加固保护。

9月2日，大足县文物保护单位玉滩石窟第11号窟中心柱主佛头被盗割。

9月，动工新建北山石窟文物区西侧门厅等。

10月6—9日，大足石刻"申遗"顾问、国家文物局保护管理处处长郭旃，到大足对申报工作中的环境整治、文本编写、宣传动员等进行现场指导。并确定以北山、南山、宝顶山、石门山、石篆山石窟为申报范围。

10月，在大足石刻"申遗"环境整治中，发现一堵清乾隆五十九年（1794年）立"牖壁"，与圣寿寺大门遥相对应。

12月23日，重庆市中级人民法院对是年1月3日凌晨盗窃宝顶山广大寺文物的犯罪团伙进行公开审理，判处主犯杨焕祥、周大洪有期徒刑15年；次犯杨国会、彭代兴有期徒刑8年；杨绍才有期徒刑5年、周大林有期徒刑3年；判处个体司机王代超窝藏转移文物罪有期徒刑1年。

12月，国家自然科学基金项目《四川大足石刻保护研究》获四川省1996年度科学技术进步二等奖。

1998年

1月6日，重庆市人民政府印发《大足县宝顶山、北山摩崖造像重点保护范围和一般保护范围保护管理办法》。

1月7日，全国政协副主席钱正英一行视察大足宝顶山石窟。

2月18日，重庆大足石刻艺术博物馆馆长郭相颖被列入重庆市1997年"重庆市争光奖"候选人名单。

2—7月，完成宝顶山圣迹池大坝、冲沟渗水治理工程。

3月13—15日，国家文物局副局长张柏率国家文物局专家组专家罗哲文、谢辰生、黄克忠等一行8人，到大足现场检查、指导申报工作，并对"申遗"文本进行评审。

3月31日下午，全国人大常委会副委员长王汉斌视察宝顶山石窟，大足县委书记吕明良、县人大常委会主任陈怀文等陪同。

3—8月，完成宝顶山大佛湾圆觉洞维修工程。主要工程内容包括：对圆觉洞下岩体东从牧牛坪，西至鲁班仓一带，用钢筋砼桩与连系梁相结合的方式进行加固，安装加固柱12根，凿桩孔98米深，砌筑条石加固墙和封闭墙长58米；洞内石裂隙用环氧树脂和有机硅防水材料堵缝；内部增设通气道，整治洞内排水系统；对石刻进行防风化封护加固。

3月，重庆市政府调整"重庆市大足石刻申报世界文化遗产委员会"组成人员。同月，大足县委、县政府也对"大足县申报大足石刻列入《世界遗产名录》工作指挥部"组成人员作了相应调整。

4月15日上午，中共中央总书记、国家主席、中央军委主席江泽民携夫人王冶坪在国务院副总理温家宝，中国人民解放军总参谋长傅全有，重庆市委书记张德邻、市长蒲海清，大足县委书记吕明良、县长赵崇亮等陪同下，视察宝顶山石窟，并签名留念。

4—7月，对宝顶山大佛湾释迦涅槃圣迹图前弟子像水泥面层进行作旧处理。

4—7月，整体落架维修石门山圣府洞寺古建筑。

5月12日，大足龙岗镇东门内北边棠香街旧城改造3号地块在掘基时出土窖藏宋代方孔铁串钱约200公斤，已锈蚀成坨，辨识出北宋元祐至南宋嘉定六种通宝钱。

5—9月，拆除宝顶山香山场老街西段，并对剩下的旧房山墙进行整修。

5—10月，改建宝顶山贵宾接待室。主要是拆除现代建筑，在原地修建"贵宾接待室"。新修的接待室与保留的仿古建筑形成四合院落，建筑面积530平方米。

5—10月，对北山北塔坪进行环境整治。主要是沿北塔文物区范围砌筑素垒围墙长约150米，新砌筑挡土墙等。

6月8日，《重庆大足石刻保护管理办法》经1998年6月1日重庆市人民政府第22次常务会议通过发布施行（重庆市人民政府令第21号）。

6月15日，按照申报大足石刻列入《世界遗产名录》的程序和要求，大足石刻申报文本正式呈报国家文物局。6月18日，国家文物局将其转至联合国教科文组织中国委员会，经国务院批准后，7月1日前，中国教科文委员会又将其报送至联合国教科文组织世界遗产中心注册，编号为912号。至此，大足石刻"申遗"工作圆满完成了第一项程序。

6月26日，因重庆市直辖，撤销四川省社科院大足石刻艺术研究所，成立重庆市社科院大足石刻艺术研究所。

6月，在圣寿寺维摩顶后山"和尚坡"西南坎下田间，开工兴建"宝顶山游客服务中心"，建筑面积2080平方米，至次年9月竣工。

6—10月，在"宝顶山游客服务中心"建设工地，陆续发现宋、明、清墓72座（宋墓10座），大多为成排明墓，规模均较小，无纪年，出土随葬物14件，为其时发现的大足史上罕见的大型古墓群。其中一座规模较大，以大型条石券拱，疑为僧人墓，予以就地保护。

7月10—30日，对北山多宝塔维修后的外观采取烟熏污斑、雨水挂流痕迹等措施进行仿古作旧处理。

7月29日，金山镇大堡水口村六组农民在"法华寺"遗址后檐下挖猪圈时掘出一盛唐洞窟，三壁刻佛菩萨像70余尊，以"华法寺"名定为"法华寺石窟"。

7—8月，对宝顶山大佛湾第15、16、18、22、24、25、26号等龛窟进行基岩渗漏水治理、龛边危岩体加固等。

7—9月，对石篆山管理用房进行迁建改造，并整治区内环境。

8—12月，对石门山石窟顶部进行防渗治理。

8—12月，在宝顶山、北山石窟文物区建立气象环境监测站。

9月1—3日，大足石刻"申遗"顾问、国家文物局文物保护管理处处长郭旃陪同罗马文物修复研究中心协调员尤嘎·昭克赖特先生、国际古迹遗址理事会世界项目协调员亨利·克利尔博士到大足非正式考察大足石刻申报《世界遗产名录》工作。

9月17日，申报委主任、副市长甘宇平在大足宾馆主持召开重庆市大足石刻申报列入世界文化遗产委员会第四次会议。

9月25日，大足石刻被评选为重庆直辖市首届"十佳旅游景区"。

9月，重庆大足石刻艺术博物馆与重庆出版社决定联合编撰《大足石刻雕塑全集》，以作为大足石刻申报世界遗产成功的献礼图书。其后，双方确定专人开展相关工作，并于1999年底出版。

10—12月，修建北山北塔三世佛临时保护设施。

11月26日，重庆市委、市人民政府命名重庆大足石刻艺术博物馆为"重庆市青少年教育基地"。

12月，大足北山、宝顶山、南山、石篆山、石门山石窟文物区环境整治基本完成。自1997年6月以来，拆迁宝顶镇镇政府、小学校、酿造厂等单位18个，居民125户，总面积31921平方米；收回、新征土地332.8亩；完成宝顶山圣迹池清淤12850立方米，修建排水沟3465米，清除废弃物28000立方米，各种挖方8343立方米；修建道路2449米、堡坎3769立方米、石栏杆515米、石梯道2840米；绿化104600平方米，栽植乔、灌林木44230余株，种植草坪4800平方米；新建北山、宝顶山停车场，铺设宝顶山排污管网，改造电力、通讯和广播线路设施，整治圣寿寺内环境等；新建北山旅游公路4公里，宝顶山文物旅游区内公路除险改造100余米，整治石篆山公路8公里；建设石门山、石篆山文物管理房，南山、北山进口门厅，新建宝顶山游客服务中心、重庆大足石刻艺术博物馆综合业务大楼等。

1999年

3月，动工实施妙高寺关通禅师塔宇下架维修工程，至7月19日竣工。

4月2日，发现北山多宝塔第12、28号主佛头被盗割损残。

4月23日，全国政协副主席白立忱参观宝顶山石窟。

5月23日，中共中央政治局常委宋平等参观宝顶山石窟。

6月3日，《大足石刻申报列入〈世界遗产名录〉文本》获重庆市第一次哲学社会科学优秀科研成果一等奖。

7月5—11日，联合国教科文组织世界遗产委员会在巴黎举行第23届主席团会议，评审各国报送的"申遗"项目。会议认为，大足石刻符合申报世界文化遗产的三条标准，一致同意向缔约国代表大会推荐。

7月，动工实施舒成岩石窟保护建筑除险重建工程，至次年1月竣工。新修建的保护性建筑为仿古两层歇山式建筑。

8月，重庆大足石刻艺术博物馆、重庆社会科学院大足石刻艺术研究所编纂的《大足石刻铭文录》一书由重庆出版社出版。

8月，动工实施宝顶山牧牛亭保护性建筑抢险维修工程，至同年10月竣工。

9月12日，全国政协副主席张克辉一行参观宝顶山石窟。

9月16日，中央精神文明建设指导委员会表彰重庆大足石刻艺术博物馆为"全国精神文明创建工作先进单位"。

10月28日，中共中央政治局委员、国务院副总理吴邦国在中共重庆市委书记贺国强的陪同下，参观宝顶山、北山石窟。

10月31日，全国政协副主席、致公党中央主席罗豪才参观宝顶山石窟。

11月21日，全国政协副主席张思卿参观宝顶山石窟。

12月1日，在摩洛哥历史文化名城马拉喀什举行的联合国教科文组织世界遗产委员会第23届会议上，大足石刻作为文化遗产列入《世界遗产名录》，成为继敦煌莫高窟之后，中国第二个列入《世界遗产名录》的石窟。至此，历时4年，大足石刻申报列入《世界遗产名录》工作终获圆满成功。

12月3日晚8时，重庆市人民政府在市政府会议厅举行大足石刻列入《世界遗产名录》新闻发布会。申报委主任、副市长程贻举主持会议。市委书记贺国强、市长包叙定联名致贺信。国家文物局局长张文彬、副局长张柏，市领导刘志忠、甘宇平等出席并答记者问。

12月18日，大足县委、县政府在大足体育馆隆重举行"喜迎澳门回归祖国，热烈庆祝大足石刻列入《世界遗产名录》大会"。申报委主任、副市长程贻举，申报委成员和市级有关部门领导，大足县委、县人大、县政府、县政协领导，省市驻大足有关单位和驻军负责同志，以及新闻媒体等共2000多人参加集会。

12月，《大足石刻雕塑全集》由重庆出版社出版。该书为国家"九五"重点图书出版项目，是大足石刻研究史上的又一力作。

2000年

3—6月，在宝顶山游客中心正门前建赵智凤雕像一座。

4月8日，重庆出版社与重庆新华书店在解放碑隆重举行《大足石刻雕塑全集》首发式。

4月24日—5月3日，北京电视台120集《人类的共同遗产》大型系列电视片摄制组一行四人，到大足拍摄《大足石刻》。该系列片系经联合国教科文组织唯一授权许可拍摄。

5月31日，全国人大常委会副委员长、民建中央主席成思危参观宝顶山石窟。

6月3日，中央政治局委员、中国社科院院长李铁映参观宝顶山石窟。

6月4日，全国政协副主席毛致用参观宝顶山石窟。

6月5日，南山石窟区复建门厅竣工，南山石窟正式对外开放。

6月10日，韩国前总统卢泰愚参观宝顶山石窟。

6月10日，全国人大常委会副委员长王光英参观宝顶山石窟。

6月16日，为表彰重庆大足石刻艺术博物馆原副馆长陈明光为发展我国文化艺术事业做出的突出贡献，国务院批准其为享受国务院政府特殊津贴专家。

6月22日，国家建设部、国家文物局、中国联合国教科文组织全国委员会，在人民大会堂湖北厅隆重举行世界遗产颁证仪式，为大足石刻等颁发世界遗产证书。全国政协副主席张思卿出席颁证仪式。

6月27日，重庆市人民政府召开大足石刻列入世界遗产名录成功总结表彰会。

7月18日，童登金任重庆大足石刻艺术博物馆党组书记、馆长。

8月，《中国美术分类全集·中国石窟雕塑全集·大足》由重庆出版社出版。

9月24日，重庆市旅游局、大足县人民政府、重庆铁路分局在重庆火车站隆重举行"大足石刻号"列车首行剪彩仪式。

9月，对宝顶山大佛湾牧牛图、父母恩重经变相等进行化学封护加固保护。

11月7—10日，重庆大足石刻研究会第五届年会暨重庆大足石刻艺术博物馆建馆10周年、大足石刻列入《世界遗产名录》一周年庆典，在重庆大足石刻艺术博物馆学术厅隆重举行。会议收到学术论文72篇。选举童登金为会长，推举宋朗秋、郭相颖、陈明光为名誉会长，聘请黄心川、胡昭曦等10位专家为顾问。

11月14—16日，"千年之游"全国著名作家大足笔会在重庆大足石刻艺术博物馆隆重召开。参加此次笔会的有高洪波、雷达、张平、张贤亮、张雪杉、张昆华、舒婷、李天芳、余秋仁、王火、徐康、克非和重庆籍作家梁上泉、余德庄、黄济人、傅天琳、王川平等50余人。

11月，动工实施石篆山石窟保护长廊建设工程，至次年6月竣工。工程内容主要是在露天石刻造像区域增设穿斗木构架、小青瓦屋面的保护长廊。

12月6日，中共中央政治局候补委员、书记处书记、组织部部长曾庆红在中共重庆市委书记贺国强、副书记刘志忠的陪同下参观宝顶山石窟。

2001年

2月21日，中共中央政治局常委、中央纪律检查委员会书记尉健行参观宝顶山石窟。

2月23日，中共中央政治局委员、中央宣传部长丁关根，国家科技部副部长邓楠等参观宝顶山石窟。

2月，动工实施大足宝顶山转法轮塔维修工程，至同年8月竣工。工程内容主要包括：对石塔局部结构变形处实施物理加固，对石塔表面现有裂缝及顶部砌筑缝实施防水材料勾缝，石塔表面实施化学防风化材料封护。对防护阁楼进行落架维修，按原式样恢复保护性构筑物。

2月，动工实施宝顶山广大寺维修工程，至同年12月竣工。工程内容主要包括：恢复原建筑格局，拆除后期农民搭建设施，对所有柱网、梁架、檩、椽、挑、枋进行编号、摄影，根据设计方案结合现场糟朽状况，确定拆换、墩接、挖补，更换糟朽椽子，铺设传统小青瓦，完善脊饰，按设计方案结合原有装修，补配装修和装饰构件，对所有木材进行防虫处理，油漆彩绘。

3月20日，国家外交部副部长李肇星参观宝顶山石窟。

3月22日，中央军委副主席迟浩田参观宝顶山石窟。

4月，动工修建南山石窟文物区围墙736.7米，同年10月竣工。

5—7月，对石篆山石窟进行防风化加固保护。主要工程内容包括：清洗石质文物表面，灌浆粘结部分裂隙，封护加固造像表面等，封护面积141.5平方米。

5月，《大足石刻雕塑全集》获重庆市第二次哲学社会科学优秀科研成果一等奖。

5月，动工实施宝顶山广大寺放生池整治工程，至次年4月竣工。除将池底淤泥清除、新砌坝坎及周边挡土墙、铺砌板石路面、新建条石栏杆外，还将池扩大约三分之一。

6月25日—7月31日，由国家文物局、重庆市人民政府主办，重庆大足石刻艺术博物馆、重庆歌乐山革命烈士纪念馆、中国历史博物馆承办的《世界遗产——中国大足石刻》大型图片展览在中国历史博物馆展出。

7月30日，全国人大常委会副委员长彭佩云、王汉斌参观宝顶山、北山石窟。

8月5日，国家水利部部长汪恕诚参观宝顶山石窟。

8月19日，全国政协副主席、台盟中央主席张克辉等参观宝顶山石窟。

9月1日—10月31日，《世界遗产——中国大足石刻》大型图片展在广东省博物馆展出。

9月24日，重庆大足石刻艺术博物馆原馆长郭相颖荣获"郑振铎—王冶秋文物保护奖"。

10月14—16日，由中国风景园林学会、中国文物学会世界遗产研究会主办，重庆大足石刻艺术博物馆承办的世界遗产研究会第二届年会在大足召开。

10月18—25日，大足石刻14件复制品及照片参加"世界遗产之旅"在日本名古屋市国际展览中心展出。

10月27日，全国政协副主席张思卿及著名演员于洋、李羚，歌唱家吴雁泽等一行参观北山石窟。

10月29日，由国家文物局主办，中国文物研究所、重庆市文化局和重庆大足石刻艺术博物馆承办的历时一月的"中国石质文物保护技术培训班"在大足举行开班典礼。

11月17日，老挝副总理通伦·西苏里等一行参观宝顶山石窟。

11月17日，全国人大常委会副委员长周光召参观宝顶山、北山石窟。

11月20日，全国人大常委会副委员长、国务委员司马义·艾买提参观宝顶山石窟。

11月，动工实施宝顶山万岁楼维修工程，至次年1月竣工。主要是拆除腐朽的椽子、翻盖小青瓦、补塑脊饰等。

12月，动工实施宝顶山广大寺前殿复原维修工程，至次年3月竣工。

2002年

3月18日，重庆大足石刻艺术博物馆被评为"全国文化工作先进集体"。

3月30日（农历二月十七日），在宝顶山广大寺举行广大寺修复开放庆典仪式。

4月5日，全国政协副主席周铁农参观宝顶山石窟。

4月20日，柬埔寨王子拉那烈及夫人一行参观宝顶山石窟。

4月29日，中共中央政治委员、国务院副总理钱其琛在大足县人民政府县长江涛陪同下参观宝顶山石窟。

5月，动工实施宝顶山大佛湾观经变相龛岩体抢险加固工程，同年11月竣工。工程内容主要包括：加固岩体基础长21米，归位复原15块变形岩体，在归位复原块体上布设锚杆加固部位55处，同时布设大型深锚杆18根共441米，设置引水孔4个，根治历史性渗漏水，对造像区岩体进行防风化处理。

5月，动工实施宝顶山大佛湾九龙浴太子龛坡顶防渗排水工程，至同年11月竣工。工程内容主要包括：对龛窟顶部岩体构造裂隙采用环氧树脂封护，采用堵、排、引的方式治理渗水，采用当时国内比较先进的土工膜技术治理地表水。

7月17—19日，由国家建设部、国家文物局、中国教科文全委会、联合国教科文组织世界遗产中心主办，重庆市文化局、中共大足县委、大足县人民政府承办，重庆大足石刻艺术博物馆协办的"中国世界遗产监测研讨会"在重庆宾馆隆重举行。

12月，国家文物局授予重庆大足石刻艺术博物馆馆长童登金"全国文物系统先进个人"荣誉称号。

是年，《世界遗产——中国大足石刻展》在广东中山、东莞和福建厦门等地展出。

2003年

1月1日，《世界遗产——中国大足石刻展》在福建省博物院展出，至2月15日结束。

2月3日，中共重庆市委书记黄镇东参观大足宝顶山、北山石窟。

2月15日，国家文物局局长单霁翔先后视察石门山、北山、宝顶山石窟，要求在科学论证的基础上加强大足石刻保护工作。

2月24日，三驱镇村民李陶儒、李陶谷、李永华向重庆大足石刻艺术博物馆捐赠清代仿唐三彩陶枕。

3月5日，大足石篆山罗汉湾新掘出北宋摩崖造像。

3月31日，中央外宣办、国务院新闻办主任赵启正参观宝顶山石窟。

4月9日，中共中央政治局常委李长春在重庆市委书记黄镇东、副书记邢元敏及大足县委书记辛世杰、县长江涛陪同下视察大足宝顶山石窟。

4月，大足县委、县政府任命郭兴建为重庆大足石刻艺术博物馆馆长，黎方银为党组书记。

4月，组成以黎方银为组长的课题组，对北山佛湾第1—50号部分龛窟进行试验性考古调查。

7月4日，国家司法部部长张福森参观宝顶山石窟。

11月12日，奥地利联邦议会会长汗斯·阿格尔一行参观宝顶山石窟。

是年，《大足北山石窟考古学研究》课题分别被列为"全国文物保护科学和技术科研课题"及"重庆市哲学社会科学重点科研课题"。

2004年

1月24日，全国人大常委会副委员长盛华仁一行在重庆市人大常委会副主任金烈陪同下视察宝顶山石窟。

2月11日下午，发现石门山石窟第6号窟杨柳观音、第7号龛独脚五通大帝头像被盗，后公安机关全力侦查未能破案。

3月1日—4月2日，全国重点文物保护单位记录档案整理工作结束。共完成宝顶山、北山、南山、石门山、石篆山石窟记录档案75卷、100多万记录文字，上千张拓片及照片，上百张维修保护工程图纸的整理，涵盖石窟保护、维修、研究、宣传、利用等各个方面的档案资料。在大足石刻保护史上，进行如此全面、系统、规范的记录档案整理尚属首次。

3月21日，泰国国会主席兼下议院议长乌泰·屏知春一行参观宝顶山石窟。

6月27日，北山佛湾第168号窟顶板危岩临时加固工程竣工。

7月16日，埃塞俄比亚人民院议长达威特一行参观宝顶山石窟。

8月31日，动工实施宝顶山大佛湾地狱变相与舍利塔防风化加固工程，至同年12月竣工。此项工程以防风化为主，内容包括清洁、清洗、排盐、除微生物、治理渗漏水、造像加固修缮、造像区整体防风化处理等。

9月17日，纳米比亚、卢旺达、以色列、冰岛、泰国等17国驻华大使及夫人参观宝顶山石窟。

10月19—23日，大足石刻研究会第六届年会在大足宾馆隆重召开，100多名专家、学者参加会议，收到论文106篇。选举郭兴建为会长，推举宋朗秋、郭相颖、陈明光、童登金为名誉会长，聘请黄心川、马世长等13位专家为顾问。

10月23日—11月5日，北京大学考古文博学院教授马世长领衔组成"大足石刻考察团"对大足石刻进行了为期半个月的考察。参加者有龙门石窟研究院研究馆员温玉成、中国社会科学院世界宗教研究所研究员罗炤、中国社会科学院世界宗教研究所研究员张总、敦煌研究院研究员王惠民、清华大学美术学院教授李静杰、云南省社会科学院研究员侯冲、深圳市博物馆副研究馆员暨远志、北京大学考古文博学院副教授李志荣。其间在重庆大足石刻艺术博物馆作了9场专题报告。

11月11日，中共中央政治局常委、全国政协主席贾庆林一行在重庆市委书记黄镇东、市长王鸿举陪同下，视察宝顶山石窟。

12月，动工实施宝顶山石窟文物区安全技术防范系统工程，至次年3月底竣工。

2005年

3月17日，对石篆山佛惠寺进行实地勘测。

3月24日，在高坪乡征集到石刻文物3件。

4月9日，大足北山、宝顶山石窟门票经营权由重庆大足石刻艺术博物馆交由重庆市高等级公路投资集团下属的大足旅游开发实业有限公司。

5月17日，新华社社长周南一行参观宝顶山石窟。

5月，实施北山石窟安全技术防范系统工程建设，至同年11月竣工。

6月9—15日，中国文物研究所"大足石刻保护规划"课题组到大足进行实地勘察。其后该项工作持续至2007年，因种种原因，编制完成的《大足石刻保护规划》未能上报审批。

6月10日，老挝人民革命党中央政治局委员、国家副主席朱马里一行参观宝顶山石窟。

7月5日，重庆市委副书记、市长王鸿举在市政府秘书长陈和平及大足县领导辛世杰、江涛陪同下，参观北山石窟。

7月12日，动工实施妙高山石窟抢险保护工程，至同年12月15日竣工。主要工程内容包括：石窟岩体基础局部支垫加固、局部危岩除险加固、粘接和锚固、局部渗漏水治理、窟内顶板临时支撑加固等。

7月28日，动工实施石门山石窟文物区围墙工程，至次年1月25日竣工。在石窟区外围新建砖砌铁红面层围墙195米，高2.4米；原片石围墙加高砌筑长46米。

8月3日，实施宝顶山小佛湾后檐排水沟工程，至同年8月13日完工。

8月18—22日，"中国重庆大足石刻国际学术研讨会暨大足石刻首次科学考察60周年纪念会"在重庆希尔顿酒店隆重召开。13个国家和地区的97名专家学者参加会议，收到学术论文71篇。这是首次大足石刻国际学术研讨会。

8月，为表彰重庆大足石刻艺术博物馆研究馆员黎方银为发展我国文化艺术事业做出的突出贡献，国务院批准其为享受国务院政府特殊津贴专家。

10月4日，动工修建石篆山石窟文物区围墙工程，同年12月13日完工。砖砌围墙181.7米，于入口处建仿古小门厅一座。

10月13日，国务院新闻办主任蔡武在重庆市委常委、宣传部部长何事忠及大足县领导辛世杰、江涛陪同下参观宝顶山石窟。

10月20日，全国政协副主席李兆焯率全国政协委员视察团在重庆市政协副主席窦瑞华，大足县领导辛世杰、江涛等陪同下视察宝顶山石窟。

10月25日，国务院副总理回良玉一行参观宝顶山石窟。

2006年

1月16日，动工修建石门山石窟大门仿古建筑，至同年3月1日完工。

1月，重庆大足石刻艺术博物馆被中央精神文明建设指导委员会、国家建设部、国家旅游局评为"全国创建文明旅游风景区工作先进单位"。

3月20日，大足县委任命大足县人民政府副县长宋葵兼任重庆大足石刻艺术博物馆党组书记，黎方银任馆长。

3月29日—4月20日，重庆大足石刻艺术博物馆馆长、研究员黎方银受邀访问美国耶鲁大学、芝加哥大学、加州大学洛杉矶分校和伯克利分校，并进行了四场学术交流。

4月29日，因大足北山、宝顶山石窟门票经营权交由公司经营违法，重庆大足石刻艺术博物馆按照大足县委、县政府要求，收回经营权，但门票收入仍属大足旅游开发实业有限公司。

5月9日，丹麦外交部长佩尔·斯蒂·默勒和环境部长康妮·赫泽高一行参观大足石刻。

6月7日，清华大学顾秉林校长一行参观宝顶山石窟。

6月30日，国家文物局副局长张柏带队对大足石刻门票经营权交由公司一事开展行政执法专项督察。事因将大足石刻门票经营权交由大足旅游开发实业有限公司的行为违反《中华人民共和国文物保护法》，国家文物局将其列为2006年四大文物违法案件之一进行立案调查，责令整改。8月11日，公司全面退出。

7月16日，国家教育部部长周济在大足县领导江涛、左益陪同下参观宝顶山石窟。

7月24日，国家旅游局局长邵琪伟参观宝顶山石窟。

8月7日，召开大足石刻创建国家5A级旅游景区首次工作会，标志着创建工作正式启动。其后，按照《创建工作总体方案》，从旅游管理、交通、安全、环境、卫生、购物、邮电及资源保护等方面进行了全面完善和整改。12月21日，大足石刻景区接受国家旅游局专家组现场检查验收获得好评，5A级景区创建工作圆满完成。

9月29日，全国政协副主席董建华在大足县领导辛世杰、江涛陪同下参观宝顶山石窟。

9月，中敖镇上游水库因久旱不雨，泄水抗旱，于河床崖壁发现宋代摩崖造像。

10月15日—12月2日，实施完成南山中殿、后殿及太清亭保护修缮工程。

10月28日，匈牙利代总检察长艾文·伯乐维克斯一行参观宝顶山石窟。

11月1日，比利时众议长赫尔曼·德克罗及比利时驻华大使裴伯宁一行参观宝顶山石窟。

11月2日，国家人事部部长张柏林在大足县人民政府县长江涛陪同下参观宝顶山石窟。

11月14日，全国人大常委会副委员长、民进中央主席许嘉璐在市人大常委会副主任金烈、大足县人民政府县长江涛陪同下考察宝顶山石窟。

11月16日—12月4日，实施宝顶山千手观音造像保护前期试验。主要工作内容包括：表面清洗材料及工艺试验；风化岩石渗透加固材料及工艺试验；金箔回贴试验，贴金及严重风化金箔的修复加固试验等。

11月23日，最高人民法院院长肖扬在重庆市高级人民法院院长张轩，大足县人民政府县长江涛、县人大常委会主任宋彬陪同下参观宝顶山石窟。

11月24日，中国文物研究所高级工程师黄克忠、贾瑞广、王金华等一行专题调研宝顶山千手观音造像保护问题。

12月13日，俄罗斯驻华大使拉佐夫参观宝顶山石窟。

是年，完成续修《大足县志》中大足石刻部分约6万字的编撰工作。

是年，陈明光撰著的《菩萨装施降魔印佛造像的流变》一文获重庆市第五次哲学社会科学优秀科研成果三等奖。

2007年

2月8日，斯洛伐克总理罗贝尔特·菲佐一行在大足县人民政府县长江涛陪同下参观宝顶山石窟。

2月20日，全国人大常委会副委员长、全国妇联主席顾秀莲视察宝顶山石窟。

2月28日，实施宝顶山广大寺佛文化广场及香灰池建设工程，至4月2日竣工。当年香会节，信众烧香地点从原宝顶山大佛湾入口改至新建的广大寺香灰池，极大地缓解了因烧香对宝顶山石窟的影响。

4月11日，实施宝顶山大佛湾孔雀明王龛日常保养维护工程，至同年8月6日竣工。工程内容主要包括：造像表面除尘，微生物清理，脱盐处理；开凿和设置横向及竖向排水暗道，治理构造裂隙和软弱夹层部位渗漏水；对残损龛檐进行修补；应急锚固、粘接加固脱落造像岩体；迁移龛顶后部高大乔木等。

4月12日，世界佛教促进会会长、台湾佛光山住持星云一行参观宝顶山、北山石窟。

4月14日，重庆大足石刻艺术博物馆组成"2007年干旱时期库区文物调查小组"，对大足境内上游、化龙、玉滩水库等库区因干旱露出的文物进行调查，至同年6月底结束，新发现摩崖造像4处、墓葬近400座、建筑遗址3处、碑刻10余通及其他零散文物等。

4月28日—5月1日，意大利文物保护专家法西纳及中国文物研究所文物保护专家王金华、沈阳等一行到大足，现场指导宝顶山千手观音造像保护工作。

4月，在大足龙岗镇北环二路北侧施工现场，发现两座宋墓。

5月8日，国家旅游局公布全国首批66个国家5A级旅游景区，大足石刻名列其中。

5月20日—6月8日，实施完成大足中敖镇峰山寺保护建筑维修工程。

6月11日，全国政协副主席张怀西率香港特别行政区全国政协委员考察团参观宝顶山石窟。

6月18日，联合国广播电台播放由该台记者采访黎方银后编写的专稿——《中国重庆世界文化遗产大足石刻的保护》。

6月29日，在重庆大足石刻艺术博物馆学术厅召开郭相颖荣获"重庆直辖十年建设功臣"称号座谈会，中共大足县委书记辛世杰、县人民政府县长江涛出席。

6月30日，诺贝尔生理学及医学奖获得者托斯·威赛尔参观宝顶山石窟。

6月，大足县委常委廖文丽兼任重庆大足石刻艺术博物馆党组书记。

7月7日，1945年"大足石刻考察团"组织者杨家骆先生之子杨思成教授、中国工程院李泽楷院士等一行10余人参观宝顶山、北山石窟。

7月16日，中国地质大学（武汉）编写完成《大足石篆山石刻区地质勘察报告》，至此，大足北山、宝顶山、南山、石门山、石篆山石窟文物区地质勘察报告全部编写完成。

7月22日，甘肃省委书记陆浩一行参观宝顶山石窟。

8月17日，国家旅游局局长邵琪伟等在北京向大足石刻等全国首批66个5A级旅游景区颁发标牌和证书。

8月21日，大足县公安局将多年收缴的73件涉案文物正式移交重庆大足石刻艺术博物馆。主要包括石刻造像（经鉴定非大足雕刻）、瓷器、陶器等。

9月4日，实施大足石刻安全技术防范系统工程中的南山石窟及重庆大足石刻艺术博物馆馆部部分，至次年3月初竣工。

9月8日—12月28日，动工实施宝顶山石窟文物景区环境整治工程。主要包括宝顶山老游客中心至停车场段外侧堡坎工程，商业摊区改造迁移工程等。

9月17日，全国政协副主席张思卿率领有国家发改委、国家财政部、国家文物局等部委领导参加的文化遗产保护调研组，对大足石刻保护管理工作进行调研。调研中，宝顶山大佛湾千手观音像的一根手指掉落，引起张思卿等领导的高度重视。随即千手观音造像的保护问题被提到重要议事日程。

10月4—13日，意大利外交部指派的五位文物保护专家、采购专家及中意合作项目管理办公室主任孙建员来到大足，就大足石质文物保护中心项目具体的实施内容及技术设备选型进行实地考察和最后确认。经7轮技术性磋商，签署了设备和服务清单备忘录。根据清单，大足石质文物保护中心将利用意大利软贷款，采购6大类108种保护科研设备和培训服务，估算金额2000万元人民币，主要包括建立分析实验室、修复工作室、文物区区域环境监测、文物区微环境监测、文物本体监测、信息处理系统等六大方面。其后，历经9年，经中、意双方多部门共同努力，至2016年底，全部设备到齐，建成大足石质文物保护中心。

10月13日，国家文物局组织专家组现场考察研究宝顶山千手观音保护问题。考察组认为，宝顶千手观音造像的保护已到了刻不容缓的地步，虽然其病害复杂、保护难度大、所需时间较长，但仍需尽快组织多学科力量，切实做好前期保护研究和技术攻关，加大保护力度。

10月22日，联合国贸易与发展组织秘书长、泰国前首相素帕差参观宝顶山石窟。

10月26日—11月12日，对宝顶山大佛湾柳本尊行化道场、观无量寿佛经变相、父母恩重经变相、释迦涅槃圣迹图、圆觉洞、护法神龛窟进行日常保养加固保护。实施修复加固80处，其中脱落加固修复17处，打小锚钉加固8处，龛顶裂隙渗水治理2处，计14.5平方米，补接檐口滴水线6处。

11月中旬，开展宝顶山大佛湾造像龛檐现状调查，并编写完成勘察报告。

11月17日，著名外交家、中国首任驻美大使、91岁高龄的柴泽民参观宝顶山石窟。

11月，大足石刻保护设施建设项目获国家发改委审批。该项目以宝顶山、北山、南山文物区为重点，主要内容包括：消防给水系统、安防系统、危岩除险加固、地表水治理、保护围墙、防雷设施等工程。

12月14日，重庆大足石刻研究会在重庆大足石刻艺术博物馆学术厅召开"宝顶山与宋代历史文化"小型专题学术研讨会。

是年，利用大足石刻保护设施建设项目资金，对宝顶山石窟所在区域实施完成煤改气工程。该工程对石刻保护起到了积极作用。

2008年

1月6—9日，大足县委书记辛世杰专程到国家文物局汇报大足石刻保护工作。国家文物局副局长张柏对大足县委、县政府高度重视大足石刻保护管理工作给予了充分肯定。

1月8—11日，中央电视台《国宝档案》摄制组拍摄大足石刻。3月31日—4月8日，分7集在中央电视台4频道《国宝档案》栏目播出。

1月13—25日，中央电视台《发现之旅》摄制组拍摄《发现之旅——揭秘大足石刻》，后在中央电视台播出。

1月，重庆大足石刻艺术博物馆对大足邮亭镇烈火村新发现的明天顺二年（1458年）蓝大盛墓进行抢救性清理。

2月24—25日，国家文物局专家组郭旃、王丹华、黄克忠、陆寿麟等对大足石刻千手观音造像保护工作进行专题调研。

3月2日，完成宝顶山大佛湾圆觉洞防护栏安装。

3月11—14日，根据中意联合委员会的决定，意大利文物保护专家伯莱利、法西纳、莫拉纳教授等再次到大足对大足石质文物保护中心项目进行实地考察，中意双方主要就保护中心实验室土建工程及仪器设备布设设计方案进行了交流和确认，并签署了备忘录。

4月10日，大足县人民政府召开大足县第三次全国文物普查动员会，正式启动普查工作。

4月10日，大足石门山石窟安全技术防范工程完工。

4月12—15日，中国文化遗产研究院召开"千手观音造像抢救性保护方案论证会"。

4月18日，加拿大多伦多市市长苗大伟参观宝顶山石窟。

4月24日，中国文化遗产研究院院长张廷皓与重庆大足石刻艺术博物馆馆长黎方银正式签订《大足石刻千手观音造像抢救性保护工程前期勘察及方案设计协议书》。

5月1日，中国国民党荣誉主席连战及夫人一行在大足县人民政府县长江涛陪同下，参观宝顶山石窟。

5月4日，在宝顶至铜梁公路施工中，于宝顶山佛祖村发现古墓群。经现场调查，该墓群建于明代，有11棺（编号M1—M11），其中，M3后壁龛内有明代正德四年（1509年）纪年和墓主曹洪祖夫妇铭文。

5月12日，四川汶川大地震发生后，重庆大足石刻艺术博物馆立即启动紧急地质灾害预案，严防各类次生、衍生灾害发生，确保了文物安全。

5月18日，对在地震中损坏的宝顶万岁楼实施抢险维修，至7月23日完工。主要是对万岁楼损坏的脊、屋面、构造柱、构件等进行维修。

5月18日，动工实施北山石窟保护长廊及后檐排水沟维修工程，至次年4月20日竣工。此为保护长廊自1952年建成后最全面的一次整体维修。

5月21日，国家文物局局长单霁翔调研大足千手观音造像保护工作，要求将其列为全国石质文物保护一号工程，动员一切力量，尽最大努力，把保护工作做好。

5月，大足县第三次全国文物普查田野调查阶段工作正式启动。

6月12—24日，实施完成南山文物区古建筑灾后抢险维修工程，对南山受损古建筑房盖、构件等进行维修。

6月13日，全国人大常委会原副委员长铁木尔·达瓦买提一行参观宝顶山石窟。

6月13日，在开展北山石窟保护长廊维修工程时，于北山佛湾南段后岩挖掘出一尊高约20厘米的圆雕坐式观音像；并于其附近泥土中，出土一尊高约15.5厘米的圆雕僧人像。

6月17日，在国家文物局召开大足石刻千手观音造像抢救性保护工程座谈会。

6月20日，国家文物局批复大足石刻千手观音造像抢救性保护工程立项。

7月13日，由中国文化遗产研究院牵头组成的项目组按照《大足石刻千手观音造像保存现状调查评估工作方案》，开始实施前期病害现状调查研究工作，标志着千手观音造像抢救性保护工程前期勘察工作正式启动。

8月1日，大足县委书记江涛专题调研宝顶山千手观音造像抢救性保护和宝顶山石窟景区环境整治工程。

8月2—5日，重庆大足石刻艺术博物馆对大足龙岗街道"御墅临枫"建筑工地明代石室墓进行抢救性清理。墓葬内有明代嘉靖戊申年（嘉靖二十七年，1548年）题记。

8月21日，全国人大常委会副委员长李建国在大足县委书记江涛、县长周波陪同下，视察宝顶山石窟。

10月20日，大足县委书记江涛、县长周波等一行到国家文物局汇报大足石刻保护工作，得到国家文物局副局长张柏充分肯定。

10月25日，也门社会党总书记亚辛·赛义德·努曼一行参观宝顶山石窟。

11月21日，中央军委委员、空军司令员许其亮上将一行参观宝顶山石窟。

12月22日，动工实施宝顶山石窟倒塔片区保护围墙建设工程，至次年4月上旬完工。

12月底，宝顶山石窟文物区保护设施建设和环境整治工程主要完成下列项目：老游客中心旁售票房建设工程；景区老入口管理房修建及装饰工程；老街大门建设工程；停车场建设及铺装工程；摊区修建及铺装工程；景区石栏杆制作工程；宝顶山特殊接待室装修工程；老游客中心前广场及停车场道路铺装工程；文物区路灯安装工程；宝顶山环境整治景观石工程；道路铺装工程；自来水管道线路改造工程；保护围墙建设工程；公厕维修工程等。

2009年

2月6日，粘接加固宝顶山大佛湾大方便佛报恩经变相龛右壁局部开裂岩体。

2月16日，千手观音造像抢救性保护工程项目组开始实施千手观音造像保护修复实验。

2月24日，抢险维修北山佛湾第269、270号龛造像。

2月，国家发改委正式批准重庆大足石刻艺术博物馆利用意大利政府软贷款建设重庆大足石质文物保护中心。

4月7日，重庆市文物局组织专家对千手观音抢救性保护工程工艺修复实验效果进行现场评审。专家们认为：千手观音造像抢救性保护工程修复试验技术路线合理、修复工艺严谨，符合文物保护要求、试验效果良好。

4月8日—5月29日，实施完成石篆山石窟安全技术防范工程。至此，大足宝顶山、北山、南山、石篆山、石门山石窟安防系统全部建成。

4月10日，贺尊超任中共重庆大足石刻艺术博物馆党组书记。

4月23日，国家文物局副局长张柏到大足专题调研千手观音造像抢救性保护工程开展情况。

5月15日，国家文物局原局长张文彬一行考察宝顶山、北山石窟。

5月20日，动工建设北山文物区消防供水工程，至次年10月竣工投入使用，解决了北山用水难的问题。

5月29日，中共中央台办、国务院台办主任王毅一行参观宝顶山石窟。

6月3日，国家旅游局原局长何光伟参观宝顶山石窟。

6月9日，中国人民大学校长纪宝成一行在大足县委书记江涛陪同下参观宝顶山石窟。

6月18日，动工实施宝顶山石窟文物区消防供水工程，至同年10月23日完工。

6月18日，动工实施北山多宝塔片区保护围墙工程，至年底完成。

7月7日，全国人大常委会副委员长桑国卫一行在大足县委书记江涛、县长周波陪同下参观宝顶山石窟。

8月1—26日，实施完成宝顶山大佛湾圆觉洞、牧牛图、华严三圣、孔雀明王、九龙浴太子、地狱变相等龛窟的日常保养维护。

8月20日，国家文物局文物保护司司长关强专程赴大足宝顶山现场调研千手观音造像抢救性保护工程开展情况。

8月26日，《大足石刻千手观音三维测绘与信息留存设计方案》《大足石刻千手观音造像风化砂岩加固保护材料试验方案》《大足石刻千手观音造像抢救性保护工程漆工艺修复试验方案》通过专家评审。

9月2日，实施宝顶山大佛湾石刻区防雷工程，至同年11月17日完工。

9月9日，全国人大常委会副委员长、民革中央主席周铁农一行在大足县委书记江涛、县长周波等陪同下参观宝顶山石窟。

10月30日—11月3日，由重庆市人民政府主办，中国文化遗产研究院、重庆市文化广电局、大足县人民政府、重庆大足石刻艺术博物馆承办的"2009'中国重庆大足石刻国际学术研讨会暨大足石刻列入《世界遗产名录》10周年纪念会"在重庆世纪金源酒店隆重举行。重庆市委、市人大、市政府、市政协领导及大足县领导出席开幕式。来自中国、美国、意大利、德国、日本、韩国、印度、新加坡、丹麦、瑞士等15个国家和地区的129名代表与会，共收到学术论文120篇。

11月，由王金华、方云、黎方银编著的《大足石刻保护》一书由文物出版社出版。这是第一部全面介绍大足石刻保护工作情况的专著。

11月，大足石刻被编入龚奇柱主编、四川教育出版社出版的《中国历史》七年级课本下册。

12月，大足石刻景区被中央文明办、住房和城乡建设部、国家旅游局授予"第二批全国创建文明风景旅游区工作先进单位"称号。

12月，完成大足县"三普"工作野外调查。从2008年5月至2009年12月底，"三普工作队"对全县24个街镇乡、242个行政村进行实地调查，踏勘率达到100%。野外调查共计行程15000余公里，现场记录文字25万余字、绘图1200余幅、拍照1.5万余张。共计调查登录1079个文物点，其中，复查459处、新发现449处，新发现率98%，消失171处。其中，在石窟寺方面，发现了有南宋绍兴年间镌匠文珎题记的刘家湾摩崖造像，宝顶镇新发现了2处宝顶山石窟宋代结界造像，以及中敖镇观音堂明代摩崖造像等；在古墓葬方面，发现了具有汉晋时期图文特征的马鞍山汉代崖墓群，伴随大足石刻主要开凿时期的螺丝坡宋代墓葬群、欧益章墓、李文秀墓等众多雕刻精美、题材丰富的清代墓葬；在近现代重要史迹及代表性建筑类文物方面，发现了龙水金忠老字号、化龙水库及干渠等社会主义建设时期的文物遗存。这些新发现，极大地丰富了大足文化内涵。

2010年

1月4日，动工实施南山石窟综合抢险加固工程，至次年1月竣工。工程内容主要包括：一是三清洞、龙洞、碑洞、石窟区北面区域等四处造像危岩体的加固；二是三清洞、碑洞、龙洞等区域的防渗排水；三是造像防风化保护处理；四是基岩补砌、道路恢复、防水设施设置等附属工程。

2月1—2日，国家文物局世界遗产处处长唐炜率专家组调研千手观音造像抢救性保护工程实施情况。

4月1日，首届中国重庆大足石刻国际旅游文化节开幕。

4月8—20日，实施千手观音造像抢救性保护工程大漆贴金实验。

4月9日，国家工商总局局长周伯华一行在副市长谢小军、大足县委书记江涛陪同下参观宝顶山石窟。

4月12日，重庆市人民政府公布"饶国梁故居"为重庆市文物保护单位，并将其更名为"饶国梁纪念堂"。

4月28日，360度环幕电影《千年佛足》开机仪式在宝顶山大佛湾释迦涅槃像前举行。2015年成片后在大足石刻博物馆环幕影院放映。

5月17日，中国人民解放军空军政治委员邓昌友上将一行参观宝顶山石窟。

5月，大足石刻纳入世界文化遗产大型石窟寺保护"十二五"专项规划。

6月6日，中共中央政治局原常委、中央政法委原书记罗干一行在重庆市副市长马正其，大足县委书记江涛、县长周波等陪同下参观宝顶山石窟。

6月29日，大足千手观音造像抢救性保护工程中期修复试验技术方案通过专家论证。

7月9日—8月18日，实施宝顶山广大寺白蚁防治及建筑维修工程。

7月13—16日，重庆大足石刻艺术博物馆与武汉华宇科技发展有限公司合作，采用多基线全数字近景摄影技术，对北山佛湾部分龛窟进行考古测绘实验。次年1月，重庆大足石刻艺术博物馆与武汉华宇科技发展有限公司签订协议，正式利用该技术开展北山石窟考古测绘。

7月16日，全国人大常委会副委员长、全国妇联主席陈至立一行，在重庆市委副书记张轩及大足县委书记江涛、县长周波等陪同下，视察宝顶山石窟。

7月19日，欧盟经济和社会委员会主席马利奥·塞彼（意大利籍）一行在大足县政协主席黄铭陪同下参观宝顶山石窟。

8月9日，大足县人民政府办公室以足府办函〔2010〕44号文通知，成立"大足学"学科建设推进领导小组。

10月5日，全国政协原副主席陈锦华一行在市政协副主席陈万志陪同下参观宝顶山石窟。

10月8日，国家"十二五"重点图书出版项目《大足石刻全集》编撰出版工作启动仪式在重庆出版集团隆重举行。

10月17日，俄罗斯联邦委员会主席米罗诺夫在全国人大外事委员会主任委员李肇星、重庆市人大主任陈光国、大足县人大主任宋彬陪同下参观宝顶山石窟。

11月20日，加中贸易理事会名誉主席安德烈·德马雷一行参观宝顶山石窟。

11月，台湾"清华大学"学者释慧谨向重庆大足石刻艺术博物馆提供1945年大足石刻考察团绘制的《北山石窟部位图》《宝顶山石窟部位图》纸质复印件和电子文件。

12月28日，"国宝中的国宝——大足石刻千手观音造像抢救性保护工程暨千手基金启动仪式"在全国政协礼堂常委会议厅举行。全国政协副主席孙家正、重庆市政协副主席王孝询、大足县人民政府县长周波等出席。

2011年

1月3日，重庆市人民政府领导召集市文化局、市旅游局、大足县人民政府相关部门，专题研究部署大足石刻保护和景区提档升级工作。

1月17日，中共大足县委办公室、大足县人民政府办公室下发《关于成立大足石刻国际文化旅游精品建设攻坚指挥部的通知》。

1月19—20日，塞舌尔共和国驻华大使菲利普·勒加尔参观宝顶山石窟。

1月21日，国家文物局在重庆大足石刻艺术博物馆学术厅召开"大足石刻千手观音造像抢救性保护工程中期修复试验验收会"，工程通过专家验收。

1月25日，英国当地时间下午6：30，《崖壁上的瑰宝：中国重庆大足石刻展》开幕式在英国威尔士国家博物馆隆重举行。英国威尔士议会政府首席部长卡文琼斯、英国文化委员会艺术部长安德烈亚·罗斯、英国威尔士国家博物馆馆长戴维·安德森等300多位来自威尔士、伦敦等地的各界社会名流，以及中国驻英国大使馆公使衔参赞吴逊，重庆市文化广电局副局长程武彦、大足县人民政府县长周波等参加了开幕式。这是大足石刻首次走出国门展出。

2月12日，动工实施宝顶山大佛湾父母恩重经变相、正觉像段龛檐抢险加固工程，至3月21日完工。

2月16日，重庆市人民政府市长黄奇帆主持召开会议，专题研究大足石刻保护发掘利用工作。会议重点对大足石刻文物保护、大足石刻景区基础设施配套、大足石刻景区风貌改造及大足石刻博物馆建设等方面的问题进行了研究，并提出了相应的建设要求。

2月18日，动工维修宝顶山大佛湾内石板路面、砌筑排水沟等，至3月底完成。

2月22日，《大足石刻千手观音造像抢救性保护工程总体修复方案》在北京中国文化遗产研究院通过专家评审。

2月28日，动工实施宝顶山老游客中心及贵宾接待室外立面改造工程，至3月底完成。

2月28日，动工实施宝顶山大佛湾"波涌梵宫"建筑及长廊维修、改造工程，至5月底完成。

3月1日，开始对宝顶山石窟核心景区进行绿化改造，至4月中旬完成。绿化面积24300平方米。

3月5日，动工建设宝顶山大佛湾北崖"木鱼坡"段游步道，至7月下旬竣工。

3月10日，动工整治北山北塔寺环境，包括道路、栏杆维修，绿化改造等，至4月中旬完成。

3月11日，动工维修北山石窟入口门厅及佛湾孝亭，至4月中旬完成。

3月15日，国家文物局以文物保函〔2011〕262号文正式批准实施《大足石刻千手观音造像抢救性保护工程总体修复方案》。

3月16日，动工改造宝顶山、北山石窟文物防护栏杆，至4月中旬完成。

3月25日，由重庆市文物局、中国文化遗产研究院主办，重庆大足石刻艺术博物馆承办的"2011年度彩绘贴金石质文物专项保护修复技术培训班"开学典礼在大足举行。此次培训为期3个月，主要是为宝顶山千手观音造像修复培养技术骨干。

3—6月，中国科学院武汉岩土研究所开展宝顶山大佛湾水害治理工程地质勘察。

4月6日，重庆市机构编制委员会办公室批复同意将重庆大足石刻艺术博物馆更名为大足石刻研究院。

4月10—15日，实施完成北山、宝顶山所有造像龛窟的日常维护保养。

4月18日，"国际古迹遗址日"中国区系列活动在大足举行。上午，在大足宝顶山现场举行千手观音造像抢救性保护工程启动仪式，在大足县城南举行大足石刻博物馆奠基仪式（后改建于宝顶山石窟文物区）。国家文物局局长单霁翔、副局长童明康、国际古迹遗址理事会副主席郭旃，中国文化遗产研究院院长刘曙光，重庆市委、市人大、市政府、市政协领导，大足县领导，以及社会各界人士1300余人参加了仪式。下午，举办以"文化遗产保护与传承"为主题的2011年"国际古迹遗址日"中国区活动论坛，来自国际古迹遗址理事会、联合国教科文组织北京办事处、中国文化遗产研究院、敦煌研究院、清华大学等单位的专家、学者，共同就文化遗产保护的相关问题进行了深入探讨。重庆卫视频道和重庆新闻频道以《拯救千手观音》为题，对千手观音修复工程启动仪式作了近4个小时的并机直播。来自全国各地的100多名记者，也作了现场采访报道。

6月5日，重庆市领导决定将拟建于大足城南的大足石刻博物馆改建于宝顶山石窟文物区，并对宝顶山石窟景区进行提档升级。

6月10日，大足石刻千手观音造像抢救性保护工程中期修复试验被评为"2010年度全国十大文物维修工程"。

6月11日，欧盟13个国家的驻华大使在大足县人民政府县长周波陪同下参观宝顶山石窟。

7月6—19日，完成石马镇真武祖师摩崖造像保护建筑抢险维修。

8月6日，动工实施大足宝兴镇天星村摩崖造像保护建筑抢险维修工程，至9月2日完成。

8月6日，动工实施大足中敖镇普圣庙抢险维修工程，9月2日完工。

8月7日，中纪委副书记、监察部部长马馼一行在大足县委书记江涛、县长周波陪同下参观宝顶山石窟。

8月15日，对产生险情的南山三清殿建筑进行维修，至9月底完工。

8月26日，为贯彻落实市委、市政府关于"把大足石刻打造成为世界级有震撼力的文化旅游精品"的要求，大足县人民政府办公室下发《关于印发大足石刻宝顶山景区提档升级工程建设工作总体方案的通知》，成立了大足石刻宝顶山景区提档升级工程领导小组，下设综合组、建设立项暨资金保障组、规划设计组、征地拆迁安置组、工程建设组、营运系统建设组、文物保护设施建设组。

8月28日，全国政协原副主席王忠禹一行在大足县委书记江涛陪同下参观宝顶山石窟。

8月28日，中国对外友协会长陈昊苏一行参观宝顶山石窟。

8月28日，塞尔维亚人民议会议长久基奇·德亚诺维奇一行在大足县人大常委会主任宋彬陪同下参观宝顶山石窟。

10月10日，宝顶山石窟景区提档升级工程中的礼佛大道项目开工，标志着宝顶山石窟景区提档升级工程经过前期的规划、设计，正式进入建设阶段。

10月12日，中央新闻记录电影制片厂正式拍摄6集大型纪录片《大足石刻》。后于2013年4月21—26日，由中央电视台9频道播出。

10月15日，动工实施宝顶山广大寺后殿五架梁抢险维修工程，至11月初完工。

10月20日，动工实施妙高山石窟加固维修工程，至12月下旬完工。

10月28日，国家财政部原部长金人庆在大足县委书记江涛陪同下参观宝顶山石窟。

12月25日，重庆市大足区挂牌成立。

12月30日，大足区人民政府任命黎方银为大足石刻研究院院长。

12月30日，列入重庆市重点寺观教堂保护修缮工程项目的宝顶山圣寿寺修缮工程动工，至2015年全面完成。这是圣寿寺自民国以来最大规模的一次修缮。

2012年

1月9—25日，日本NHK电视台拍摄《雕刻岁月——世界遗产大足石刻》。

1月30日，动工实施宝顶山牧牛图至圆觉洞区域保护建筑维修工程，至7月完工。

2月1日，对宝顶山贵宾接待室区域仿古建筑屋面脊、木基层、瓦面、木构件及装修进行系统维修、局部更新及油饰，至5月下旬完工。

2月3日，国家水利部部长陈雷参观宝顶山石窟。

2月20日，全国人大常委会副委员长、民建中央主席陈昌智一行，在重庆市人大常委会副主任、民建重庆市委主委卢晓钟，大足区领导江涛、周少政、黄铭、张有力等陪同下，考察宝顶山石窟。

3月9日，"大足石刻文化国际高峰论坛"在大足举行。

3月13—15日，大足石刻研究院邀请国家文物局专家组成员黄克忠、冯水滨、马家郁、曲永新等9位文物保护、水文地质专家在大足召开"大足石刻宝顶山大佛湾水害勘察成果验收暨治水工程专家咨询会"。

3月14日，重庆市政协原主席张文彬一行调研宝顶山千手观音造像保护工程进展情况。

3月25日—4月15日，实施完成大足灵岩寺石窟保护建筑维修工程。

4月13日，大足中敖镇派出所移交高坪镇高峰寺被盗古建筑构件三件。

4月23日，动工维修中敖镇玉皇庙保护建筑，至7月上旬完工。

5—10月，由中国文化遗产研究院牵头，北京帝测科技公司具体负责，实施完成大足宝顶山大佛湾石刻三维测绘与数字化一期工程。

6月20日，动工实施宝顶山圣迹池旁字库石塔保护维修工程，至9月20日完工。

6月，国家社会科学基金艺术学项目《大足石刻宋代艺术研究》正式结题。

7月4日，国家人力资源和社会保障部、国家文物局授予大足石刻研究院院长、研究馆员黎方银"全国文物系统先进工作者"称号。

7月16日，宝顶山大佛湾圆觉洞三世佛顶部一块约长50厘米、宽30厘米、厚2厘米的石块自然脱落。

8月27日，中共中央政治局委员、国务院副总理、重庆市委书记张德江视察大足石刻。

9月9日，中非总统博齐泽一行参观宝顶山石窟。

9月18日，文化部副部长、国家文物局局长厉小捷一行在市、区领导陪同下调研宝顶山石窟保护工作。

9月24日，"中华宝藏——重庆大足石刻文物展"在加拿大安大略省基齐纳博物馆隆重开幕。中国驻多伦多总领事房利，加拿大国会议员史蒂芬·伍德沃斯及滑铁卢市市长、基齐纳市市长等400余名各界人士出席了开幕式。此次展览于2013年3月底结束。

10月8日，动工实施宝顶山小佛湾古建筑维修及环境整治工程，至次年11月30日完工。此次系全面落架大修。

11月6日，动工全面维修宝顶山灵官殿古建筑，至次年2月完工。

11月26日，《大足学研究文库》首部著作《大足石刻档案（资料）》（陈明光著）首发式在大足石刻研究院学术厅举行。

11月29日，重庆市政协主席邢元敏一行在大足区委书记江涛陪同下调研宝顶山千手观音修复工程和景区提档升级工程。

11月30日，大足石刻研究院公布大足区第三次全国文物普查不可移动文物目录，普查新发现和复查925个具有一定历史、科学、艺术价值的不可移动文物点，其中古建筑131处，古墓葬526处，古遗址54处，近现代史迹及重要建筑24处，石窟寺190处。

12月12日，宝顶山大佛湾毗卢道场对游客开放。

2013年

1月11日，南京师范大学成立大足学研究中心。南京师范大学副校长缪建东、大足区委书记江涛等出席揭牌仪式。

2月26日，重庆市人民政府副市长谭家玲在大足区委书记江涛、区长周少政陪同下，调研宝顶山千手观音造像抢救性保护工程进展情况。

3月22日，四川美术学院院长、画家罗中立一行在大足区委书记江涛等陪同下考察宝顶山石窟。

3月23日，加拿大驻华大使居伊·圣一雅克参观宝顶山石窟。

4月1日，四川美术学院大足学研究中心成立。四川美术学院院长罗中立、副院长庞茂琨，大足区委书记江涛、区政府区长周少政等出席揭牌仪式。

4月11日，国家文物局副局长顾玉才在重庆市文物局局长幸军、大足区人民政府副区长魏中武陪同下，检查大足千手观音造像抢救性保护工程开展情况。

5月16日，斯里兰卡议会副议长昌迪玛·维拉科迪率代表团一行参观宝顶山石窟。

5月19日，为中国旅游日，大足宝顶山、北山石窟景区被安排免费开放，共接待游客15万余人次，其中宝顶山12万人次，北山

3万人次，严重突破游客最大承载量。

5月，启动大足区第一次全国可移动文物普查工作。

5月，北山石窟景区游客中心动工建设，至同年12月竣工。建筑面积861.92平方米。

6月7日，重庆市委副书记张国清一行调研宝顶山石窟保护工作。

6月13日，谢晓鹏任大足石刻研究院党组书记。

7月13日，《大足石刻世界文化遗产地监测预警系统建设总体技术方案》通过专家评审。

7月22日，实施北山多宝塔抢险加固维修工程，主要是拆除已松动的塔檐砖，按原材料工艺进行加固维修，至同年11月中旬竣工。

8月，动工修建宝顶山波涌梵宫至木鱼坡阶梯式人行步道，步道长120米、宽3米。修建中遇悬崖边坡治理困难，至2014年12月方竣工。

8月，完成高坪镇玄顶村摩崖造像保护建筑除险工作。

9月16—17日，由中国文化遗产研究院、重庆市文物局、重庆市大足区人民政府主办的"2013年大足石刻保护修复国际学术研讨会"在大足隆重召开。国家文物局副局长童明康，国际文物保护与修复研究（ICCROM）中心、联合国教科文组织北京办事处代表，以及来自柬埔寨、日本、韩国、意大利、法国、美国和中国10余个省市的专家学者参加了会议。

10月23日，大足国家级旅游服务标准化试点通过国家标准委员会组织的评估。

10月31日，由中共大足区委、大足区人民政府主办，大足区纪委、区检察院和大足石刻研究院承办的"重庆大足石刻廉洁文化研讨会"在大足召开。

12月13日，保加利亚议会议长米哈伊尔·米科夫一行参观宝顶山石窟。

12月25日，俄罗斯驻华大使杰尼索夫携夫人参观大足石刻。

2014年

1月9日，将石门山石窟一罗汉头像、十圣观音窟内一束腰莲台、一仙师牌位收回大足石刻研究院藏。

3月15日，宝顶山石窟景区提档升级工程完成除大足石刻博物馆以外的主体工程，并投入试运行。

3月18—19日，大足石刻研究院召开"大足学学科建设研讨会"。

3月31日，由四川美术学院、大足石刻研究院联合举办的首届"大足石刻艺术国际合作工作营"在四川美术学院开营。此次活动至4月13日结束，其目的在于引发国际范围内青年学者们对大足石刻和巴蜀佛教美术的关注。

4月1日—9月28日，实施完成香梵宝顶至正觉像、护法神至广大宝楼阁、华严三圣、释迦涅槃佛至九龙浴太子、毗卢洞西侧至大方便佛报恩经变相、观经变至地狱变相东端、柳本尊行化道场等段的窟檐岩体抢救性加固保护工程。

4月3日，将北山多宝塔外龛内一圆雕佛像（右臂残）、南山3件柱础和5件残像入藏大足石刻研究院文物库房。

4月14日，大足区人民政府办公室发出《关于开展大足石刻博物馆展览陈列文物征集工作的通知》。

4月25日，中央电视台、中国新闻社，新疆、四川、江苏等22家省级电视台记者采访报道宝顶山千手观音造像保护工程。

4月，在北山多宝塔二佛前方新发现宋代墓葬。

4—12月，完成市级和重要区级文物保护单位中的峰山寺、斗碗寨、兴隆庵、麻杨村、玉滩、保家村、大石佛寺、舒成岩、千佛岩、妙高山、古佛洞、营盘坡、玉皇庙、普圣庙、光明殿、眠牛寺、玄顶村、双山寺、陈家岩、石壁寺等20处石刻点的监控设施安装工作。

5月20日，大足石刻研究院在重庆市文化委员会召开大足石刻博物馆展陈概念设计方案专家咨询会。

5月29日，在北山多宝塔二佛前右侧新发现三座古墓。

6月4日，意大利驻华大使白达宁及夫人一行参观宝顶山石窟。

6月23日，经国家财政部、国家体育总局批准，以大足石刻为主题的中国体育彩票——重庆大足石刻体育彩票在全国发行。这是全国第一只以区县地方元素为票面，并在全国范围内长期发行的即开型体育彩票。

6月，实施大足石刻世界文化遗产监测预警系统一期工程，至2016年底完成。

7月11日，中国文化遗产研究院、大足石刻研究院在大足召开宝顶山千手观音造像抢救性保护工程阶段性工作评估会。

7月21日，全国人大常委会原副委员长许嘉璐第四次考察宝顶山石窟。

7月27日，在大足龙岗街道办事处观音岩村发现宋墓。

7月31日，在大足棠香街道办事处"香山美地"工地发现宋墓。

9月25日，由重庆市文化委员会、大足区人民政府、重庆大学主办，大足区委宣传部、大足石刻旅开委、大足石刻研究院、重庆大学艺术学院承办的"文化圣焰——世界文化遗产大足石刻进名校"活动首站启动仪式在重庆大学艺术学院举行。大足石刻研究院院长黎方银为重庆大学近300名学子做了首场讲座。

10月22日，波兰驻华大使霍米茨基一行参观宝顶山石窟。

11月9日，全国政协原主席贾庆林在重庆市市长黄奇帆等陪同下，视察北山、宝顶山石窟。

11月15日，印度驻华大使康特一行参观宝顶山石窟。

11月24—27日，"2014年大足学国际学术研讨会暨大足石刻首次科学考察70周年纪念会"在大足举行。会议由重庆市文化委员会、重庆市大足区人民政府、重庆市文物局主办，大足石刻研究院、南京师范大学大足学研究中心、四川美术学院大足学研究中心、重庆大足石刻研究会承办。来自丹麦、美国、日本、斯里兰卡、印度、巴基斯坦、德国、中国大陆、中国台湾和中国香港等10个国家和地区的140余名专家、学者参加了会议。本次会议围绕大足学学科理论研究、大足石刻研究、石窟的互动与交流、唐宋佛教艺术研究4个主题举行，共收到89篇高质量的学术论文。

11月24日，中国司法部部长吴爱英一行在大足区人民政府区长周少政陪同下考察宝顶山石窟。

12月4日，中共中央政治局委员、国家副主席李源潮在重庆市委副书记张国清，大足区委书记江涛、区长周少政等陪同下，视察宝顶山石窟。

2015年

1月17日，大足石刻研究院邀请国家文物局专家组成员黄克忠、冯水滨、王金华3位文物保护、水文地质专家在大足召开"大足石刻宝顶山大佛湾水害治理工程一期施工方案专家咨询会"。

1月30日，大足石刻千手观音造像抢救性保护工程修复效果鉴评会在宝顶山文物区举行。与会专家认为，千手观音造像修复工程前期研究扎实、试验论证过程翔实、现场工作严谨，修复后文物的真实性、完整性得到了体现。

1月，开展"大足石刻宝顶山景区楹联征集及景点命名"活动。至2月28日，共收到楹联投稿4000余联、景点命名投稿3600余则。后经评选，择其要者刻制悬于宝顶山石窟景区。

1月，《大足北山佛湾石窟寺的图像学考察与研究》《大足大钟寺圆雕造像研究》被列入重庆市社会科学规划2014年度资助项目。

2月4日，大足区委书记江涛、区长周少政专程前往宝顶山石窟文物区，看望慰问大足石刻博物馆建设者以及千手观音保护修复人员。

4月15—16日，中央电视台科教频道（CCTV-10）《走进科学》栏目播出《大足石刻——千手观音修复记》上、下集，每集片长30分钟。

4月28日，大足石刻研究院院长、研究馆员黎方银被中共中央、国务院授予"全国先进工作者"称号，赴北京参加中共中央、国务院在人民大会堂隆重举行的2015年庆祝"五一"国际劳动节暨表彰全国劳动模范和先进工作者大会。

4月，实施完成妙高山第2号窟文物保养维护工程。

5月5—6日，历经近8年的"国家石质文物保护一号工程——大足石刻千手观音造像抢救性保护工程"通过重庆市文物局组织的来自文物科技、传统工艺、化学材料、美术考古、佛教艺术等研究领域的12名专家组成的验收组的验收。该工程分为前期勘察、方案设计、实施修复等三个阶段。2008—2009年，完成了信息留存、地质勘察、病害调查、病害机理研究、微环境监测、工艺研究、修复材料筛选等12项前期勘察研究。2010—2011年，开展千手观音中期修复试验，在取得初步成效后编制完成《大足宝顶山千手观音造像抢救性保护方案》。2011年7月—2014年12月，为工程实施阶段。修复工程涉及千手观音造像石质、彩绘、金箔三种材质的34种复合病害的治理，包括除尘、不稳定金箔层揭取及揭取金箔的处理、裸露岩体脱盐、风化石质加固、残缺石质补形、髹漆、贴金、协色，彩绘清洗、回贴、加固、全色等多项内容的保护修复。修复面积共计约220平方米（展开面积），包括千手观音主尊造像、830只手及手臂、161件法器、2尊侍者像以及造像龛顶的保护修复。验收组专家认为：该工程的组织与实施，遵循了国家文物局批准的方案，符合《文物保护法》及其实施细则、《中国文物古迹保护准则》《文物保护工程管理办法》及行业相关标准的要求，前期研究扎实、技术路线合理、技术工艺严谨、施工资料规范完整；同时工程坚持研究与修复并行的原则，解决了诸多的技术难题；充分尊重千手观音造像的宗教文物属性特点，在文物保护和艺术效果与满足社会和公众需求的平衡方面进行了有益的探索；在对传统工艺发掘与传承，现代科技和多学科研究应用等方面开展了诸多富有创新成效的工作，解决或缓解了长期威胁千手观音造像存在的各种病害，对国内同类型的石窟寺文物保护工作具有示范作用。

6月2—6日，中央电视台4频道《国宝档案》栏目，连续播出《揭秘大足石刻》之《暗藏的智慧》《"一号工程"之谜》《断指再造》《妆金之谜》《石窟的美容师》5集系列片。

6月13日，大足石刻博物馆开馆。该馆坐落于大足宝顶山石窟景区内，由原"来福缘"酒店改造建成，占地面积6500平方米，建筑面积18000平方米，主展厅5000平方米，是一座集陈列展示、保护、收藏及服务于一体的公益性、综合性的博物馆。其主题展览《艺术涅槃——大足石刻展》，以《魅力·妙相庄严》《传承·西佛东渐》《圆融·大足和弦》《流响·大足记忆》《保护·千秋功德》《重生·盛世金光》《宝藏·五洲共仰》七个部分，展示了石窟艺术从印度到大足的发展历程，大足石刻在石窟艺术中国化进程中所体现出的典范之美，以及大足石刻保护、管理、研究，千手观音造像修复等方面的情况。特别是其中的大足石刻环幕影院，直径30米，采用激光投影，是亚洲最大最先进的环幕影院。

6月13日，提档升级后的大足宝顶山石窟新景区正式亮相。宝顶山石窟景区提档升级工程从2011年10月开工，历时三年半，投资11亿多元，新增土地870亩，征收、搬迁房屋5.2万平方米，动迁人口735人、250户，将景区面积扩大5倍，形成核心参观、展示游览、宗教体验、游客服务、生态保护等5个功能区。主要参建单位32家，涉及土建、古建、道路、桥梁、市政、园艺等24个门类。新建各类建筑设施10万平方米，包括大足石刻博物馆1.8万平方米，桥梁2座（瑞相桥、礼敬桥，全长230米），经幢2座，牌坊1座，心月禅柱18座，礼佛大道1200米；游客服务中心2000平方米，南、北商业街3.6万平方米，经济适用房（供搬迁用）4万平方米，其他建筑服务设施4000平方米。铺装建设各类广场及生态停车场等10万平方米，种植高大乔木7350株，灌木166万株，草坪13万平方米。

6月13日，第十个"中国文化遗产日"主场城市活动在重庆大足举行。此次活动由国家文物局、重庆市人民政府主办，重庆市文化委、重庆市文物局、大足区人民政府、重庆中国三峡博物馆承办。主要活动有千手观音造像抢救性保护工程竣工仪式、2015年中国文化遗产日主场城市活动开幕式、大足石刻博物馆开馆仪式、中国石质文物保护国际学术研讨会、全国文物保护成果展、中国传统村落摄影展、中国文化遗产美术展和白鹤梁·内水文化遗产保护与利用国际学术研讨会等。重庆卫视频道、新闻频道并机对千手观音造像抢救性保护工程竣工仪式等作了现场直播。新华社、人民日报、光明日报、中国日报、中央电视台、重庆日报等48家新闻媒体作了采访报道。

6月13—14日，由重庆市文化委员会、重庆市大足区人民政府、重庆市文物局主办，中国文化遗产研究院、大足石刻研究院承办的"2015年中国石质文物保护国际学术研讨会"在重庆大足举行。来自中国、意大利、英国、以色列、日本、叙利亚等69名从事石质文物保护、病害诊断分析、数字化测绘、遗产管理与监测方面的专家学者参加了此次会议。会议共收到论文53篇。

7月4日，重庆市文物局组织专家对宝顶山大佛湾窟檐岩体抢救性加固保护工程进行验收。

8月，动工实施宝顶山大佛湾水害治理一期（卧佛段）工程。

10月19日，由半月谈杂志社主办，新华社重庆分社、大足石刻研究院承办的"大足与敦煌对话"文化论坛在大足举行。大足区与敦煌市的主要领导，敦煌学与大足学，以及遗产保护等领域的十多名著名专家学者，紧紧围绕"一带一路"视野下文化遗产的保护、研究和利用，进行了深入对话。

10月31日，隆重举行宝顶山千手观音开光大典。

11月13日，重庆市人大常委会主任张轩一行在大足区委书记江涛、区人大常委会主任黄铭、区政府区长周少政等陪同下调研《重庆市大足石刻保护条例》立法工作。

后 记

本年表是在综合参考邓之金《大足石刻年表（650—1992年）》、陈明光《大足石刻年表（650—2000年）》、王洪平《大足石刻年表（1992—1996年）》、陈明光《大足石刻档案（资料）》，以及大足石刻研究院《大足石刻保护维修及基建工程大事记》《大足石刻大事记（1986—2015）》的基础上，经再次校勘、补遗编写而成。编写中，黄能迁、邓启兵、陈卉丽、蒋晓菁等助力甚多，黎方银作了审定，在此一并深致谢意。

大足石刻历经千载，所涉人与事众多，因资料所限，难免遗漏；加之时间仓促，编者水平有限，错所难免，望读者不吝赐教，匡所不逮。

附录二　大足石刻研究文献目录

未小妹

凡　例

一、本文献目录主要收录大足石刻或与其密切相关的研究成果。时限始自19世纪末，止于2016年。

二、本文献目录共分为三类编录。第一类为出版物，包括专著、编著、图录、论文集、内部资料等；多版者，以最早者收录。第二类为期刊论文，包括期刊及出版物中析出的论文；被多次收录者，按时间先后或所在期刊影响力择一收录。因报刊发表的有关大足石刻文章较多，收录时仅择其要者；个别文章虽为期刊刊载，但如系一般性介绍或文学、旅游类者，则未收录。第三类为学位论文，包括博士、硕士学位论文。

三、本文献目录除古籍按成书年代排序外，其余均按出版、发表时间先后为序编录。

四、本文献目录的著录格式为：

1. 出版著作：编著者、译者、出版物名称、出版社、出版时间［主要以图书在版编目（CIP）数据或版权页为准］。

2. 期刊论文：作者、译者、论文名称、刊名、出版时间、卷期。

3. 论文集论文：作者、译者、论文名称、论文集编者、论文集名称、出版社、出版时间。

4. 报刊：作者、文章名称、报刊名称、发行时间。

5. 学位论文：作者、论文名称、所属院校和学位类别名称、完成时间。

凡未注明出版、发表单位者，均为内部出版物或刊物。

一　图书

（南宋）王象之	《舆地纪胜》（二〇〇卷），清咸丰五年（1855）伍氏粤雅堂刊本，国家图书馆藏。
（明）曹学佺	《蜀中广记》（一〇八卷），民国二十三年（1934）至民国二十四年（1935）商务印书馆影印文渊阁本，大足石刻研究院藏。
（明）张文耀主修、邹廷彦主纂	《重庆府志》（八十六卷），明万历三十四年（1606）刊本，上海图书馆藏。
（清）黄廷桂等监修	《四川通志》（四十七卷，卷首一卷），清雍正十三年（1735）刊本，国家图书馆藏。
（清）李德纂修	《大足县志》（十一卷），清乾隆十五年（1750）刊本。
（清）张澍、赵时、王松纂修	《大足县志》（八卷），清道光十六年（1836）刊本，国家图书馆藏。
（清）王梦庚修、寇宗纂	《重庆府志》（九卷），清道光二十三年（1843）刊本，国家图书馆藏。
（清）刘喜海	《金石苑》（六册），清道光二十八年（1848）刘氏来凤堂刊本，国家图书馆藏。
（清）张澍	《大足金石录》（一册），手抄本，西安碑林博物馆藏。
（清）王德嘉修、高云从等纂	《续修大足县志》（八卷），清光绪三年（1877）刊本，国家图书馆藏。
（清）叶昌炽	《语石》（十卷），清宣统元年（1909）刊本，国家图书馆藏。
大村西崖著	『支那美術史彫塑篇』，仏書刊行会図像部，1915年。
大村西崖著、陈彬龢译	《中国美术史》，商务印书馆，1930年。
郭鸿厚修、陈习删等纂	《民国重修大足县志》（九卷，卷首一卷），中国学典馆北泉分馆，1945年。

王恩洋著	《大足石刻》，弘化社，1954年。	
陈习删著	《大足石刻志略》，油印本，大足县人民政府印发，1955年。	
傅　扬编	《大足石刻》，朝花美术出版社，1957年。	
中国美术家协会四川石刻考察团编	《大足石刻》，文物出版社，1959年。	
上海人民美术出版社编	《大足石刻》，上海人民美术出版社，1961年。	
四川美术学院雕塑系编	《大足石刻》，朝花美术出版社，1962年。	
杨家骆著	《中华民国三十四年大足唐宋石刻六千二百十六躯的发现》，中国学典馆，1968年。	
四川省大足县文物保管所编	《大足石刻》，四川人民出版社，1980年。	
吕石明等编	《中国宗教艺术大观》第五册，台北自然科学文化事业股份有限公司，1981年。	
王子云编	《中国古代雕塑百图》，人民美术出版社，1981年。	
白自然编	《大足石刻艺术》（日文版），中国外文出版社、日本美乃美出版社，1981年。	
永川地区文化局、大足县文物保管所、四川摄影协会永川支会编	《大足石刻》，四川人民出版社，1981年。	
大足县文物保管所编	《大足石刻》（中、英、日文版），中国旅游出版社，1982年。	
谢敏聪著	《艺术的新贵：永乐宫壁画及大足石刻》，台湾梵谷图书出版事业有限公司，1982年。	
李正心著	《大足石刻漫记》，四川人民出版社，1983年。	
Bai Ziran	Dazu grottoes. Foreign Languages Press, 1984.	
大足县文物保管所编	《大足石窟》，文物出版社，1984年。	
照　知、澄　静著	《宝顶石刻》，重庆市佛教协会，1985年。	
四川省社会科学院、大足县政协、大足县文物保管所、大足石刻研究学会编	《大足石刻内容总录》，四川省社会科学院出版社，1985年。	
白自然编	《中国大足石窟》（中、英、日文版），外文出版社，1985年。	
刘长久、胡文和、李永翘编	《大足石刻研究》，四川省社会科学院出版社，1985年。	
四川人民出版社编	《大足石窟艺术》，四川人民出版社，1985年。	
重庆大足石刻艺术博物馆等编	《大足石刻》，中华商务联合印刷有限公司，1985年。	
《大足石刻研究通讯》杂志社编	《大足石刻传说》，重庆日报印刷厂，1985年。	
《今日四川》画刊编辑部编	《大足石窟民俗画册》，《今日四川》画刊编辑部出版社，1986年。	
吴蓉章、毛建华编	《大足石刻之乡的传说》，重庆出版社，1986年。	
西南师范学院、大足县文物保管所编	《大足石刻》，文物出版社，1987年。	
黎方银、陈　灼编	《大足石刻导游手册》，四川人民出版社，1987年。	
龚自人绘	《大足石刻线描》，四川美术出版社，1987年。	
史　岩编	《中国雕塑史图录》第3卷，上海人民美术出版社，1987年。	
阎文儒著	《中国石窟艺术总论》，天津古籍出版社，1987年。	
李巴生主编	《中国美术全集·雕塑编·四川石窟雕塑》，人民美术出版社，1988年。	
黎方银编	《大足石刻》，四川人民出版社，1988年。	
王肇翰著	《大足石刻艺术》，重庆出版社，1988年。	
王子云著	《中国雕塑艺术史》（下），人民美术出版社，1988年。	
大足县外事办公室、旅游局编	《大足旅游便览》，四川人民出版社，1989年。	
杨大矛选编	《大足石刻传说》，重庆大学出版社，1989年。	
胡齐畏、胡若水著	《大足文史·第五辑·大足道教摩崖造像》，1989年。	
黎方银著	《大足石窟艺术》，重庆出版社，1990年。	
高　文、高成刚编	《四川历代碑刻》，四川大学出版社，1990年。	

重庆大足石刻艺术博物馆编	《中国大足石刻》（中、英文版），万里书店、重庆出版社，1991年。	
重庆大足石刻艺术博物馆编	《中国大足石刻》，香港珠海出版公司，1991年。	
丁世良、赵放主编	《中国地方志民俗资料汇编·西南卷》，书目文献出版社，1991年。	
《大足石刻艺术题词选》编委会编	《大足石刻艺术题词选》，重庆大学出版社，1992年。	
赵甫华著	《赵智凤传》，四川人民出版社，1992年。	
王庆瑜主编	《中国大足石刻荟萃》，《重庆与世界》杂志社，1992年。	
重庆大足石刻艺术博物馆编	《大足石刻头像精选》，四川大学出版社，1992年。	
国家文物局教育处编	《佛教石窟寺考古概要》，文物出版社，1993年。	
重庆大足石刻艺术博物馆、大足县文物保管所编	《大足石刻研究文集》，重庆出版社，1993年。	
张嘉齐、范云兴主编	《大足石刻》，中国旅游出版社，1993年。	
陈　灼编	《大足石刻导游》，重庆出版社，1993年。	
郭兴建主编	《中国大足石刻》，四川美术出版社，1993年。	
温玉成著	《中国石窟与文化艺术》，上海人民美术出版社，1993年。	
曹厚德、杨古城编著	《中国佛像艺术》，中国世界语出版社，1993年。	
重庆大足石刻艺术博物馆编	《大足石刻》，重庆出版社，1994年。	
胡文和著	《四川道教佛教艺术》，四川人民出版社，1994年。	
罗哲文著	《中国古塔》，外文出版社，1994年。	
重庆大足石刻研究会、重庆大足石刻艺术博物馆、四川省社会科学院大足石刻艺术研究所编	《大足石刻研究文选——四川石窟艺术研讨会暨重庆大足石刻研究会第三届年会专集》，1995年。	
陈先学编	《大足石刻艺苑》，重庆出版社，1995年。	
李代才摄影	《大足石刻》，四川人民出版社，1995年。	
金维诺、罗世平著	《中国宗教美术史》，江西美术出版社，1995年。	
大足县县志编修委员会编纂	《大足县志》，方志出版社，1996年。	
重庆出版社编	《中国石窟雕塑精华·大足宝顶石刻》，重庆出版社，1996年。	
重庆出版社编	《中国石窟雕塑精华·大足北山石刻》，重庆出版社，1996年。	
徐自强、吴梦麟著	《中国的石刻与石窟》，商务印书馆，1996年。	
重庆大足石刻艺术博物馆、四川社会科学院大足石刻艺术研究所编	《大足石刻研究文集》（2），重庆出版社，1997年。	
龙显昭、黄海德主编	《巴蜀道教碑文集成》，四川大学出版社，1997年。	
刘长久著	《中国西南石窟艺术》，四川人民出版社，1998年。	
陈先学著	《大足石刻平话》，重庆出版社，1998年。	
李再钤编著	《中国佛教雕塑》（下册），台湾"国立"历史博物馆，1998年。	
国家文物局编	《申报大足石刻列入〈世界遗产名录〉文本》（中、英文版），1998年。	
重庆大足石刻艺术博物馆、重庆市社会科学院大足石刻艺术研究所编	《大足石刻铭文录》，重庆出版社，1999年。	
胡文和著	《安岳大足佛雕》，艺术家出版社，1999年。	
黎方银编	《大足石刻雕塑全集·北山石窟卷》，重庆出版社，1999年。	
陈明光编	《大足石刻雕塑全集·宝顶山石窟卷（上）》，重庆出版社，1999年。	
邓之金编	《大足石刻雕塑全集·宝顶山石窟卷（下）》，重庆出版社，1999年。	
童登金编	《大足石刻雕塑全集·南山、石门山、石篆山等石窟卷》，重庆出版社，1999年。	
李巳生主编	《中国石窟雕塑全集·大足》，重庆出版社，1999年。	
童登金、李传授主编	《名人与大足石刻》，四川美术出版社，1999年。	

澄　静著	《宝顶山佛教名胜》，中国文联出版社，2000年。
郭相颖著	《大足石刻研究》，重庆出版社，2000年。
李传授著	《大足石刻风景名胜诗文选注》，中国文联出版社，2000年。
李传授著	《赵智凤》，中国文联出版社，2000年。
宋朗秋、李代才著	《大足石刻导览》，巴蜀书社，2000年。
胡　鹏著	《宗教与大足石刻》，中国文联出版社，2000年。
陈明光著	《大足石刻考古与研究》，重庆出版社，2001年。
陈明光著	《大足石刻考察与研究》，中国三峡出版社，2001年。
赵辉志著	《大足石刻服饰史》，中国三峡出版社，2001年。
童登金、李传授主编	《宝顶山石窟》，巴蜀书社，2001年。
童登金、李传授主编	《大足石刻画册》（上、下册），四川美术出版社，2001年。
王庆瑜摄	《大足石刻艺术》（中、英、日文版），中国旅游出版社，2001年。
童登金主编、李代才摄影	《大足石刻精品》，中国摄影出版社，2001年。
王川平编	《大足石刻》，五洲传播出版社，2001年。
梁思成著	《梁思成全集》第三卷，中国建筑工业出版社，2001年。
李玉珉著	《中国佛教美术史》，东大图书股份有限公司，2001年。
Angela Falco Howard	Summit of treasures: Buddhist cave art of Dazu, China. Weatherhill, 2001.
陈清香著	《四川佛教石刻造像——以大足北山宝顶山观音像为例》，花莲县文化局，2002年。
重庆大足石刻艺术博物馆等编	《大足石刻研究文集》（3），中国文联出版社，2002年。
重庆大足石刻艺术博物馆等编	《大足石刻研究文集》（4），中国文联出版社，2002年。
胡　鹏著	《刻在石崖上的书》，中国三峡出版社，2002年。
Kucera K. J.	Cliff Notes: Text and Image at Baodingshan. University of Kansas, 2002.
胡文和编	《西南石窟文献》第四至七卷《大足石窟文献》，兰州大学出版社，2003年。
童登金著	《大足石刻保护与研究文集》，文物出版社，2003年。
赵贵林、赵　桉编	《大足石刻》，广东旅游出版社，2003年。
张　总著	《地藏信仰研究》，宗教文化出版社，2003年。
阎文儒著	《中国石窟艺术总论》，广西师范大学出版社，2003年。
龙显昭主编	《巴蜀佛教碑文集成》，巴蜀书社，2004年。
胡文和著	《中国道教石刻艺术史》，高等教育出版社，2004年。
李正心著	《儒教造像与大足石刻的儒化》，中国三峡出版社，2004年。
胡　鹏著	《大足石刻道学文化》，中国国际文艺研究院，2004年。
陈　典著	《大足典故》，中国国际文艺出版社，2004年。
黎方银著	《大足石刻》，三秦出版社，2004年。
重庆大足石刻艺术博物馆、重庆大足石刻研究会编	《大足石刻研究文集》（5），重庆出版社，2005年。
李传授、张　划、宋朗秋著	《大足宝顶香会》，中国文联出版社，2005年。
胡良学著	《大足石刻孝文化研究》，中国国际文艺出版社，2006年。
侯　冲著	《云南与巴蜀佛教研究论稿》，宗教文化出版社，2006年。
政协大足县委员会教科文卫委员会编	《大足文史·第二十一辑·宝顶香会》，2006年。
Teiser S. F.	Reinventing the wheel: Paintings of rebirth in medieval Buddhist temples. University of Washington Press, 2006.
重庆大足石刻艺术博物馆编	《2005年重庆大足石刻国际学术研讨会论文集》，文物出版社，2007年。

胡昭曦著	《巴蜀历史考察研究》，巴蜀书社，2007年。
刘敦桢著	《刘敦桢全集》第三卷，中国建筑工业出版社，2007年。
《大足县民间音乐舞蹈集成》编委会编	《大足县民间音乐舞蹈集成》，2007年。
奈良美術研究所編	『仏教美術からみた四川地域』，雄山閣，2007年。
政协大足县委员会教科文卫委员会编	《大足文史·第廿二辑·大足石刻民间故事》，2008年。
陈 灼著	《大足石刻史话》，中国戏剧出版社，2008年。
杨 雄、胡良学、童登金著	《大足石窟与敦煌石窟的比较》，巴蜀书社，2008年。
大足县地方志办公室编纂	《读懂大足》，大众文艺出版社，2008年。
陈 典、陈尧天校	《〈民国重修大足县志〉点校》，大众文艺出版社，2008年。
王金华主编	《大足石刻保护》，文物出版社，2009年。
龙 红著	《风俗的画卷：大足石刻艺术》，重庆大学出版社，2009年。
龙良骅编	《大足》，重庆出版社，2009年。
崔云胜著	《张澍研究》，天津古籍出版社，2009年。
梅 林主编	《大足石刻考察研究报告》，四川美术学院美术学系佛教艺术研究室，2009年。
重庆大足石刻艺术博物馆编	《大足石刻》，重庆出版社，2010年。
李传授、黄劳峰编	《大足历代诗词选注》，中国戏剧出版社，2010年。
陈长文编著	《大足石刻》，吉林出版集团有限责任公司，2010年。
梁思成著、林 洙编	《佛像的历史》，中国青年出版社，2010年。
国家文物局编	《中国文物地图集·重庆分册》，文物出版社，2010年。
焦兴涛、李 竹主编	《脉——四川美术学院雕塑系论文集》，重庆出版社，2010年。
刘谦胜编	《大足石刻民间故事》，中国戏剧出版社，2011年。
肖宇窗著	《神话在人间——大足石窟艺术及其文化阐述》，中国戏剧出版社，2011年。
陈先学著	《大足石刻文话》，江苏文艺出版社，2011年。
李代才著	《大足影迹》，天地出版社，2011年。
姚崇新著	《巴蜀佛教石窟造像初步研究：以川北地区为中心》，中华书局，2011年。
黎方银编著	《大足石刻》，重庆出版社，2012年。
李小强著	《崖壁上的世俗文化》，中国戏剧出版社，2012年。
陈明光著	《大足石刻档案（资料）》，重庆出版社，2012年。
章创生、范时勇著	《大足石刻之谜》，重庆大学出版社，2012年。
覃伦富、黎方银主编	《世界文化遗产胜地——大足》，重庆出版社，2012年。
大足石刻研究院编	《大足古墓葬》，中国戏剧出版社，2012年。
李巳生著	《禅密造像艺术精华 两宋至明清时期》，河南大学出版社，2012年。
秦 波编	《大足石刻的那些传说》，重庆出版社，2013年。
郭相颖著	《大足石刻研究与欣赏》，重庆出版社，2013年。
大足石刻研究院编	《2009年中国重庆大足石刻国际学术研讨会论文集》，重庆出版社，2013年。
重庆市文化遗产研究院、重庆文化遗产保护中心编	《重庆古塔》，科学出版社，2013年。
何建明主编	《中国地方志佛道教文献汇纂·诗文碑刻卷·重庆》，国家图书馆出版社，2013年。
秦 臻主编	《理论、方法与实践：美术考古与大足学研究》，重庆大学出版社，2014年。
胡文和、胡文成著	《巴蜀佛教雕刻艺术史》（全三册），巴蜀书社，2015年。
李先逵等编	《大足石刻与古建筑群》，重庆大学出版社，2015年。
大足石刻研究院、中国文化遗产研究院编	《大足石刻千手观音造像抢救性保护工程前期研究》（全2册），文物出版社，2015年。

陈卉丽著	《大足石刻保护探索与实践》，重庆出版社，2015年。
肖 玲主编	《大足石刻景点解说》，重庆大学出版社，2015年。
胡 红、胡良学著	《大足石刻道教造像研究》，白山出版社，2015年。
王天祥、邹建林、刘 壮著	《文化遗产与视觉文化的交汇：新艺术史的视野》，重庆大学出版社，2015年。
秦 臻主编	《田野、实践与方法——美术考古与大足学研究》，重庆大学出版社，2016年。
秦 臻主编	《佛像、图像与遗产——美术考古与大足学研究》，重庆大学出版社，2016年。
大足石刻研究院、四川美术学院大足学研究中心编	《大足学刊》（1），重庆出版社，2016年。
李小强著	《大足道教石刻论稿》，重庆出版社，2016年。
大足石刻研究院编	《2014年大足学国际学术研讨会论文集》，重庆出版社，2016年。
张 雯著	《人间佛国大足石刻》，中州古籍出版社，2016年。
中共重庆大足区委宣传部、南京师范大学编	《大足历史文化大观》，重庆出版社，2016年。
Kucera K. J.	Ritual and Representation in Chinese Buddhism: Visualizing Enlightenment at Baodingshan from the 12th to 21st Centuries. Cambria Press, 2016.

二 论文

刘蕴华	《四川大足之古代石刻》，《东方杂志》第32卷第5号，1935年3月1日。
吴显齐	《介绍大足石刻及其文化评价》，《新中华》复刊第3卷第7期，1945年。
杨家骆	《大足石刻图征初编序》，《民国重修大足县志》卷首，中国学典馆北泉分馆，1945年。
陈习删	《大足石刻概论》，《民国重修大足县志》卷首，中国学典馆北泉分馆，1945年。
马 衡	《大足石刻古文孝经校释》，《民国重修大足县志》卷首，中国学典馆北泉分馆，1945年。
傅正伦	《大足南北山石刻之体范》，《民国重修大足县志》卷首，中国学典馆北泉分馆，1945年。
朱锦江	《从中国造像史观研究大足石刻》，《民国重修大足县志》卷首，中国学典馆北泉分馆，1945年。
吴显齐	《大足石刻考察团日记》，《民国重修大足县志》卷首，中国学典馆北泉分馆，1945年。
	《本省教育消息：大足发现石刻碑帖佛像》，《四川教育通讯》1945年第3期。
	《国内消息：中国辞典馆印行英语先秦丛书并展览大足石刻》，《中华图书馆协会会报》第19卷第4—6期，1945年。
吴 缶	《大足纪游》，《旅行杂志》第19卷第6期，1945年。
	《杨家骆等前往考察大足宝顶山》，《大公报》1945年4月27日。
李德芳	《记四川大足宝顶山唐宋石像》，《南方杂志》1946年第1卷第1期。
朱锦江	《大足佛像探奇》，《报报》第1卷第6期，1946年。
杨家骆	《抗战八年中艺术考古学上第一重要发现——大足石刻》，《寰球》第9—10期，1946年。
	《图书馆楼上大足石刻照片展览，下午顾颉刚朱锦江两教授分别讲演"大足石刻研究"》，《复旦》1946年第18期。
王仲博	《大足石刻参礼》，《旅行杂志》第20卷第7期，1946年。
王恩洋	《大足石刻艺术与佛教（上）》，《文教丛刊》1947年第7期。
王恩洋	《大足石刻艺术与佛教（下）》，《文教丛刊》1947年第8期。
吴显齐	《大足石刻：唐宋造象新发现》，《旅行杂志》第21卷第3期，1947年。
	《四川大足发现佛窟》，《弘化月刊》第78、79期，1947年。
吴显齐	《大足石刻印象记》，《和平日报》1947年1月20日。

杨家骆	《大足龙岗区石刻记略——世界学院中国学典馆大足石刻考察团考察纪略之一》，《中央日报·文物周刊》第20期，1947年2月2日。
杨家骆	《大足宝顶区石刻记略——世界学院中国学典馆大足石刻考察团考察纪略之二》，《中央日报·文物周刊》第21期，1947年2月9日。
杨家骆	《大足龙岗宝顶以外各区石刻记略——世界学院中国学典馆大足石刻考察团考察纪略之三》，《中央日报·文物周刊》第22期，1947年2月19日。
马　衡	《宋范祖禹书〈古文孝经〉石刻校释》，《历史语言研究所集刊》第20本，1948年6月。
陈明达	《略述西南区的古建筑及研究方向》，《文物参考资料》1951年第11期。
张圣奘	《大足安岳的石窟艺术》，《西南文艺》第19期，1953年7月号。
邓之金	《四川大足县发现带有雕刻的宋墓》，《文物参考资料》1954年第10期。
王恩洋	《大足石刻》，《弘化月刊》第152期，1954年1月25日。
王恩洋	《大足石刻（续）》，《弘化月刊》第153期，1954年2月25日。
邓之金	《四川大足县发现带石人石马的古墓》，《文物参考资料》1955年第4期。
邓之金	《四川省大足县文物保管所一年以来的工作概况》，《文物参考资料》1955年第8期。
蒋美华、邓之金	《四川大足县继续发现带精美雕刻的宋墓》，《文物参考资料》1955年第8期。
蒋美华	《四川大足县石刻》，《文物参考资料》1955年第9期。
李巴生	《大足石刻》，《人民画报》1956年第4期。
陈习删	《宝顶雕像年代问题》，《文物参考资料》1956年第5期。
松原三郎	「四川省唐代摩崖窟龕の造像銘」，『美術史』22号，1956年。
阿　木	《大足北山石刻巡礼》，《四川日报》1956年9月7日。
李祖泽	《大足县培修唐宋石刻造像》，《文物参考资料》1957年第3期。
棠	《美协组织雕塑家去四川考察古代雕刻》，《美术》1957年第3期。
张松鹤	《丰富多彩的四川古代石刻艺术》，《美术》1957年第6期。
孙善宽、林家长	《大足等地古代雕刻给我们的启发》，《美术》1957年第7期。
温廷宽	《四川佛教摩崖造像的艺术价值及其现况》，《现代佛学》1957年第8期。 后收录在《现代佛教学术丛刊（二十）·佛教艺术论集》，大乘文化出版社，1978年。
苗　子	《大足石刻艺术》，《新观察》1957年第11期。
温廷宽	《在四川考察古代雕刻》，《光明日报》1957年2月25日。
潘绍棠	《石刻艺术的宝库——介绍四川大足宝顶大佛湾的摩崖造像》，《人民日报》1957年5月15日。
温廷宽	《论大足宝顶石刻的一些特点》，《文物参考资料》1958年第4期。
林树中	《四川大足的古代雕刻》，《解放日报》1958年1月11日。
陈去生、谢明非	《"中国北部的石窟雕塑艺术"与"大足石刻"两书中的一些问题》，《文物》1960年第7期。
杨家骆	《唐宋石刻博物馆之发见》，《台湾风物》第10卷4期，1960年。
粟原益男	「唐末の土豪の在地勢力について—四川の韋君靖の場合」，『歴史学研究』243号，1960年。
韋其一	《四川唐代摩崖中反映的建筑形式》，《文物》1961年第11期。
荫　远	《大足石刻》，上海人民美术出版社编《大足石刻》，上海人民美术出版社，1961年。
日野開三郎	「唐韋君靖碑の応管諸寨節級についての一考察」，和田博士古稀記念東洋史論叢編纂委員会『和田博士古稀記念東洋史論叢』，講談社，1961年。
李巴生	《大足石刻概述》，四川美术学院雕塑系编《大足石刻》，朝花美术出版社，1962年。
吴　非	《大足北山石刻艺术》，《成都晚报》1962年7月14日。
金勖琪	《大足石刻》，《光明日报》1962年12月18日。
杨家骆	《宝顶梦游》，《观光月刊》1卷3期，1965年。
陈清音	《历史：杨家骆教授发现大足石刻有感》，《中国一周》964期，1968年。

丁献堂	《大足石刻观后记》，《中央日报》1969年8月10日。
陈清香	《大足石窟之圆觉经变相》，《慧炬》第86期，1970年。
陈清香	《大足石窟佛经变相之研究》，《明伦月刊》第2期，1971年。
内明编辑室	《别具风格的四川大足石刻》，《内明》第48期，1976年。
陈清香	《大足唐宋佛教崖雕之研究》，《台湾风物》第26卷4期，1976年。
雷在齐	《重游大足宝顶山有感》，《大公报》1978年7月。
章以谦	《瑰丽的艺术 科学的结晶——浅谈大足石刻的科学成就》，《科学画报》1979年第3期。
梁沾旋	《石刻艺术的珍宝——介绍彩色科教片〈大足石刻〉》，《大众电影》1979年第6期。
王官乙	《大足石刻 北山部分》，《美术家》1979年第9期。
王官乙	《大足石刻 宝顶山部分》，《美术家》1979年第10期。
大足县文物保管所	《大足北山和宝顶摩岩造像》，《文物》1980年第1期。
傅天仇	《石刻的宝库》，《百科知识》1980年第3期。
大足县文物保管所	《大足石刻》，《四川画报》1980年第3期。
何礼荪	《人间天上 鬼斧神工——记四川大足石刻》，《旅游》1980年第4期。
	《大足石刻及古代绘画》，《艺苑掇英》第7期，上海人民美术出版社，1980年。
王官乙	《大足石刻欣赏随笔》，《美术丛刊》第10期，上海人民美术出版社，1980年。
丁先发	《石刻之乡：大足纪游》，《四川日报》1980年4月7日。
石川一成撰、黎方银译	《中国大足石窟的石佛群——有感于囊括外来文化的巨大能量》，《读卖新闻》1980年6月14日。
艾芜	《大足石刻观感录》，《旅游》1981年第3期。
石川一成著、魏习峰译	《江南最大的石窟——记访大足石刻》，《朋友》1981年第3期。
覃峻石	《一龛有争议的菩萨》，《旅游天府》1981年第4期。
王震起	《悠久的文化 精湛的艺术——参观四川大足石刻随笔》，《美苑》1981年第4期。
李正心	《也谈宝顶山摩崖造像的年代问题》，《文物》1981年第8期。
治明	《大足石刻艺术的造化》，《中国旅游》1981年第17期。
王官乙	《大足石刻艺术》，白自然编《大足石刻艺术》（日文版），中国外文出版社、日本美乃美出版社，1981年。
泓赓、建英	《巧夺天工的大足石刻》，《人民日报》1981年1月12日。
	《巧夺天工，绚丽多彩——记大足石刻》，《重庆日报》1981年2月24日。
陈东	《晚期石窟艺术的精粹——大足石刻》，《四川建筑》1982年第1期。
王庆煜	《对大足石刻治水和维修的体会》，《文物保护技术》1982年第2期。
于竞祁	《漫步大足石间》，《紫禁城》1982年第2期。
傅天仇	《石刻艺术的宝库——大足》，《人民画报》1982年第2期。
赵长庚	《四川大足"三山一镇"风景名胜旅游规划设想》，《城市规划》1982年第3期。
李正心	《宋代大足石刻——渗透着市民阶层思想意识的艺术》，《美术》1982年第4期。
周来祥	《宝顶、北山话石刻——大足观美杂记》，《美育》1982年第5期。
王官乙	《菩萨美——大足石刻艺术欣赏》，《美的研究与欣赏》编委会编《美的研究与欣赏》丛刊（1），重庆出版社，1982年。
李巳生	《大足石刻之美》，四川省社会科学院文学研究所等编《大众美学》，四川省社会科学院出版社，1982年。
陈明光	《大足石刻》，大足县文物保管所编《大足石刻》（中、英、日文版），中国旅游出版社，1982年。
李正心	《牧牛图》，《人民日报》1982年7月19日。
高琪、郭相颖	《神秘诱人的多宝塔》，《人民日报》1982年7月19日。

李正心	《南宋雕塑大师伏元俊》，《四川广播电视报》1982年12月2日。
陈 典	《谈王德嘉》，大足县文化馆编《宝顶山》1983年第1期。
浙江省工艺美术学会传统雕刻考察小组	《四川大足石刻艺术考察报告》，《浙江工艺美术》1983年第1期。
刘管平	《精美的石刻，俊秀的建筑，别致的园林——记大足道场园林》，《广东园林》1983年第1期。
杨世桑	《从大足宝顶石刻的风化谈文物的保护》，《考古与文物》1983年第2期。
一 木	《富于生活情趣的大足石刻》，《旅游天府》1983年第2期。
陈 颖	《只此一刻的〈古文孝经〉》，《旅游天府》1983年第2期。
李正心	《大足石刻为什么保存得那样好》，《旅游天府》1983年第2期。
巴 仁	《巧夺天工的心神车窟》，《旅游天府》1983年第2期。
邓之金	《是神也是人》，《旅游天府》1983年第2期。
钟 山	《世界罕见的千手观音》，《旅游天府》1983年第2期。
弱 草	《养鸡女无罪》，《旅游天府》1983年第2期。
胡昭曦	《大足宝顶山石刻浅论》，《乐山市志资料》1983年第3期。
王家祐	《柳本尊与密教》，《乐山市志资料》1983年第3期。
龙 晦	《大足佛教石刻〈父母恩重经变像〉跋》，《世界宗教研究》1983年第3期。
矢数道明著、李宪译	《关于四川大足县宝顶石窟张仲景腹诊图》，《成都中医学院学报》1983年第3期。
东 登	《再谈宝顶山摩岩造像的年代问题》，《文物》1983年第5期。
李正心	《小论大足石刻》，《文谭》1983年第6期。
李正心	《大足石刻漫游》，《群众文化》1983年第7期。
李正心	《大足石刻中的连环画》，《连环画论丛》1983年第7辑。
李传授、力昌文、李福睿	《驰名中外的大足石刻》，大足石刻研究学会主编《大足石刻研究通讯》创刊号，1983年。
李正心	《大足石刻中的科学技术》，大足石刻研究学会主编《大足石刻研究通讯》创刊号，1983年。
棠 风	《老宝顶与新宝顶》，大足石刻研究学会主编《大足石刻研究通讯》创刊号，1983年。
陈 典	《谈宝顶圣寿寺的兴废经过》，大足石刻研究学会主编《大足石刻研究通讯》创刊号，1983年。
刘小枫	《大足石刻的美学特征》，大足石刻研究学会主编《大足石刻研究通讯》创刊号，1983年。
覃峻石、郭相颖	《大足石刻欣赏初探》，大足石刻研究学会主编《大足石刻研究通讯》创刊号，1983年。
赵甫华	《石刻艺术宝库中的明珠》，大足石刻研究学会主编《大足石刻研究通讯》创刊号，1983年。
胡文和	《大足宝顶石刻"九龙浴太子"的表现艺术》，四川省社会科学院文学研究所等编《大众美学（二）》，四川省社会科学院出版社，1983年。
郭相颖	《堪称国宝的大足石刻》，四川省社会科学院文学研究所等编《大众美学（二）》，四川省社会科学院出版社，1983年。
卢祖品	《石窟艺术的瑰宝——记大足石刻》，《人民日报》1983年6月26日。
赵甫华	《宝顶石刻的主建者——赵智凤》，《成都晚报》1983年11月17日。
李正心	《石窟艺术谈》，《美育》1984年第1期。
胡文和	《大足宝顶石刻"九龙浴太子图"浅析》，《世界宗教研究》1984年第1期。
郭相颖	《"东方维纳斯"的作者是谁？》，《旅游天府》1984年第2期。
吴觉非	《试谈四川的道教石刻》，《四川文物》1984年第2期。
石衍丰	《道像造型中的莲台及其它》，《四川文物》1984年第2期。
王庆煜	《关于石窟维修的探讨》，《四川文物》1984年第3期。
马家郁	《大足宝顶山、北山摩岩造像第一、二期维修工程已竣工验收》，《四川文物》1984年第3期。
马鸿瑞	《岩崖雕刻艺术珍品——大足石刻》，《源流（旧金山）》1984年第3期。
李显文	《四川大足宝顶山摩崖造像区的古代排水工程初探》，《考古与文物》1984年第4期。

郭相颖	《试谈大足石刻北山"心神车窟"的艺术成就》,《中国美术》1984年第9期。
Angela Falco Howard	"The Monumental 'Cosmological Buddha' in the Freer Gallery of Art: Chronology and Style." Ars Orientalis, 1984, 14: 53-73.
张 划	《大足历史问题探疑（一）》,《大足县志通讯》1984年创刊号。
草 菜	《陕西宋刻"赵懿简公神道碑"出现在大足的年代和由来》,《大足县志通讯》1984年创刊号。
李正心	《独特的石篆山石刻》,《四川日报》1984年2月2日。
石 湍	《魏了翁与大足石刻》,《成都晚报》1984年5月24日。
李正心	《张澍——第一个研究大足石刻的学者》,《四川日报》1984年6月23日。
邓之金	《大足石刻中新发现的鲁班像》《四川日报》1984年8月18日。
草 菜、赵甫华	《罕见的蔡京碑》,《四川日报》1984年11月21日。
洪惠镇	《四川大足宝顶摩崖造像的若干问题》,《美术史论》1985年第1期。
陈明光、邓之金	《试述大足石刻的成因》,《四川文物》1985年第1期。
草 菜	《大足石刻拾遗（之一）》,《大足县志通讯》1985年第1期。
邓之金	《新发现宋代石刻十一处》,《大足县志通讯》1985年第1期。
邓之金、赵甫华	《宝顶石刻中的异体字》,《大足县志通讯》1985年第1期。
陈明光	《古昌州官吏考》,《大足县志通讯》1985年第1期。
柯 夫	《龙岗寨考察小记》,《大足县志通讯》1985年第1期。
张 划	《大足历史若干问题探疑（二）》,《大足县志通讯》1985年第1期。
王庆煜	《谈石刻艺术的保护与使用》,《石刻之乡》1985年第1期。
郭相颖	《不可度量的大佛》,《石刻之乡》1985年第1期。
任 逸	《两窟手法不同的造像》,《石刻之乡》1985年第1期。
草 菜	《古昌州"海棠香国"母地考》,《四川地方志通讯》1985年第2期。
陈明光	《石刻之乡又添一处宋代佳作——灵岩寺》,《大足县志通讯》1985年第2期。
草 菜	《大足石刻拾遗（二）》,《大足县志通讯》1985年第2期。
邓之金、赵甫华	《宋太庙斋朗解瑜墓简介》,《大足县志通讯》1985年第2期。
包 东	《"狄难以来"考》,《大足县志通讯》1985年第2期。
刘蜀仪	《〈韦君靖碑〉考析之一》,《大足县志通讯》1985年第2期。
张 划	《大足若干历史问题探疑（三）》,《大足县志通讯》1985年第2期。
陈 典	《陈习删事略》,《大足县志通讯》1985年第2期。
陈明光	《宋刻〈唐柳本尊传〉碑校补》,《世界宗教研究》1985年第2期。
邓 照	《大足石刻最早的雕像》,《石刻之乡》1985年第2期。
邓之金	《牧牛图》,《石刻之乡》1985年第2期。
刘蜀仪	《永昌寨考察记》,《石刻之乡》1985年第2期。
王庆煜	《奇巧的摩崖造像》,《石刻之乡》1985年第2期。
陈 典	《张澍研究大足石刻》,《石刻之乡》1985年第2期。
赵甫华	《张献忠在宝顶》,《石刻之乡》1985年第2期。
宋朗秋	《我国石窟艺术的一把钥匙》,《石刻之乡》1985年第2期。
张 划	《宋代大足石刻与社会经济》,《大足县志通讯》1985年第3期。
钟 山	《石刻系年二题》,《大足县志通讯》1985年第3期。
草 菜	《宝顶山石窟创建人赵智凤卒年初探》,《大足县志通讯》1985年第3期。
刘蜀仪	《韦君靖碑考析之二》,《大足县志通讯》1985年第3期。
李正心	《唐末永昌寨遗址考察记》,《大足县志通讯》1985年第3期。

刘豫川	《〈韦君靖碑〉考辨》，《重庆师范学院学报》1985年第3期。
徐黎明	《大足北山的数珠观音》，《艺术世界》1985年第3期。
李巳生	《宝顶山石窟寺》，《美术研究》1985年第4期。
刘长久、胡文和	《四川石刻造像艺术概述》，《社会科学研究》1985年第6期。
周倩萍	《辉煌的大足石刻》，《瞭望》1985年第17期。
王官乙	《旅游事业的一座"金矿"——大足石刻》，《当代四川游记选》，四川人民出版社，1985年。
梁鸿文	《大足—北山和宝顶的石刻艺术》，清华大学建筑系编《建筑史论文集》第7辑，清华大学出版社，1985年。
王官乙	《大足石窟的艺术特征》，刘长久等编《大足石刻研究》，四川省社会科学院出版社，1985年。
李永翘、谢洪恩	《从大足石窟看艺术的二重性》，刘长久等编《大足石刻研究》，四川省社会科学院出版社，1985年。
刘长久	《大足佛教石窟艺术审美片论》，刘长久等编《大足石刻研究》，四川省社会科学院出版社，1985年。
陈明光	《大足石刻》，白自然编《中国大足石窟》（中、英、日文），外文出版社，1985年。
陈习删著，胡文和、刘长久校注	《大足石刻志略校注》，刘长久等编《大足石刻研究》，四川省社会科学院出版社，1985年。
武者小路穣撰、黎方银译	《大足石刻四题》，《宫川寅雄著作目录》编委会编《宫川寅雄著作目录》，中央公论事业出版，1985年。
菊竹淳一	「大足宝頂山石刻の説話の要素」，『仏教芸術159号特集·中国の仏教美術』，每日新聞社，1985年。
刘开渠	《辉煌的大足石刻》，《人民日报》1985年5月11日。
竹西陆	《神的静穆，人的风韵——大足石刻艺术欣赏》，《光明日报》1985年5月18日。
邓之金	《大足石刻中的道教造像》，《重庆政协报·增刊》1985年10月15日。
华之光	《大足石刻的首建者——韦君靖》，《重庆政协报·增刊》1985年10月15日。
草莱	《宋僧赵智凤——宝顶石刻的创建人》，《重庆政协报·增刊》1985年10月15日。
叶毓山	《神像人化——大足石刻之特色》，《四川日报》1985年11月16日。
李胜	《浅谈韦君靖碑的历史价值》，《内江师范学院学报》创刊号，1986年。
陈明光	《石刻高手"新秀"的发现——大足石刻拾零》，《四川文物》1986年第1期。
邓之金、草莱	《赵懿简公神道碑刻在大足的年代和由来考》，《四川文物》1986年第1期。
刘蜀仪、张划	《有关〈韦君靖碑〉中的几个疑点浅析》，《四川文物》1986年第1期。
宋朗秋、郭相颖	《大足石刻在京、蓉两地展出简况》，《四川文物》1986年第1期。
邓之金	《宝顶石刻之冠——圆觉洞》，《石刻之乡》1986年第1期。
卿希泰、曾召南	《大足石刻中的道教造像》，《石刻之乡》1986年第1期。
邓之金	《大足石刻建造的科学性》，《石刻之乡》1986年第1期。
刘蜀仪	《"韦君靖碑"注》，《石刻之乡》1986年第1期。
蒋光华	《横笛与筚篥》，《石刻之乡》1986年第1期。
黄克忠	《为什么大足石刻能较好地保存下来》，《石刻之乡》1986年第1期。
宋朗秋	《莫高窟壁画与大足壁画》，《石刻之乡》1986年第1期。
傅振伦	《漫话大足石刻》，《大足县志通讯》1986年第1期。
陈明光	《大足隶属重庆府的时间非始于明早在南宋》，《大足县志通讯》1986年第1期。
张划	《老君洞、跳石坡、石篆山探胜记》，《大足县志通讯》1986年第1期。
王海涛	《大足密教石窟造像源流略述》，《大足县志通讯》1986年第2期。
陈明光	《大足石刻研究学会一九八六年学术研讨会简述》，《大足县志通讯》1986年第2期。

邓之金	《大足发现宋代寺庙圆雕遗址》，《大足县志通讯》1986年第2期。
张 划	《大足历史若干问题探疑（四）》，《大足县志通讯》1986年第2期。
邹 德、陈明光、刘长久	《大足石窟艺术座谈会讨论简述》，《社会科学研究》1986年第2期。
负安志	《试论大足宝顶山密宗造像的渊源》，《考古与文物》1986年第2期。
陈明光	《千年瑰宝 异彩多姿——大足石刻概貌》，《重庆地方志资料》1986年第2期。
虞云国	《大足石刻——宋史研究最大的实物资料》，《宋史研究通讯》1986年第2期。
王家祐	《安岳石窟与大足石窟》，《大足石刻研究通讯》总第二期，1986年。
邓之金、草 莱	《大足石刻今识》，《大足石刻研究通讯》总第二期，1986年。
陈明光	《宝顶山石窟建造者南宋大足僧人赵智凤事略》，《大足石刻研究通讯》总第二期，1986年。
高石汉	《大足石刻摄影初探》，《大足石刻研究通讯》总第二期，1986年。
马家郁	《大足北山佛湾136窟的修缮》，《大足石刻研究通讯》总第二期，1986年。
刘蜀仪、梁 洪、陈明光、张 划	《唐末昌州永昌寨考略》，《大足石刻研究通讯》总第二期，1986年。
陈 典	《大足石刻的研究历程》，《大足石刻研究通讯》总第三期，1986年。
符易本	《略论大足石刻》，《大足石刻研究通讯》总第三期，1986年。
李永翘	《思想的复现——略论大足石刻对中国思想史的贡献》，《大足石刻研究通讯》总第三期，1986年。
戴渝华	《试论大足石刻的美学风貌》，《大足石刻研究通讯》总第三期，1986年。
刘豫川	《"韦君靖碑"与唐代昌州的历史地理问题》，《大足石刻研究通讯》总第三期，1986年。
张 楠	《周武"圀"字在云南流传考释》，《大足石刻研究通讯》总第三期，1986年。
赵甫华	《论大足石刻的民俗造像》，《大足石刻研究通讯》总第三期，1986年。
陈明光整理	《梅老谈"大足石刻考察团"事记略》，《大足石刻研究通讯》总第三期，1986年。
草 莱	《北山〈古文孝经碑〉末"范祖禹敬书"五字非今人添刻》，《大足石刻研究通讯》总第三期，1986年。
陈明光	《大足"懿简公神道碑"考略》，《考古与文物》1986年第4期。
陈明光	《略论大足石刻在中国石窟史上的地位和作用》，《社会科学研究》1986年第4期。
李传授、李正心	《大足石刻研究学会一九八六年年会综述》，《社会科学研究》1986第4期。
郭相颖	《宝顶山摩岩造像是完备而有特色的密宗道场》，《社会科学研究》1986第4期。
邓之金、赵甫华	《可歌可泣的文化匠师》，《重庆文化通讯》1986年第6期。
张 划	《大足石刻艺术》，《历史大观园》1986年第8期。
王川平	《大足石刻（组诗）》，《中国》1986年第9期。
谭洛非	《四川石刻——尚待开发的艺术宝库》，《四川文物》1986年石刻研究专辑。
朱秉璋	《加强考古工作，开展多学科研究——谈大足石刻的科研》，《四川文物》1986年石刻研究专辑。
吴觉非	《试论四川的摩崖造像》，《四川文物》1986年石刻研究专辑。
阎文儒	《大足宝顶石窟》，《四川文物》1986年石刻研究专辑。
阎文儒	《大足龙岗山石窟》，《四川文物》1986年石刻研究专辑。
宋朗秋、陈明光	《试论宝顶山石窟造像的特点》，《四川文物》1986年石刻研究专辑。
陈明光	《试论宝顶山造像的上限年代》，《四川文物》1986年石刻研究专辑。
王家祐、丁祖春	《四川道教摩崖石刻造像》，《四川文物》1986年石刻研究专辑。
李远国	《大足石刻道教造像渊源初探》，《四川文物》1986年石刻研究专辑。
刘长久、胡文和	《大足与安岳石窟某些造像的比较》，《四川文物》1986年石刻研究专辑。
胡昭曦	《大足石刻与宋史研究》，《四川文物》1986年石刻研究专辑。

陈世松	《试论大足南山淳祐十年碑记的价值》，《四川文物》1986年石刻研究专辑。
赵树同	《安岳石窟与大足石窟的雕刻艺术研究》，《四川文物》1986年石刻研究专辑。
陈明光、邓之金	《试述大足石刻与安岳石刻的关系》，《四川文物》1986年石刻研究专辑。
王熙祥、黎方银	《安岳、大足石窟中〈柳本尊十炼图〉比较》，《四川文物》1986年石刻研究专辑。
辛 玉	《大足、安岳石刻初探》，《四川文物》1986年石刻研究专辑。
林 向	《大足宝顶的佛塔造像浅释》，《四川文物》1986年石刻研究专辑。
李显文	《大足北山佛湾摩崖造像第245窟中反映的唐代建筑及结构》，《四川文物》1986年石刻研究专辑。
曾中懋	《化学材料在大足石刻维修保护中的选择和应用》，《四川文物》1986年石刻研究专辑。
刘忠贵	《大足石刻中所见的伎乐》，《四川文物》1986年石刻研究专辑。
朱丹枫	《浅谈大足石刻艺术的形式美》，《四川文物》1986年石刻研究专辑。
治 贵	《大足石刻审美断想》，《四川文物》1986年石刻研究专辑。
龙 晦	《大足石刻韵文与四川方音》，《四川文物》1986年石刻研究专辑。
邹 德、刘长久、陈明光	《大足石窟艺术座谈会讨论综述》，《四川文物》1986年石刻研究专辑。
刘晓白	《大足石刻在桂林和深圳相继展出》，《四川文物》1986年石刻研究专辑。
諸戸文男	「中国四川省大足石刻の披帽地藏菩薩像」，『東西交渉』通卷19号，1986年。
牧田諦亮	「大足石刻と觀經變」，『佛教論叢』第30号，1986年。
顾 森	《大足石篆山"志公和尚"龛辨正及其它》，《美术史论》1987年第1期。
刘昭瑞	《宋代石刻著录书与所著录石刻的价值》，《河南大学学报》1987年第1期。
史苇湘	《信仰与审美——石窟艺术研究随笔之一》，《敦煌研究》1987年第1期。
宁 强	《大足石刻中的绘画性因素试析——兼谈敦煌艺术对大足石刻的影响》，《敦煌研究》1987年第1期。
虞云国	《大足〈赵懿简公神道碑〉考》，《宋史研究通讯》1987年第1期。
王家祐	《四川道教摩崖造像概况》，《中国道教》1987年第1期。
陈明光	《大足石篆山石窟"鲁班龛"当为"志公和尚龛"》，《文物》1987年第1期。
赵甫华	《论大足石刻民间传说》，《重庆社联》1987年第1期。
王家祐	《四川道教摩崖造像述议》，《敦煌研究》1987年第2期。
胡文和、刘长久	《大足石窟中的宋代道教造像》，《世界宗教研究》1987年第3期。
陈明光	《大足石刻"天元甲子"纪年考析》，《四川文物》1987年第3期。
严 肃	《观摩大足石刻有感》，《四川文物》1987年第3期。
胡文和、刘长久	《四川摩崖石刻佛教造像题材内容初探》，《四川文物》1987年第3期。
陈 澍	《初析大足南山石刻中的道教思想》，《中国道教》1987年第3期。
张 划	《大足石刻与地方志》，《中国地方志》1987年第3期。
陈清香	《禅画牧牛图探讨——大足石刻牧牛图赏析》，《佛教艺术》1987年第4期。
王庆煜	《谈文物维修的基本功及其维修人员素质》，《四川文物》1987年第4期。
郭相颖	《可以目睹的天堂》，《石刻之乡》1987年第3、4合期。
王庆煜	《谈石刻艺术保护与使用》，《石刻之乡》1987年第3、4合期。
赵甫华	《略论大足石刻中的民俗造像》，《重庆文化通讯》1987年第5期。
曹 丹	《一幅名画到石刻艺术——谈大足北山〈维摩问疾图〉》，《文史杂志》1987年第6期。
张 划	《大足石刻》，《文史知识》1987年第8期。
陈清香	《涅槃变相研究》，《中华佛学学报》第1期，1987年。
安藤智信	「宝頂山石刻研究序説」，『大谷大學史學論究』第1号，1987年。

王家祐	《大足石刻道教造像渊源初探》，《道教论稿》，巴蜀书社，1987年。
王家祐	《四川省道教摩崖造像（二）》，《道教论稿》，巴蜀书社，1987年。
翟宗祝	《我国的佛教雕塑》，《宗教美术概论》，安徽美术出版社，1987年。
唐毅烈	《大足发现唐代摩崖造像》，《重庆日报》1987年9月27日。
胡文和	《四川摩崖造像中的〈药师变〉和〈药师经变〉》，《文博》1988年第2期。
胡文和	《论地狱变相图》，《四川文物》1988年第2期。
李正心	《宝顶山有赵智凤自造像吗？——再谈宝顶山摩崖造像的年代问题》，《重庆社会科学》1988年第2期。
陈明光	《大足发现的初唐石窟及其价值》，《文史杂志》1988年第3期。
梁新民	《张澍在四川的学术活动》，《文史杂志》1988年第3期。
赵甫华	《论大足的古代墓葬雕刻》，《重庆文化通讯》1988年第3期。
陈明光、黎方银	《大足尖山子发现初唐石刻造像》，《四川文物》1988年第4期。
刘晓白	《大足飞天试析——兼与敦煌飞天比较》，《敦煌研究》1988年第4期。
郭相颖	《"相识满天下，知心能几人"新解》，《社会科学研究》1988年第5期。
郭相颖	《"养鸡女"之乐与苦新探》，《社会科学研究》1988年第5期。
段玉明	《大足宝顶山大佛湾"华严三圣"质疑》，《四川文物》1988年第6期。
胡文和	《四川摩崖造像中的"维摩变"》，《考古》1988年第6期。
丁明夷	《四川石窟杂识》，《文物》1988年第8期。
黎方银、王熙祥	《大足北山佛湾石窟的分期》，《文物》1988年第8期。
陈　静	《大足宝顶山和圣寿寺》，《法音》1988年第10期。
Angela Falco Howard	"Tang Buddhist Sculpture of Sichuan: unknown and forgotten." Museum of Far Eastern Antiquities Bulletin (The), 1988, 60: 1-164.
李巳生	《四川石窟雕塑艺术》，李巳生主编《中国美术全集·雕塑编·四川石窟雕塑》，人民美术出版社，1988年。
王家祐	《四川道教摩崖造像概述》，李巳生主编《中国美术全集·雕塑编·四川石窟雕塑》，人民美术出版社，1988年。
曾建伟、黎方银	《大足发现初唐摩崖造像》，《中国文物报》1988年1月15日。
郭相颖	《古代艺术宝库：大足石刻》，《人民日报》（海外版）1988年8月27日。
胡文和	《四川唐代摩崖造像中的"西方净土变"》，《四川文物》1989年第1期。
石衍丰	《试释大足南山"三清古洞"石刻造像》，《四川文物》1989年第2期。
杜斗城	《〈地狱变相〉初探》，《敦煌学辑刊》1989年第2期。
沈允庆	《从大足石刻看佛教艺术的世俗化》，《成都文物》1989年第2期。
张祥水	《论世俗化的大足石窟造像》，《南京艺术学院学报》1989年第3期。
冬　羊	《弓笛》，《乐器》1989年第4期。
邓之金	《大足县大钟寺宋代圆雕石刻遗址调查》，《四川文物》1989年第5期。
胡文和	《四川摩崖造像中的涅槃变》，《考古》1989年第9期。
Zang, Jia-gi	"The splendour of the grotto arts of later period in China—the sculpture of Dazu." Orient Art,1989, 35: 7-21.
沈允庆	《从大足石刻的演变看佛教艺术的民族化和世俗化》，《中国文物世界》第43期，1989年。
黎方银	《大足宋代石窟中的儒释道"三教合一"造像》，《中国文物报》1989年9月8日。
顾成文	《大足石刻是了解佛教的理想去处》，《中国日报》（英文版）1989年11月18日。
邓之金	《大足县发现古钱币窖藏》，《四川文物》1990年第1期。
胡文和	《四川唐代石窟中的佛教建筑》，《成都文物》1990年第1期。
金维诺	《〈西方净土变〉的形成与发展》，《佛教文化》1990年第2期。

胡文和	《四川摩崖造像中的"大方广华严十恶品经变"》，《敦煌研究》1990年第2期。
张　划	《关于永昌寨的再考述》，《大足县志通讯》1990年第2期。
龙　晦	《敦煌与五代两蜀文化》，《敦煌研究》1990年第2期。
陈允吉	《卧佛像的起源与艺术流布》，《复旦学报》1990年第3期。
宋朗秋	《大足石刻北山佛湾石窟艺术中有关军事问题的初探》，《重庆社会科学》1990年第3期。
李正心	《古佛崖探秘——三谈宝顶山摩崖造像年代的问题》，《重庆社会科学》1990年第3期。
李代才	《四川大足石刻摄影散记》，《大众摄影》1990年第3期。
温玉成	《新中国发现的密教遗存及其所反映的密教史问题》，《世界宗教研究》1990年第4期。
胡文和	《大足南山三清古洞和石门山三皇洞再识》，《四川文物》1990年第4期。
邓之金	《大足石刻中的道教造像》，《四川文物》1990年第4期。
陈　原	《宋代雕塑考察心得》，《美苑》1990年第4期。
陈　灼	《大足宝顶山石刻造像下限年代考》，《四川文物》1990年第6期。
	《"大足石刻与巴蜀文化"座谈会概述》，《社会科学研究》1990年第6期。
Angela Falco Howard	"Tang and Song Images of Guanyin from Sichuan." Orientations, 1990, 21 (1) : 49-57.
下泉全晓	「中国大足石刻の十忿怒明王像について」，『密教学研究』通号22，1990年。
李远国	「四川大足道教石刻概述」，『東洋文化』70号，1990年。
刘晓白	《大足石刻中的龙图像》，麦积山石窟艺术研究所编《石窟艺术》，陕西人民出版社，1990年。
宋朗秋	《大足北山石窟艺术中古代军事问题初探》，麦积山石窟艺术研究所编《石窟艺术》，陕西人民出版社，1990年。
王家祐	《四川唐代造像杂识》，麦积山石窟艺术研究所编《石窟艺术》，陕西人民出版社，1990年。
潘别桐、方　云	《大足北山石刻区渗水病害及防治对策研究》，油印本，1990年。
潘别桐、方　云	《大足北山石刻区隧洞和明渠排水方案岩体稳定性分析报告》，油印本，1990年。
郭相颖	《大足石刻概述》，重庆大足石刻艺术博物馆编《中国大足石刻》（中、英文版），万里书店、重庆出版社，1991年。
李巳生	《一佛五十菩萨和菩萨装佛》，《敦煌研究》1991年第1期。
胡文和	《关于四川道教摩崖造像中的一些问题——与王家祐先生商榷》，《敦煌研究》1991年第1期。
张　划	《宋代大足石刻崛起内因探讨》，《四川文物》1991年第2期。
陈汝宽	《韦君靖名讳辨证》，《四川文物》1991年第2期。
曾中懋	《四川地区古代石刻风化原因的研究》，《文物保护与考古科学》1991年第2期。
胡文和	《安岳、大足"柳本尊十炼图"题刻和宋立〈唐柳居士传〉碑的研究》，《四川文物》1991年第3期。
翁正良	《大足石刻文化因子探》，《重庆工商大学学报》1991年第3期。
［英］李约瑟、刘　旭	《关于大足石窟文化的通信》，《湘潭大学学报》1991年第3期。
陈清香	《"五百罗汉图像"研究》，《华冈佛学学报》1991年第5期。
邓之金	《安岳圆觉洞"西方三圣"名称问题探讨》，《四川文物》1991年第6期。
吕建福	《密宗传入四川考》，《宗教学研究》1991年Z2期。
郭相颖	《大足石刻佛教艺术》，《香港佛教》第378期，1991年。
Henrik Hjort Sorensen	"A Study of the 'Ox-Herding Theme' as Sculptures at Mt. Baoding in Dazu County, Sichuan." Artibus Asiae, 1991, 51 (3/4) : 207-233.
邹后曦	《重庆地区隋至宋佛教造像》，《巴渝文化》（2），重庆出版社，1991年。
胡文和	《四川摩崖石刻造像调查与分期》，《考古学集刊》第7集，科学出版社，1991年。
何　洪	《大足论证石刻治水工程方案》，《中国文物报》1991年4月21日。
胡文和、曾德仁	《四川道教石窟造像》，《四川文物》1992年第1期。

陈明光	《中国石窟艺术史上的最后丰碑》，《旅游天地》1992年第1期。
李正心	《大足石刻中儒教造像及其产生根源》，《重庆社会科学》1992年第1期。
赵辉志	《大足石刻书法考》，《重庆社会科学》1992年第1期。
胡文和	《四川道教石窟造像的艺术特色》，《成都文物》1992年第2期。
胡文和、曾德仁	《四川道教石窟造像（续）》，《四川文物》1992年第2期。
胡文和	《大足宝顶〈父母恩重经变〉研究》，《敦煌研究》1992年第2期。
闵 刚	《大足石刻艺术简析》，《益阳师专学报》1992年第3期。
汪东云、张赞勋、付林森、姚金石	《宝顶山石窟卧佛渗水病害形成原因分析》，《水文地质工程地质》1992年第3期。
郭相颖	《美神荟萃之处》，《旅游天地》1992年第3期。
翁正良、夏友荣	《大足石刻艺术源流初探》，《西南旅游》1992年第3期。
刘 旭	《大足北山佛湾神像所持非手铳说——兼与李约瑟博士商榷》，《求索》1992年第4期。
刘笑平、尹建华	《试论大足北山五代造像》，《四川文物》1992年第4期。
寒冬虹	《国内现存最早的罗汉图录》，《文献》1992年第4期。
胡天成	《佛教伦理道德观中国化管窥——大足石刻"亲恩经变相"与"全本目连"比较研究》，《民俗曲艺》第77期，1992年。
郭相颖	《大足石刻佛教艺术（续）》，《香港佛教》第380期，1992年。
方 云、潘别桐、谢本立	《大足北山石刻渗水病害成因分析及防治对策》，潘别桐、黄克忠主编《文物保护与环境地质》，中国地质大学出版社，1992年。
方 云、潘别桐	《宝顶山石窟区渗水病害及防治对策》，中国地质大学（武汉）水文系编《水文地质及工程地质论文集》，中国地质大学出版社，1992年。
蔡素德等	《大足石刻造像风化侵蚀原因及防护对策初探》，国家自然科学基金委化学部等编《全国第二届考古及文物保护化学学术交流会论文集》，1992年。
C.Barbier-Konter	"Le tresor de Baodingshan: sommet de l'art du bouddhisme chinois." L'Oeil, 1992, 441: 30-37.
罗世平	《敦煌泗州僧伽经像与泗州和尚信仰》，《美术研究》1993年第1期。
李正心	《大足石刻中的儒教造像及其产生根源》，《孔子研究》1993年第1期。
何 频	《四川石窟艺术研讨会暨重庆大足石刻研究会第三届年会概述》，《社会科学研究》1993年第1期。
岳 生	《川中女神拾异——大足佛窟女身菩萨杂谈》，《自贡师范高等专科学校学报》1993年第1期。
汪东云、付林森、姚金石、张赞勋	《北山石窟岩体风化现状及控制因素》，《重庆建筑工程学院学报》1993年第1期。
汪明林	《试述石刻形成之地理条件》，《内江师范学院学报》1993年第2期。
修海林	《宋代杂剧艺术形式的物态遗存——四川大足石窟"六师外道"群像考》，《音乐研究》1993年第2期。
张赞勋、汪东云、付林森、姚金石	《北山石窟岩体风化产物的形成及其破坏作用》，《重庆建筑工程学院学报》1993年第3期。
郭相颖	《刻在岩壁上的哲学伦理巨著》，《重庆社会科学》1993年第3期。
张 划	《大足宋代石刻镌匠考述》，《四川文物》1993年第3期。
邓之金	《简述镌造大足石窟的工匠师》，《文博》1993年第3期。
刘渊临	《大足石刻艺术》，《文史杂志》1993年第3期。
史 岩	《大足石雕〈十牧〉散记》，《新美术》1993年第3期。
宋朗秋	《大足石刻文化三题》，《传统文化与现代化》1993年第4期。
汪东云、张赞勋、付林森、姚金石	《北山石窟渗水特征及其对造像岩体的破坏作用》，《水文地质工程地质》1993年第6期。
陈清香	《千手观音像造型研究》，《人文学报》第2期，1993年。
胡良学	《四川大足石刻的"三教合一"造像研究》，《佛学研究》第2期，1993年年刊。
方广锠	《四川大足宝顶山小佛湾大藏塔考》，《佛学研究》第2期，1993年年刊。
郭乃彰	《四川大足石窟》，《菩提树》总第489号，1993年8月号。

陈明光	《新发现宋刻灵岩寺摩岩造像及其年代考释》，重庆大足石刻艺术博物馆等编《大足石刻研究文集》，重庆出版社，1993年。
陈明光	《大足石刻探疑五则》，重庆大足石刻艺术博物馆等编《大足石刻研究文集》，重庆出版社，1993年。
邓之金	《大足石刻年表》，重庆大足石刻艺术博物馆等编《大足石刻研究文集》，重庆出版社，1993年。
鎌田茂雄、大隅和雄	「宋代仏教文化の一断面——大足石窟を中心として」，『鎌倉時代文化伝播の研究』，吉川弘文館，1993年。
洪惠镇	《四川安岳四处重要佛教石刻——兼谈安岳与大足石刻的关系》，《美术史论》1994年第1期。
陈明光	《大足石刻——中国石窟艺术史上的丰碑》，《重庆与世界》1994年第1期。
黄海德	《中国西部古代道教石刻造像研究》，《世界宗教研究》1994年第1期。
刘 旭	《大足北山佛湾第149号石窟手铳管窥》，《四川文物》1994年第2期。
邓之金	《大足石刻维修工程四十年回顾》，《四川文物》1994年第2期。
重庆大足石刻艺术博物馆、四川省社会科学院大足石刻艺术研究所	《大足宝顶山小佛湾祖师法身经目塔勘查报告》，《文物》1994年第2期。
重庆大足石刻艺术博物馆、四川省社会科学院大足石刻艺术研究所	《大足尖山子、圣水寺摩崖造像调查简报》，《文物》1994年第2期。
重庆大足石刻艺术博物馆、四川省社会科学院大足石刻艺术研究所	《大足宝顶山小佛湾"释迦舍利宝塔禁中应现之图"碑》，《文物》1994年第2期。
陈明光	《初探大足石刻是宋史研究的实物史料宝库》，《社会科学研究》1994年第2期。
汪东云、张赞勋、付林森、姚金石、谢本立	《大足北山典型石窟风化产物化学特征及其破坏作用》，《地下空间》1994年第2期。
汪东云、张赞勋、付林森、姚金石、谢本立	《北山典型石窟渗水状况及变化趋势：典型窟渗水病害研究之一》，《水文地质工程地质》1994年第2期。
汪东云、张赞勋、付林森、姚金石、谢本立	《宝顶山石窟岩体风化破坏的作用因素分析》，《工程地质学报》1994年第2期。
汪东云、张赞勋、谢本立	《宝顶山卧佛风化破坏原因》，《四川建筑》1994年第2期。
汪东云、张赞勋、付林森、姚金石、谢本立	《北山典型石窟风化产物化学特征及变化规律——典型窟渗水病害研究之二》，《水文地质工程地质》1994年第3期。
张赞勋、汪东云、付林森、姚金石、谢本立	《宝顶石刻区污染地下水对造像岩体的破坏作用》，《山地学报》1994年第3期。
龙 晦	《大足佛教石刻〈牧牛图颂〉跋》，《中华文化论坛》1994年第4期。
四川省社会科学院大足石刻艺术研究所、重庆大足石刻艺术博物馆	《大足宝顶大佛湾"牧牛图"调查报告》，《四川文物》1994年第4期。
郭相颖	《略谈宝顶山摩崖造像的哲学、伦理思想》，《中华文化论坛》1994年第4期。
李哲良	《我观大足石刻》，《重庆社会科学》1994年第5期。
胡良学	《也谈"牧牛道场"的宗派问题》，《四川文物》1994年第6期。
汪东云、张赞勋、付林森、姚金石、谢本立、燕学锋	《宝顶山石窟区石刻保护水体质量评价》，《工程勘察》1994年第6期。
林 京	《华夏古韵荡大佛》，《中国文物世界》第110期，1994年10月。
胡文和	《大足县造像龛窟》，《四川道教佛教艺术》，四川人民出版社，1994年。
尹建华、曾如实	《四川五代石刻考察记》，成都王建墓博物馆编《前后蜀的历史与文化——前后蜀的历史与文化学术讨论会论文集》，巴蜀书社，1994年。
Jing A.	"Buddhist-Daoist struggle and a pair of Daoist murals." Bulletin-Museum of Far Eastern Antiquities, 1994, 66: 117-181.
Paludan F.	"Enlightenment in stone: the Buffalo carvings of Baodingshan at Dazu." Apollo: The international magazine of arts, 1994, 384: 11-14.
向世山	《从"圆觉经变"石刻造像论宋代四川民间佛教的信仰特征》，《中华文化论坛》1995年第1期。

丁济新、计丽珠	《大足石窟岩体补强材料初步研究》，《地下空间》1995年第1期。
张赞勋、付林森、姚金石、汪东云	《大足石刻砂岩的岩石学特征》，《重庆建筑大学学报》1995年第2期。
汪东云、张赞勋、付林森、姚金石、谢本立、燕学锋	《大足县酸雨形成分布特征及其对石刻造像的破坏作用》，《水文地质工程地质》1995年第3期。
汪东云、张赞勋、付林森、姚金石、谢本立、燕学锋	《宝顶山石窟造像岩壁风化产物化学特征及形成分析》，《工程地质学报》1995年第3期。
向自强、张书军	《从大足石刻看中国古代宗教哲学的世俗化和艺术化》，《川东学刊》1995年第4期。
宋朗秋	《大足石窟人物造像特征的研究》，《雕塑》1995年第4期。
胡振瀛、范幸义、朱作荣、常中仁、刘星	《大足石刻保护岩体稳定性预测研究》，《地下空间》1995年第4期。
张俊芳、黄继忠	《石窟寺中的古代排水系统》，《山西大同大学学报》1995年第5期。
宋朗秋	《试述大足石窟外在的基本特征》，《四川文物》1995年第6期。
宋朗秋	《从中国部分石窟看大足石窟外在的基本特征》，《重庆社会科学》1995年第6期。
蒋思维、谢本立	《大足北山石窟的水害和治理》，《工程勘察》1995年第6期。
李霞	《步入神坛的众生相——四川大足石刻》，《今日中国》1995年第11期。
陈明光、黎方银	《重庆大足石刻研究会及第四届年会综述》，《佛学研究》第4期，1995年年刊。
陈明光、胡良学	《四川摩岩造像"唐瑜伽部主总持王"柳本尊化道"十炼图"调查报告及探疑》，《佛学研究》第4期，1995年年刊。
段文杰	《谈大足石刻的十大特点》，重庆大足石刻研究会等编《大足石刻研究文选——四川石窟艺术研讨会暨重庆大足石刻研究会第三届年会专集》，1995年。
陈明光	《大足石刻研究述评》，重庆大足石刻研究会等编《大足石刻研究文选——四川石窟艺术研讨会暨重庆大足石刻研究会第三届年会专集》，1995年。
何代福	《试论儒学对大足石刻的影响》，重庆大足石刻研究会等编《大足石刻研究文选——四川石窟艺术研讨会暨重庆大足石刻研究会第三届年会专集》，1995年。
刘晓白	《丰碑伟于奠基时——从宝顶石窟弘扬佛法的效应探其营造道场的匠心》，重庆大足石刻研究会等编《大足石刻研究文选——四川石窟艺术研讨会暨重庆大足石刻研究会第三届年会专集》，1995年。
胡良学	《试论大足宋代的"三教合一"造像》，重庆大足石刻研究会等编《大足石刻研究文选——四川石窟艺术研讨会暨重庆大足石刻研究会第三届年会专集》，1995年。
胡齐畏	《大足儒释道"三教合一"摩岩造像的形成与发展》，重庆大足石刻研究会等编《大足石刻研究文选——四川石窟艺术研讨会暨重庆大足石刻研究会第三届年会专集》，1995年。
李正心	《禅的艺术——宝顶"牧牛"图》，重庆大足石刻研究会等编《大足石刻研究文选——四川石窟艺术研讨会暨重庆大足石刻研究会第三届年会专集》，1995年。
宋朗秋	《试论大足宝顶山南宋法身塔》，重庆大足石刻研究会等编《大足石刻研究文选——四川石窟艺术研讨会暨重庆大足石刻研究会第三届年会专集》，1995年。
陈典	《冯楫考》，重庆大足石刻研究会等编《大足石刻研究文选——四川石窟艺术研讨会暨重庆大足石刻研究会第三届年会专集》，1995年。
陈灼	《识孔雀明王龛"巨手"》，重庆大足石刻研究会等编《大足石刻研究文选——四川石窟艺术研讨会暨重庆大足石刻研究会第三届年会专集》，1995年。
肖玲	《浅析宝顶山石刻1号"护法神"像中的鬼神由来》，重庆大足石刻研究会等编《大足石刻研究文选——四川石窟艺术研讨会暨重庆大足石刻研究会第三届年会专集》，1995年。
邓之金	《大足石刻是一部宋代形象的史书》，重庆大足石刻研究会等编《大足石刻研究文选——四川石窟艺术研讨会暨重庆大足石刻研究会第三届年会专集》，1995年。
张划	《宋代大足石刻镌匠留名浅说》，重庆大足石刻研究会等编《大足石刻研究文选——四川石窟艺术研讨会暨重庆大足石刻研究会第三届年会专集》，1995年。
周艺	《大足石刻的水学刍议》，重庆大足石刻研究会等编《大足石刻研究文选——四川石窟艺术研讨会暨重庆大足石刻研究会第三届年会专集》，1995年。
向世山	《从摩岩造像看〈圆觉经〉在四川民间的传布》，重庆大足石刻研究会等编《大足石刻研究文选——四川石窟艺术研讨会暨重庆大足石刻研究会第三届年会专集》，1995年。
胡良学	《试论四川密教造像的原因》，重庆大足石刻研究会等编《大足石刻研究文选——四川石窟艺术研讨会暨重庆大足石刻研究会第三届年会专集》，1995年。

叶作富	《铜梁石刻艺术与大足石刻艺术的关系》，重庆大足石刻研究会等编《大足石刻研究文选——四川石窟艺术研讨会暨重庆大足石刻研究会第三届年会专集》，1995年。
Karil J. Kucera	"Lessons in stone: Baodingshan and its hell imagery." Bulletin-Museum of Far Eastern Antiquities, 1995, 67: 79-157.
泊 远	《袈裟衣襟的启示：大足"华严三圣像"与铜梁邱少云烈士像》，《中国文物报》1995年6月4日。
唐毅烈	《谈新发现的大足宝顶山摩崖造像》，《中国文物报》1995年9月10日。
陈明光	《四川摩崖造像柳本尊化道"十炼图"由来及年代探索》，《四川文物》1996年第1期。
邓之金	《大足宝顶山大佛湾"六耗图"龛调查》，《四川文物》1996年第1期。
胡文和	《大足宝顶和敦煌的大方便（佛）报恩经变之比较研究》，《敦煌研究》1996年第1期。
黎方银	《试论大足宋代石窟的文化基础》，《社会科学研究》1996年第1期。
张赞勋、付林森、汪东云、姚金石、谢本立	《北山石窟风化产物可溶盐形成的水文地球化学机理》，《工程勘察》1996年第2期。
黎方银	《大足北山多宝塔内善财童子五十三参石刻图像》，《敦煌研究》1996年第3期。
宋朗秋	《大足石刻分期述论》，《敦煌研究》1996年第3期。
龙 腾	《大足唐代韦君靖摩崖碑探讨》，《四川文物》1996年第3期。
唐毅烈	《大足宝顶菩萨堡摩崖造像考述》，《四川文物》1996年第3期。
王惠民	《论〈孔雀明王经〉及其在敦煌、大足的流传》，《敦煌研究》1996年第4期。
龙 晦	《关于大足佛教石刻两则跋文》，《中华文化论坛》1996年第4期。
李正心	《宝顶山小佛湾造像考释》，《中华文化论坛》1996年第4期。
陈明光	《宝顶山宋刻阿育王山之〈宝塔图〉考》，《中华文化论坛》1996年第4期。
郭相颖	《再谈宝顶山摩岩造像是密宗道场及研究断想》，《佛学研究》第5期，1996年年刊。
牟会宠、凌荣华	《四川省大足县宝顶山石刻区危岩病害调查及岩体稳定性分析》，中国科学院地质研究所，1996年。
汪东云、张赞勋、付林森、姚金石、谢本立	《宝顶山石窟渗水病害形成特征及环境综合治理措施》，中国水文地质工程地质勘查院编《环境地质研究》第3辑，地震出版社，1996年。
张赞勋、付林森、汪东云、姚金石	《大足石刻风化物可溶盐形成及破坏作用机理》，中国地质学会工程地质专业委员会等编《第五届全国工程地质大会论文集》，地震出版社，1996年。
孙修身	《大足宝顶与敦煌莫高窟佛说父母恩重经变相的比较研究》，《敦煌研究》1997年第1期。
项一峰	《初谈佛教石窟供养人》，《敦煌研究》1997年第1期。
胡文和	《四川石窟华严经系统变相的研究》，《敦煌研究》1997年第1期。
黄克忠	《中国石窟保护方法述评》，《文物保护与考古科学》1997年第1期。
胡良学	《大足宝顶大佛湾西方净土变相》，《敦煌研究》1997年第2期。
胡良学、蒋德才	《大足石刻的地藏造像初识》，《四川文物》1997年第2期。
刘光霞	《大足宝顶山小佛湾千佛壁乐器考》，《四川文物》1997年第2期。
李远国、王家祐	《大足三清洞十二宫神考辨》，《四川文物》1997年第2期。
胡文和	《四川佛教石窟中立体表现的唐代建筑》，《西北美术》1997年第2期。
陈国生	《独具特色的大足石刻艺术》，《华夏文化》1997年第2期。
李远国、王家祐	《天蓬元帅考辨》，《四川文物》1997年第3期。
刘蜀仪、廖政英	《大足石刻被发现并非始于抗战时期》，《文物天地》1997年第3期。
孙修身	《四川地区文殊菩萨信仰述论》，《敦煌研究》1997年第4期。
林品强、周正勇	《卧佛与涅槃》，《中华文化论坛》1997年第4期。
胡良学	《宝顶山大佛湾"西方净土变相"的调查研究》，《中华文化论坛》1997年第4期。
胡文和	《四川和敦煌石窟中"西方净土变"的比较研究》，《考古与文物》1997年第6期。
傅能华	《可贵的地情文献著述——喜读〈大足县志〉》，《中国地方志》1997年第6期。

陈明光	《〈释迦舍利宝塔禁中应现之图〉研究》，《佛学研究》第6期，1997年年刊。
胡良学	《大足石刻禅宗〈牧牛图〉管见》，《佛学研究》第6期，1997年年刊。
陈 灼	《大足宝顶石刻"地狱变相·十佛"考识》，《佛学研究》第6期，1997年年刊。
［美］何重华著、郭兴建译	《不朽的古代雕刻》，重庆大足石刻艺术博物馆等编《大足石刻研究文集》（2），重庆出版社，1997年。
黎方银	《大足北山石窟供养人题记》，重庆大足石刻艺术博物馆等编《大足石刻研究文集》（2），重庆出版社，1997年。
陈明光	《唐〈韦君靖碑〉校补》，重庆大足石刻艺术博物馆等编《大足石刻研究文集》（2），重庆出版社，1997年。
黄克忠	《大足石刻加固工程中的检测工作》，重庆大足石刻艺术博物馆等编《大足石刻研究文集》（2），重庆出版社，1997年。
贾瑞广	《北山石窟治水工程技术总结报告》，重庆大足石刻艺术博物馆等编《大足石刻研究文集》（2），重庆出版社，1997年。
贾瑞广	《大足宝顶山"截膝地狱"和北山第136号窟维修加固工程技术总结报告》，重庆大足石刻艺术博物馆等编《大足石刻研究文集》（2），重庆出版社，1997年。
胡良学、陈 静	《大足石篆山、妙高山摩岩造像的调查研究》，《四川文物》1998年第1期。
胡良学、陈 静	《大足石篆山、妙高山摩岩造像的调查研究（续）》，《四川文物》1998年第2期。
蒋思维	《石窟寺渗水和治理》，《华夏考古》1998年第2期。
纳光舜	《道教造像的艺术特色》，《中国道教》1998年第2期。
隆 莲	《唐密在四川流衍概述》，《法音》1998年第2期。
胡良学	《宝顶大佛湾第15号龛刻石之管见》，《敦煌研究》1998年第4期。
宋朗秋	《大足石刻〈牧牛图〉艺术的美与宗教义理的结合》，《雕塑》1998年第4期。
张海澄	《五代两宋佛教雕塑的佛学内涵》，《雕塑》1998年第4期。
唐毅烈	《浅谈野外摩岩碑刻的传拓技法》，《文物工作》1998年第4期。
罗世平	《四川石窟现存的两尊万回像》，《文物》1998年第6期。
向世山	《四川佛教特色蠡测》，《文史杂志》1998年第6期。
胡文和	《四川与敦煌石窟中的"千手千眼大悲变相"的比较研究》，《佛学研究中心学报》第3期，1998年。
Yongxian Wang, Peidong Hua	"The environment, composition, and protection of Dazu rock inscriptions." Environmental Geology, 1998, 33 (4) : 295-298.
蔡荣婷	《大足石刻杨次公证道牧牛颂析论》，法鼓山中华佛学研究所等编《佛教文学与艺术学术研讨会论文集》，1998年。
王慧贞、朱 虹、宋迪生	《溶盐、菌类对大足石刻的危害及其保护处理》，《第五届全国考古与文物保护化学学术会议论文集》，1998年。
蔡素德、谢本立、蒋思维	《大足石刻保护剂防酸雨、抗风化的机理探讨》，《第五届全国考古与文物保护化学学术会议论文集》，1998年。
陈明光整理	《大藏佛说守护大千国土经》，方广锠主编《藏外佛教文献》（4），宗教文化出版社，1998年。
陈明光整理	《六道轮回图偈颂》，方广锠主编《藏外佛教文献》（4），宗教文化出版社，1998年。
陈明光整理	《父母恩重经变经文偈颂》，方广锠主编《藏外佛教文献》（4），宗教文化出版社，1998年。
陈明光整理	《大方便佛报恩经变经文偈颂》，方广锠主编《藏外佛教文献》（4），宗教文化出版社，1998年。
陈明光整理	《三圣御制佛牙赞》，方广锠主编《藏外佛教文献》（4），宗教文化出版社，1998年。
陈明光整理	《观经变像经文偈颂》，方广锠主编《藏外佛教文献》（4），宗教文化出版社，1998年。
陈明光整理	《地狱变经文偈颂》，方广锠主编《藏外佛教文献》（4），宗教文化出版社，1998年。
陈明光	《藏外石刻文献——书在整理大足宝顶山石刻经文偈颂之后》，方广锠主编《藏外佛教文献》（4），宗教文化出版社，1998年。

胡昭曦	《大足宝顶石刻与"孝"的教化》，《胡昭曦宋史论集》，西南师范大学出版社，1998年。
罗世平	《地藏十王图像的遗存及其信仰》，荣新江主编《唐研究》第四卷，北京大学出版社，1998年。
Angela Falco Howard	"The Development of Buddhist Sculpture in Sichuan: the Making of an Indigenous Art." The Flowering of A Foreign Faith: New Studies in Chinese Buddhist Art, 1998: 118-133.
蒋思维	《宝顶山石窟的风化治理》，《文物保护与考古科学》1999年第1期。
王金华	《重庆大足卧佛渗水病害的治理》，《文物保护与考古科学》1999年第1期。
赵辉志	《冯楫与大足石刻妙高山三教造像考述》，《四川文物》1999年第1期。
孙闯	《中国雕塑艺术史上的奇葩：走近大足石刻》，《档案史料与研究》1999年第1期。
孙闯	《〈十大明王〉造像方法谈——走进大足石刻》，《雕塑》1999年第1期。
陈灼	《大足石刻优美的雕塑语言——气功相》，《雕塑》1999年第1期。
孙闯	《也谈〈牧牛道场〉——走进大足石刻》，《当代美术家》1999年第1期。
赵复泉	《谈宋代石窟造像》，《重庆历史与文化》1999年第1期。
重庆大足石刻艺术博物馆	《勇于开拓 不断进取——重庆大足石刻艺术博物馆近几年的发展和变化》，《重庆历史与文化》1999年第2期。
李小强	《浅析大足南宋玉皇大帝造像》，《重庆历史与文化》1999年第2期。
王桂林、汪东云、张赞勋	《大足县宝顶山石刻区岩体渗流模型研究》，《重庆建筑大学学报》1999年第2期。
陈灼	《北山石刻〈韦君靖碑〉"颍川"辨》，《四川文物》1999年第2期。
宋朗秋	《大足宝顶山与剑川石钟山十大、八大明王的比较研究》，《敦煌研究》1999年第3期。
施懿超	《〈民国重修大足县志〉中的大足石刻》，《文史杂志》1999年第3期。
曾寿彬	《大足石刻印象》，《中国宗教》1999年第3期。
向世山	《四川佛教的模式、特点及其历史地位》，《中华文化论坛》1999年第4期。
陈明光	《巴蜀遗产——大足石刻铭文搜藏与研究》，《巴蜀史志》1999年第4期。
赵辉志	《大足石刻与密宗气功》，《东方气功》1999年第4期。
孙闯	《大足摩崖石龙的造型艺术》，《美术大观》1999年第11期。
侯冲	《宗赜〈孝行录〉及其与大足宝顶劝孝石刻的关系》，《中国佛学》第2卷第2期，1999年。
黄锦珍	《试论大足宝顶山柳本尊十炼图》，《佛学研究中心学报》第4期，1999年。
Angela Falco Howard	"The Eight Brilliant Kings of Wisdom of Southwest China." RES: Anthropology and Aesthetics, 1999, 35 (1) : 92-107.
宋朗秋	《从中国部分文物、石窟看西夏佛教文化的一斑》，《宋史研究论文集》，宁夏人民出版社，1999年。
李巳生	《大足石窟佛教造像》，李巳生主编《中国石窟雕塑全集·大足》，重庆出版社，1999年。
郭相颖	《大足石窟中的道教和三教合一造像》，李巳生主编《中国石窟雕塑全集·大足》，重庆出版社，1999年。
刘长久	《四川、重庆石窟造像的历史发展》，刘长久主编《中国石窟雕塑全集·四川、重庆》，重庆出版社，1999年。
郭相颖	《大足石刻概论》，黎方银编《大足石刻雕塑全集·北山石窟卷》，重庆出版社，1999年。
黎方银	《大足北山石窟》，黎方银编《大足石刻雕塑全集·北山石窟卷》，重庆出版社，1999年。
陈明光	《宝顶山石窟概论——中国古代石窟艺术史上的最后一座殿堂》，陈明光编《大足石刻雕塑全集·宝顶山石窟卷》（上），重庆出版社，1999年。
童登金、胡良学	《南山、石门山、石篆山等石窟概述》，童登金编《大足石刻雕塑全集·南山、石门山、石篆山等石窟卷》，重庆出版社，1999年。
鎌田茂雄	「大足宝頂山石刻の思想史的考察：父母恩重経変図と大方便仏報恩経変図をめぐって」，国際仏教学大学院大学編『国際仏教学大学院大学研究紀要2』，1999年。
曾中懋	《石质文物上油烟污物清洗材料的研究》，《文物保护与考古科学》2000年第1期。
郑利平、席周宽	《宝顶石窟彩绘颜料的初步分析》，《重庆历史与文化》2000年第2期。

罗世平	《四川唐代佛教造像与长安样式》，《文物》2000年第4期。
童登金、胡良学	《大足宝顶山大佛湾"圆觉经变"窟的调查研究》，《四川文物》2000年第4期。
龙腾	《大足北山石刻〈韦君靖碑〉"颍川"、"河内"辩》，《四川文物》2000年第5期。
陈明光	《大足石刻与大足石刻铭文概论》，《社会科学研究》2000年第5期。
郭旃	《世界文化遗产——大足石刻》，《文物天地》2000年第6期。
陈明光	《大足宝顶山石窟研究》，《佛学研究》第9期，2000年年刊。
陈明光、黎方银、刘贤高	《重庆大足石刻研究会第五届年会综述》，《佛学研究》第9期，2000年年刊。
李小强	《宝顶山柳本尊行化道场与十大明王之关系》，《大足文化》第16期，2000年。
新井慧誉	「大足宝顶山の『父母恩重経変相像』と『報父母恩徳経』」，『豊山学報』通号43，2000年。
鎌田茂雄	「華厳と密教（智山教学大会特别講演）」，『智山學報』第49号，2000年。
蒋思维	《宝顶山石窟柳本尊龛顶板保护加固》，《第六届全国考古与文物保护化学学术会议论文集》，2000年。
蔡素德、陈明凤、谢本立、蒋思维	《石刻防酸雨、抗风化研究》，《第六届全国考古与文物保护化学学术会议论文集》，2000年。
席周宽、蒋思维	《大足宝顶石窟庙会期环境监测分析》，《第六届全国考古与文物保护化学学术会议论文集》，2000年。
马世长	《〈父母恩重经〉写本与变相》，敦煌研究院编《敦煌研究文集·敦煌石窟经变篇》，甘肃民族出版社，2000年。
张　总整理	《地藏菩萨十斋日》，方广锠主编《藏外佛教文献》第七辑，宗教文化出版社，2000年。
张　总	《关于〈地藏菩萨十斋日〉》，方广锠主编《藏外佛教文献》第七辑，宗教文化出版社，2000年。
陈明光	《大足宝顶山石窟对中国石窟艺术的创新——密教道场之研究》，《敦煌研究》2001年第1期。
万本根	《绚丽多彩的唐宋佛像宝库——读〈安岳大足佛雕〉》，《社会科学研究》2001年第1期。
胡良学	《大足北山佛湾石刻转轮经藏窟之管见》，《中华文化论坛》2001年第1期。
童登金	《试论宝顶石窟在当代文明建设中的启迪作用》，《重庆历史与文化》2001年第1期。
胡道修	《〈韦君靖碑〉研究几题》，《重庆历史与文化》2001年第1期。
陈明光	《大足宝顶山石窟造像年代布局及内容研究（上）》，《重庆历史与文化》2001年第1期。
邓灿	《简述大足石刻供养人（上）》，《重庆历史与文化》2001年第1期。
王家祐	《柳本尊与密教》，《宗教学研究》2001年第2期。
王桂林、文海家、汪东云、张赞勋	《大足宝顶山石刻区岩体水力参数研究》，《地下空间》2001年第2期。
方云、魏海云、王金华	《隧洞排水法治理大足石刻渗水病害》，《现代地质》2001年第3期。
李良	《四川石窟摩崖造像综述》，《四川文物》2001年第4期。
熊笃	《论巴渝文化十大系列》，《重庆大学学报》2001年第4期。
胡良学	《融合儒、释、道三教的大足石刻》，《文物天地》2001年第5期。
曾建伟	《独树一帜的宝顶石窟》，《文物天地》2001年第5期。
周正勇	《北山摩崖造像综述》，《文物天地》2001年第5期。
童登金	《大足石刻的保护》，《文物天地》2001年第5期。
刘贤高	《南山石刻——神系完备的道教造像》，《文物天地》2001年第5期。
梁学	《石篆山石刻》，《文物天地》2001年第5期。
已未	《仙佛胜景石门山述略》，《文物天地》2001年第5期。
胡蓉	《释迦涅槃圣迹图》，《文物天地》2001年第5期。
申及甫	《大足诃利帝母造像琐读》，《文史杂志》2001年第6期。
黎方银	《再读大足石窟》，《风景名胜》2001年第7期。

胡文和	《大足石篆山石门山妙高山宋代石窟与文氏镌匠世家的关系研究》，《中华佛学学报》2001年第14期。
陈灼	《大足石刻百年研究综述》，曹中建主编《中国宗教研究年鉴1999—2000》，宗教文化出版社，2001年。
崔进	《宗教与三峡文化述略》，三峡大学文学院等编《三峡文化研究丛刊》（1），武汉出版社，2001年。
蒋思维、席周宽、陈卉丽	《大足石刻的环境保护》，《中国文物保护技术协会首届学术年会论文集》，2001年。
陈卉丽、席周宽、蒋思维	《大足宝顶石窟环境监测分析》，《中国文物保护技术协会首届学术年会论文集》，2001年。
郭璇	《巴蜀地区摩崖佛寺的选址、布局与基本形制初探》，中国民族建筑研究会编《中国民族建筑论文集》，中国建筑工业出版社，2001年。
黎方银	《大足石刻》，王川平编《大足石刻》，五洲传播出版社，2001年。
宋朗秋	《关于大足石刻文殊菩萨造像的考察——1995年9月陪同故友孙修身先生考察大足石刻记实之一》，段文杰、茂木雅博主编《敦煌学与中国史研究论集：纪念孙修身先生逝世一周年》，甘肃人民出版社，2001年。
宋朗秋	《试析大足石刻宝顶石窟的造像结构——1995年9月陪同故友孙修身先生考察大足石刻记实之二》，段文杰、茂木雅博主编《敦煌学与中国史研究论集：纪念孙修身先生逝世一周年》，甘肃人民出版社，2001年。
陈明光	《大足石刻与〈大足石刻铭文录〉概述》，《大足石刻考古与研究》，重庆出版社，2001年。
陈明光	《古今为大足石刻作奉献的人》，《大足石刻考古与研究》，重庆出版社，2001年。
陈明光	《大足宝顶山石刻"牧牛图颂"》，《大足石刻考古与研究》，重庆出版社，2001年。
陈明光	《大足宝顶山石窟"异体字"勘查与辨析》，《大足石刻考古与研究》，重庆出版社，2001年。
陈明光	《大足石刻名称由来》，《大足石刻考察与研究》，中国三峡出版社，2001年。
陈明光	《大足石刻造像范围、内容历史历程考述》，《大足石刻考察与研究》，中国三峡出版社，2001年。
陈明光	《圣水寺石窟——一处可突破大足石刻上限年代的造像》，《大足石刻考察与研究》，中国三峡出版社，2001年。
陈明光	《大足发现初唐尖山子造像及其它》，《大足石刻考察与研究》，中国三峡出版社，2001年。
陈明光	《南宋昌州"类省试"及潼川府路徙治昌州钩沉》，《大足石刻考察与研究》，中国三峡出版社，2001年。
陈明光	《大、小石佛寺摩崖造像调查记略》，《大足石刻考察与研究》，中国三峡出版社，2001年。
陈明光	《妙高寺关通禅师塔前"瘗室"清理记略》，《大足石刻考察与研究》，中国三峡出版社，2001年。
陈明光	《"五证"考辩》，《大足石刻考察与研究》，中国三峡出版社，2001年。
陈明光	《石窟遗存〈地藏与十佛、十王、地狱变〉造像的调查与研究——兼探〈十王经变〉和〈地狱变〉的异同》，《大足石刻考察与研究》，中国三峡出版社，2001年。
陈明光	《宋世魏了翁 杜孝严 宇文屼 陈抟题壁的年代探疑》，《大足石刻考察与研究》，中国三峡出版社，2001年。
陈明光	《宝顶圣寿寺、万岁楼兴建与培修述略》，《大足石刻考察与研究》，中国三峡出版社，2001年。
Henrik Hjort Sorensen	"The life of the Lay-Buddhist Saint Liu Benzun as Sculptural Tableaux." in Embodying Wisdom: Art, Text and Interpretation in the History of Esoteric Buddhism, eds. Robert N. Linrothe and Henrik Hjort Sorensen, Seminar for Buddhist Studies, 2001.
李小强	《试论大足道教石刻文化特点》，《重庆历史与文化》2002年第1期。
唐毅烈	《简述大足宋墓的建筑结构与雕刻艺术》，《重庆历史与文化》2002年第1期。
陈明光	《大足宝顶山石窟造像年代布局及内容研究（下）》，《重庆历史与文化》2002年第1期。
邓灿	《简述大足石刻供养人（下）》，《重庆历史与文化》2002年第1期。
胡昭曦	《大足多宝塔石刻与宋人冯楫》，《中国历史文物》2002年第1期。
周涛、邓启兵	《2000年宝顶石窟气象特征》，《文物保护与考古科学》2002年第1期。

项一峰	《试论天水与四川佛教石窟之关系》，《敦煌学辑刊》2002年第2期。
李 良	《四川石窟寺中常见洞窟形制及经变相考》，《四川文物》2002年第2期。
舒大刚	《今传〈古文孝经指解〉并非司马光原本考》，《中华文化论坛》2002年第2期。
童登金	《世界自然文化遗产保护管理的思考》，《社会科学研究》2002年第3期。
魏 崴	《古代四川地区密宗造像的发展及成因》，《四川文物》2002年第4期。
蒋德才、夏 明、杨光宇	《重庆大足龙水镇明光村磨儿坡宋墓清理简报》，《四川文物》2002年第5期。
王桂林、文海家、汪东云	《复合形优化方法在石刻岩体渗流反演分析中的应用》，《重庆建筑大学学报》2002年第6期。
唐义永	《大足石刻火灾危险性及预防对策》，《消防月刊》2002年第8期。
黄敏枝	《关于宋代寺院的转轮藏》，《普门学报》第8期，2002年。
赵辉志	《大足石刻〈牧牛图〉考》，《佛学研究》第11期，2002年年刊。
舒大刚	《范祖禹书大足石刻〈古文孝经〉校定》，《宋代文化研究》第11辑，2002年。
胡文和	《对大足宝顶〈父母恩重经变〉重新研究》，《中华佛学学报》第15期，2002年。
荒见泰史	「大足宝顶山石窟『地狱変龕』成立の背景について」，『絵解き研究』通号16，2002年。
赤津靖子	「大法輪カルチャー講座 中国古寺巡礼ガイド（5）石仏の里四川盆地・大足石窟へ」，『大法輪』69巻5号，2002年。
童登金	《中国晚期石窟艺术的代表作大足石刻》，重庆大足石刻艺术博物馆等编《大足石刻研究》，2002年创刊号。
陈明光、邓之金	《大足宝顶山大佛湾"地藏十王·地狱变"铭文勘察报告》，重庆大足石刻艺术博物馆等编《大足石刻研究》，2002年创刊号。
胡良学	《宝顶山大佛湾"广大宝楼阁"图之管见》，重庆大足石刻艺术博物馆等编《大足石刻研究》，2002年创刊号。
曾建伟	《大足石刻考辨二则》，重庆大足石刻艺术博物馆等编《大足石刻研究》，2002年创刊号。
赵辉志	《宝顶山石窟禅学思想论略》，重庆大足石刻艺术博物馆等编《大足石刻研究》，2002年创刊号。
毛世福	《浅谈北山佛湾125号龛造像的艺术风范》，重庆大足石刻艺术博物馆等编《大足石刻研究》，2002年创刊号。
李小强	《大足石壁寺南宋嘉定三年碑跋》，重庆大足石刻艺术博物馆等编《大足石刻研究》，2002年创刊号。
王庆煜	《大足石窟维修保护概况》，重庆大足石刻艺术博物馆等编《大足石刻研究》，2002年创刊号。
重庆大足石刻艺术博物馆	《大足法华寺石刻造像调查简报》，重庆大足石刻艺术博物馆等编《大足石刻研究》，2002年第2期。
罗 炤	《试论川密》，重庆大足石刻艺术博物馆等编《大足石刻研究》，2002年第2期。
张腾才、张永毅	《大足石刻的社会哲学思想与风土人情》，重庆大足石刻艺术博物馆等编《大足石刻研究》，2002年第2期。
胡良学	《宝顶大佛湾〈大方便佛报恩经变相〉研究》，重庆大足石刻艺术博物馆等编《大足石刻研究》，2002年第2期。
邓之金	《大足石刻中的观音造像》，重庆大足石刻艺术博物馆等编《大足石刻研究》，2002年第2期。
李正心	《从大足石刻看儒教思想对佛教造像的渗透》，重庆大足石刻艺术博物馆等编《大足石刻研究》，2002年第2期。
陈 灼	《〈临济正宗记〉碑跋》，重庆大足石刻艺术博物馆等编《大足石刻研究》，2002年第2期。
李小强	《宝顶山大佛湾第15号龛札记》，重庆大足石刻艺术博物馆等编《大足石刻研究》，2002年第2期。
邓启兵	《大足北山石刻之龙纹》，重庆大足石刻艺术博物馆等编《大足石刻研究》，2002年第2期。
李小强、唐长清	《大足半边庙崖墓M1线刻图浅析》，重庆大足石刻艺术博物馆等编《大足石刻研究》，2002年第2期。

段绪美	《大足县龙水镇宋墓乐伎的发现》，重庆大足石刻艺术博物馆等编《大足石刻研究》，2002年第2期。
童登金、黎方银	《遗产环境保护的对策与实践》，重庆大足石刻艺术博物馆等编《大足石刻研究》，2002年第2期。
王庆煜	《大足石刻维修保护概况（续）》，重庆大足石刻艺术博物馆等编《大足石刻研究》，2002年第2期。
黄英华	《利用植物造景改善文物区环境》，重庆大足石刻艺术博物馆等编《大足石刻研究》，2002年第2期。
蒋德才	《大足明代"佛法僧宝"铜印》，重庆大足石刻艺术博物馆等编《大足石刻研究》，2002年第2期。
郑利平、席周宽	《大气污染因子SO_2影响彩绘颜料变色的环境测试》，《第七届全国考古与文物保护化学学术会议论文集》，2002年。
张亮国、王传雷、吴云超	《重庆大足石刻灾害治理——地下水的地球物理探测》，《中国地球物理学会第十八届年会论文集》，地震出版社，2002年。
黄心川	《"三教合一"在我国发展的过程、特点及其对我国文学艺术的影响》，重庆大足石刻艺术博物馆等编《大足石刻研究文集》（3），中国文联出版社，2002年。
刘长久	《大足石窟研究综论》，重庆大足石刻艺术博物馆等编《大足石刻研究文集》（3），中国文联出版社，2002年。
郭相颖	《从大足石刻看佛教中国化及民间信仰特点》，重庆大足石刻艺术博物馆等编《大足石刻研究文集》（3），中国文联出版社，2002年。
陈明光	《大足石刻兴衰史略》，重庆大足石刻艺术博物馆等编《大足石刻研究文集》（3），中国文联出版社，2002年。
黎方银	《大足宋代石窟中的水陆遗迹》，重庆大足石刻艺术博物馆等编《大足石刻研究文集》（3），中国文联出版社，2002年。
李正心	《宝顶山古佛崖小乘造像与西南丝路的关系》，重庆大足石刻艺术博物馆等编《大足石刻研究文集》（3），中国文联出版社，2002年。
胡良学	《大足宝顶大佛湾六趣唯心图之管见》，重庆大足石刻艺术博物馆等编《大足石刻研究文集》（3），中国文联出版社，2002年。
重庆大足石刻艺术博物馆、重庆社科院大足石刻艺术研究所	《大足宝顶山大佛湾地藏与十佛、十王、地狱变龛勘察报告》，重庆大足石刻艺术博物馆等编《大足石刻研究文集》（3），中国文联出版社，2002年。
邓之金	《大足宝顶山小佛湾石窟调查》，重庆大足石刻艺术博物馆等编《大足石刻研究文集》（3），中国文联出版社，2002年。
胡道修	《从〈韦君靖碑〉将校题名看唐末巴渝地区州县的镇寨化、军队的家族化和韦君靖的主要控制区域》，重庆大足石刻艺术博物馆等编《大足石刻研究文集》（3），中国文联出版社，2002年。
赵锐涛	《浅谈大足石刻艺术中展现的信仰习俗》，重庆大足石刻艺术博物馆等编《大足石刻研究文集》（3），中国文联出版社，2002年。
谢生保	《从〈睒子经变〉看佛教艺术中孝道思想》，重庆大足石刻艺术博物馆等编《大足石刻研究文集》（3），中国文联出版社，2002年。
龙 晦	《〈牧牛图〉再跋》，重庆大足石刻艺术博物馆等编《大足石刻研究文集》（3），中国文联出版社，2002年。
胡文和	《宋立〈唐柳本尊传〉碑再校释》，重庆大足石刻艺术博物馆等编《大足石刻研究文集》（3），中国文联出版社，2002年。
郭相颖	《大足宝顶小佛湾经目塔〈祖师颂〉解》，重庆大足石刻艺术博物馆等编《大足石刻研究文集》（3），中国文联出版社，2002年。
刘贤高	《宝顶大佛湾第15号龛镌"慈觉大师"考略》，重庆大足石刻艺术博物馆等编《大足石刻研究文集》（3），中国文联出版社，2002年。
赵辉志	《大足石刻〈牧牛图〉考》，重庆大足石刻艺术博物馆等编《大足石刻研究文集》（3），中国文联出版社，2002年。
陈明光	《大足宝顶石窟造像对中国石窟艺术创新与发展的贡献》，重庆大足石刻艺术博物馆等编《大足石刻研究文集》（3），中国文联出版社，2002年。
邓之金	《略述柳本尊、赵智凤可补密教史之缺页》，重庆大足石刻艺术博物馆等编《大足石刻研究文集》（3），中国文联出版社，2002年。

张　划	《全面观照　综合考察——宝顶石刻年代和题材问题的再探讨》，重庆大足石刻艺术博物馆等编《大足石刻研究文集》（3），中国文联出版社，2002年。
胡昭曦	《一部开掘丰厚文化底蕴的力作——读〈大足石刻铭文录〉》，重庆大足石刻艺术博物馆等编《大足石刻研究文集》（3），中国文联出版社，2002年。
李传授	《读〈大足石刻铭文录〉手记》，重庆大足石刻艺术博物馆等编《大足石刻研究文集》（3），中国文联出版社，2002年。
周　艺	《圆觉洞中的认识论初探》，重庆大足石刻艺术博物馆等编《大足石刻研究文集》（3），中国文联出版社，2002年。
胡　鹏	《试论宝顶山圆觉道场的表现艺术》，重庆大足石刻艺术博物馆等编《大足石刻研究文集》（3），中国文联出版社，2002年。
张兴玉	《关于大足石刻分区的管见》，重庆大足石刻艺术博物馆等编《大足石刻研究文集》（3），中国文联出版社，2002年。
邓　灿	《简述世界文化遗产——大足石刻供养人》，重庆大足石刻艺术博物馆等编《大足石刻研究文集》（3），中国文联出版社，2002年。
秦大仲	《大足石刻中"三身佛"造像初探》，重庆大足石刻艺术博物馆等编《大足石刻研究文集》（3），中国文联出版社，2002年。
李小强	《简述唐宋时期地藏与净土之关系》，重庆大足石刻艺术博物馆等编《大足石刻研究文集》（3），中国文联出版社，2002年。
陈　典	《谈宝顶神秘和探古佛岩访赵智凤墓》，重庆大足石刻艺术博物馆等编《大足石刻研究文集》（3），中国文联出版社，2002年。
李福睿	《谈谈大足石刻"三教合一"的宗教意识倾向性》，重庆大足石刻艺术博物馆等编《大足石刻研究文集》（3），中国文联出版社，2002年。
界　平	《试析宝顶山"养鸡女"的内容及意义》，重庆大足石刻艺术博物馆等编《大足石刻研究文集》（3），中国文联出版社，2002年。
刘晓白	《形象大于义理——从宝顶石刻〈养鸡女〉看宗教艺术的二重性》，重庆大足石刻艺术博物馆等编《大足石刻研究文集》（3），中国文联出版社，2002年。
杨　明	《考察敦煌研究院后对大足石刻艺术博物馆的思考》，重庆大足石刻艺术博物馆等编《大足石刻研究文集》（3），中国文联出版社，2002年。
张腾才	《大足石刻宣传与旅游发展的关系》，重庆大足石刻艺术博物馆等编《大足石刻研究文集》（3），中国文联出版社，2002年。
谢晓鹏	《世界文化遗产——大足石刻在两个文明建设中的作用》，重庆大足石刻艺术博物馆等编《大足石刻研究文集》（3），中国文联出版社，2002年。
陈　灼	《宋代昌州官吏》，重庆大足石刻艺术博物馆等编《大足石刻研究文集》（3），中国文联出版社，2002年。
陈　灼	《重开宝顶二名僧》，重庆大足石刻艺术博物馆等编《大足石刻研究文集》（3），中国文联出版社，2002年。
唐毅烈	《浅谈大足宋墓的雕刻艺术特征》，重庆大足石刻艺术博物馆等编《大足石刻研究文集》（3），中国文联出版社，2002年。
夏　明	《大足古墓葬石刻》，重庆大足石刻艺术博物馆等编《大足石刻研究文集》（3），中国文联出版社，2002年。
董广强	《宋代大足石刻与麦积山石窟发展比较》，重庆大足石刻艺术博物馆等编《大足石刻研究文集》（3），中国文联出版社，2002年。
卢秀文	《大足石刻背光与莫高窟背光之比较》，重庆大足石刻艺术博物馆等编《大足石刻研究文集》（3），中国文联出版社，2002年。
屈　涛	《栖神幽邃，涵趣寥旷——以大足宝顶石刻〈养鸡女〉与麦积山165窟泥塑〈供养人〉为标本论宋塑之美及其他》，重庆大足石刻艺术博物馆等编《大足石刻研究文集》（3），中国文联出版社，2002年。
曾中懋	《大足宝顶山摩崖造像第2、3、4、17号龛防风化处理》，重庆大足石刻艺术博物馆等编《大足石刻研究文集》（3），中国文联出版社，2002年。
王庆煜	《正确对待石窟文物的维保工作》，重庆大足石刻艺术博物馆等编《大足石刻研究文集》（3），中国文联出版社，2002年。
席周宽、蒋思维、陈卉丽、谢本立	《宝顶石窟岩体软弱夹层带造像探究》，重庆大足石刻艺术博物馆等编《大足石刻研究文集》（3），中国文联出版社，2002年。

席周宽、蒋思维、陈卉丽	《宝顶石窟的排水系统》，重庆大足石刻艺术博物馆等编《大足石刻研究文集》（3），中国文联出版社，2002年。
蒋思维	《大足北山多宝塔的维修保护》，重庆大足石刻艺术博物馆等编《大足石刻研究文集》（3），中国文联出版社，2002年。
李巳生	《〈梵像卷〉与宝顶山石窟寺》，重庆大足石刻艺术博物馆等编《大足石刻研究文集》（4），中国文联出版社，2002年。
陈明光	《故静南县城址当在高升太和村——也探唐静南县治遗址》，重庆大足石刻艺术博物馆等编《大足石刻研究文集》（4），中国文联出版社，2002年。
王官乙	《难忘徒步走大足》，重庆大足石刻艺术博物馆等编《大足石刻研究文集》（4），中国文联出版社，2002年。
陈明光	《重庆大足宝顶山大佛湾第20号龛遗存经变造像的研究调查——兼探〈十王经变〉与〈地狱变〉的异同》，中山大学艺术学研究中心编《艺术史研究》第4辑，中山大学出版社，2002年。
北進一	「四川石窟における毘沙門天像の諸相——〔キョウライ〕石筍山石窟第28号龕像と大足北山石窟仏湾第5号龕像を中心に」，『表現学部紀要』第3号，2002年。
陈 灼	《广大寺（小宝顶）沿革》，《大足报》2002年3月25日。
胡良学	《"宝顶山"命名的由来》，《大足报》2002年4月22日。
李小强	《大足南山道教醮坛造像》，《中国道教》2003年第1期。
黄大勇	《大足旅游商品开发的思路与营销策略》，《重庆行政》2003年第1期。
舒大刚	《试论大足石刻范祖禹书〈古文孝经〉的重要价值》，《四川大学学报》2003年第1期。
舒大刚	《司马光指解本〈古文孝经〉的源流与演变》，《烟台师范学院学报》2003年第1期。
龙 晦	《大足石刻中的明肃皇后、诃利帝母、九子母与送子观音》，《中华文化论坛》2003年第1期。
贺尊超	《大足石刻〈牧牛图〉的禅观过程》，《四川文物》2003年第2期。
童登金	《大足石刻的保护与展望》，《文物保护与考古科学》2003年第3期。
曾 雁、彭国川	《旅游业在区域经济中的定位研究——以重庆大足县为例》，《开发研究》2003年第4期。
王家祐、徐学书	《大足〈韦君靖碑〉与韦君靖史事考辩》，《四川文物》2003年第5期。
黄大勇	《关于大足旅游商品开发的思考》，《重庆工商大学学报》2003年第5期。
段绪美	《从大足石窟看佛教音乐》，《佛教文化》2003年第6期。
冯国栋	《善财童子五十三参故事的影响》，《法音》2003年第8期。
刘 星	《大足石刻岩体稳定性研究》，《重庆市测绘学会2002年年会论文集》，2003年。
童登金	《中国晚期石窟艺术的代表作——大足石刻》，《大足石刻保护与研究文集》，文物出版社，2003年。
童登金	《大足石刻基本内涵浅析——兼议中国部分主要石窟内容》，《大足石刻保护与研究文集》，文物出版社，2003年。
童登金	《历史与艺术的明珠——浅谈大足石刻珍贵的科学历史价值》，《大足石刻保护与研究文集》，文物出版社，2003年。
童登金	《试论云南与大足石刻密像的关系》，《大足石刻保护与研究文集》，文物出版社，2003年。
童登金	《大足宝顶山、剑川石钟山石窟明王群雕像调查——兼述二处石窟的明王传承问题》，《大足石刻保护与研究文集》，文物出版社，2003年。
童登金	《浅谈大足石刻的保护与利用》，《大足石刻保护与研究文集》，文物出版社，2003年。
童登金	《大足石刻的水害治理》，《大足石刻保护与研究文集》，文物出版社，2003年。
童登金	《重视和加强科研工作，不断提高大足石刻保护管理水平》，《大足石刻保护与研究文集》，文物出版社，2003年。
童登金	《以"申报"为中心推动和促进大足石刻研究会工作全面开展》，《大足石刻保护与研究文集》，文物出版社，2003年。
童登金	《抓住西部大开发机遇，发展大足旅游经济》，《大足石刻保护与研究文集》，文物出版社，2003年。

童登金	《抓住历史机遇，发扬光大大足石刻》，《大足石刻保护与研究文集》，文物出版社，2003年。
童登金	《总结大足石刻的宣传史，掀起宣传大足石刻的第五次高潮》，《大足石刻保护与研究文集》，文物出版社，2003年。
童登金	《世界文化遗产——大足石刻的保护管理模式》，《大足石刻保护与研究文集》，文物出版社，2003年。
童登金	《〈大足石刻精品〉序》，《大足石刻保护与研究文集》，文物出版社，2003年。
童登金	《〈大足石刻考察与研究〉序》，《大足石刻保护与研究文集》，文物出版社，2003年。
何代福	《试论儒学对大足石刻的渗透和影响》，胡文和编《西南石窟文献》第五卷，兰州大学出版社，2003年。
贾瑞广	《大足北山石窟的保护、渗水病害的防治研究》，胡文和编《西南石窟文献》第五卷，兰州大学出版社，2003年。
燕学锋	《概述北山石刻治水》，胡文和编《西南石窟文献》第五卷，兰州大学出版社，2003年。
王镛先、华佩冬	《大足石刻岩石分析及防风化研究》，胡文和编《西南石窟文献》第五卷，兰州大学出版社，2003年。
蔡素德、杨俊峰、郭相颖、谢本立、燕学锋	《大足石窟造像化学保护剂的选择初探》，胡文和编《西南石窟文献》第五卷，兰州大学出版社，2003年。
王蕙贞、朱　虹、宋迪生	《大足宝顶石刻区溶盐病害分析及防治初探》，胡文和编《西南石窟文献》第五卷，兰州大学出版社，2003年。
刘　坚	《浅谈文物维修工作中应注意的几个问题》，胡文和编《西南石窟文献》第五卷，兰州大学出版社，2003年。
陈正宇	《大足石刻古代高度建筑的典范——多宝塔》，胡文和编《西南石窟文献》第五卷，兰州大学出版社，2003年。
胡良学	《关于大足宝顶山大佛湾六道轮回图之管见》，敦煌研究院编《2000年敦煌学国际学术讨论会论文集（石窟考古卷）》，甘肃民族出版社，2003年。
胡文和	《巴蜀石窟中的密教造像考察研究》，敦煌研究院编《2000年敦煌学国际学术讨论会论文集（石窟考古卷）》，甘肃民族出版社，2003年。
马世长	《大足石窟〈报父母恩重经变〉补说》，胡素馨编《佛教物质文化：寺院财富与世俗供养国际学术研讨会论文集》，上海书画出版社，2003年。
［美］太史文	《地方式和经典式：甘肃和四川的生死轮回图》，胡素馨编《佛教物质文化：寺院财富与世俗供养国际学术研讨会论文集》，上海书画出版社，2003年。
陈卉丽、蒋思维、席周宽	《大足石刻的气象环境特征》，《华夏考古》2004年第1期。
修海林	《宋代杂剧南传形式的文物遗存——四川大足石窟"六师外道谤佛不孝"群像考》，《黄钟》2004年第1期。
胡昭曦	《冯楫的仕宦生涯和崇佛活动》，《中华文化论坛》2004年第1期。
胡昭曦	《冯楫与泸州报恩塔》，《四川文物》2004年第2期。
郭相颖	《"宝顶山"名考释——"宝顶"就是"金刚顶"》，《四川文物》2004年第2期。
李小强	《壁山神考述》，《重庆历史与文化》2004年第2期。
王丽琴、党高潮、王晓琪、席周宽、梁国正	《大足石刻千手观音研究与保护（Analysis and Protection of One Thousand Hand Buddha in Dazu Stone Sculptures）》，《中国化学》（英文版）2004年第2期。
陈明光	《〈宋刻《唐柳本尊传碑》校补〉文中"天福"纪年的考查与辨正》，《四川文物》2004年第3期。
中国文物研究所、中国地质大学	《重庆大足石刻保护工程》，《中国文化遗产》2004年第3期。
赵辉志	《陈习删〈大足石刻志略〉的方志学意义》，《中国地方志》2004年第3期。
陈明光	《〈宋刻"唐柳本尊传碑"校补〉文中"天福"纪年的考察与辨正——兼大足、安岳石刻柳本尊"十炼图"题记"天福"年号的由来探疑》，《世界宗教研究》2004年第4期。
陈明光	《菩萨装施降魔印佛造像的流变——兼谈密教大日如来尊像的演变》，《敦煌研究》2004年第5期。
周　瑾、谭星宇	《世界遗产与媒体：思考和责任》，《对外大传播》2004年第5期。
邓小刚、子　房	《大足石刻和佛教的世俗化》，《文史杂志》2004年第5期。

侯义祥	《大足石刻与安岳石刻联姻互动》，《西部观察》2004年第6期。
张 琴、徐旭忠	《大足石刻负债呼唤世界遗产立法》，《记者观察》2004年第6期。
金维诺	《四川石窟造像（下）》，《雕塑》2004年第6期。
杨 雄	《大足石窟与敦煌石窟建筑形式的比较》，《重庆三峡学院学报》2004年第6期。
李巳生	《报恩道场宝顶山——读经札记》，《敦煌研究》2004年第6期。
段绪美	《大足石刻与佛教音乐》，《中国宗教》2004年第8期。
刘晓白	《谈谈对大足石刻教育资源的开发》，《素质教育大参考》2004年第8期。
陈明光	《大足宝顶山"报德经变"慈觉禅师宗赜溯源》，《佛学研究》第13期，2004年年刊。
李小强	《试论净土信仰与大足石刻的关系》，《佛学研究》第13期，2004年年刊。
余 洋	《论宝顶石刻的场景处理和北山石刻的造像方法》，赵修渝主编《重庆工程图学学会第十四届图学研讨会交流暨第二届CAD应用、CAI软件演示交流大会论文集》，重庆大学学报社会科学版编辑部，2004年。
张 划	《宝顶石窟与傅大士禅学关系初探》，郑炳林、花平宁主编《麦积山石窟艺术文化论文集——2002年麦积山石窟艺术与丝绸之路佛教文化国际学术研讨会论文集》（下），兰州大学出版社，2004年。
金 申	《大足北山第12号、第176号龛造像佛座所反映的印度影响》，《佛教美术丛考》，科学出版社，2004年。
Angela Falco Howard	"From Han to Tang: The acculturation of Buddhist images in China." Orientations, 2004, 35 (7): 47-56.
TEISER S. F.	"The Local and the Canonical: Pictures of the Wheel of Rebirth in Gansu and Sichuan." Asia Major, 2004: 73-122.
劉世昭	「世界遺産めぐり（25）重慶市・大足 大足石刻（上）北山と南山 唐・宋時代の繁栄伝える仏像たち」，『人民中国』第611期，2004年5月号。
劉世昭	「世界遺産めぐり（26）重慶市・大足 大足石刻（下）宝頂山と石門山 生活感あふれ、人間味ある彫像群」，『人民中国』第613期，2004年7月号。
杨方冰	《大足篆山石窟造像补遗》，《四川文物》2005年第1期。
张腾才、张永毅	《"父母恩重经变"与孝道思想的关系》，《四川文物》2005年第1期。
龙 红	《浅论大足石窟的艺术特色》，《江苏广播电视大学学报》2005年第1期。
刘贤高、黄能迁、黎方银	《大足石刻研究综述》，《巴蜀史志》2005年第2期。
李小强	《大足高峰寺的木雕艺术》，《文史杂志》2005年第2期。
李小强	《大足南山龙洞赏析》，《世界宗教文化》2005年第2期。
陈小春	《由石门山石刻的"超写实"现象谈起》，《雕塑》2005年第4期。
陈 灼、黎方银	《2005年中国重庆大足石刻国际学术研讨会综述》，《世界宗教研究》2005年第4期。
黄夏年	《大足宝顶始祖元亮晓山考——大足石刻〈临济正宗记〉碑研究》，《中华文化论坛》2005年第4期。
王德友	《重庆大足石刻——中国石窟艺术史上最后的丰碑》，《丝绸之路》2005年第5期。
陈明光	《60年前的大足石刻之旅》，《文史杂志》2005年第6期。
李小强	《大足三皇洞研究简述及浅识》，《中国道教》2005年第6期。
胡同庆、宋 琪	《大足"释迦行孝、修行图"中的外道人物及其相关问题研究》，《敦煌研究》2005年第6期。
胡同庆	《中国重庆大足石刻国际学术研讨会暨大足石刻首次科学考察60周年纪念会综述》，《敦煌研究》2005年第6期。
李小强	《南宋的"天蓬元帅"造像》，《文史知识》2005年第10期。
肖宇窗、王玉英	《宋代大足北山石刻装饰特征与巴渝市民意识探微》，《装饰》2005年第10期。
龙 红	《论大足石窟艺术的特殊意义》，《美术》2005年第11期。
王美艳、赖守亮	《宝顶山摩岩造像的空间艺术》，《装饰》2005年第12期。
郭相颖	《心心心更有何心——谈宝顶山摩岩造像心法要旨》，《佛学研究》第14期，2005年年刊。

宋朗秋	《尝试解读"云冈、龙门、大足石窟鼎足而三"说》，重庆大足石刻艺术博物馆等编《大足石刻研究文集》（5），重庆出版社，2005年。
谢生保、谢 静	《水陆道场与大足石窟》，重庆大足石刻艺术博物馆等编《大足石刻研究文集》（5），重庆出版社，2005年。
赵锐涛	《从大足石刻的"三教合一"造像浅析三教的交流与融合》，重庆大足石刻艺术博物馆等编《大足石刻研究文集》（5），重庆出版社，2005年。
宋朗秋、张兴玉	《大足石刻中的地藏信仰与"末法"思想的影响》，重庆大足石刻艺术博物馆等编《大足石刻研究文集》（5），重庆出版社，2005年。
胡良学	《大足石刻"药师经变"的调查研究》，重庆大足石刻艺术博物馆等编《大足石刻研究文集》（5），重庆出版社，2005年。
黎方银	《四川及大足石窟毗沙门天王像研究——大足密教造像研究之一》，重庆大足石刻艺术博物馆等编《大足石刻研究文集》（5），重庆出版社，2005年。
黎方银	《大足石窟不空罥索观音像研究——大足密教造像研究之二》，重庆大足石刻艺术博物馆等编《大足石刻研究文集》（5），重庆出版社，2005年。
陈 静	《大足石刻水月观音造像的调查与研究》，重庆大足石刻艺术博物馆等编《大足石刻研究文集》（5），重庆出版社，2005年。
林 梅	《由大足唐宋造像内容谈妇女与宗教的关联》，重庆大足石刻艺术博物馆等编《大足石刻研究文集》（5），重庆出版社，2005年。
聂盛隆	《南宋大足的游乐风尚——以石刻题记为主的考察》，重庆大足石刻艺术博物馆等编《大足石刻研究文集》（5），重庆出版社，2005年。
段绪美	《大足石刻乐器考略》，重庆大足石刻艺术博物馆等编《大足石刻研究文集》（5），重庆出版社，2005年。
陈明光	《石窟遗存菩萨装施降魔印佛造像的流布与演变及其与大日如来尊像的异同探疑——兼探密教本尊大日如来尊像的演变》，重庆大足石刻艺术博物馆等编《大足石刻研究文集》（5），重庆出版社，2005年。
李巳生	《报恩道场宝顶山》，重庆大足石刻艺术博物馆等编《大足石刻研究文集》（5），重庆出版社，2005年。
罗炤	《大足宝顶山大佛湾石刻与忏斋仪文的关系》，重庆大足石刻艺术博物馆等编《大足石刻研究文集》（5），重庆出版社，2005年。
侯 冲	《论大足宝顶为佛教水陆道场》，重庆大足石刻艺术博物馆等编《大足石刻研究文集》（5），重庆出版社，2005年。
龙 晦	《〈柳本尊行化图〉的研究》，重庆大足石刻艺术博物馆等编《大足石刻研究文集》（5），重庆出版社，2005年。
陈 典	《我对宝顶〈十炼图〉天福纪年的研究》，重庆大足石刻艺术博物馆等编《大足石刻研究文集》（5），重庆出版社，2005年。
胡文和	《安岳大足石窟中"川密"教祖柳本尊像造型分类——兼论大足宝顶不是"密宗道场"》，重庆大足石刻艺术博物馆等编《大足石刻研究文集》（5），重庆出版社，2005年。
陈明光	《南宋大足宝顶山〈报父母恩德经变相〉辨正——赐紫慈觉禅师宗赜溯源》，重庆大足石刻艺术博物馆等编《大足石刻研究文集》（5），重庆出版社，2005年。
陈 灼	《大足石刻宝顶山大佛湾"缚心猿锁六耗龛"研究》，重庆大足石刻艺术博物馆等编《大足石刻研究文集》（5），重庆出版社，2005年。
侯 冲	《宋僧慈觉宗赜新考》，重庆大足石刻艺术博物馆等编《大足石刻研究文集》（5），重庆出版社，2005年。
王官乙	《宝顶山猜想》，重庆大足石刻艺术博物馆等编《大足石刻研究文集》（5），重庆出版社，2005年。
曾北溟	《古代"法治"在大足宝顶山石窟中的体现》，重庆大足石刻艺术博物馆等编《大足石刻研究文集》（5），重庆出版社，2005年。
胡昭曦	《冯楫史踪初探》，重庆大足石刻艺术博物馆等编《大足石刻研究文集》（5），重庆出版社，2005年。
邓之金	《宋〈赵懿简公神道碑〉校补》，重庆大足石刻艺术博物馆等编《大足石刻研究文集》（5），重庆出版社，2005年。
董广强	《大足石刻北山龛形探源》，重庆大足石刻艺术博物馆等编《大足石刻研究文集》（5），重庆出版社，2005年。

刘光霞	《大足北山佛湾石窟观音坐式刍议》，重庆大足石刻艺术博物馆等编《大足石刻研究文集》（5），重庆出版社，2005年。
李小强	《大足石刻札记》，重庆大足石刻艺术博物馆等编《大足石刻研究文集》（5），重庆出版社，2005年。
陈　灼	《大足石刻石篆山宋代造像及相关问题》，重庆大足石刻艺术博物馆等编《大足石刻研究文集》（5），重庆出版社，2005年。
何代福、刘远芬	《试论石门山三皇窟是一组天文历法特殊造像及其影响》，重庆大足石刻艺术博物馆等编《大足石刻研究文集》（5），重庆出版社，2005年。
邓之金	《大足法华寺摩崖造像的历史价值》，重庆大足石刻艺术博物馆等编《大足石刻研究文集》（5），重庆出版社，2005年。
唐长清	《大足东王庙明正德十六年〈齐天宫记〉碑浅释》，重庆大足石刻艺术博物馆等编《大足石刻研究文集》（5），重庆出版社，2005年。
李朝元	《论大足北山石刻〈古文孝经碑〉的现实意义》，重庆大足石刻艺术博物馆等编《大足石刻研究文集》（5），重庆出版社，2005年。
魏文斌、李晓红	《麦积山明代写本〈报恩仪文〉初步研究》，重庆大足石刻艺术博物馆等编《大足石刻研究文集》（5），重庆出版社，2005年。
程崇勋、程　英	《试探巴中、大足石窟中的道教及儒释道三教融合造像》，重庆大足石刻艺术博物馆等编《大足石刻研究文集》（5），重庆出版社，2005年。
彭　周、陶　新	《试论安岳石刻与大足石刻的关系》，重庆大足石刻艺术博物馆等编《大足石刻研究文集》（5），重庆出版社，2005年。
赵辉志	《西安碑林〈劝慎刑文、箴〉碑与大足石刻宋代法律思想之比较及其他》，重庆大足石刻艺术博物馆等编《大足石刻研究文集》（5），重庆出版社，2005年。
重庆大足石刻艺术博物馆	《大足宝顶山游客中心基建工地古墓群清理报告》，重庆大足石刻艺术博物馆等编《大足石刻研究文集》（5），重庆出版社，2005年。
周正勇	《宝顶山圣寿寺文物调查清理报告》，重庆大足石刻艺术博物馆等编《大足石刻研究文集》（5），重庆出版社，2005年。
张　划	《宝顶石窟铭文异体字考略》，重庆大足石刻艺术博物馆等编《大足石刻研究文集》（5），重庆出版社，2005年。
陈明光	《宝顶发现圣寿寺"牖壁"及其他——宝顶山石窟拾遗》，重庆大足石刻艺术博物馆等编《大足石刻研究文集》（5），重庆出版社，2005年。
陈　灼	《南宋潼川府路·昌州·大足与安丙》，重庆大足石刻艺术博物馆等编《大足石刻研究文集》（5），重庆出版社，2005年。
陈明光	《大足大钟寺遗址出土北宋造像镌"双腊乡"探疑——铜梁宋故"双腊乡"钩沉》，重庆大足石刻艺术博物馆等编《大足石刻研究文集》（5），重庆出版社，2005年。
舒秀才	《官道·驿站·邮亭铺——论邮亭镇的历史沿革及其传承变化》，重庆大足石刻艺术博物馆等编《大足石刻研究文集》（5），重庆出版社，2005年。
重庆大足石刻艺术博物馆	《大足石刻北山文物区2001—2003年气象综合监测报告》，重庆大足石刻艺术博物馆等编《大足石刻研究文集》（5），重庆出版社，2005年。
陈卉丽	《宝顶圆觉洞窟内温湿度的观测与分析》，重庆大足石刻艺术博物馆等编《大足石刻研究文集》（5），重庆出版社，2005年。
燕学峰、席周宽	《千手观音的历代培修及面积勘测》，重庆大足石刻艺术博物馆等编《大足石刻研究文集》（5），重庆出版社，2005年。
燕学峰	《大足宝顶石窟圆觉洞的综合保护维修》，重庆大足石刻艺术博物馆等编《大足石刻研究文集》（5），重庆出版社，2005年。
陈正宇	《宝顶山小佛湾古建筑维修技术总结》，重庆大足石刻艺术博物馆等编《大足石刻研究文集》（5），重庆出版社，2005年。
席文彬	《大足石刻宝顶山文物区常见植物虫害及其防治》，重庆大足石刻艺术博物馆等编《大足石刻研究文集》（5），重庆出版社，2005年。
黄英华	《浅谈不可移动文物的管理——以大足石刻为例》，重庆大足石刻艺术博物馆等编《大足石刻研究文集》（5），重庆出版社，2005年。
邓　灿	《浅谈文物保护维修工程档案》，重庆大足石刻艺术博物馆等编《大足石刻研究文集》（5），重庆出版社，2005年。

唐毅烈	《谈小型器物的传拓之法》，重庆大足石刻艺术博物馆等编《大足石刻研究文集》（5），重庆出版社，2005年。
张文刚	《野外文物考古摄影艺术浅论》，重庆大足石刻艺术博物馆等编《大足石刻研究文集》（5），重庆出版社，2005年。
张腾才	《加深对大足石刻了解，提高世界遗产保护意识》，重庆大足石刻艺术博物馆等编《大足石刻研究文集》（5），重庆出版社，2005年。
谢晓鹏	《从大足石刻谈世界文化遗产保护与利用》，重庆大足石刻艺术博物馆等编《大足石刻研究文集》（5），重庆出版社，2005年。
刘贤高、黄能迁、黎方银	《重庆大足石刻研究会第六届年会综述》，重庆大足石刻艺术博物馆等编《大足石刻研究文集》（5），重庆出版社，2005年。
姚崇新	《书评：Angela F. Howard, Summit of Treasures: Buddhist Cave Art of Dazu, China, Weatherhill, Inc., 2001（何恩之《宝顶：中国大足佛教石窟艺术》）》，中山大学艺术史研究中心编《艺术史研究》第7辑，中山大学出版社，2005年。
李小强	《营造学社与大足石刻》，《大足》2005年6月27日。
董世永、罗丹珩	《风景名胜区范围界定方法初探——以重庆市大足石刻风景区为例》，《重庆建筑》2006年第1期。
司开国	《南宋大足石刻的艺术特色——以大佛湾第15、20号造像为中心》，《民族艺术》2006年第1期。
王滔韬、雷娟	《大足石刻〈韦君靖碑〉题名研究》，《重庆交通学院学报》2006年第1期。
陈明光	《乙酉〈大足石刻考察团〉史话》，《重庆历史与文化》2006年第1期。
聂盛隆	《大足石刻研究（1945—2005年）著述统计与分析》，《重庆历史与文化》2006年第1期。
李传授	《谈大足石刻宣传问题》，《巴蜀史志》2006年第2期。
李小强	《大足北山石刻第51号龛探析》，《敦煌研究》2006年第2期。
李小强	《大足道教石刻中的女神造像》，《中国道教》2006年第2期。
李小强	《大足峰山寺戏台与"灵官镇台"习俗》，《重庆历史与文化》2006年第2期。
邓启兵	《大足上游水库发现南宋摩崖造像》，《重庆历史与文化》2006年第2期。
龙红	《大足石刻铭文研究》，《中国书法》2006年第3期。
陈明光	《重新校补宋刻〈唐柳本尊传〉碑》，《敦煌研究》2006年第3期。
王天祥	《意义系统的生成与阐释：大足宝顶石窟造像分析》，《装饰》2006年第4期。
林梅	《由大足唐宋造像内容谈妇女与宗教的关联》，《敦煌学辑刊》2006年第4期。
秦茂惠、黄朝东	《略论大足石刻〈佛说父母恩重难报经〉的思想内容和现实意义》，《重庆文理学院学报》2006年第6期。
龙红	《论大足石刻艺术的虚实对比》，《西南大学学报》2006年第6期。
许晖、郑云峰、立山	《佛窟中的世俗信仰 大足石刻》，《文明》2006年第9期。
张建宇	《大足宝顶"六趣轮回图"之猿猴图像考》，《装饰》2006年第10期。
李巳生	《川密造像艺术初探》，《中华佛学报》第19期，2006年。
林荃	《石宝山石刻与大足石刻之比较研究》，《大理民族文化研究论丛》第2辑，2006年。
胡昭曦	《大足石刻宋碑〈三圣御制佛牙赞〉考析》，《宋史研究论丛》第7辑，2006年。
陈卉丽	《大足石刻的病害类型及保护措施》，《中国第八届科技考古学术讨论会暨全国第九届考古与文物保护化学学术研讨会论文集》，2006年。
王金华	《锚固加固技术及其在石质文物保护领域中的应用》，云冈石窟研究院编《2005年云冈国际学术研讨会论文集》（保护卷），文物出版社，2006年。
王进玉	《中国古代石窟寺彩塑的种类、分布及其彩绘研究》，云冈石窟研究院编《2005年云冈国际学术研讨会论文集》（保护卷），文物出版社，2006年。
燕学锋	《石质文物风化防护的探索与实践》，云冈石窟研究院编《2005年云冈国际学术研讨会论文集》（保护卷），文物出版社，2006年。
荒见泰史	《关于地藏十王成立和演变的若干问题——以大足石窟地狱变龛为中心探讨》，敦煌研究院编《2004年石窟研究国际学术会议论文集》（上），上海古籍出版社，2006年。

王金华、田兴玲	《西部石窟保存状况及综合保护防治对策之一：西部石窟特征分析》，《中国文物报》2006年4月21日。
王金华、田兴玲	《西部石窟保存状况及综合保护防治对策之二：西部石窟特征分析》，《中国文物报》2006年4月28日。
王金华、田兴玲	《西部石窟保存状况及综合保护防治对策之三：西部石窟特征分析》，《中国文物报》2006年5月19日。
陈明光	《史彰——尽守土之责呵护大足石刻的县令（古今为大足石刻作奉献的人之二）》，《大足》2006年5月19日。
陈明光	《僧元亮——重振宝顶山的第一代禅僧（古今为大足石刻作奉献的人之四）》，《大足》2006年7月7日。
陈明光	《李巴生——编第一部〈大足石刻〉图录的学者（古今为大足石刻作奉献的人之八）》，《大足》2006年11月7日。
陈明光	《朗然上人——重修石篆古刹献身的僧人（古今为大足石刻作奉献的人之九）》，《大足》2006年11月17日。
陈明光	《僧玄极——振兴宝顶山寺的第三代禅僧（古今为大足石刻作奉献的人之十）》，《大足》2006年11月27日。
陈明光	《唐〈韦碑〉节级校名衔刊误拾零》，《重庆历史与文化》2007年第1期。
高 明	《从神圣到世俗——大足石刻艺术审美简述》，《文物世界》2007年第1期。
胡良学	《石篆山孔子十哲造像研究》，《重庆历史与文化》2007年第1期。
邓 灿	《大足多宝塔供养人冯大学即冯楫的史料调查》，《华夏考古》2007年第1期。
郭祝崧	《大足佛窟的特异石刻》，《文史杂志》2007年第1期。
杨 雄	《论大足宝顶石刻造像的佛教性质——一段隐没的历史》，《佛教文化》2007年第1期。
刘晓白	《举世瞩目的世界文化遗产——新视觉、新观念解读大足石刻文化》，《科学咨询》2007年第2期。
龙 红	《论大足石刻艺术与环境的自然相生》，《大连大学学报》2007年第2期。
重庆大足石刻艺术博物馆	《大足十王殿石刻造像初识》，《重庆历史与文化》2007年第2期。
重庆大足石刻艺术博物馆	《大足"干旱时期库区文物调查"综述》，《重庆历史与文化》2007年第2期。
王金华	《大足千手观音造像保存状况及病害专题研究》，《中国文物科学研究》2007年第2期。
陈明光	《唐韦君靖"节度使"辨正——与〈大足石刻《韦君靖碑》题名〉研究作者商讨》，《重庆交通大学学报》2007年第3期。
李小强	《大足宝顶大佛湾第24号民国造像小识》，《文史杂志》2007年第3期。
陈明光	《大足北山佛湾发现开创者造像镌记》，《四川文物》2007年第3期。
秦茂惠	《从大足宝顶石刻"牧牛道场"谈大学生心性培育》，《重庆文理学院学报》2007年第3期。
小林正美、白 文	《金箓斋法与道教造像的形成与展开——以四川省绵阳、安岳、大足摩崖道教造像为中心》，《艺术探索》2007年第3期。
龙 红	《从大足石刻艺术看中国式佛经变相——兼论"变文"与"变相"及其相互关系》，《艺术百家》2007年第5期。
何 勇	《张澍四川宦迹考》，《宜宾学院学报》2007年第5期。
陈卉丽	《大足妙高山石窟抢险保护工程技术报告》，《四川文物》2007年第6期。
邓国军	《略论大足石刻美感生成方式及原因》，《文艺争鸣》2007年第11期。
白成良	《对大足石刻体育旅游资源开发和利用的研究》，《中国市场》2007年第52期。
陈明光	《大足石刻"报父母恩德经变"查考与辨正——宝顶山"报德经变"轨范探本穷源》，《法鼓佛学学报》第1期，2007年。
陈明光	《大足临济宗始祖元亮与师至福考——探述大足临济派的弘传与衰落》，《佛学研究》第16期，2007年年刊。
Tom Suchan	"The Cliff Sculpture of Stone-Gate Mountain: A Mirror of Religious Eclecticism in the Art of Twelfth-Century Sichuan." Archives of Asian art, 2007, 57: 51-94.

马世长	《大足北山佛湾176与177窟——一个奇特题材组合的案例》，重庆大足石刻艺术博物馆编《2005年重庆大足石刻国际学术研讨会论文集》，文物出版社，2007年。
陈玉女	《大足石刻北山摩利支天女像的雕凿时局》，重庆大足石刻艺术博物馆编《2005年重庆大足石刻国际学术研讨会论文集》，文物出版社，2007年。
王惠民	《北山245窟的图像与源流》，重庆大足石刻艺术博物馆编《2005年重庆大足石刻国际学术研讨会论文集》，文物出版社，2007年。
李志荣	《大足北山佛湾245窟观无量寿佛经变相石刻建筑的调查》，重庆大足石刻艺术博物馆编《2005年重庆大足石刻国际学术研讨会论文集》，文物出版社，2007年。
[韩] 崔圣银	《对大足石窟北山晚唐雕刻的考察》，重庆大足石刻艺术博物馆编《2005年重庆大足石刻国际学术研讨会论文集》，文物出版社，2007年。
陈明光	《大足多宝塔外部造像勘察简报》，重庆大足石刻艺术博物馆编《2005年重庆大足石刻国际学术研讨会论文集》，文物出版社，2007年。
温玉成	《大足宝顶石窟真相解读》，重庆大足石刻艺术博物馆编《2005年重庆大足石刻国际学术研讨会论文集》，文物出版社，2007年。
龙 晦	《〈柳本尊行化图〉之二》，重庆大足石刻艺术博物馆编《2005年重庆大足石刻国际学术研讨会论文集》，文物出版社，2007年。
李静杰、黎方银	《大足安岳宋代石窟柳本尊十炼图像解析》，重庆大足石刻艺术博物馆编《2005年重庆大足石刻国际学术研讨会论文集》，文物出版社，2007年。
李裕群	《大足宝顶山广大宝楼阁图像考》，重庆大足石刻艺术博物馆编《2005年重庆大足石刻国际学术研讨会论文集》，文物出版社，2007年。
张 总	《大足石刻地狱——轮回图像丛考》，重庆大足石刻艺术博物馆编《2005年重庆大足石刻国际学术研讨会论文集》，文物出版社，2007年。
陈清香	《大足石窟中的华严思想提要》，重庆大足石刻艺术博物馆编《2005年重庆大足石刻国际学术研讨会论文集》，文物出版社，2007年。
侯 冲	《宋代的信仰性佛教及其特点——以大足宝顶山石刻的解读为中心》，重庆大足石刻艺术博物馆编《2005年重庆大足石刻国际学术研讨会论文集》，文物出版社，2007年。
胡良学	《大足石刻"孝"文化研究》，重庆大足石刻艺术博物馆编《2005年重庆大足石刻国际学术研讨会论文集》，文物出版社，2007年。
景安宁	《三清古洞的主神次位与皇家祭祖神位》，重庆大足石刻艺术博物馆编《2005年重庆大足石刻国际学术研讨会论文集》，文物出版社，2007年。
李巴生	《川密造像艺术初探》，重庆大足石刻艺术博物馆编《2005年重庆大足石刻国际学术研讨会论文集》，文物出版社，2007年。
[丹麦] 亨利克·约尔特·索伦森著、唐仲明译	《密教与四川大足石刻艺术》，重庆大足石刻艺术博物馆编《2005年重庆大足石刻国际学术研讨会论文集》，文物出版社，2007年。
[美] 苏默然（Tom Suchan）著、唐仲明译	《密宗佛雕和宋代大足雕刻艺术中的女神》，重庆大足石刻艺术博物馆编《2005年重庆大足石刻国际学术研讨会论文集》，文物出版社，2007年。
颜娟英	《大足石窟宋代复数大悲观音像初探》，重庆大足石刻艺术博物馆编《2005年重庆大足石刻国际学术研讨会论文集》，文物出版社，2007年。
姚崇新	《对大足北山晚唐五代千手千眼观音造像的初步考察》，重庆大足石刻艺术博物馆编《2005年重庆大足石刻国际学术研讨会论文集》，文物出版社，2007年。
胡昭曦	《遂州希昼与"宋初九僧"希昼——大足石刻宋碑〈书《严逊记》〉辨析》，重庆大足石刻艺术博物馆编《2005年重庆大足石刻国际学术研讨会论文集》，文物出版社，2007年。
黄夏年	《大足石刻〈临济正宗记〉碑研究》，重庆大足石刻艺术博物馆编《2005年重庆大足石刻国际学术研讨会论文集》，文物出版社，2007年。
陈 灼	《大足石刻辨疑六题》，重庆大足石刻艺术博物馆编《2005年重庆大足石刻国际学术研讨会论文集》，文物出版社，2007年。
肥田路美	《关于四川地区的地藏、观音并列像》，重庆大足石刻艺术博物馆编《2005年重庆大足石刻国际学术研讨会论文集》，文物出版社，2007年。
李玉珉	《四川菩提瑞像研究》，重庆大足石刻艺术博物馆编《2005年重庆大足石刻国际学术研讨会论文集》，文物出版社，2007年。
胡昌建	《浅议唐宋巴渝佛教》，重庆大足石刻艺术博物馆编《2005年重庆大足石刻国际学术研讨会论文集》，文物出版社，2007年。

作者	文献
[韩]姜熺静	《安岳卧佛沟第45号窟的千手观音像与印度的观音像》，重庆大足石刻艺术博物馆编《2005年重庆大足石刻国际学术研讨会论文集》，文物出版社，2007年。
陈明光	《杨家骆"乙酉考"大足石刻史话——书在大足石刻首次国际学术研讨会暨"乙酉考"60周年纪念之际》，重庆大足石刻艺术博物馆编《2005年重庆大足石刻国际学术研讨会论文集》，文物出版社，2007年。
胡昭曦	《宝顶山石刻的年代及其创建主持人》，《巴蜀历史考察研究》，巴蜀书社，2007年。
胡昭曦	《柳本尊与宝顶佛教宗派》，《巴蜀历史考察研究》，巴蜀书社，2007年。
胡昭曦	《南宋思想史的第一手素材》，《巴蜀历史考察研究》，巴蜀书社，2007年。
胡昭曦	《宝顶石刻中的异体字和简化字》，《巴蜀历史考察研究》，巴蜀书社，2007年。
胡昭曦	《南宋社会生活的部分反映》，《巴蜀历史考察研究》，巴蜀书社，2007年。
安藤智信	『宝頂山石刻研究序説』，『中国近世以降における仏教思想史』，法蔵館，2007年。
陈明光	《宝顶古镇——香山场形成及变迁（大足史志拾阙之一）》，《大足日报》2007年2月5日。
陈明光	《北山非龙岗山之辨——大足史志拾阙之二》，《大足日报》2007年4月24日。
陈明光	《宝顶山寺"敕赐"与"兵燹"辨——大足史志拾阙之三》，《大足日报》2007年7月12日。
胡良学	《大足石篆山第3、4号龛造像研究》，《重庆历史与文化》2008年第1期。
雷 雨	《大足石刻发现晚唐"新样文殊"造像早于敦煌》，《重庆历史与文化》2008年第1期。
杨志翠	《我国佛教石窟、壁画供养人像源流及其特点》，《当代艺术》2008年第1期。
陈卉丽	《大足北山石窟环境监测分析》，《华夏考古》2008年第1期。
黄阳兴	《中晚唐时期四川地区的密教信仰》，《宗教学研究》2008年第1期。
龙 红	《静穆中的伟大——论大足石刻艺术人体美的含蓄表达》，《重庆大学学报》2008年第1期。
龙 红	《论大足石刻半身佛和半身菩萨造像》，《中国文化研究》2008年第1期。
龙 红、王玲娟	《具象美与抽象美的高度融合——论大足石刻图案世界强烈而微妙的装饰性》，《浙江艺术职业学院学报》2008年第2期。
李小强、邓启兵	《大足北山石刻第51号龛天龙八部造像论略》，《重庆历史与文化》2008年第2期。
龙 红	《中国早期佛教传播路线与摇钱树佛像——大足石刻艺术的历史成因探析》，《青海社会科学》2008年第3期。
龙 红	《论大足石刻艺术的背光设计》，《装饰》2008年第3期。
胡东波、薛铁宁、王金华、张红燕	《重庆大足宝顶山千手观音的贴金材料分析研究》，《文物保护与考古科学》2008年第3期。
刘万平	《大足 中国石刻之乡的生态之路》，《绿色中国》2008年第3期。
张恒翔	《宋代石刻造像——大足石窟雕塑艺术欣赏》，《中国美术教育》2008年第3期。
樊信友	《对大足旅游发展的深度思考》，《重庆交通大学学报》2008年第4期。
龙 红	《论大足石刻艺术简洁与繁复的对比》，《西南大学学报》2008年第4期。
龙 红	《大足石刻艺术雕刻技法手段》，《民族艺术研究》2008年第4期。
杨 雄	《赵智凤生平再考》，《敦煌研究》2008年第4期。
王天祥、李 琦	《也论大足北山176与177窟：一个独特题材组合的案例——以"妇人启门图"为中心》，《民族艺术》2008年第4期。
李 丹	《浅谈大足旅游的困境与对策》，《重庆工贸职业技术学院学报》2008年第4期。
赵伟明	《京剧〈大足〉导演艺术溯望》，《戏曲艺术》2008年第4期。
杨冬明	《白鹤梁刻石与大足石刻之比较研究》，《重庆教育学院学报》2008年第5期。
龙 红	《连环画式的设计意匠——论大足宝顶山石刻的宏观设计构筑》，《南京艺术学院学报》2008年第5期。
侯 冲	《佛教不只是非显即密——为拙文〈论大足宝顶为佛教水陆道场〉补白》，《佛教文化》2008年第6期。
郭祝崧	《大足佛窟造像琐谈》，《文史杂志》2008年第6期。
胡以德、廖根权	《大足县北山石刻谭家湾危岩带特征及防治对策》，《地下空间与工程学报》2008年第6期。

王滔韬、雷娟	《再论韦君靖并非"静南军节度使"——与大足石刻研究会陈明光先生商榷》，《重庆交通大学学报》2008年第6期。
汪小洋、李彧	《大足石窟宋代道教造像及其艺术特色》，《荣宝斋》2008年第6期。
龙红	《大足石刻艺术之世俗生活美探析》，《广西社会科学》2008年第7期。
王玲娟	《从"九龙浴太子"看大足石刻之妙于改造》，《装饰》2008年第7期。
李薇娜	《大足石刻旅游商品开发对策探析》，《科技资讯》2008年第8期。
陈飞	《世界文化遗产地旅游解说系统构建初探：以重庆大足石刻为例》，《决策与信息》2008年第8期。
王天祥、李琦	《建构、转述与重释——赵智凤形象考释》，《西南民族大学学报》2008年第9期。
胡中柱	《从乐山大佛到大足石刻——四川佛教艺术漫谈》，《时代文学》2008年第10期。
钟远波	《试析大足石刻动画资源开发》，《电影评介》2008年第24期。
胡文和	《大足宝顶"毗卢道场"和"圆觉道场"图像内容、源流新探索——破译"六代祖师传密印"谜底》，《法鼓佛学报》第2期，2008年。
朱天舒	《生死轮图像的水车起源及其在大乘佛教里的演变》，《法鼓佛学报》第3期，2008年。
杨雄	《大足石刻与傅大士》，项楚主编《中国俗文化研究》（5），巴蜀书社，2008年。
屈直敏	《从三教造像的演进看儒释道的融合》，《普门学报》第45期，2008年。
燕学锋	《大足宝顶山摩崖造像观经变造像龛综合性科技保护工程》，中国文物保护技术协会等编《中国文物保护技术协会第五次学术年会论文集》，科学出版社，2008年。
陈卉丽、燕学锋、席周宽	《大足石刻宝顶山孔雀明王龛保护修复》，广西壮族自治区博物馆等编《文物保护研究新论：全国第十届考古与文物保护化学学术研讨会论文集》，文物出版社，2008年。
何江	《谈大足北山观音造像的美学特征》，重庆中国三峡博物馆编《长江文明》（2），重庆出版社，2008年。
郭相颖	《论大足宝顶山摩崖造像所反映的佛教心法要旨》，重庆中国三峡博物馆《长江文明》（2），重庆出版社，2008年。
李小强	《重庆大足北山多宝塔龙树菩萨造像初探》，重庆中国三峡博物馆编《长江文明》（2），重庆出版社，2008年。
赵辉志	《〈大足宝顶石窟真相解读〉辨误》，《中国文物报》2008年7月2日。
高明月	《天王印象——重庆大足北山5号窟毗沙门天王像与龙门石窟比较谈》，《新疆艺术学院学报》2009年第1期。
王天祥	《大足北山石刻意义系统的建构与阐释》，《民族艺术》2009年第2期。
江涛	《大足石刻：一部承载儒释道三教融合思想的文化巨著》，《中国文化遗产》2009年第2期。
邓灿	《简述大足石刻护法神造像》，《四川文物》2009年第3期。
赖天兵	《两种毗卢遮那佛造型：智拳印与最上菩提印毗卢佛造像探讨》，《中国藏学》2009年第3期。
李小强	《深沙神与柳、赵教派》，《宗教学研究》2009年第4期。
王天祥	《大足北山石刻"妆銮"考》，《民族艺术研究》2009年第4期。
雪涌、戴志刚	《世界遗产贵在可持续发展：大足石刻列入〈世界遗产名录〉10周年纪念会侧记》，《世界遗产》2009年第4期。
方芳、方云、燕学锋、尚存良、黄蕾	《重庆大足石刻千手观音造像区地下水渗流机制分析》，《文物保护与考古科学》2009年第4期。
胡文和	《大足、安岳宋代华严系统造像源流和宗教意义新探索——以大足宝顶毗卢道场和圆觉洞图像为例》，《敦煌研究》2009年第4期。
龙显昭	《巴蜀佛教的传播、发展及其动因试析》，《西华大学学报》2009年第6期。
肖宇窗、王玉英	《大足宋摩崖组雕的绘画表达——以宝顶山第30号雕刻为例》，《文艺研究》2009年第7期。
蒋鸣	《浅谈〈大足石刻〉纪录片的灯光运用》，《现代电视技术》2009年第7期。
王天祥	《大足石刻观音造像考察：以北山佛湾为中心》，《美术观察》2009年第8期。

唐 纲	《"大足石刻"被误为雕刻字画,"大足石窟"才是传承宗教属性:一字之差,传递不同文化价值内涵》,《重庆与世界》2009年第11期。
谢明良	《鬼子母在中国——从考古数据探索其图像的起源与变迁》,《台湾大学美术史研究集刊》第27期,2009年。
唐志工	《韦君靖碑反映的晚唐地方行政机构与职官》,《唐史论丛(第十二辑)——中国唐史学会第十届年会第二次会议暨唐史国际学术研讨会专集》,三秦出版社,2009年。
赵辉志	《读〈论大足宝顶为佛教水陆道场〉十三疑》,重庆中国三峡博物馆编《长江文明》(3),光明日报出版社,2009年。
雷 雨	《柳本尊密法源头初探》,西安碑林博物馆编《碑林集刊》(十四),陕西人民美术出版社,2009年。
释惟贤	《大足宝顶石刻在佛教教义上的特点》,《慈云全集》编纂委员会编《慈云全集》第五卷,北京华藏出版社,2009年。
Kieschnick J.	"Reinventing the Wheel: Paintings of Rebirth in Medieval Buddhist Temples (review)." Harvard Journal of Asiatic Studies, 2009, 69 (1) : 234-239.
陈 灼	《〈古文孝经碑〉与〈懿简公神道碑〉》,《大足日报》2009年3月20日。
陈 灼	《南山〈饯郡守王梦应记〉考校》,《大足日报》2009年6月26日。
胡良学	《大足石刻龙的造像研究》,《大足日报》2009年11月20日。
胡良学	《大足石刻龙的造像研究(续一)》,《大足日报》2009年11月20日。
胡良学	《大足石刻龙的造像研究(续二)》,《大足日报》2009年12月11日。
胡良学	《大足石刻龙的造像研究(续三)》,《大足日报》2009年12月18日。
陈明光	《重庆大足石刻〈三圣御制佛牙赞碑〉溯源》,《重庆历史与文化》2010年第1期。
陈明光	《张宝玺〈调查大足石窟回顾〉及其他》,《重庆历史与文化》2010年第1期。
李香兰	《大足石刻铭文中的寺庙经济》,《重庆历史与文化》2010年第1期。
刘贤高	《2009中国重庆大足石刻国际学术研讨会暨大足石刻列入〈世界遗产名录〉十周年纪念会综述》,《世界宗教研究》2010年第1期。
李 淞	《以大足为中心的四川宋代道教雕塑——中国道教雕塑述略之六》,《雕塑》2010年第1期。
周安平	《渗透着世俗化、地方化审美意识的佛教艺术——宋代大足宝顶山石刻》,《雕塑》2010年第1期。
龙 红	《论大足石刻艺术与科技的完美结合》,《敦煌学辑刊》2010年第1期。
漆子扬	《清代方志学家张澍五种方志著述论略》,《中国地方志》2010年第2期。
彭 冰	《大足宝顶山雷音图龛研究》,《美苑》2010年第2期。
许孟青	《论大足孝道石刻在佛教中国化中的作用》,《宗教学研究》2010年第2期。
王 乐	《大足镌匠留名甚多,水牛造像更为罕见》,《上海工艺美术》2010年第2期。
张道一	《大哉大足——评龙红著〈风俗的画卷——大足石刻艺术〉》,《赣南师范学院学报》2010年第2期。
康保成	《佛经中的"谤佛"故事与大足"谤佛不孝"石刻:兼说变文、变相与戏剧之关系》,《文史》2010年第2期。
王天祥、何 江	《大足石刻女性造像形象考察》,《民族艺术研究》2010年第3期。
于晓磊	《论大足石窟"柳本尊十炼图"图像的演变过程》,《数位时尚》2010年第3期。
郑立君	《观点鲜明独特,构思严谨宏阔——龙红新著〈风俗的画卷——大足石刻艺术〉简评》,《重庆文理学院学报》2010年第3期。
王 路	《大足石刻十一年申遗警醒回望》,《中华建设》2010年第3期。
龙 红	《论大足石刻艺术动与静的对比》,《西南大学学报》2010年第4期。
黄夏年	《"上朝峨眉,下朝宝顶"的现代意义》,《宗教学研究》2010年第4期。
纪晓棠	《晚清拓本的发现及其学术意义——大足北山维摩诘经变研究之一》,《美术学报》2010年第4期。
方 珂	《大足石刻北山288号、290号龛林俊像及碑文研究》,《文物世界》2010年第6期。

王 霞	《从"三教合一"看大足及安岳石刻造像》，《沙棘》2010年第8期。
田 哩	《重庆大足石刻假日旅游存在的问题及对策》，《特区经济》2010年第8期。
李耘燕	《虚实观与中国石窟——以大足石刻为例》，《民族艺术研究》2010年第9期。
苗 鹏	《试论四川大足北山石刻地藏造像众多之成因》，《大众文艺》2010年第10期。
谢晓飞	《刻石声悠悠》，《中华手工》2010年第10期。
肖宇窗	《大足石刻的装饰性语言》，《文艺研究》2010年第12期。
肖宇窗	《大足石刻中的装饰设计及其文化简论》，《大舞台》2010年第12期。
杨 波	《浅谈大足石刻的人文主义精神》，《中国科技博览》2010年第20期。
陈妍晶	《明初滇刻〈重广水陆法施无遮大斋仪〉概述》，《科教导刊》2010年第25期。
黄夏年	《川渝佛教与贵州佛教关系浅论》，《宗教学研究》2010年第S1期。
田兴玲、马清林、陈卉丽、毛世福、李志林	《重庆大足千手观音造像金箔显微结构分析》，《稀有金属》2010年第S1期。
田兴玲、李志林、马清林、周 霄	《重庆大足千手观音金箔表面变色原因探讨》，《稀有金属材料与工程》2010年第S1期。
黎方银	《辉煌的大足石刻》，重庆大足石刻艺术博物馆编《大足石刻》，重庆出版社，2010年。
马菁毓、高 雅、冯太彬、韩秀兰	《大足千手观音造像表面凝结水形成的可能性及危害》，中国化学会应用化学委员会等编《文物保护研究新论2 全国第十一届考古与文物保护化学学术研讨会论文集》，文物出版社，2010年。
陈卉丽	《大足石刻的保养维护》，中国化学会应用化学委员会等编《文物保护研究新论2 全国第十一届考古与文物保护化学学术研讨会论文集》，文物出版社，2010年。
陈卉丽	《浅谈大足石刻的装饰艺术》，中国文物保护技术协会编《中国文物保护技术协会第六次学术年会论文集》，科学出版社，2010年。
王庆煜	《对大足石刻治水和维修的体会》，中国文物保护技术协会编《文物保护技术（1981—1991）》，科学出版社，2010年。
龙德辉	《一段难忘的往事》，焦兴涛、李竹主编《脉——四川美术学院雕塑系论文集》，重庆出版社，2010年。
李传授、宋朗秋、张 划	《大足石刻是世界石窟艺术的最后一座丰碑——论大足石刻在世界石窟艺术中的历史地位》，《大足日报·巴蜀周刊》2010年5月7日。
李传授、宋朗秋、张 划	《大足石刻是世界石窟艺术的最后一座丰碑（续）》，《大足日报·巴蜀周刊》2010年6月4日。
李小强	《重庆大足道教石刻中的女神造像》，《中国民族报》2010年6月19日。
胡良学	《虎崇拜：大足石刻的多彩篇章》，《大足日报·巴蜀周刊》2010年7月2日、9日。
李小强	《明清时期对大足宝顶千手观音的贴金妆饰》，《重庆历史与文化》2011年第1期。
李小强	《〈宋王长史转念功德碑〉"大藏经"史料札记》，《中国典籍与文化》2011年第1期。
王惠民	《"甘露施饿鬼、七宝施贫儿"图像考释》，《敦煌研究》2011年第1期。
邱正伦	《人类学视野下大足石刻艺术世俗化审美踪迹》，《内蒙古大学艺术学院学报》2011年第1期。
霍斯佳、陈玲玲、范文静	《大足石刻世界遗产地的可持续发展研究》，《资源开发与市场》2011年第1期。
胡良学	《大足石刻的十六罗汉造像研究》，《重庆历史与文化》2011年第2期。
周 吉	《大足石刻艺术教育对我国中小学生道德教育的启示》，《文艺生活》2011年第2期。
何卯平	《试论大足"十王"对敦煌"十王"的传承》，《宗教学研究》2011年第3期。
冯 楠、王蕙贞、严淑梅、周 铁、朱 泓	《四处砖石类文物的杀菌与封护》，《考古与文物》2011年第3期。
郝 爽	《文氏工匠造像风格初探——从石篆山写实三窟谈起》，《时代文学》2011年第3期。
杨 雄	《大足石刻三偈的来历》，《中国宗教》2011年第4期。
杨 雄	《大足石刻孔子及十哲龛初探》，《敦煌研究》2011年第4期。
李小强	《大足北山石刻第254号造像题材探析——兼及大足五代十王造像的相关问题》，《敦煌研究》2011年第4期。

张大鹏	《中国传统雕塑的一颗明珠——浅议大足宝顶石刻的艺术特色》，《当代艺术》2011年第4期。
孙红燕、龚德才、黄文川	《大足石刻千手观音金箔层的软化与回贴技术研究》，《四川文物》2011第5期。
龙　红	《解开大足石刻的建筑设计之秘》，《重庆旅游》2011年第5期。
汤健萍	《文化事件直播的策略研究——以大型直播〈拯救千手观音〉为例》，《新闻研究导刊》2011年第5期。
杨　雄、杨春雨	《大足宝顶石刻的宋诗》，《重庆三峡学院学报》2011年第6期。
龙　红、王玲娟	《简论大足石刻艺术的瑰玮奇崛之美》，《西南大学学报》2011年第6期。
陈龙国	《字里字外〈神道碑〉》，《飞天》2011年第6期。
邱正伦、冯　洁	《大足石刻艺术中的人间情态》，《美术观察》2011年第10期。
陈龙国	《大足石刻的民间书法》，《文艺研究》2011年第11期。
贾子建	《大足石刻千手观音造像抢救性保护工程启动》，《三联生活周刊》2011年第18期。
王天祥	《大足北山石刻空间形态考释：世界遗产的视野》，《2011年中国艺术人类学论坛暨国际学术会议——艺术活态传承与文化共享论文集》，2011年。
李小强、邓启兵	《"成渝地区"中东部僧伽变相的初步考察及探略》，中国古迹遗址保护协会石窟专业委员会等编《石窟寺研究》（2），文物出版社，2011年。
方　珂	《唐宋时期的四川历史地理环境与大足石刻的形成》，重庆中国三峡博物馆编《长江文明》第七辑，河南人民出版社，2011年。
李静杰	《论宋代善财童子五十三参图像》，中山大学艺术史研究中心编《艺术史研究》第13辑，中山大学出版社，2011年。
赵党军	《〈赵懿简公神道碑〉考》，西安碑林博物馆编《碑林集刊》（十七），三秦出版社，2011年。
张　划	《大足崖墓的年代及其与大足石刻的关系》，《大足日报》2011年10月21日。
陈龙国、徐建华	《论大足石刻书法的融合性》，《重庆文理学院学报》2012年第1期。
李俊涛	《南宋大足圣府洞道教三帝石刻造像的图像分析》，《宗教学研究》2012年第2期。
周　华、杨　淼、高　峰、胡　源、王昌燧	《重庆大足千手观音便携X探伤调查及初步研究》，《文物保护与考古科学》2012年第4期。
陈　石、田宏伟、谭　可、罗国家	《大足石刻牧牛图来自宋代田园生活的禅意和诗意》，《环球人文地理》2012年第4期。
董春林	《行游者的社会心态——大足宋代石刻研究之一》，《山西档案》2012年第5期。
王　昕、李继刚、罗兹柏	《基于旅游体验的游客满意度评价实证研究》，《重庆师范大学学报》2012年第6期。
李慧文	《浅析重庆大足石窟的造像特色》，《大舞台》2012年第7期。
邓国军、顾　恒	《大足石刻与安岳石刻之比较》，《文艺争鸣》2012年第11期。
张蓝丹、李炯华	《文化遗产地保护性旅游开发研究——以重庆大足石刻为例》，《现代商业》2012年第11期。
雷惊雷、黄美燕、陈卉丽、李凌杰、张胜涛	《摩崖石刻风化及其保护材料》，《材料导报》2012年第15期。
王　婧	《大足石刻中的宋代舞蹈图像探微》，《芒种》2012年第21期。
李绍彬、冯艳春	《大足石刻"孝"文化的数字浮雕传承》，《华章》2012年第32期。
胡文和	《大足、敦煌、宁波"十王图"冥王服饰的演变与地狱官府制度化的形成》，中央文史研究馆等编《庆贺饶宗颐先生九十五华诞敦煌学国际学术研讨会论文集》，中华书局，2012年。
李小强、姚淇琳	《大足石壁寺石窟初探》，中国古迹遗址保护协会石窟专业委员会等编《石窟寺研究》（3），文物出版社，2012年。
古正美	《大足佛教孝经经变的佛教源流》，寸云激主编《大理民族文化研究论丛》（5），民族出版社，2012年。
黎方银	《大足石刻——一座山野中的艺术殿堂》，黎方银编著《大足石刻》，重庆出版社，2012年。
浜田瑞美	「大足北山仏湾の薬師龕について」，津田徹英編『図像学Ⅰ—イメージの成立と伝承（密教·垂迹）』，竹林舎，2012年。
范子龙、冯太彬、杨刚亮	《激光清洗技术在大足石刻彩绘造像修复中的应用》，《现代化学技术与文化遗产保护国际会议论文集》，2012年。

陈卉丽、黎方银	《切实加强文物本体保护，推动世界遗产可持续发展——以大足石刻千手观音造像抢救性保护工程为例》，《中国文化遗产保护无锡论坛论文集》，2012年。
陈明光	《晚唐、两宋四川本土密教柳、赵二本尊造像调查与研讨》，宽旭编《首届大兴善寺唐密文化国际学术研讨会论文集》，陕西师范大学出版社，2012年。
李　翎	《像禅：大足宝顶山石刻〈牧牛图〉》，《第三届黄梅禅宗文化高峰论坛论文集(下)》，2012年。
宋朗秋	《解读"云冈、龙门、大足石窟"鼎足而三说——浅介大足石刻位列世界八大石窟之一》，《大足日报》2012年1月13日。
陈明光	《南宋：宝顶圣寿寺——宝顶山圣寿寺800年变迁之一》，《大足日报》2012年6月15日。
黄能迁、赵凌飞	《大足"三普"新发现南宋文玠造像题记》，《大足日报》2012年8月24日。
陈明光	《元代：圣寿寺安在——宝顶山圣寿寺800年变迁之二》，《大足日报》2012年8月24日。
刘晓白	《反常而合道者新——大足石刻剪纸研究》，《大足日报》2012年12月21日。
陈明光	《大足城西宋墓三座清理简报》，《重庆历史与文化》2013年第1期。
刘　健、刘　晓	《三教融合对大足石刻石窟造像的影响》，《雕塑》2013年第1期。
陈密	《从大足石刻造像"牧牛图"看体育活动中的牛文化》，《衡水学院学报》2013年第1期。
谭宏	《大足石刻造像中的艺术人类学解读》，《民族艺术研究》2013年第1期。
王海涛、王　婧、高一丹	《重庆"大足石刻"舞蹈形象研究》，《南京艺术学院学报》2013年第1期。
方　云、乔　梁、燕学峰、陈卉丽、刘江平	《地球物理探测技术在大足石刻保护中的应用》，《物探与化探》2013年第1期。
苏伯民、孙秀娟、张化冰、尹建军、蒋德强	《ZB-WB-S砂岩加固材料的性质表征和加固作用的初步研究》，《敦煌研究》2013年第1期。
周双林、陈卉丽	《从一片大足石刻千手观音表面金箔分析获得的信息》，《电子显微学报》2013年第1期。
李小强	《大足宝顶"父母恩重经变图""临产受苦恩"男像身份考略》，《重庆历史与文化》2013年第2期。
陈龙国	《非物质文化遗产视角下大足石刻书法探究》，《民族艺术研究》2013年第2期。
苏美亮、方　云、周伟强、陈卉丽	《千手观音凝结水的红外热成像检测技术》，《物探与化探》2013年第2期。
彭兆荣、李春霞	《我国文化遗产体系的生成养育制度——以三个文化遗产地为例》，《厦门大学学报》2013年第2期。
熊治刚、卢华利	《大足石刻的历史地位及其世俗化历程》，《知识窗》2013年第2期。
李小强、彭柳升	《千手观音造像主尊残损手型考证——以主尊4-7-S1、4-6-S1号手为主的初步考察》，《中国文物科学研究》2013年第3期。
陈卉丽、段修业、冯太彬、韩秀兰	《千手观音造像石质本体修复研究》，《中国文物科学研究》2013年第3期。
王　娟、张彭义、向　丽、陈卉丽、韩秀兰、冯太彬	《不可移动文物保存环境研究——以千手观音造像环境监测与维护方案为例》，《中国文物科学研究》2013年第3期。
陆晨琛、王　颖	《关于大足宝顶山石窟养鸡女石刻的研究分析》，《戏剧之家》2013年第3期。
李绍彬、雷炀	《大足石刻三孔雀明王艺术形态分析》，《时代文学》2013年第3期。
吴育华、胡云岗	《试论数据采集与虚拟修复在大足石刻修复中的应用》，《中国文物科学研究》2013年第3期。
张　可、陈小平	《大足石刻千手观音造像抢救性保护修复工程》，《中国文物科学研究》2013年第3期。
徐琪歆、李元涛、左洪彬	《千手观音造像髹漆贴金层修复方法研究》，《中国文物科学研究》2013年第3期。
杨春雨	《大足石刻宋代观音造像的艺术特征》，《艺术科技》2013年第4期。
邱正伦、冯洁	《大足石刻造像艺术世俗化的人类学审美指向》，《美术观察》2013年第4期。
李绍彬、张欣娜	《大足石刻垂足而立之莲花座的艺术形式分析》，《时代文学》2013年第4期。
谭　宏、徐泉森	《巴蜀石刻造像之军事体育探微——以石门山石刻造像为中心》，《体育成人教育学刊》2013年第4期。
王海涛、王　婧	《宋代石窟舞蹈形象研究——大足石刻的典型性舞蹈造像》，《重庆大学学报》2013年第5期。
龙　红、黎　娅	《隆昌石牌坊对大足石刻艺术的承继与发展》，《民族艺术研究》2013年第5期。

肖宇窗、吕凯祺	《意趣融汇——渝西画派中的"大足石刻"及其文化审美》，《美术大观》2013年第5期。
蒋 鹏、付业君	《小型移顶闪光系统和数字化暗房技术在摩崖石窟图像拍摄中的运用——以安岳大足石刻影像留存为例》，《数位时尚》2013年第5期。
耿纪朋、郑小红	《大足石刻的历史发展》，《旅游纵览》2013年第5期。
耿纪朋、郑小红	《大足石刻的独特模式与内涵》，《旅游纵览》2013年第6期。
王天祥、黎方银	《初论"大足学"》，《南京艺术学院学报》2013年第6期。
叶 原	《官方意识形态与民间信仰间的博弈——大足宝顶山摩崖石窟中的题材冲突》，《西南民族大学学报》2013年第6期。
叶 原	《简论大足宝顶石窟造像图式中信仰的冲突与调和》，《美术观察》2013年第6期。
李绍彬、冯 霞	《大足石刻世俗造像的数字化研究》，《艺术设计》2013年第8期。
杨 洋	《大足石刻考察纪要》，《文史博览》2013年第8期。
张欣娜	《大足石刻元素在城市标识浮雕中的运用》，《金田》2013年第8期。
肖宇窗、李玲月	《大足石窟中的装饰纹样》，《美术大观》2013年第9期。
郭 璇、程 辉、王 谊	《世界文化遗产大足石刻的价值再认识》，《重庆建筑》2013年第12期。
杨 乐、罗江玫	《浅谈大足石刻图形与色彩对当地旅游产品设计的启示》，《艺术设计》2013年第12期。
邬宗玲、王 斌	《大足明清碑文校补举隅》，《文教资料》2013年第12期。
邬宗玲、王 斌	《大足石篆山和石壁寺碑文校补举隅》，《科技世界》2013年第14期。
梁玉莲	《非物质文化遗产档案——大足石刻的管理与保护研究》，《内蒙古科技与经济》2013年第14期。
韩红宇、董春林	《大足石刻所见宋代的儒释教化》，《兰台世界》2013年第15期。
耿纪朋、郑小红	《大足石刻的思想背景》，《神州》2013年第15期。
武 宁、李 旭	《大足石刻旅游景区空间品质提升方法探究》，《山西建筑》2013年第15期。
张先春	《从"雕刻盲"到感悟大足石刻的"佛性"》，《文教资料》2013年第16期。
方 珂	《大足石刻舒成岩释疑两则》，中国古迹遗址保护协会石窟专业委员会等编《石窟寺研究》（4），文物出版社，2013年。
赵辉志	《大足石刻半边寺1号窟"佛道合一"造像考略》，重庆中国三峡博物馆编《长江文明》（11），重庆出版社，2013年。
陈明光	《大足石刻宝顶山〈报德经变〉查考与辨正——宝顶山〈报德经变〉轨范探本穷源》，重庆中国三峡博物馆编《长江文明》（12），重庆出版社，2013年。
孙红燕、龚德才、傅 渝、姜晓红	《鱼鳔胶—海藻酸钠混合溶胶在文物保护修复中的应用》，东亚文化遗产保护学会编《东亚文化遗产保护学会第二次学术研讨会论文集》，科学出版社，2013年。
龙 晦	《论蒙古侵蜀与大足宝顶石刻之终结——柳本尊行化窟研究之三》，大足石刻研究院编《2009年中国重庆大足石刻国际学术研讨会论文集》，重庆出版社，2013年。
陈明光	《大足石刻〈三圣御制佛牙赞碑〉溯源研讨——兼探"释迦舍利宝塔禁中应现之图"由来》，大足石刻研究院编《2009年中国重庆大足石刻国际学术研讨会论文集》，重庆出版社，2013年。
黄夏年	《清代重庆大足〈实录碑记〉研究》，大足石刻研究院编《2009年中国重庆大足石刻国际学术研讨会论文集》，重庆出版社，2013年。
陈 灼	《〈饯郡守王梦记记碑〉及杨甲考》，大足石刻研究院编《2009年中国重庆大足石刻国际学术研讨会论文集》，重庆出版社，2013年。
温玉成、张雪芬	《大足北山佛湾考察的新收获》，大足石刻研究院编《2009年中国重庆大足石刻国际学术研讨会论文集》，重庆出版社，2013年。
重庆大足石刻艺术博物馆	《大足宝顶山大佛湾第14号窟调查报告》，大足石刻研究院编《2009年中国重庆大足石刻国际学术研讨会论文集》，重庆出版社，2013年。
重庆大足石刻艺术博物馆	《大足宝顶山转法轮塔调查报告》，大足石刻研究院编《2009年中国重庆大足石刻国际学术研讨会论文集》，重庆出版社，2013年。
梅 林、纪晓棠	《难信"地藏菩萨说"，疑是僧伽变相窟——大足七拱桥第6号窟调查简记》，大足石刻研究院编《2009年中国重庆大足石刻国际学术研讨会论文集》，重庆出版社，2013年。

郭相颖	《宝顶山大佛湾三部造像内容考探》，大足石刻研究院编《2009年中国重庆大足石刻国际学术研讨会论文集》，重庆出版社，2013年。
侯　冲	《石篆山石刻——雕在石头上的水陆画》，大足石刻研究院编《2009年中国重庆大足石刻国际学术研讨会论文集》，重庆出版社，2013年。
Tom Suchan	"A Re-examination of the Iconographic Identities of the Seal-bearing Bodhisattvas of Beishan, Dazu." 大足石刻研究院编《2009年中国重庆大足石刻国际学术研讨会论文集》，重庆出版社，2013年。
Henrik Hjort Sorensen	"The Talismanic Seal Incorporated: A Discussion of Seal-bearing Bodhisattvas in Chinese Esoteric Buddhism with Special Reference to the Buddhist Sculptures in Dazu." 大足石刻研究院编《2009年中国重庆大足石刻国际学术研讨会论文集》，重庆出版社，2013年。
姚崇新	《药师与地藏——以大足北山佛湾第279、281号龛造像为中心》，大足石刻研究院编《2009年中国重庆大足石刻国际学术研讨会论文集》，重庆出版社，2013年。
邹建林	《多维语境中的护身女神——从后期演变看大足北山石刻中的摩利支天像》，大足石刻研究院编《2009年中国重庆大足石刻国际学术研讨会论文集》，重庆出版社，2013年。
李小强	《解冤结观念的初步考察——以文献、图像和民俗为主的体现》，大足石刻研究院编《2009年中国重庆大足石刻国际学术研讨会论文集》，重庆出版社，2013年。
侯　波	《从自我观照到大众救赎——水月观音造型流变考》，大足石刻研究院编《2009年中国重庆大足石刻国际学术研讨会论文集》，重庆出版社，2013年。
Karil Kucera	"An Analysis of Later Audience at the 12th Century Buddhist Site of Baodingshan." 大足石刻研究院编《2009年中国重庆大足石刻国际学术研讨会论文集》，重庆出版社，2013年。
李巳生	《宝顶山道场造像布局的探讨》，大足石刻研究院编《2009年中国重庆大足石刻国际学术研讨会论文集》，重庆出版社，2013年。
古正美	《大足北山多宝塔的建造性质与造像——宋高宗的支提信仰内容与造像》，大足石刻研究院编《2009年中国重庆大足石刻国际学术研讨会论文集》，重庆出版社，2013年。
李　崧	《对大足石门山石窟宋代10号窟的再认识》，大足石刻研究院编《2009年中国重庆大足石刻国际学术研讨会论文集》，重庆出版社，2013年。
胡文和	《宝顶小佛湾祖师法身经目塔经目版本暨"祖师颂曰"寓意考释》，大足石刻研究院编《2009年中国重庆大足石刻国际学术研讨会论文集》，重庆出版社，2013年。
胡良学	《大足石刻的诃利帝母及其经变相研究》，大足石刻研究院编《2009年中国重庆大足石刻国际学术研讨会论文集》，重庆出版社，2013年。
耿纪朋	《大足南山三清洞主尊身份考》，大足石刻研究院编《2009年中国重庆大足石刻国际学术研讨会论文集》，重庆出版社，2013年。
赵　伟	《从大足四圣真君造像看其图像的生成及流变》，大足石刻研究院编《2009年中国重庆大足石刻国际学术研讨会论文集》，重庆出版社，2013年。
张　总	《十王地藏经图续说》，大足石刻研究院编《2009年中国重庆大足石刻国际学术研讨会论文集》，重庆出版社，2013年。
Radha Banerjee	"Hariti Cult in India, China & Central Asia." 大足石刻研究院编《2009年中国重庆大足石刻国际学术研讨会论文集》，重庆出版社，2013年。
刘德谦	《大足石刻与文化生态旅游》，大足石刻研究院编《2009年中国重庆大足石刻国际学术研讨会论文集》，重庆出版社，2013年。
郭相颖	《大足石刻申报列入〈世界遗产名录〉亲历记》，大足石刻研究院编《2009年中国重庆大足石刻国际学术研讨会论文集》，重庆出版社，2013年。
张　燕、蒋晓春	《嘉陵江流域石窟寺与文化遗产区域保护》，北京联合大学编《文化遗产区域保护与活化学术研讨会暨首届中国文化遗产保护研究生论坛研讨会论文集》，2013年。
张　划	《创立"大足学"架构体系的粗略设想》，《大足日报》2013年3月15日、29日。
陈龙国	《大足石刻铭文及其书法艺术》，《人民日报》（海外版）2013年4月29日。
陈明光	《明代：重修宝顶圣寿寺——宝顶山圣寿寺800年变迁之三》，《大足日报》2013年5月3日。
陈明光	《清代：重修宝顶圣寿寺——宝顶山圣寿寺800年变迁之四》，《大足日报》2013年7月19日。
张　划	《大足石刻实证研究三题》，《大足日报》2013年11月29日。
大足石刻研究院	《重庆大足区城北环二路锅盖坡宋墓清理简报》，《重庆历史与文化》2014年第1期。
李　旻、陈　冬	《从大足石刻造像看我国古代举重活动文化成因》，《成都体育学院学报》2014年第1期。

褚国娟	《宋无佛会寺——对石篆山〈严逊记〉碑的分析》,《湖南工业大学学报》2014年第1期。
祭雪松	《非物质文化遗产的民间法与国家法保护的张力与互动研究——以大足宝顶香会为例》,《河北旅游职业学院学报》2014年第1期。
李绍彬、田 俊	《大足石刻六道轮回图的数字化保护》,《华夏考古》2014年第1期。
李 泔	《西南石窟艺术中的"川渝风格"微探——以安岳、大足石窟为例》,《重庆行政》2014年第1期。
王玲娟、邓新航、龙 红	《大足石刻北山地藏组合造像管窥》,《南京艺术学院学报》2014年第1期。
宋红霞、侯妙乐、胡云岗	《文物保护中海量点云数据库设计与开发》,《城市勘测》2014年第1期。
魏 锦	《民间文学类非物质文化遗产项目的传承与演绎——以石刻之乡大足的传统孝道叙事为例》,《重庆广播电视大学学报》2014年第1期。
王 玉	《重庆地区唐代佛教摩崖龛像调查》,《考古学报》2014年第1期。
叶 原	《宋代三教合一信仰格局对民间信仰的影响——以安岳、大足石窟造像为例》,《云南民族大学学报》2014年第2期。
蒋世强、王志琼	《佛教密宗石刻造像"柳本尊十炼图"的宗教文化意义探析》,《中南民族大学学报》2014年第2期。
褚国娟	《妙高山孔子像佩饰考》,《美苑》2014年第2期。
齐庆媛	《四川宋代石刻菩萨像宝冠造型分析》,《敦煌研究》2014年第2期。
詹长法、徐琪歆、张 可、张俊杰	《从千手观音造像修复看传统工艺与现代科技的结合与运用》,《东南文化》2014年第2期。
陈慧萍、李廷君	《基于社区参与的大足石刻旅游景区发展模式研究》,《城乡规划》2014年第2期。
杨 渝、刘柳含	《大足石刻造像图式在超写实素描教学中的转化》,《现代装饰》2014年第2期。
肖伊绯	《大足石刻:唐宋美学的旷世之作》,《法音》2014年第3期。
吕德廷	《论大足石刻中的摩醯首罗天形象》,《四川文物》2014年第3期。
王玲娟、邓新航	《试论大足宝顶石窟圆觉洞的设计意匠》,《创意设计》2014年第3期。
邬宗玲	《大足宋代碑记校补举隅》,《江汉考古》2014年第3期。
侯妙乐、吴育华、张向前、胡云岗、张玉敏	《基于关节臂扫描的文物精细三维信息留取》,《文物保护与考古科学》2014年第3期。
程 狄	《从千手观音的造像看经文与造像的关系》,《南京艺术学院学报》2014年第4期。
李小强	《丹凤眼与美须髯——大足道教石刻艺术札记》,《中国道教》2014年第4期。
杨 乐、马 健	《大足石刻北山"转轮经藏窟"中的头冠装饰图形分析》,《艺术设计》2014年第4期。
李小强	《关于大足北山石刻〈维摩变〉作者之浅见》,《文史杂志》2014年第5期。
马 健、陈 笛	《大足石刻观音造像的璎珞造型形态研究》,《现代装饰》2014年第5期。
李小强	《何格非考略》,《巴蜀史志》2014年第6期。
张彬渊、田霖霞	《简析大足石刻中的宋代家具（一）》,《家具》2014年第6期。
杨芳芳	《宋代宗教图像中的世俗性表现》,《金田》2014年第7期。
郭 晶	《大足石刻世俗化审美特征研究》,《文艺生活》2014年第8期。
刘卫红、王明迪、龙 红	《重庆大足石刻虚拟博物馆的数字化展示设计》,《装饰》2014年第11期。
李稼祎	《大足石刻宝顶山大佛湾景观意象研究》,《艺术设计》2014年第12期。
孙 磊	《浅析大足石刻艺术风格及时代精神》,《大众文艺》2014年第16期。
宋朋超	《从大足宝顶山石刻的世俗化倾向看佛教的中国化》,《大众文艺》2014年第18期。
吕 兰	《大足石刻道教女神像简析》,《美术教育研究》2014年第20期。
唐瑞蔓	《大足石刻的银幕呈现及其优化路径研究》,《电影评介》2014年第20期。
黄 晶、李海磊	《从多维语境看大足石刻中的送子造像》,《大众文艺》2014年第21期。
汤箬梅	《大足石刻雕塑艺术的世俗化表现研究》,《文教资料》2014年第21期。
李 伟	《从大足石刻铭文看大足石刻的造像设计》,《中国创意设计年鉴论文集2013》,2014年。

黎　娅	《大足宝顶石刻园林设计初探》，《中国创意设计年鉴论文集2013》，2014年。
Miaole Hou, Xiangqian Zhang, Yuhua Wu, Yunyang Hu.	"3D Laser Scanning Modeling and application on Dazu Thousand-hand Bodhisattva in China." 国际摄影测量与遥感学会第四委员会编《"地理空间数据库与位置服务"国际学术会议论文集》，2014年。
陈明光	《大足石刻〈报恩经变〉疏理研讨——宝顶山大佛湾〈报恩经变〉图经为例》，中国古迹遗址保护协会石窟专业委员会等编《石窟寺研究》（5），文物出版社，2014年。
张媛媛	《四川地区佛教摩崖造像发现与研究》，中国古迹遗址保护协会石窟专业委员会等编《石窟寺研究》（5），文物出版社，2014年。
齐庆媛	《四川宋代石刻菩萨像造型分析——以服装、装身具与躯体形态为中心》，中国古迹遗址保护协会石窟专业委员会等编《石窟寺研究》（5），文物出版社，2014年。
邬宗玲	《大足石刻文献俗字考探》，《中国俗文化研究》第9辑，巴蜀书社，2014年。
李小强	《12世纪道教艺术的杰作：大足南宋道教石刻——以大足佛耳岩石窟为主的追溯性考察》，重庆中国三峡博物馆等编《长江文明》（17），重庆出版社，2014年。
黎方银	《世界遗产视野下的大足石刻》，秦臻主编《理论、方法与实践：美术考古与大足学研究》，重庆大学出版社，2014年。
王天祥	《大足学的构建与实践》，秦臻主编《理论、方法与实践：美术考古与大足学研究》，重庆大学出版社，2014年。
龙　红	《从敦煌学的发展看大足学的构建》，秦臻主编《理论、方法与实践：美术考古与大足学研究》，重庆大学出版社，2014年。
罗世平	《巴蜀唐代佛教造像与长安样式》，秦臻主编《理论、方法与实践：美术考古与大足学研究》，重庆大学出版社，2014年。
胡良学	《大足石刻老子造像研究》，敦煌研究院编《2014敦煌石窟研究国际学术研讨会论文集》（上册），2014年。
江　滔、张雪芬	《9—13世纪四川地藏十王造像研究》，敦煌研究院编《2014敦煌石窟研究国际学术研讨会论文集》（上册），2014年。
李小强	《唐宋时期巴蜀地区罗汉信仰简述——从绘画史料和石窟寺造像遗存的考察》，敦煌研究院编《2014敦煌石窟研究国际学术研讨会论文集》（上册），2014年。
董华峰、张媛媛	《宋代四川地区的善财童子五十三参图像及相关问题试探》，敦煌研究院编《2014敦煌石窟研究国际学术研讨会论文集》（上册），2014年。
詹长法、陈卉丽、张　可	《大足石刻千手观音造像抢救性保护工程新进展》，《中国文物报》2014年7月25日。
李小强	《大足大钟寺北宋圆雕中元地官像》，《中国文物报》2014年10月7日。
米德昉、龙小帆	《2014年大足学国际学术研讨会暨大足石刻首次科学考察70周年纪念会综述》，《世界宗教研究》2015年第1期。
李小强	《略谈南宋时期长柄香炉的职能》，《重庆历史与文化》2015年第1期。
邓启兵	《大足石刻宋代幞头样式浅识》，《重庆文化研究》2015年第1期。
杨　雄	《大足宝顶鬈发人造像的佛教意义》，《重庆三峡学院学报》2015年第1期。
祭雪松	《大足石雕社会性传承主体研究》，《重庆文理学院学报》2015年第1期。
张彬渊、田霖霞	《简析大足石刻中的宋代家具（二）》，《家具》2015年第1期。
邓启兵	《大足玉龙镇三教村水井坡南宋墓葬清理简报》，《重庆历史与文化》2015年第2期。
涂　涛	《"华严三圣"视觉元素分析》，《大众文艺》2015年第2期。
高秀军	《宝顶山石刻佛饰"毫光"意涵探析》，《敦煌学辑刊》2015年第2期。
雷　炀	《激光扫描技术在大足石刻数字化保护中的应用》，《工业控制计算机》2015年第2期。
徐新建	《遗产"不是东西"——文化遗产的认同和表述》，《文化遗产研究》2015年第2期。
王志高	《重庆大足石刻"天元甲子"纪年及相关问题再析》，《南京晓庄学院学报》2015年第3期。
米德昉	《大足北山宋刻〈维摩诘经变〉及其相关问题考察》，《中国国家博物馆馆刊》2015年第3期。
戚　序、李稼祎	《大足宝顶山石窟景观营构设计理念研究》，《艺术设计》2015年第3期。
王丽琴、李　迎、赵　星	《纳米TiO$_2$改性石质文物防水材料WD-10》，《精细化工》2015年第3期。

大足石刻研究院	《重庆市大足区龙神湾南宋王若夫妇墓发掘简报》，《四川文物》2015年第4期。
安　生、养　龙	《千手刻心佛》，《中华手工》2015年第4期。
李光明	《大足石刻造像与三教融合初探》，《中原文物》2015年第5期。
李小强、姚淇琳	《大足石刻宋代两组取经图简说》，《敦煌研究》2015年第6期。
刘卫红、武维臣	《大足宝顶十大明王的设计手法和艺术特色》，《民族艺术研究》2015年第6期。
王川平	《新与旧——探寻"观音"的真实性：找到文物、文化、宗教、美学的平衡点》，《世界遗产》2015年第6期。
孙　华	《千手观音修复之我见》，《世界遗产》2015年第6期。
咸　序、李稼祎	《大足宝顶山石窟景观设计特色研究》，《大舞台》2015年第7期。
肖宇窗	《赵智凤宗教石刻艺术思想与宝顶摩崖造像》，《美术观察》2015年第8期。
骆韬颖	《大足石刻和吴哥石窟开凿的社会与文化背景浅谈》，《艺术科技》2015年第8期。
张先春	《试谈大足石刻与佛教的转折期》，《文艺生活》2015年第9期。
黄英华	《对大足石刻宋代观音造像艺术特征的探讨分析》，《文物鉴定与鉴赏》2015年第10期。
李重华	《重庆保护与利用重要文化资源策略》，《中华文化论坛》2015年第10期。
昆　熙、猫小喵	《大足石刻"三教融合"记》，《中国西部》2015年第12期。
付琳琳	《〈大足石刻〉纪录片的制播理念——管窥中国纪录片的剧情化发展趋势》，《美术教育研究》2015年第15期。
唐塑堃	《大足石刻观音菩萨造像的人文情怀浅析》，《美术教育研究》2015年第18期。
骆韬颖	《浅析大足石刻与吴哥石窟雕刻的造型艺术特征》，《美术教育研究》2015年第19期。
黄　晶	《大足石刻观音面部造像的艺术美》，《芒种》2015年第20期。
胡云岗、陶　涛、吴育华、侯妙乐	《大足石刻千手观音造像三维展示系统设计与实现》，《文物保护与考古科学》2015年第S1期。
胡昌健	《关于〈宋赵懿简公神道碑〉拓本的鉴定》，重庆中国三峡博物馆等编《长江文明》（20），重庆大学出版社，2015年。
米德昉	《大足多宝塔宋代五十三参造像》，华严专宗学院国际华严研究中心编《2015第四届华严专宗国际学术研讨会论文集》，2015年。
Shaobin Li	"The Visual Elements of Character in Dazu Rock Carvings." 2015 International Conference on Education Research and Reform, 2015-04-21.
李小强	《大钟寺：一处北宋乡村寺院的文化解析——以大足北宋大钟寺圆雕造像为主的考察》，《重庆历史与文化》2016年第1期。
高秀军	《大足石篆山〈严逊记〉碑补正及相关问题考略》，《敦煌学辑刊》2016年第1期。
张兵峰、蒋思维	《重庆大足石刻大佛湾渗水病害初探》，《中国文物科学研究》2016年第1期。
李绍彬、雷　炀	《基于照片建模的大足石刻数字化保护》，《华夏考古》2016年第2期。
李绍彬	《大足石刻六道轮回图视觉元素解析》，《浙江树人大学学报》2016年第3期。
Ernesto Borrelli著、徐琪歆译	《中国重庆大足石刻：对一个世界遗产地保护问题的个人经历和严格评估》，《遗产与保护研究》2016年第3期。
米德昉、高秀军	《大足法华寺第1窟四佛尊格问题探讨》，《四川文物》2016年第4期。
谭　宏	《修身养性如牧牛——大足石刻〈牧牛图〉体育养身"调心"解读》，《重庆文理学院学报》2016年第4期。
张乃中	《大足石窟地藏十王龛像研究》，《美术大观》2016年第4期。
陈福容	《文化遗产旅游发展研究以大足石刻为例》，《商场现代化》2016年第4期。
杨　雄	《大足北山宋代石刻与宝顶石刻的关系》，《重庆三峡学院学报》2016年第4期。
张　彦	《西安碑林博物馆藏张澍〈大足金石录〉抄本考略》，《文博》2016年第5期。
陈科宇	《溯本回原——探讨博物馆对展品本体语境的还原》，《现代装饰》2016年第5期。
王　禹	《论视觉文化背景下传统艺术资源的转化——以重庆大足石刻为例》，《美术界》2016年第5期。

陈龙国	《大足北山石刻〈古文孝经〉浅析》，《中国书法》2016年第6期。
孙 鹏、严绍军、窦 彦、陈嘉琦、何 凯	《大足石刻砂岩模拟裂隙灌浆试验》，《长江科学院院报》2016年第6期。
唐玉霞	《试论大足石刻花卉鸟兽造型特征》，《文物鉴定与鉴赏》2016年第8期。
李耘燕	《大足、安岳石窟的视觉转换实践》，《美术》2016年第8期。
王海燕、黄永文	《数字图像修复技术：大足石刻数字化保护与传播的基础》，《北方美术·天津美术学院学报》2016年第8期。
童邦华	《宝顶山大佛湾"了了"诗新解》，《戏剧之家》2016年第10期。
沈雅楠	《浅析重庆大足石刻地藏造像时代特点》，《知识文库》2016年第10期。
林 雪、杨 涛、赵 岗	《节假日对大足石刻北山摩崖造像客流量的影响研究》，《特区经济》2016年第11期。
莫翔麟	《从大足石窟看宋代石刻造型艺术》，《艺术品鉴》2016年第11期。
林彦余	《大足观经变与莫高窟观经变之间的联系和区别》，《丝绸之路》2016年第12期。
李朝元	《试论大足清墓分类及其特点》，《华夏文明》2016年第12期。
	《大足石刻博物馆增添新展品》，《红岩春秋》2016年第12期。
陈龙国	《大足石刻书法的装饰性》，《中国书法》2016年第20期。
颜娟英	《大足石刻千手观音初探》，《镜花水月：中国古代美术考古与佛教艺术的探讨》，石头出版股份有限公司，2016年。
黄能迁、刘贤高、邓启兵	《大足北山佛湾石窟考古调查新收获》，大足石刻研究院、四川美术学院大足学研究中心编《大足学刊》（1），重庆出版社，2016年。
米德昉	《唐宋时期大足药师造像考察》，大足石刻研究院、四川美术学院大足学研究中心编《大足学刊》（1），重庆出版社，2016年。
陈清香	《大足宋代石刻毗卢遮那佛造像探讨——以眉心顶上光芒为例》，大足石刻研究院、四川美术学院大足学研究中心编《大足学刊》（1），重庆出版社，2016年。
［美］卜向荣	《居间的图像——圆觉变相中的长跪菩萨像与宋代佛画论》，大足石刻研究院、四川美术学院大足学研究中心编《大足学刊》（1），重庆出版社，2016年。
胡文成	《印度诃利帝母神像在流传过程中的衍变探究》，大足石刻研究院、四川美术学院大足学研究中心编《大足学刊》（1），重庆出版社，2016年。
高秀军、李金娟	《大足石篆山石刻"十四龛"造像问题考》，大足石刻研究院、四川美术学院大足学研究中心编《大足学刊》（1），重庆出版社，2016年。
吴仁华	《巴蜀石窟之西方净土变相图像源流初探》，大足石刻研究院、四川美术学院大足学研究中心编《大足学刊》（1），重庆出版社，2016年。
丁明夷	《川密：四川石窟体系的发展轨迹》，大足石刻研究院、四川美术学院大足学研究中心编《大足学刊》（1），重庆出版社，2016年。
侯 冲	《回归佛教仪式旧有空间——三论大足宝顶为佛教水陆道场》，大足石刻研究院、四川美术学院大足学研究中心编《大足学刊》（1），重庆出版社，2016年。
邹建林	《"庆赞"小考》，大足石刻研究院、四川美术学院大足学研究中心编《大足学刊》（1），重庆出版社，2016年。
张勋燎	《大足舒成岩道教石窟造像记道士、匠师题名的衔称和道教纪年》，大足石刻研究院、四川美术学院大足学研究中心编《大足学刊》（1），重庆出版社，2016年。
胡文和	《大足宋代道教造像的神祇图像源流再探索》，大足石刻研究院、四川美术学院大足学研究中心编《大足学刊》（1），重庆出版社，2016年。
黄 山、张祖勋、柯 涛、张剑清、吴百川	《基于多基线近景摄影测量的石窟考古测绘》，大足石刻研究院、四川美术学院大足学研究中心编《大足学刊》（1），重庆出版社，2016年。
孙明利	《四川唐五代摩崖浮雕观无量寿经变分析》，麦积山石窟艺术研究所编《石窟艺术研究》（1），文物出版社，2016年。
符永利	《川渝地区唐宋药师佛龛像的初步考察》，中国古迹遗址保护协会石窟专业委员会等编《石窟寺研究》第6辑，科学出版社，2016年。
邓启兵、黎方银、黄能迁	《大足宝顶山石窟周边区域宋代造像考察研究》，中国古迹遗址保护协会石窟专业委员会等编《石窟寺研究》第6辑，科学出版社，2016年。

李崇峰	《千手眼大悲像的初步考察——以大足宝顶为例》，中国古迹遗址保护协会石窟专业委员会等编《石窟寺研究》第6辑，科学出版社，2016年。
李小强	《大足宝顶山石窟千手观音妆金史探析》，中国古迹遗址保护协会石窟专业委员会等编《石窟寺研究》第6辑，科学出版社，2016年。
陈明光	《大足石刻慈觉禅师宗赜研讨——以宝顶山大佛湾〈报德经变〉刻慈觉宗赜为例》，中国古迹遗址保护协会石窟专业委员会等编《石窟寺研究》第6辑，科学出版社，2016年。
戴晓云	《大足宝顶山并非佛教水陆道场——和侯冲教授商榷》，中国古迹遗址保护协会石窟专业委员会等编《石窟寺研究》第6辑，科学出版社，2016年。
李小强	《苏轼与水陆法会简述》，《中国苏轼研究》第六辑，学苑出版社，2016年。
李静杰、黎方银	《大足宝顶山南宋石刻造像组合分析》，大足石刻研究院编《2014年大足学国际学术研讨会论文集》，重庆出版社，2016年。
李 淞	《对宋代道教图像志的观察——以大足北山111龛和南山6龛、安岳老君岩造像为例》，大足石刻研究院编《2014年大足学国际学术研讨会论文集》，重庆出版社，2016年。
张 总	《川渝香坛寺等十王龛像》，大足石刻研究院编《2014年大足学国际学术研讨会论文集》，重庆出版社，2016年。
Tom Suchan	"Further Research on the Stone Carvings of the Interior Sixth Level of the Prabhutaratna Pagoda at Beishan, Dazu." 大足石刻研究院编《2014年大足学国际学术研讨会论文集》，重庆出版社，2016年。
韦 兵	《"星神尤乐蜀中"：唐宋四川地区炽盛光佛星曜神图像研究》，大足石刻研究院编《2014年大足学国际学术研讨会论文集》，重庆出版社，2016年。
赖文英	《四川地区的文殊、普贤二圣信仰初探》，大足石刻研究院编《2014年大足学国际学术研讨会论文集》，重庆出版社，2016年。
董华峰、张 亮	《唐宋巴蜀地区十六罗汉造像的初步研究》，大足石刻研究院编《2014年大足学国际学术研讨会论文集》，重庆出版社，2016年。
钱光胜	《晚唐五代的十王会与蜀地十王造像》，大足石刻研究院编《2014年大足学国际学术研讨会论文集》，重庆出版社，2016年。
未小妹	《如意轮观音造像考察——以巴蜀石窟为主》，大足石刻研究院编《2014年大足学国际学术研讨会论文集》，重庆出版社，2016年。
李小强	《大藏信仰与大足宝顶山石窟》，大足石刻研究院编《2014年大足学国际学术研讨会论文集》，重庆出版社，2016年。
胡良学	《大足石刻的老子和三清造像研究》，大足石刻研究院编《2014年大足学国际学术研讨会论文集》，重庆出版社，2016年。
陈悦新	《大足石窟佛像着衣类型》，大足石刻研究院编《2014年大足学国际学术研讨会论文集》，重庆出版社，2016年。
陈 灼、陈正菊	《重庆大足宝顶山〈南无金幢宝胜佛教诫〉考》，大足石刻研究院编《2014年大足学国际学术研讨会论文集》，重庆出版社，2016年。
龙 红、邓新航、王玲娟	《巴蜀石窟飞天艺术研究》，大足石刻研究院编《2014年大足学国际学术研讨会论文集》，重庆出版社，2016年。
侯 波	《美术史视野中的佛画样式东渐——以"凹凸花"的图式与视觉呈现为中心》，大足石刻研究院编《2014年大足学国际学术研讨会论文集》，重庆出版社，2016年。
齐庆媛	《大足与安岳宋代石刻菩萨像造型分析》，大足石刻研究院编《2014年大足学国际学术研讨会论文集》，重庆出版社，2016年。
胡昭曦	《大足宝顶石窟的凿建与宋蒙（元）战争》，大足石刻研究院编《2014年大足学国际学术研讨会论文集》，重庆出版社，2016年。
Henrik Hjort Sorensen	"Esoteric Buddhism and Iconographical Peculiarities Seen among the Sculptural Groups at Mt. Bei in Dazu." 大足石刻研究院编《2014年大足学国际学术研讨会论文集》，重庆出版社，2016年。
李琛妍	《四川石窟成为文物保护单位前后的发展》，大足石刻研究院编《2014年大足学国际学术研讨会论文集》，重庆出版社，2016年。
郭相颖	《大足石刻探疑三则》，大足石刻研究院编《2014年大足学国际学术研讨会论文集》，重庆出版社，2016年。
潘 晟	《大足学：知识分层视野下的几点思考》，大足石刻研究院编《2014年大足学国际学术研讨会论文集》，重庆出版社，2016年。

罗世平	《问学大足石刻》，秦臻主编《佛像、图像与遗产——美术考古与大足学研究》，重庆大学出版社，2016年。
陈清香	《大足石窟的题材与风格的探讨——以北山与宝顶山为例》，秦臻主编《佛像、图像与遗产——美术考古与大足学研究》，重庆大学出版社，2016年。
雷玉华	《四川佛教石窟寺和摩崖造像概况》，秦臻主编《佛像、图像与遗产——美术考古与大足学研究》，重庆大学出版社，2016年。
肥田路美	《巴蜀石刻艺术保护、研究的国际意义——从日本研究者的观点出发》，秦臻主编《佛像、图像与遗产——美术考古与大足学研究》，重庆大学出版社，2016年。
褚国娟	《石篆山3号龛人物形象辨析》，秦臻主编《田野、实践与方法——美术考古与大足学研究》，重庆大学出版社，2016年。
刘　静	《宝顶圆觉洞与石羊华严洞左右壁图像之非"五十三参"辨》，秦臻主编《田野、实践与方法——美术考古与大足学研究》，重庆大学出版社，2016年。
叶　潜	《大足宝顶山圆觉洞跪像考》，秦臻主编《田野、实践与方法——美术考古与大足学研究》，重庆大学出版社，2016年。
郑　弌	《佛装与佛化：五代至宋时期僧伽信仰图像的在地化》，秦臻主编《田野、实践与方法——美术考古与大足学研究》，重庆大学出版社，2016年。
周　洁	《五代、两宋大足地区星曜造像图像学研究》，秦臻主编《田野、实践与方法——美术考古与大足学研究》，重庆大学出版社，2016年。
高秀军	《大足石刻佛"毫光"相探析——以宝顶石刻为中心》，秦臻主编《田野、实践与方法——美术考古与大足学研究》，重庆大学出版社，2016年。
陈　瑛	《从孔雀明王窟谈唐宋四川地区孔雀明王信仰的流传》，秦臻主编《田野、实践与方法——美术考古与大足学研究》，重庆大学出版社，2016年。
祭雪松	《遗产功能与空间叙事：大足宝顶石刻线路变迁研究》，秦臻主编《田野、实践与方法——美术考古与大足学研究》，重庆大学出版社，2016年。
张蓓蓓	《唐宋大足、安岳佛教石刻云纹模式研究》，秦臻主编《田野、实践与方法——美术考古与大足学研究》，重庆大学出版社，2016年。
张　划	《"功德坟寺"与宋代大足石刻的昌盛——宋代大足石刻崛起因由新探》，《大足日报》2016年3月25日。

三　学位论文

陈清香	《大足唐宋佛教崖雕之研究》，中国文化大学硕士学位论文，1970年。
罗世平	《四川唐宋佛教造像的图像学研究》，中央美术学院博士学位论文，1990年。 后收录于《中国佛教学术论典·佛学硕博士论文.第九辑》，佛光山文教基金会，2003年。
刘佩瑛	《宋代西方净土变相之研究——以大足宝顶山为例》，中国文化大学硕士学位论文，1997年。
黄锦珍	《宝顶山大佛湾本尊教造像的研究》，华梵大学硕士学位论文，1997年。
Tom Suchan	The eternally flourishing stronghold: an iconographic study of the Buddhist sculpture of the Fowan and related sites at Beishan, Dazu Ca. 892-1155. The Ohio State University, 2003.
罗　玲	《唐代四川佛教造像中的"菩萨装佛像"研究》，四川大学硕士学位论文，2005年。
刘红娟	《从两宋时期四川地区道教石窟造像看道教神灵信仰特征》，四川大学硕士学位论文，2005年。
赵瑞娟	《世俗化的宋代佛像雕刻——以大足石窟佛像雕刻为例》，河北师范大学硕士学位论文，2006年。
陈佩妏（释见徽）	《唐宋时期地藏菩萨像研究》，四川大学硕士学位论文，2006年。
龙　红	《大足石刻艺术研究》，东南大学博士学位论文，2007年。
樊　珂	《四川地区毗沙门天王造像研究》，四川大学硕士学位论文，2007年。
高　燕	《四川地区唐代石窟西方净土变研究》，四川大学硕士学位论文，2007年。
陈红帅	《四川重庆唐代石刻佛像造型考察》，清华大学硕士学位论文，2007年。

刘春尧	《四川雕塑传统的当代启示》,西南交通大学硕士学位论文,2008年。	
侯冲	《中国佛教仪式研究——以斋供仪式为中心》,上海师范大学博士学位论文,2009年。	
吕育珊	《大足石刻数珠手观音造像之探讨》,元智大学硕士学位论文,2009年。	
张墨青	《巴蜀古塔建筑特色研究》,重庆大学硕士学位论文,2009年。	
冯棣	《巴蜀摩崖建筑文化环境研究》,重庆大学博士学位论文,2010年。	
杨琴	《大足千手观音风化砂岩加固保护材料研究》,北京大学硕士学位论文,2010年。	
雷涛	《石质文物保护材料评价方法研究》,兰州理工大学硕士学位论文,2010年。	
王红	《大足石刻在现代设计中的传承与发展》,中南民族大学硕士学位论文,2010年。	
孙红燕	《重庆大足千手观音贴金软化与回贴修复研究》,中国科学技术大学硕士学位论文,2010年。	
彭冰	《大足和安岳地区柳本尊图像和信仰流传研究》,北京大学硕士学位论文,2010年。	
伏学智	《大足石刻凝结水病害形成机理及现场实验研究》,中国地质大学硕士学位论文,2011年。	
刘君湘	《大足宝顶山石窟造像研究——场景在宝顶山石窟雕塑中的运用》,景德镇陶瓷学院硕士学位论文,2011年。	
龙莉	《大足石刻花卉鸟兽造型艺术研究》,西南大学硕士学位论文,2011年。	
王倩	《大足石刻观音造像艺术研究》,青岛大学硕士学位论文,2012年。	
蒋邵东	《重庆地域特色旅游纪念品设计研究——以大足石刻为例》,重庆大学硕士学位论文,2012年。	
梁入月	《基于文化遗产旅游的大足石刻旅游开发研究》,重庆师范大学硕士学位论文,2012年。	
兰利琼	《〈父母恩重经〉研究》,河北师范大学硕士学位论文,2012年。	
刘钰	《激光扫描技术在文物建模及虚拟修复中的应用研究》,长安大学硕士学位论文,2012年。	
释慧谨(黄桂云)	《佛教孝道的义理与实践——以大足、敦煌石窟为重点》,台湾"清华大学"博士学位论文,2013年。	
郑涛	《唐宋四川佛教地理研究》,西南大学博士学位论文,2013年。	
高一丹	《巴蜀佛教石窟群艺术风格研究》,重庆大学硕士学位论文,2013年。	
武宁	《大足石刻空间品质提档升级设计研究》,重庆大学硕士学位论文,2013年。	
冯霞	《大足石刻视觉元素在数字浮雕创作中的应用》,重庆师范大学硕士学位论文,2013年。	
冯艳春	《大足石刻女性形象的数字浮雕传承》,重庆师范大学硕士学位论文,2013年。	
曾繁燕	《大足石刻观音造像世俗化图像学研究》,西南大学硕士学位论文,2013年。	
郭晶	《大足宝顶山大佛湾石刻世俗化审美特征及成因研究》,西南大学硕士学位论文,2013年。	
丁若凡	《浅析道教造像世俗化的艺术特色》,景德镇陶瓷学院硕士学位论文,2013年。	
谭松娥	《可溶盐对大足石刻砂岩劣化作用实验研究》,中国地质大学硕士学位论文,2013年。	
孙秀娟	《石质文物加固材料性能及其加固机理研究》,兰州理工大学硕士学位论文,2013年。	
褚国娟	《北宋严逊与石篆山造像研究》,北京大学博士学位论文,2014年。	
郭益悦	《唐宋观音形神美之研究——以龙门石窟与大足石刻为例》,中国文化大学博士学位论文,2014年。	
陶涛	《大足石刻千手观音造像三维展示系统关键技术研究》,北京建筑大学硕士学位论文,2014年。	
宋红霞	《文物三维信息留取中多源数据组织与管理》,北京建筑大学硕士学位论文,2014年。	
杨溯	《文物三角网格模型骨架线提取及其虚拟修复》,北京建筑大学硕士学位论文,2014年。	
陈嫚丞	《大足石刻飞天造型及当代飞天舞蹈形象再造研究》,重庆大学硕士学位论文,2014年。	
王婧	《巴蜀石窟艺术中的宋代舞蹈造像研究》,重庆大学硕士学位论文,2014年。	
田俊	《大足石刻造像的数字化保护》,重庆师范大学硕士学位论文,2014年。	
贾晓璇	《大足石刻璎珞在珠宝设计中的应用研究》,重庆师范大学硕士学位论文,2014年。	
张欣娜	《大足石刻铭文碑刻的数字化保护》,重庆师范大学硕士学位论文,2014年。	

方媛媛	《高填方路段公路路基滑坡稳定性分析及整治措施研究》，重庆交通大学硕士学位论文，2014年。
黄　彬	《从三星堆到大足石刻——谈文化价值体系与雕塑本体的关系》，西南大学硕士学位论文，2014年。
史文瑶	《唐代四川安岳石窟中的〈药师变〉和〈药师经变〉研究》，华东师范大学硕士学位论文，2014年。
刘　静	《大足和安岳宋代护法与诸天神像研究》，北京大学博士学位论文，2015年。
叶　潜	《巴蜀地区禅宗造像研究》，中央美术学院博士学位论文，2015年。
黄　晶	《大足石刻观音头部造像的世俗化特征研究》，西南大学硕士学位论文，2015年。
杨　帆	《唐宋巴蜀佛教造像对比研究——以巴中南龛石窟与大足宝顶山石刻为例》，西南大学硕士学位论文，2015年。
李稼祎	《大足石刻宝顶山石窟景观设计研究》，重庆大学硕士学位论文，2015年。
王明迪	《大足石刻数字博物馆展示设计研究》，重庆大学硕士学位论文，2015年。
黎　娅	《巴蜀地区石窟寺设计艺术研究》，重庆大学硕士学位论文，2015年。
邓新航	《巴蜀早期佛教石窟造像艺术研究》，重庆师范大学硕士学位论文，2015年。
李　伟	《大足石刻铭文研究》，重庆大学硕士学位论文，2015年。
沈雅楠	《重庆大足石刻地藏菩萨造像研究》，江苏大学硕士学位论文，2015年。
刘　佳	《改性有机硅保护剂的制备及在宝顶山砂岩石上的应用》，重庆理工大学硕士学位论文，2015年。
祭雪松	《遗产功能与空间叙事——大足宝顶山石刻线路变迁研究》，四川美术学院硕士学位论文，2015年。
李　浩	《大足石刻艺术在视觉设计中的"活态"传承》，四川美术学院硕士学位论文，2015年。
陈　锐	《大足石刻的场景表达及其设计意境——以宝顶山石刻为例》，四川美术学院硕士学位论文，2015年。
黄　锦	《石刻景观游客审美偏好形成机理研究——以重庆大足石刻为例》，南京师范大学硕士学位论文，2015年。
王　青	《大足宝顶山石刻的彩绘颜料分析》，重庆师范大学硕士学位论文，2016年。
朱小妹	《如意轮观音图像的流传、改写与误读——以巴蜀石窟造像调查为基础》，四川美术学院硕士学位论文，2016年。
武维臣	《重庆大足石刻观音造型特征提取与动画形象设计研究》，重庆大学硕士学位论文，2016年。
高　彤	《重庆大足石刻观音造像世俗化审美特征研究》，西北大学硕士学位论文，2016年。
谢建明	《晚清四川教案时空分布及其原因研究》，西南大学硕士学位论文，2016年。
徐柏涵	《大足北山转轮经藏窟研究》，台湾大学硕士学位论文，2016年。
徐　铖	《唐代后期剑南地区军镇之研究》，台湾大学硕士学位论文，2016年。

后　记

本文献目录在编写过程中，参考了李玉珉主编《中国佛教美术论文索引（1930—1993）》、卢秀文编著《中国石窟图文志》（1802—2000）、邹清泉编著《中国佛教美术论著引得》（1802—2000）、唐毅烈等编《大足石刻文献目录索引（1945—1992）》等相关论著目录，并通过中国知网、维普网、万方数据、超星、读秀、谷歌学术，以及国内外高校、科研机构图书馆网络平台等，进行检索搜集整理编录。编录过程中，王天祥、米德昉、张媛媛、李小强等在资料搜集、整理等方面助力甚多，谨致谢忱！

附录三 《大足石刻全集》铭文总目

郭 静　黄能迁　邓启兵

凡 例

一、本总目主要收录《大足石刻全集》所涉北山佛湾、石篆山、石门山、南山、宝顶山石窟及多宝塔的铭文目录。

二、本总目按地域和年代两种方式编排。年代以时间先后为序。地域以北山佛湾石窟、北山多宝塔、石篆山石窟、石门山石窟、南山石窟、宝顶山石窟为序。由于有的龛窟图文并茂，其中的经、偈、颂等与造像密切相关，具有特定的指向性，故在报告编写时，一并将其纳入造像项记录，未再纳入铭文项，致使部分铭文在行文中未拟定名称。此次编目时，对此类铭文重新拟定了名称。

三、本总目中的铭文年代，除有准确纪年者外，均为报告者根据现场调查和相关研究成果确定，仅供参考。

（一）按地域排列

序号	位置	铭文名称	时代	卷数	页码
北山佛湾石窟					
1	北山佛湾第2号	胡密撰书君靖碑	唐乾宁二年（895年）	卷一	40
2	北山佛湾第9号	佚名造大悲观世音像残记	晚唐	卷一	73
3	北山佛湾第18号	佚名造一佛二菩萨龛残记	晚唐	卷一	107
4	北山佛湾第19号	佚名造救苦观音菩萨龛残记	晚唐	卷一	110
5	北山佛湾第21号	王启仲造阿弥陀佛龛镌记	晚唐	卷一	122
6	北山佛湾第24号	何君友造日月光菩萨龛镌记	前蜀乾德年间（919—924年）	卷一	126
7	北山佛湾第25号	佚名造菩萨龛残记	前后蜀	卷一	128
8	北山佛湾第26号	何君友造观音龛镌记	前蜀乾德二年（920年）	卷一	131
9	北山佛湾第27号	佚名造观音龛残记	后蜀广政元年（938年）	卷一	133
10	北山佛湾第32号	周氏造日月光菩萨龛镌记	前蜀永平三年（913年）	卷一	145
11	北山佛湾第35号	佚名造阿弥陀佛龛残记	后蜀广政四年（941年）	卷一	153
12	北山佛湾第37号	于彦章等造地藏菩萨龛镌记	后蜀广政三年（940年）	卷一	163
13	北山佛湾第39号	温孟达等造大威德炽盛光佛龛镌记	前蜀乾德四年（922年）	卷一	171
14	北山佛湾第50号	僧明悟造如意轮菩萨龛镌记	唐乾宁四年（897年）	卷一	193
15	北山佛湾第51号	王宗靖造三世佛龛镌记	唐光化二年（899年）	卷一	206
16	北山佛湾第52号	黎氏造阿弥陀佛龛镌记	唐乾宁四年（897年）	卷一	210
17	北山佛湾第53号	种审能造阿弥陀佛龛镌记	前蜀永平五年（915年）	卷一	215
18	北山佛湾第54号	佚名造观音龛残记	年代不详	卷一	217
19	北山佛湾第58号	王宗靖造观音地藏镌记	唐乾宁三年（896年）	卷一	229
20	北山佛湾第58号	赵师恪妆饰观音地藏镌记	唐乾宁三年（896年）	卷一	229
21	北山佛湾第102号	霍勤炌题书《教孝》碑	清光绪二十八年（1902年）	卷二	18
22	北山佛湾第103号	范祖禹书《古文孝经》碑	南宋孝宗年间（1163—1189年）	卷二	19

序号	位置	铭文名称	时代	卷数	页码
23	北山佛湾第104号	范祖禹撰赵懿简公神道碑	南宋孝宗年间（1163—1189年）	卷二	23
24	北山佛湾第110号	张辉造药师佛龛镌记	南宋	卷二	66
25	北山佛湾第115号	杨淮清等彩化佛像碑记	民国十三年（1924年）	卷二	90
26	北山佛湾第122号	杨子孝书楹联	民国	卷二	128
27	北山佛湾第123号	胡鑫甫等募建送子殿宇镌记	民国	卷二	136
28	北山佛湾第130号	佚名造像残记	南宋	卷二	170
29	北山佛湾第134号	民国大足石刻考察团记事碑	民国三十四年（1945年）	卷二	187
30	北山佛湾第136号	陈吉銮彩释迦佛像镌记	南宋绍兴十二年至十六年（1142—1146年）	卷二	229
31	北山佛湾第136号	佚名残记	南宋绍兴十二年至十六年（1142—1146年）	卷二	241
32	北山佛湾第136号	张莘民造观音像镌记	南宋绍兴十二年（1142年）	卷二	241
33	北山佛湾第136号	陈文明造大势至菩萨等像镌记及匠师题名	南宋绍兴十三年（1143年）	卷二	241
34	北山佛湾第136号	赵彭年造文殊普贤像镌记	南宋绍兴十三年（1143年）	卷二	251
35	北山佛湾第136号	王陛造数珠手观音像镌记	南宋绍兴十六年（1146年）	卷二	257
36	北山佛湾第137号	李大郎等摹刻维摩图记	南宋绍兴四年（1134年）	卷二	261
37	北山佛湾第137号	文志造像记	南宋绍兴四年（1134年）	卷二	261
38	北山佛湾第137号	佚名题刻	南宋绍兴四年（1134年）	卷二	261
39	北山佛湾第137号	赵子充等游北山题名	南宋绍兴十年（1140年）	卷二	262
40	北山佛湾第138号	鲁瀛书"烽烟永靖"题刻	民国十三年（1924年）	卷二	263
41	北山佛湾第140号	佚名残记	年代不详	卷二	267
42	北山佛湾第143号	鲁瀛五古十七韵诗	民国十三年（1924年）	卷二	271
43	北山佛湾第149号	任宗易镌妆如意轮观音窟镌记	南宋建炎二年（1128年）	卷二	303
44	北山佛湾第149号	任宗易自赞	南宋建炎二年（1128年）	卷二	303
45	北山佛湾第149号	杜慧修自赞	南宋建炎二年（1128年）	卷二	303
46	北山佛湾第149号	崔叮子题刻	宋	卷二	303
47	北山佛湾第149号	郭庆祖逃暑岩阿题记	南宋嘉定十二年（1219年）	卷二	304
48	北山佛湾第149号	赵宋瑞等游北山题记	南宋淳熙十四年（1187年）	卷二	304
49	北山佛湾第149号	刘子发等较试南昌毕事拉游北山题记	南宋淳熙十三年（1186年）	卷二	304
50	北山佛湾第155号	"文言"题刻	北宋靖康元年（1126年）	卷二	330
51	北山佛湾第155号	"伏氏"题刻	北宋靖康元年（1126年）	卷二	330
52	北山佛湾第155号	"陈吉粧"题名	北宋靖康元年（1126年）	卷二	330
53	北山佛湾第155号	佚名残记（第1则）	年代不详	卷二	340
54	北山佛湾第155号	佚名残记（第3则）	年代不详	卷二	340
55	北山佛湾第155号	伏元俊镌孔雀明王窟题名	北宋靖康元年（1126年）	卷二	341
56	北山佛湾第155号	徐荣德妆彩孔雀明王佛洞中诸神镌记	清道光二十三年（1843年）	卷二	341
57	北山佛湾第156号	赵紫光题《西域禅师坐化塔》诗	清光绪八年（1882年）	卷二	342
58	北山佛湾第160号	佚名残刻	南宋绍兴十二年（1142年）	卷二	348
59	北山佛湾第163号	无尽老人语录碑	南宋年间（1127—1279年）	卷二	352
60	北山佛湾第168号	"明西域坐脱大禅师之塔"题名	明崇祯七年（1634年）	卷二	399
61	北山佛湾第168号	潘绂撰《西域坐化大禅师记事》碑	明崇祯七年（1634年）	卷二	399
62	北山佛湾第168号	佚名残记（第1则）	北宋宣和年间（1119—1125年）	卷二	401
63	北山佛湾第168号	佚名残记（第3则）	北宋宣和年间（1119—1125年）	卷二	401
64	北山佛湾第168号	何仪兴镌妆罗汉像记	北宋宣和四年（1122年）	卷二	402

序号	位置	铭文名称	时代	卷数	页码
65	北山佛湾第168号	佚名画妆罗汉像镌记	北宋宣和四年（1122年）	卷二	402
66	北山佛湾第168号	佚名残记（第6则）	北宋宣和年间（1119—1125年）	卷二	402
67	北山佛湾第168号	文志认妆罗汉像镌记	南宋建炎四年（1130年）	卷二	403
68	北山佛湾第168号	佚名残记（第8则）	北宋宣和年间（1119—1125年）	卷二	403
69	北山佛湾第168号	佚名残记（第9则）	北宋宣和年间（1119—1125年）	卷二	404
70	北山佛湾第168号	小八镌罗汉像记	北宋宣和年间（1119—1125年）	卷二	404
71	北山佛湾第168号	佚名残记（第11则）	北宋宣和年间（1119—1125年）	卷二	405
72	北山佛湾第168号	佚名残记（第12则）	北宋宣和年间（1119—1125年）	卷二	405
73	北山佛湾第168号	佚名造罗汉三身镌记	北宋宣和年间（1119—1125年）	卷二	405
74	北山佛湾第168号	王惟祖造像记	北宋宣和年间（1119—1125年）	卷二	406
75	北山佛湾第168号	赵仲□妆绚罗汉像镌记	南宋	卷二	406
76	北山佛湾第168号	李世明造罗汉像镌记	北宋宣和三年（1121年）	卷二	407
77	北山佛湾第168号	王惟祖造像记	北宋宣和年间（1119—1125年）	卷二	407
78	北山佛湾第168号	杨彦翔等追凉北山题记	南宋淳熙五年（1178年）	卷二	407
79	北山佛湾第176号	伏元俊镌像记	北宋靖康元年（1126年）	卷二	439
80	北山佛湾第176号	吕元锡等避暑北山题记	南宋淳熙四年（1177年）	卷二	439
81	北山佛湾第176号	何□妆銮弥勒下生经变相镌记	南宋	卷二	439
82	北山佛湾第176号	赵循父登北山题记	南宋嘉定五年（1212年）	卷二	439
83	北山佛湾第177号	伏元俊镌泗洲大圣龛题名	北宋靖康元年（1126年）	卷二	445
84	北山佛湾第177号	佚名残记	宋	卷二	445
85	北山佛湾第180号	佚名造像镌记（第1则）	北宋	卷二	466
86	北山佛湾第180号	邓惟明造画普见镌记	北宋政和六年（1116年）	卷二	467
87	北山佛湾第180号	佚名造像镌记（第3则）	北宋宣和四年（1122年）	卷二	467
88	北山佛湾第180号	佚名造像镌记（第4则）	北宋宣和二年（1120年）	卷二	467
89	北山佛湾第209号	佚名造解冤结菩萨龛题记	北宋	卷三	53
90	北山佛湾第240号	惠志造观音龛镌记	唐乾宁三年（896年）	卷三	143
91	北山佛湾第243号	蹇知进造千手观音龛镌记	唐天复元年（901年）	卷三	154
92	北山佛湾第244号	佚名造观音地藏龛镌记	后蜀广政八年（945年）	卷三	157
93	北山佛湾第245号	刘净意造观经变相镌记	唐乾宁三年（896年）	卷三	222
94	北山佛湾第245号	僧元亮偈赞题刻	明建文元年（1399年）	卷三	223
95	北山佛湾第247号	张文信画妆观音龛镌记	北宋咸平六年（1003年）	卷三	227
96	北山佛湾第249号	佚名造观音地藏龛题刻	唐乾宁三年至后蜀广政八年（896—945年）	卷三	233
97	北山佛湾第249号	李氏九娘子妆绚观音地藏龛镌记	北宋至道年间（995—997年）	卷三	233
98	北山佛湾第252号	佚名造菩萨龛残记	前后蜀	卷三	245
99	北山佛湾第253号	"示广王"题名	前后蜀	卷三	248
100	北山佛湾第253号	"五官王"题名	前后蜀	卷三	249
101	北山佛湾第253号	"转轮王"题名	前后蜀	卷三	249
102	北山佛湾第253号	"太山大王"题名	前后蜀	卷三	249
103	北山佛湾第253号	"□□王"题名	前后蜀	卷三	249
104	北山佛湾第253号	陈绍珣妆绘观音地藏龛镌记	北宋咸平四年（1001年）	卷三	250
105	北山佛湾第253号	佚名残记	宋	卷三	252
106	北山佛湾第254号	"延平判官"题名	前后蜀	卷三	255

序号	位置	铭文名称	时代	卷数	页码
107	北山佛湾第254号	"□□判官"题名	前后蜀	卷三	255
108	北山佛湾第254号	"崔判官"题名	前后蜀	卷三	255
109	北山佛湾第254号	"赵判官"题名	前后蜀	卷三	255
110	北山佛湾第255号	佚名造药师净土变相残记	前后蜀	卷三	262
111	北山佛湾第255号	解氏造像残记	前后蜀	卷三	263
112	北山佛湾第260号	佛顶尊胜陀罗尼经	后蜀广政十八年（955年）	卷三	277
113	北山佛湾第269号	佛顶尊胜陀罗尼经	前后蜀	卷三	296
114	北山佛湾第271号	佛顶尊胜陀罗尼经	前后蜀	卷三	299
115	北山佛湾第279号	佛顶尊胜陀罗尼经	后蜀广政十八年（955年）	卷三	331
116	北山佛湾第279号	王承秀造药师变龛记	后蜀广政十八年（955年）	卷三	334
117	北山佛湾第279号	解氏妆銮尊胜幢龛记	北宋咸平二年（999年）	卷三	334
118	北山佛湾第280号	佚名残龛记	宋	卷三	335
119	北山佛湾第281号	佛顶尊胜陀罗尼经	后蜀广政十七年（954年）	卷三	347
120	北山佛湾第281号	刘恭造药师经变龛记	后蜀广政十七年（954年）	卷三	347
121	北山佛湾第281号	胡承进妆绘药师经变龛记	北宋景德二年（1005年）	卷三	347
122	北山佛湾第286号	佚名造观音龛记	北宋大观三年（1109年）	卷三	363
123	北山佛湾第287号	佚名残龛记	南宋绍兴八年（1138年）	卷三	365
124	北山佛湾第288号	"大明蜀总制林公之像"题刻	明嘉靖三年（1524年）	卷三	370
125	北山佛湾第288号	马道者造阿弥陀佛龛记	北宋大观元年（1107年）	卷三	372
126	北山佛湾第288号	李季升题刻	南宋庆元四年（1198年）	卷三	372
127	北山佛湾第288号	"季立父"题刻	年代不详	卷三	373
128	北山佛湾第289号	吕元锡等游北山题记	南宋乾道元年至七年（1165—1171年）	卷三	375
129	北山佛湾第289号	王季立观吕元锡字题记	南宋乾道七年（1171年）	卷三	375
130	北山佛湾第290号	范府书林俊诗并跋	明嘉靖三年（1524年）	卷三	376
多宝塔					
131	多宝塔塔门洞	"本院童行郑志领愿安乐"题刻	南宋绍兴十七年至二十五年（1147—1155年）	卷四	23
132	多宝塔第一级塔身南壁左下方框	何市瓦题刻	南宋绍兴十七年至二十五年（1147—1155年）	卷四	23
133	多宝塔第一级塔身南壁右下方框	何市瓦题刻	南宋绍兴十七年至二十五年（1147—1155年）	卷四	23
134	多宝塔第一级塔身西南壁左起第二方框	赵瓦题刻	南宋绍兴十七年（1147年）	卷四	23
135	多宝塔第一级塔身西南壁左起第三方框	赵瓦题刻	南宋绍兴十七年（1147年）	卷四	23
136	多宝塔第一级塔身西北壁左起第二方框	丁卯题刻	南宋绍兴十七年（1147年）	卷四	24
137	多宝塔第一级塔身北壁右框	邢先生等题刻	南宋绍兴十七年至二十五年（1147—1155年）	卷四	24
138	多宝塔第一级塔身东北壁左起第三方框	丁卯题刻	南宋绍兴十七年（1147年）	卷四	24
139	多宝塔第一级塔身东南壁左起第三方框	丁卯题刻	南宋绍兴十七年（1147年）	卷四	25
140	多宝塔第1、2号	蔡元志镌造释迦佛龛记	南宋绍兴十七年至二十五年（1147—1155年）	卷四	96
141	多宝塔第1、2号	冯善元镌装善财参礼文殊龛记	南宋绍兴十七年至二十五年（1147—1155年）	卷四	96
142	多宝塔第1、2号	付觉明等在塔内宿题名	明万历元年（1573年）	卷四	96
143	多宝塔第3号	邢信道镌造善财参礼海云比丘龛题记	南宋绍兴十七年至二十五年（1147—1155年）	卷四	97
144	多宝塔第5号	邢信道镌造善财参礼弥勒菩萨龛题记	南宋绍兴十七年至二十五年（1147—1155年）	卷四	104
145	多宝塔第6号	邢信道镌造善财参礼德云比丘龛题记	南宋绍兴十七年至二十五年（1147—1155年）	卷四	105
146	多宝塔第7号	刘升等镌造如意轮像龛题记	南宋绍兴二十年（1150年）	卷四	112
147	多宝塔第8号	何正言镌造观音龛题记	南宋绍兴十八年（1148年）	卷四	116

序号	位置	铭文名称	时代	卷数	页码
148	多宝塔第9号	何浩镌造观音龛题记	南宋绍兴十七年至二十五年（1147—1155年）	卷四	119
149	多宝塔第11号	邢信道镌造善财再会文殊龛题记	南宋绍兴十七年至二十五年（1147—1155年）	卷四	122
150	多宝塔第13号	邢信道镌造善财参礼海幢比丘龛题记	南宋绍兴十七年至二十五年（1147—1155年）	卷四	129
151	多宝塔第14号	邢信道镌造善财参礼解脱长者龛题记	南宋绍兴十七年至二十五年（1147—1155年）	卷四	131
152	多宝塔第15号	付觉明等题名	明万历元年（1573年）	卷四	135
153	多宝塔第15号	悟春等题名	明万历元年（1573年）	卷四	135
154	多宝塔第16号	邢信道镌造善财参礼弥伽长者龛题记	南宋绍兴十七年至二十五年（1147—1155年）	卷四	137
155	多宝塔第17号	邢信道镌造善财参礼文殊龛题记	南宋绍兴十七年至二十五年（1147—1155年）	卷四	142
156	多宝塔第19号	邢信道镌造善财参礼善住比丘龛题记	南宋绍兴十七年至二十五年（1147—1155年）	卷四	148
157	多宝塔第20号	"佛"字题刻	南宋绍兴十七年至二十五年（1147—1155年）	卷四	149
158	多宝塔第20号	砌塔邢先生小师周童镌造记	南宋绍兴十七年至二十五年（1147—1155年）	卷四	149
159	多宝塔第22号	邢信道镌造善财参礼无厌足王龛题记	南宋绍兴十七年至二十五年（1147—1155年）	卷四	158
160	多宝塔第23号	□于滨镌造西方三圣龛题记	南宋绍兴二十一年（1151年）	卷四	162
161	多宝塔第24号	邢信道镌造善财参礼宝髻长者龛题记	南宋绍兴十七年至二十五年（1147—1155年）	卷四	164
162	多宝塔第26号	邢信道镌造善财参礼婆须密女龛题记	南宋绍兴十七年至二十五年（1147—1155年）	卷四	168
163	多宝塔第28号	佚名镌造阿弥陀佛龛题记	南宋绍兴十七年至二十五年（1147—1155年）	卷四	175
164	多宝塔第32号	邢信道镌造善财参礼不动优婆姨龛题记	南宋绍兴十七年至二十五年（1147—1155年）	卷四	185
165	多宝塔第34号	邢信道镌造善财参礼师子频曲比丘龛题记	南宋绍兴十七年至二十五年（1147—1155年）	卷四	191
166	多宝塔第35号	邢信道镌造善财参礼大光王龛题记	南宋绍兴十七年至二十五年（1147—1155年）	卷四	193
167	多宝塔第36号	□狐琳书镌造释迦佛龛题记	南宋绍兴二十年（1150年）	卷四	201
168	多宝塔第37号	邢信道镌造善财参礼婆珊婆演底夜神龛题记	南宋绍兴十七年至二十五年（1147—1155年）	卷四	206
169	多宝塔第38号	邢信道镌造善财参礼普德净光夜神龛题记	南宋绍兴十七年至二十五年（1147—1155年）	卷四	208
170	多宝塔第39号	冯大学镌造西方三圣窟题刻	南宋绍兴十七年至二十五年（1147—1155年）	卷四	210
171	多宝塔第40号	邢信道镌造善财参礼精进力夜神龛题记	南宋绍兴十七年至二十五年（1147—1155年）	卷四	216
172	多宝塔第41号	冯大学施造普贤菩萨龛题记	南宋绍兴十七年至二十五年（1147—1155年）	卷四	218
173	多宝塔第42号	邢信道镌造善财参礼树花夜神龛题记	南宋绍兴十七年至二十五年（1147—1155年）	卷四	220
174	多宝塔第43号	任亮刊刻冯大学施钱造塔记	南宋绍兴二十二年（1152年）	卷四	222
175	多宝塔第45号	冯大学镌造文殊菩萨龛题记	南宋绍兴十七年至二十五年（1147—1155年）	卷四	233
176	多宝塔第47号	冯大学造第陆层宝塔壹级镌记	南宋绍兴十七年至二十五年（1147—1155年）	卷四	235
177	多宝塔第49号	邢信道镌造善财参礼□生夜神龛题记	南宋绍兴十七年至二十五年（1147—1155年）	卷四	241
178	多宝塔第50号	"妙悟"题刻	南宋绍兴十七年至二十五年（1147—1155年）	卷四	246
179	多宝塔第50号	"女童妙明"题刻	南宋绍兴十七年至二十五年（1147—1155年）	卷四	246
180	多宝塔第50号	冯大学造第陆层宝塔及造像全堂记	南宋绍兴十七年至二十五年（1147—1155年）	卷四	248
181	多宝塔第51号	刘暎镌造释迦佛龛题记	南宋绍兴十七年至二十五年（1147—1155年）	卷四	253
182	多宝塔第54号	王堂镌造释迦佛题记	南宋绍兴二十二年（1152年）	卷四	259
183	多宝塔第54号	王堂化众舍钱建塔第八级镌记及功德主题名	南宋绍兴二十二年（1152年）	卷四	259
184	多宝塔第54号	第八级宝塔上舍钱施主题名	南宋绍兴二十二年（1152年）	卷四	259
185	多宝塔第55号	汉卿等认砌第十一级宝塔镌记	南宋绍兴二十五年（1155年）	卷四	265
186	多宝塔第56号	邢信道镌造善财参礼贤圣优婆夷龛题记	南宋绍兴十七年至二十五年（1147—1155年）	卷四	269
187	多宝塔第57号	文陟造无量寿佛龛镌记	南宋绍兴二十三年（1153年）	卷四	275
188	多宝塔第58号	李小大镌造观音龛题记	南宋绍兴二十五年（1155年）	卷四	277
189	多宝塔第59号	邢信道镌造善财参礼最寂静婆罗门龛题记	南宋绍兴十七年至二十五年（1147—1155年）	卷四	281

序号	位置	铭文名称	时代	卷数	页码
190	多宝塔第60号	佚名造释迦佛龛残镌记	南宋绍兴十七年至二十五年（1147—1155年）	卷四	290
191	多宝塔第60号	刘杰造龙树菩萨及施铁索镌记	南宋绍兴二十三年（1153年）	卷四	291
192	多宝塔第60号	笤彦造地藏菩萨镌记	南宋绍兴十七年至二十五年（1147—1155年）	卷四	291
193	多宝塔第60号	伏小八匠师题名	南宋绍兴十七年至二十五年（1147—1155年）	卷四	291
194	多宝塔第64号	伏小八匠师题名	南宋绍兴二十四年（1154年）	卷四	310
195	多宝塔第64号	佚名造涅槃窟题记	南宋绍兴二十四年（1154年）	卷四	310
196	多宝塔第66号	邢信道镌造善财参礼遍友童子师龛题记	南宋绍兴十七年至二十五年（1147—1155年）	卷四	315
197	多宝塔第67号	周圆晖造像残记	南宋绍兴十七年至二十五年（1147—1155年）	卷四	320
198	多宝塔第67号	周圆晖题名	南宋绍兴十七年至二十五年（1147—1155年）	卷四	320
199	多宝塔第71号	桂天培等培修多宝塔题名	清光绪十九年（1893年）	卷四	337
200	多宝塔第73号	桂天培等培修多宝塔题名	清光绪十九年（1893年）	卷四	341
201	多宝塔第76号	桂天培等培修多宝塔题名	清光绪十九年（1893年）	卷四	347
202	多宝塔第78号	曾成书培修多宝塔记	清光绪十九年（1893年）	卷四	352
203	多宝塔第79号	曾成书培修多宝塔记	清光绪十九年（1893年）	卷四	353
204	多宝塔第80号	曾成书培修多宝塔记	清光绪十九年（1893年）	卷四	353
205	多宝塔第97号	佚名墨书残记	年代不详	卷四	408
206	多宝塔第116号	王安镌造千手观音龛镌记	南宋绍兴十七年至二十五年（1147—1155年）	卷四	463
207	多宝塔第117号	邢信道镌造善财童子五十三参像龛镌记	南宋绍兴十七年至二十五年（1147—1155年）	卷四	467
208	多宝塔第118号	邢信道镌造善财童子五十三参像龛镌记	南宋绍兴十七年至二十五年（1147—1155年）	卷四	469
209	多宝塔第119号	佚名造药师经变残镌记	南宋绍兴十七年至二十五年（1147—1155年）	卷四	475
210	多宝塔第120号	邢信道镌造善财童子五十三参像龛镌记	南宋绍兴十七年至二十五年（1147—1155年）	卷四	476
211	多宝塔第122号	佚名造玉印观音残镌记	南宋绍兴十七年至二十五年（1147—1155年）	卷四	484
212	多宝塔第128号	王慈济造释迦佛镌记	南宋绍兴十七年（1147年）	卷四	500
213	多宝塔第128号	王慈济自赞文	南宋绍兴十七年（1147年）	卷四	501
214	北塔寺后殿明间正脊	墨书题记	清乾隆十六年（1751年）	卷四	552
215	北塔寺后殿明间前侧坡面第二排檩木下	墨书题记	清乾隆十六年（1751年）	卷四	552
216	北塔寺	白塔寺碑序	清道光二十三年（1843年）	卷四	556
217	北塔寺	《白塔寺花园记》碑	年代不详	卷四	556
218	多宝塔西侧约10米处	《县正堂丁示》碑	清光绪十一年（1885年）	卷四	557
219	《县正堂丁示》碑阴	《县正堂桂示》碑	清光绪二十年（1894年）	卷四	557
220	北塔寺山门和前殿之间平坝内道路旁	《福田广种》碑	清乾隆五年（1740年）	卷四	558
221	北塔寺山门和前殿之间平坝内道路旁	功德碑	年代不详	卷四	558
222	多宝塔东侧石梯道旁石壁	"乙卯修路"题刻	年代不详	卷四	558
223	北塔坡一碗水观音菩萨龛	"一点心"题刻	清	卷四	563
224	北塔坡一碗水观音菩萨龛	"观音阁"题名	清	卷四	563
225	北塔坡一碗水观音菩萨龛	龛沿楹联	清同治三年（1864年）	卷四	563
226	北塔坡一碗水观音菩萨龛	牌楼楹联	清同治三年（1864年）	卷四	563
227	北塔坡一碗水观音菩萨龛	重修观音阁序	清同治三年（1864年）	卷四	564
228	多宝塔东南向前侧约80米悬崖上	"海棠香国"题刻	清咸丰六年（1856年）	卷四	564
229	北塔坡上方清墓	"传灯续"题刻	清	卷四	566
230	北塔坡上方清墓第三级塔身南面	明亮大和尚塔题刻	清	卷四	566
231	北塔坡上方清墓第三级塔身第一面（西南面）	明亮大和尚塔题刻	清	卷四	566

序号	位置	铭文名称	时代	卷数	页码
232	北塔坡上方清墓第三级塔身第二面（西北面）	明亮大和尚塔题刻	清	卷四	566
233	北塔坡上方清墓第三级塔身第四面（东北面）	明亮大和尚塔题刻	清	卷四	566
234	北塔坡上方清墓第三级塔身第五面（东南面）	明亮大和尚塔题刻	清	卷四	568
石篆山石窟					
235	石篆山石窟第1号	李□发装彩镌记	清道光七年（1827年）	卷五	19
236	石篆山石窟第2号	文惟简镌志公和尚龛镌记	北宋元丰八年（1085年）	卷五	23
237	石篆山石窟第5号	文惟简镌文殊普贤龛镌记	北宋元祐五年（1090年）	卷五	32
238	石篆山石窟第5号	文殊普贤像墨书题名	年代不详	卷五	33
239	石篆山石窟第5号	阿难像等墨书题名残记	年代不详	卷五	33
240	石篆山石窟第5号	香花童子像等墨书题名残记	年代不详	卷五	35
241	石篆山石窟第6号	"至圣文宣王"题名	北宋元祐三年（1088年）	卷五	37
242	石篆山石窟第6号	"颜回"题名	北宋元祐三年（1088年）	卷五	46
243	石篆山石窟第6号	"闵损"题名	北宋元祐三年（1088年）	卷五	46
244	石篆山石窟第6号	"冉有"题名	北宋元祐三年（1088年）	卷五	46
245	石篆山石窟第6号	"端木"题名	北宋元祐三年（1088年）	卷五	46
246	石篆山石窟第6号	"言偃"题名	北宋元祐三年（1088年）	卷五	46
247	石篆山石窟第6号	"仲由"题名	北宋元祐三年（1088年）	卷五	46
248	石篆山石窟第6号	"冉耕"题名	北宋元祐三年（1088年）	卷五	46
249	石篆山石窟第6号	"宰我"题名	北宋元祐三年（1088年）	卷五	46
250	石篆山石窟第6号	"冉求"题名	北宋元祐三年（1088年）	卷五	46
251	石篆山石窟第6号	"卜商"题名	北宋元祐三年（1088年）	卷五	46
252	石篆山石窟第6号	功德主严逊及匠师文惟简镌像记	北宋元祐三年（1088年）	卷五	47
253	石篆山石窟第6号	刘纯斋撰修治庙貌神龛记碑	清同治六年（1867年）	卷五	47
254	石篆山石窟第6号	县正堂示禁碑	清同治六年（1867年）	卷五	47
255	石篆山石窟第6号	功德碑	年代不详	卷五	48
256	石篆山石窟第7号	"优波离尊者"题名	北宋元丰五年（1082年）	卷五	51
257	石篆山石窟第7号	"律尊者"题名	北宋元丰五年（1082年）	卷五	51
258	石篆山石窟第7号	"□□□□尊者"题名	北宋元丰五年（1082年）	卷五	51
259	石篆山石窟第7号	"□□尊者"题名	北宋元丰五年（1082年）	卷五	51
260	石篆山石窟第7号	"舍利弗"题名	北宋元丰五年（1082年）	卷五	51
261	石篆山石窟第7号	戊辰年修水陆斋题记	北宋元祐三年（1088年）	卷五	52
262	石篆山石窟第7号	文惟简镌像记	北宋元丰五年（1082年）	卷五	53
263	石篆山石窟第7号	十方诸佛墨书镌记	清	卷五	53
264	石篆山石窟第8号	"太上老君"题名	北宋元丰六年（1083年）	卷五	65
265	石篆山石窟第8号	"玄中大法师"题名	北宋元丰六年（1083年）	卷五	68
266	石篆山石窟第8号	"太极真人"题名	北宋元丰六年（1083年）	卷五	68
267	石篆山石窟第8号	"□□真人"题名	北宋元丰六年（1083年）	卷五	68
268	石篆山石窟第8号	"妙光真人"题名	北宋元丰六年（1083年）	卷五	68
269	石篆山石窟第8号	"普得真人"题名	北宋元丰六年（1083年）	卷五	68
270	石篆山石窟第8号	"三天大法师"题名	北宋元丰六年（1083年）	卷五	68
271	石篆山石窟第8号	"太乙真人"题名	北宋元丰六年（1083年）	卷五	68
272	石篆山石窟第8号	"定光真人"题名	北宋元丰六年（1083年）	卷五	68

序号	位置	铭文名称	时代	卷数	页码
273	石篆山石窟第8号	"□□□人"题名	北宋元丰六年（1083年）	卷五	68
274	石篆山石窟第8号	"妙行真人"题名	北宋元丰六年（1083年）	卷五	68
275	石篆山石窟第8号	"正一真人"题名	北宋元丰六年（1083年）	卷五	68
276	石篆山石窟第8号	"□□□人"题名	北宋元丰六年（1083年）	卷五	68
277	石篆山石窟第8号	"虎将军"题名	北宋元丰六年（1083年）	卷五	68
278	石篆山石窟第8号	佚名镌太上老君龛残记	北宋元丰六年（1083年）	卷五	68
279	石篆山石窟第8号	墨书"道法"题记	年代不详	卷五	69
280	石篆山石窟第9号	文惟简镌地藏十王龛造像记	北宋绍圣三年（1096年）	卷五	89
281	石篆山石窟第11号	文惟简镌像题名	北宋元丰五年至绍圣三年（1082—1096年）	卷五	104
282	石篆山石窟第12号	僧希昼书严逊碑	北宋元祐五年（1090年）	卷五	107
283	石篆山石窟第13号	僧志宣彩画记	清光绪年间（1875—1908年）	卷五	111
284	石篆山佛会寺前殿	严逊记碑	明嘉靖三十六年（1557年）	卷五	396
285	《严逊记碑》碑阴	述思古迹记碑	明嘉靖三十六年（1557年）	卷五	396
286	石篆山佛会寺中殿	张壁撰《重修佛惠寺碑记》	明弘治十二年（1499年）	卷五	397
287	石篆山佛会之塔	"佛会之塔"塔名题刻	明成化十八年（1482年）	卷五	398
288	石篆山佛会之塔	僧志容装彩观音等像镌记	清同治三年（1864年）	卷五	404
289	石篆山佛会之塔	佛会之塔残记	明成化十八年（1482年）	卷五	406
290	石篆山寺第1号	吴三五题名镌记	年代不详	卷五	407
291	石篆山寺第2号	佛会寺觉朗拾铙记	清同治九年（1870年）	卷五	408
292	石篆山寺第3号	僧神锋书"蕴翠"题刻	清光绪二年（1876年）	卷五	409
293	石篆山寺第3号	僧文彬题七言诗	清光绪二年（1876年）	卷五	409
294	石篆山寺第4号	铭宗镌观音像记	明建文三年（1401年）	卷五	410
295	石篆山子母殿西第1号	僧圣质"题岩窝古楼"诗	清光绪七年（1881年）	卷五	410
296	石篆山子母殿西第2号	僧圣质书"白石青山"题刻	清光绪七年（1881年）	卷五	411
297	石篆山子母殿西第5号	比丘总琴栽植柏树记	明嘉靖三十九年（1560年）	卷五	412
298	石篆山子母殿东碑第3号	残诗碑	清	卷五	412
299	石篆山子母殿东第6号	佚名刻"破迷歌"	清	卷五	416
石门山石窟					
300	石门山石窟第1号	寒忠进镌像记	南宋绍兴二十一年（1151年）	卷五	134
301	石门山石窟第1号	佚名培修残记	明崇祯元年（1628年）	卷五	134
302	石门山石窟第2号	"千里眼"题名	南宋绍兴十七年（1147年）	卷五	138
303	石门山石窟第2号	"顺风耳"题名	南宋绍兴十七年（1147年）	卷五	139
304	石门山石窟第2号	杨伯高造杨文忻真容像镌记	南宋绍兴十七年（1147年）	卷五	141
305	石门山石窟第2号	杨伯高造二神将像镌记	南宋绍兴十七年（1147年）	卷五	141
306	石门山石窟第2号	众姓同立妆塑玉皇碑记	清道光十五年（1835年）	卷五	141
307	石门山石窟第3号	赵氏一娘子镌释迦佛龛记及匠师题名	北宋绍圣三年（1096年）	卷五	146
308	石门山石窟第4号	僧法顺镌水月观音龛记	北宋绍圣元年（1094年）	卷五	149
309	石门山石窟第5号	赵维元捐刻阿弥陀佛像镌记	清乾隆五十年（1785年）	卷五	152
310	石门山石窟第5-1号	"观音龛"题刻	年代不详	卷五	152
311	石门山石窟第6号	佚名造正法明王观音像镌记	南宋绍兴十一年（1141年）	卷五	188
312	石门山石窟第6号	杨作安造大势至菩萨镌记	南宋绍兴十一年（1141年）	卷五	188
313	石门山石窟第6号	岑忠用修造十圣观音洞镌记	南宋绍兴十年（1140年）	卷五	193

序号	位置	铭文名称	时代	卷数	页码
314	石门山石窟第6号	岑忠志造宝蓝手观音镌记	南宋绍兴十一年（1141年）	卷五	193
315	石门山石窟第6号	岑忠用造宝经手观音镌记	南宋绍兴十年（1140年）	卷五	193
316	石门山石窟第6号	岑忠信造宝扇手观音镌记	南宋绍兴十一年（1141年）	卷五	194
317	石门山石窟第6号	庞休造甘露玉观音镌记	南宋绍兴十一年（1141年）	卷五	194
318	石门山石窟第6号	侯惟正造善财功德像镌记	南宋绍兴十一年（1141年）	卷五	194
319	石门山石窟第6号	甄典□造宝莲手观音镌记	南宋绍兴十一年（1141年）	卷五	195
320	石门山石窟第6号	赵勤典造宝镜观音镌记	南宋绍兴十一年（1141年）	卷五	195
321	石门山石窟第6号	陈充造莲花手观音镌记	南宋绍兴十一年（1141年）	卷五	195
322	石门山石窟第6号	庞师上造如意轮观音镌记	南宋绍兴十一年（1141年）	卷五	196
323	石门山石窟第6号	侯良造数珠手观音镌记	南宋绍兴十一年（1141年）	卷五	196
324	石门山石窟第6号	谢继隆造献珠龙女镌记	南宋绍兴十一年（1141年）	卷五	196
325	石门山石窟第6号	募化装塑佛菩萨像镌记	清光绪年间（1875—1908年）	卷五	196
326	石门山石窟第8-2号	达荣修理功字镌记	清乾隆三十五年（1770年）	卷五	219
327	石门山石窟第10号	残刻	南宋	卷五	247
328	石门山石窟第11-1号	宋以道书"圣府洞"题刻	清乾隆六十年（1795年）	卷五	264
329	石门山石窟第12号	邓柽纪行诗碑	南宋淳熙九年（1182年）	卷五	264
330	石门山石窟第12-1号	僧宏济装塑韦驮金身记碑	清光绪七年（1881年）	卷五	266
331	石门山石窟第12-2号	但道玄撰建修劝善所叙碑	民国九年（1920年）	卷五	267
332	石门山石窟第12-3号	"杏林宫"题刻	年代不详	卷五	268
333	石门山石窟第13号	僧弘明立道众小引碑	清道光年间（1821—1851年）	卷五	270
334	石门山石窟第13-1号	杨才友造山王龛镌记及匠师镌名	北宋绍圣元年（1094年）	卷五	271
335	石门山石窟第13-1号	杨才友修斋庆赞记	北宋绍圣元年（1094年）	卷五	273
336	石门山石窟第13-1号	佚名立重□荡荡碑	清乾隆二十二年（1757年）	卷五	273
337	石门山石窟第13-1号	张子华等重修大殿记碑	清乾隆二十二年（1757年）	卷五	273
338	石门山石窟第13-2号	"龙王"题刻	年代不详	卷五	274
339	石门山石窟第13-2号	文惟一题名镌记	北宋绍圣元年（1094年）	卷五	275
340	石门山石窟南侧石柱东北面	余源□撰书《掉常住田》碑	清乾隆二十五年（1760年）	卷五	419
341	石门山石窟南侧石柱东南面	《勒石为记》捐资碑	清乾隆二十五年（1760年）	卷五	419
342	石门山石窟南侧石柱西南面	姜□□撰《刊刻碑文》	清乾隆二十三年（1758年）	卷五	419
343	石门山石窟南侧石柱西北面	名垂千古捐资题名碑	清	卷五	420
344	石门山石窟东侧石柱西南面	舒宏明撰《圣府洞置常住田碑序》	清乾隆十六年（1751年）	卷五	420
345	石门山石窟东侧石柱西北面	《永远万古》捐资碑	清	卷五	421
346	石门山石窟东侧石柱东北面	张书绅撰《契约存照》碑	清乾隆十五年（1750年）	卷五	421
347	石门山石窟东侧石柱东南面	《圣府洞记》碑	清	卷五	421
348	石门山石窟香炉第二、三级塔身	捐资功德题记	清宣统元年（1909年）	卷五	422
349	石门山石窟	《正堂宪示》碑	清光绪三十三年（1907年）	卷五	422
350	石门山石窟	癸亥功德碑	清	卷五	424
351	石门山石窟	乾隆装塑碑	清乾隆五十一年（1786年）	卷五	424
352	石门山石窟圣府洞寺大殿	装塑燃灯古佛纠察灵官碑记	清	卷五	428
353	石门山石窟圣府洞寺大殿	捐资题名碑	清道光九年（1829年）	卷五	428
南山石窟					
354	南山石窟第1号	王伯富造真武龛香炉镌记	明正德十六年（1521年）	卷五	291

序号	位置	铭文名称	时代	卷数	页码
355	南山石窟第2号	王德嘉隶书碑	清光绪元年（1875年）	卷五	294
356	南山石窟第2号	张澍重游南山诗并跋	清嘉庆二十三年（1818年）	卷五	298
357	南山石窟第2号	张澍重九日偕友登高记	清嘉庆二十三年（1818年）	卷五	299
358	南山石窟第3号	张澍书"翕然云起"题刻	清嘉庆二十三年（1818年）	卷五	302
359	南山石窟第4号	"九天监生大神"题刻	南宋绍兴年间（1131—1141年）	卷五	307
360	南山石窟第4号	"□天送生夫□"题刻	南宋绍兴年间（1131—1141年）	卷五	307
361	南山石窟第4号	梅亭诗	清	卷五	310
362	南山石窟第5号	"三清古洞"题刻	南宋绍兴年间（1131—1141年）	卷五	311
363	南山石窟第5号	何正言凿三清古洞镌记	南宋绍兴年间（1131—1141年）	卷五	345
364	南山石窟第5号	吕元锡游南山诗并跋	南宋淳熙五年（1178年）	卷五	345
365	南山石窟第5号	佚名和吕元锡诗	南宋	卷五	345
366	南山石窟第5号	张宗彦题七言诗	南宋绍兴十一年（1141年）	卷五	350
367	南山石窟第5号	何格非和张宗彦诗	南宋绍兴十一年（1141年）	卷五	350
368	南山石窟第5号	邓早阆辛酉岁张、何二公诗跋	南宋绍兴二十一年（1151年）	卷五	351
369	南山石窟第5号	何光震饯郡守王梦应记碑	南宋淳祐七年（1247年）	卷五	351
370	南山石窟第5号	樊允季领客避暑终日题记	南宋端平二年（1235年）	卷五	352
371	南山石窟第5号	县正堂桂示禁碑	清光绪年间（1875—1908年）	卷五	352
372	南山石窟第5号	吕元锡挈家寻仙追凉题记	南宋淳熙五年（1178年）	卷五	353
373	南山石窟第5号	梁当之等避暑南山题记	南宋淳熙十五年（1188年）	卷五	353
374	南山石窟第5号	曹伟卿游南山记	南宋庆元六年（1200年）	卷五	353
375	南山石窟第5号	唐子俊装修玉皇古洞天尊碑记	清康熙六十年（1721年）	卷五	353
376	南山石窟第5号	陈伯疆冬至日飨先考题记	南宋乾道五年（1169年）	卷五	354
377	南山石窟第5号	玉皇观置田产契约碑	清康熙五十八年（1719年）	卷五	354
378	南山石窟第5号	陈及之省坟莓溪过南山题记	南宋	卷五	355
379	南山石窟第5号	王德嘉行书碑	清同治十一年至光绪元年（1872—1875年）	卷五	355
380	南山石窟第6号	赵□可题记	南宋	卷五	363
381	南山石窟第7号	杨顺祀书"福寿"题刻	清光绪十五年（1889年）	卷五	365
382	南山石窟第8号	张澍题"辰秀太清"题刻	清嘉庆二十三年（1818年）	卷五	366
383	南山石窟第9号	王德嘉步吕张二公留题原韵诗	清同治十二年（1873年）	卷五	368
384	南山石窟第10号	王德铭临山谷道人书后汉诗三篇	清同治十三年（1874年）	卷五	369
385	南山石窟第10-1号	"福"字题刻	清	卷五	370
386	南山石窟第11号	王德嘉书"寿"字题刻	清同治十二年（1873年）	卷五	371
387	南山石窟第12号	邝国元楹联题刻	清光绪三十三年（1907年）	卷五	372
388	南山石窟第13号	王德嘉书"绝尘"题刻	清同治十二年（1873年）	卷五	372
389	南山石窟第14号	刘灼先楹联题刻	民国九年（1920年）	卷五	373
宝顶山大佛湾石窟					
390	宝顶山大佛湾第2号	大藏佛说守护大千国土经	南宋淳熙至淳祐年间（1174—1252年）	卷六	63
391	宝顶山大佛湾第3号	偈语	南宋淳熙至淳祐年间（1174—1252年）	卷六	81
392	宝顶山大佛湾第3号	偈语	南宋淳熙至淳祐年间（1174—1252年）	卷六	81
393	宝顶山大佛湾第4号	"广大宝楼阁"题名	南宋淳熙至淳祐年间（1174—1252年）	卷六	84
394	宝顶山大佛湾第4号	杜孝严书"宝顶山"题刻	南宋嘉定十六年（1223年）	卷六	89
395	宝顶山大佛湾第4号	僧觉□妆彩残记	明嘉靖二年（1523年）	卷六	91

序号	位置	铭文名称	时代	卷数	页码
396	宝顶山大佛湾第4号	戴光升装彩千手观音华严三圣父母恩重经变像镌记	清光绪十五年（1889年）	卷六	93
397	宝顶山大佛湾第5号	宇文屺诗碑	南宋淳熙至淳祐年间（1174—1252年）	卷六	123
398	宝顶山大佛湾第5号	性聪书残记	明嘉靖二年（1523年）	卷六	124
399	宝顶山大佛湾第5号	战符题《灵湫泉》诗	明	卷六	124
400	宝顶山大佛湾第5号	墨书题记（第1则）	清	卷六	124
401	宝顶山大佛湾第5号	墨书题记（第2则）	清嘉庆八年（1803年）	卷六	125
402	宝顶山大佛湾第5号	墨书题记（第3则）	清	卷六	125
403	宝顶山大佛湾第5号	墨书题记（第4则）	清	卷六	126
404	宝顶山大佛湾第5号	墨书题记（第5则）	清嘉庆十五年（1810年）	卷六	126
405	宝顶山大佛湾第5号	墨书题记（第6则）	清	卷六	126
406	宝顶山大佛湾第5号	墨书题记（第7则）	清	卷六	126
407	宝顶山大佛湾第5号	墨书题记（第8则）	清	卷六	126
408	宝顶山大佛湾第5号	墨书题记（第9则）	清	卷六	126
409	宝顶山大佛湾第5号	墨书题记（第10则）	清嘉庆六年（1801年）	卷六	127
410	宝顶山大佛湾第5号	墨书题记（第11则）	清嘉庆六年（1801年）	卷六	127
411	宝顶山大佛湾第5号	墨书题记（第12则）	清	卷六	127
412	宝顶山大佛湾第5号	墨书题记（第13则）	清	卷六	127
413	宝顶山大佛湾第5号	墨书题记（第14则）	清	卷六	127
414	宝顶山大佛湾第5号	墨书题记（第15则）	清乾隆三十年至三十九年（1765—1774年）	卷六	128
415	宝顶山大佛湾第5号	墨书题记（第16则）	清乾隆三十年至三十九年（1765—1774年）	卷六	128
416	宝顶山大佛湾第6号	"舍利宝塔"题名	南宋淳熙至淳祐年间（1174—1252年）	卷六	131
417	宝顶山大佛湾第6号	墨书残记	清乾隆二十五年（1760年）	卷六	140
418	宝顶山大佛湾第7号	"妙智宝塔"题名	南宋淳熙至淳祐年间（1174—1252年）	卷六	142
419	宝顶山大佛湾第7号	魏了翁书"毗卢庵"题刻	南宋淳熙至淳祐年间（1174—1252年）	卷六	148
420	宝顶山大佛湾第7号	偈语（假使偈）	南宋淳熙至淳祐年间（1174—1252年）	卷六	148
421	宝顶山大佛湾第7号	净明立《遥播千古》碑	清乾隆十三年（1748年）	卷六	148
422	宝顶山大佛湾第7号	悟朝立善功部碑	明隆庆四年（1570年）	卷六	148
423	宝顶山大佛湾第8号	张龙飞装修千手观音像记	清乾隆四十五年（1780年）	卷六	163
424	宝顶山大佛湾第9号	"化城"题名	南宋淳熙至淳祐年间（1174—1252年）	卷六	182
425	宝顶山大佛湾第9号	"正觉院"题名	南宋淳熙至淳祐年间（1174—1252年）	卷六	185
426	宝顶山大佛湾第9号	"净土宫"题名	南宋淳熙至淳祐年间（1174—1252年）	卷六	187
427	宝顶山大佛湾第9号	"光□□"题名	南宋淳熙至淳祐年间（1174—1252年）	卷六	189
428	宝顶山大佛湾第9号	偈语（假使偈）	南宋淳熙至淳祐年间（1174—1252年）	卷六	189
429	宝顶山大佛湾第9-1号	偈语	南宋淳熙至淳祐年间（1174—1252年）	卷六	193
430	宝顶山大佛湾第9-1号	"舍利宝塔"题名	南宋淳熙至淳祐年间（1174—1252年）	卷六	193
431	宝顶山大佛湾第13号	"药叉"题名	南宋淳熙至淳祐年间（1174—1252年）	卷六	249
432	宝顶山大佛湾第13号	《佛母大孔雀明王经》经文	南宋淳熙至淳祐年间（1174—1252年）	卷六	249
433	宝顶山大佛湾第13号	"天胜修罗"题名	南宋淳熙至淳祐年间（1174—1252年）	卷六	263
434	宝顶山大佛湾第14号	姚宓恭书"毗卢道场"题刻	南宋淳熙至淳祐年间（1174—1252年）	卷六	267
435	宝顶山大佛湾第14号	毗卢道场楹联	南宋淳熙至淳祐年间（1174—1252年）	卷六	280
436	宝顶山大佛湾第14号	"正觉门"题刻	南宋淳熙至淳祐年间（1174—1252年）	卷六	290
437	宝顶山大佛湾第14号	"翅头城"题刻	南宋淳熙至淳祐年间（1174—1252年）	卷六	290

序号	位置	铭文名称	时代	卷数	页码
438	宝顶山大佛湾第14号	"兜率宫"题刻	南宋淳熙至淳祐年间（1174—1252年）	卷六	337
439	宝顶山大佛湾第14号	胡靖等游记	明永乐十一年（1413年）	卷六	352
440	宝顶山大佛湾第14号	李彭氏装彩记	清	卷六	356
441	宝顶山大佛湾第15号	"投佛祈求嗣息"颂词	南宋淳熙至淳祐年间（1174—1252年）	卷七	9
442	宝顶山大佛湾第15号	"怀担守护恩"颂词	南宋淳熙至淳祐年间（1174—1252年）	卷七	18
443	宝顶山大佛湾第15号	"临产受苦恩"颂词	南宋淳熙至淳祐年间（1174—1252年）	卷七	19
444	宝顶山大佛湾第15号	"生子忘忧恩"颂词	南宋淳熙至淳祐年间（1174—1252年）	卷七	19
445	宝顶山大佛湾第15号	"咽苦吐甘恩"颂词	南宋淳熙至淳祐年间（1174—1252年）	卷七	20
446	宝顶山大佛湾第15号	"推干就湿恩"颂词	南宋淳熙至淳祐年间（1174—1252年）	卷七	21
447	宝顶山大佛湾第15号	"乳哺养育恩"颂词	南宋淳熙至淳祐年间（1174—1252年）	卷七	25
448	宝顶山大佛湾第15号	"洗濯不净恩"颂词	南宋淳熙至淳祐年间（1174—1252年）	卷七	25
449	宝顶山大佛湾第15号	"为造恶业恩"颂词	南宋淳熙至淳祐年间（1174—1252年）	卷七	26
450	宝顶山大佛湾第15号	"远行忆念恩"颂词	南宋淳熙至淳祐年间（1174—1252年）	卷七	26
451	宝顶山大佛湾第15号	"究竟怜悯恩"颂词	南宋淳熙至淳祐年间（1174—1252年）	卷七	27
452	宝顶山大佛湾第15号	偈语（假使偈）	南宋淳熙至淳祐年间（1174—1252年）	卷七	27
453	宝顶山大佛湾第15号	佛说报父母恩德经	南宋淳熙至淳祐年间（1174—1252年）	卷七	30
454	宝顶山大佛湾第15号	佛说为于父母供养三宝经	南宋淳熙至淳祐年间（1174—1252年）	卷七	31
455	宝顶山大佛湾第15号	佛说为于父母□悔罪愆经	南宋淳熙至淳祐年间（1174—1252年）	卷七	31
456	宝顶山大佛湾第15号	佛说不孝罪为先经	南宋淳熙至淳祐年间（1174—1252年）	卷七	34
457	宝顶山大佛湾第15号	刑法题记	南宋淳熙至淳祐年间（1174—1252年）	卷七	35
458	宝顶山大佛湾第15号	佛说不孝之人堕阿毗地狱经	南宋淳熙至淳祐年间（1174—1252年）	卷七	35
459	宝顶山大佛湾第15号	偈语	南宋淳熙至淳祐年间（1174—1252年）	卷七	36
460	宝顶山大佛湾第16号	"敕烧煞五逆者"题刻	南宋淳熙至淳祐年间（1174—1252年）	卷七	43
461	宝顶山大佛湾第16号	古圣雷音霹雳诗	南宋淳熙至淳祐年间（1174—1252年）	卷七	43
462	宝顶山大佛湾第16号壁面中部	偈语	南宋淳熙至淳祐年间（1174—1252年）	卷七	46
463	宝顶山大佛湾第16号壁面下部	偈语	南宋淳熙至淳祐年间（1174—1252年）	卷七	47
464	宝顶山大佛湾第17号	"忉利天宫"题刻	南宋淳熙至淳祐年间（1174—1252年）	卷七	48
465	宝顶山大佛湾第17号	"六师外道谤佛不孝"题刻	南宋淳熙至淳祐年间（1174—1252年）	卷七	56
466	宝顶山大佛湾第17号	大藏佛说大方便佛报恩经	南宋淳熙至淳祐年间（1174—1252年）	卷七	56
467	宝顶山大佛湾第17号	"释迦佛因行孝证三十二相"经文	南宋淳熙至淳祐年间（1174—1252年）	卷七	59
468	宝顶山大佛湾第17号	"释迦因地行孝剜睛出髓为药"经文	南宋淳熙至淳祐年间（1174—1252年）	卷七	64
469	宝顶山大佛湾第17号	"释迦因地鹦鹉行孝"经文	南宋淳熙至淳祐年间（1174—1252年）	卷七	64
470	宝顶山大佛湾第17号	"释迦因地割肉供父母"经文	南宋淳熙至淳祐年间（1174—1252年）	卷七	67
471	宝顶山大佛湾第17号	"佛因地修行舍身济虎"经文	南宋淳熙至淳祐年间（1174—1252年）	卷七	67
472	宝顶山大佛湾第17号	"释迦因地雁书报太子"经文	南宋淳熙至淳祐年间（1174—1252年）	卷七	69
473	宝顶山大佛湾第17号	"释迦因地剜肉"经文	南宋淳熙至淳祐年间（1174—1252年）	卷七	70
474	宝顶山大佛湾第17号	"释迦佛因地为睒子行孝"经文	南宋淳熙至淳祐年间（1174—1252年）	卷七	72
475	宝顶山大佛湾第17号	"释迦佛因地修行舍身求法"经文	南宋淳熙至淳祐年间（1174—1252年）	卷七	74
476	宝顶山大佛湾第17号	"释迦牟尼佛诣父王所看病"经文	南宋淳熙至淳祐年间（1174—1252年）	卷七	76
477	宝顶山大佛湾第17号	"大孝释迦佛亲担父王棺"题刻	南宋淳熙至淳祐年间（1174—1252年）	卷七	77
478	宝顶山大佛湾第17号	"王棺舆"题刻	南宋淳熙至淳祐年间（1174—1252年）	卷七	77
479	宝顶山大佛湾第17号	"净饭大王舍利宝塔"题刻	南宋淳熙至淳祐年间（1174—1252年）	卷七	77

序号	位置	铭文名称	时代	卷数	页码
480	宝顶山大佛湾第17号	"释迦牟尼佛为末世众生设化法故担父王棺"经文	南宋淳熙至淳祐年间（1174—1252年）	卷七	77
481	宝顶山大佛湾第17号	偈语（假使偈）	南宋淳熙至淳祐年间（1174—1252年）	卷七	77
482	宝顶山大佛湾第17号	《三圣御制佛牙赞》碑	南宋淳熙至淳祐年间（1174—1252年）	卷七	80
483	《三圣御制佛牙赞》碑左右外侧	颂词	南宋淳熙至淳祐年间（1174—1252年）	卷七	81
484	宝顶山大佛湾第17号	悟经装彩记	明嘉靖年间（1522—1566年）	卷七	81
485	宝顶山大佛湾第17号	墨书指路碑	清	卷七	81
486	宝顶山大佛湾第18号	"大宝楼阁"题名	南宋淳熙至淳祐年间（1174—1252年）	卷七	100
487	宝顶山大佛湾第18号	"珠楼"题名	南宋淳熙至淳祐年间（1174—1252年）	卷七	100
488	宝顶山大佛湾第18号	观无量寿佛经及上品上生经	南宋淳熙至淳祐年间（1174—1252年）	卷七	110
489	宝顶山大佛湾第18号	上品中生经	南宋淳熙至淳祐年间（1174—1252年）	卷七	112
490	宝顶山大佛湾第18号	上品下生经	南宋淳熙至淳祐年间（1174—1252年）	卷七	113
491	宝顶山大佛湾第18号	中品上生经	南宋淳熙至淳祐年间（1174—1252年）	卷七	117
492	宝顶山大佛湾第18号	中品中生经	南宋淳熙至淳祐年间（1174—1252年）	卷七	118
493	宝顶山大佛湾第18号	中品下生经	南宋淳熙至淳祐年间（1174—1252年）	卷七	118
494	宝顶山大佛湾第18号	下品上生经	南宋淳熙至淳祐年间（1174—1252年）	卷七	122
495	宝顶山大佛湾第18号	下品中生经	南宋淳熙至淳祐年间（1174—1252年）	卷七	123
496	宝顶山大佛湾第18号	下品下生经	南宋淳熙至淳祐年间（1174—1252年）	卷七	123
497	宝顶山大佛湾第18号	"日观"颂词	南宋淳熙至淳祐年间（1174—1252年）	卷七	128
498	宝顶山大佛湾第18号	"水观"颂词	南宋淳熙至淳祐年间（1174—1252年）	卷七	129
499	宝顶山大佛湾第18号	"地观"颂词	南宋淳熙至淳祐年间（1174—1252年）	卷七	130
500	宝顶山大佛湾第18号	"树观"颂词	南宋淳熙至淳祐年间（1174—1252年）	卷七	130
501	宝顶山大佛湾第18号	"池观"颂词	南宋淳熙至淳祐年间（1174—1252年）	卷七	130
502	宝顶山大佛湾第18号	"总观"颂词	南宋淳熙至淳祐年间（1174—1252年）	卷七	131
503	宝顶山大佛湾第18号	"宝相观"颂词	南宋淳熙至淳祐年间（1174—1252年）	卷七	131
504	宝顶山大佛湾第18号	"法身观"颂词	南宋淳熙至淳祐年间（1174—1252年）	卷七	137
505	宝顶山大佛湾第18号	"观世音观"颂词	南宋淳熙至淳祐年间（1174—1252年）	卷七	137
506	宝顶山大佛湾第18号	"大势智观"颂词	南宋淳熙至淳祐年间（1174—1252年）	卷七	137
507	宝顶山大佛湾第18号	"普观"颂词	南宋淳熙至淳祐年间（1174—1252年）	卷七	138
508	宝顶山大佛湾第18号	"丈六金身观"颂词	南宋淳熙至淳祐年间（1174—1252年）	卷七	138
509	宝顶山大佛湾第18号	"上品观"颂词	南宋淳熙至淳祐年间（1174—1252年）	卷七	142
510	宝顶山大佛湾第18号	"中品观"颂词	南宋淳熙至淳祐年间（1174—1252年）	卷七	142
511	宝顶山大佛湾第18号	"下品观"颂词	南宋淳熙至淳祐年间（1174—1252年）	卷七	142
512	宝顶山大佛湾第18号	《普劝持念阿弥陀佛》碑	南宋淳熙至淳祐年间（1174—1252年）	卷七	145
513	宝顶山大佛湾第18号	《再三相劝念弥陀》碑	南宋淳熙至淳祐年间（1174—1252年）	卷七	146
514	宝顶山大佛湾第18号	肖周氏等妆绘记	年代不详	卷七	147
515	宝顶山大佛湾第18号	性寅妆绚观经变左岩像记	明嘉靖三年（1524年）	卷七	147
516	宝顶山大佛湾第18号	杨秀爵装彩古佛记	清嘉庆八年（1803年）	卷七	148
517	宝顶山大佛湾第18号	释云劝善文	清嘉庆十五年（1810年）	卷七	149
518	宝顶山大佛湾第18号	捐银功德记	年代不详	卷七	150
519	宝顶山大佛湾第18号	曾绍森合家发愿文	明嘉靖四年（1525年）	卷七	150
520	宝顶山大佛湾第18号	性寅妆绚观经变右岩像记	明嘉靖二年（1523年）	卷七	150
521	宝顶山大佛湾第18号	逊斋书"忍"字题刻及偈句	清咸丰六年（1856年）	卷七	150

序号	位置	铭文名称	时代	卷数	页码
522	宝顶山大佛湾第18号	曾志敏书"西竺一脉"题刻	清咸丰六年（1856年）	卷七	151
523	宝顶山大佛湾第19号	"缚心猿锁六耗"图名	南宋淳熙至淳祐年间（1174—1252年）	卷七	152
524	宝顶山大佛湾第19号	六耗偈语·眼如走犬	南宋淳熙至淳祐年间（1174—1252年）	卷七	153
525	宝顶山大佛湾第19号	六耗偈语·耳如乌鸦	南宋淳熙至淳祐年间（1174—1252年）	卷七	153
526	宝顶山大佛湾第19号	六耗偈语·鼻如毒蛇	南宋淳熙至淳祐年间（1174—1252年）	卷七	153
527	宝顶山大佛湾第19号	六耗偈语·舌如野狸	南宋淳熙至淳祐年间（1174—1252年）	卷七	153
528	宝顶山大佛湾第19号	六耗偈语·身如大鱼	南宋淳熙至淳祐年间（1174—1252年）	卷七	153
529	宝顶山大佛湾第19号	六耗偈语·意如野马	南宋淳熙至淳祐年间（1174—1252年）	卷七	158
530	宝顶山大佛湾第19号	"善福乐"系偈颂	南宋淳熙至淳祐年间（1174—1252年）	卷七	158
531	宝顶山大佛湾第19号	"恶祸苦"系偈颂	南宋淳熙至淳祐年间（1174—1252年）	卷七	158
532	宝顶山大佛湾第19号	偈语（第1则铭文）	南宋淳熙至淳祐年间（1174—1252年）	卷七	160
533	宝顶山大佛湾第19号	心猿颂	南宋淳熙至淳祐年间（1174—1252年）	卷七	160
534	宝顶山大佛湾第19号	祖师颂词	南宋淳熙至淳祐年间（1174—1252年）	卷七	160
535	宝顶山大佛湾第19号	咏乐诗	南宋淳熙至淳祐年间（1174—1252年）	卷七	162
536	宝顶山大佛湾第19号	咏苦诗	南宋淳熙至淳祐年间（1174—1252年）	卷七	163
537	宝顶山大佛湾第19号	偈语（第6则铭文）	南宋淳熙至淳祐年间（1174—1252年）	卷七	163
538	宝顶山大佛湾第19号	偈语（第7则铭文）	南宋淳熙至淳祐年间（1174—1252年）	卷七	163
539	宝顶山大佛湾第19号	咏心歌	南宋淳熙至淳祐年间（1174—1252年）	卷七	163
540	宝顶山大佛湾第19号	咏心偈	南宋淳熙至淳祐年间（1174—1252年）	卷七	164
541	宝顶山大佛湾第19号	论六耗颂	南宋淳熙至淳祐年间（1174—1252年）	卷七	164
542	宝顶山大佛湾第19号	锁六耗诗	南宋淳熙至淳祐年间（1174—1252年）	卷七	164
543	宝顶山大佛湾第19号	偈语（第12则铭文）	南宋淳熙至淳祐年间（1174—1252年）	卷七	164
544	宝顶山大佛湾第19号	偈语（第13则铭文）	南宋淳熙至淳祐年间（1174—1252年）	卷七	164
545	宝顶山大佛湾第19号	偈语（第14则铭文）	南宋淳熙至淳祐年间（1174—1252年）	卷七	165
546	宝顶山大佛湾第19号	墨书残文（第1则）	清	卷七	165
547	宝顶山大佛湾第19号	墨书残文（第2则）	清乾隆年间（1736—1795年）	卷七	165
548	宝顶山大佛湾第20号	"现报司官"颂词	南宋淳熙至淳祐年间（1174—1252年）	卷七	167
549	宝顶山大佛湾第20号	"秦广大王"颂词	南宋淳熙至淳祐年间（1174—1252年）	卷七	172
550	宝顶山大佛湾第20号	"初江大王"颂词	南宋淳熙至淳祐年间（1174—1252年）	卷七	173
551	宝顶山大佛湾第20号	"宋帝大王"颂词	南宋淳熙至淳祐年间（1174—1252年）	卷七	173
552	宝顶山大佛湾第20号	"五官大王"颂词	南宋淳熙至淳祐年间（1174—1252年）	卷七	173
553	宝顶山大佛湾第20号	"阎罗天子"颂词	南宋淳熙至淳祐年间（1174—1252年）	卷七	181
554	宝顶山大佛湾第20号	"变成大王"颂词	南宋淳熙至淳祐年间（1174—1252年）	卷七	184
555	宝顶山大佛湾第20号	"太山大王"颂词	南宋淳熙至淳祐年间（1174—1252年）	卷七	184
556	宝顶山大佛湾第20号	"平正大王"颂词	南宋淳熙至淳祐年间（1174—1252年）	卷七	185
557	宝顶山大佛湾第20号	"都市大王"颂词	南宋淳熙至淳祐年间（1174—1252年）	卷七	185
558	宝顶山大佛湾第20号	"转轮圣王"颂词	南宋淳熙至淳祐年间（1174—1252年）	卷七	185
559	宝顶山大佛湾第20号	"速报司官"颂词	南宋淳熙至淳祐年间（1174—1252年）	卷七	186
560	宝顶山大佛湾第20号第2层第1侍者像	"现报司"图名	南宋淳熙至淳祐年间（1174—1252年）	卷七	186
561	宝顶山大佛湾第20号第2层第10侍者像	"速报"图名	南宋淳熙至淳祐年间（1174—1252年）	卷七	187
562	宝顶山大佛湾第20号龛十八地狱（第1幅）	刀山地狱经偈	南宋淳熙至淳祐年间（1174—1252年）	卷七	188
563	宝顶山大佛湾第20号龛十八地狱（第2幅）	镬汤地狱经偈	南宋淳熙至淳祐年间（1174—1252年）	卷七	189

序号	位置	铭文名称	时代	卷数	页码
564	宝顶山大佛湾第20号龛十八地狱（第3幅）	寒冰地狱经偈	南宋淳熙至淳祐年间（1174—1252年）	卷七	190
565	宝顶山大佛湾第20号	"业秤"题刻	南宋淳熙至淳祐年间（1174—1252年）	卷七	190
566	宝顶山大佛湾第20号龛十八地狱（第4幅）	剑树地狱经偈	南宋淳熙至淳祐年间（1174—1252年）	卷七	190
567	宝顶山大佛湾第20号龛十八地狱（第5幅）	拔舌地狱经偈	南宋淳熙至淳祐年间（1174—1252年）	卷七	191
568	宝顶山大佛湾第20号龛十八地狱（第6幅）	毒蛇地狱经偈	南宋淳熙至淳祐年间（1174—1252年）	卷七	191
569	宝顶山大佛湾第20号龛十八地狱（第7幅）	锉碓地狱经偈	南宋淳熙至淳祐年间（1174—1252年）	卷七	196
570	宝顶山大佛湾第20号龛十八地狱（第8幅）	锯解地狱经偈	南宋淳熙至淳祐年间（1174—1252年）	卷七	198
571	宝顶山大佛湾第20号龛十八地狱（第9幅）	铁床地狱经偈	南宋淳熙至淳祐年间（1174—1252年）	卷七	198
572	宝顶山大佛湾第20号	"业镜"题刻	南宋淳熙至淳祐年间（1174—1252年）	卷七	199
573	宝顶山大佛湾第20号龛十八地狱（第10幅）	黑暗地狱经偈	南宋淳熙至淳祐年间（1174—1252年）	卷七	199
574	宝顶山大佛湾第20号龛十八地狱（第11幅）	截膝地狱经偈	南宋淳熙至淳祐年间（1174—1252年）	卷七	201
575	宝顶山大佛湾第20号龛十八地狱（第12幅）	阿鼻地狱经偈	南宋淳熙至淳祐年间（1174—1252年）	卷七	206
576	宝顶山大佛湾第20号龛十八地狱（第13幅）	饿鬼地狱经偈	南宋淳熙至淳祐年间（1174—1252年）	卷七	207
577	宝顶山大佛湾第20号龛十八地狱（第14幅）	铁轮地狱经偈	南宋淳熙至淳祐年间（1174—1252年）	卷七	209
578	宝顶山大佛湾第20号龛十八地狱（第15幅）	刀船地狱经偈	南宋淳熙至淳祐年间（1174—1252年）	卷七	209
579	宝顶山大佛湾第20号龛十八地狱（第16幅）	祖师说法图经偈	南宋淳熙至淳祐年间（1174—1252年）	卷七	212
580	宝顶山大佛湾第20号龛十八地狱（第17幅）	铁轮地狱经偈	南宋淳熙至淳祐年间（1174—1252年）	卷七	215
581	宝顶山大佛湾第20号龛十八地狱（第17幅）	镬汤地狱经偈	南宋淳熙至淳祐年间（1174—1252年）	卷七	218
582	宝顶山大佛湾第20号龛十八地狱（第18幅）	粪秽地狱经偈	南宋淳熙至淳祐年间（1174—1252年）	卷七	219
583	宝顶山大佛湾第20号	墨书菩萨名	年代不详	卷七	223
584	宝顶山大佛湾第20号	天堂地狱论	清同治二年（1863年）	卷七	223
585	宝顶山大佛湾第21号	柳本尊十炼图题记·第一炼指	南宋淳熙至淳祐年间（1174—1252年）	卷七	243
586	宝顶山大佛湾第21号	柳本尊十炼图题记·第二立雪	南宋淳熙至淳祐年间（1174—1252年）	卷七	255
587	宝顶山大佛湾第21号	柳本尊十炼图题记·第三炼踝	南宋淳熙至淳祐年间（1174—1252年）	卷七	256
588	宝顶山大佛湾第21号	柳本尊十炼图题记·第四剜眼	南宋淳熙至淳祐年间（1174—1252年）	卷七	256
589	宝顶山大佛湾第21号	柳本尊十炼图题记·第五割耳	南宋淳熙至淳祐年间（1174—1252年）	卷七	257
590	宝顶山大佛湾第21号	柳本尊十炼图题记·第六炼心	南宋淳熙至淳祐年间（1174—1252年）	卷七	258
591	宝顶山大佛湾第21号	柳本尊十炼图题记·第七炼顶	南宋淳熙至淳祐年间（1174—1252年）	卷七	258
592	宝顶山大佛湾第21号	柳本尊十炼图题记·第八舍臂	南宋淳熙至淳祐年间（1174—1252年）	卷七	262
593	宝顶山大佛湾第21号	柳本尊十炼图题记·第九炼阴	南宋淳熙至淳祐年间（1174—1252年）	卷七	262
594	宝顶山大佛湾第21号	柳本尊十炼图题记·第十炼膝	南宋淳熙至淳祐年间（1174—1252年）	卷七	263
595	宝顶山大佛湾第21号	"唐瑜伽部主总持王"题刻	南宋淳熙至淳祐年间（1174—1252年）	卷七	267
596	宝顶山大佛湾第21号	柳本尊龛壬辰年装彩记	清	卷七	267
597	宝顶山大佛湾第21号	乾缘堂募化妆彩记	民国三十三年（1944年）	卷七	267
598	宝顶山大佛湾第22号	大秽迹金刚题名	南宋淳熙至淳祐年间（1174—1252年）	卷七	276
599	宝顶山大佛湾第22号	大火头明王题名	南宋淳熙至淳祐年间（1174—1252年）	卷七	276
600	宝顶山大佛湾第22号	大威德明王题名	南宋淳熙至淳祐年间（1174—1252年）	卷七	277
601	宝顶山大佛湾第22号	降三世明王题名	南宋淳熙至淳祐年间（1174—1252年）	卷七	277
602	宝顶山大佛湾第22号	马首明王题名	南宋淳熙至淳祐年间（1174—1252年）	卷七	279
603	宝顶山大佛湾第23号	"三清殿"题名及楹联	清宣统年间（1909—1911年）	卷七	284
604	宝顶山大佛湾第23号	陈希夷书"福寿"题刻	清宣统二年（1910年）	卷七	285
605	宝顶山大佛湾第23号	龙葊声书《与佛有缘》碑并跋文	民国二年（1913年）	卷七	285

序号	位置	铭文名称	时代	卷数	页码
606	宝顶山大佛湾第24号	自在道人书"香焚宝鼎"题刻	民国二十一年（1932年）	卷七	298
607	宝顶山大佛湾第24号	道祖、山君龛楹联	清宣统二年（1910年）	卷七	298
608	宝顶山大佛湾第24号	杨渭莘题诗并序	民国十三年（1924年）	卷七	298
609	宝顶山大佛湾第24号	刘翰卿题诗并序	民国十三年（1924年）	卷七	299
610	宝顶山大佛湾第25号	地母、天父龛造像记	民国四年（1915年）	卷七	300
611	宝顶山大佛湾第26号	王德嘉书"宝顶"题刻	清同治十二年（1873年）	卷七	303
612	宝顶山大佛湾第26号	龙必飞书"福寿"题刻	清宣统二年（1910年）	卷七	306
613	宝顶山大佛湾第26号	住持僧心朗等捐资培修碑	清光绪九年（1883年）	卷七	306
614	宝顶山大佛湾第26号	刘念行题"山水佳处"题刻	明	卷七	306
615	宝顶山大佛湾第27号	史彰撰《重开宝顶碑记》	清康熙二十九年（1690年）	卷七	307
616	宝顶山大佛湾第27号	刘畋人撰《重开宝顶石碑记》	明洪熙元年（1425年）	卷七	312
617	宝顶山大佛湾第27号	残记	清	卷七	314
618	宝顶山大佛湾第27号	玄极立《重修宝顶事实》碑	明宣德元年（1426年）	卷七	314
619	宝顶山大佛湾第27号	邓太山金妆古佛记	明万历二十年（1592年）	卷七	315
620	宝顶山大佛湾第27号	刘畋人撰《重开宝顶石碑记》	明宣德元年（1426年）	卷七	315
621	宝顶山大佛湾第27号	游和书七律诗	明宣德八年（1443年）	卷七	315
622	宝顶山大佛湾第27号	刘超儒书"寿"字题刻	晚清	卷七	316
623	宝顶山大佛湾第29号	"法王宫"题名	南宋淳熙至淳祐年间（1174—1252年）	卷七	349
624	宝顶山大佛湾第29号	"光明藏"题名	南宋淳熙至淳祐年间（1174—1252年）	卷七	356
625	宝顶山大佛湾第29号	魏了翁书"宝顶山"题刻	南宋淳熙至淳祐年间（1174—1252年）	卷七	370
626	宝顶山大佛湾第29号	李耆岗书"报恩圆觉道场"题刻	南宋淳熙至淳祐年间（1174—1252年）	卷七	370
627	宝顶山大佛湾第29号	四部经目	南宋淳熙至淳祐年间（1174—1252年）	卷七	370
628	宝顶山大佛湾第29号	佚名书"宝岩"题刻	南宋淳熙至淳祐年间（1174—1252年）	卷七	370
629	宝顶山大佛湾第29号	大通智胜佛碑	南宋淳熙至淳祐年间（1174—1252年）	卷七	371
630	宝顶山大佛湾第29号窟口石狮前侧	偈语	南宋淳熙至淳祐年间（1174—1252年）	卷七	371
631	宝顶山大佛湾第29号	觉寿妆銮培修记	明嘉靖三十二年（1553年）	卷七	371
632	宝顶山大佛湾第29号	战符题"圆觉洞用韵"诗	明	卷七	372
633	宝顶山大佛湾第29号	涂永明妆銮圆觉洞像记	明	卷七	372
634	宝顶山大佛湾第29号	佚名观音金像妆彩记	清道光四年（1824年）	卷七	372
635	宝顶山大佛湾第29号	康圭题"游圆觉洞有怀"诗	明	卷七	373
636	宝顶山大佛湾第29号	佚名题无题诗	清	卷七	373
637	宝顶山大佛湾第29号	黄朝题培修圆觉洞记	明正德十四年（1519年）	卷七	373
638	宝顶山大佛湾第29号	无涯妆严圆觉洞文殊像记	明隆庆元年（1567年）	卷七	374
639	宝顶山大佛湾第29号	陈重书七绝诗	明嘉靖三十六年（1557年）	卷七	375
640	宝顶山大佛湾第29号	彭世琏装彩圆觉洞像记	清道光四年（1824年）	卷七	375
641	宝顶山大佛湾第29号	僧有久修装圆觉洞、万岁楼等处佛像记	清乾隆二十五年（1760年）	卷七	376
642	宝顶山大佛湾第29号	佚名书"江风山月"题刻	明万历四十二年（1614年）	卷七	376
643	宝顶山大佛湾第30号	牧牛图偈颂·第1组	南宋淳熙至淳祐年间（1174—1252年）	卷七	379
644	宝顶山大佛湾第30号	牧牛图偈颂·第2组	南宋淳熙至淳祐年间（1174—1252年）	卷七	379
645	宝顶山大佛湾第30号	牧牛图偈颂·第3组	南宋淳熙至淳祐年间（1174—1252年）	卷七	379
646	宝顶山大佛湾第30号	牧牛图偈颂·第4组	南宋淳熙至淳祐年间（1174—1252年）	卷七	383
647	宝顶山大佛湾第30号	牧牛图偈颂·第5组	南宋淳熙至淳祐年间（1174—1252年）	卷七	383

序号	位置	铭文名称	时代	卷数	页码
648	宝顶山大佛湾第30号	牧牛图偈颂·第6组	南宋淳熙至淳祐年间（1174—1252年）	卷七	383
649	宝顶山大佛湾第30号	牧牛图偈颂·第7组	南宋淳熙至淳祐年间（1174—1252年）	卷七	384
650	宝顶山大佛湾第30号	牧牛图偈颂·第8组	南宋淳熙至淳祐年间（1174—1252年）	卷七	385
651	宝顶山大佛湾第30号	牧牛图偈颂·第9组	南宋淳熙至淳祐年间（1174—1252年）	卷七	390
652	宝顶山大佛湾第30号	牧牛图偈颂·第10组	南宋淳熙至淳祐年间（1174—1252年）	卷七	391
653	宝顶山大佛湾第30号	牧牛图偈颂·第11组	南宋淳熙至淳祐年间（1174—1252年）	卷七	391
654	宝顶山大佛湾第30号	牧牛图偈颂·第12组	南宋淳熙至淳祐年间（1174—1252年）	卷七	394
655	宝顶山大佛湾第30号	杨次公证道牧牛颂题刻	南宋淳熙至淳祐年间（1174—1252年）	卷七	395
656	宝顶山大佛湾第30号	姜秋舫游记	民国六年（1917年）	卷七	397
657	宝顶山大佛湾第30号	《永垂不朽》碑	清	卷七	397
658	宝顶山大佛湾第30号	牧牛王菩萨金身残记	清	卷七	397
659	宝顶山大佛湾第30号	杜宏章妆彩牧牛图像记	清道光二十八年（1848年）	卷七	398
660	宝顶山大佛湾第30号	宋万有妆彩牧牛图记	清咸丰七年（1857年）	卷七	398
661	宝顶山大佛湾第31号	偈语	南宋淳熙至淳祐年间（1174—1252年）	卷七	402
662	宝顶山大佛湾第32号	佛说大鱼事经经文	南宋淳熙至淳祐年间（1174—1252年）	卷七	408
663	宝顶山大佛湾第32号	大藏经残文	南宋淳熙至淳祐年间（1174—1252年）	卷七	408
	宝顶山小佛湾石窟				
664	宝顶山小佛湾第1号	第一级塔身（塔檐）北面经目、偈颂、题刻	南宋淳熙至淳祐年间（1174—1252年）	卷八	17
665	宝顶山小佛湾第1号	第一级塔身（塔檐）东面经目、题刻	南宋淳熙至淳祐年间（1174—1252年）	卷八	19
666	宝顶山小佛湾第1号	第一级塔身（塔檐）南面经目、题刻	南宋淳熙至淳祐年间（1174—1252年）	卷八	20
667	宝顶山小佛湾第1号	第一级塔身（塔檐）西面经目、题刻	南宋淳熙至淳祐年间（1174—1252年）	卷八	22
668	宝顶山小佛湾第1号	第二级塔身（塔檐）北面偈语、经目、题刻	南宋淳熙至淳祐年间（1174—1252年）	卷八	24
669	宝顶山小佛湾第1号	第二级塔身（塔檐）东面偈语、经目、题刻	南宋淳熙至淳祐年间（1174—1252年）	卷八	25
670	宝顶山小佛湾第1号	第二级塔身（塔檐）南面颂词、经目、题刻	南宋淳熙至淳祐年间（1174—1252年）	卷八	26
671	宝顶山小佛湾第1号	第二级塔身（塔檐）西面偈语、经目、题刻	南宋淳熙至淳祐年间（1174—1252年）	卷八	28
672	宝顶山小佛湾第1号	第三级塔身北面经目	南宋淳熙至淳祐年间（1174—1252年）	卷八	31
673	宝顶山小佛湾第1号	第三级塔身东面经目	南宋淳熙至淳祐年间（1174—1252年）	卷八	31
674	宝顶山小佛湾第1号	第三级塔身南面经目	南宋淳熙至淳祐年间（1174—1252年）	卷八	32
675	宝顶山小佛湾第1号	第三级塔身西面经目	南宋淳熙至淳祐年间（1174—1252年）	卷八	32
676	宝顶山小佛湾第1号	告示残文	民国	卷八	35
677	宝顶山小佛湾第2号	《席存著撰〈赵智凤事实〉》残文	南宋嘉熙年间（1237—1240年）	卷八	38
678	宝顶山小佛湾第2号	佛偈戒	南宋嘉熙年间（1237—1240年）	卷八	39
679	宝顶山小佛湾第2号	恒沙佛说大藏灌顶法轮经	南宋嘉熙年间（1237—1240年）	卷八	39
680	宝顶山小佛湾第2号	南无金幢宝胜佛教诫	南宋嘉熙年间（1237—1240年）	卷八	39
681	宝顶山小佛湾第2号	祖师传偈	南宋嘉熙年间（1237—1240年）	卷八	44
682	宝顶山小佛湾第3号	楹联	南宋淳熙至淳祐年间（1174—1252年）	卷八	45
683	宝顶山小佛湾第3号	"古迹石池宝顶山"题刻	明	卷八	45
684	宝顶山小佛湾第3号	偈语（假使偈）	南宋淳熙至淳祐年间（1174—1252年）	卷八	50
685	宝顶山小佛湾第4号	"毗卢庵"题名	南宋淳熙至淳祐年间（1174—1252年）	卷八	71
686	宝顶山小佛湾第4号	颂词	南宋淳熙至淳祐年间（1174—1252年）	卷八	81
687	宝顶山小佛湾第4号	颂词	南宋淳熙至淳祐年间（1174—1252年）	卷八	81
688	宝顶山小佛湾第4号	偈语（假使偈）	南宋淳熙至淳祐年间（1174—1252年）	卷八	84

序号	位置	铭文名称	时代	卷数	页码
689	宝顶山小佛湾第4号	偈语（假使偈）	南宋淳熙至淳祐年间（1174—1252年）	卷八	85
690	宝顶山小佛湾第6号	十恶罪报图名及罪报名·第一幅	南宋淳熙至淳祐年间（1174—1252年）	卷八	95
691	宝顶山小佛湾第6号	十恶罪报图名及罪报名·第二幅	南宋淳熙至淳祐年间（1174—1252年）	卷八	98
692	宝顶山小佛湾第6号	十恶罪报图名及罪报名·第三幅	南宋淳熙至淳祐年间（1174—1252年）	卷八	99
693	宝顶山小佛湾第6号	十恶罪报图名及罪报名·第四幅	南宋淳熙至淳祐年间（1174—1252年）	卷八	99
694	宝顶山小佛湾第6号	十恶罪报图名及罪报名·第五幅	南宋淳熙至淳祐年间（1174—1252年）	卷八	99
695	宝顶山小佛湾第6号	十恶罪报图名及罪报名·第六幅	南宋淳熙至淳祐年间（1174—1252年）	卷八	101
696	宝顶山小佛湾第6号	十恶罪报图名及罪报名·第七幅	南宋淳熙至淳祐年间（1174—1252年）	卷八	101
697	宝顶山小佛湾第6号	十恶罪报图名及罪报名·第八幅	南宋淳熙至淳祐年间（1174—1252年）	卷八	101
698	宝顶山小佛湾第6号	十恶罪报图名及罪报名·第九幅	南宋淳熙至淳祐年间（1174—1252年）	卷八	103
699	宝顶山小佛湾第6号	十恶罪报图名及罪报名·第十幅	南宋淳熙至淳祐年间（1174—1252年）	卷八	103
700	宝顶山小佛湾第6号	"歌利王"题名	南宋淳熙至淳祐年间（1174—1252年）	卷八	111
701	宝顶山小佛湾第7号	《唐柳本尊传》碑	南宋淳熙至淳祐年间（1174—1252年）	卷八	119
702	宝顶山小佛湾第7号	《宝顶常住田产》碑	明	卷八	119
703	宝顶山小佛湾第7号	《恩荣圣寿寺记》碑	明成化十年（1474年）	卷八	122
704	宝顶山小佛湾第8号	罗玉删题七律诗	晚清至民国	卷八	136
705	宝顶山小佛湾第8号	若虚庄主人步杨昇原韵	晚清至民国	卷八	136
706	宝顶山小佛湾第8号	李枕宇和杨昇原韵	民国三十三年（1944年）	卷八	136
707	宝顶山小佛湾第8号	"西竺仙景"题刻	清乾隆二十三年（1758年）	卷八	137
708	宝顶山小佛湾第8号	杨昇题七律诗	清同治八年（1869年）	卷八	138
709	宝顶山小佛湾第8号	赵紫光和杨昇原韵	清光绪八年（1882年）	卷八	138
710	宝顶山小佛湾第8号	王烈和杨昇原韵	民国三十二年（1943年）	卷八	139
711	宝顶山小佛湾第9号	颂词、偈句	南宋绍定四年（1231年）	卷八	140
712	宝顶山小佛湾第9号	"毗卢庵"题名及偈句	南宋绍定四年（1231年）	卷八	141
713	宝顶山小佛湾第9号	偈句	南宋绍定四年（1231年）	卷八	141
714	宝顶山小佛湾第9号	偈语（假使偈）	南宋绍定四年（1231年）	卷八	141
715	宝顶山小佛湾第9号	偈语（假使偈）	南宋绍定四年（1231年）	卷八	141
716	宝顶山小佛湾第9号	偈句	南宋绍定四年（1231年）	卷八	146
717	宝顶山小佛湾第9号	颂词	南宋绍定四年（1231年）	卷八	146
718	宝顶山小佛湾第9号	颂词	南宋绍定四年（1231年）	卷八	155
719	宝顶山小佛湾第9号	颂词	南宋绍定四年（1231年）	卷八	159
720	宝顶山小佛湾第9号	《释迦舍利宝塔禁中应现之图》碑	南宋绍定四年（1231年）	卷八	165
721	宝顶山小佛湾圆雕观音	偈语	南宋淳熙至淳祐年间（1174—1252年）	卷八	339
722	宝顶山小佛湾第6号正壁中部前侧	明成化十一年香炉镌记	明成化十一年（1475年）	卷八	340
723	原置宝顶山小佛湾，现藏大足石刻博物馆	明成化七年香炉镌记	明成化七年（1471年）	卷八	341
724	宝顶山小佛湾第3号窟前回廊左侧壁	悟朝立《临济正宗记》碑	明隆庆五年（1571年）	卷八	341
725	《临济正宗记》碑阴	李开先撰《宝顶山颂》碑	清康熙年间（1662—1722年）	卷八	342
726	宝顶山小佛湾第3号窟外左侧	功德碑	清	卷八	342
727	宝顶山小佛湾第2号七佛壁前侧中部	僧晴舟立《实录碑记》	清乾隆四十年（1775年）	卷八	342
728	《实录碑记》碑阴	《皇恩》碑	清光绪十六年（1890年）	卷八	343
729	宝顶山小佛湾第2号七佛壁左前侧	众善立《善由人作》碑	清同治年间（1862—1874年）	卷八	344

序号	位置	铭文名称	时代	卷数	页码
	宝顶山石窟周边区域造像					
730	龙头山第1号	毗卢佛龛经文	南宋淳熙至淳祐年间（1174—1252年）	卷八	214
731	龙头山第6号	释迦佛题名	南宋淳熙至淳祐年间（1174—1252年）	卷八	222
732	龙头山第8号	阿弥陀佛题名	南宋淳熙至淳祐年间（1174—1252年）	卷八	226
733	大佛坡第1号	偈语（假使偈）	南宋淳熙至淳祐年间（1174—1252年）	卷八	232
734	三块碑	偈语（假使偈·第1则铭文）	南宋淳熙至淳祐年间（1174—1252年）	卷八	239
735	三块碑	偈语（假使偈·第2则铭文）	南宋淳熙至淳祐年间（1174—1252年）	卷八	239
736	松林坡	偈语（假使偈·第1则铭文）	南宋淳熙至淳祐年间（1174—1252年）	卷八	242
737	松林坡	偈语（假使偈·第2则铭文）	南宋淳熙至淳祐年间（1174—1252年）	卷八	244
738	松林坡	颂词（第3则铭文）	南宋淳熙至淳祐年间（1174—1252年）	卷八	244
739	维摩顶西崖	"衮服易衣"题刻	南宋淳熙至淳祐年间（1174—1252年）	卷八	245
740	维摩顶西崖	"持刀落发"题刻	南宋淳熙至淳祐年间（1174—1252年）	卷八	246
741	菩萨屋	偈语（假使偈）	南宋淳熙至淳祐年间（1174—1252年）	卷八	248
742	菩萨堡	"山神众"题刻	南宋淳熙至淳祐年间（1174—1252年）	卷八	251
743	菩萨堡	"树神众"题刻	南宋淳熙至淳祐年间（1174—1252年）	卷八	251
744	菩萨堡	偈语（假使偈）	南宋淳熙至淳祐年间（1174—1252年）	卷八	251
745	菩萨堡	守护大千国土经经目	南宋淳熙至淳祐年间（1174—1252年）	卷八	252
746	杨家坡	偈语（假使偈）	南宋淳熙至淳祐年间（1174—1252年）	卷八	254
747	佛祖岩	佛塔颂词及佛名题刻	南宋淳熙至淳祐年间（1174—1252年）	卷八	254
748	佛祖岩	偈语（假使偈·第1则铭文）	南宋淳熙至淳祐年间（1174—1252年）	卷八	255
749	佛祖岩	偈语（假使偈·第2则铭文）	南宋淳熙至淳祐年间（1174—1252年）	卷八	255
750	佛祖岩	偈语（第3则铭文）	南宋淳熙至淳祐年间（1174—1252年）	卷八	255
751	佛祖岩	偈语（第4则铭文）	南宋淳熙至淳祐年间（1174—1252年）	卷八	255
752	佛祖岩	偈语（第5则铭文）	南宋淳熙至淳祐年间（1174—1252年）	卷八	259
753	佛祖岩	大藏佛说守护大千国土经	南宋淳熙至淳祐年间（1174—1252年）	卷八	259
754	佛祖岩	龛前案台题刻	南宋淳熙至淳祐年间（1174—1252年）	卷八	259
755	佛祖岩	"古迹佛祖岩"题刻及颂词	明	卷八	259
756	佛祖岩	明成化香炉题记	明成化八年（1472年）	卷八	259
757	佛祖岩	重修大佛寺碑序	清同治二年（1863年）	卷八	260
758	广大山	偈语（假使偈）	南宋淳熙至淳祐年间（1174—1252年）	卷八	263
759	广大山	大藏佛言残文	南宋淳熙至淳祐年间（1174—1252年）	卷八	263
760	广大山	偈语（假使偈）	南宋淳熙至淳祐年间（1174—1252年）	卷八	263
761	广大山	"古迹广大山"题刻及颂词	明	卷八	263
762	广大山	《重绚》碑	清同治十三年（1874年）	卷八	263
763	龙潭	佛说大鱼事经名	南宋淳熙至淳祐年间（1174—1252年）	卷八	264
764	龙潭	偈语	南宋淳熙至淳祐年间（1174—1252年）	卷八	264
765	龙潭	"古迹龙潭"题刻	明	卷八	266
766	对面佛	偈语	南宋淳熙至淳祐年间（1174—1252年）	卷八	271
767	对面佛	"南无无量佛"题名	南宋淳熙至淳祐年间（1174—1252年）	卷八	271
768	对面佛	黄清元装彩佛像金身记	清道光三十年（1850年）	卷八	271
769	对面佛	指路碑记	清道光八年（1828年）	卷八	271
770	对面佛	"古迹无忧石"题刻	明	卷八	273

序号	位置	铭文名称	时代	卷数	页码
771	对面佛	"天理良心"题刻	清道光二十七年（1847年）	卷八	273
772	仁功山第1号	"古迹仁功山"题刻	明	卷八	275
773	珠始山	颂词	南宋淳熙至淳祐年间（1174—1252年）	卷八	283
774	珠始山	"古迹珠始山"题刻	明	卷八	283
	宝顶山转法轮塔、释迦真如舍利宝塔				
775	转法轮塔	第一级塔身东北面菩萨题名	南宋淳熙至淳祐年间（1174—1252年）	卷八	299
776	转法轮塔	第一级塔身北面菩萨题名	南宋淳熙至淳祐年间（1174—1252年）	卷八	299
777	转法轮塔	第一级塔身西北面菩萨题名	南宋淳熙至淳祐年间（1174—1252年）	卷八	299
778	转法轮塔	第一级塔身西面菩萨题名	南宋淳熙至淳祐年间（1174—1252年）	卷八	299
779	转法轮塔	第一级塔身西南面菩萨题名	南宋淳熙至淳祐年间（1174—1252年）	卷八	299
780	转法轮塔	第一级塔身南面菩萨题名	南宋淳熙至淳祐年间（1174—1252年）	卷八	299
781	转法轮塔	第一级塔身东南面菩萨题名	南宋淳熙至淳祐年间（1174—1252年）	卷八	299
782	转法轮塔	第一级塔身东面菩萨题名	南宋淳熙至淳祐年间（1174—1252年）	卷八	304
783	转法轮塔	第一级塔身颂词	南宋淳熙至淳祐年间（1174—1252年）	卷八	304
784	释迦真如舍利宝塔	"释迦真如舍利宝塔"题名	南宋淳熙至淳祐年间（1174—1252年）	卷八	325
785	释迦真如舍利宝塔第二级塔身	"南无宝自在王定光佛"题名	南宋淳熙至淳祐年间（1174—1252年）	卷八	325
786	释迦真如舍利宝塔第二级塔身	"南无宝相不动尊王佛"题名	南宋淳熙至淳祐年间（1174—1252年）	卷八	325
787	释迦真如舍利宝塔第二级塔身	"南无宝相不动最胜佛"题名	南宋淳熙至淳祐年间（1174—1252年）	卷八	325
788	释迦真如舍利宝塔第二级塔身	"南无宝胜然灯法炬佛"题名	南宋淳熙至淳祐年间（1174—1252年）	卷八	332
	宝顶山石窟其他文物				
789	宝顶山圣寿寺山门殿	抱鼓石题刻	清	卷八	348
790	宝顶山圣寿寺灌顶井窟	"观音洞"题名	民国	卷八	349
791	宝顶山圣寿寺灌顶井窟	偈语（第1则铭文）	南宋淳熙至淳祐年间（1174—1252年）	卷八	371
792	宝顶山圣寿寺灌顶井窟	戒律（第2则铭文）	南宋淳熙至淳祐年间（1174—1252年）	卷八	371
793	宝顶山圣寿寺灌顶井窟	戒律（第3则铭文）	南宋淳熙至淳祐年间（1174—1252年）	卷八	384
794	宝顶山圣寿寺灌顶井窟	颂词（第4则铭文）	南宋淳熙至淳祐年间（1174—1252年）	卷八	384
795	宝顶山圣寿寺灌顶井窟	民国十年残记	民国十年（1921年）	卷八	384
796	宝顶山圣寿寺维摩殿外石塔	维摩顶石塔题刻、颂词（3则）	南宋淳熙至淳祐年间（1174—1252年）	卷八	385
797	宝顶山圣寿寺维摩殿佛坛	维摩卧像身后坐佛手持经函题刻	南宋淳熙至淳祐年间（1174—1252年）	卷八	385
798	宝顶山圣寿寺维摩殿佛坛	佛坛偈语（3则）	南宋淳熙至淳祐年间（1174—1252年）	卷八	397
799	宝顶山圣迹池	佛足印题刻	年代不详	卷八	399
800	宝顶山圣迹池	玄极重开石池镌记	明宣德元年（1426年）	卷八	399
801	宝顶山圣迹池	僧秀然装彩古佛记	清道光十一年（1831年）	卷八	400
802	宝顶山圣寿寺牖壁	《牖壁四邻赞》碑	清乾隆五十九年（1794年）	卷八	400
803	宝顶山圣寿寺山门殿	僧慧灿《重修山门内石坝碑记》	清嘉庆年间（1796—1820年）	卷八	401
804	宝顶山圣寿寺帝释殿	曹琼撰《恩荣圣寿寺记》碑	明弘治十七年（1504年）	卷八	401
805	《恩荣圣寿寺记》碑碑阴	袁衍和郭通府韵	明嘉靖九年（1530年）	卷八	401
806	宝顶山圣寿寺帝释殿	住持僧立《正堂示禁》碑	清乾隆五十七年（1792年）	卷八	403
807	宝顶山圣寿寺帝释殿	罗元吉撰《关圣碑记》	清道光二十八年（1848年）	卷八	403
808	宝顶山圣寿寺帝释殿后檐左板壁外侧	饶玉成书诗	年代不详	卷八	404
809	宝顶山圣寿寺帝释殿后檐左板壁内侧	柳涯居士书诗	年代不详	卷八	404
810	宝顶山圣寿寺帝释殿后檐右板壁外侧	饶玉成书诗	年代不详	卷八	404

序号	位置	铭文名称	时代	卷数	页码
811	宝顶山圣寿寺帝释殿后檐右板壁内侧	鹤寿书诗	年代不详	卷八	405
812	宝顶山圣寿寺大雄宝殿	《亘古昭然》碑	清乾隆三年（1738年）	卷八	405
813	《亘古昭然》碑阴	《万岁阁题名记》碑	清	卷八	405
814	宝顶山圣寿寺大雄宝殿	僧慧心立《正堂示禁》碑	清嘉庆元年（1796年）	卷八	406
815	宝顶山圣寿寺大雄宝殿	《善果流芳》碑	清嘉庆十五年（1810年）	卷八	407
816	宝顶山圣寿寺大雄宝殿	僧永学立《县正堂示》碑	清光绪三十一年至三十四年（1905—1908年）	卷八	407
817	宝顶山圣寿寺大雄宝殿	廖沛霖撰《重修宝顶山圣寿寺记》碑	清光绪四年（1878年）	卷八	408
818	宝顶山圣寿寺大雄宝殿	僧万庵等立《重修大佛碑记》	清雍正四年（1726年）	卷八	409
819	宝顶山圣寿寺三世佛殿左外	佚名立《清正廉明》碑	清光绪二十九年（1903年）	卷八	409
820	宝顶山圣寿寺三世佛殿	王德嘉书张澍《前游宝顶山记》碑	清同治十三年（1874年）	卷八	410
821	宝顶山圣寿寺三世佛殿	陈宗昭等立《释迦佛碑》	清嘉庆六年（1801年）	卷八	411
822	宝顶山圣寿寺三世佛殿	廖沛霖撰重修宝顶山圣寿寺等处庙宇并诸佛像总碑	清光绪四年（1878年）	卷八	412
823	宝顶山圣寿寺三世佛殿	僧德芳捐银重修圣寿寺碑	清光绪十二年（1886年）	卷八	413
824	宝顶山圣寿寺维摩殿	张龙□装修大佛湾、圣寿寺像记	清乾隆四十五年（1780年）	卷八	413
825	宝顶山圣寿寺维摩殿外	李德《创修□宇大殿碑记》	清乾隆九年（1744年）	卷八	413
826	宝顶山圣寿寺维摩殿前八角亭内	僧慧心立《圣旨》碑	清乾隆三十二年（1767年）	卷八	414
827	宝顶山广大寺大雄宝殿	僧德芳《重创碑》	清道光二十九年（1849年）	卷八	423
828	宝顶山广大寺大雄宝殿	黄体□撰《永垂万古碑记》	清道光四年（1824年）	卷八	425
829	宝顶山广大寺大雄宝殿	僧洪参《重修小宝顶广大寺观音殿普陀岩碑志铭》	清道光十六年（1836年）	卷八	426
830	宝顶山广大寺大雄宝殿	佚名立《无量□□》碑	清乾隆九年（1744年）	卷八	426
831	宝顶山广大寺大雄宝殿	僧弘参立《万古不朽》碑	清道光十一年（1831年）	卷八	427
832	宝顶山万岁楼第四级屋身第二层西侧抬梁	墨书题记	清康熙五十六年（1717年）	卷八	430
833	宝顶山万岁楼第四级屋身第二层西南侧抬梁	墨书题记	清同治七年（1868年）	卷八	434
834	宝顶山万岁楼第四级屋身第二层南侧抬梁	墨书题记	清康熙五十六年（1717年）	卷八	434
835	宝顶山惜字塔	"惜字阁"题名	晚清至民国	卷八	439
836	宝顶山惜字塔	第二级塔身东面题记	晚清至民国	卷八	439
837	宝顶山惜字塔	第二级塔身南面题记	晚清至民国	卷八	439
838	宝顶山惜字塔	第二级塔身西面题记	晚清至民国	卷八	444
839	宝顶山惜字塔	第二级塔身北面题记	晚清至民国	卷八	444
840	宝顶山惜字塔	第三级塔身东面题记	晚清至民国	卷八	445
841	宝顶山惜字塔	第三级塔身南面题记	晚清至民国	卷八	445
842	宝顶山惜字塔	第四级塔身南面题记	晚清至民国	卷八	447
843	宝顶山惜字塔	第四级塔身北面题记	晚清至民国	卷八	447
844	宝顶山惜字塔	第五级塔身四面题字	晚清至民国	卷八	449
845	宝顶山勾愿菩萨	簿册残存经文	南宋淳熙至淳祐年间（1174—1252年）	卷八	450
846	宝顶山勾愿菩萨	功德主题名	年代不详	卷八	451
847	宝顶山高观音龛	高观音龛造像镌记	明洪武三十年（1397年）	卷八	452
848	宝顶山高观音龛	装彩高观音金身记	清道光十六年（1836年）	卷八	453
849	宝顶山高观音龛	李学纲彩绚高观音像五尊题记	清光绪十一年（1885年）	卷八	453
850	宝顶山高观音龛	袁化吉等装绘高观音金身记	清同治元年（1862年）	卷八	453
851	宝顶山地藏龛	楹联	清	卷八	454
852	宝顶山观音龛	"救苦观音"题名（匾额）	清	卷八	455

序号	位置	铭文名称	时代	卷数	页码
853	宝顶山观音龛	楹联	清	卷八	455
854	宝顶山老游客中心古墓群（清墓M4）	临济正宗第十代普华元老和尚墓题刻	清同治九年（1870年）	卷八	462
855	宝顶山老游客中心古墓群（清墓M6）	临济正宗第十一代通智宗老和尚墓题刻	清同治六年（1867年）	卷八	462
856	宝顶山倒塔坡明清僧人墓群（M5塔）	"□□正宗第三十五世磬山下六代上净下明定和尚金幢宝塔"题名及塔身六面铭文	清乾隆二十八年（1763年）	卷八	465
857	宝顶山倒塔坡明清僧人墓群（清墓M5前侧左）	《万古佳城》墓碑	清光绪四年（1878年）	卷八	465
858	宝顶山倒塔坡明清僧人墓群（清墓M5前侧右）	《玉韫山辉》墓碑	清道光六年（1826年）	卷八	465

（二）按年代排列

序号	时代	铭文名称	位置	卷数	页码
		唐代			
1	唐乾宁二年（895年）	胡密撰韦君靖碑	北山佛湾第2号	卷一	40
2	唐乾宁三年（896年）	王宗靖造观音地藏龛镌记	北山佛湾第58号	卷一	229
3	唐乾宁三年（896年）	赵师格妆饰观音地藏龛镌记	北山佛湾第58号	卷一	229
4	唐乾宁三年（896年）	惠志造观音龛镌记	北山佛湾第240号	卷三	143
5	唐乾宁三年（896年）	刘净意造观经变相镌记	北山佛湾第245号	卷三	222
6	唐乾宁三年至后蜀广政八年（896—945年）	佚名造观音地藏龛题刻	北山佛湾第249号	卷三	233
7	唐乾宁四年（897年）	僧明悟造如意轮菩萨龛镌记	北山佛湾第50号	卷一	193
8	唐乾宁四年（897年）	黎氏造阿弥陀佛龛镌记	北山佛湾第52号	卷一	210
9	唐光化二年（899年）	王宗靖造三世佛龛镌记	北山佛湾第51号	卷一	206
10	唐天复元年（901年）	寨知进造千手观音龛镌记	北山佛湾第243号	卷三	154
11	晚唐	佚名造大悲观世音像残记	北山佛湾第9号	卷一	73
12	晚唐	佚名造一佛二菩萨龛残记	北山佛湾第18号	卷一	107
13	晚唐	佚名造救苦观音菩萨龛残记	北山佛湾第19号	卷一	110
14	晚唐	王启仲造阿弥陀佛龛镌记	北山佛湾第21号	卷一	122
		前后蜀			
15	前蜀永平三年（913年）	周氏造日月光菩萨龛镌记	北山佛湾第32号	卷一	145
16	前蜀永平五年（915年）	种审能造阿弥陀佛龛镌记	北山佛湾第53号	卷一	215
17	前蜀乾德年间（919—924年）	何君友造日月光菩萨龛镌记	北山佛湾第24号	卷一	126
18	前蜀乾德二年（920年）	何君友造观音龛镌记	北山佛湾第26号	卷一	131
19	前蜀乾德四年（922年）	温孟达等造大威德炽盛光佛龛镌记	北山佛湾第39号	卷一	171
20	后蜀广政元年（938年）	佚名造观音龛残记	北山佛湾第27号	卷一	133
21	后蜀广政三年（940年）	于彦章等造地藏菩萨龛镌记	北山佛湾第37号	卷一	163
22	后蜀广政四年（941年）	佚名造阿弥陀佛龛残记	北山佛湾第35号	卷一	153
23	后蜀广政八年（945年）	佚名造观音地藏龛残记	北山佛湾第244号	卷三	157
24	后蜀广政十七年（954年）	佛顶尊胜陀罗尼经	北山佛湾第281号	卷三	347
25	后蜀广政十七年（954年）	刘恭造药师经变龛镌记	北山佛湾第281号	卷三	347
26	后蜀广政十八年（955年）	佛顶尊胜陀罗尼经	北山佛湾第260号	卷三	277
27	后蜀广政十八年（955年）	佛顶尊胜陀罗尼经	北山佛湾第279号	卷三	331
28	后蜀广政十八年（955年）	王承秀造药师变镌记	北山佛湾第279号	卷三	334
29	前后蜀	佚名造菩萨龛残记	北山佛湾第25号	卷一	128
30	前后蜀	佚名造菩萨龛残记	北山佛湾第252号	卷三	245
31	前后蜀	"示广王"题名	北山佛湾第253号	卷三	248

序号	时代	铭文名称	位置	卷数	页码
32	前后蜀	"五官王"题名	北山佛湾第253号	卷三	249
33	前后蜀	"转轮王"题名	北山佛湾第253号	卷三	249
34	前后蜀	"太山大王"题名	北山佛湾第253号	卷三	249
35	前后蜀	"□□王"题名	北山佛湾第253号	卷三	249
36	前后蜀	"延平判官"题名	北山佛湾第254号	卷三	255
37	前后蜀	"□□判官"题名	北山佛湾第254号	卷三	255
38	前后蜀	"崔判官"题名	北山佛湾第254号	卷三	255
39	前后蜀	"赵判官"题名	北山佛湾第254号	卷三	255
40	前后蜀	佚名造药师净土变相残记	北山佛湾第255号	卷三	262
41	前后蜀	解氏造像残记	北山佛湾第255号	卷三	263
42	前后蜀	佛顶尊胜陀罗尼经	北山佛湾第269号	卷三	296
43	前后蜀	佛顶尊胜陀罗尼经	北山佛湾第271号	卷三	299
北宋						
44	北宋至道年间（995—997年）	李氏九娘子妆绚观音地藏龛镌记	北山佛湾第249号	卷三	233
45	北宋咸平二年（999年）	解氏妆銮尊胜幢镌记	北山佛湾第279号	卷三	334
46	北宋咸平四年（1001年）	陈绍珣妆绘观音地藏龛镌记	北山佛湾第253号	卷三	250
47	北宋咸平六年（1003年）	张文信画妆观音龛镌记	北山佛湾第247号	卷三	227
48	北宋景德二年（1005年）	胡承进妆绘药师经变龛镌记	北山佛湾第281号	卷三	347
49	北宋元丰五年（1082年）	"优波离尊者"题名	石篆山石窟第7号	卷五	51
50	北宋元丰五年（1082年）	"律尊者"题名	石篆山石窟第7号	卷五	51
51	北宋元丰五年（1082年）	"□□□□尊者"题名	石篆山石窟第7号	卷五	51
52	北宋元丰五年（1082年）	"□□□尊者"题名	石篆山石窟第7号	卷五	51
53	北宋元丰五年（1082年）	"舍利弗"题名	石篆山石窟第7号	卷五	51
54	北宋元丰五年（1082年）	文惟简镌像记	石篆山石窟第7号	卷五	53
55	北宋元丰五年至绍圣三年（1082—1096年）	文惟简镌像题名	石篆山石窟第11号	卷五	104
56	北宋元丰六年（1083年）	"太上老君"题名	石篆山石窟第8号	卷五	65
57	北宋元丰六年（1083年）	"玄中大法师"题名	石篆山石窟第8号	卷五	68
58	北宋元丰六年（1083年）	"太极真人"题名	石篆山石窟第8号	卷五	68
59	北宋元丰六年（1083年）	"□□真人"题名	石篆山石窟第8号	卷五	68
60	北宋元丰六年（1083年）	"妙光真人"题名	石篆山石窟第8号	卷五	68
61	北宋元丰六年（1083年）	"普得真人"题名	石篆山石窟第8号	卷五	68
62	北宋元丰六年（1083年）	"三天大法师"题名	石篆山石窟第8号	卷五	68
63	北宋元丰六年（1083年）	"太乙真人"题名	石篆山石窟第8号	卷五	68
64	北宋元丰六年（1083年）	"定光真人"题名	石篆山石窟第8号	卷五	68
65	北宋元丰六年（1083年）	"□□人"题名	石篆山石窟第8号	卷五	68
66	北宋元丰六年（1083年）	"妙行真人"题名	石篆山石窟第8号	卷五	68
67	北宋元丰六年（1083年）	"正一真人"题名	石篆山石窟第8号	卷五	68
68	北宋元丰六年（1083年）	"□□人"题名	石篆山石窟第8号	卷五	68
69	北宋元丰六年（1083年）	"虎将军"题名	石篆山石窟第8号	卷五	68
70	北宋元丰六年（1083年）	佚名镌太上老君龛残记	石篆山石窟第8号	卷五	68
71	北宋元丰八年（1085年）	文惟简镌志公和尚龛镌记	石篆山石窟第2号	卷五	23
72	北宋元祐三年（1088年）	"至圣文宣王"题名	石篆山石窟第6号	卷五	37

序号	时代	铭文名称	位置	卷数	页码
73	北宋元祐三年（1088年）	"颜回"题名	石篆山石窟第6号	卷五	46
74	北宋元祐三年（1088年）	"闵损"题名	石篆山石窟第6号	卷五	46
75	北宋元祐三年（1088年）	"冉有"题名	石篆山石窟第6号	卷五	46
76	北宋元祐三年（1088年）	"端木"题名	石篆山石窟第6号	卷五	46
77	北宋元祐三年（1088年）	"言偃"题名	石篆山石窟第6号	卷五	46
78	北宋元祐三年（1088年）	"仲由"题名	石篆山石窟第6号	卷五	46
79	北宋元祐三年（1088年）	"冉耕"题名	石篆山石窟第6号	卷五	46
80	北宋元祐三年（1088年）	"宰我"题名	石篆山石窟第6号	卷五	46
81	北宋元祐三年（1088年）	"冉求"题名	石篆山石窟第6号	卷五	46
82	北宋元祐三年（1088年）	"卜商"题名	石篆山石窟第6号	卷五	46
83	北宋元祐三年（1088年）	功德主严逊及匠师文惟简镌像记	石篆山石窟第6号	卷五	47
84	北宋元祐三年（1088年）	戊辰年修水陆斋题记	石篆山石窟第7号	卷五	52
85	北宋元祐五年（1090年）	文惟简镌文殊普贤龛镌记	石篆山石窟第5号	卷五	32
86	北宋元祐五年（1090年）	僧希昼书严逊记碑	石篆山石窟第12号	卷五	107
87	北宋绍圣元年（1094年）	僧法顺镌水月观音龛记	石门山石窟第4号	卷五	149
88	北宋绍圣元年（1094年）	杨才友造山王龛镌记及匠师镌名	石门山石窟第13-1号	卷五	271
89	北宋绍圣元年（1094年）	杨才友修斋庆赞记	石门山石窟第13-1号	卷五	273
90	北宋绍圣元年（1094年）	文惟一题名镌记	石门山石窟第13-2号	卷五	275
91	北宋绍圣三年（1096年）	文惟简镌地藏十王龛造像记	石篆山石窟第9号	卷五	89
92	北宋绍圣三年（1096年）	赵氏一娘子镌释迦佛龛镌记及匠师题名	石门山石窟第3号	卷五	146
93	北宋大观元年（1107年）	马道者造阿弥陀佛龛镌记	北山佛湾第288号	卷三	372
94	北宋大观三年（1109年）	佚名造观音龛镌记	北山佛湾第286号	卷三	363
95	北宋政和六年（1116年）	邓惟明造画普见镌记	北山佛湾第180号	卷二	467
96	北宋宣和年间（1119—1125年）	佚名残记（第1则）	北山佛湾第168号	卷二	401
97	北宋宣和年间（1119—1125年）	佚名残记（第3则）	北山佛湾第168号	卷二	401
98	北宋宣和年间（1119—1125年）	佚名残记（第6则）	北山佛湾第168号	卷二	402
99	北宋宣和年间（1119—1125年）	佚名残记（第8则）	北山佛湾第168号	卷二	403
100	北宋宣和年间（1119—1125年）	佚名残记（第9则）	北山佛湾第168号	卷二	404
101	北宋宣和年间（1119—1125年）	小八镌罗汉像记	北山佛湾第168号	卷二	404
102	北宋宣和年间（1119—1125年）	佚名残记（第11则）	北山佛湾第168号	卷二	405
103	北宋宣和年间（1119—1125年）	佚名残记（第12则）	北山佛湾第168号	卷二	405
104	北宋宣和年间（1119—1125年）	佚名造罗汉三身镌记	北山佛湾第168号	卷二	405
105	北宋宣和年间（1119—1125年）	王惟祖造像记	北山佛湾第168号	卷二	406
106	北宋宣和年间（1119—1125年）	王惟祖造像记	北山佛湾第168号	卷二	407
107	北宋宣和二年（1120年）	佚名造像镌记（第4则）	北山佛湾第180号	卷二	467
108	北宋宣和三年（1121年）	李世明造罗汉像镌记	北山佛湾第168号	卷二	407
109	北宋宣和四年（1122年）	何仪兴镌妆罗汉像记	北山佛湾第168号	卷二	402
110	北宋宣和四年（1122年）	佚名画妆罗汉像镌记	北山佛湾第168号	卷二	402
111	北宋宣和四年（1122年）	佚名造像镌记（第3则）	北山佛湾第180号	卷二	467
112	北宋靖康元年（1126年）	"文言"题刻	北山佛湾第155号	卷二	330
113	北宋靖康元年（1126年）	"伏氏"题刻	北山佛湾第155号	卷二	330
114	北宋靖康元年（1126年）	"陈吉祥"题名	北山佛湾第155号	卷二	330

序号	时代	铭文名称	位置	卷数	页码
115	北宋靖康元年（1126年）	伏元俊镌孔雀明王窟题名	北山佛湾第155号	卷二	341
116	北宋靖康元年（1126年）	伏元俊镌像记	北山佛湾第176号	卷二	439
117	北宋靖康元年（1126年）	伏元俊镌泗洲大圣龛题名	北山佛湾第177号	卷二	445
118	北宋	佚名造像镌记（第1则）	北山佛湾第180号	卷二	466
119	北宋	佚名造解冤结菩萨龛题记	北山佛湾第209号	卷三	53
南宋					
120	南宋建炎二年（1128年）	任宗易镌妆如意轮观音窟镌记	北山佛湾第149号	卷二	303
121	南宋建炎二年（1128年）	任宗易自赞	北山佛湾第149号	卷二	303
122	南宋建炎二年（1128年）	杜慧修自赞	北山佛湾第149号	卷二	303
123	南宋建炎四年（1130年）	文志认妆罗汉像镌记	北山佛湾第168号	卷二	403
124	南宋绍兴年间（1131—1141年）	"九天监生大神"题刻	南山石窟第4号	卷五	307
125	南宋绍兴年间（1131—1141年）	"□天送生夫□"题刻	南山石窟第4号	卷五	307
126	南宋绍兴年间（1131—1141年）	"三清古洞"题刻	南山石窟第5号	卷五	311
127	南宋绍兴年间（1131—1141年）	何正言凿三清古洞镌记	南山石窟第5号	卷五	345
128	南宋绍兴四年（1134年）	李大郎等摹刻维摩图记	北山佛湾第137号	卷二	261
129	南宋绍兴四年（1134年）	文志造像记	北山佛湾第137号	卷二	261
130	南宋绍兴四年（1134年）	佚名题刻	北山佛湾第137号	卷二	261
131	南宋绍兴八年（1138年）	佚名残镌记	北山佛湾第287号	卷三	365
132	南宋绍兴十年（1140年）	赵子充等游北山题名	北山佛湾第137号	卷二	262
133	南宋绍兴十年（1140年）	岑忠用修造十圣观音洞镌记	石门山石窟第6号	卷五	193
134	南宋绍兴十年（1140年）	岑忠用造宝经手观音镌记	石门山石窟第6号	卷五	193
135	南宋绍兴十一年（1141年）	佚名造正法明王观音像镌记	石门山石窟第6号	卷五	188
136	南宋绍兴十一年（1141年）	杨作安造大势至菩萨镌记	石门山石窟第6号	卷五	188
137	南宋绍兴十一年（1141年）	岑忠志造宝蓝手观音镌记	石门山石窟第6号	卷五	193
138	南宋绍兴十一年（1141年）	岑忠信造宝扇手观音镌记	石门山石窟第6号	卷五	194
139	南宋绍兴十一年（1141年）	庞休造甘露玉观音镌记	石门山石窟第6号	卷五	194
140	南宋绍兴十一年（1141年）	侯惟正造善财功德像镌记	石门山石窟第6号	卷五	194
141	南宋绍兴十一年（1141年）	甄典□造宝莲手观音镌记	石门山石窟第6号	卷五	195
142	南宋绍兴十一年（1141年）	赵勤典造宝镜观音镌记	石门山石窟第6号	卷五	195
143	南宋绍兴十一年（1141年）	陈充造莲花手观音镌记	石门山石窟第6号	卷五	195
144	南宋绍兴十一年（1141年）	庞师上造如意轮观音镌记	石门山石窟第6号	卷五	196
145	南宋绍兴十一年（1141年）	侯良造数珠手观音镌记	石门山石窟第6号	卷五	196
146	南宋绍兴十一年（1141年）	谢继隆造献珠龙女镌记	石门山石窟第6号	卷五	196
147	南宋绍兴十一年（1141年）	张宗彦题七言诗	南山石窟第5号	卷五	350
148	南宋绍兴十一年（1141年）	何格非和张宗彦诗	南山石窟第5号	卷五	350
149	南宋绍兴十二年（1142年）	张莘民造观音像镌记	北山佛湾第136号	卷二	241
150	南宋绍兴十二年（1142年）	佚名残刻	北山佛湾第160号	卷二	348
151	南宋绍兴十二年至十六年（1142—1146年）	陈吉銮彩释迦佛像镌记	北山佛湾第136号	卷二	229
152	南宋绍兴十二年至十六年（1142—1146年）	佚名残记	北山佛湾第136号	卷二	241
153	南宋绍兴十三年（1143年）	陈文明造大势至菩萨等像镌记及匠师题名	北山佛湾第136号	卷二	241
154	南宋绍兴十三年（1143年）	赵彭年造文殊普贤像镌记	北山佛湾第136号	卷二	251
155	南宋绍兴十六年（1146年）	王陛造数珠手观音像镌记	北山佛湾第136号	卷二	257

序号	时代	铭文名称	位置	卷数	页码
156	南宋绍兴十七年（1147年）	赵瓦题刻	多宝塔第一级塔身西南壁左起第二方框	卷四	23
157	南宋绍兴十七年（1147年）	赵瓦题刻	多宝塔第一级塔身西南壁左起第三方框	卷四	23
158	南宋绍兴十七年（1147年）	丁卯题刻	多宝塔第一级塔身西北壁左起第二方框	卷四	24
159	南宋绍兴十七年（1147年）	丁卯题刻	多宝塔第一级塔身东北壁左起第三方框	卷四	24
160	南宋绍兴十七年（1147年）	丁卯题刻	多宝塔第一级塔身东南壁左起第三方框	卷四	25
161	南宋绍兴十七年（1147年）	王慈济造释迦佛龛记	多宝塔第128号	卷四	500
162	南宋绍兴十七年（1147年）	王慈济自赞文	多宝塔第128号	卷四	501
163	南宋绍兴十七年（1147年）	杨伯高造杨文忻真容像龛记	石门山石窟第2号	卷五	141
164	南宋绍兴十七年（1147年）	杨伯高造二神将像龛记	石门山石窟第2号	卷五	141
165	南宋绍兴十七年至二十五年（1147—1155年）	"本院童行郑志领愿安乐"题刻	多宝塔塔门洞	卷四	23
166	南宋绍兴十七年至二十五年（1147—1155年）	何市瓦题刻	多宝塔第一级塔身南壁左下方框	卷四	23
167	南宋绍兴十七年至二十五年（1147—1155年）	何市瓦题刻	多宝塔第一级塔身南壁右下方框	卷四	23
168	南宋绍兴十七年至二十五年（1147—1155年）	邢先生等题刻	多宝塔第一级塔身北壁右框	卷四	24
169	南宋绍兴十七年至二十五年（1147—1155年）	蔡元志镌造释迦佛龛龛记	多宝塔第1、2号	卷四	96
170	南宋绍兴十七年至二十五年（1147—1155年）	冯善元镌装善财参礼文殊龛记	多宝塔第1、2号	卷四	96
171	南宋绍兴十七年至二十五年（1147—1155年）	邢信道镌造善财参礼海云比丘龛题记	多宝塔第3号	卷四	97
172	南宋绍兴十七年至二十五年（1147—1155年）	邢信道镌造善财参礼弥勒菩萨龛题记	多宝塔第5号	卷四	104
173	南宋绍兴十七年至二十五年（1147—1155年）	邢信道镌造善财参礼德云比丘龛题记	多宝塔第6号	卷四	105
174	南宋绍兴十七年至二十五年（1147—1155年）	何浩镌造观音龛题记	多宝塔第9号	卷四	119
175	南宋绍兴十七年至二十五年（1147—1155年）	邢信道镌造善财再会文殊龛题记	多宝塔第11号	卷四	122
176	南宋绍兴十七年至二十五年（1147—1155年）	邢信道镌造善财参礼海幢比丘龛题记	多宝塔第13号	卷四	129
177	南宋绍兴十七年至二十五年（1147—1155年）	邢信道镌造善财参礼解脱长者龛题记	多宝塔第14号	卷四	131
178	南宋绍兴十七年至二十五年（1147—1155年）	邢信道镌造善财参礼弥伽长者龛题记	多宝塔第16号	卷四	137
179	南宋绍兴十七年至二十五年（1147—1155年）	邢信道镌造善财参礼文殊龛题记	多宝塔第17号	卷四	142
180	南宋绍兴十七年至二十五年（1147—1155年）	邢信道镌造善财参礼善住比丘龛题记	多宝塔第19号	卷四	148
181	南宋绍兴十七年至二十五年（1147—1155年）	"佛"字题刻	多宝塔第20号	卷四	149
182	南宋绍兴十七年至二十五年（1147—1155年）	砌塔邢先生小师周童镌造记	多宝塔第20号	卷四	149
183	南宋绍兴十七年至二十五年（1147—1155年）	邢信道镌造善财参礼无厌足王龛题记	多宝塔第22号	卷四	158
184	南宋绍兴十七年至二十五年（1147—1155年）	邢信道镌造善财参礼宝髻长者龛题记	多宝塔第24号	卷四	164
185	南宋绍兴十七年至二十五年（1147—1155年）	邢信道镌造善财参礼婆须密女龛题记	多宝塔第26号	卷四	168
186	南宋绍兴十七年至二十五年（1147—1155年）	佚名镌造阿弥陀佛龛题记	多宝塔第28号	卷四	175
187	南宋绍兴十七年至二十五年（1147—1155年）	邢信道镌造善财参礼不动优婆姨龛题记	多宝塔第32号	卷四	185
188	南宋绍兴十七年至二十五年（1147—1155年）	邢信道镌造善财参礼师子频呻比丘龛题记	多宝塔第34号	卷四	191
189	南宋绍兴十七年至二十五年（1147—1155年）	邢信道镌造善财参礼大光王龛题记	多宝塔第35号	卷四	193
190	南宋绍兴十七年至二十五年（1147—1155年）	邢信道镌造善财参礼婆珊婆演底夜神龛题记	多宝塔第37号	卷四	206
191	南宋绍兴十七年至二十五年（1147—1155年）	邢信道镌造善财参礼普德净光夜神龛题记	多宝塔第38号	卷四	208
192	南宋绍兴十七年至二十五年（1147—1155年）	冯大学镌造西方三圣窟题刻	多宝塔第39号	卷四	210
193	南宋绍兴十七年至二十五年（1147—1155年）	邢信道镌造善财参礼精进力夜神龛题记	多宝塔第40号	卷四	216
194	南宋绍兴十七年至二十五年（1147—1155年）	冯大学施造普贤菩萨龛题记	多宝塔第41号	卷四	218
195	南宋绍兴十七年至二十五年（1147—1155年）	邢信道镌造善财参礼树花夜神龛题记	多宝塔第42号	卷四	220
196	南宋绍兴十七年至二十五年（1147—1155年）	冯大学镌造文殊菩萨龛题记	多宝塔第45号	卷四	233
197	南宋绍兴十七年至二十五年（1147—1155年）	冯大学造第陆层宝塔壹级镌记	多宝塔第47号	卷四	235

序号	时代	铭文名称	位置	卷数	页码
198	南宋绍兴十七年至二十五年（1147—1155年）	邢信道镌造善财参礼□生夜神龛题记	多宝塔第49号	卷四	241
199	南宋绍兴十七年至二十五年（1147—1155年）	"妙悟"题刻	多宝塔第50号窟左壁	卷四	246
200	南宋绍兴十七年至二十五年（1147—1155年）	"女童妙明"题刻	多宝塔第50号窟右壁	卷四	246
201	南宋绍兴十七年至二十五年（1147—1155年）	冯大学造第陆层宝塔及造像全堂题记	多宝塔第50号	卷四	248
202	南宋绍兴十七年至二十五年（1147—1155年）	刘暎镌造释迦佛龛题记	多宝塔第51号	卷四	253
203	南宋绍兴十七年至二十五年（1147—1155年）	邢信道镌造善财参礼贤圣优婆夷龛题记	多宝塔第56号	卷四	269
204	南宋绍兴十七年至二十五年（1147—1155年）	邢信道镌造善财参礼最寂静婆罗门龛题记	多宝塔第59号	卷四	281
205	南宋绍兴十七年至二十五年（1147—1155年）	佚名造释迦佛龛残镌记	多宝塔第60号	卷四	290
206	南宋绍兴十七年至二十五年（1147—1155年）	昝彦造地藏菩萨镌记	多宝塔第60号	卷四	291
207	南宋绍兴十七年至二十五年（1147—1155年）	伏小八匠师题名	多宝塔第60号	卷四	291
208	南宋绍兴十七年至二十五年（1147—1155年）	邢信道镌造善财参礼遍友童子师龛镌记	多宝塔第66号	卷四	315
209	南宋绍兴十七年至二十五年（1147—1155年）	周圆晖造像残记	多宝塔第67号	卷四	320
210	南宋绍兴十七年至二十五年（1147—1155年）	周圆晖题名	多宝塔第67号	卷四	320
211	南宋绍兴十七年至二十五年（1147—1155年）	王安镌造千手观音龛镌记	多宝塔第116号	卷四	463
212	南宋绍兴十七年至二十五年（1147—1155年）	邢信道镌造善财童子五十三参像龛镌记	多宝塔第117号	卷四	467
213	南宋绍兴十七年至二十五年（1147—1155年）	邢信道镌造善财童子五十三参像龛镌记	多宝塔第118号	卷四	469
214	南宋绍兴十七年至二十五年（1147—1155年）	佚名造药师经变残镌记	多宝塔第119号	卷四	475
215	南宋绍兴十七年至二十五年（1147—1155年）	邢信道镌造善财童子五十三参像龛镌记	多宝塔第120号	卷四	476
216	南宋绍兴十七年至二十五年（1147—1155年）	佚名造玉印观音残镌记	多宝塔第122号	卷四	484
217	南宋绍兴十七年（1147年）	"千里眼"题名	石门山石窟第2号	卷五	138
218	南宋绍兴十七年（1147年）	"顺风耳"题名	石门山石窟第2号	卷五	139
219	南宋绍兴十八年（1148年）	何正言镌造观音龛题记	多宝塔第8号	卷四	116
220	南宋绍兴二十年（1150年）	刘升等镌造如意轮像龛题记	多宝塔第7号	卷四	112
221	南宋绍兴二十年（1150年）	□狐琳书镌造释迦佛龛题记	多宝塔第36号	卷四	201
222	南宋绍兴二十一年（1151年）	□于滨镌造西方三圣龛题记	多宝塔第23号	卷四	162
223	南宋绍兴二十一年（1151年）	寋忠进镌像记	石门山石窟第1号	卷五	134
224	南宋绍兴二十一年（1151年）	邓早阊辛酉岁张、何二公诗跋	南山石窟第5号	卷五	351
225	南宋绍兴二十二年（1152年）	任亮刊刻冯大学施钱造塔	多宝塔第43号	卷四	222
226	南宋绍兴二十二年（1152年）	王堂镌造释迦佛题记	多宝塔第54号	卷四	259
227	南宋绍兴二十二年（1152年）	王堂化众舍钱建塔第八级镌记及功德主题名	多宝塔第54号	卷四	259
228	南宋绍兴二十二年（1152年）	第八级宝塔上舍钱施主题名	多宝塔第54号	卷四	259
229	南宋绍兴二十三年（1153年）	文陛造无量寿佛龛镌记	多宝塔第57号	卷四	275
230	南宋绍兴二十三年（1153年）	刘杰造龙树菩萨及施铁索镌记	多宝塔第60号	卷四	291
231	南宋绍兴二十四年（1154年）	伏小八匠师题名	多宝塔第64号	卷四	310
232	南宋绍兴二十四年（1154年）	佚名造涅槃窟题记	多宝塔第64号	卷四	310
233	南宋绍兴二十五年（1155年）	汉卿等认砌第十一级宝塔镌记	多宝塔第55号	卷四	265
234	南宋绍兴二十五年（1155年）	李小大镌造观音龛题记	多宝塔第58号	卷四	277
235	南宋孝宗年间（1163—1189年）	范祖禹书《古文孝经》碑	北山佛湾第103号	卷二	19
236	南宋孝宗年间（1163—1189年）	范祖禹撰赵懿简公神道碑	北山佛湾第104号	卷二	23
237	南宋乾道元年至七年（1165—1171年）	吕元锡等游北山题记	北山佛湾第289号	卷三	375
238	南宋乾道五年（1169年）	陈伯疆冬至日飨先考题记	南山石窟第5号	卷五	354
239	南宋乾道七年（1171年）	王季立观吕元锡字题记	北山佛湾第289号	卷三	375

序号	时代	铭文名称	位置	卷数	页码
240	南宋淳熙至淳祐年间（1174—1252年）	大藏佛说守护大千国土经	宝顶山大佛湾第2号	卷六	63
241	南宋淳熙至淳祐年间（1174—1252年）	偈语	宝顶山大佛湾第3号	卷六	81
242	南宋淳熙至淳祐年间（1174—1252年）	偈语	宝顶山大佛湾第3号	卷六	81
243	南宋淳熙至淳祐年间（1174—1252年）	"广大宝楼阁"题名	宝顶山大佛湾第4号	卷六	84
244	南宋淳熙至淳祐年间（1174—1252年）	宇文屺诗碑	宝顶山大佛湾第5号	卷六	123
245	南宋淳熙至淳祐年间（1174—1252年）	"舍利宝塔"题名	宝顶山大佛湾第6号	卷六	131
246	南宋淳熙至淳祐年间（1174—1252年）	"妙智宝塔"题名	宝顶山大佛湾第7号	卷六	142
247	南宋淳熙至淳祐年间（1174—1252年）	魏了翁书"毗卢庵"题刻	宝顶山大佛湾第7号	卷六	148
248	南宋淳熙至淳祐年间（1174—1252年）	偈语（假使偈）	宝顶山大佛湾第7号	卷六	148
249	南宋淳熙至淳祐年间（1174—1252年）	"化城"题名	宝顶山大佛湾第9号	卷六	182
250	南宋淳熙至淳祐年间（1174—1252年）	"正觉院"题名	宝顶山大佛湾第9号	卷六	185
251	南宋淳熙至淳祐年间（1174—1252年）	"净土宫"题名	宝顶山大佛湾第9号	卷六	187
252	南宋淳熙至淳祐年间（1174—1252年）	"光□□"题名	宝顶山大佛湾第9号	卷六	189
253	南宋淳熙至淳祐年间（1174—1252年）	偈语（假使偈）	宝顶山大佛湾第9号	卷六	189
254	南宋淳熙至淳祐年间（1174—1252年）	偈语	宝顶山大佛湾第9-1号	卷六	193
255	南宋淳熙至淳祐年间（1174—1252年）	"舍利宝塔"题名	宝顶山大佛湾第9-1号	卷六	193
256	南宋淳熙至淳祐年间（1174—1252年）	"药叉"题名	宝顶山大佛湾第13号	卷六	249
257	南宋淳熙至淳祐年间（1174—1252年）	《佛母大孔雀明王经》经文	宝顶山大佛湾第13号	卷六	249
258	南宋淳熙至淳祐年间（1174—1252年）	"天胜修罗"题名	宝顶山大佛湾第13号	卷六	263
259	南宋淳熙至淳祐年间（1174—1252年）	姚宍恭书"毗卢道场"题刻	宝顶山大佛湾第14号	卷六	267
260	南宋淳熙至淳祐年间（1174—1252年）	毗卢道场楹联	宝顶山大佛湾第14号	卷六	280
261	南宋淳熙至淳祐年间（1174—1252年）	"正觉门"题刻	宝顶山大佛湾第14号	卷六	290
262	南宋淳熙至淳祐年间（1174—1252年）	"翅头城"题刻	宝顶山大佛湾第14号	卷六	290
263	南宋淳熙至淳祐年间（1174—1252年）	"兜率宫"题刻	宝顶山大佛湾第14号	卷六	337
264	南宋淳熙至淳祐年间（1174—1252年）	"投佛祈求嗣息"颂词	宝顶山大佛湾第15号	卷七	9
265	南宋淳熙至淳祐年间（1174—1252年）	"怀担守护恩"颂词	宝顶山大佛湾第15号	卷七	18
266	南宋淳熙至淳祐年间（1174—1252年）	"临产受苦恩"颂词	宝顶山大佛湾第15号	卷七	19
267	南宋淳熙至淳祐年间（1174—1252年）	"生子忘忧恩"颂词	宝顶山大佛湾第15号	卷七	19
268	南宋淳熙至淳祐年间（1174—1252年）	"咽苦吐甘恩"颂词	宝顶山大佛湾第15号	卷七	20
269	南宋淳熙至淳祐年间（1174—1252年）	"推干就湿恩"颂词	宝顶山大佛湾第15号	卷七	21
270	南宋淳熙至淳祐年间（1174—1252年）	"乳哺养育恩"颂词	宝顶山大佛湾第15号	卷七	25
271	南宋淳熙至淳祐年间（1174—1252年）	"洗濯不净恩"颂词	宝顶山大佛湾第15号	卷七	25
272	南宋淳熙至淳祐年间（1174—1252年）	"为造恶业恩"颂词	宝顶山大佛湾第15号	卷七	26
273	南宋淳熙至淳祐年间（1174—1252年）	"远行忆念恩"颂词	宝顶山大佛湾第15号	卷七	26
274	南宋淳熙至淳祐年间（1174—1252年）	"究竟怜悯恩"颂词	宝顶山大佛湾第15号	卷七	27
275	南宋淳熙至淳祐年间（1174—1252年）	偈语（假使偈）	宝顶山大佛湾第15号	卷七	27
276	南宋淳熙至淳祐年间（1174—1252年）	佛说报父母恩德经	宝顶山大佛湾第15号	卷七	30
277	南宋淳熙至淳祐年间（1174—1252年）	佛说为于父母供养三宝经	宝顶山大佛湾第15号	卷七	31
278	南宋淳熙至淳祐年间（1174—1252年）	佛说为于父母□悔罪愆经	宝顶山大佛湾第15号	卷七	31
279	南宋淳熙至淳祐年间（1174—1252年）	佛说不孝罪为先经	宝顶山大佛湾第15号	卷七	34
280	南宋淳熙至淳祐年间（1174—1252年）	刑法题记	宝顶山大佛湾第15号	卷七	35
281	南宋淳熙至淳祐年间（1174—1252年）	佛说不孝之人堕阿毗地狱经	宝顶山大佛湾第15号	卷七	35

序号	时代	铭文名称	位置	卷数	页码
282	南宋淳熙至淳祐年间（1174—1252年）	偈语	宝顶山大佛湾第15号	卷七	36
283	南宋淳熙至淳祐年间（1174—1252年）	"敕烧煞五逆者"题刻	宝顶山大佛湾第16号	卷七	43
284	南宋淳熙至淳祐年间（1174—1252年）	古圣雷音霹雳诗	宝顶山大佛湾第16号	卷七	43
285	南宋淳熙至淳祐年间（1174—1252年）	偈语	宝顶山大佛湾第16号壁面中部	卷七	46
286	南宋淳熙至淳祐年间（1174—1252年）	偈语	宝顶山大佛湾第16号壁面下部	卷七	47
287	南宋淳熙至淳祐年间（1174—1252年）	"忉利天宫"题刻	宝顶山大佛湾第17号	卷七	48
288	南宋淳熙至淳祐年间（1174—1252年）	"六师外道谤佛不孝"题刻	宝顶山大佛湾第17号	卷七	56
289	南宋淳熙至淳祐年间（1174—1252年）	大藏佛说大方便佛报恩经	宝顶山大佛湾第17号	卷七	56
290	南宋淳熙至淳祐年间（1174—1252年）	"释迦佛因行孝证三十二相"经文	宝顶山大佛湾第17号	卷七	59
291	南宋淳熙至淳祐年间（1174—1252年）	"释迦因地行孝剜睛出髓为药"经文	宝顶山大佛湾第17号	卷七	64
292	南宋淳熙至淳祐年间（1174—1252年）	"释迦因地鹦鹉行孝"经文	宝顶山大佛湾第17号	卷七	64
293	南宋淳熙至淳祐年间（1174—1252年）	"释迦因地割肉供父母"经文	宝顶山大佛湾第17号	卷七	67
294	南宋淳熙至淳祐年间（1174—1252年）	"佛因地修行舍身济虎"经文	宝顶山大佛湾第17号	卷七	67
295	南宋淳熙至淳祐年间（1174—1252年）	"释迦因地雁书报太子"经文	宝顶山大佛湾第17号	卷七	69
296	南宋淳熙至淳祐年间（1174—1252年）	"释迦因地剜肉"经文	宝顶山大佛湾第17号	卷七	70
297	南宋淳熙至淳祐年间（1174—1252年）	"释迦佛因地为睒子行孝"经文	宝顶山大佛湾第17号	卷七	72
298	南宋淳熙至淳祐年间（1174—1252年）	"释迦佛因地修行舍身求法"经文	宝顶山大佛湾第17号	卷七	74
299	南宋淳熙至淳祐年间（1174—1252年）	"释迦牟尼佛诣父王所看病"经文	宝顶山大佛湾第17号	卷七	76
300	南宋淳熙至淳祐年间（1174—1252年）	"大孝释迦佛亲担父王棺"题刻	宝顶山大佛湾第17号	卷七	77
301	南宋淳熙至淳祐年间（1174—1252年）	"王棺舆"题刻	宝顶山大佛湾第17号	卷七	77
302	南宋淳熙至淳祐年间（1174—1252年）	"净饭大王舍利宝塔"题刻	宝顶山大佛湾第17号	卷七	77
303	南宋淳熙至淳祐年间（1174—1252年）	"释迦牟尼佛为末世众生设化法故担父王棺"经文	宝顶山大佛湾第17号	卷七	77
304	南宋淳熙至淳祐年间（1174—1252年）	偈语（假使偈）	宝顶山大佛湾第17号	卷七	77
305	南宋淳熙至淳祐年间（1174—1252年）	《三圣御制佛牙赞》碑	宝顶山大佛湾第17号	卷七	80
306	南宋淳熙至淳祐年间（1174—1252年）	颂词	《三圣御制佛牙赞》碑左右外侧	卷七	81
307	南宋淳熙至淳祐年间（1174—1252年）	"大宝楼阁"题名	宝顶山大佛湾第18号	卷七	100
308	南宋淳熙至淳祐年间（1174—1252年）	"珠楼"题名	宝顶山大佛湾第18号	卷七	100
309	南宋淳熙至淳祐年间（1174—1252年）	观无量寿佛经及上品上生经	宝顶山大佛湾第18号	卷七	110
310	南宋淳熙至淳祐年间（1174—1252年）	上品中生经	宝顶山大佛湾第18号	卷七	112
311	南宋淳熙至淳祐年间（1174—1252年）	上品下生经	宝顶山大佛湾第18号	卷七	113
312	南宋淳熙至淳祐年间（1174—1252年）	中品上生经	宝顶山大佛湾第18号	卷七	117
313	南宋淳熙至淳祐年间（1174—1252年）	中品中生经	宝顶山大佛湾第18号	卷七	118
314	南宋淳熙至淳祐年间（1174—1252年）	中品下生经	宝顶山大佛湾第18号	卷七	118
315	南宋淳熙至淳祐年间（1174—1252年）	下品上生经	宝顶山大佛湾第18号	卷七	122
316	南宋淳熙至淳祐年间（1174—1252年）	下品中生经	宝顶山大佛湾第18号	卷七	123
317	南宋淳熙至淳祐年间（1174—1252年）	下品下生经	宝顶山大佛湾第18号	卷七	123
318	南宋淳熙至淳祐年间（1174—1252年）	"日观"颂词	宝顶山大佛湾第18号	卷七	128
319	南宋淳熙至淳祐年间（1174—1252年）	"水观"颂词	宝顶山大佛湾第18号	卷七	129
320	南宋淳熙至淳祐年间（1174—1252年）	"地观"颂词	宝顶山大佛湾第18号	卷七	130
321	南宋淳熙至淳祐年间（1174—1252年）	"树观"颂词	宝顶山大佛湾第18号	卷七	130
322	南宋淳熙至淳祐年间（1174—1252年）	"池观"颂词	宝顶山大佛湾第18号	卷七	130
323	南宋淳熙至淳祐年间（1174—1252年）	"总观"颂词	宝顶山大佛湾第18号	卷七	131

序号	时代	铭文名称	位置	卷数	页码
324	南宋淳熙至淳祐年间（1174—1252年）	"宝相观"颂词	宝顶山大佛湾第18号	卷七	131
325	南宋淳熙至淳祐年间（1174—1252年）	"法身观"颂词	宝顶山大佛湾第18号	卷七	137
326	南宋淳熙至淳祐年间（1174—1252年）	"观世音观"颂词	宝顶山大佛湾第18号	卷七	137
327	南宋淳熙至淳祐年间（1174—1252年）	"大势智观"颂词	宝顶山大佛湾第18号	卷七	137
328	南宋淳熙至淳祐年间（1174—1252年）	"普观"颂词	宝顶山大佛湾第18号	卷七	138
329	南宋淳熙至淳祐年间（1174—1252年）	"丈六金身观"颂词	宝顶山大佛湾第18号	卷七	138
330	南宋淳熙至淳祐年间（1174—1252年）	"上品观"颂词	宝顶山大佛湾第18号	卷七	142
331	南宋淳熙至淳祐年间（1174—1252年）	"中品观"颂词	宝顶山大佛湾第18号	卷七	142
332	南宋淳熙至淳祐年间（1174—1252年）	"下品观"颂词	宝顶山大佛湾第18号	卷七	142
333	南宋淳熙至淳祐年间（1174—1252年）	《普劝持念阿弥陀佛》碑	宝顶山大佛湾第18号	卷七	145
334	南宋淳熙至淳祐年间（1174—1252年）	《再三相劝念弥陀》碑	宝顶山大佛湾第18号	卷七	146
335	南宋淳熙至淳祐年间（1174—1252年）	"缚心猿锁六耗"图名	宝顶山大佛湾第19号	卷七	152
336	南宋淳熙至淳祐年间（1174—1252年）	六耗偈语·眼如走犬	宝顶山大佛湾第19号	卷七	153
337	南宋淳熙至淳祐年间（1174—1252年）	六耗偈语·耳如乌鸦	宝顶山大佛湾第19号	卷七	153
338	南宋淳熙至淳祐年间（1174—1252年）	六耗偈语·鼻如毒蛇	宝顶山大佛湾第19号	卷七	153
339	南宋淳熙至淳祐年间（1174—1252年）	六耗偈语·舌如野狸	宝顶山大佛湾第19号	卷七	153
340	南宋淳熙至淳祐年间（1174—1252年）	六耗偈语·身如大鱼	宝顶山大佛湾第19号	卷七	153
341	南宋淳熙至淳祐年间（1174—1252年）	六耗偈语·意如野马	宝顶山大佛湾第19号	卷七	158
342	南宋淳熙至淳祐年间（1174—1252年）	"善福乐"系偈颂	宝顶山大佛湾第19号	卷七	158
343	南宋淳熙至淳祐年间（1174—1252年）	"恶祸苦"系偈颂	宝顶山大佛湾第19号	卷七	158
344	南宋淳熙至淳祐年间（1174—1252年）	偈语（第1则铭文）	宝顶山大佛湾第19号	卷七	160
345	南宋淳熙至淳祐年间（1174—1252年）	心猿颂	宝顶山大佛湾第19号	卷七	160
346	南宋淳熙至淳祐年间（1174—1252年）	祖师颂词	宝顶山大佛湾第19号	卷七	160
347	南宋淳熙至淳祐年间（1174—1252年）	咏乐诗	宝顶山大佛湾第19号	卷七	162
348	南宋淳熙至淳祐年间（1174—1252年）	咏苦诗	宝顶山大佛湾第19号	卷七	163
349	南宋淳熙至淳祐年间（1174—1252年）	偈语（第6则铭文）	宝顶山大佛湾第19号	卷七	163
350	南宋淳熙至淳祐年间（1174—1252年）	偈语（第7则铭文）	宝顶山大佛湾第19号	卷七	163
351	南宋淳熙至淳祐年间（1174—1252年）	咏心歌	宝顶山大佛湾第19号	卷七	163
352	南宋淳熙至淳祐年间（1174—1252年）	咏心偈	宝顶山大佛湾第19号	卷七	164
353	南宋淳熙至淳祐年间（1174—1252年）	论六耗颂	宝顶山大佛湾第19号	卷七	164
354	南宋淳熙至淳祐年间（1174—1252年）	锁六耗诗	宝顶山大佛湾第19号	卷七	164
355	南宋淳熙至淳祐年间（1174—1252年）	偈语（第12则铭文）	宝顶山大佛湾第19号	卷七	164
356	南宋淳熙至淳祐年间（1174—1252年）	偈语（第13则铭文）	宝顶山大佛湾第19号	卷七	164
357	南宋淳熙至淳祐年间（1174—1252年）	偈语（第14则铭文）	宝顶山大佛湾第19号	卷七	165
358	南宋淳熙至淳祐年间（1174—1252年）	"现报司官"颂词	宝顶山大佛湾第20号	卷七	167
359	南宋淳熙至淳祐年间（1174—1252年）	"秦广大王"颂词	宝顶山大佛湾第20号	卷七	172
360	南宋淳熙至淳祐年间（1174—1252年）	"初江大王"颂词	宝顶山大佛湾第20号	卷七	173
361	南宋淳熙至淳祐年间（1174—1252年）	"宋帝大王"颂词	宝顶山大佛湾第20号	卷七	173
362	南宋淳熙至淳祐年间（1174—1252年）	"五官大王"颂词	宝顶山大佛湾第20号	卷七	173
363	南宋淳熙至淳祐年间（1174—1252年）	"阎罗天子"颂词	宝顶山大佛湾第20号	卷七	181
364	南宋淳熙至淳祐年间（1174—1252年）	"变成大王"颂词	宝顶山大佛湾第20号	卷七	184
365	南宋淳熙至淳祐年间（1174—1252年）	"太山大王"颂词	宝顶山大佛湾第20号	卷七	184

序号	时代	铭文名称	位置	卷数	页码
366	南宋淳熙至淳祐年间（1174—1252年）	"平正大王"颂词	宝顶山大佛湾第20号	卷七	185
367	南宋淳熙至淳祐年间（1174—1252年）	"都市大王"颂词	宝顶山大佛湾第20号	卷七	185
368	南宋淳熙至淳祐年间（1174—1252年）	"转轮圣王"颂词	宝顶山大佛湾第20号	卷七	185
369	南宋淳熙至淳祐年间（1174—1252年）	"速报司官"颂词	宝顶山大佛湾第20号	卷七	186
370	南宋淳熙至淳祐年间（1174—1252年）	"现报司"图名	宝顶山大佛湾第20号第2层第1侍者像	卷七	186
371	南宋淳熙至淳祐年间（1174—1252年）	"速报"图名	宝顶山大佛湾第20号第2层第10侍者像	卷七	187
372	南宋淳熙至淳祐年间（1174—1252年）	刀山地狱经偈	宝顶山大佛湾第20号龛十八地狱（第1幅）	卷七	188
373	南宋淳熙至淳祐年间（1174—1252年）	镬汤地狱经偈	宝顶山大佛湾第20号龛十八地狱（第2幅）	卷七	189
374	南宋淳熙至淳祐年间（1174—1252年）	"业秤"题刻	宝顶山大佛湾第20号	卷七	190
375	南宋淳熙至淳祐年间（1174—1252年）	寒冰地狱经偈	宝顶山大佛湾第20号龛十八地狱（第3幅）	卷七	190
376	南宋淳熙至淳祐年间（1174—1252年）	剑树地狱经偈	宝顶山大佛湾第20号龛十八地狱（第4幅）	卷七	190
377	南宋淳熙至淳祐年间（1174—1252年）	拔舌地狱经偈	宝顶山大佛湾第20号龛十八地狱（第5幅）	卷七	191
378	南宋淳熙至淳祐年间（1174—1252年）	毒蛇地狱经偈	宝顶山大佛湾第20号龛十八地狱（第6幅）	卷七	191
379	南宋淳熙至淳祐年间（1174—1252年）	锉碓地狱经偈	宝顶山大佛湾第20号龛十八地狱（第7幅）	卷七	196
380	南宋淳熙至淳祐年间（1174—1252年）	锯解地狱经偈	宝顶山大佛湾第20号龛十八地狱（第8幅）	卷七	198
381	南宋淳熙至淳祐年间（1174—1252年）	铁床地狱经偈	宝顶山大佛湾第20号龛十八地狱（第9幅）	卷七	198
382	南宋淳熙至淳祐年间（1174—1252年）	"业镜"题刻	宝顶山大佛湾第20号	卷七	199
383	南宋淳熙至淳祐年间（1174—1252年）	黑暗地狱经偈	宝顶山大佛湾第20号龛十八地狱（第10幅）	卷七	199
384	南宋淳熙至淳祐年间（1174—1252年）	截膝地狱经偈	宝顶山大佛湾第20号龛十八地狱（第11幅）	卷七	201
385	南宋淳熙至淳祐年间（1174—1252年）	阿鼻地狱经偈	宝顶山大佛湾第20号龛十八地狱（第12幅）	卷七	206
386	南宋淳熙至淳祐年间（1174—1252年）	饿鬼地狱经偈	宝顶山大佛湾第20号龛十八地狱（第13幅）	卷七	207
387	南宋淳熙至淳祐年间（1174—1252年）	铁轮地狱经偈	宝顶山大佛湾第20号龛十八地狱（第14幅）	卷七	209
388	南宋淳熙至淳祐年间（1174—1252年）	刀船地狱经偈	宝顶山大佛湾第20号龛十八地狱（第15幅）	卷七	209
389	南宋淳熙至淳祐年间（1174—1252年）	祖师说法图经偈	宝顶山大佛湾第20号龛十八地狱（第16幅）	卷七	212
390	南宋淳熙至淳祐年间（1174—1252年）	铁轮地狱经偈	宝顶山大佛湾第20号龛十八地狱（第17幅）	卷七	215
391	南宋淳熙至淳祐年间（1174—1252年）	镬汤地狱经偈	宝顶山大佛湾第20号龛十八地狱（第17幅）	卷七	218
392	南宋淳熙至淳祐年间（1174—1252年）	粪秽地狱经偈	宝顶山大佛湾第20号龛十八地狱（第18幅）	卷七	219
393	南宋淳熙至淳祐年间（1174—1252年）	柳本尊十炼图题记·第一炼指	宝顶山大佛湾第21号	卷七	243
394	南宋淳熙至淳祐年间（1174—1252年）	柳本尊十炼图题记·第二立雪	宝顶山大佛湾第21号	卷七	255
395	南宋淳熙至淳祐年间（1174—1252年）	柳本尊十炼图题记·第三炼踝	宝顶山大佛湾第21号	卷七	256
396	南宋淳熙至淳祐年间（1174—1252年）	柳本尊十炼图题记·第四剜眼	宝顶山大佛湾第21号	卷七	256
397	南宋淳熙至淳祐年间（1174—1252年）	柳本尊十炼图题记·第五割耳	宝顶山大佛湾第21号	卷七	257
398	南宋淳熙至淳祐年间（1174—1252年）	柳本尊十炼图题记·第六炼心	宝顶山大佛湾第21号	卷七	258
399	南宋淳熙至淳祐年间（1174—1252年）	柳本尊十炼图题记·第七炼顶	宝顶山大佛湾第21号	卷七	258
400	南宋淳熙至淳祐年间（1174—1252年）	柳本尊十炼图题记·第八舍臂	宝顶山大佛湾第21号	卷七	262
401	南宋淳熙至淳祐年间（1174—1252年）	柳本尊十炼图题记·第九炼阴	宝顶山大佛湾第21号	卷七	262
402	南宋淳熙至淳祐年间（1174—1252年）	柳本尊十炼图题记·第十炼膝	宝顶山大佛湾第21号	卷七	263
403	南宋淳熙至淳祐年间（1174—1252年）	"唐瑜伽部主总持王"题刻	宝顶山大佛湾第21号	卷七	267
404	南宋淳熙至淳祐年间（1174—1252年）	大秽迹金刚题名	宝顶山大佛湾第22号	卷七	276
405	南宋淳熙至淳祐年间（1174—1252年）	大火头明王题名	宝顶山大佛湾第22号	卷七	276
406	南宋淳熙至淳祐年间（1174—1252年）	大威德明王题名	宝顶山大佛湾第22号	卷七	277
407	南宋淳熙至淳祐年间（1174—1252年）	降三世明王题名	宝顶山大佛湾第22号	卷七	277

序号	时代	铭文名称	位置	卷数	页码
408	南宋淳熙至淳祐年间（1174—1252年）	马首明王题名	宝顶山大佛湾第22号	卷七	279
409	南宋淳熙至淳祐年间（1174—1252年）	"法王宫"题名	宝顶山大佛湾第29号	卷七	349
410	南宋淳熙至淳祐年间（1174—1252年）	"光明藏"题名	宝顶山大佛湾第29号	卷七	356
411	南宋淳熙至淳祐年间（1174—1252年）	魏了翁书"宝顶山"题刻	宝顶山大佛湾第29号	卷七	370
412	南宋淳熙至淳祐年间（1174—1252年）	李耆岗书"报恩圆觉道场"题刻	宝顶山大佛湾第29号	卷七	370
413	南宋淳熙至淳祐年间（1174—1252年）	四部经目	宝顶山大佛湾第29号	卷七	370
414	南宋淳熙至淳祐年间（1174—1252年）	佚名书"宝岩"题刻	宝顶山大佛湾第29号	卷七	370
415	南宋淳熙至淳祐年间（1174—1252年）	大通智胜佛碑	宝顶山大佛湾第29号	卷七	371
416	南宋淳熙至淳祐年间（1174—1252年）	偈语	宝顶山大佛湾第29号窟口石狮前侧	卷七	371
417	南宋淳熙至淳祐年间（1174—1252年）	牧牛图偈颂·第1组	宝顶山大佛湾第30号	卷七	379
418	南宋淳熙至淳祐年间（1174—1252年）	牧牛图偈颂·第2组	宝顶山大佛湾第30号	卷七	379
419	南宋淳熙至淳祐年间（1174—1252年）	牧牛图偈颂·第3组	宝顶山大佛湾第30号	卷七	379
420	南宋淳熙至淳祐年间（1174—1252年）	牧牛图偈颂·第4组	宝顶山大佛湾第30号	卷七	383
421	南宋淳熙至淳祐年间（1174—1252年）	牧牛图偈颂·第5组	宝顶山大佛湾第30号	卷七	383
422	南宋淳熙至淳祐年间（1174—1252年）	牧牛图偈颂·第6组	宝顶山大佛湾第30号	卷七	383
423	南宋淳熙至淳祐年间（1174—1252年）	牧牛图偈颂·第7组	宝顶山大佛湾第30号	卷七	384
424	南宋淳熙至淳祐年间（1174—1252年）	牧牛图偈颂·第8组	宝顶山大佛湾第30号	卷七	385
425	南宋淳熙至淳祐年间（1174—1252年）	牧牛图偈颂·第9组	宝顶山大佛湾第30号	卷七	390
426	南宋淳熙至淳祐年间（1174—1252年）	牧牛图偈颂·第10组	宝顶山大佛湾第30号	卷七	391
427	南宋淳熙至淳祐年间（1174—1252年）	牧牛图偈颂·第11组	宝顶山大佛湾第30号	卷七	391
428	南宋淳熙至淳祐年间（1174—1252年）	牧牛图偈颂·第12组	宝顶山大佛湾第30号	卷七	394
429	南宋淳熙至淳祐年间（1174—1252年）	杨次公证道牧牛颂题刻	宝顶山大佛湾第30号	卷七	395
430	南宋淳熙至淳祐年间（1174—1252年）	偈语	宝顶山大佛湾第31号	卷七	402
431	南宋淳熙至淳祐年间（1174—1252年）	佛说大鱼事经经文	宝顶山大佛湾第32号	卷七	408
432	南宋淳熙至淳祐年间（1174—1252年）	大藏经残文	宝顶山大佛湾第32号	卷七	408
433	南宋淳熙至淳祐年间（1174—1252年）	第一级塔身（塔檐）北面经目、偈颂、题刻	宝顶山小佛湾第1号	卷八	17
434	南宋淳熙至淳祐年间（1174—1252年）	第一级塔身（塔檐）东面经目、题刻	宝顶山小佛湾第1号	卷八	19
435	南宋淳熙至淳祐年间（1174—1252年）	第一级塔身（塔檐）南面经目、题刻	宝顶山小佛湾第1号	卷八	20
436	南宋淳熙至淳祐年间（1174—1252年）	第一级塔身（塔檐）西面经目、题刻	宝顶山小佛湾第1号	卷八	22
437	南宋淳熙至淳祐年间（1174—1252年）	第二级塔身（塔檐）北面偈语、经目、题刻	宝顶山小佛湾第1号	卷八	24
438	南宋淳熙至淳祐年间（1174—1252年）	第二级塔身（塔檐）东面偈语、经目、题刻	宝顶山小佛湾第1号	卷八	25
439	南宋淳熙至淳祐年间（1174—1252年）	第二级塔身（塔檐）南面颂词、经目、题刻	宝顶山小佛湾第1号	卷八	26
440	南宋淳熙至淳祐年间（1174—1252年）	第二级塔身（塔檐）西面偈语、经目、题刻	宝顶山小佛湾第1号	卷八	28
441	南宋淳熙至淳祐年间（1174—1252年）	第三级塔身北面经目	宝顶山小佛湾第1号	卷八	31
442	南宋淳熙至淳祐年间（1174—1252年）	第三级塔身东面经目	宝顶山小佛湾第1号	卷八	31
443	南宋淳熙至淳祐年间（1174—1252年）	第三级塔身南面经目	宝顶山小佛湾第1号	卷八	32
444	南宋淳熙至淳祐年间（1174—1252年）	第三级塔身西面经目	宝顶山小佛湾第1号	卷八	32
445	南宋淳熙至淳祐年间（1174—1252年）	楹联	宝顶山小佛湾第3号	卷八	45
446	南宋淳熙至淳祐年间（1174—1252年）	偈语（假使偈）	宝顶山小佛湾第3号	卷八	50
447	南宋淳熙至淳祐年间（1174—1252年）	"毗卢庵"题名	宝顶山小佛湾第4号	卷八	71
448	南宋淳熙至淳祐年间（1174—1252年）	颂词	宝顶山小佛湾第4号	卷八	81
449	南宋淳熙至淳祐年间（1174—1252年）	颂词	宝顶山小佛湾第4号	卷八	81

序号	时代	铭文名称	位置	卷数	页码
450	南宋淳熙至淳祐年间（1174—1252年）	偈语（假使偈）	宝顶山小佛湾第4号	卷八	84
451	南宋淳熙至淳祐年间（1174—1252年）	偈语（假使偈）	宝顶山小佛湾第4号	卷八	85
452	南宋淳熙至淳祐年间（1174—1252年）	十恶罪报图名及罪报名·第一幅	宝顶山小佛湾第6号	卷八	95
453	南宋淳熙至淳祐年间（1174—1252年）	十恶罪报图名及罪报名·第二幅	宝顶山小佛湾第6号	卷八	98
454	南宋淳熙至淳祐年间（1174—1252年）	十恶罪报图名及罪报名·第三幅	宝顶山小佛湾第6号	卷八	99
455	南宋淳熙至淳祐年间（1174—1252年）	十恶罪报图名及罪报名·第四幅	宝顶山小佛湾第6号	卷八	99
456	南宋淳熙至淳祐年间（1174—1252年）	十恶罪报图名及罪报名·第五幅	宝顶山小佛湾第6号	卷八	99
457	南宋淳熙至淳祐年间（1174—1252年）	十恶罪报图名及罪报名·第六幅	宝顶山小佛湾第6号	卷八	101
458	南宋淳熙至淳祐年间（1174—1252年）	十恶罪报图名及罪报名·第七幅	宝顶山小佛湾第6号	卷八	101
459	南宋淳熙至淳祐年间（1174—1252年）	十恶罪报图名及罪报名·第八幅	宝顶山小佛湾第6号	卷八	101
460	南宋淳熙至淳祐年间（1174—1252年）	十恶罪报图名及罪报名·第九幅	宝顶山小佛湾第6号	卷八	103
461	南宋淳熙至淳祐年间（1174—1252年）	十恶罪报图名及罪报名·第十幅	宝顶山小佛湾第6号	卷八	103
462	南宋淳熙至淳祐年间（1174—1252年）	"歌利王"题名	宝顶山小佛湾第6号	卷八	111
463	南宋淳熙至淳祐年间（1174—1252年）	《唐柳本尊传》碑	宝顶山小佛湾第7号	卷八	119
464	南宋淳熙至淳祐年间（1174—1252年）	毗卢佛龛经文	龙头山第1号	卷八	214
465	南宋淳熙至淳祐年间（1174—1252年）	释迦佛题名	龙头山第6号	卷八	222
466	南宋淳熙至淳祐年间（1174—1252年）	阿弥陀佛题名	龙头山第8号	卷八	226
467	南宋淳熙至淳祐间（1174—1252年）	偈语（假使偈）	大佛坡第1号	卷八	232
468	南宋淳熙至淳祐年间（1174—1252年）	偈语（假使偈·第1则铭文）	三块碑	卷八	239
469	南宋淳熙至淳祐年间（1174—1252年）	偈语（假使偈·第2则铭文）	三块碑	卷八	239
470	南宋淳熙至淳祐年间（1174—1252年）	偈语（假使偈·第1则铭文）	松林坡	卷八	242
471	南宋淳熙至淳祐年间（1174—1252年）	偈语（假使偈·第2则铭文）	松林坡	卷八	244
472	南宋淳熙至淳祐年间（1174—1252年）	颂词（第3则铭文）	松林坡	卷八	244
473	南宋淳熙至淳祐年间（1174—1252年）	"袭服易衣"题刻	维摩顶西崖	卷八	245
474	南宋淳熙至淳祐年间（1174—1252年）	"持刀落发"题刻	维摩顶西崖	卷八	246
475	南宋淳熙至淳祐年间（1174—1252年）	偈语（假使偈）	菩萨屋	卷八	248
476	南宋淳熙至淳祐年间（1174—1252年）	"山神众"题刻	菩萨堡	卷八	251
477	南宋淳熙至淳祐年间（1174—1252年）	"树神众"题刻	菩萨堡	卷八	251
478	南宋淳熙至淳祐年间（1174—1252年）	偈语（假使偈）	菩萨堡	卷八	251
479	南宋淳熙至淳祐年间（1174—1252年）	守护大千国土经经目	菩萨堡	卷八	252
480	南宋淳熙至淳祐年间（1174—1252年）	偈语（假使偈）	杨家坡	卷八	254
481	南宋淳熙至淳祐年间（1174—1252年）	佛塔颂词及佛名题刻	佛祖岩	卷八	254
482	南宋淳熙至淳祐年间（1174—1252年）	偈语（假使偈·第1则铭文）	佛祖岩	卷八	255
483	南宋淳熙至淳祐年间（1174—1252年）	偈语（假使偈·第2则铭文）	佛祖岩	卷八	255
484	南宋淳熙至淳祐年间（1174—1252年）	偈语（第3则铭文）	佛祖岩	卷八	255
485	南宋淳熙至淳祐年间（1174—1252年）	偈语（第4则铭文）	佛祖岩	卷八	255
486	南宋淳熙至淳祐年间（1174—1252年）	偈语（第5则铭文）	佛祖岩	卷八	259
487	南宋淳熙至淳祐年间（1174—1252年）	大藏佛说守护大千国土经	佛祖岩	卷八	259
488	南宋淳熙至淳祐年间（1174—1252年）	龛前案台题刻	佛祖岩	卷八	259
489	南宋淳熙至淳祐年间（1174—1252年）	偈语（假使偈）	广大山	卷八	263
490	南宋淳熙至淳祐年间（1174—1252年）	大藏佛言残文	广大山	卷八	263
491	南宋淳熙至淳祐年间（1174—1252年）	偈语（假使偈）	广大山	卷八	263

序号	时代	铭文名称	位置	卷数	页码
492	南宋淳熙至淳祐年间（1174—1252年）	佛说大鱼事经名	龙潭	卷八	264
493	南宋淳熙至淳祐年间（1174—1252年）	偈语	龙潭	卷八	264
494	南宋淳熙至淳祐年间（1174—1252年）	偈语	对面佛	卷八	271
495	南宋淳熙至淳祐年间（1174—1252年）	"南无无量佛"题名	对面佛	卷八	271
496	南宋淳熙至淳祐年间（1174—1252年）	颂词	珠始山	卷八	283
497	南宋淳熙至淳祐年间（1174—1252年）	第一级塔身东北面菩萨题名	转法轮塔	卷八	299
498	南宋淳熙至淳祐年间（1174—1252年）	第一级塔身北面菩萨题名	转法轮塔	卷八	299
499	南宋淳熙至淳祐年间（1174—1252年）	第一级塔身西北面菩萨题名	转法轮塔	卷八	299
500	南宋淳熙至淳祐年间（1174—1252年）	第一级塔身西面菩萨题名	转法轮塔	卷八	299
501	南宋淳熙至淳祐年间（1174—1252年）	第一级塔身西南面菩萨题名	转法轮塔	卷八	299
502	南宋淳熙至淳祐年间（1174—1252年）	第一级塔身南面菩萨题名	转法轮塔	卷八	299
503	南宋淳熙至淳祐年间（1174—1252年）	第一级塔身东南面菩萨题名	转法轮塔	卷八	299
504	南宋淳熙至淳祐年间（1174—1252年）	第一级塔身东面菩萨题名	转法轮塔	卷八	304
505	南宋淳熙至淳祐年间（1174—1252年）	第一级塔身颂词	转法轮塔	卷八	304
506	南宋淳熙至淳祐年间（1174—1252年）	簿册残存经文	宝顶山勾愿菩萨	卷八	450
507	南宋淳熙至淳祐年间（1174—1252年）	"释迦真如舍利宝塔"题名	释迦真如舍利宝塔	卷八	325
508	南宋淳熙至淳祐年间（1174—1252年）	"南无宝自在王定光佛"题名	释迦真如舍利宝塔第二级塔身	卷八	325
509	南宋淳熙至淳祐年间（1174—1252年）	"南无宝相不动尊王佛"题名	释迦真如舍利宝塔第二级塔身	卷八	325
510	南宋淳熙至淳祐年间（1174—1252年）	"南无宝相不动最胜佛"题名	释迦真如舍利宝塔第二级塔身	卷八	325
511	南宋淳熙至淳祐年间（1174—1252年）	"南无宝胜然灯法炬佛"题名	释迦真如舍利宝塔第二级塔身	卷八	332
512	南宋淳熙至淳祐年间（1174—1252年）	偈语	宝顶山小佛湾圆雕观音	卷八	339
513	南宋淳熙至淳祐年间（1174—1252年）	偈语（第1则铭文）	宝顶山圣寿寺灌顶井窟	卷八	371
514	南宋淳熙至淳祐年间（1174—1252年）	戒律（第2则铭文）	宝顶山圣寿寺灌顶井窟	卷八	371
515	南宋淳熙至淳祐年间（1174—1252年）	戒律（第3则铭文）	宝顶山圣寿寺灌顶井窟	卷八	384
516	南宋淳熙至淳祐年间（1174—1252年）	颂词（第4则铭文）	宝顶山圣寿寺灌顶井窟	卷八	384
517	南宋淳熙至淳祐年间（1174—1252年）	维摩顶石塔题刻、颂词（3则）	宝顶山圣寿寺维摩殿外石塔	卷八	385
518	南宋淳熙至淳祐年间（1174—1252年）	维摩卧像身后坐佛手持经函题刻	宝顶山圣寿寺维摩殿佛坛	卷八	385
519	南宋淳熙至淳祐年间（1174—1252年）	佛坛偈语（3则）	宝顶山圣寿寺维摩殿佛坛	卷八	397
520	南宋淳熙四年（1177年）	吕元锡等避暑北山题记	北山佛湾第176号	卷二	439
521	南宋淳熙五年（1178年）	杨彦翔等追凉北山题记	北山佛湾第168号	卷二	407
522	南宋淳熙五年（1178年）	吕元锡游南山诗并跋	南山石窟第5号	卷五	345
523	南宋淳熙五年（1178年）	吕元锡挈家寻仙追凉题记	南山石窟第5号	卷五	353
524	南宋淳熙九年（1182年）	邓桂纪行诗碑	石门山石窟第12号	卷五	264
525	南宋淳熙十三年（1186年）	刘子发等较试南昌毕事拉游北山题记	北山佛湾第149号	卷二	304
526	南宋淳熙十四年（1187年）	赵宋瑞等游北山题记	北山佛湾第149号	卷二	304
527	南宋淳熙十五年（1188年）	梁当之等避暑南山题记	南山石窟第5号	卷五	353
528	南宋庆元四年（1198年）	李季升题刻	北山佛湾第288号	卷三	372
529	南宋庆元六年（1200年）	曹伟卿游南山记	南山石窟第5号	卷五	353
530	南宋嘉定五年（1212年）	赵循父登北山题记	北山佛湾第176号	卷二	439
531	南宋嘉定十二年（1219年）	郭庆祖逃暑岩阿题记	北山佛湾第149号	卷二	304
532	南宋嘉定十六年（1223年）	杜孝严书"宝顶山"题刻	宝顶山大佛湾第4号	卷六	89
533	南宋绍定四年（1231年）	颂词、偈句	宝顶山小佛湾第9号	卷八	140

序号	时代	铭文名称	位置	卷数	页码
534	南宋绍定四年（1231年）	"毗卢庵"题名及偈句	宝顶山小佛湾第9号	卷八	141
535	南宋绍定四年（1231年）	偈句	宝顶山小佛湾第9号	卷八	141
536	南宋绍定四年（1231年）	偈语（假使偈）	宝顶山小佛湾第9号	卷八	141
537	南宋绍定四年（1231年）	偈语（假使偈）	宝顶山小佛湾第9号	卷八	141
538	南宋绍定四年（1231年）	偈句	宝顶山小佛湾第9号	卷八	146
539	南宋绍定四年（1231年）	颂词	宝顶山小佛湾第9号	卷八	146
540	南宋绍定四年（1231年）	颂词	宝顶山小佛湾第9号	卷八	155
541	南宋绍定四年（1231年）	颂词	宝顶山小佛湾第9号	卷八	159
542	南宋绍定四年（1231年）	《释迦舍利宝塔禁中应现之图》碑	宝顶山小佛湾第9号	卷八	165
543	南宋端平二年（1235年）	樊允季领客避暑终日题记	南山石窟第5号	卷五	352
544	南宋嘉熙年间（1237—1240年）	《席存著撰〈赵智凤事实〉》残文	宝顶山小佛湾第2号	卷八	38
545	南宋嘉熙年间（1237—1240年）	佛偈戒	宝顶山小佛湾第2号	卷八	39
546	南宋嘉熙年间（1237—1240年）	恒沙佛说大藏灌顶法轮经	宝顶山小佛湾第2号	卷八	39
547	南宋嘉熙年间（1237—1240年）	南无金幢宝胜佛教诫	宝顶山小佛湾第2号	卷八	39
548	南宋嘉熙年间（1237—1240年）	祖师传偈	宝顶山小佛湾第2号	卷八	44
549	南宋淳祐七年（1247年）	何光震钱郡守王梦应记碑	南山石窟第5号	卷五	351
550	南宋	张辉造药师佛龛镌记	北山佛湾第110号	卷二	66
551	南宋	佚名造像残记	北山佛湾第130号	卷二	170
552	南宋	无尽老人语录碑	北山佛湾第163号	卷二	352
553	南宋	赵仲□妆绚罗汉像镌记	北山佛湾第168号	卷二	406
554	南宋	何□妆銮弥勒下生经变相镌记	北山佛湾第176号	卷二	439
555	南宋	残刻	石门山石窟第10号	卷五	247
556	南宋	佚名和吕元锡诗	南山石窟第5号	卷五	345
557	南宋	陈及之省坟莓溪过南山题记	南山石窟第5号	卷五	355
558	南宋	赵□可题记	南山石窟第6号	卷五	363
	宋代				
559	宋	崔叮子题刻	北山佛湾第149号	卷二	303
560	宋	佚名残记	北山佛湾第177号	卷二	445
561	宋	佚名残记	北山佛湾第253号	卷三	252
562	宋	佚名残镌记	北山佛湾第280号	卷三	335
	明代				
563	明洪武三十年（1397年）	高观音龛造像镌记	宝顶山高观音龛	卷八	452
564	明建文元年（1399年）	僧元亮偈赞题刻	北山佛湾第245号	卷三	223
565	明建文三年（1401年）	铭宗镌观音像记	石篆山寺第4号	卷五	410
566	明永乐十一年（1413年）	胡靖等游记	宝顶山大佛湾第14号	卷六	352
567	明洪熙元年（1425年）	刘畋人撰《重开宝顶石碑记》	宝顶山大佛湾第27号	卷七	312
568	明宣德元年（1426年）	玄极立《重修宝顶事实》碑	宝顶山大佛湾第27号	卷七	314
569	明宣德元年（1426年）	刘畋人撰《重开宝顶石碑记》	宝顶山大佛湾第27号	卷七	315
570	明宣德元年（1426年）	玄极重开石池镌记	宝顶山圣迹池	卷八	399
571	明宣德八年（1443年）	游和书七律诗	宝顶山大佛湾第27号	卷七	315
572	明成化七年（1471年）	明成化七年香炉镌记	原置宝顶山小佛湾，现藏大足石刻博物馆	卷八	341
573	明成化八年（1472年）	明成化香炉题记	佛祖岩	卷八	259

序号	时代	铭文名称	位置	卷数	页码
574	明成化十年（1474年）	《恩荣圣寿寺记》碑	宝顶山小佛湾第7号	卷八	122
575	明成化十一年（1475年）	明成化十一年香炉镌记	宝顶山小佛湾第6号正壁中部前侧	卷八	340
576	明成化十八年（1482年）	"佛会之塔"塔名题刻	石篆山佛会之塔	卷五	398
577	明成化十八年（1482年）	佛会之塔残记	石篆山佛会之塔	卷五	406
578	明弘治十二年（1499年）	张壁撰《重修佛惠寺碑记》	石篆山佛会寺中殿	卷五	397
579	明弘治十七年（1504年）	曹琼撰《恩荣圣寿寺记》碑	宝顶山圣寿寺帝释殿	卷八	401
580	明正德十四年（1519年）	黄朝题培修圆觉洞记	宝顶山大佛湾第29号	卷七	373
581	明正德十六年（1521年）	王伯富造真武龛香炉镌记	南山石窟第1号	卷五	291
582	明嘉靖年间（1522—1566年）	悟经装彩记	宝顶山大佛湾第17号	卷七	81
583	明嘉靖二年（1523年）	僧觉□妆彩残记	宝顶山大佛湾第4号	卷六	91
584	明嘉靖二年（1523年）	性聪书残记	宝顶山大佛湾第5号	卷六	124
585	明嘉靖二年（1523年）	性寅妆绚观经变右岩像记	宝顶山大佛湾第18号	卷七	150
586	明嘉靖三年（1524年）	"大明蜀总制林公之像"题刻	北山佛湾第288号	卷三	370
587	明嘉靖三年（1524年）	范府书林俊诗并跋	北山佛湾第290号	卷三	376
588	明嘉靖三年（1524年）	性寅妆绚观经变左岩像记	宝顶山大佛湾第18号	卷七	147
589	明嘉靖四年（1525年）	曾绍森合家发愿文	宝顶山大佛湾第18号	卷七	150
590	明嘉靖九年（1530年）	袁衍和郭通府韵	《恩荣圣寿寺记》碑碑阴	卷八	401
591	明嘉靖三十二年（1553年）	觉寿妆銮培修记	宝顶山大佛湾第29号	卷七	371
592	明嘉靖三十六年（1557年）	严逊记碑	石篆山佛会寺前殿	卷五	396
593	明嘉靖三十六年（1557年）	述思古迹记碑	《严逊记碑》碑阴	卷五	396
594	明嘉靖三十六年（1557年）	陈重书七绝诗	宝顶山大佛湾第29号	卷七	375
595	明嘉靖三十九年（1560年）	比丘总琴栽植柏树记	石篆山子母殿西第5号	卷五	412
596	明隆庆元年（1567年）	无涯妆严圆觉洞文殊像记	宝顶山大佛湾第29号	卷七	374
597	明隆庆四年（1570年）	悟朝立善功部碑	宝顶山大佛湾第7号	卷六	148
598	明隆庆五年（1571年）	悟朝立《临济正宗记》碑	宝顶山小佛湾第3号窟前回廊左侧壁	卷八	341
599	明万历元年（1573年）	付觉明等在塔内宿题名	多宝塔第1、2号	卷四	96
600	明万历元年（1573年）	付觉明等题名	多宝塔第15号	卷四	135
601	明万历元年（1573年）	悟春等题名	多宝塔第15号	卷四	135
602	明万历二十年（1592年）	邓太山金妆古佛记	宝顶山大佛湾第27号	卷七	315
603	明万历四十二年（1614年）	佚名书"江风山月"题刻	宝顶山大佛湾第29号	卷七	376
604	明崇祯元年（1628年）	佚名培修残记	石门山石窟第1号	卷五	134
605	明崇祯七年（1634年）	"明西域坐脱大禅师之塔"题名	北山佛湾第168号	卷二	399
606	明崇祯七年（1634年）	潘绂撰《西域坐化大禅师记事》碑	北山佛湾第168号	卷二	399
607	明	战符题《灵湫泉》诗	宝顶山大佛湾第5号	卷六	124
608	明	刘念行题"山水佳处"题刻	宝顶山大佛湾第26号	卷七	306
609	明	战符题"圆觉洞用韵"诗	宝顶山大佛湾第29号	卷七	372
610	明	涂永明妆銮圆觉洞像记	宝顶山大佛湾第29号	卷七	372
611	明	康圭题"游圆觉洞有怀"诗	宝顶山大佛湾第29号	卷七	373
612	明	"古迹石池宝顶山"题刻	宝顶山小佛湾第3号	卷八	45
613	明	《宝顶常住田产》碑	宝顶山小佛湾第7号	卷八	119
614	明	"古迹佛祖岩"题刻及颂词	佛祖岩	卷八	259
615	明	"古迹广大山"题刻及颂词	广大山	卷八	263

序号	时代	铭文名称	位置	卷数	页码
616	明	"古迹龙潭"题刻	龙潭	卷八	266
617	明	"古迹无忧石"题刻	对面佛	卷八	273
618	明	"古迹仁功山"题刻	仁功山第1号	卷八	275
619	明	"古迹珠始山"题刻	珠始山	卷八	283
		清代			
620	清康熙年间（1662—1722年）	李开先撰《宝顶山颂》碑	《临济正宗记》碑阴	卷八	342
621	清康熙二十九年（1690年）	史彰撰《重开宝顶碑记》	宝顶山大佛湾第27号	卷七	307
622	清康熙五十六年（1717年）	墨书题记	宝顶山万岁楼第四级屋身第二层西侧抬梁	卷八	430
623	清康熙五十六年（1717年）	墨书题记	宝顶山万岁楼第四级屋身第二层南侧抬梁	卷八	434
624	清康熙五十八年（1719年）	玉皇观置田产契约碑	南山石窟第5号	卷五	354
625	清康熙六十年（1721年）	唐子俊装修玉皇古洞天尊碑记	南山石窟第5号	卷五	353
626	清雍正四年（1726年）	僧万庵等立《重修大佛碑记》	宝顶山圣寿寺大雄宝殿	卷八	409
627	清乾隆年间（1736—1795年）	墨书残文（第2则）	宝顶山大佛湾第19号	卷七	165
628	清乾隆三年（1738年）	《亘古昭然》碑	宝顶山圣寿寺大雄宝殿	卷八	405
629	清乾隆五年（1740年）	《福田广种》碑	北塔寺山门和前殿之间平坝内道路旁	卷四	558
630	清乾隆九年（1744年）	李德《创修□宇大殿碑记》	宝顶山圣寿寺维摩殿外	卷八	413
631	清乾隆九年（1744年）	佚名立《无量□□》碑	宝顶山广大寺大雄宝殿	卷八	426
632	清乾隆十三年（1748年）	净明立《遥播千古》碑	宝顶山大佛湾第7号	卷六	148
633	清乾隆十五年（1750年）	张书绅撰《契约存照》碑	石门山石窟东侧石柱东北面	卷五	421
634	清乾隆十六年（1751年）	墨书题记	北塔寺后殿明间正脊	卷四	552
635	清乾隆十六年（1751年）	墨书题记	北塔寺后殿明间前侧坡面第二排檩木下	卷四	552
636	清乾隆十六年（1751年）	舒宏明撰《圣府洞置常住田碑序》	石门山石窟东侧石柱西南面	卷五	420
637	清乾隆二十二年（1757年）	佚名立重□荡荡碑	石门山石窟第13-1号	卷五	273
638	清乾隆二十二年（1757年）	张子华等重修大殿记碑	石门山石窟第13-1号	卷五	273
639	清乾隆二十三年（1758年）	姜□□撰《刊刻碑文》	石门山石窟南侧石柱西南面	卷五	419
640	清乾隆二十三年（1758年）	"西竺仙景"题刻	宝顶山小佛湾第8号	卷八	137
641	清乾隆二十五年（1760年）	余源□撰书《掉常住田》碑	石门山石窟南侧石柱东北面	卷五	419
642	清乾隆二十五年（1760年）	《勒石为记》捐资碑	石门山石窟南侧石柱东南面	卷五	419
643	清乾隆二十五年（1760年）	墨书残记	宝顶山大佛湾第6号	卷六	140
644	清乾隆二十五年（1760年）	僧有久修装圆觉洞、万岁楼等处佛像记	宝顶山大佛湾第29号	卷七	376
645	清乾隆二十八年（1763年）	"□□正宗第三十五世磐山下六代上净下明定和尚金幢宝塔"题名及塔身六面铭文	宝顶山倒塔坡明清僧人墓群（M5墓塔）	卷八	465
646	清乾隆三十年至三十九年（1765—1774年）	墨书题记（第15则）	宝顶山大佛湾第5号	卷六	128
647	清乾隆三十年至三十九年（1765—1774年）	墨书题记（第16则）	宝顶山大佛湾第5号	卷六	128
648	清乾隆三十二年（1767年）	僧慧心立《圣旨》碑	宝顶山圣寿寺维摩殿前八角亭内	卷八	414
649	清乾隆三十五年（1770年）	达荣修理功字镌记	石门山石窟第8-2号	卷五	219
650	清乾隆四十年（1775年）	僧晴舟立《实录碑记》	宝顶山小佛湾第2号七佛壁前侧中部	卷八	342
651	清乾隆四十五年（1780年）	张龙飞装修千手观音像记	宝顶山大佛湾第8号	卷六	163
652	乾隆四十五年（1780年）	张龙□装修大佛湾、圣寿寺像记	宝顶山圣寿寺维摩殿	卷八	413
653	清乾隆五十年（1785年）	赵维元捐刻阿弥陀佛像镌记	石门山石窟第5号	卷五	152
654	清乾隆五十一年（1786年）	乾隆装塑碑	石门山石窟	卷五	424
655	清乾隆五十七年（1792年）	住持僧立《正堂示禁》碑	宝顶山圣寿寺帝释殿	卷八	403
656	清乾隆五十九年（1794年）	《牖壁四邻赞》碑	宝顶山圣寿寺牖壁	卷八	400

序号	时代	铭文名称	位置	卷数	页码
657	清乾隆六十年（1795年）	宋以道书"圣府洞"题刻	石门山石窟第11-1号	卷五	264
658	清嘉庆元年（1796年）	僧慧心立《正堂示禁》碑	宝顶山圣寿寺大雄宝殿	卷八	406
659	清嘉庆年间（1796—1820年）	僧慧灿《重修山门内石坝碑记》	宝顶山圣寿寺山门殿	卷八	401
660	清嘉庆六年（1801年）	墨书题记（第10则）	宝顶山大佛湾第5号	卷六	127
661	清嘉庆六年（1801年）	墨书题记（第11则）	宝顶山大佛湾第5号	卷六	127
662	清嘉庆六年（1801年）	陈宗昭等立《释迦佛碑》	宝顶山圣寿寺三世佛殿	卷八	411
663	清嘉庆八年（1803年）	墨书题记（第2则）	宝顶山大佛湾第5号	卷六	125
664	清嘉庆八年（1803年）	杨秀爵装彩古佛记	宝顶山大佛湾第18号	卷七	148
665	清嘉庆十五年（1810年）	墨书题记（第5则）	宝顶山大佛湾第5号	卷六	126
666	清嘉庆十五年（1810年）	释云劝善文	宝顶山大佛湾第18号	卷七	149
667	清嘉庆十五年（1810年）	《善果流芳》碑	宝顶山圣寿寺大雄宝殿	卷八	407
668	清嘉庆二十三年（1818年）	张澍重游南山诗并跋	南山石窟第2号	卷五	298
669	清嘉庆二十三年（1818年）	张澍重九日偕友登高记	南山石窟第2号	卷五	299
670	清嘉庆二十三年（1818年）	张澍书"翕然云起"题刻	南山石窟第3号	卷五	302
671	清嘉庆二十三年（1818年）	张澍题"辰秀太清"题刻	南山石窟第8号	卷五	366
672	清道光年间（1821—1851年）	僧弘明立道众小引碑	石门山石窟第13号	卷五	270
673	清道光四年（1824年）	佚名观音金像妆彩记	宝顶山大佛湾第29号	卷七	372
674	清道光四年（1824年）	彭世琏装彩圆觉洞像记	宝顶山大佛湾第29号	卷七	375
675	清道光四年（1824年）	黄体□撰《永垂万古碑记》	宝顶山广大寺大雄宝殿	卷八	425
676	清道光六年（1826年）	《玉韫山辉》墓碑	宝顶山倒塔坡明清僧人墓群（清墓M5前侧右）	卷八	465
677	清道光七年（1827年）	李□发装彩镌记	石篆山石窟第1号	卷五	19
678	清道光八年（1828年）	指路碑记	对面佛	卷八	271
679	清道光九年（1829年）	捐资题名碑	石门山石窟圣府洞寺大殿	卷五	428
680	清道光十一年（1831年）	僧秀然装彩古佛记	宝顶山圣迹池	卷八	400
681	清道光十一年（1831年）	僧弘参立《万古不朽》碑	宝顶山广大寺大雄宝殿	卷八	427
682	清道光十五年（1835年）	众姓同立妆塑玉皇碑记	石门山石窟第2号	卷五	141
683	清道光十六年（1836年）	僧洪参《重修小宝顶广大寺观音殿普陀岩碑志铭》	宝顶山广大寺大雄宝殿	卷八	426
684	清道光十六年（1836年）	装彩高观音金身记	宝顶山高观音龛	卷八	453
685	清道光二十三年（1843年）	徐荣德妆彩孔雀明王佛洞中诸神镌记	北山佛湾第155号	卷二	341
686	清道光二十三年（1843年）	白塔寺碑序	北塔寺	卷四	556
687	清道光二十七年（1847年）	"天理良心"题刻	对面佛	卷八	273
688	清道光二十八年（1848年）	杜宏章妆彩牧牛图像记	宝顶山大佛湾第30号	卷七	398
689	清道光二十八年（1848年）	罗元古撰《关圣碑记》	宝顶山圣寿寺帝释殿	卷八	403
690	清道光二十九年（1849年）	僧德芳《重创碑》	宝顶山广大寺大雄宝殿	卷八	423
691	清道光三十年（1850年）	黄清元装彩佛像金身记	对面佛	卷八	271
692	清咸丰六年（1856年）	"海棠香国"题刻	多宝塔东南向前侧约80米悬崖上	卷四	564
693	清咸丰六年（1856年）	逊斋书"忍"字题刻及偈句	宝顶山大佛湾第18号	卷七	150
694	清咸丰六年（1856年）	曾志敏书"西竺一脉"题刻	宝顶山大佛湾第18号	卷七	151
695	清咸丰七年（1857年）	宋万有妆彩牧牛图记	宝顶山大佛湾第30号	卷七	398
696	清同治元年（1862年）	袁化吉等装绘高观音金身记	宝顶山高观音龛	卷八	453
697	清同治年间（1862—1874年）	众善立《善由人作》碑	宝顶山小佛湾第2号七佛壁左前侧	卷八	344
698	清同治二年（1863年）	天堂地狱论	宝顶山大佛湾第20号	卷七	223

序号	时代	铭文名称	位置	卷数	页码
699	清同治二年（1863年）	重修大佛寺碑序	佛祖岩	卷八	260
700	清同治三年（1864年）	重修观音阁序	北塔坡一碗水观音菩萨龛	卷四	564
701	清同治三年（1864年）	龛沿楹联	北塔坡一碗水观音菩萨龛	卷四	563
702	清同治三年（1864年）	牌楼楹联	北塔坡一碗水观音菩萨龛	卷四	563
703	清同治三年（1864年）	僧志容装彩观音等像镌记	石篆山佛之塔	卷五	404
704	清同治六年（1867年）	刘纯斋撰修治庙貌神龛记碑	石篆山石窟第6号	卷五	47
705	清同治六年（1867年）	县正堂示禁碑	石篆山石窟第6号	卷五	47
706	清同治六年（1867年）	临济正宗第十一代通智宗老和尚墓题刻	宝顶山老游客中心古墓群（清墓M6）	卷八	462
707	清同治七年（1868年）	墨书题记	宝顶山万岁楼第四级屋身第二层西南侧抬梁	卷八	434
708	清同治八年（1869年）	杨昺题七律诗	宝顶山小佛湾第8号	卷八	138
709	清同治九年（1870年）	佛会寺觉朗拾铙记	石篆山寺第2号	卷五	408
710	清同治九年（1870年）	临济正宗第十代普华元老和尚墓题刻	宝顶山老游客中心古墓群（清墓M4）	卷八	462
711	清同治十一年至光绪元年（1872—1875年）	王德嘉行书碑	南山石窟第5号	卷五	355
712	清同治十二年（1873年）	王德嘉步吕张二公留题原韵诗	南山石窟第9号	卷五	368
713	清同治十二年（1873年）	王德嘉书"寿"字题刻	南山石窟第11号	卷五	371
714	清同治十二年（1873年）	王德嘉书"绝尘"题刻	南山石窟第13号	卷五	372
715	清同治十二年（1873年）	王德嘉书"宝顶"题刻	宝顶山大佛湾第26号	卷七	303
716	清同治十三年（1874年）	王德铭临山谷道人书后汉诗三篇	南山石窟第10号	卷五	369
717	清同治十三年（1874年）	《重绚》碑	广大山	卷八	263
718	清同治十三年（1874年）	王德嘉书张澍《前游宝顶山记》碑	宝顶山圣寿寺三世佛殿	卷八	410
719	清光绪年间（1875—1908年）	僧志宣彩画记	石篆山石窟第13号	卷五	111
720	清光绪年间（1875—1908年）	募化装塑佛菩萨像镌记	石门山石窟第6号	卷五	196
721	清光绪年间（1875—1908年）	县正堂桂示禁碑	南山石窟第5号	卷五	352
722	清光绪元年（1875年）	王德嘉隶书碑	南山石窟第2号	卷五	294
723	清光绪二年（1876年）	僧神锋书"蕴翠"题刻	石篆山寺第3号	卷五	409
724	清光绪二年（1876年）	僧文彬题七言诗	石篆山寺第3号	卷五	409
725	清光绪四年（1878年）	廖沛霖撰《重修宝顶山圣寿寺记》碑	宝顶山圣寿寺大雄宝殿	卷八	408
726	清光绪四年（1878年）	廖沛霖撰重修宝顶山圣寿寺等处庙宇并诸佛像总碑	宝顶山圣寿寺三世佛殿	卷八	412
727	清光绪四年（1878年）	《万古佳城》墓碑	宝顶山倒塔坡明清僧人墓群（清墓M5前侧左）	卷八	465
728	清光绪七年（1881年）	僧宏济装塑韦驮金身记碑	石门山石窟第12-1号	卷五	266
729	清光绪七年（1881年）	僧圣质"题岩窝古楼"诗	石篆山子母殿西第1号	卷五	410
730	清光绪七年（1881年）	僧圣质书"白石青山"题刻	石篆山子母殿西第2号	卷五	411
731	清光绪八年（1882年）	赵紫光题《西域禅师坐化塔》诗	北山佛湾第156号	卷二	342
732	清光绪八年（1882年）	赵紫光和杨昺原韵	宝顶山小佛湾第8号	卷八	138
733	清光绪九年（1883年）	住持僧心朗等捐资培修碑	宝顶山大佛湾第26号	卷七	306
734	清光绪十一年（1885年）	《县正堂丁示》碑	多宝塔西侧10米处	卷四	557
735	清光绪十一年（1885年）	李学纲彩绚高观音像五尊题记	宝顶山高观音龛	卷八	453
736	清光绪十二年（1886年）	僧德芳捐银重修圣寿寺碑	宝顶山圣寿寺三世佛殿	卷八	413
737	清光绪十五年（1889年）	杨顺祀书"福寿"题刻	南山石窟第7号	卷五	365
738	清光绪十五年（1889年）	戴光升装彩千手观音华严三圣父母重经变像镌记	宝顶山大佛湾第4号	卷六	93
739	清光绪十六年（1890年）	《皇恩》碑	《实录碑记》碑阴	卷八	343
740	清光绪十九年（1893年）	桂天培等培修多宝塔题名	多宝塔第71号	卷四	337

序号	时代	铭文名称	位置	卷数	页码
741	清光绪十九年（1893年）	桂天培等培修多宝塔题名	多宝塔第73号	卷四	341
742	清光绪十九年（1893年）	桂天培等培修多宝塔题名	多宝塔第76号	卷四	347
743	清光绪十九年（1893年）	僧成书培修多宝塔记	多宝塔第78号	卷四	352
744	清光绪十九年（1893年）	僧成书培修多宝塔记	多宝塔第79号	卷四	353
745	清光绪十九年（1893年）	僧成书培修多宝塔记	多宝塔第80号	卷四	353
746	清光绪二十年（1894年）	《县正堂桂示》碑	《县正堂丁示》碑阴	卷四	557
747	清光绪二十八年（1902年）	霍勤炜题书《教孝》碑	北山佛湾第102号	卷二	18
748	清光绪二十九年（1903年）	佚名立《清正廉明》碑	宝顶山圣寿寺三世佛殿左外	卷八	409
749	清光绪三十一年至三十四年（1905—1908年）	僧永学立《县正堂示》碑	宝顶山圣寿寺大雄宝殿	卷八	407
750	清光绪三十三年（1907年）	邝国元楹联题刻	南山石窟第12号	卷五	372
751	清光绪三十三年（1907年）	《正堂寇示》碑	石门山石窟	卷五	422
752	清宣统元年（1909年）	捐资功德题记	石门山石窟香炉第二、三级塔身	卷五	422
753	清宣统年间（1909—1911年）	"三清殿"题名及楹联	宝顶山大佛湾第23号	卷七	284
754	清宣统二年（1910年）	陈希夷书"福寿"题刻	宝顶山大佛湾第23号	卷七	285
755	清宣统二年（1910年）	道祖、山君龛楹联	宝顶山大佛湾第24号	卷七	298
756	清宣统二年（1910年）	龙必飞书"福寿"题刻	宝顶山大佛湾第26号	卷七	306
757	清	"一点心"题刻	北塔坡一碗水观音菩萨龛	卷四	563
758	清	"观音阁"题名	北塔坡一碗水观音菩萨龛	卷四	563
759	清	"传灯续"题刻	北塔坡上方清墓	卷四	566
760	清	明亮大和尚塔题刻	北塔坡上方清墓第三级塔身南面	卷四	566
761	清	明亮大和尚塔题刻	北塔坡上方清墓第三级塔身第一面（西南面）	卷四	566
762	清	明亮大和尚塔题刻	北塔坡上方清墓第三级塔身第二面（西北面）	卷四	566
763	清	明亮大和尚塔题刻	北塔坡上方清墓第三级塔身第四面（东北面）	卷四	566
764	清	明亮大和尚塔题刻	北塔坡上方清墓第三级塔身第五面（东南面）	卷四	568
765	清	十方诸佛墨书镌记	石篆山石窟第7号	卷五	53
766	清	梅亭诗	南山石窟第4号	卷五	310
767	清	"福"字题刻	南山石窟第10-1号	卷五	370
768	清	残诗碑	石篆山子母殿东碑第3号	卷五	412
769	清	佚名刻"破迷歌"	石篆山子母殿东第6号	卷五	416
770	清	名垂千古捐资题名碑	石门山石窟南侧石柱西北面	卷五	420
771	清	《永远万古》捐资碑	石门山石窟东侧石柱西北面	卷五	421
772	清	《圣府洞记》碑	石门山石窟东侧石柱东南面	卷五	421
773	清	癸亥功德碑	石门山石窟	卷五	424
774	清	装塑燃灯古佛纠察灵官碑记	石门山石窟圣府洞寺大殿	卷五	428
775	清	墨书题记（第1则）	宝顶山大佛湾第5号	卷六	124
776	清	墨书题记（第3则）	宝顶山大佛湾第5号	卷六	125
777	清	墨书题记（第4则）	宝顶山大佛湾第5号	卷六	126
778	清	墨书题记（第6则）	宝顶山大佛湾第5号	卷六	126
779	清	墨书题记（第7则）	宝顶山大佛湾第5号	卷六	126
780	清	墨书题记（第8则）	宝顶山大佛湾第5号	卷六	126
781	清	墨书题记（第9则）	宝顶山大佛湾第5号	卷六	126
782	清	墨书题记（第12则）	宝顶山大佛湾第5号	卷六	127

序号	时代	铭文名称	位置	卷数	页码
783	清	墨书题记（第13则）	宝顶山大佛湾第5号	卷六	127
784	清	墨书题记（第14则）	宝顶山大佛湾第5号	卷六	127
785	清	李彭氏装彩记	宝顶山大佛湾第14号	卷六	356
786	清	墨书指路碑	宝顶山大佛湾第17号	卷七	81
787	清	墨书残文（第1则）	宝顶山大佛湾第19号	卷七	165
788	清	柳本尊龛壬辰年装彩记	宝顶山大佛湾第21号	卷七	267
789	清	残记	宝顶山大佛湾第27号	卷七	314
790	晚清	刘超儒书"寿"字题刻	宝顶山大佛湾第27号	卷七	316
791	清	佚名题无题诗	宝顶山大佛湾第29号	卷七	373
792	清	《永垂不朽》碑	宝顶山大佛湾第30号	卷七	397
793	清	妆牛王菩萨金身残记	宝顶山大佛湾第30号	卷七	397
794	清	功德碑	宝顶山小佛湾第3号窟外左侧	卷八	342
795	清	抱鼓石题刻	宝顶山圣寿寺山门殿	卷八	348
796	清	《万岁阁题名记》碑	《亘古昭然》碑阴	卷八	405
797	清	楹联	宝顶山地藏龛	卷八	454
798	清	"救苦观音"题名（匾额）	宝顶山观音龛	卷八	455
799	清	楹联	宝顶山观音龛	卷八	455
800	晚清至民国	罗玉删题七律诗	宝顶山小佛湾第8号	卷八	136
801	晚清至民国	若虚庄主人步杨昙原韵	宝顶山小佛湾第8号	卷八	136
802	晚清至民国	"惜字阁"题名	宝顶山惜字塔	卷八	439
803	晚清至民国	第二级塔身东面题记	宝顶山惜字塔	卷八	439
804	晚清至民国	第二级塔身南面题记	宝顶山惜字塔	卷八	439
805	晚清至民国	第二级塔身西面题记	宝顶山惜字塔	卷八	444
806	晚清至民国	第二级塔身北面题记	宝顶山惜字塔	卷八	444
807	晚清至民国	第三级塔身东面题记	宝顶山惜字塔	卷八	445
808	晚清至民国	第三级塔身南面题记	宝顶山惜字塔	卷八	445
809	晚清至民国	第四级塔身南面题记	宝顶山惜字塔	卷八	447
810	晚清至民国	第四级塔身北面题记	宝顶山惜字塔	卷八	447
811	晚清至民国	第五级塔身四面题字	宝顶山惜字塔	卷八	449
中华民国					
812	民国二年（1913年）	龙蛰声书《与佛有缘》碑并跋文	宝顶山大佛湾第23号	卷七	285
813	民国四年（1915年）	地母、天父龛造像记	宝顶山大佛湾第25号	卷七	300
814	民国六年（1917年）	姜秋舫游记	宝顶山大佛湾第30号	卷七	397
815	民国九年（1920年）	但道玄撰建修劝善所叙碑	石门山石窟第12-2号	卷五	267
816	民国九年（1920年）	刘灼先楹联题刻	南山石窟第14号	卷五	373
817	民国十年（1921年）	民国十年残记	宝顶山圣寿寺灌顶井窟	卷八	384
818	民国十三年（1924年）	杨淮清等彩化佛像碑记	北山佛湾第115号	卷二	90
819	民国十三年（1924年）	鲁瀛书"烽烟永靖"题刻	北山佛湾第138号	卷二	263
820	民国十三年（1924年）	鲁瀛五古十七韵诗	北山佛湾第143号	卷二	271
821	民国十三年（1924年）	杨渭莘题诗并序	宝顶山大佛湾第24号	卷七	298
822	民国十三年（1924年）	刘翰卿题诗并序	宝顶山大佛湾第24号	卷七	299
823	民国二十一年（1932年）	自在道人书"香焚宝鼎"题刻	宝顶山大佛湾第24号	卷七	298

序号	时代	铭文名称	位置	卷数	页码
824	民国三十二年（1943年）	王烈和杨昇原韵	宝顶山小佛湾第8号	卷八	139
825	民国三十三年（1944年）	乾缘堂募化妆彩记	宝顶山大佛湾第21号	卷七	267
826	民国三十三年（1944年）	李枕宇和杨昇原韵	宝顶山小佛湾第8号	卷八	136
827	民国三十四年（1945年）	民国大足石刻考察团记事碑	北山佛湾第134号	卷二	187
828	民国	杨子孝书楹联	北山佛湾第122号	卷二	128
829	民国	胡鑫甫等募建送子殿宇镌记	北山佛湾第123号	卷二	136
830	民国	告示残文	宝顶山小佛湾第1号	卷八	35
831	民国	"观音洞"题名	宝顶山圣寿寺灌顶井窟	卷八	349
年代不详					
832	年代不详	佚名造观音龛残记	北山佛湾第54号	卷一	217
833	年代不详	佚名残记	北山佛湾第140号	卷二	267
834	年代不详	佚名残记（第1则）	北山佛湾第155号	卷二	340
835	年代不详	佚名残记（第3则）	北山佛湾第155号	卷二	340
836	年代不详	"季立父"题刻	北山佛湾第288号	卷三	373
837	年代不详	佚名墨书残记	多宝塔第97号	卷四	408
838	年代不详	《白塔寺花园记》碑	北塔寺	卷四	556
839	年代不详	功德碑	北塔寺山门和前殿之间平坝内道路旁	卷四	558
840	年代不详	"乙卯修路"题刻	多宝塔东侧石梯道旁石壁	卷四	558
841	年代不详	文殊普贤像墨书题名	石篆山石窟第5号	卷五	33
842	年代不详	阿难像等墨书题名残记	石篆山石窟第5号	卷五	33
843	年代不详	香花童子像等墨书题名残记	石篆山石窟第5号	卷五	35
844	年代不详	功德碑	石篆山石窟第6号	卷五	48
845	年代不详	墨书"道法"题记	石篆山石窟第8号	卷五	69
846	年代不详	"观音龛"题刻	石门山石窟第5-1号	卷五	152
847	年代不详	"杏林宫"题刻	石门山石窟第12-3号	卷五	268
848	年代不详	"龙王"题刻	石门山石窟第13-2号	卷五	274
849	年代不详	吴三五题名镌记	石篆山寺第1号	卷五	407
850	年代不详	肖周氏等妆绚记	宝顶山大佛湾第18号	卷七	147
851	年代不详	捐银功德记	宝顶山大佛湾第18号	卷七	150
852	年代不详	墨书菩萨名	宝顶山大佛湾第20号	卷七	223
853	年代不详	佛足印题刻	宝顶山圣迹池	卷八	399
854	年代不详	功德主题名	宝顶山勾愿菩萨	卷八	451
855	年代不详	饶玉成书诗	宝顶山圣寿寺帝释殿后檐左板壁外侧	卷八	404
856	年代不详	柳涯居士书诗	宝顶山圣寿寺帝释殿后檐左板壁内侧	卷八	404
857	年代不详	饶玉成书诗	宝顶山圣寿寺帝释殿后檐右板壁外侧	卷八	404
858	年代不详	鹤寿书诗	宝顶山圣寿寺帝释殿后檐右板壁内侧	卷八	405

附录四 《大足石刻全集》铭文异体字与简化字对照表

赵凌飞　郭　静

凡　例

一、本对照表收录《大足石刻全集》所涉北山佛湾、石篆山、石门山、南山、宝顶山石窟及多宝塔铭文中的异体字。

二、本对照表中的异体字为字书中不常见的字、历史文献上的古体字、别字及石刻铭文作者的自造字等。正字为《现代汉语词典》《汉语大字典》等工具书中的规范字。

三、为方便读者自辨，均辑录某一异体字的拓片照片与正字对应。位置包括该异体字出现的石窟区、龛窟编号、铭文名以及在铭文中的具体行数及字序；如该异体字在同一则铭文中出现多次，则标注该字在铭文中首出的行数及字序。

四、本对照表以现行汉语正字笔画为序排列。

正字	异体字	位置	卷数	页码
一	[图]	石门山第12号邓椲纪行诗碑第22行第11字	卷五	265
人	[图]	佛祖岩第4则偈语第1行第8字	卷八	259
儿	[图]	南山第5号张宗彦题七言诗第9行第18字	卷五	350
		宝顶山大佛湾第15号"投佛祈求嗣息"颂词第8行第5字	卷七	9
		宝顶山大佛湾第15号"生子忘忧恩"颂词第4行第4字	卷七	19
		宝顶山大佛湾第15号"咽苦吐甘恩"颂词第4行第3字	卷七	20
		宝顶山大佛湾第15号"乳哺养育恩"颂词第8行第4字	卷七	25
		宝顶山大佛湾第15号"洗濯不净恩"颂词第4行第2字	卷七	25
		宝顶山大佛湾第15号"为造恶业恩"颂词第4行第2字	卷七	26
		宝顶山大佛湾第15号"远行忆念恩"颂词第4行第4字	卷七	27
		宝顶山大佛湾第15号"究竟怜悯恩"颂词第2行第7字	卷七	27
		宝顶山大佛湾第15号佛说不孝罪为先经第1行第7字	卷七	34

正字	异体字	位置	卷数	页码
		宝顶山大佛湾第16号古圣雷音霹雳诗第30行第7字	卷七	46
		宝顶山大佛湾第17号释迦佛因地为睒子行孝经文第4行第10字	卷七	73
儿	[图]	宝顶山大佛湾第18号《再三相劝念弥陀》碑第4行第14字	卷七	146
		宝顶山大佛湾第20号粪秽地狱第3组经偈第20行第4字	卷七	223
	[图]	宝顶山大佛湾第18号释云劝善文第9行第10字	卷七	149
		宝顶山大佛湾第27号刘畋人撰《重开宝顶石碑记》第6行第17字	卷七	313
	[图]	宝顶山大佛湾第27号刘畋人撰《重开宝顶石碑记》第6行第12字	卷七	315
了	[图]	宝顶山小佛湾第1号第一级塔身南面经目第30行第19字	卷八	21
乃	[图]	北山佛湾第2号胡密撰韦君靖碑第24行第13字	卷一	41
		石门山第12-2号但道玄撰建修劝善所叙碑第4行第6字	卷五	267
	[图]	宝顶山大佛湾第27号史彰撰《重开宝顶碑记》第11行第10字	卷七	312
		宝顶山大佛湾第27号玄极立《重修宝顶事实》碑第6行第27字	卷七	314

正字	异体字	位置	卷数	页码
于		宝顶山大佛湾第21号柳本尊十炼图题记·第三炼踝第7行第1字	卷七	256
		宝顶山小佛湾石窟零散文物僧晴舟立《实录碑记》第6行第5字	卷八	343
		宝顶山广大寺僧德芳《重创碑》第3行第5字	卷八	423
干		南山第5号张宗彦题七言诗第6行第5字	卷五	350
		宝顶山大佛湾第15号"推干就湿恩"颂词第2行第2字	卷七	21
		宝顶山大佛湾第20号阿鼻地狱经偈第14行第1字	卷七	206
才		宝顶山大佛湾第29号偈语第1行第5字	卷七	371
丈		宝顶山大佛湾第27号史彰撰《重开宝顶碑记》第6行第15字	卷七	312
大		宝顶山大佛湾第20号大藏佛说护口经第1行第1字	卷七	213
		宝顶山大佛湾第22号大威德明王题名第1字	卷七	277
		宝顶山大佛湾第29号大通智胜佛碑碑额第1字	卷七	371
		宝顶山小佛湾第1号第一级塔身北面大圆龛内偈语右第1行第1字	卷八	18
		宝顶山小佛湾第1号佛说十二部大藏经题名第6字	卷八	19
		宝顶山小佛湾第1号第一级塔身北面右壁面经目第8行第16字	卷八	19
		宝顶山小佛湾第1号第一级塔身东面经目第1行第1字	卷八	19
		宝顶山小佛湾第1号第一级塔身南面经目第33行第17字	卷八	21
		宝顶山小佛湾第1号第一级塔身西面经目第13行第9字	卷八	22
		宝顶山小佛湾第1号第二级塔身北面经目左壁面第1行第17字	卷八	24
		宝顶山小佛湾第1号第二级塔身东面经目左壁面第1行第1字	卷八	25
		宝顶山小佛湾第1号第二级塔身南面左端颂词第2行第5字	卷八	26
		宝顶山小佛湾第1号第二级塔身南面右端颂词横刻第3字	卷八	26
		宝顶山小佛湾第2号恒沙佛说大藏灌顶法轮经碑额第5字	卷八	39

正字	异体字	位置	卷数	页码
大		宝顶山小佛湾第2号恒沙佛说大藏灌顶法轮经第2行第25字	卷八	39
		宝顶山小佛湾第9号门柱颂词第2行第1字	卷八	140
		宝顶山小佛湾第9号右壁面左端颂词第1字	卷八	164
		转法轮塔第一级塔身第2像菩萨题名第5字	卷八	299
		南山第5号玉皇观置田产契约碑第3行第17字	卷五	354
		南山第10号王德铭临山谷道人书后汉诗三篇第6行第13字	卷五	369
		宝顶山大佛湾第18号中品上生经第4行第5字	卷七	117
		宝顶山大佛湾第18号中品中生经第4行第5字	卷七	118
		宝顶山大佛湾第19号第14则偈语第2行第13字	卷七	165
		宝顶山大佛湾第20号截膝地狱经偈第12行第4字	卷七	204
与		宝顶山大佛湾第20号粪秽地狱第3组经偈第20行第1字	卷七	223
		宝顶山大佛湾第27号刘畋人撰《重开宝顶石碑记》第9行第9字	卷七	313
		宝顶山大佛湾第27号刘畋人撰《重开宝顶石碑记》第9行第25字	卷七	315
		宝顶山大佛湾第29号偈语第2行第12字	卷七	371
		宝顶山大佛湾第30号牧牛图偈颂·第11组第4行第5字	卷七	391
		宝顶山大佛湾第7号净明立遥播千古碑第6行第3字	卷六	148
		宝顶山大佛湾第27号刘畋人撰《重开宝顶石碑记》第9行第9字	卷七	315
		宝顶山广大寺黄体□撰《永垂万古碑记》第2行第8字	卷八	425
		石门山第6号岑忠用修造十圣观音洞镌记第9行第5字	卷五	193
		石门山第6号侯良造数珠手观音镌记第1行第9字	卷五	196
		宝顶山大佛湾第17号释迦因地鹦鹉行孝经文第4行第10字	卷七	64
		宝顶山大佛湾第17号释迦因地雁书报太子经文第13行第2字	卷七	70

正字	异体字	位置	卷数	页码
		宝顶山大佛湾第17号释迦佛因地为睒子行孝经文第13行第11字	卷七	73
		宝顶山大佛湾第18号观无量寿佛经及上品上生经第16行第10字	卷七	111
与		宝顶山大佛湾第18号上品中生经第7行第5字	卷七	112
		宝顶山大佛湾第20号刀船地狱偈颂第2行第3字	卷七	209
		石门山东侧石柱张书绅撰《契约存照》碑第5行第6字	卷五	421
		宝顶山大佛湾第21号柳本尊十炼图题记·第十炼膝第8行第7字	卷七	263
		宝顶山大佛湾第23号龙蕙声书《与佛有缘》碑并跋文尾款第1行第14字	卷七	285
		宝顶山大佛湾第20号阿鼻地狱经偈第12行第3字	卷七	206
		宝顶山小佛湾第1号第一级塔身南面经目第1行第18字	卷八	21
		宝顶山小佛湾第1号第一级塔身西面经目第29行第11字	卷八	22
上		宝顶山小佛湾第1号第二级塔身北面经目左壁面第1行第6字	卷八	24
		宝顶山小佛湾第9号左额枋偈句第2行第4字	卷八	141
		宝顶山小佛湾第9号正壁佛像龛外偈第1行第4字	卷八	146
		宝顶山小佛湾第9号《释迦舍利宝塔禁中应现之图》碑碑左颂词第1字	卷八	165
		三块碑第1则偈语第2行第4字	卷八	239
山		北山佛湾第102号霍勤炜题书《教孝》碑第4行第3字	卷二	18
千		宝顶山小佛湾第1号第一级塔身南面经目第7行第8字	卷八	21
亿		佛祖岩大藏佛说守护大千国土经第7行第18字	卷八	259
个		多宝塔第64号佚名造涅槃窟题记第14行第8字	卷四	310
		石门山第12-2号但道玄撰建修劝善所叙碑第13行第16字	卷五	267
久		南山第5号张宗彦题七言诗第8行第7字	卷五	350
		南山第5号何光震饯郡守王梦应记碑第1行第15字	卷五	351

148 　大足石刻全集　第十一卷

正字	异体字	位置	卷数	页码		正字	异体字	位置	卷数	页码
久	乆	石篆山佛会寺《严逊记碑》第11行第29字	卷五	396		凡	九	宝顶山小佛湾第9号《释迦舍利宝塔禁中应现之图》碑第15行第5字	卷八	173
		石门山零散碑刻《正堂寇示》碑第2行第9字	卷五	422			石门山第13-1号杨才友修斋庆赞记第4行第8字	卷五	273
		宝顶山大佛湾第8号张龙飞装修千手观音像记正面第9行第4字	卷六	163			南山第5号何光震饯郡守王梦应记碑第11行第13字	卷五	352
		宝顶山大佛湾第21号柳本尊十炼图题记·第三炼踝第2行第2字	卷七	256		亡	亾	北山佛湾第21号王启仲造阿弥陀佛龛镌记第3行第2字	卷一	122
		宝顶山大佛湾第27号史彰撰《重开宝顶碑记》第9行第14字	卷七	312			北山佛湾第53号种审能造阿弥陀佛龛镌记第1则第2行第13字	卷一	215
		宝顶山大佛湾第29号僧有久修装圆觉洞、万岁楼等处佛像记第1行第19字	卷七	376			宝顶山大佛湾第27号史彰撰《重开宝顶碑记》第4行第44字	卷七	312
		宝顶山小佛湾第2号恒沙佛说大藏灌顶法轮经第3行第29字	卷八	39		飞	飛	宝顶山大佛湾第8号张龙飞装修千手观音像记正面第3行第5字	卷六	163
		宝顶山小佛湾第7号《唐柳本尊传》碑第2行第54字	卷八	120			宝顶山大佛湾第15号佛说不孝罪为先经第6行第7字	卷七	34
		宝顶山圣寿寺住持僧立《正堂示禁》碑第2行第13字	卷八	403			宝顶山大佛湾第15号偈语第1行第4字	卷七	36
		宝顶山圣寿寺《亘古昭然》碑第5行第22字	卷八	405			宝顶山大佛湾第18号上品中生经第15行第1字	卷七	112
凡	九	北山佛湾第168号潘绂撰《西域坐化大禅师记事》碑第2行第29字	卷二	399		习	習	宝顶山大佛湾第18号《普劝持念阿弥陀佛》碑第7行第10字	卷七	146
		石门山第6号陈充造莲花手观音镌记第6行第1字	卷五	195			宝顶山大佛湾第20号大藏佛说出曜经第1行第12字	卷七	196
		石门山第13号僧弘明立道众小引碑第5行第1字	卷五	270			宝顶山大佛湾第27号玄极立《重修宝顶事实》碑第16行第10字	卷七	314
		石篆山佛会寺《严逊记碑》第5行第35字	卷五	396			宝顶山大佛湾第27号刘畋人撰《重开宝顶石碑记》第17行第6字	卷七	315
		宝顶山大佛湾第18号观无量寿佛经及上品上生经第11行第9字	卷七	110			宝顶山大佛湾第13号"药叉"题名第2字	卷六	249
		宝顶山大佛湾第18号上品观颂词第4行第4字	卷七	142		叉	义	宝顶山大佛湾第20号截膝地狱经偈第5行第4字	卷七	204
		宝顶山大佛湾第19号咏乐诗第4行第2字	卷七	162			宝顶山小佛湾第1号第二级塔身西面经目左壁面第8行第18字	卷八	29
		宝顶山大佛湾第20号大藏佛说华鲜经第13行第10字	卷七	205			佛祖岩大藏佛说守护大千国土经第6行第10字	卷八	259
		宝顶山大佛湾第20号大藏佛说华鲜经第12行第7字	卷七	213		开	開	宝顶山小佛湾石窟零散文物李开先撰《宝顶山颂》碑第10行第2字	卷八	342
		宝顶山大佛湾第27号史彰撰《重开宝顶碑记》第7行第15字	卷七	312			宝顶山大佛湾第16号第3则偈语第1行第4字	卷七	47
		宝顶山大佛湾第27号刘畋人撰《重开宝顶石碑记》第5行第7字	卷七	315		天	无	宝顶山大佛湾第29号大通智胜佛碑第1行第1字	卷七	371
		宝顶山小佛湾第7号《恩荣圣寿寺记》碑第2行第34字	卷八	122			宝顶山小佛湾第1号第一级塔身东面经目第3行第10字	卷八	19

附录四 《大足石刻全集》铭文异体字与简化字对照表　149

正字	异体字	位置	卷数	页码
天		宝顶山小佛湾第1号第一级塔身南面经目第11行第25字	卷八	21
		宝顶山小佛湾第1号第一级塔身西面经目第12行第12字	卷八	22
		宝顶山小佛湾第1号第三级塔身南面经目右壁面第5行第2字	卷八	32
		佛祖岩第4则偈语第1行第4字	卷八	259
		佛祖岩大藏佛说守护大千国土经第3行第7字	卷八	259
无		宝顶山大佛湾第18号中品上生经第2行第8字	卷七	117
		宝顶山大佛湾第20号截膝地狱偈颂第2行第3字	卷七	201
		宝顶山小佛湾第1号第一级塔身南面经目第14行第6字	卷八	21
		宝顶山小佛湾第1号第一级塔身西面经目第19行第2字	卷八	22
		宝顶山大佛湾第20号截膝地狱经偈第19行第6字	卷七	204
		宝顶山大佛湾第29号佚名观音金像妆彩记第3行第2字	卷七	373
		宝顶山小佛湾第1号第一级塔身北面塔檐题刻第2字	卷八	19
		宝顶山小佛湾第1号第一级塔身东面经目第16行第20字	卷八	20
		宝顶山小佛湾第1号第一级塔身南面经目第8行第5字	卷八	21
		宝顶山小佛湾第1号南面塔檐题刻第2字	卷八	22
		宝顶山小佛湾第2号恒沙佛说大藏灌顶法轮经第5行第28字	卷八	39
		宝顶山小佛湾第2号南无金幢宝胜佛教诫	卷八	43
		宝顶山小佛湾第9号正壁佛像龛外偈颂第1行第3字	卷八	146
		转法轮塔第一级塔身第1像菩萨题名第2字	卷八	299
		释迦真如舍利宝塔第2则佛名题刻第2字	卷八	325
		宝顶山小佛湾第1号第一级塔身东面经目第23行第17字	卷八	20
		宝顶山小佛湾第1号第一级塔身南面经目第14行第23字	卷八	21

正字	异体字	位置	卷数	页码
无		宝顶山小佛湾第1号第二级塔身西面经目左壁面第11行第8字	卷八	29
		宝顶山小佛湾石窟零散文物观音像左侧偈语第6字	卷八	339
韦		宝顶山大佛湾第7号净明立遥播千古碑第8行第5字	卷六	148
廿		南山第5号县正堂桂示禁碑第8行第3字	卷五	352
		宝顶山大佛湾第29号僧有久修装圆觉洞、万岁楼等处佛像记第10行第14字	卷七	376
		宝顶山大佛湾第30号杜宏章妆彩牧牛图像记第5行第9字	卷七	398
		宝顶山大佛湾第30号宋万有妆彩牧牛图记第4行第7字	卷七	398
五		宝顶山小佛湾第1号第一级塔身南面经目第11行第29字	卷八	21
		宝顶山小佛湾第1号第一级塔身西面经目第32行第8字	卷八	22
		宝顶山小佛湾第1号第二级塔身东面经目左壁面第8行第22字	卷八	25
不		宝顶山大佛湾第24号杨渭莘题诗并序第8行第4字	卷七	298
		宝顶山大佛湾第29号佚名观音金像妆彩记第3行第3字	卷七	373
历		南山第5号县正堂桂示禁碑第4行第15字	卷五	352
		宝顶山大佛湾第17号释迦因地行孝剜睛出髓为药经文第12行第9字	卷七	64
		宝顶山大佛湾第18号观无量寿佛经及上品上生经第21行第4字	卷七	111
		宝顶山大佛湾第18号上品中生经第17行第6字	卷七	112
		宝顶山大佛湾第18号上品下生经第14行第5字	卷七	113
		宝顶山大佛湾第18号下品下生经第2行第13字	卷七	126
		宝顶山大佛湾第20号秦广大王颂词第6行第3字	卷七	173
		宝顶山大佛湾第20号转轮圣王颂词第1行第4字	卷七	186
		宝顶山大佛湾第21号柳本尊十炼图题记·第五割耳第3行第5字	卷七	257
		宝顶山大佛湾第25号地母、天父龛造像记第4行第10字	卷七	302

正字	异体字	位置	卷数	页码
历		宝顶山大佛湾第27号刘畋人撰《重开宝顶石碑记》第11行第23字	卷七	313
		宝顶山大佛湾第21号柳本尊十炼图题记·第三炼踝第1行第9字	卷七	256
		宝顶山大佛湾第29号佚名书"江风山月"题刻左署款第2字	卷七	376
友		南山第8号张澍题"辰秀太清"题刻第2行第5字	卷五	366
尤		宝顶山圣寿寺《善果流芳》碑第9行第1字	卷八	407
		宝顶山圣寿寺王德嘉书张澍《前游宝顶山记》碑第15行第49字	卷八	411
切		宝顶山大佛湾第17号大藏佛说大方便佛报恩经第10行第10字	卷七	56
		宝顶山大佛湾第17号佛因地修行舍身济虎经文第17行第8字	卷七	69
		宝顶山大佛湾第17号释迦因地剜肉经文第31行第4字	卷七	72
		宝顶山大佛湾第17号释迦佛因地修行舍身求法经文第2行第17字	卷七	74
		宝顶山大佛湾第17号释迦牟尼佛为末世众生设化法故担父王棺经文第6行第10字	卷七	77
		宝顶山大佛湾第19号偈语第2行第2字	卷七	160
		宝顶山大佛湾第20号大藏佛说华鲜经第20行第5字	卷七	205
		宝顶山大佛湾第20号刀船地狱经偈第2行第2字	卷七	210
		宝顶山大佛湾第20号铁轮地狱经偈第3行第5字	卷七	218
		宝顶山大佛湾第20号粪秽地狱第3组经偈第13行第6字	卷七	223
		宝顶山大佛湾第21号柳本尊十炼图题记·第三炼踝第8行第6字	卷七	256
		宝顶山大佛湾第21号柳本尊十炼图题记·第六炼心第5行第3字	卷七	258
		宝顶山大佛湾第21号柳本尊十炼图题记·十炼膝第8行第9字	卷七	263
		宝顶山大佛湾第27号史彰撰《重开宝顶碑记》第3行第8字	卷七	312
瓦		宝顶山大佛湾第27号玄极立《重修宝顶事实》碑第5行第39字	卷七	314
		宝顶山小佛湾石窟零散文物僧晴舟立《实录碑记》第20行第15字	卷八	343

正字	异体字	位置	卷数	页码
日		宝顶山大佛湾第29号大通智胜佛碑第2行第1字	卷七	371
		宝顶山小佛湾第1号第一级塔身东面经目第12行第19字	卷八	20
		宝顶山小佛湾第1号第一级塔身南面经目第24行第7字	卷八	21
		宝顶山小佛湾第1号第二级塔身南面左端颂词第2行第2字	卷八	26
		宝顶山小佛湾第4号第2则颂词第1行第2字	卷八	84
		佛祖岩佛塔塔基颂词第2字	卷八	254
		佛祖岩大藏佛说守护大千国土经第7行第1字	卷八	259
		转法轮塔第一级塔身颂词	卷八	304
中		多宝塔第54号王堂化众舍钱建塔第八级镌记及功德主题名下部铭文第10行第7字	卷四	264
气		宝顶山大佛湾第19号咏心偈第6行第3字	卷七	164
		宝顶山大佛湾第20号大藏佛说护口经第2行第9字	卷七	213
		宝顶山大佛湾第23号"三清殿"右楹联第4字	卷七	284
升		石门山第3号赵氏一娘子镌释迦佛龛记及匠师题名第10行第8字	卷五	146
		南山第10号王德铭临山谷道人书后汉诗三篇第9行第7字	卷五	369
		宝顶山大佛湾第20号太山大王颂词第7行第4字	卷七	184
		宝顶山大佛湾第20号天堂地狱论第7行第2字	卷七	224
		南山第5号何光震饯郡守王梦应记碑第12行第7字	卷五	352
		宝顶山大佛湾第29号彭世珵装彩圆觉洞像记第4行第13字	卷七	376
仇		石门山第13-1号杨才友造山王龛镌记及匠师镌名第5行第9字	卷五	271
		宝顶山大佛湾第19号第12则偈语第28字	卷七	164
仪		南山第2号张澍重游南山诗并跋第5行第14字	卷五	298
		宝顶山大佛湾第27号刘畋人撰《重开宝顶石碑记》第2行第9字	卷七	313

附录四 《大足石刻全集》铭文异体字与简化字对照表 151

正字	异体字	位置	卷数	页码
仅		南山第5号县正堂桂示禁碑第6行第1字	卷五	352
		宝顶山大佛湾第27号刘畋人撰《重开宝顶石碑记》第2行第9字	卷七	315
		宝顶山大佛湾第27号史彰撰《重开宝顶碑记》第12行第29字	卷七	312
		宝顶山小佛湾石窟零散文物僧晴舟立《实录碑记》第5行第16字	卷八	343
从		宝顶山大佛湾第15号"究竟怜悯恩"颂词第5行第4字	卷七	27
		宝顶山大佛湾第17号释迦佛因行孝证三十二相经文第12行第1字	卷七	62
		宝顶山小佛湾第7号《唐柳本尊传》碑第8行第39字	卷八	120
		宝顶山大佛湾第17号释迦因地鹦鹉行孝经文第12行第2字	卷七	66
		宝顶山大佛湾第29号康圭题"游圆觉洞有怀"诗第5行第9字	卷七	373
		宝顶山大佛湾第29号陈重书七绝诗第2行第1字	卷七	375
今		宝顶山大佛湾第20号天堂地狱论第11行第8字	卷七	224
		宝顶山大佛湾第18号下品观颂词第1行第4字	卷七	142
凶		宝顶山小佛湾第1号第一级塔身西面经目第39行第23字	卷八	23
		宝顶山圣寿寺住持僧立《正堂示禁》碑第9行第29字	卷八	403
分		石门山第8-2号达荣修理功字镌记第5行第9字	卷五	219
月		宝顶山小佛湾第1号第一级塔身南面经目第28行第20字	卷八	21
		宝顶山小佛湾第1号第一级塔身西面经目第2行第32字	卷八	22
乌		宝顶山大佛湾第19号六耗偈语·耳如乌鸦第2行第1字	卷七	153
		宝顶山圣寿寺陈宗昭等立《释迦佛碑》第8行第7字	卷八	412
凤		宝顶山大佛湾第27号刘畋人撰《重开宝顶石碑记》第3行第18字	卷七	313
		宝顶山大佛湾第27号刘畋人撰《重开宝顶石碑记》第3行第15字	卷七	315
		宝顶山圣寿寺碑碣题刻第7饶玉成书诗第2行第7字	卷八	404

正字	异体字	位置	卷数	页码
文		宝顶山圣寿寺廖沛霖撰重修宝顶山圣寿寺等处庙宇并诸佛像总碑第6行第23字	卷八	412
为		宝顶山大佛湾第7号悟朝立善功部碑第9行第6字	卷六	149
		宝顶山大佛湾第7号悟朝立善功部碑第16行第1字	卷六	149
斗		宝顶山大佛湾第15号佛说不孝罪为先经第9行第1字	卷七	34
忆		宝顶山大佛湾第21号柳本尊十炼图题记·第四炼眼第2行第5字	卷七	256
心		宝顶山小佛湾第1号第一级塔身北面左壁面经目第2行第23字	卷八	19
		宝顶山小佛湾第1号第三级塔身北面经目左壁面第8行第13字	卷八	31
		宝顶山小佛湾第2号恒沙佛说大藏灌顶法轮经第8行第33字	卷八	39
		宝顶山小佛湾第9号正壁佛像龛外偈颂第1行第7字	卷八	146
		佛祖岩大藏佛说守护大千国土经第3行第1字	卷八	259
		宝顶山小佛湾第1号第一级塔身东面经目第27行第22字	卷八	20
		宝顶山小佛湾第1号第一级塔身南面经目第8行第9字	卷八	21
		宝顶山小佛湾第1号第一级塔身西面经目第3行第24字	卷八	22
		宝顶山小佛湾第1号第二级塔身东面偈语第4行第5字	卷八	25
		宝顶山小佛湾第1号第二级塔身南面左端颂词第2行第1字	卷八	26
		宝顶山小佛湾第4号第3则偈语第4行第5字	卷八	84
		三块碑第1则偈语第4行第5字	卷八	239
		松林坡第1则偈语第2行第5字	卷八	244
		广大山第1则偈语第5行第4字	卷八	263
引		宝顶山小佛湾第1号第一级塔身北面大圆龛内偈语右第1行第3字	卷八	18
		宝顶山小佛湾第9号右壁面左端颂词第3字	卷八	164
丑		宝顶山大佛湾第20号大藏佛说护口经第1行第13字	卷七	213

正字	异体字	位置	卷数	页码
以	㕥	多宝塔第7号刘升等镌造如意轮像龛题记第12行第4字	卷四	112
		石门山第5号赵维元捐刻阿弥陀佛像镌记第5行第2字	卷五	152
		南山第8号张澍题"辰秀太清"题刻第4行第4字	卷五	366
		宝顶山大佛湾第23号龙荁声书《与佛有缘》碑并跋文尾款第6行第9字	卷七	290
	以	石门山第12号邓棆纪行诗碑第9行第14字	卷五	265
		宝顶山大佛湾第4号戴光升装彩千手观音华严三圣父母恩重经变像镌记第15行第13字	卷六	94
		宝顶山小佛湾石窟零散文物僧晴舟立《实录碑记》第4行第16字	卷八	342
允	兊	宝顶山大佛湾第27号史彰撰《重开宝顶碑记》第13行第3字	卷七	312
劝	勸	石门山第12-2号但道玄撰建修劝善所叙碑第1行第3字	卷五	267
		南山第5号何格非和张宗彦诗第8行第8字	卷五	351
		石篆山佛会寺《严逊记碑》第4行第37字	卷五	396
		宝顶山大佛湾第18号观无量寿佛经及上品上生经第8行第3字	卷七	110
	劝	南山第9号王德嘉步吕张二公留题原韵诗第11行第3字	卷五	368
		宝顶山大佛湾第18号《普劝持念阿弥陀佛》碑1行第2字	卷七	145
		宝顶山大佛湾第18号《再三相劝念弥陀》碑第19行第4字	卷七	147
	勤	宝顶山大佛湾第20号镬汤地狱偈颂第1行第1字	卷七	189
		宝顶山大佛湾第20号截膝地狱经偈第21行第2字	卷七	204
	勸	宝顶山大佛湾第20号镬汤地狱经偈第3行第1字	卷七	189
双	㸚	宝顶山大佛湾第27号史彰撰《重开宝顶碑记》第5行第9字	卷七	312
刊	刋	宝顶山圣寿寺僧永学立《县正堂示》碑第2行第3字	卷八	407
正	正	宝顶山小佛湾第1号北面第一级塔身小圆龛下偈语第1行第1字	卷八	18
		宝顶山小佛湾第1号第一级塔身北面左壁面经目第2行第24字	卷八	19

正字	异体字	位置	卷数	页码
正	正	宝顶山小佛湾第1号第一级塔身北面右壁面经目第3行第6字	卷八	19
		佛祖岩大藏佛说守护大千国土经第4行第2字	卷八	259
功	功	北山佛湾第2号胡密撰韦君靖碑第4行第19字	卷一	40
		宝顶山圣寿寺廖沛霖撰重修宝顶山圣寿寺等处庙宇并诸佛像总碑第7行第33字	卷八	412
世	丗	多宝塔第5号邢信道镌造善财参礼弥勒菩萨龛题记第1则第2行第6字	卷四	104
		宝顶山大佛湾第17号释迦牟尼佛诣父王所看病经文第10行第1字	卷七	76
		多宝塔第54号第八级宝塔上舍钱施主题名第12行第13字	卷四	264
		南山第5号吕元锡游南山诗并跋第3行第4字	卷五	345
		南山第10号王德铭临山谷道人书后汉诗三篇第16行第8字	卷五	370
		宝顶山大佛湾第17号释迦佛因行孝证三十二相文第5行第5字	卷七	59
		宝顶山大佛湾第17号释迦牟尼佛诣父王所看病经文第10行第11字	卷七	76
		宝顶山大佛湾第18号下品下生经第8行第3字	卷七	126
		宝顶山大佛湾第19号"善福乐"系偈颂第3行第6字	卷七	159
		宝顶山大佛湾第19号第7则偈语第4行第1字	卷七	163
	丗	宝顶山大佛湾第20号大藏佛说华鲜经第4行第3字	卷七	213
		宝顶山大佛湾第29号黄朝题培修圆觉洞记第6行第11字	卷七	374
		宝顶山小佛湾第1号第一级塔身东面经目第28行第5字	卷八	20
		宝顶山小佛湾第1号第一级塔身南面经目第1行第8字	卷八	21
		宝顶山小佛湾第1号第一级塔身西面经目第22行第8字	卷八	22
		宝顶山小佛湾第1号第二级塔身南面右端颂词第2行第11字	卷八	26
		宝顶山小佛湾第1号第三级塔身北面经目左壁面第5行第9字	卷八	31
		宝顶山小佛湾第2号南无金幢宝胜佛教诫	卷八	43

正字	异体字	位置	卷数	页码
世	世	佛祖岩大藏佛说守护大千国土经第7行第14字	卷八	259
	世	转法轮塔第一级塔身第1像菩萨题名第4字	卷八	299
	世	宝顶山圣寿寺曹琼撰《恩荣圣寿寺记》碑第17行第9字	卷八	402
节	珋	北山佛湾第58号赵师恪妆饰观音地藏镌记第1行第10字	卷一	230
	卲	石篆山佛会寺《严逊记碑》第8行第29字	卷五	396
	卲	宝顶山大佛湾第20号大藏佛说护口经第2行第13字	卷七	213
本		石门山第3号赵氏一娘子镌释迦佛龛记及匠师题名第1行第9字	卷五	146
		石门山第6号岑忠用修造十圣观音洞镌记第8行第18字	卷五	193
		石门山第13-1号杨才友修斋庆赞记第2行第4字	卷五	273
		宝顶山大佛湾第18号树观颂词第1行第5字	卷七	130
		宝顶山大佛湾第19号咏心歌第4行第12字	卷七	163
		宝顶山大佛湾第19号咏心偈第9行第4字	卷七	164
		宝顶山大佛湾第20号天堂地狱论第1行第12字	卷七	224
	夲	宝顶山大佛湾第21号柳本尊十炼图题记·第一炼指第1行第1字	卷七	243
		宝顶山大佛湾第21号柳本尊十炼图题记·第二立雪第1行第1字	卷七	255
		宝顶山大佛湾第21号柳本尊十炼图题记·第三炼踝第1行第1字	卷七	256
		宝顶山大佛湾第21号柳本尊十炼图题记·第四剜眼第1行第1字	卷七	256
		宝顶山大佛湾第21号柳本尊十炼图题记·第五割耳第1行第1字	卷七	257
		宝顶山大佛湾第21号柳本尊十炼图题记·第六炼心第1行第1字	卷七	258
		宝顶山大佛湾第21号柳本尊十炼图题记·第七炼顶第1行第1字	卷七	258
		宝顶山大佛湾第21号柳本尊十炼图题记·第八舍臂第1行第1字	卷七	262
		宝顶山大佛湾第21号柳本尊十炼图题记·第九炼阴第1行第1字	卷七	263

正字	异体字	位置	卷数	页码
本	夲	宝顶山大佛湾第21号柳本尊十炼图题记·第十炼膝第1行第1字	卷七	263
	夲	宝顶山大佛湾第22号大秽迹金刚题名第6字	卷七	276
	夲	宝顶山大佛湾第18号《再三相劝念弥陀》碑第5行第5字	卷七	146
		宝顶山小佛湾第1号第一级塔身北面左壁面经目第1行第17字	卷八	19
		宝顶山小佛湾第1号第二级塔身北面经目左壁面第4行第5字	卷八	24
		宝顶山小佛湾第1号第一级塔身北面右壁面经目第8行第13字	卷八	19
		宝顶山小佛湾第1号第一级塔身西面经目第24行第1字	卷八	22
		宝顶山小佛湾第1号第二级塔身西面经目左壁面第1行第7字	卷八	28
		宝顶山小佛湾第1号第二级塔身南面经目右壁面第7行第8字	卷八	28
	夲	宝顶山小佛湾第7号《唐柳本尊传》碑碑额第3字	卷八	120
		宝顶山大佛湾第5号战符题《灵湫泉》诗第2行第3字	卷六	124
		宝顶山大佛湾第7号悟朝立善功部碑第15行第16字	卷六	149
石	石	宝顶山大佛湾第29号康圭题"游圆觉洞有怀"诗第3行第1字	卷七	373
		宝顶山大佛湾第29号僧有久修装圆觉洞、万岁楼等处佛像记第6行第3字	卷七	376
		宝顶山小佛湾石窟零散文物僧晴舟立《实录碑记》第20行第16字	卷八	343
	后	宝顶山大佛湾第27号史彰撰《重开宝顶碑记》第5行第5字	卷七	312
	后	宝顶山大佛湾第27号史彰撰《重开宝顶碑记》第6行第1字	卷七	312
龙	龍	石门山第6号岑忠用修造十圣观音洞镌记第7行第11字	卷五	193
	龍	南山第14号刘灼先楹联题刻上联第1行第8字	卷五	373
	龙	石篆山子母殿外西第5号比丘慧琴栽植柏树记第9行第4字	卷五	412
	龙	宝顶山大佛湾第27号史彰撰《重开宝顶碑记》第24行第15字	卷七	312
	龍	宝顶山大佛湾第7号净明立遥播千古碑第9行第1字	卷六	148

154　大足石刻全集　第十一卷

正字	异体字	位置	卷数	页码
龙		宝顶山大佛湾第17号释迦牟尼佛为末世众生设化法故担父王棺经文第6行第13字	卷七	77
		宝顶山大佛湾第20号平正大王颂词第3行第2字	卷七	185
	竜	宝顶山大佛湾第20号饿鬼地狱经偈第6行第7字	卷七	207
		宝顶山大佛湾第21号柳本尊十炼图题记·第十炼膝第8行第12字	卷七	263
		宝顶山小佛湾第1号第一级塔身西面经目第1行第11字	卷八	22
		宝顶山大佛湾第27号玄极立《重修宝顶事实》碑第10行第7字	卷七	314
	龍	宝顶山大佛湾第27号刘畋人撰《重开宝顶石碑记》第14行第7字	卷七	315
		宝顶山大佛湾第27号游和书七律诗第5行第1字	卷七	316
灭	威	石篆山佛会寺《严逊记碑》第2行第5字	卷五	396
		宝顶山大佛湾第29号偈语第1行第13字	卷七	371
北	狐	北山佛湾第102号霍勤炜题书《教孝》碑第4行第2字	卷二	18
占	佔	宝顶山小佛湾石窟零散文物《皇恩》碑第6行第27字	卷八	344
		宝顶山圣寿寺僧慧心立《圣旨》碑第9行第20字	卷八	414
卢	廬	宝顶山大佛湾第22号大火头明王题名第6字	卷七	276
	茶	石门山东侧石柱张书绅撰《契约存照》碑第4行第24字	卷五	421
		宝顶山小佛湾石窟零散文物僧睛舟立《实录碑记》第21行第14字	卷八	343
		宝顶山圣寿寺僧慧心立《圣旨》碑第3行第28字	卷八	414
业		宝顶山大佛湾第15号"为造恶业恩"颂词第2行第4字	卷七	26
	業	宝顶山大佛湾第18号《普劝持念阿弥陀佛》碑第20行第2字	卷七	146
		宝顶山大佛湾第20号铁床地狱经偈第5行第4字	卷七	199
	業	宝顶山大佛湾第18号下品上生经第1行第12字	卷七	122
		宝顶山大佛湾第18号下品中生经第2行第14字	卷七	123

正字	异体字	位置	卷数	页码
		宝顶山大佛湾第18号下品下生经第1行第13字	卷七	126
		宝顶山大佛湾第20号五官大王颂词第2行第4字	卷七	181
	業	宝顶山大佛湾第20号转轮圣王颂词第4行第1字	卷七	186
		宝顶山大佛湾第20号刀山地狱经偈第7行第6字	卷七	188
		宝顶山大佛湾第20号寒冰地狱经偈第6行第2字	卷七	190
		宝顶山大佛湾第20号饿鬼地狱右侧栅板偈颂第1字	卷七	207
业		宝顶山大佛湾第20号大藏佛说护口经第5行第8字	卷七	213
		宝顶山小佛湾第1号第一级塔身北面左壁面经目第6行第4字	卷八	19
		宝顶山小佛湾第1号第一级塔身东面经目第20行第16字	卷八	20
	身	宝顶山小佛湾第6号十恶罪报罪报名·第二幅第5字	卷八	98
		宝顶山小佛湾第9号右额枋偈句第2行第3字	卷八	141
		三块碑第2则偈语第2行第3字	卷八	242
		松林坡第2则偈语第1行第3字	卷八	244
		佛祖岩第2则偈语第2行第3字	卷八	255
	舊	宝顶山大佛湾第17号《三圣御制佛牙赞》碑第14行第9字	卷七	81
旧	舊	宝顶山大佛湾第27号刘畋人撰《重开宝顶石碑记》第3行第40字	卷七	313
	舊	石门山第12号邓桂纪行诗碑第25行第8字	卷五	265
	歸	石门山第12-2号但道玄撰建修劝善所叙碑第28行第11字	卷五	267
归	歸	石门山第13号僧弘明立道众小引碑第7行第8字	卷五	270
	歸	南山第5号何格非和张宗彦诗第12行第3字	卷五	351
	歸	南山第10号王德铭临山谷道人书后汉诗三篇第13行第2字	卷五	370
	歸	石门山东侧石柱舒宏明撰《圣府洞置常住田碑序》第5行第40字	卷五	421

附录四 《大足石刻全集》铭文异体字与简化字对照表　155

正字	异体字	位置	卷数	页码
归		宝顶山大佛湾第17号《三圣御制佛牙赞》碑第10行第6字	卷七	81
		宝顶山圣寿寺僧慧心立《圣旨》碑第7行第24字	卷八	414
		宝顶山大佛湾第15号"远行忆念恩"颂词第11行第1字	卷七	27
		宝顶山大佛湾第15号佛说不孝罪为先经第11行第8字	卷七	35
		宝顶山大佛湾第16号古圣雷音霹雳诗第18行第7字	卷七	46
		宝顶山大佛湾第18号《普劝持念阿弥陀佛》碑第17行第10字	卷七	146
		宝顶山大佛湾第19号咏心偈第6行第10字	卷七	164
		宝顶山大佛湾第21号柳本尊十炼图题记·第一炼指第13行第3字	卷七	255
		佛祖岩龛前案台题刻第5字	卷八	259
		宝顶山大佛湾第21号柳本尊十炼图题记·第五割耳第4行第8字	卷七	257
		宝顶山小佛湾石窟零散文物僧晴舟立《实录碑记》第7行第31字	卷八	343
		宝顶山大佛湾第17号佛因地修行舍身济虎经文第15行第6字	卷七	69
		宝顶山大佛湾第17号释迦因地雁书报太子经文第12行第7字	卷七	70
		宝顶山大佛湾第24号刘翰卿题诗并序第16行第7字	卷七	299
		石篆山子母殿外西第2号僧圣质书"白石青山"题刻第3行第6字	卷五	411
旦		宝顶山大佛湾第27号史彰撰《重开宝顶碑记》第21行第12字	卷七	312
		宝顶山大佛湾第29号僧有久修装圆觉洞、万岁楼等处佛像记第10行第18字	卷七	376
		宝顶山小佛湾石窟零散文物僧晴舟立《实录碑记》第26行第9字	卷八	343
叶		石篆山佛会寺《述思古迹记碑》第8行第39字	卷五	397
		宝顶山大佛湾第7号净明立遥播千古碑第6行第7字	卷六	148
		宝顶山大佛湾第20号截膝地狱经偈第6行第4字	卷七	204
		宝顶山大佛湾第20号阿鼻地狱经偈第1行第8字	卷七	206

正字	异体字	位置	卷数	页码
		宝顶山大佛湾第20号饿鬼地狱经偈第1行第6字	卷七	207
		宝顶山大佛湾第20号铁轮地狱经偈第1行第6字	卷七	215
叶		宝顶山大佛湾第20号粪秽地狱第1组经偈第2行第2字	卷七	219
		宝顶山大佛湾第20号粪秽地狱第3组经偈第1行第6字	卷七	222
		宝顶山大佛湾第20号大藏佛说华鲜经第11行第1字	卷七	205
		宝顶山大佛湾第20号刀船地狱经偈第1行第8字	卷七	209
		宝顶山大佛湾第20号大藏佛说华鲜经第2行第4字	卷七	213
号		宝顶山大佛湾第27号刘畋人撰《重开宝顶石碑记》第7行第15字	卷七	313
		宝顶山大佛湾第27号刘畋人撰《重开宝顶石碑记》第7行第9字	卷七	315
		宝顶山圣寿寺住持僧立《正堂示禁》碑第9行第23字	卷八	403
		石门山第12号邓栳纪行诗碑第13行第12字	卷五	265
		石篆山佛会寺《述思古迹记碑》第2行第34字	卷五	396
叹		宝顶山大佛湾第18号中品上生经第5行第12字	卷七	117
		宝顶山大佛湾第18号中品中生经第7行第12字	卷七	118
		宝顶山大佛湾第21号柳本尊十炼图题记·第八舍臂第15行第1字	卷七	262
		宝顶山大佛湾第21号柳本尊十炼图题记·第九炼阴第16行第3字	卷七	263
		宝顶山小佛湾第1号第二级塔身南面经目左壁面第1行第20字	卷八	26
		北山佛湾第102号霍勤炜题书《教孝》碑第15行第18字	卷二	18
		宝顶山小佛湾第1号第一级塔身东面经目第42行第17字	卷八	20
四		宝顶山小佛湾第1号第一级塔身西面经目第6行第12字	卷八	22
		宝顶山小佛湾第1号第二级塔身北面经目左壁面第1行第9字	卷八	24
		宝顶山小佛湾第1号第二级塔身东面经目左壁面第7行第17字	卷八	25

正字	异体字	位置	卷数	页码
四		宝顶山小佛湾第1号第二级塔身南面经目右壁面第8行第24字	卷八	28
		宝顶山小佛湾第1号第二级塔身西面经目左壁面第10行第3字	卷八	29
		佛祖岩大藏佛说守护大千国土经第2行第3字	卷八	259
生		宝顶山小佛湾第1号第一级塔身北面左壁面经目第4行第6字	卷八	19
		宝顶山圣寿寺灌顶井窟第2则戒律第2行第8字	卷八	384
失		三块碑第1则偈语第4行第2字	卷八	239
		松林坡第1则偈语第2行第2字	卷八	244
丘		宝顶山圣寿寺廖沛霖撰重修宝顶山圣寿寺等处庙宇并诸佛像总碑第4行第1字	卷八	412
仙		石门山第12号邓柽纪行诗碑第6行第5字	卷五	265
		南山第5号何光震饯郡守王梦应记碑第2行第9字	卷五	351
		南山第10号王德铭临山谷道人书后汉诗三篇第3行第6字	卷五	369
从		宝顶山大佛湾第27号刘畋人撰《重开宝顶石碑记》第2行第21字	卷七	313
		宝顶山大佛湾第27号刘畋人撰《重开宝顶石碑记》第2行第21字	卷七	315
		佛祖岩大藏佛说守护大千国土经第1行第10字	卷八	259
		宝顶山小佛湾石窟零散文物僧晴舟立《实录碑记》第10行第11字	卷八	343
印		多宝塔第54号王堂化众舍钱建塔第八级镌记及功德主题名下部铭文第9行第5字	卷四	264
		宝顶山大佛湾第30号姜秋舫游记第4行第15字	卷七	397
尔		宝顶山大佛湾第17号释迦因地割肉供父母经文第15行第6字	卷七	67
		宝顶山大佛湾第17号释迦因地剜肉经文第2行第5字	卷七	70
		宝顶山大佛湾第17号释迦因地剜肉经文第12行第11字	卷七	72
		宝顶山大佛湾第17号释迦牟尼佛为末世众生设化法故担父王棺经文第10行第14字	卷七	77
		宝顶山大佛湾第30号姜秋舫游记第11行第9字	卷七	397

正字	异体字	位置	卷数	页码
卯		石门山第11-1号宋以道书"圣府洞"题刻左款第3行第4字	卷五	264
		石门山第12-2号但道玄撰建修劝善所叙碑第11行第14字	卷五	267
犯		宝顶山小佛湾第1号第二级塔身北面经目左壁面第2行第19字	卷八	24
		北山佛湾第134号民国大足石刻考察团记事碑第5行第2字	卷二	189
		宝顶山大佛湾第15号佛说不孝罪为先经第14行第5字	卷七	35
		宝顶山大佛湾第17号《三圣御制佛牙赞》碑第12行第9字	卷七	81
		宝顶山大佛湾第20号寒冰地狱经偈第6行第6字	卷七	190
		宝顶山大佛湾第26号刘念行题"山水佳处"题刻第4字	卷七	306
		石门山第6号岑忠用修造十圣观音洞镌记第1行第22字	卷五	193
		宝顶山大佛湾第17号佛因地修行舍身济虎经文第4行第4字	卷七	69
处		宝顶山大佛湾第20号饿鬼地狱经偈第2行第9字	卷七	207
		宝顶山大佛湾第20号粪秽地狱第3组经偈第3行第1字	卷七	222
		宝顶山大佛湾第17号释迦牟尼佛诣父王所看病经文第19行第8字	卷七	76
		宝顶山大佛湾第17号《三圣御制佛牙赞》碑第4行第9字	卷七	80
		宝顶山大佛湾第18号大势智观颂词第3行第5字	卷七	138
		宝顶山大佛湾第18号《普劝持念阿弥陀佛》碑第16行第13字	卷七	146
		宝顶山大佛湾第21号柳本尊十炼图题记·第五割耳第3行第7字	卷七	257
		宝顶山大佛湾第20号铁轮地狱经偈第3行第3字	卷七	218
		宝顶山大佛湾第17号释迦因地剜肉经文第3行第5字	卷七	70
冯		石门山第13-1号杨才友造山王龛镌记及匠师镌名第3行第8字	卷五	271
汉		南山第5号张宗彦题七言诗第8行第18字	卷五	350
		宝顶山大佛湾第18号中品中生经第8行第10字	卷七	118

附录四 《大足石刻全集》铭文异体字与简化字对照表 157

正字	异体字	位置	卷数	页码
汉		宝顶山大佛湾第18号中品下生经第8行第3字	卷七	122
	漢	宝顶山大佛湾第21号柳本尊十炼图题记·第一炼指第12行第2字	卷七	255
	漢	宝顶山大佛湾第21号柳本尊十炼图题记·第四剜眼第1行第6字	卷七	256
	漢	宝顶山大佛湾第29号僧有久修装圆觉洞、万岁楼等处佛像记第8行第15字	卷七	376
	漢	宝顶山大佛湾第18号中品观颂词第1行第5字	卷七	142
	漢	宝顶山广大寺僧德芳《重创碑》第2行第20字	卷八	423
宁	甯	多宝塔第78号曾成书培修多宝塔记第1行第16字	卷四	352
	寧	宝顶山大佛湾第7号悟朝立善功部碑第1行第8字	卷六	149
		宝顶山大佛湾第8号张龙飞装修千手观音像记正面第1行第2字	卷六	163
		宝顶山大佛湾第27号刘畋人撰《重开宝顶石碑记》第7行第12字	卷七	313
	寧	宝顶山大佛湾第27号刘畋人撰《重开宝顶石碑记》第7行第6字	卷七	315
		宝顶山大佛湾第29号觉寿妆銮培修记第1行第5字	卷七	371
		宝顶山大佛湾第29号僧有久修装圆觉洞、万岁楼等处佛像记第9行第4字	卷七	376
		宝顶山大佛湾第29号涂永明妆銮圆觉洞像记第1行第5字	卷七	372
写	寫	宝顶山大佛湾第20号变成大王颂词第3行第1字	卷七	184
讯	訊	宝顶山大佛湾第17号释迦因地雁书报太子经文第15行第8字	卷七	70
记	記	宝顶山小佛湾窟零散文物僧晴舟立《实录碑记》碑额第4字	卷八	342
		宝顶山大佛湾第21号柳本尊十炼图题记·第三炼踝第9行第9字	卷七	256
永	永	宝顶山大佛湾第21号柳本尊十炼图题记·第六炼心第6行第1字	卷七	258
		宝顶山圣寿寺《亘古昭然》碑第5行第21字	卷八	405
尼		宝顶山小佛湾第1号第一级塔身南面经目第7行第3字	卷八	21
	尼	宝顶山小佛湾第1号第一级塔身西面经目第35行第8字	卷八	22

正字	异体字	位置	卷数	页码
尼		宝顶山小佛湾第1号第二级塔身北面经目左壁面第1行第14字	卷八	24
		宝顶山小佛湾第1号第二级塔身北面经目右壁面第3行第16字	卷八	25
	尼	宝顶山小佛湾第1号第二级塔身南面经目右壁面第7行第4字	卷八	28
		宝顶山小佛湾第1号第二级塔身西面经目左壁面第1行第5字	卷八	28
		龙头山第6号释迦佛题名右侧第2字	卷八	222
民	民	宝顶山大佛湾第14号胡靖等游记第2行第6字	卷六	353
	民	宝顶山大佛湾第17号释迦牟尼佛为末世众生设化法故担当王棺经文第9行第6字	卷七	77
	民	宝顶山圣寿寺廖沛霖撰重修宝顶山圣寿寺等处庙宇并诸佛像总碑第11行第9字	卷八	412
弘	弘	宝顶山大佛湾第27号史彰撰《重开宝顶碑记》第5行第39字	卷七	312
	弘	宝顶山小佛湾石窟零散文物李开先撰《宝顶山颂》碑第2行第7字	卷八	342
边	邊	宝顶山大佛湾第18号大势智观颂词第3行第2字	卷七	138
	邊	宝顶山大佛湾第29号涂永明妆銮圆觉洞像记第2行第9字	卷七	372
		宝顶山大佛湾第30号姜秋舫游记第11行第13字	卷七	397
	邊	宝顶山圣寿寺僧慧心立《正堂示禁》碑第6行第16字	卷八	406
发		宝顶山大佛湾第8号张龙飞装修千手观音像记正面第5行第3字	卷六	163
	发	宝顶山大佛湾第21号柳本尊十炼图题记·第八舍臂第9行第3字	卷七	262
	發	宝顶山大佛湾第21号柳本尊十炼图题记·第九炼阴第6行第2字	卷七	263
	發	宝顶山圣寿寺住持僧立《正堂示禁》碑第7行第26字	卷八	403
	發	宝顶山大佛湾第27号刘畋人撰《重开宝顶石碑记》第12行第29字	卷七	315
	發	宝顶山大佛湾第29号黄朝题培修圆觉洞记第4行第6字	卷七	374
	發	宝顶山大佛湾第29号彭世珪装彩圆觉洞像记第6行第6字	卷七	376
	發	宝顶山小佛湾第9号正壁佛像龛外偈颂第1行第2字	卷八	146

158　大足石刻全集　第十一卷

正字	异体字	位置	卷数	页码
圣	𢛳	多宝塔第51号刘畋镌造释迦佛龛题记第2行第3字	卷四	253
	圣	宝顶山大佛湾第7号净明立遥播千古碑第9行第7字	卷六	148
		宝顶山大佛湾第15号"投佛祈求嗣息"颂词第17行第4字	卷七	9
		宝顶山大佛湾第15号佛说为于父母供养三宝经第13行第5字	卷七	31
		宝顶山大佛湾第17号释迦因地剜肉经文第32行第7字	卷七	72
		宝顶山大佛湾第17号释迦牟尼佛诣父王所看病经第9行第8字	卷七	76
		宝顶山大佛湾第17号《三圣御制佛牙赞》碑第7行第4字	卷七	80
	聖	宝顶山大佛湾第19号咏乐诗第4行第4字	卷七	162
		宝顶山大佛湾第20号转轮圣王颂词碑额第3字	卷七	185
		宝顶山大佛湾第21号柳本尊十炼图题记·第五割耳第1行第4字	卷七	257
		宝顶山大佛湾第21号柳本尊十炼图题记·第十炼膝第1行第4字	卷七	263
		宝顶山小佛湾第1号第一级塔身南面经目第3行第25字	卷八	21
		宝顶山小佛湾第2号恒沙佛说大藏灌顶法轮经第6行第31字	卷八	39
	聖	宝顶山大佛湾第21号柳本尊十炼图题记·第七炼顶第1行第4字	卷七	258
		宝顶山大佛湾第17号《三圣御制佛牙赞》碑碑额第2字	卷七	80
		宝顶山大佛湾第21号柳本尊十炼图题记·第一炼指第9行第7字	卷七	255
	玊	宝顶山大佛湾第21号柳本尊十炼图题记·第四剜眼第1行第4字	卷七	256
		宝顶山大佛湾第21号柳本尊十炼图题记·第六炼心第1行第4字	卷七	258
		宝顶山小佛湾第1号第一级塔身东面经目第11行第6字	卷八	20
	聖	宝顶山小佛湾第1号第一级塔身西面经目第13行第23字	卷八	22
对	對	南山第5号张宗彦题七言诗第2行第5字	卷五	350
		宝顶山大佛湾第15号佛说不孝罪为先经第3行第2字	卷七	34

正字	异体字	位置	卷数	页码
对	對	宝顶山大佛湾第20号寒冰地狱经偈第4行第5字	卷七	190
		宝顶山小佛湾第7号《唐柳本尊传》碑第17行第58字	卷八	121
台		宝顶山大佛湾第18号上品中生经第8行第7字	卷七	112
	臺	宝顶山大佛湾第18号中品上生经第6行第16字	卷七	117
		宝顶山大佛湾第27号刘畋人撰《重开宝顶石碑记》第11行第38字	卷七	313
	臺	宝顶山大佛湾第27号史彰撰《重开宝顶碑记》第7行第4字	卷七	312
幼		宝顶山大佛湾第27号史彰撰《重开宝顶碑记》第20行第19字	卷七	312
	㓜	宝顶山大佛湾第29号觉寿妆鉴培修记第2行第6字	卷七	371
		宝顶山大佛湾第29号彭世珵装彩圆觉洞像记第6行第4字	卷七	376
		宝顶山广大寺黄体□撰《永垂万古碑记》第4行第4字	卷八	425
吉		石门山第6号陈充造莲花手观音镌记第6行第5字	卷五	195
		石门山第6号庞师上造如意轮观音镌记第3行第6字	卷五	196
		石门山第13-1号杨才友修斋庆赞记第5行第4字	卷五	273
	吉	宝顶山大佛湾第19号咏心歌第2行第6字	卷七	163
		宝顶山大佛湾第20号截膝地狱经偈第14行第6字	卷七	204
		宝顶山大佛湾第27号刘畋人撰《重开宝顶石碑记》第8行第27字	卷七	313
	吉	石门山第8-2号达荣修理功字镌记第6行第11字	卷五	219
考	攷	宝顶山圣寿寺廖沛霖撰《重修宝顶山圣寿寺记》碑第2行第58字	卷八	408
地		宝顶山大佛湾第29号大通智胜佛碑第1行第4字	卷七	371
		宝顶山小佛湾第1号第一级塔身北面右壁面经目第4行第9字	卷八	19
	埊	宝顶山小佛湾第1号第一级塔身东面经目第20行第6字	卷八	20
		宝顶山小佛湾第1号第一级塔身南面经目第38行第3字	卷八	21

附录四 《大足石刻全集》铭文异体字与简化字对照表　159

正字	异体字	位置	卷数	页码
地		宝顶山小佛湾第1号第一级塔身西面经目第5行第25字	卷八	22
场		石篆山佛会寺《述思古迹记碑》第4行第14字	卷五	396
		宝顶山大佛湾第21号柳本尊十炼图题记·第一炼指第7行第4字	卷七	255
		宝顶山大佛湾第29号李耆岗书"报恩圆觉道场"题刻第3行第2字	卷七	370
朽		石门山第13号僧弘明立道众小引碑第9行第3字	卷五	270
		石门山东侧石柱舒宏明撰《圣府洞置常住田碑序》第5行第39字	卷五	421
		宝顶山小佛湾石窟零散文物众善立《善由人作》碑2行第17字	卷八	344
		宝顶山广大寺僧弘参立《万古不朽》碑碑额第4字	卷八	427
机		宝顶山大佛湾第27号史彰撰《重开宝顶碑记》第20行第37字	卷七	312
权		宝顶山大佛湾第27号刘畋人撰《重开宝顶石碑记》第17行第1字	卷七	313
过		石门山第6号岑忠用修造十圣观音洞镌记第2行第24字	卷五	193
		宝顶山大佛湾第17号释迦佛因地修行舍身求法经文第2行第5字	卷七	74
		宝顶山大佛湾第18号中品上生经第2行第10字	卷七	117
		宝顶山大佛湾第18号《普劝持念阿弥陀佛》碑第6行第7字	卷七	145
		宝顶山大佛湾第20号速报司官颂词第6行第1字	卷七	186
		宝顶山大佛湾第20号阿鼻地狱经偈第11行第2字	卷七	206
		宝顶山大佛湾第20号粪秽地狱第3组经偈第10行第1字	卷七	223
		宝顶山大佛湾第27号刘畋人撰《重开宝顶石碑记》第11行第19字	卷七	315
		南山第5号唐子俊装修玉皇古洞天尊碑记第6行第14字	卷五	354
		宝顶山大佛湾第4号戴光升装彩千手观音华严三圣父母恩重经变像镌记第16行第1字	卷六	94
		南山第5号陈及之省坟莓溪过南山题记第2行第3字	卷五	355
吏		宝顶山圣寿寺僧德芳捐银重修圣寿寺碑第4行第6字	卷八	413

正字	异体字	位置	卷数	页码
再		宝顶山小佛湾第8号王烈和杨昪原韵第10行第3字	卷八	139
压		南山第5号何格非和张宗彦诗第2行第12字	卷五	351
厌		宝顶山大佛湾第20号阎罗天子颂词第5行第1字	卷七	184
有		宝顶山大佛湾第16号第3则偈语第3行第6字	卷七	47
		宝顶山小佛湾第1号第一级塔身北面左壁面经目第4行第9字	卷八	19
		宝顶山小佛湾第1号第一级塔身西面经目第33行第24字	卷八	22
		宝顶山小佛湾第1号第二级塔身南面经目右壁面第8行第5字	卷八	28
		宝顶山小佛湾第1号第二级塔身西面经目左壁面第9行第6字	卷八	29
		佛祖岩第4则偈语第2行第6字	卷八	259
		宝顶山广大寺僧洪参《重修小宝顶广大寺观音殿普陀岩碑志铭》第2行第2字	卷八	426
面		北山佛湾第102号霍勤炜题书《教孝》碑第13行第8字	卷二	18
夸		南山第5号张宗彦题七言诗第11行第16字	卷五	350
		南山第5号唐子俊装修玉皇古洞天尊碑记第6行第3字	卷五	354
		宝顶山大佛湾第17号《三圣御制佛牙赞》碑第11行第5字	卷七	81
		宝顶山大佛湾第18号《普劝持念阿弥陀佛》碑第14行第2字	卷七	146
灰		宝顶山惜字塔第二级塔身西面中部题记第3行第7字	卷八	444
		宝顶山惜字塔第二级塔身北面中部题记第4行第12字	卷八	445
达		宝顶山大佛湾第17号释迦牟尼佛诣父王所看病经文第7行第3字	卷七	76
		宝顶山大佛湾第19号咏心偈第9行第12字	卷七	164
列		北山佛湾第102号霍勤炜题书《教孝》碑第2行第11字	卷二	18
死		宝顶山大佛湾第19号祖师颂词第14字	卷七	162
		宝顶山大佛湾第20号铁轮地狱偈语第3字	卷七	219

正字	异体字	位置	卷数	页码
死		宝顶山大佛湾第19号咏心偈第4行第10字	卷七	164
成		多宝塔第54号王堂化众舍钱建塔第八级镌记及功德主题名下部铭文8行第1字	卷四	264
毕		北山佛湾第51号王宗靖造三世佛龛镌记第1则第4行第3字	卷一	207
		北山佛湾第286号佚名造观音龛镌记第8行第5字	卷三	363
		多宝塔第43号任亮刊刻冯大学施钱造塔记第1则第9行第11字	卷四	228
此		多宝塔第51号刘暎镌造释迦佛龛题记第2行第2字	卷四	253
		多宝塔第64号佚名造涅槃窟题记第14行第3字	卷四	310
		南山第5号曹伟卿游南山记第1行第11字	卷五	353
		南山第5号陈及之省坟莓溪过南山题记第2行第4字	卷五	355
		南山第10号王德铭临山谷道人书后汉诗三篇第16行第6字	卷五	370
		宝顶山大佛湾第27号刘畋人撰《重开宝顶石碑记》第9行第10字	卷七	313
师		宝顶山大佛湾第27号玄极立《重修宝顶事实》碑第2行第16字	卷七	314
		宝顶山大佛湾第27号刘畋人撰《重开宝顶石碑记》第9行第10字	卷七	315
		宝顶山广大寺僧德芳《重创碑》第4行第25字	卷八	423
		宝顶山大佛湾第18号上品中生经第14行第3字	卷七	112
光		宝顶山大佛湾第30号牧牛图偈颂·第12组第6行第6字	卷七	395
		佛祖岩佛塔佛名题刻第4字	卷八	254
虫		宝顶山大佛湾第20号大藏佛说护口经第2行第3字	卷七	213
		石门山第12号邓椿纪行诗碑第21行第3字	卷五	265
		石篆山子母殿外东碑第6号佚名刻"破迷歌"第17行第4字	卷五	416
同		石门山东侧石柱舒宏明撰《圣府洞置常住田碑序》第19行第28字	卷五	421
		宝顶山大佛湾第27号史彰撰《重开宝顶碑记》第23行第26字	卷七	312

正字	异体字	位置	卷数	页码
		宝顶山大佛湾第29号僧有久修装圆觉洞、万岁楼等处佛像记第3行第1字	卷七	376
		宝顶山大佛湾第30号牧牛图偈颂·第4组第1行第6字	卷七	383
同	仝	宝顶山小佛湾石窟零散文物僧晴舟立《实录碑记》第25行第24字	卷八	343
		宝顶山圣寿寺僧慧心立《正堂示禁》碑第14行第27字	卷八	406
		宝顶山圣寿寺僧慧心立《圣旨》碑第15行第28字	卷八	414
		石篆山子母殿外东碑第6号佚名刻"破迷歌"第8行第7字	卷五	416
吃		宝顶山大佛湾第15号"咽苦吐甘恩"颂词第4行第5字	卷七	20
		北山佛湾第53号种审能造阿弥陀佛龛镌记第1则第5行第3字	卷一	215
		北山佛湾第54号佚名造观音龛残记第2行第3字	卷一	217
		北山佛湾第168号潘绂撰《西域坐化大禅师记事》碑第6行第35字	卷二	399
		宝顶山大佛湾第20号寒冰地狱经偈第4行第2字	卷七	190
因	囙	宝顶山小佛湾第1号第一级塔身北面右壁面经目第3行第1字	卷八	19
		宝顶山小佛湾第1号第一级塔身南面经目第30行第16字	卷八	21
		宝顶山小佛湾第1号第一级塔身西面经目第1行第4字	卷八	22
		宝顶山圣寿寺廖沛霖撰重修宝顶山圣寿寺等处庙宇并诸佛像总碑第5行第34字	卷八	412
		石篆山第6号县正堂示禁碑第6行第13字	卷五	48
		南山第5号张宗彦题七言诗第5行第3字	卷五	350
		南山第7号杨顺祀书"福寿"题刻右款第3字	卷五	365
岁	歲	石篆山佛会寺寺第2号佛会寺觉朗拾镌记第4行第4字	卷五	408
		宝顶山大佛湾第27号史彰撰《重开宝顶碑记》第9行第13字	卷七	312
		宝顶山圣寿寺廖沛霖撰重修宝顶山圣寿寺等处庙宇并诸佛像总碑第1行第27字	卷八	412
		宝顶山圣寿寺僧慧心立《圣旨》碑第5行第20字	卷八	414

附录四 《大足石刻全集》铭文异体字与简化字对照表 161

正字	异体字	位置	卷数	页码
岁		石门山第12-2号但道玄撰建修功善所叙碑第2行第9字	卷五	267
		石门山第13-1号杨才友造山王龛镌记及匠师镌名第8行第1字	卷五	273
		南山第5号何格非和张宗彦诗第3行第4字	卷五	351
	歲	南山第5号邓旱阅辛西岁张、何二公诗跋第3行第7字	卷五	351
		宝顶山大佛湾第27号刘畋人撰《重开宝顶石碑记》第3行第31字	卷七	313
		宝顶山大佛湾第27号刘畋人撰《重开宝顶石碑记》第3行第28字	卷七	315
		宝顶山广大寺僧德芳《重创碑》第12行第15字	卷八	425
	歲	石门山第12号邓栓纪行诗碑第17行第4字	卷五	265
		石篆山第7号文惟简镌像记第3行第1字	卷五	53
		石篆山第9号文惟简镌地藏十王龛造像记第1行第7字	卷五	89
		石篆山第12号僧希昼书严逊记碑第18行第12字	卷五	107
	歲	石门山第6号赵勤典造宝镜观音镌记第7行第7字	卷五	195
		宝顶山大佛湾第15号"究竟怜悯恩"颂词第2行第2字	卷七	27
		宝顶山小佛湾石窟零散文物僧晴舟立《实录碑记》第23行第17字	卷八	343
	歲	南山第5号唐子俊装修玉皇古洞天尊碑记第4行第2字	卷五	354
	歲	石篆山佛会寺《严逊记碑》第21行第5字	卷五	396
	歲	南山第13号王德嘉书"绝尘"题刻左款第5字	卷五	372
	歲	宝顶山圣寿寺廖沛霖撰重修宝顶山圣寿寺等处庙宇并诸佛像总碑第6行第38字	卷八	412
	歲	宝顶山大佛湾第7号净明立遥播千古碑第5行第4字	卷六	148
	歲	宝顶山大佛湾第26号龙必飞书"福寿"题刻左款第1行第7字	卷七	306
	歲	宝顶山大佛湾第27号史彰撰《重开宝顶碑记》第21行第5字	卷七	312
	歲	佛祖岩重修大佛寺碑序第29行第7字	卷八	260

正字	异体字	位置	卷数	页码
岁	歲	宝顶山圣寿寺袁衍和郭通府韵第2行第5字	卷八	403
	歲	宝顶山广大寺僧弘参立《万古不朽》碑第16行第7字	卷八	427
回		宝顶山大佛湾第19号第12则偈语第53字	卷七	164
		宝顶山大佛湾第20号阎罗天子颂词第3行第3字	卷七	184
	迴	宝顶山大佛湾第30号牧牛图偈颂·第3组第2行第6字	卷七	379
		宝顶山大佛湾第30号牧牛图偈颂·第4组第1行第2字	卷七	383
		宝顶山小佛湾第1号第一级塔身西面经目第19行第17字	卷八	22
		宝顶山小佛湾第7号《唐柳本尊传》碑第5行第29字	卷八	120
	烟	宝顶山小佛湾第8号赵紫光和杨县原韵第15行第2字	卷八	139
岂		宝顶山大佛湾第19号咏心偈第8行第6字	卷七	164
	豈	宝顶山大佛湾第20号毒蛇地狱经偈第6行第3字	卷七	196
刚		宝顶山小佛湾第1号第一级塔身东面经目第5行第15字	卷八	19
	罡	宝顶山小佛湾第1号第一级塔身西面经目第10行第6字	卷八	22
		宝顶山小佛湾第1号第三级塔身北面经目右壁面第2行第1字	卷八	31
网	網	宝顶山大佛湾第18号《普劝持念阿弥陀佛》碑23行第13字	卷七	146
		石门山第2号杨伯高造杨文忻真容像镌记第4行第1字	卷五	141
		石门山第6号岑忠信造宝扇手观音镌记第5行第3字	卷五	194
		石门山第6号陈充造莲花手观音镌记第2行第12字	卷五	195
年	年	石门山第6号侯良造数珠手观音镌记第4行第7字	卷五	196
		南山第5号何格非和张宗彦诗第2行第16字	卷五	351
		宝顶山大佛湾第17号释迦佛因地为睒子行孝经文第8行第3字	卷七	73
		宝顶山大佛湾第17号《三圣御制佛牙赞》碑第4行第11字	卷七	80

正字	异体字	位置	卷数	页码
年		宝顶山大佛湾第18号《再三相劝念弥陀》碑第13行第10字	卷七	146
		宝顶山大佛湾第20号现报司官颂词第7行第4字	卷七	172
		宝顶山大佛湾第20号速报司官颂词第5行第2字	卷七	186
		宝顶山大佛湾第20号粪秽地狱第3组经偈第15行第6字	卷七	223
		宝顶山大佛湾第21号柳本尊十炼图题记·第三炼踝第5行第7字	卷七	256
		宝顶山大佛湾第21号柳本尊十炼图题记·第四剜眼第13行第8字	卷七	257
		宝顶山大佛湾第21号柳本尊十炼图题记·第五割耳第5行第7字	卷七	257
		宝顶山大佛湾第21号柳本尊十炼图题记·第六炼心第1行第9字	卷七	258
		宝顶山大佛湾第21号柳本尊十炼图题记·第七炼顶第1行第9字	卷七	258
		宝顶山大佛湾第21号柳本尊十炼图题记·第九炼阴第1行第8字	卷七	263
		宝顶山大佛湾第21号柳本尊十炼图题记·第十炼膝第6行第12字	卷七	263
		宝顶山小佛湾第2号恒沙佛说大藏灌顶法轮经第5行第27字	卷八	39
		石门山第6号岑忠用修造十圣观音洞镌记第9行第11字	卷五	193
		石门山第13-1号张子华等重修大殿记碑第16行第5字	卷五	273
		南山第2号张湖重九日偕友登高记第20行第13字	卷五	299
		南山第5号樊允季领客避暑终日题记第1行第4字	卷五	352
		石篆山佛会寺《严逊记碑》第2行第14字	卷五	396
		石篆山子母殿外西第5号比丘惹琴栽植柏树记第1行第5字	卷五	412
		宝顶山大佛湾第7号悟朝立善功部碑第14行第3字	卷六	149
		宝顶山大佛湾第14号胡靖等游记第4行第8字	卷六	353
		宝顶山大佛湾第18号性妆绚观经变左岩像记第8行第4字	卷七	147
		宝顶山大佛湾第21号柳本尊十炼图题记·第二立雪第1行第9字	卷七	255

正字	异体字	位置	卷数	页码
年		宝顶山大佛湾第21号柳本尊十炼图题记·第八舍臂第2行第5字	卷七	262
		宝顶山大佛湾第23号龙蕐声书《与佛有缘》碑并跋文尾款第1行第4字	卷七	285
		宝顶山大佛湾第29号觉寿妆銮培修记第2行第7字	卷七	371
		石门山第11-1号宋以道书"圣府洞"题刻左款第1行第6字	卷五	264
		石门山第13-1号佚名立重□荡荡碑第18行第6字	卷五	273
		宝顶山大佛湾第27号史彰撰《重开宝顶碑记》第8行第35字	卷七	312
		南山第5号玉皇观置田产契约碑第1行第27字	卷五	354
		石篆山佛会寺《述思古迹记碑》第11行第19字	卷五	397
		宝顶山大佛湾第4号戴光升装彩千手观音华严三圣父母恩重经变像镌记第17行第5字	卷六	94
		宝顶山大佛湾第27号史彰撰《重开宝顶碑记》第18行第11字	卷七	312
		宝顶山大佛湾第7号净明立遥播千古碑第10行第7字	卷六	148
廷		石篆山第6号刘纯斋撰修治庙貌神龛记碑第3行第15字	卷五	47
		南山第2号张湖重游南山诗并跋第5行第9字	卷五	298
		南山第5号县正堂桂示禁碑第2行第26字	卷五	352
		宝顶山圣寿寺廖沛霖撰重修宝顶山圣寿寺等处庙宇并诸佛像总碑第8行第29字	卷八	412
伟		石门山第12号邓桓纪行诗碑第21行第6字	卷五	265
伏		宝顶山大佛湾第7号悟朝立善功部碑第9行第1字	卷六	149
白		石篆山第2号文惟简镌志公和尚龛镌记第8行第5字	卷五	23
延		宝顶山大佛湾第27号刘畋人撰《重开宝顶石碑记》第10行第1字	卷七	315
仲		石门山第12号邓桓纪行诗碑第12行第5字	卷五	265
伤		宝顶山大佛湾第27号史彰撰《重开宝顶碑记》第9行第42字	卷七	312
华		石门山第13-1号张子华等重修大殿记碑第2行第5字	卷五	273

附录四 《大足石刻全集》铭文异体字与简化字对照表　163

正字	异体字	位置	卷数	页码
华		宝顶山广大寺僧洪参《重修小宝顶广大寺观音殿普陀岩碑志铭》第11行第26字	卷八	426
仰		石门山第12-2号但道玄撰建修劝善所叙碑第18行第3字	卷五	267
		宝顶山大佛湾第21号柳本尊十炼图题记·第五割耳第4行第6字	卷七	257
		宝顶山圣寿寺住持僧立《正堂示禁》碑第8行第8字	卷八	403
仿		南山第5号何光震饯郡守王梦应记碑第3行第16字	卷五	351
		南山第5号陈伯疆冬至日飨先考题记第3行第22字	卷五	354
		宝顶山大佛湾第30号姜秋舫游记第17行第2字	卷七	397
		北山佛湾第123号胡鑫甫等募建送子殿宇镌记第4行第21字	卷二	136
伙		石门山第12-2号但道玄撰建修劝善所叙碑第7行第4字	卷五	267
		宝顶山小佛湾石窟零散文物《皇恩》碑第6行第20字	卷八	344
后		宝顶山大佛湾第23号龙蕙声书《与佛有缘》碑并跋文尾款第3行第9字	卷七	285
		宝顶山广大寺僧德芳《重创碑》第6行第5字	卷八	423
行	行	佛祖岩重修大佛寺碑序第5行第10字	卷八	260
		石门山第6号庞休造甘露玉观音镌记第5行第2字	卷五	194
		南山第5号玉皇观置田产契约碑第4行第6字	卷五	354
		石篆山佛会寺《述思古迹记碑》第2行第5字	卷五	396
		石篆山佛会之塔题刻第2字	卷五	398
会	會	宝顶山大佛湾第15号"为造恶业恩"颂词第6行第2字	卷七	26
		宝顶山大佛湾第17号释迦因地剁肉经文第31行第6字	卷七	72
		宝顶山大佛湾第17号释迦佛因地修行舍身求法经文第5行第18字	卷七	74
		宝顶山大佛湾第20号平正大王颂词第3行第4字	卷七	185
		宝顶山大佛湾第21号柳本尊十炼图题记·第十炼膝第9行第3字	卷七	263

正字	异体字	位置	卷数	页码
		佛祖岩第2则偈语第3行第3字	卷八	255
会		佛祖岩大藏佛说守护大千国土经第2行第5字	卷八	259
		佛祖岩大藏佛说守护大千国土经第2行第7字	卷八	259
		宝顶山大佛湾第18号观无量寿佛经及上品上生经第6行第10字	卷七	110
杀		宝顶山大佛湾32号佛说大鱼事经经文第10行第1字	卷七	408
		宝顶山大佛湾第19号"恶祸苦"系偈颂第1行第3字	卷七	159
	殺	宝顶山大佛湾第20号铁轮地狱经偈第9行第3字	卷七	218
		北山佛湾第279号王承秀造药师变镌记第1行第19字	卷三	334
众		石门山东侧石柱舒宏明撰《圣府洞置常住田碑序》第5行第28字	卷五	421
		宝顶山小佛湾石窟零散文物众善立《善由人作》碑第7行第11字	卷八	344
		宝顶山圣寿寺僧慧心立《正堂示禁》碑第14行第26字	卷八	406
	刱	北山佛湾第2号胡密撰韦君靖碑第5行第18字	卷一	40
		石门山第12-2号但道玄撰建修劝善所叙碑第7行第7字	卷五	267
		石篆山佛会寺《述思古迹记碑》第2行第16字	卷五	396
		石门山南侧石柱余源□撰书《掉常住田》碑第2行第19字	卷五	419
创		石门山零散碑刻《正堂寇示》碑第3行第18字	卷五	422
		宝顶山大佛湾第25号地母、天父龛造像记第3行第1字	卷七	302
		宝顶山大佛湾第27号史彰撰《重开宝顶碑记》第8行第27字	卷七	312
		宝顶山广大寺僧德芳《重创碑》第1行第2字	卷八	423
		宝顶山圣寿寺罗元吉撰《关圣碑记》第4行第4字	卷八	404
		北山佛湾第2号胡密撰韦君靖碑第19行第12字	卷一	41
旨	盲	宝顶山小佛湾第9号《释迦舍利宝塔禁中应现之图》碑第2行第1字	卷八	173

164　大足石刻全集　第十一卷

正字	异体字	位置	卷数	页码
旨	旨	石篆山佛会寺《述思古迹记碑》第13行第4字	卷五	397
		宝顶山小佛湾第7号《恩荣圣寿寺记》碑第6行第1字	卷八	123
		宝顶山小佛湾石窟零散文物悟朝立《临济正宗记》碑第15行第2字	卷八	342
		宝顶山小佛湾石窟零散文物《皇恩》碑第16行第7字	卷八	344
		宝顶山小佛湾石窟零散文物众善立《善由人作》碑第2行第6字	卷八	344
		宝顶山圣寿寺僧慧心立《圣旨》碑碑额第2字	卷八	414
		宝顶山圣寿寺僧慧心立《圣旨》碑第8行第1字	卷八	414
多	多	南山第5号张宗彦题七言诗第11行第2字	卷五	350
		宝顶山小佛湾第1号第一级塔身东面经目第1行第11字	卷八	19
		宝顶山小佛湾第1号第一级塔身西面经目第11行第5字	卷八	22
		宝顶山小佛湾第1号第二级塔身北面经目右壁面第3行第9字	卷八	25
		宝顶山小佛湾第1号第二级塔身东面经目右壁面第6行第11字	卷八	26
冲	衝	宝顶山大佛湾第18号日观颂词第2行第1字	卷七	129
妆	粧	多宝塔第7号刘升等镌造如意轮像龛题记第10行第1字	卷四	112
		宝顶山大佛湾第7号净明立遥播千古碑第5行第6字	卷六	148
		宝顶山大佛湾第29号涂永明妆鋆圆觉洞像记第1行第17字	卷七	372
		宝顶山大佛湾第29号僧有久修装圆觉洞、万岁楼等处佛像记第4行第7字	卷七	376
		石门山第1号蹇忠进镌像记第4行第1字	卷五	134
		石篆山佛会寺《严逊记碑》第10行第16字	卷五	396
		宝顶山大佛湾第29号无涯妆严圆觉洞文殊像记第2行第10字	卷七	374
		宝顶山大佛湾第7号悟朝立善功部碑第8行第4字	卷六	149
		宝顶山大佛湾第27号邓太山金妆古佛记第1行第21字	卷七	315

正字	异体字	位置	卷数	页码
妆	粧	宝顶山大佛湾第29号觉寿妆鋆培修记第5行第2字	卷七	372
	粧	宝顶山大佛湾第18号《普劝持念阿弥陀佛》碑第18行第9字	卷七	146
冰	氷	宝顶山大佛湾第18号水观颂词第2行第5字	卷七	129
		宝顶山大佛湾第20号寒冰地狱经偈第2行第5字	卷七	190
庄	莊	宝顶山大佛湾第18号树观颂词第4行第1字	卷七	130
		宝顶山大佛湾第18号性寅妆绚观经变左岩像记第2行第1字	卷七	147
		宝顶山大佛湾第18号性寅妆绚观经变右岩像记第1行第8字	卷七	150
		宝顶山大佛湾第29号黄朝题培修圆觉洞记第5行第8字	卷七	374
		宝顶山小佛湾第1号第一级塔身东面经目第23行第2字	卷八	20
		宝顶山小佛湾第1号第一级塔身南面经目第25行第1字	卷八	21
		宝顶山小佛湾第1号第一级塔身西面经目第15行第2字	卷八	22
庆	慶	南山第5号曹伟卿游南山记第2行第2字	卷五	353
		宝顶山大佛湾第7号悟朝立善功部碑第17行第4字	卷六	149
		宝顶山大佛湾第14号胡靖等游记第1行第5字	卷六	353
		宝顶山大佛湾第18号杨秀爵装彩古佛记第3行第7字	卷七	148
		宝顶山大佛湾第18号释云劝善文第13行第2字	卷七	149
刘	劉	宝顶山大佛湾第27号刘畋人撰《重开宝顶石碑记》第15行第40字	卷七	313
		宝顶山大佛湾第27号刘畋人撰《重开宝顶石碑记》第14行第38字	卷七	315
问	問	宝顶山大佛湾第30号牧牛图偈颂·第12组第7行第2字	卷七	395
并		南山第2号张澍重九日偕友登高记第25行第1字	卷五	299
		宝顶山广大寺僧德芳《重创碑》第2行第24字	卷八	423
		宝顶山广大寺黄体□撰《永垂万古碑记》第10行第14字	卷八	425

附录四 《大足石刻全集》铭文异体字与简化字对照表 165

正字	异体字	位置	卷数	页码
并		宝顶山大佛湾第27号史彰撰《重开宝顶碑记》第20行第40字	卷七	312
关		南山第5号县正堂桂示禁碑第4行第14字	卷五	352
		宝顶山大佛湾第20号转轮圣王颂词第2行第2字	卷七	186
		宝顶山大佛湾第27号史彰撰《重开宝顶碑记》第4行第19字	卷七	312
忏		宝顶山大佛湾第17号释迦佛因地修行舍身求法经文第20行第11字	卷七	74
		宝顶山大佛湾第21号柳本尊十炼图题记·第四剜眼第13行第2字	卷七	257
		宝顶山大佛湾第27号刘畋人撰《重开宝顶石碑记》第14行第5字	卷七	313
		宝顶山大佛湾第27号刘畋人撰《重开宝顶石碑记》第13行第13字	卷七	315
兴		石门山第6号陈充造莲花手观音龛记第2行第10字	卷五	195
		石门山第6号侯良造数珠手观音龛记第4行第4字	卷五	196
		南山第5号张宗彦题七言诗第11行第3字	卷五	350
		南山第5号县正堂桂示禁碑第2行第13字	卷五	352
		石篆山佛会寺《严逊记碑》第3行第2字	卷五	396
		石篆山佛会寺《述思古迹记碑》第3行第32字	卷五	396
		石门山东侧石柱舒宏明撰《圣府洞置常住田碑序》第4行第5字	卷五	421
		宝顶山大佛湾第24号杨渭莘题诗并序第8行第3字	卷七	298
		宝顶山大佛湾第27号史彰撰《重开宝顶碑记》第19行第43字	卷七	312
		宝顶山大佛湾第27号刘畋人撰《重开宝顶石碑记》第11行第47字	卷七	313
		宝顶山大佛湾第27号玄极立《重修宝顶事实》碑第11行第39字	卷七	314
		宝顶山大佛湾第29号无涯妆严圆觉洞文殊像记第1行第9字	卷七	374
		宝顶山大佛湾第29号彭世琏装彩圆觉洞像记第7行第18字	卷七	376
		宝顶山广大寺僧洪参《重修小宝顶广大寺观音殿普陀岩碑志铭》第8行第29字	卷八	426

正字	异体字	位置	卷数	页码
农		石门山第12号邓桎纪行诗碑第24行第11字	卷五	265
设		石门山第12号邓桎纪行诗碑第8行第15字	卷五	265
		宝顶山大佛湾第20号都市大王颂词第5行第1字	卷七	185
		宝顶山大佛湾第17号释迦佛因地修行舍身求法经文第14行第4字	卷七	74
		宝顶山大佛湾第17号释迦牟尼佛为末世众生设化法故担父王棺经文第1行第11字	卷七	77
寻		石篆山第12号僧希昼书严逊记碑第19行第11字	卷五	107
		南山第5号吕元锡挈家寻仙追凉题记第1行第8字	卷五	353
		宝顶山大佛湾第17号释迦因地雁书报太子经文第12行第5字	卷七	70
那		宝顶山大佛湾第20号锯解地狱经偈第1行第5字	卷七	198
		宝顶山大佛湾第22号大火头明王题名第8字	卷七	276
异		南山第9号王德嘉步吕张二公留题原韵诗第5行第3字	卷五	368
		宝顶山圣寿寺廖沛霖撰《重修宝顶山圣寿寺记》碑第8行第15字	卷八	408
		宝顶山大佛湾第27号史彰撰《重开宝顶碑记》第20行第23字	卷七	312
		石门山零散碑刻《正堂寇示》碑第8行第24字	卷五	422
收		宝顶山小佛湾第7号《恩荣圣寿寺记》碑第7行第26字	卷八	123
		宝顶山大佛湾第18号《再三相劝念弥陀》碑第2行第8字	卷七	146
		宝顶山大佛湾第27号刘畋人撰《重开宝顶石碑记》第6行第28字	卷七	313
		宝顶山大佛湾第27号刘畋人撰《重开宝顶石碑记》第6行第23字	卷七	315
阶		宝顶山大佛湾第27号刘畋人撰《重开宝顶石碑记》第11行第37字	卷七	313
		石门山第6号岑忠用修造十圣观音洞龛记第9行第16字	卷五	193
阴		南山第5号玉皇观置田产契约碑第1行第11字	卷五	354
		宝顶山大佛湾第18号《普劝持念阿弥陀佛》碑第15行第2字	卷七	146

正字	异体字	位置	卷数	页码
阴	陰	宝顶山大佛湾第21号柳本尊十炼图题记·第九炼阴碑额第4字	卷七	263
	陰	宝顶山大佛湾第27号刘畋人撰《重开宝顶石碑记》第2行第27字	卷七	313
	陰	宝顶山大佛湾第27号刘畋人撰《重开宝顶石碑记》第2行第27字	卷七	315
好	隱	宝顶山大佛湾第30号姜秋舫游记第8行第13字	卷七	397
戏	戲	石篆山第6号县正堂示禁碑第9行第3字	卷五	48
	戲	石门山第12-2号但道玄撰建修劝善所叙碑第21行第5字	卷五	267
	戲	石篆山佛会寺《严逊记碑》第10行第35字	卷五	396
	戲	宝顶山大佛湾第15号佛说不孝罪为先经第15行第7字	卷七	35
观	觀	南山第5号玉皇观置田产契约碑第3行第20字	卷五	354
	觀	宝顶山大佛湾第7号悟朝立善功部碑第4行第2字	卷六	149
		石门山第6号岑忠志造宝蓝手观音镜记第5行第4字	卷五	193
		石门山第6号岑忠信造宝扇手观音镜记第3行第1字	卷五	194
		石门山第6号庞休造甘露玉观音镜记第3行第1字	卷五	194
		石门山第6号陈充造莲花手观音镜记第4行第1字	卷五	195
		石门山第6号侯良造数珠手观音镜记第2行第8字	卷五	196
	觀	宝顶山大佛湾第18号观无量寿佛经及上品上生经第24行第5字	卷七	111
		宝顶山大佛湾第18号中品下生经第6行第1字	卷七	122
		宝顶山大佛湾第18号下品上生经第7行第1字	卷七	122
		宝顶山大佛湾第18号下品中生经第7行第10字	卷七	123
		宝顶山大佛湾第18号下品下生经第10行第1字	卷七	126
		宝顶山大佛湾第18号上品观颂词碑额第3字	卷七	142
		宝顶山大佛湾第18号下品观颂词碑额第3字	卷七	142

正字	异体字	位置	卷数	页码
		宝顶山大佛湾第19号第7则偈语第6行第2字	卷七	163
		宝顶山大佛湾第20号锉碓地狱经偈第7行第3字	卷七	196
	觀	宝顶山大佛湾第29号僧有久修装圆觉洞、万岁楼等处佛像记第5行第11字	卷七	376
		宝顶山圣寿寺曹琼撰《恩荣圣寿寺记》碑第10行第14字	卷八	402
		宝顶山圣寿寺住持僧立《正堂示禁》碑第2行第21字	卷八	403
	觀	石门山第6号赵勤典造宝镜观音镜记第4行第3字	卷五	195
	觀	石篆山佛会寺《严逊记碑》第6行第16字	卷五	396
观	觀	宝顶山大佛湾第7号悟朝立善功部碑第10行第8字	卷六	149
		宝顶山大佛湾第18号日观颂词碑额第2字	卷七	129
		宝顶山大佛湾第18号水观颂词碑额第2字	卷七	129
		宝顶山大佛湾第18号地观颂词碑额第2字	卷七	130
		宝顶山大佛湾第18号法身观颂词碑额第3字	卷七	137
		宝顶山大佛湾第18号观世音观颂词碑额第1字	卷七	137
	觀	宝顶山大佛湾第18号大势智观颂词碑额第4字	卷七	137
		宝顶山大佛湾第18号普观颂词碑额第2字	卷七	138
		宝顶山大佛湾第18号丈六金身观颂词碑额第5字	卷七	138
		宝顶山大佛湾第18号丈六金身观第2行第2字	卷七	138
		宝顶山大佛湾第18号中品观颂词碑额第3字	卷七	142
		宝顶山大佛湾第19号"善福乐"系偈颂第3行第7字	卷七	159
		宝顶山大佛湾第30号姜秋舫游记第1行第10字	卷七	397
	觀	宝顶山大佛湾第24号刘翰卿题诗并序第4行第10字	卷七	299
	觀	宝顶山小佛湾石窟零散文物僧晴舟立《实录碑记》第10行第15字	卷八	343

正字	异体字	位置	卷数	页码
观		宝顶山圣寿寺袁衍和郭通府韵第2行第1字	卷八	403
欢		北山佛湾第103号范祖禹书《古文孝经》碑第三面第1行第25字	卷二	21
		宝顶山大佛湾第5号宇文岊诗碑第1行第5字	卷六	123
		宝顶山大佛湾第17号释迦牟尼佛诣父王所看病经文第16行第7字	卷七	76
		宝顶山大佛湾第18号中品中生经第7行第17字	卷七	118
		宝顶山大佛湾第17号释迦佛因地修行舍身求法经文第9行第11字	卷七	74
		宝顶山大佛湾第18号中品下生经第6行第11字	卷七	122
		宝顶山大佛湾第18号下品上生经第9行第11字	卷七	122
		石篆山佛会寺《严逊记碑》第15行第7字	卷五	396
		宝顶山大佛湾第18号观无量寿佛经及上品上生经第17行第13字	卷七	111
		宝顶山大佛湾第18号中品上生经第6行第7字	卷七	117
		宝顶山大佛湾第18号下品下生经第11行第6字	卷七	126
		宝顶山大佛湾第23号龙蕴声书《与佛有缘》碑并跋文尾款第2行第5字	卷七	285
		宝顶山大佛湾第17号释迦因地雁书报太子经文第12行第11字	卷七	70
		宝顶山大佛湾第17号释迦因地剜肉经文第20行第11字	卷七	72
驮		宝顶山大佛湾第7号净明立遥播千古碑第8行第6字	卷六	148
		宝顶山小佛湾第1号第一级塔身西面经目第1行第21字	卷八	22
纪		宝顶山大佛湾第18号《普劝持念阿弥陀佛》碑第16行第4字	卷七	146
巡		北山佛湾第290号范府书林俊诗并跋右部分第3行第1字	卷三	377
		石门山第6号陈充造莲花手观音镌记第5行第7字	卷五	195
寿		石门山第13-1号杨才友造山王龛镌记及匠师镌名第3行第4字	卷五	271
		宝顶山大佛湾第29号涂永明妆銮圆觉洞像记第6行第6字	卷七	372

正字	异体字	位置	卷数	页码
		南山第2号王德嘉隶书碑第5行第4字	卷五	294
		宝顶山大佛湾第27号刘畋人撰《重开宝顶石碑记》第1行第6字	卷七	315
		宝顶山大佛湾第29号觉寿妆銮培修记第2行第2字	卷七	371
		南山第7号杨顺祀书"福寿"题刻横刻第2字	卷五	365
		宝顶山大佛湾第26号龙必飞书"福寿"题刻第2字	卷七	306
		石篆山佛会寺《严逊记碑》第6行第23字	卷五	396
寿		南山第11号王德嘉书"寿"字题刻	卷五	371
		石篆山佛会寺第2号佛会寺觉朗拾铙记第15行第12字	卷五	408
		宝顶山大佛湾第26号龙必飞书"福寿"题刻警句第2行第4字	卷七	306
		宝顶山大佛湾第26号龙必飞书"福寿"题刻右款第1行第8字	卷七	306
		宝顶山大佛湾第18号下品下生经第5行第3字	卷七	126
		宝顶山大佛湾第23号陈希夷书"寿"题刻	卷七	285
		宝顶山大佛湾第27号刘畋人撰《重开宝顶石碑记》第1行第7字	卷七	313
		宝顶山大佛湾第27号玄极立《重修宝顶事实》碑第18行第9字	卷七	314
		宝顶山大佛湾第27号刘畋人撰《重开宝顶石碑记》第5行第24字	卷七	315
弄		宝顶山圣寿寺住持僧立《正堂示禁》碑第6行第3字	卷八	403
麦		石门山第12号邓桎纪行诗碑第23行第8字	卷五	265
戒		石篆山佛会寺《严逊记碑》第13行第17字	卷五	396
		宝顶山大佛湾第18号观无量寿佛经及上品上生经第7行第4字	卷七	110
		石篆山第6号县正堂示禁碑第11行第12字	卷五	48
远		南山第5号县正堂挂示禁碑第9行第5字	卷五	353
		宝顶山大佛湾第15号"远行忆念恩"颂词第2行第1字	卷七	26

168　大足石刻全集　第十一卷

正字	异体字	位置	卷数	页码
远		宝顶山大佛湾第17号释迦因地割肉供父母经文第6行第9字	卷七	67
		宝顶山大佛湾第17号释迦因地剜肉经文第31行第1字	卷七	72
		宝顶山大佛湾第18号观无量寿佛经及上品上生经第2行第8字	卷七	110
		宝顶山大佛湾第18号《普劝持念阿弥陀佛》碑第16行第8字	卷七	146
		宝顶山大佛湾第19号咏心偈第6行第7字	卷七	164
	遠	宝顶山圣寿寺住持僧立《正堂示禁》碑第2行第14字	卷八	403
		宝顶山圣寿寺曾永学立《县正堂示》碑第4行第19字	卷八	408
		宝顶山圣寿寺僧万庵等立《重修大佛碑记》第4行第8字	卷八	409
		宝顶山圣寿寺廖沛霖撰重修宝顶山圣寿寺等处庙宇并诸佛像总碑第14行第13字	卷八	413
		宝顶山圣寿寺僧慧心立《圣旨》碑第4行第13字	卷八	414
		石门山第6号陈充造莲花手观音龛记第5行第10字	卷五	195
		石门山第12-2号但道玄撰建修劝善所叙碑第14行第1字	卷五	267
	遠	宝顶山广大寺僧德芳《重创碑》第6行第13字	卷八	423
		宝顶山广大寺黄体□撰《永垂万古碑记》第8行第27字	卷八	425
		宝顶山大佛湾第27号刘畋人撰《重开宝顶石碑记》第5行第7字	卷七	313
	逺	宝顶山大佛湾第27号玄极立《重修宝顶事实》碑第9行第6字	卷七	314
		宝顶山大佛湾第27号刘畋人撰《重开宝顶石碑记》第5行第1字	卷七	315
		南山第5号张宗彦题七言诗第6行第11字	卷五	350
		宝顶山大佛湾第20号大藏佛说护口经第2行第10字	卷七	213
		宝顶山小佛湾第3号右楹联第4字	卷八	45
坏		宝顶山大佛湾第15号佛说不孝之人堕阿毗地狱经第15行第2字	卷七	36
		宝顶山大佛湾第17号释迦佛因地修行舍身求法经文第3行第11字	卷七	74

正字	异体字	位置	卷数	页码
折		宝顶山小佛湾石窟零散文物《皇恩》碑第3行第16字	卷八	343
投		宝顶山大佛湾第17号释迦因地割肉供父母经文第6行第3字	卷七	67
		宝顶山小佛湾第1号第一级塔身西面经目第2行第6字	卷八	22
护	護	宝顶山大佛湾第20号初江大王颂词第6行第1字	卷七	173
志		宝顶山小佛湾第1号第一级塔身西面经目第22行第3字	卷八	22
块		宝顶山广大寺佚名立《无量□□》碑第4行第12字	卷八	427
		石门山第12号邓桎纪行诗碑第23行第4字	卷五	265
声		宝顶山大佛湾第18号上品中生经第15行第5字	卷七	112
		宝顶山大佛湾第18号上品下生经第13行第9字	卷七	113
		宝顶山大佛湾第19号六耗偈语·耳如鸟鸦第4行第1字	卷七	153
		宝顶山大佛湾第20号大藏佛说护口经第2行第17字	卷七	213
把		宝顶山小佛湾石窟零散文物《皇恩》碑第6行第26字	卷八	344
	刦	石门山第12-2号但道玄撰建修劝善所叙碑第28行第15字	卷五	267
		石篆山佛会寺《述思古迹记碑》第9行第32字	卷五	397
		宝顶山大佛湾第15号佛说不孝之人堕阿毗地狱经第12行第2字	卷七	35
		宝顶山大佛湾第17号释迦因地行孝剜睛出髓为药经文第12行第12字	卷七	64
		宝顶山大佛湾第17号《三圣御制佛牙赞》碑第2行第4字	卷七	80
劫	刧	宝顶山大佛湾第18号下品上生经第4行第10字	卷七	122
		宝顶山大佛湾第18号下品下生经第2行第15字	卷七	126
		宝顶山大佛湾第18号《普劝持念阿弥陀佛》碑第14行第9字	卷七	146
		宝顶山大佛湾第18号释云劝善文第1行第2字	卷七	149
		宝顶山大佛湾第20号寒冰地狱经偈第1行第4字	卷七	190

附录四 《大足石刻全集》铭文异体字与简化字对照表　169

正字	异体字	位置	卷数	页码
劫		宝顶山大佛湾第20号拔舌地狱枷面右侧偈颂第7字	卷七	191
		宝顶山大佛湾第20号阿鼻地狱经偈第6行第4字	卷七	206
	劫	宝顶山小佛湾第1号第二级塔身西面偈语第1行第5字	卷八	28
		宝顶山小佛湾第2号南无金幢宝胜佛教诫	卷八	43
		宝顶山小佛湾第4号第4则偈语第1行第5字	卷八	85
	劫	宝顶山圣寿寺陈宗昭等立《释迦佛碑》第7行第11字	卷八	412
芬	芬	南山第5号县正堂桂示禁碑第1行第20字	卷五	352
严	藏	石门山第6号侯良造数珠手观音镌记第5行第3字	卷五	196
		石门山南侧石柱余源□撰书《掉常住田》碑第4行第11字	卷五	419
		宝顶山圣寿寺住持僧立《正堂示禁》碑第2行第3字	卷八	403
		宝顶山圣寿寺僧慧心立《正堂示禁》碑第10行第22字	卷八	406
	严	宝顶山圣寿寺《善果流芳》碑第11行第2字	卷八	407
		宝顶山圣寿寺王德嘉书张澍《前游宝顶山记》碑第5行第43字	卷八	410
		宝顶山圣寿寺僧慧心立《圣旨》碑第3行第1字	卷八	414
		宝顶山大佛湾第2号大藏佛说守护大千国土经第5行第2字	卷六	63
	严	宝顶山大佛湾第18号树观颂词第4行第2字	卷七	130
		宝顶山大佛湾第18号普观颂词第1行第4字	卷七	138
		宝顶山小佛湾第7号《恩荣圣寿寺记》碑第5行第12字	卷八	123
	严	宝顶山大佛湾第29号无涯妆严圆觉洞文殊像记第2行第11字	卷七	374
		宝顶山大佛湾第30号姜秋舫游记第10行第5字	卷七	397
	严	宝顶山大佛湾第29号彭世珽装彩圆觉洞像记第7行第5字	卷七	376
苏	蘇	石门山第6号岑忠志造宝蓝手观音镌记第1行第1字	卷五	193

正字	异体字	位置	卷数	页码
苏	蘇	佛祖岩大藏佛说守护大千国土经第6行第7字	卷八	259
	蘇	南山第5号何光震饯郡守王梦应记碑第8行第5字	卷五	352
巫	巫	宝顶山大佛湾第21号柳本尊十炼图题记·第九炼阴第9行第4字	卷七	263
	巫	宝顶山大佛湾第20号大藏佛说护口经第5行第11字	卷七	213
更	更	北山佛湾第102号霍勤炜题书《教孝》碑第7行第6字	卷二	18
	更	宝顶山圣寿寺廖沛霖撰重修宝顶山圣寿寺等处庙宇并诸佛像总碑第11行第20字	卷八	412
豆	荳	石篆山佛会寺第2号佛会寺觉朗拾饶记第2行第8字	卷五	408
两		南山第5号唐子俊装修玉皇古洞天尊碑记第3行第18字	卷五	354
		石门山南侧石柱余源□撰书《掉常住田》碑第6行第21字	卷五	419
		石门山东侧石柱舒宏明撰《圣府洞置常住田碑序》第4行第17字	卷五	421
		石门山东侧石柱张书绅撰《契约存照》碑第12行第19字	卷五	421
		宝顶山大佛湾第7号悟朝立善功部碑第13行第5字	卷六	149
		宝顶山大佛湾第20号天堂地狱论第8行第11字	卷七	224
	两	宝顶山大佛湾第23号"三清殿"左楹联第3字	卷七	284
		宝顶山圣寿寺僧万庵等立《重修大佛碑记》第9行第9字	卷八	409
		宝顶山圣寿寺张龙□等装修大佛湾、圣寿寺像记第8行第7字	卷八	413
		宝顶山圣寿寺僧慧心立《圣旨》碑第15行第24字	卷八	414
		宝顶山广大寺僧洪参《重修小宝顶广大寺观音殿普陀岩碑志铭》第2行第21字	卷八	426
		宝顶山广大寺佚名立《无量□□》碑第2行第40字	卷八	426
辰	辰	宝顶山大佛湾第29号僧有久修装圆觉洞、万岁楼等处佛像记第10行第10字	卷七	376
还	還	南山第10号王德铭临山谷道人书后汉诗三篇第12行第2字	卷五	370
		石篆山佛会寺第2号佛会寺觉朗拾饶记第13行第9字	卷五	408

170　大足石刻全集　第十一卷

正字	异体字	位置	卷数	页码
还		宝顶山大佛湾第20号大藏佛说出曜经第2行第15字	卷七	196
		宝顶山大佛湾第27号刘畋人撰《重开宝顶石碑记》第4行第19字	卷七	315
		宝顶山大佛湾第30号姜秋舫游记第6行第15字	卷七	397
		宝顶山小佛湾第1号第三级塔身西面经目左壁面第11行第3字	卷八	35
		宝顶山小佛湾第4号第4则偈语第4行第3字	卷八	85
		宝顶山小佛湾第9号右额枋偈句第4行第3字	卷八	146
		松林坡第2则偈语第2行第3字	卷八	244
		石门山东侧石柱张书绅撰《契约存照》碑第4行第31字	卷五	421
		宝顶山大佛湾第18号观无量寿佛经及上品上生经第22行第10字	卷七	111
		宝顶山大佛湾第20号剑树地狱经偈第10行第3字	卷七	190
		宝顶山小佛湾第1号第二级塔身西面偈语第4行第3字	卷八	28
		佛祖岩第2则偈语第4行第3字	卷八	255
		宝顶山小佛湾石窟零散文物僧晴舟立《实录碑记》第24行第5字	卷八	343
		宝顶山圣寿寺僧慧心立《正堂示禁》碑第9行第33字	卷八	406
来		石门山第12号邓桂纪行诗碑第15行第7字	卷五	265
		宝顶山小佛湾第1号第一级塔身东面经目第18行第15字	卷八	20
		宝顶山小佛湾第1号第一级塔身南面经目第2行第18字	卷八	21
		宝顶山小佛湾第1号第一级塔身西面经目第34行第27字	卷八	22
步		宝顶山大佛湾第30号姜秋舫游记第11行第5字	卷七	397
		宝顶山小佛湾第8号若虚庄主人步杨昙原韵第1行第5字	卷八	136
		宝顶山圣寿寺王德嘉书张澍《前游宝顶山记》碑第7行第42字	卷八	410
时		南山第10号王德铭临山谷道人书后汉诗三篇第26行第11字	卷五	370

正字	异体字	位置	卷数	页码
时		宝顶山惜字塔第二级塔身西面中部题记第4行第6字	卷八	444
		宝顶山大佛湾第4号戴光升装彩千手观音华严三圣父母恩重经变像镌记第8行第17字	卷六	94
		宝顶山大佛湾第27号刘畋人撰《重开宝顶石碑记》第14行第34字	卷七	313
		宝顶山大佛湾第27号刘畋人撰《重开宝顶石碑记》第13行第42字	卷七	315
时		宝顶山小佛湾第1号第一级塔身北面右壁面经目第9行第8字	卷八	19
		宝顶山小佛湾第2号恒沙佛说大藏灌顶法轮经第13行第36字	卷八	39
		宝顶山小佛湾第9号《释迦舍利宝塔禁中应现之图》碑第19行第2字	卷八	173
		宝顶山圣寿寺僧万庵等立《重修大佛碑记》第24行第1字	卷八	409
		宝顶山大佛湾第27号刘畋人撰《重开宝顶石碑记》第10行第16字	卷七	313
吴	吴	宝顶山大佛湾第7号悟朝立善功部碑第8行第6字	卷六	149
助	勛	宝顶山大佛湾第19号咏心歌第3行第12字	卷七	163
	助	宝顶山小佛湾石窟零散文物众善立《善由人作》碑第6行第22字	卷八	344
	助	宝顶山广大寺僧洪参《重修小宝顶广大寺观音殿普陀岩碑志铭》第8行第1字	卷八	426
县	縣	石篆山第6号县正堂示禁碑第1行第15字	卷五	48
		南山第5号唐子俊装修玉皇古洞天尊碑记第10行第13字	卷五	354
		石门山零散碑刻乾隆装塑碑第4行第21字	卷五	425
		宝顶山大佛湾第29号彭世珽装彩圆觉洞像记第3行第5字	卷七	376
县	縣	南山第5号县正堂桂示禁碑第1行第1字	卷五	352
		石篆山佛会寺《严逊记碑》第19行第36字	卷五	396
		宝顶山大佛湾第27号史彰撰《重开宝顶碑记》第11行第11字	卷七	312
		宝顶山大佛湾第29号黄朝题培修圆觉洞记第2行第9字	卷七	373
		宝顶山大佛湾第8号张龙飞装修千手观音像记正面第1行第3字	卷六	163

正字	异体字	位置	卷数	页码
县		宝顶山大佛湾第14号胡靖等游记第2行第12字	卷六	353
		石门山零散碑刻《正堂寇示》碑第1行第13字	卷五	422
		宝顶山大佛湾第29号僧有久修装圆觉洞、万岁楼等处佛像记第1行第8字	卷七	376
		南山第8号张澍题"辰秀太清"题刻第7行第2字	卷五	366
		宝顶山大佛湾第7号悟朝立善功部碑第1行第9字	卷六	149
里		宝顶山大佛湾第5号战符题《灵漱泉》诗第2行第4字	卷六	124
园		石门山东侧石柱张书绅撰《契约存照》碑第4行第7字	卷五	421
围		宝顶山大佛湾第27号玄极立《重修宝顶事实》碑第8行第11字	卷七	314
足		宝顶山广大寺僧洪参《重修小宝顶广大寺观音殿普陀岩碑志铭》第6行第23字	卷八	426
员		南山第5号何光震饯郡守王梦应记碑第9行第1字	卷五	352
		宝顶山小佛湾石窟零散文物明成化七年香炉镌记第5行第1字	卷八	341
听		南山第2号张澍重游南山诗并跋第3行第17字	卷五	298
		宝顶山大佛湾第27号史彰撰《重开宝顶碑记》第11行第23字	卷七	312
岗		北山佛湾第2号胡密撰韦君靖碑第37行第22字	卷一	42
我		宝顶山大佛湾第17号释迦牟尼佛诣父王所看病经文第5行第10字	卷七	76
		宝顶山大佛湾第20号大藏佛说护口经第7行第3字	卷七	215
私		石门第6号侯推正造善财功德像镌记第4行第9字	卷五	194
		石门第6号陈充造莲花手观音镌记第6行第4字	卷五	195
		宝顶山大佛湾第9-1号偈语第1则第1行第4字	卷六	193
		宝顶山大佛湾第20号大藏佛说护口经第10行第16字	卷七	215
		石门山第13号僧弘明立道众小引碑第4行第8字	卷五	270
		石门山第13-1号杨才友修斋庆赞记第5行第1字	卷五	273

正字	异体字	位置	卷数	页码
私		宝顶山大佛湾第30号牧牛图偈颂·第12组第4行第4字	卷七	394
		宝顶山圣寿寺僧慧心立《正堂示禁》碑第6行第7字	卷八	406
每		宝顶山大佛湾第29号陈重书七绝诗第1行第1字	卷七	375
		宝顶山小佛湾石窟零散文物僧晴舟立《实录碑记》第12行第14字	卷八	343
体		宝顶山大佛湾第17号释迦因地割肉供父母经文第16行第6字	卷七	67
		宝顶山大佛湾第17号释迦牟尼佛诣父王所看病经文第4行第4字	卷七	76
		宝顶山大佛湾第18号《普劝持念阿弥陀佛》碑12行第9字	卷七	146
		宝顶山大佛湾第17号《三圣御制佛牙赞》碑第9行第3字	卷七	81
		宝顶山大佛湾第29号觉寿妆銮培修记第10行第10字	卷七	372
但		宝顶山圣寿寺僧慧心立《圣旨》碑第11行第10字	卷八	414
		北山佛湾第102号霍勤炜题书《教孝》碑第2行第1字	卷二	18
作		多宝塔第64号佚名造涅槃窟题记第14行第7字	卷四	310
		石门山第12号邓桂纪行诗碑第32行第14字	卷五	265
		宝顶山小佛湾第1号第二级塔身东面经目左壁面第6行第14字	卷八	25
		宝顶山小佛湾第1号第二级塔身东面经目右壁面第5行第23字	卷八	26
		南山第12号邝国元楹联题刻左款第13字	卷五	372
佣		北山佛湾第168号潘绂撰《西域坐化大禅师记事》碑第4行第28字	卷二	399
你		宝顶山大佛湾第18号释云劝善文第11行第11字	卷七	149
佛		南山第5号何光震饯郡守王梦应记碑第3行第17字	卷五	351
		宝顶山大佛湾第4号戴光升装彩千手观音华严三圣父母恩重经变像镌记第13行第10字	卷六	94
		宝顶山大佛湾第9-1号偈语第1则第3行第1字	卷六	193
		宝顶山大佛湾第20号大藏佛说护口经第1行第3字	卷七	213

正字	异体字	位置	卷数	页码
佛		宝顶山大佛湾第21号柳本尊十炼图题记·第二立雪第6行第6字	卷七	255
		宝顶山大佛湾第29号大通智胜佛碑碑额第5字	卷七	371
		宝顶山小佛湾第1号第一级塔身北面左壁面经目第1行第3字	卷八	19
		宝顶山小佛湾第1号第一级塔身东面经目第1行第3字	卷八	19
		宝顶山小佛湾第1号第二级塔身南面塔檐题刻第3字	卷八	28
		宝顶山小佛湾第2号佛偈戒第1行第3字	卷八	39
		宝顶山小佛湾第2号南无金幢宝胜佛教诫	卷八	43
	㚞	宝顶山小佛湾第6号十恶罪报罪报名·第六幅第1字	卷八	101
		宝顶山小佛湾第9号门柱颂词第1行第1字	卷八	140
		佛祖岩佛塔塔基颂词第1字	卷八	254
		佛祖岩大藏佛说守护大千国土经第7行第26字	卷八	259
		佛祖岩"古迹佛祖岩"题刻第3字	卷八	259
		转法轮塔第一级塔身颂词	卷八	304
		释迦真如舍利宝塔第2则佛名题刻第9字	卷八	325
	𠍱	宝顶山大佛湾第29号觉寿妆銮培修记第8行第2字	卷七	372
彻		宝顶山大佛湾第18号地观颂词第1行第2字	卷七	130
	徹	宝顶山大佛湾第20号阿鼻地狱经偈第11行第4字	卷七	206
		宝顶山大佛湾第20号大藏佛说护口经第2行第11字	卷七	213
		宝顶山大佛湾第20号粪秽地狱第3组经偈第10行第3字	卷七	223
		石篆山第6号刘纯斋撰修治庙貌神龛记碑第6行第25字	卷五	47
余	余	宝顶山大佛湾第7号悟朝立善功部碑第15行第4字	卷六	149
		宝顶山大佛湾第27号史彰撰《重开宝顶碑记》第3行第36字	卷七	312

正字	异体字	位置	卷数	页码
余	余	宝顶山圣寿寺廖沛霖撰重修宝顶山圣寿寺等处庙宇并诸佛像总碑第9行第34字	卷八	412
坐	坐	宝顶山大佛湾第18号《普劝持念阿弥陀佛》碑第15行第11字	卷七	146
	坐	宝顶山小佛湾石窟零散文物僧晴舟立《实录碑记》第3行第26字	卷八	342
含		宝顶山小佛湾第1号第一级塔身北面右壁面经目第3行第5字	卷八	19
	含	宝顶山小佛湾第1号第二级塔身东面经目左壁面第6行第6字	卷八	25
		宝顶山小佛湾第9号"毗卢庵"题名及偈句第1行第7字	卷八	141
邻	鄰	宝顶山大佛湾第17号释迦因地割肉供父母经文第6行第4字	卷七	67
肠	膓	宝顶山大佛湾第15号佛说不孝之人堕阿毗地狱经第15行第3字	卷七	36
龟	龜	宝顶山小佛湾第8号若虚庄主人步杨昙原韵第7行第2字	卷八	136
迎	迎	宝顶山大佛湾第18号普观颂词第4行第5字	卷七	138
饮	飲	南山第2号张湖重九日借友登高记第24行第18字	卷五	299
系	繫	宝顶山大佛湾第27号史彰撰《重开宝顶碑记》第11行第14字	卷七	312
		南山第5号玉皇观置田产契约碑第2行第11字	卷五	354
宙	宙	石门山东侧石柱舒宏明撰《圣府洞置常住田碑序》第4行第28字	卷五	421
		石门山东侧石柱张书绅撰《契约存照》碑第4行第40字	卷五	421
		宝顶山广大寺黄体口撰《永垂万古碑记》第7行第20字	卷八	425
	畝	宝顶山圣寿寺《亘古昭然》碑第25行第10字	卷八	406
庇	庥	石门山第12号邓柽纪行诗碑第24行第4字	卷五	265
	龐	宝顶山圣寿寺曹琼撰《恩荣圣寿寺记》碑第12行第28字	卷八	402
各	㟄	石篆山佛会寺《严逊记碑》第10行第4字	卷五	396
应	應	宝顶山大佛湾第7号净明立遥播千古碑第2行第12字	卷六	148
		宝顶山大佛湾第17号释迦牟尼佛诣父王所看病经文第16行第6字	卷七	76

附录四 《大足石刻全集》铭文异体字与简化字对照表　173

正字	异体字	位置	卷数	页码
庐	爐	宝顶山大佛湾第14号胡靖等游记第1行第9字	卷六	353
忘	忘	石篆山第6号刘纯斋撰修治庙貌神龛记碑第10行第23字	卷五	47
	忘	宝顶山小佛湾第1号第二级塔身西面偈语第2行第5字	卷八	28
	忘	松林坡第2则偈语第1行第5字	卷八	244
	忘	佛祖岩第2则偈语第2行第5字	卷八	255
闲	閑	南山第2号张澍重游南山诗并跋第6行第2字	卷五	298
	閑	南山第2号张澍重九日偕友登高记第26行第16字	卷五	299
间	閒	宝顶山圣寿寺王德嘉书张澍《前游宝顶山记》碑第6行第44字	卷八	410
灶	竈	北山佛湾第2号胡密撰韦君靖碑第10行第21字	卷一	41
灿	燦	宝顶山圣寿寺僧慧灿《重修山门内石坝碑记》第5行第1字	卷八	401
怀	懷	南山第2号张澍重游南山诗并跋第3行第14字	卷五	298
	懷	南山第2号张澍重九日偕友登高记第29行第21字	卷五	299
	懷	南山第12号邝国元楹联题刻左款第16字	卷五	372
	懷	宝顶山大佛湾第15号"怀担守护恩"颂词第2行第1字	卷七	18
	懷	宝顶山大佛湾第15号佛说不孝罪为先经第16行第10字	卷七	35
	懷	宝顶山大佛湾第29号李膂岗书"报恩圆觉道场"题刻署款第14字	卷七	370
	懷	石篆山佛会寺《述思古迹记碑》第7行第1字	卷五	397
	懷	宝顶山大佛湾第17号大藏佛说大方便佛报恩经第4行第18字	卷七	56
	懷	宝顶山大佛湾第17号释迦因地鹦鹉行孝经文第11行第9字	卷七	66
	懷	宝顶山大佛湾第20号阿鼻地狱经偈第15行第3字	卷七	206
穷	窮	宝顶山广大寺僧德芳《重创碑》第10行第24字	卷八	425
证	證	宝顶山大佛湾第17号释迦佛因行孝证三十二相经文第1行第7字	卷七	59

正字	异体字	位置	卷数	页码
补	補	宝顶山大佛湾第19号第14则偈语第1行第12字	卷七	165
初	祸	宝顶山圣寿寺僧万庵等立《重修大佛碑记》第26行第1字	卷八	409
社	社	北山佛湾第260号佛顶尊胜陀罗尼经第11行第1字	卷三	279
祀	禩	南山第7号杨顺祀书"福寿"题刻右款第6字	卷五	365
	禩	宝顶山小佛湾第9号《释迦舍利宝塔禁中应现之图》碑第16行第10字	卷八	173
灵	靈	石门山第6号岑忠用修造十圣观音洞镌记第7行第21字	卷五	193
	靈	宝顶山大佛湾第27号史彰撰《重开宝顶碑记》第14行第12字	卷七	312
	靈	佛祖岩大藏佛说守护大千国土经第3行第14字	卷八	259
即	卽	宝顶山大佛湾第17号释迦因地行孝剜睛出髓为药经文第8行第7字	卷七	64
	卽	宝顶山大佛湾第17号佛因地修行舍身济虎经文第10行第3字	卷七	69
	卽	宝顶山大佛湾第17号释迦佛因地修行舍身求法经文第8行第4字	卷七	74
	卽	宝顶山大佛湾第17号释迦牟尼佛诣父王所看病经文第15行第6字	卷七	76
	卽	宝顶山大佛湾第18号上品中生经第12行第8字	卷七	112
	卽	宝顶山大佛湾第18号下品上生经第6行第2字	卷七	122
	卽	宝顶山大佛湾第20号粪秽地狱第1组经偈第17行第1字	卷七	222
	卽	宝顶山圣寿寺僧慧心立《圣旨》碑第6行第3字	卷八	414
	卽	宝顶山小佛湾石窟零散文物李开先撰《宝顶山颂》碑第4行第15字	卷八	342
	卽	宝顶山小佛湾石窟零散文物僧晴舟立《实录碑记》第13行第25字	卷八	343
尾	尾	宝顶山圣寿寺王德嘉书张澍《前游宝顶山记》碑第20行第37字	卷八	411
局	跼	南山第5号张宗彦题七言诗第5行第12字	卷五	350
	局	宝顶山圣寿寺僧慧心立《正堂示禁》碑第9行第7字	卷八	406
张	張	宝顶山大佛湾第29号僧有久修装圆觉洞、万岁楼等处佛像记第8行第6字	卷七	376

正字	异体字	位置	卷数	页码
陀		宝顶山大佛湾第17号释迦因地行孝剜睛出髓为药经文第8行第10字	卷七	64
		宝顶山大佛湾第17号释迦因地剜肉经文第19行第7字	卷七	72
		宝顶山大佛湾第17号释迦牟尼佛诣父王所看病经文第8行第7字	卷七	76
		宝顶山大佛湾第17号释迦牟尼佛为末世众生设化法故担父王棺经文第2行第16字	卷七	77
		宝顶山大佛湾第18号观无量寿佛经及上品上生经第2行第3字	卷七	110
		宝顶山大佛湾第18号上品中生经第7行第3字	卷七	112
		宝顶山大佛湾第18号中品上生经第4行第3字	卷七	117
		宝顶山大佛湾第18号中品中生经第4行第3字	卷七	118
		宝顶山大佛湾第18号中品下生经第4行第3字	卷七	118
		宝顶山大佛湾第18号下品上生经第5行第3字	卷七	122
		宝顶山大佛湾第18号下品中生经第3行第18字	卷七	123
		宝顶山大佛湾第18号《普劝持念阿弥陀佛》碑第1行第7字	卷七	145
		宝顶山大佛湾第18号《再三相劝念弥陀》碑第8行第6字	卷七	146
		宝顶山大佛湾第20号黑暗地狱经偈第6行第4字	卷七	200
		宝顶山大佛湾第20号截膝地狱经偈第14行第8字	卷七	204
		宝顶山大佛湾第21号柳本尊十炼图题记·第八舍臂第11行第1字	卷七	262
		宝顶山小佛湾第1号第一级塔身东面经目第15行第16字	卷八	20
		宝顶山小佛湾第1号第一级塔身南面经目第8行第10字	卷八	21
妙		宝顶山大佛湾第27号玄极立《重修宝顶事实》碑第2行第14字	卷七	314
		宝顶山大佛湾第29号康圭题"游圆觉洞有怀"诗第5行第7字	卷七	373
		宝顶山大佛湾第30号姜秋舫游记第12行第4字	卷七	397
妒		宝顶山大佛湾第20号阿鼻地狱经偈第4行第1字	卷七	206

正字	异体字	位置	卷数	页码
矣		宝顶山圣寿寺廖沛霖撰《重修宝顶山圣寿寺记》碑第8行第21字	卷八	408
驱		北山佛湾第2号胡密撰韦君靖碑第35行第17字	卷一	42
		宝顶山大佛湾第20号铁轮地狱经偈第6行第2字	卷七	218
		宝顶山大佛湾第20号饿鬼地狱经偈第10行第1字	卷七	209
		宝顶山大佛湾第20号粪秽地狱第3组经偈第6行第3字	卷七	222
纯		宝顶山大佛湾第18号上品中生经第15行第6字	卷七	112
纵		宝顶山大佛湾第20号阿鼻地狱经偈第9行第2字	卷七	206
		宝顶山大佛湾第20号刀船地狱经偈第19行第2字	卷七	212
纸		宝顶山惜字塔第二级塔身北面中部题记第4行第4字	卷八	445
		宝顶山惜字塔第四级塔身南面题记第9行第3字	卷八	447
环		南山第5号何光震饯郡守王梦应记碑第5行第12字	卷五	351
		宝顶山圣寿寺僧永学立《县正堂示》碑第7行第5字	卷八	408
		宝顶山圣寿廖沛霖撰《重修宝顶山圣寿寺记》碑第2行第50字	卷八	408
		宝顶山圣寿寺廖沛霖撰重修宝顶山圣寿寺等处庙宇并诸佛像总碑第3行第8字	卷八	412
武		南山第3号张澍书"翕然云起"题刻第3行第1字	卷五	302
		南山第8号张澍题"辰秀太清"题刻第8行第1字	卷五	366
		宝顶山大佛湾第17号《三圣御制佛牙赞》碑第1行第12字	卷七	80
		宝顶山大佛湾第17号《三圣御制佛牙赞》碑第6行第13字	卷七	80
青		石门山南侧石柱余源□撰书《掉常住田》碑第3行第9字	卷五	419
		宝顶山圣寿寺《亘古昭然》碑第21行第41字	卷八	406
拓		南山第2号张澍重九日偕友登高记第22行第21字	卷五	299
顶		宝顶山小佛湾第1号第一级塔身东面经目第24行第18字	卷八	20

附录四 《大足石刻全集》铭文异体字与简化字对照表　175

正字	异体字	位置	卷数	页码
顶	香	宝顶山小佛湾第1号第一级塔身西面经目第24行第14字	卷八	22
顶	香	宝顶山小佛湾第2号恒沙佛说大藏灌顶法轮经碑额第8字	卷八	39
	香	宝顶山小佛湾第9号左额枋偈句第2行第3字	卷八	141
		宝顶山大佛湾第18号上品中生经第7行第8字	卷七	112
		宝顶山大佛湾第18号中品下生经第6行第3字	卷七	122
		宝顶山大佛湾第18号下品上生经第7行第3字	卷七	122
		宝顶山大佛湾第18号下品中生经第7行第12字	卷七	123
		宝顶山大佛湾第18号下品下生经第10行第3字	卷七	126
势	势	宝顶山大佛湾第18号大势智观颂词碑额第2字	卷七	137
		宝顶山大佛湾第18号丈六金身观颂第3行第4字	卷七	138
		宝顶山大佛湾第18号《普劝持念阿弥陀佛》碑第6行第5字	卷七	145
		宝顶山大佛湾第18号性寅妆绚观经变右岩像记第2行第2字	卷七	150
		宝顶山大佛湾第20号毒蛇地狱经偈第1行第4字	卷七	196
	势	宝顶山小佛湾石窟零散文物僧晴舟立《实录碑记》第9行第21字	卷八	343
招	招	宝顶山大佛湾第18号《普劝持念阿弥陀佛》碑第19行第5字	卷七	146
		宝顶山大佛湾第20号剑树地狱经偈第10行第2字	卷七	190
拨	拨	宝顶山大佛湾第24号杨渭莘题诗并序第18行第10字	卷七	299
坳	坳	石门山东侧石柱张书绅撰《契约存照》碑第8行第30字	卷五	421
		宝顶山圣寿寺《亘古昭然》碑第19行第18字	卷八	406
		宝顶山圣寿寺《亘古昭然》碑第6行第16字	卷八	405
其	亓	宝顶山圣寿寺僧德芳捐银重修圣寿寺碑第4行第5字	卷八	413
取	取	石门山第12号邓怪纪行诗碑第10行第12字	卷五	265

正字	异体字	位置	卷数	页码
取	取	石篆山佛会寺《严逊记碑》第19行第8字	卷五	396
	若	宝顶山大佛湾第27号史彰撰《重开宝顶碑记》第17行第7字	卷七	312
		石篆山佛会寺《严逊记碑》第14行第13字	卷五	396
	若	宝顶山小佛湾第1号第一级塔身东面经目第1行第7字	卷八	19
		宝顶山小佛湾第1号第一级塔身西面经目第10行第8字	卷八	22
	若	石篆山佛会寺《述思古迹记碑》第2行第8字	卷五	396
		宝顶山大佛湾第17号释迦因地行孝剜睛出髓为药经文第5行第11字	卷七	64
		宝顶山大佛湾第17号释迦因地割肉供父母经文第14行第5字	卷七	67
		宝顶山大佛湾第17号释迦佛因地为睒子行孝经文第6行第6字	卷七	73
		宝顶山大佛湾第17号释迦佛因地修行舍身求法经文第16行第6字	卷七	74
		宝顶山大佛湾第18号中品上生经第1行第6字	卷七	117
若		宝顶山大佛湾第18号中品中生经第1行第10字	卷七	118
		宝顶山大佛湾第18号中品下生经第1行第6字	卷七	118
	若	宝顶山大佛湾第18号下品下生经第4行第12字	卷七	126
		宝顶山大佛湾第18号《普劝持念阿弥陀佛》碑第2行第6字	卷七	145
		宝顶山大佛湾第18号《再三相劝念弥陀》碑第14行第2字	卷七	146
		宝顶山大佛湾第18号释云劝善文第2行第3字	卷七	149
		宝顶山大佛湾第19号第6则偈语第1行第1字	卷七	163
		宝顶山大佛湾第19号第7则偈语第1行第1字	卷七	163
		宝顶山大佛湾第19号咏心歌第4行第3字	卷七	163
		宝顶山大佛湾第19号咏心偈第7行第10字	卷七	164
		宝顶山大佛湾第19号锁六耗诗第3行第1字	卷七	164

正字	异体字	位置	卷数	页码
若		宝顶山大佛湾第20号变成大王颂词第1行第1字	卷七	184
		宝顶山大佛湾第20号速报司官颂词第4行第3字	卷七	186
		宝顶山大佛湾第20号拔舌地狱侧面左侧偈颂第1字	卷七	191
		宝顶山大佛湾第20号铁蘖地狱经第2行第5字	卷七	204
		宝顶山大佛湾第20号大藏佛说华鲜经第14行第2字	卷七	205
	若	宝顶山大佛湾第20号阿鼻地狱经偈第1行第9字	卷七	206
		宝顶山大佛湾第20号刀船地狱经偈第11行第3字	卷七	210
		宝顶山大佛湾第20号粪秽地狱第1组经偈第6行第3字	卷七	219
		宝顶山大佛湾第20号粪秽地狱第3组经偈第13行第1字	卷七	223
		宝顶山大佛湾第20号天堂地狱论第3行第3字	卷七	224
		宝顶山大佛湾第29号四部经目第1行第5字	卷七	370
		石门山零散碑刻《正堂宪示》碑第1行第15字	卷五	422
直	直	宝顶山圣寿寺罗元吉撰《关圣碑记》第2行第8字	卷八	404
	値	宝顶山圣寿寺《亘古昭然》碑第15行第14字	卷八	405
苔	苔	南山第2号张湖重九日偕友登高记第21行第18字	卷五	299
松	栢	南山第2号张湖重九日偕友登高记第5行第3字	卷五	299
枪	鎗	宝顶山大佛湾第18号《普劝持念阿弥陀佛》碑第6行第2字	卷七	145
		北山佛湾第104号范祖禹撰赵懿简公神道碑第15行第24字	卷二	26
构	構	宝顶山广大寺僧洪参《重修小宝顶广大寺观音殿普陀岩碑志铭》第7行第6字	卷八	426
	構	宝顶山广大寺僧德芳《重创碑》第6行第25字	卷八	423
杰	傑	北山佛湾第2号胡密撰韦君靖碑第4行第16字	卷一	40
丧	丧	宝顶山大佛湾第17号佛因地修行舍身济虎经文第9行第5字	卷七	69

正字	异体字	位置	卷数	页码
丧	丧	宝顶山大佛湾第17号释迦牟尼佛为末世众生设化法故担父王棺经文第2行第18字	卷七	77
	或	宝顶山圣寿寺僧慧心立《正堂示禁》碑第9行第5字	卷八	406
或	或	宝顶山圣寿寺王德嘉书张湖《前游宝顶山记》碑第8行第5字	卷八	410
	或	宝顶山圣寿寺王德嘉书张湖《前游宝顶山记》碑第8行第11字	卷八	410
	或	宝顶山圣寿寺廖沛霖撰重修宝顶山圣寿寺等处庙宇并诸佛像总碑第2行第9字	卷八	412
卧	卧	宝顶山大佛湾第7号悟朝立善功部碑第11行第9字	卷六	149
	事	石门山东侧石柱舒宏明撰《圣府洞置常住田碑序》第5行第10字	卷五	421
事	事	宝顶山圣寿寺曹琼撰《恩荣圣寿寺记》碑第14行第22字	卷八	402
	事	宝顶山圣寿寺僧慧心立《正堂示禁》碑第1行第10字	卷八	406
	事	宝顶山圣寿寺僧慧心立《圣旨》碑第2行第1字	卷八	414
	剌	北山佛湾第2号胡密撰韦君靖碑第18行第16字	卷一	41
	剌	北山佛湾第134号民国大足石刻考察团记事碑第11行第13字	卷二	189
刺	剌	宝顶山小佛湾第7号《唐柳本尊传》碑第40行第30字	卷八	122
	剌	宝顶山大佛湾第20号刀船地狱经偈第21行第5字	卷七	212
	剌	宝顶山大佛湾第20号粪秽地狱第3组经偈第9行第3字	卷七	223
		宝顶山小佛湾第1号第一级塔身东面经目第26行第4字	卷八	20
		宝顶山小佛湾第9号《释迦舍利宝塔禁中应现之图》碑右颂词第8字	卷八	165
雨	永	转法轮塔第一级塔身颂词	卷八	304
		宝顶山圣寿寺灌顶井窟第4则颂词第1行第3字	卷八	384
郁	欝	宝顶山大佛湾第27号刘畋人撰《重开宝顶石碑记》第2行第26字	卷七	313
	欝	宝顶山大佛湾第27号刘畋人撰《重开宝顶石碑记》第2行第26字	卷七	315
奔		石门山第12号邓桂纪行诗碑第15行第3字	卷五	265

附录四 《大足石刻全集》铭文异体字与简化字对照表　177

正字	异体字	位置	卷数	页码
奔	奔	宝顶山大佛湾第15号佛说不孝之人堕阿毗地狱经第8行第2字	卷七	35
	奔	宝顶山大佛湾第17号佛因地修行舍身济虎经文第3行第8字	卷七	69
奔	奔	宝顶山大佛湾第18号《普劝持念阿弥陀佛》碑第16行第6字	卷七	146
		宝顶山大佛湾第19号六耗偈语·意如野马第2行第1字	卷七	158
		宝顶山大佛湾第19号论六耗颂第2行第8字	卷七	164
		石篆山佛会寺《严逊记碑》第10行第7字	卷五	396
		宝顶山大佛湾第27号史彰撰《重开宝顶碑记》第24行第18字	卷七	312
奇	奇	宝顶山小佛湾第9号《释迦舍利宝塔禁中应现之图》碑第15行第17字	卷八	173
		宝顶山圣寿寺僧万庵等立《重修大佛碑记》第18行第10字	卷八	409
		宝顶山圣寿寺陈宗昭等立《释迦佛碑》第5行第8字	卷八	412
		宝顶山广大寺僧洪参《重修小宝顶广大寺观音殿普陀岩碑志铭》第11行第22字	卷八	426
		宝顶山大佛湾第18号上品中生经第12行第7字	卷七	112
		宝顶山大佛湾第18号中品下生经第5行第5字	卷七	122
顷	顷	宝顶山大佛湾第18号下品中生经第6行第11字	卷七	123
		宝顶山大佛湾第18号下品下生经第7行第11字	卷七	126
		宝顶山大佛湾第30号牧牛图偈颂·第8组第3行第4字	卷七	385
转	轉	北山佛湾第163号无尽老人语录碑第4行第15字	卷二	352
	轉	宝顶山大佛湾第19号第12则偈语第39字	卷七	164
叔		北山佛湾第149号赵宋瑞等游北山题记第1行第13字	卷二	304
虎	虎	南山第5号张宗彦题七言诗第3行第2字	卷五	350
		石篆山子母殿外西第5号比丘意琴栽植柏树记第9行第6字	卷五	412
		宝顶山小佛湾第1号第一级塔身西面经目第2行第9字	卷八	22

正字	异体字	位置	卷数	页码
虎	虎	宝顶山大佛湾第17号佛因地修行舍身济虎经文第1行第9字	卷七	69
	虎	宝顶山大佛湾第17号佛因地修行舍身济虎经文第14行第4字	卷七	69
	賢	宝顶山大佛湾第27号玄极立《重修宝顶事实》碑第15行第7字	卷七	314
贤		宝顶山小佛湾第1号第一级塔身东面经目第9行第21字	卷八	20
		宝顶山小佛湾第1号第一级塔身南面经目第23行第2字	卷八	21
		转法轮塔第一级塔身第4像菩萨题名第4字	卷八	299
具	具	宝顶山大佛湾第21号柳本尊十炼图题记·第八舍臂第14行第2字	卷七	262
	具	宝顶山大佛湾第21号柳本尊十炼图题记·第九炼阴第7行第5字	卷七	263
昙		北山佛湾第156号赵紫光题《西域禅师坐化塔》诗第7行第2字	卷二	342
		石篆山佛会寺《严逊记碑》第11行第19字	卷五	396
果		宝顶山大佛湾第17号释迦因地鹦鹉行孝经文第3行第4字	卷七	64
		宝顶山大佛湾第17号释迦因地为睒子行孝经文第8行第12字	卷七	73
		宝顶山大佛湾第7号悟朝立善功部碑第4行第4字	卷六	149
		宝顶山大佛湾第17号释迦因地割肉供父母经文第6行第5字	卷七	67
		宝顶山大佛湾第17号释迦因地雁书报太子经文第12行第8字	卷七	70
国	国	宝顶山大佛湾第18号观无量寿佛经及上品上生经第19行第13字	卷七	111
		宝顶山大佛湾第18号上品中生经第5行第9字	卷七	112
		宝顶山大佛湾第20号截膝地狱经偈第9行第7字	卷七	204
		转法轮塔第一级塔身颂词	卷八	304
	國	宝顶山大佛湾第30号姜秋舫游记第13行第5字	卷七	397
昌	昌	宝顶山大佛湾第7号净明立遥播千古碑第7行第2字	卷六	148
明	吅	宝顶山小佛湾第1号第一级塔身东面经目第38行第14字	卷八	20

178　大足石刻全集　第十一卷

正字	异体字	位置	卷数	页码
明		宝顶山小佛湾石窟零散文物李开先撰《宝顶山颂》碑第4行第10字	卷八	342
		宝顶山小佛湾石窟零散文物众善立《善由人作》碑第3行第17字	卷八	344
	眀	宝顶山圣寿寺廖沛霖撰《重修宝顶山圣寿寺记》碑第3行第15字	卷八	408
		宝顶山圣寿寺王德嘉书张澍《前游宝顶山记》碑第17行第41字	卷八	411
		宝顶山圣寿寺廖沛霖撰重修宝顶山圣寿寺等处庙宇并诸佛像总碑第8行第12字	卷八	412
		宝顶山大佛湾第21号柳本尊十炼图题记·第一炼指第6行第1字	卷七	255
		宝顶山大佛湾第21号柳本尊十炼图题记·第十炼膝第6行第3字	卷七	263
咒	呪	宝顶山小佛湾第1号第一级塔身东面经目第7行第10字	卷八	20
		宝顶山小佛湾第1号第一级塔身南面经目第7行第19字	卷八	21
		宝顶山小佛湾第6号十恶罪报图名·第四幅第2组第3字	卷八	99
		宝顶山小佛湾第7号《唐柳本尊传》碑第3行第64字	卷八	120
吽	㗂	石篆山佛会寺第3号僧文彬题七言诗第4行第3字	卷五	409
	巖	北山佛湾第149号刘子发等较试南昌毕事拉游北山题记第1行第14字	卷二	304
	巗	南山第5号张宗彦题七言诗第3行第19字	卷五	350
	巖	宝顶山圣寿寺曹琼撰《恩荣圣寿寺记》碑第19行第12字	卷八	402
		石篆山第6号县正堂示禁碑第6行第2字	卷五	48
		南山第5号何光震饯郡守王梦应记碑第21行第13字	卷五	352
岩	巖	宝顶山圣寿寺廖沛霖撰《重修宝顶山圣寿寺记》碑第8行第4字	卷八	408
		宝顶山圣寿寺王德嘉书张澍《前游宝顶山记》碑第2行第46字	卷八	410
		宝顶山圣寿寺廖沛霖撰重修宝顶山圣寿寺等处庙宇并诸佛像总碑第10行第26字	卷八	412
	巖	宝顶山大佛湾第23号龙蓥声书《与佛有缘》碑并跋文尾款第3行第15字	卷七	285
	巖	南山第2号张澍重九日偕友登高记第6行第19字	卷五	299

正字	异体字	位置	卷数	页码
	巌	南山第8号张澍题"辰秀太清"题刻第3行第3字	卷五	366
	巖	石门山东侧石柱张书绅撰《契约存照》碑第7行第26字	卷五	421
	岩	宝顶山大佛湾第5号战符题《灵湫泉》诗第4行第6字	卷六	124
	岩	宝顶山大佛湾第29号僧有久修装圆觉洞、万岁楼等处佛像记第5行第10字	卷七	376
		北山佛湾第288号李季升题刻第1行第12字	卷三	372
	喦	宝顶山大佛湾第20号镬汤地狱偈颂第2行第3字	卷七	189
岩		宝顶山大佛湾第27号刘畋人撰《重开宝顶石碑记》第2行第13字	卷七	313
		宝顶山大佛湾第27号刘畋人撰《重开宝顶石碑记》第2行第13字	卷七	315
	嵓	宝顶山大佛湾第29号佚名书"宝岩"题刻第2字	卷七	370
		北山佛湾第149号郭庆祖逃暑岩阿题记第3行第6字	卷二	304
	嵒	宝顶山大佛湾第30号牧牛图偈颂·第8组第4行第4字	卷七	390
		宝顶山大佛湾第32号佛说大鱼事经经文第5行第6字	卷七	408
		佛祖岩"古迹佛祖岩"题刻第5字	卷八	259
迥	迴	南山第5号何格非和张宗彦诗第6行第11字	卷五	351
	圖	南山第5号县正堂示禁碑第11行第21字	卷五	353
图	圖	宝顶山大佛湾第20号大藏佛说华鲜经第7行第3字	卷七	213
	圖	宝顶山大佛湾第30号姜秋舫游记第6行第19字	卷七	397
	圖	宝顶山小佛湾第9号《释迦舍利宝塔禁中应现之图》碑碑首第6行第2字	卷八	165
冈	岡	多宝塔第128号王慈济自赞文第3行第3字	卷四	501
		石篆山第6号县正堂示禁碑第11行第10字	卷五	48
垂	埀	石门山第13号僧弘明立道众小引碑第8行第8字	卷五	270
		石门山南侧石柱余源□撰书《掉常住田》碑第2行第9字	卷五	419

附录四 《大足石刻全集》铭文异体字与简化字对照表　179

正字	异体字	位置	卷数	页码
垂		石门山东侧石柱舒宏明撰《圣府洞置常住田碑序》第5行第25字	卷五	421
		宝顶山小佛湾石窟零散文物众善立《善由人作》碑第2行第15字	卷八	344
		宝顶山圣寿寺僧万庵等立《重修大佛碑记》第19行第5字	卷八	409
		宝顶山广大寺黄体□撰《永垂万古碑记》碑额第2字	卷八	425
		石门山零散碑刻《正堂寇示》碑第2行第8字	卷五	422
		宝顶山大佛湾第23号龙蓥声书《与佛有缘》碑并跋文尾款第6行第10字	卷七	290
		佛祖岩重修大佛寺碑序第6行第17字	卷八	260
		石门山第12号邓桂纪行诗碑第18行第4字	卷五	265
		石门山南侧石柱名垂千古捐资题名碑碑额第2字	卷五	420
		石门山第13-1号杨才友造山王龛镌记及匠师镌名第1行第14字	卷五	271
物		宝顶山大佛湾第2号大藏佛说守护大千国土经第10行第1字	卷六	63
和		宝顶山小佛湾第1号第一级塔身南面经目第40行第2字	卷八	21
		南山第14号刘灼先楹联题刻下联第2行第2字	卷五	373
岳		宝顶山小佛湾第7号《唐柳本尊传》碑第28行第50字	卷八	121
		宝顶山圣寿寺《善果流芳》碑第7行第14字	卷八	407
		宝顶山圣寿寺廖沛霖撰重修宝顶山圣寿寺等处庙宇并诸佛像总碑第1行第22字	卷八	412
		北山佛湾第260号佛顶尊胜陀罗尼经第8行第2字	卷三	279
侄		北山佛湾第279号佛顶尊胜陀罗尼经第3行第14字	卷三	331
		宝顶山圣寿寺廖沛霖撰重修宝顶山圣寿寺等处庙宇并诸佛像总碑第14行第10字	卷八	413
凭		石门山第12号邓桂纪行诗碑第20行第12字	卷五	265
		南山第5号玉皇观置田产契约碑第4行第17字	卷五	354
		石门山南侧石柱余源□撰书《掉常住田》碑第6行第7字	卷五	419

正字	异体字	位置	卷数	页码
凭		石门山南侧石柱姜□□撰《刊刻碑文》第3行第15字	卷五	420
		石门山东侧石柱张书绅撰《契约存照》碑第3行第1字	卷五	421
		宝顶山圣寿寺僧慧心立《正堂示禁》碑第12行第1字	卷八	406
		宝顶山圣寿寺廖沛霖撰《重修宝顶山圣寿寺记》碑第8行第2字	卷八	408
		宝顶山广大寺黄体□撰《永垂万古碑记》第8行第6字	卷八	425
		宝顶山广大寺黄体□撰《永垂万古碑记》律诗第5行第5字	卷八	426
		宝顶山惜字塔第二级塔身北面左立柱题记第2行第12字	卷八	444
		石篆山佛会寺《严逊记碑》第8行第31字	卷五	396
		石篆山佛会寺《述思古迹记碑》第10行第8字	卷五	397
		宝顶山大佛湾第17号佛因地修行舍身济虎经文第10行第1字	卷七	69
		宝顶山大佛湾第17号释迦因地雁书报太子经文第5行第5字	卷七	70
		宝顶山大佛湾第17号释迦佛因地为睒子行孝经文第7行第6字	卷七	73
		宝顶山大佛湾第17号释迦牟尼佛诣父王所看病经文第10行第5字	卷七	76
		宝顶山大佛湾第18号观无量寿佛经及上品上生经第19行第7字	卷七	111
往		宝顶山大佛湾第20号初江大王颂词第6行第2字	卷七	173
		宝顶山大佛湾第20号大藏佛说护口经第3行第17字	卷七	213
		宝顶山大佛湾第21号柳本尊十炼图题记·第三炼踝第3行第9字	卷七	256
		宝顶山大佛湾第21号柳本尊十炼图题记·第四剜眼第2行第6字	卷七	256
		宝顶山大佛湾第21号柳本尊十炼图题记·第五割耳第2行第4字	卷七	257
		宝顶山大佛湾第27号刘畋人撰《重开宝顶石碑记》第4行第14字	卷七	313
		宝顶山大佛湾第27号刘畋人撰《重开宝顶石碑记》第4行第11字	卷七	315
		宝顶山大佛湾第29号战符题"圆觉洞用韵"诗第3行第4字	卷七	372

正字	异体字	位置	卷数	页码
往		宝顶山大佛湾第30号姜秋舫游记第11行第11字	卷七	397
		宝顶山小佛湾第1号第三级塔身西面经目左壁面第4行第8字	卷八	35
	徍	宝顶山圣寿寺曹琼撰《恩荣圣寿寺记》碑第14行第45字	卷八	402
		宝顶山圣寿寺僧慧心立《正堂示禁》碑第3行第3字	卷八	406
		宝顶山惜字塔第二级塔身北面左立柱题记第6行第12字	卷八	444
	逕	宝顶山大佛湾第27号史彰撰《重开宝顶碑记》第12行第23字	卷七	312
彼	徳	宝顶山圣寿寺僧慧心立《圣旨》碑第5行第37字	卷八	414
径	𢓜	宝顶山圣寿寺王德嘉书张澍《前游宝顶山记》碑第22行第3字	卷八	411
所	㪽	南山第5号残记第1行第9字	卷五	353
	㪽	石篆山佛会寺《严逊记碑》第2行第36字	卷五	396
	㪽	宝顶山大佛湾第17号释迦佛因地为睒子行孝经文第11行第11字	卷七	73
	㪽	宝顶山大佛湾第17号释迦佛因地修行舍身求法经文第12行第4字	卷七	74
	㪽	宝顶山大佛湾第27号史彰撰《重开宝顶碑记》第3行第6字	卷七	312
	㪽	宝顶山大佛湾第30号姜秋舫游记第12行第10字	卷七	397
	㪽	宝顶山广大寺僧洪参《重修小宝顶广大寺观音殿普陀岩碑志铭》第6行第5字	卷八	426
	㪽	宝顶山广大寺僧德芳《重创碑》第3行第18字	卷八	423
舍		石门山第6号岑忠用修造十圣观音洞镌记第7行第1字	卷五	193
		石门山第6号岑忠志造宝蓝手观音镌记第4行第4字	卷五	193
		石门山第6号赵勤典造宝镜观音镌记第3行第3字	卷五	195
	捨	南山第1号王伯富造真武龛香炉镌记第1行第1字	卷五	292
		宝顶山大佛湾第7号悟朝立善功部碑第15行第7字	卷六	149
		宝顶山大佛湾第15号"究竟怜悯恩"颂词第3行第2字	卷七	27

正字	异体字	位置	卷数	页码
舍		宝顶山大佛湾第17号大藏佛说大方便佛报恩经第5行第15字	卷七	56
		宝顶山大佛湾第17号释迦因地行孝刻睛出髓为药经文第7行第6字	卷七	64
		宝顶山大佛湾第17号佛因地修行舍身济虎经文第1行第6字	卷七	69
		宝顶山大佛湾第17号释迦佛因地修行舍身求法经偈第1行第5字	卷七	74
		宝顶山大佛湾第17号释迦佛因地修行舍身求法经文第1行第8字	卷七	74
	捨	宝顶山大佛湾第17号释迦牟尼佛诣父王所看病经文第21行第3字	卷七	76
		宝顶山大佛湾第20号变成大王颂词第4行第3字	卷七	184
		宝顶山大佛湾第21号柳本尊十炼图题记·第七炼顶第5行第1字	卷七	258
		宝顶山大佛湾第21号柳本尊十炼图题记·第八舍臂碑额第3字	卷七	262
		宝顶山大佛湾第27号史彰撰《重开宝顶碑记》第14行第26字	卷七	312
		宝顶山大佛湾第29号涂永明妆銮圆觉洞像记第1行第15字	卷七	372
	舍	宝顶山大佛湾第17号释迦牟尼佛诣父王所看病经文第2行第4字	卷七	76
		宝顶山大佛湾第17号"净饭大王舍利宝塔"题刻第3行第1字	卷七	77
		宝顶山大佛湾第20号截膝地狱经偈第9行第4字	卷七	204
		宝顶山大佛湾第22号大火头明王题名第7字	卷七	276
		宝顶山大佛湾第27号刘畋人撰《重开宝顶石碑记》第2行第11字	卷七	313
		宝顶山大佛湾第27号刘畋人撰《重开宝顶石碑记》第2行第11字	卷七	315
		宝顶山大佛湾第29号黄朝题培修圆觉洞记第2行第13字	卷七	373
金	金	宝顶山大佛湾第7号悟朝立善功部碑第10行第10字	卷六	149
		宝顶山大佛湾第14号胡靖等游记第2行第1字	卷六	353
		宝顶山小佛湾第1号第一级塔身南面经目第19行第6字	卷八	21
命		宝顶山小佛湾第1号第一级塔身西面经目第30行第17字	卷八	22

正字	异体字	位置	卷数	页码
命	〇	宝顶山小佛湾第1号第三级塔身西面经目左壁面第7行第1字	卷八	35
	〇	佛祖岩大藏佛说守护大千国土经第5行第9字	卷八	259
觅	〇	宝顶山大佛湾第17号释迦因地雁书报太子经文第8行第1字	卷七	70
	〇	宝顶山大佛湾第27号玄极立《重修宝顶事实》碑第9行第13字	卷七	314
贪	〇	宝顶山大佛湾第18号《再三相劝念弥陀》碑第13行第1字	卷七	146
	〇	宝顶山大佛湾第19号"恶祸苦"系偈颂第1行第1字	卷七	159
	贪	宝顶山大佛湾第19号咏心偈第9行第10字	卷七	164
		宝顶山大佛湾第19号论六耗颂第3行第3字	卷七	164
	贪	宝顶山大佛湾第19号第12则偈语第17字	卷七	164
念		石篆山佛会寺《述思古迹记碑》第5行第17字	卷五	396
		宝顶山大佛湾第7号悟朝立善功部碑第9行第2字	卷六	149
		宝顶山大佛湾第15号佛说为于父母供养三宝经第11行第5字	卷七	31
		宝顶山大佛湾第15号佛说不孝之人堕阿毗地狱经第18行第5字	卷七	36
		宝顶山大佛湾第17号释迦因地雁书报太子经文第7行第5字	卷七	70
		宝顶山大佛湾第17号释迦牟尼佛诣父王所看病经第17行第5字	卷七	76
	念	宝顶山大佛湾第18号观无量寿佛经及上品上生经第2行第12字	卷七	110
		宝顶山大佛湾第18号上品中生经第12行第6字	卷七	112
		宝顶山大佛湾第18号下品中生经第6行第10字	卷七	123
		宝顶山大佛湾第18号下品下生经第3行第16字	卷七	126
		宝顶山大佛湾第18号下品观颂词第3行第5字	卷七	142
		宝顶山大佛湾第18号《普劝持念阿弥陀佛》碑第1行第4字	卷七	145
		宝顶山大佛湾第18号《再三相劝念弥陀》碑第5行第8字	卷七	146

正字	异体字	位置	卷数	页码
念		宝顶山大佛湾第18号释云劝善文第2行第9字	卷七	149
		宝顶山大佛湾第19号祖师颂词第4字	卷七	162
		宝顶山大佛湾第20号刀山地狱经偈第1行第4字	卷七	188
		宝顶山大佛湾第20号镬汤地狱经偈第1行第2字	卷七	189
		宝顶山大佛湾第20号寒冰地狱经偈第1行第2字	卷七	190
		宝顶山大佛湾第20号拔舌地狱经偈第6行第2字	卷七	191
		宝顶山大佛湾第20号毒蛇地狱经偈第1行第2字	卷七	196
	念	宝顶山大佛湾第20号锉碓地狱经偈第1行第2字	卷七	196
		宝顶山大佛湾第20号锯解地狱经偈第1行第2字	卷七	198
		宝顶山大佛湾第20号铁床地狱经偈第1行第2字	卷七	198
		宝顶山大佛湾第20号黑暗地狱经偈第1行第2字	卷七	199
		宝顶山大佛湾第20号大藏佛说华鲜经第9行第1字	卷七	205
		宝顶山大佛湾第26号刘念行题"山水佳处"题刻左款第4字	卷七	306
		宝顶山大佛湾第27号史彰撰《重开宝顶碑记》第16行第13字	卷七	312
		宝顶山圣寿寺陈宗昭等立《释迦佛碑》第8行第9字	卷八	412
	意	宝顶山小佛湾第1号第一级塔身东面经目第15行第4字	卷八	20
	念	宝顶山小佛湾第1号第一级塔身西面经目第25行第1字	卷八	22
贫	贫	宝顶山小佛湾第1号第一级塔身北面左壁面经目第3行第12字	卷八	19
		宝顶山小佛湾第1号第二级塔身东面经目左壁面第7行第27字	卷八	25
胖	胖	宝顶山大佛湾第25号地母、天父龛造像记第5行第5字	卷七	302
周	週	石篆山第6号刘纯斋撰修治庙貌神龛记碑第5行第25字	卷五	47
		石门山第5号赵维元捐刻阿弥陀佛像镌记第4行第11字	卷五	152

182　大足石刻全集　第十一卷

正字	异体字	位置	卷数	页码
周		石门山零散碑刻《正堂寇示》碑第7行第8字	卷五	422
		宝顶山圣寿寺张龙□等装修大佛湾、圣寿寺像记第8行第14字	卷八	413
鱼		宝顶山大佛湾第27号玄极立《重修宝顶事实》碑第10行第43字	卷七	314
兔		宝顶山大佛湾第20号铁轮地狱经偈第1行第8字	卷七	215
狗		宝顶山小佛湾第1号第一级塔身北面右壁面经目第7行第2字	卷八	19
狄		北山佛湾第2号胡密撰韦君靖碑第11行第17字	卷一	41
备		宝顶山大佛湾第20号大藏佛说护口经第8行第9字	卷七	215
		宝顶山广大寺佚名立《无量□□》碑第3行第12字	卷八	426
		宝顶山大佛湾第29号觉寿妆鉴培修记第4行第10字	卷七	371
炙		宝顶山大佛湾第20号铁轮地狱经偈第7行第5字	卷七	218
饰		宝顶山大佛湾第27号刘畋人撰《重开宝顶石碑记》第3行第35字	卷七	313
变		宝顶山大佛湾第20号变成大王颂词碑额第1字	卷七	184
享		南山第2号王德嘉隶书碑第9行第2字	卷五	294
底		宝顶山大佛湾第13号《佛母大孔雀明王经》经文第2行第6字	卷六	249
		宝顶山大佛湾第18号《再三相劝念弥陀》碑第4行第1字	卷七	146
		石篆山佛会寺《严逊记碑》第18行第7字	卷五	396
废		宝顶山大佛湾第27号史彰撰《重开宝顶碑记》第4行第18字	卷七	312
		宝顶山圣寿寺柳滩居士书诗第2行第5字	卷八	404
		宝顶山大佛湾第17号释迦因地鹦鹉行孝经文第14行第13字	卷七	66
		宝顶山大佛湾第17号释迦佛因地修行舍身求法经文第3行第17字	卷七	74
净		宝顶山大佛湾第17号释迦牟尼佛诣父王所看病经文第3行第5字	卷七	76
		宝顶山大佛湾第17号"净饭大王舍利宝塔"题刻第1行第1字	卷七	77

正字	异体字	位置	卷数	页码
		宝顶山大佛湾第18号观无量寿佛经及上品上生经第2行第17字	卷七	110
		宝顶山大佛湾第18号上品中生经碑额第3字	卷七	112
		宝顶山大佛湾第18号下品中生经第2行第1字	卷七	123
净		宝顶山大佛湾第18号《普劝持念阿弥陀佛》碑第11行第10字	卷七	146
		宝顶山大佛湾第19号心猿颂第4行第5字	卷七	160
		宝顶山大佛湾第20号镬汤地狱经偈第6行第3字	卷七	189
		宝顶山大佛湾第20号阿鼻地狱经偈第4行第8字	卷七	206
		宝顶山小佛湾第1号第一级塔身东面经目第35行第19字	卷八	20
净		宝顶山大佛湾第27号刘畋人撰《重开宝顶石碑记》第2行第33字	卷七	313
		宝顶山大佛湾第27号刘畋人撰《重开宝顶石碑记》第2行第33字	卷七	315
		宝顶山大佛湾第18号性寅妆绚观经变左岩像记第5行第3字	卷七	147
		宝顶山大佛湾第18号性寅妆绚观经变右岩像记第4行第7字	卷七	150
		宝顶山小佛湾第1号第一级塔身东面经目第34行第4字	卷八	20
		宝顶山小佛湾第1号第一级塔身东面经目第9行第1字	卷八	20
		宝顶山小佛湾第1号第一级塔身南面经目第19行第15字	卷八	21
		宝顶山小佛湾第1号第一级塔身西面经目第7行第4字	卷八	22
		宝顶山小佛湾第1号第一级塔身西面经目第2行第23字	卷八	22
		宝顶山小佛湾第1号第三级塔身西面经目右壁面第7行第17字	卷八	35
		石门山第13号僧弘明立道众小引碑第6行第7字	卷五	270
刻		南山第2号张澍重游南山诗并跋第9行第4字	卷五	298
		宝顶山大佛湾第27号史彰撰《重开宝顶碑记》第8行第5字	卷七	312
卷		宝顶山大佛湾第30号姜秋舫游记第16行第11字	卷七	397

正字	异体字	位置	卷数	页码
炎		石篆山第6号县正堂示禁碑第9行第13字	卷五	48
浅		宝顶山大佛湾第19号咏心歌第2行第1字	卷七	163
		宝顶山大佛湾第19号咏心偈第1行第10字	卷七	164
		南山第2号张澍重九日偕友登高记第26行第21字	卷五	299
法		宝顶山小佛湾第1号第一级塔身北面右壁面经目第5行第3字	卷八	19
		宝顶山小佛湾第1号第一级塔身南面经目第16行第16字	卷八	21
		宝顶山小佛湾第1号第一级塔身西面经目第1行第14字	卷八	22
		宝顶山小佛湾第1号第二级塔身西面经目右壁面第5行第1字	卷八	29
		宝顶山小佛湾第1号第三级塔身东面经目左壁面第4行第8字	卷八	31
		宝顶山小佛湾第1号第一级塔身东面经目第8行第10字	卷八	20
		宝顶山小佛湾第1号第一级塔身南面经目第19行第7字	卷八	21
		宝顶山小佛湾第2号恒沙佛说大藏灌顶法轮经碑额第9字	卷八	39
		宝顶山小佛湾第9号正壁佛像龛外偈颂第2行第5字	卷八	146
		转法轮塔第一级塔身颂词	卷八	304
		释迦真如舍利宝塔第5则佛名题刻第1行第7字	卷八	332
		宝顶山小佛湾第1号第一级塔身东面经目第34行第5字	卷八	20
		宝顶山小佛湾第1号第二级塔身南面塔檐题刻第4字	卷八	28
		宝顶山小佛湾第9号"毗卢庵"题名及偈句第1行第3字	卷八	141
河		宝顶山大佛湾第30号姜秋舫游记第9行第13字	卷七	397
		石门山第3号赵氏一娘子镌释迦佛龛记及匠师题名第8行第1字	卷五	146
沽		宝顶山大佛湾第20号毒蛇地狱经偈第5行第5字	卷七	196
		宝顶山圣寿寺僧万庵等立《重修大佛碑记》第17行第7字	卷八	409

正字	异体字	位置	卷数	页码
泸		宝顶山大佛湾第27号邓太山金妆古佛记第1行第9字	卷七	315
沿		多宝塔第43号任亮刊刻冯大学施钱造塔记第1则第2行第9字	卷四	228
		宝顶山小佛湾第1号第一级塔身北面右壁面经目第4行第1字	卷八	19
泥		宝顶山小佛湾第1号第一级塔身东面经目第22行第32字	卷八	20
		宝顶山小佛湾第1号第一级塔身西面经目第21行第10字	卷八	22
		宝顶山小佛湾第1号第一级塔身东面经目第22行第25字	卷八	20
		宝顶山小佛湾第1号第一级塔身西面经目第34行第31字	卷八	22
		宝顶山圣寿寺《善果流芳》碑第11行第13字	卷八	407
泯		石篆山佛会寺《严逊记碑》第3行第8字	卷五	396
泽		宝顶山广大寺僧德芳《重创碑》第10行第20字	卷八	425
恒		北山佛湾第271号佛顶尊胜陀罗尼经第3行第6字	卷三	299
		石门山第12号邓栓纪行诗碑第7行第13字	卷五	265
		宝顶山小佛湾第2号祖师传偈第11行第6字	卷八	44
怪		佛祖岩大藏佛说守护大千国土经第3行第12字	卷八	259
		宝顶山圣寿寺王德嘉书张澍《前游宝顶山记》碑第18行第19字	卷八	411
		石门山第12-2号但道玄撰建修劝善所叙碑第2行第17字	卷五	267
		南山第5号县正堂桂示禁碑第2行第12字	卷五	352
		石门山南侧石柱姜□□撰《刊刻碑文》第13行第15字	卷五	420
学		宝顶山大佛湾第15号佛说不孝罪为先经第7行第7字	卷七	34
		宝顶山大佛湾第27号玄极立《重修宝顶事实》碑第16行第8字	卷七	314
		宝顶山小佛湾第1号第一级塔身西面经目第29行第2字	卷八	22
		宝顶山小佛湾第1号第一级塔身东面经目第28行第12字	卷八	20

正字	异体字	位置	卷数	页码
学		宝顶山大佛湾第24号杨渭莘题诗并序第11行第5字	卷七	298
		宝顶山大佛湾第27号刘畋人撰《重开宝顶石碑记》第14行第28字	卷七	315
宝		宝顶山大佛湾第17号"净饭大王舍利宝塔"题刻第4行第1字	卷七	77
		佛祖岩佛塔佛名题刻第3字	卷八	254
宜		南山第5号陈伯疆冬至日飨先考题记第2行第21字	卷五	354
		石篆山佛会寺《严逊记碑》第14行第8字	卷五	396
		宝顶山大佛湾第17号释迦牟尼佛诣父王所看病经文第10行第4字	卷七	76
		宝顶山大佛湾第17号释迦牟尼佛为末世众生设化法故担父王棺经文第8行第17字	卷七	77
		宝顶山大佛湾第18号《再三相劝念弥陀》碑第12行第4字	卷七	146
		宝顶山广大寺僧德芳《重创碑》第11行第30字	卷八	425
诗		宝顶山大佛湾第24号杨渭莘题诗并序第8行第2字	卷七	298
		石门山第12号邓栏纪行诗碑第15行第8字	卷五	265
视		南山第2号张澍重九日偕友登高记第7行第7字	卷五	299
		宝顶山圣寿寺王德嘉书张澍《前游宝顶山记》碑第12行第36字	卷八	410
祗		宝顶山大佛湾第17号《三圣御制佛牙赞》碑第12行第3字	卷七	81
诣		宝顶山小佛湾第1号第一级塔身西面经目第40行第21字	卷八	23
该		宝顶山圣寿寺住持僧立《正堂示禁》碑第8行第9字	卷八	403
		宝顶山圣寿寺僧慧心立《正堂示禁》碑第6行第26字	卷八	406
建		宝顶山大佛湾第27号刘畋人撰《重开宝顶石碑记》第4行第25字	卷七	313
		宝顶山大佛湾第27号玄极立《重修宝顶事实》碑第7行第10字	卷七	314
		宝顶山大佛湾第27号刘畋人撰《重开宝顶石碑记》第4行第23字	卷七	315
肃		宝顶山大佛湾第17号释迦牟尼佛为末世众生设化法故担父王棺经文第2行第21字	卷七	77

正字	异体字	位置	卷数	页码
录		宝顶山小佛湾石窟零散文物僧晴舟立《实录碑记》碑额第2字	卷八	342
		宝顶山圣寿寺王德嘉书张澍《前游宝顶山记》碑第15行第36字	卷八	411
		宝顶山圣寿寺廖沛霖撰重修宝顶山圣寿寺等处庙宇并诸佛像总碑第23行第22字	卷八	413
居		石门山第3号赵氏一娘子镌释迦佛龛记及匠师题名第2行第3字	卷五	146
		石门山第12号邓栏纪行诗碑第4行第1字	卷五	265
		宝顶山大佛湾第21号柳本尊十炼图题记·第三炼踝第2行第8字	卷七	256
		宝顶山大佛湾第27号刘畋人撰《重开宝顶石碑记》第3行第38字	卷七	313
孤		宝顶山圣寿寺王德嘉书张澍《前游宝顶山记》碑第3行第28字	卷八	410
降		宝顶山大佛湾第20号天堂地狱论第2行第18字	卷七	224
迦		宝顶山圣寿寺《牖壁四邻赞》碑第12行第2字	卷八	400
迳		石门山第12号邓栏纪行诗碑第25行第9字	卷五	265
叁		多宝塔第54号第八级宝塔上舍钱施主题名第5行第8字	卷四	264
		石门山第12号邓栏纪行诗碑第10行第3字	卷五	265
		北山佛湾第103号范祖禹书《古文孝经》碑第一面第1行第15字	卷二	19
		北山佛湾第103号范祖禹书《古文孝经》碑第五面第13行第15字	卷二	22
		石篆山子母殿外东碑第6号佚名刻"破迷歌"第17行第3字	卷五	416
		宝顶山大佛湾第24号杨渭莘题诗并序第4行第9字	卷七	298
		宝顶山倒塔坡明清僧人墓群"□□正宗第三十五世磬山下六代上净下明定和尚金幢宝塔"东南面铭文第1行第4字	卷八	467
参		宝顶山大佛湾第27号刘畋人撰《重开宝顶石碑记》第13行第30字	卷七	313
		宝顶山小佛湾第7号《恩荣圣寿寺记》碑第18行第11字	卷八	123
		宝顶山小佛湾石窟零散文物僧晴舟立《实录碑记》第5行第28字	卷八	343
		宝顶山广大寺僧洪参《重修小宝顶广大寺观音殿普陀岩碑志铭》第5行第25字	卷八	426

正字	异体字	位置	卷数	页码
参		宝顶山广大寺僧弘参立《万古不朽》碑第16行第18字	卷八	427
		宝顶山倒塔坡明清僧人墓群"□□正宗第三十五世磐山下六代上净下明定和尚金幢宝塔"西南面铭文第10行第2字	卷八	467
		宝顶山广大寺黄体□撰《永垂万古碑记》第9行第8字	卷八	425
经		北山佛湾第279号王承秀造药师变龛记第2行第8字	卷三	334
		南山第5号何光震饯郡守王梦应记碑第12行第8字	卷五	352
		宝顶山大佛湾第2号大藏佛说守护大千国土经第7行第2字	卷六	63
		宝顶山大佛湾第17号大藏佛说大方便佛报恩经第1行第11字	卷七	56
		宝顶山大佛湾第17号释迦因地割肉供父母经文第2行第3字	卷七	67
		宝顶山大佛湾第17号释迦佛因地修行舍身求法经文第4行第7字	卷七	74
		宝顶山大佛湾第17号释迦牟尼佛诣父王所看病经文第17行第7字	卷七	76
		宝顶山大佛湾第17号《三圣御制佛牙赞》碑第13行第9字	卷七	81
		宝顶山大佛湾第17号颂词第2行第2字	卷七	81
		宝顶山大佛湾第18号观无量寿佛经及上品上生经第1行第3字	卷七	110
		宝顶山大佛湾第18号上品中生经第2行第5字	卷七	112
		宝顶山大佛湾第18号中品中生经第6行第19字	卷七	118
		宝顶山大佛湾第18号中品下生经第7行第4字	卷七	122
		宝顶山大佛湾第18号下品上生经第3行第11字	卷七	122
		宝顶山大佛湾第18号下品中生经第7行第2字	卷七	123
		宝顶山大佛湾第18号下品下生经第2行第12字	卷七	126
		宝顶山大佛湾第18号《普劝持念阿弥陀佛》碑第16行第3字	卷七	146
		宝顶山大佛湾第18号《再三相劝念弥陀》碑第16行第4字	卷七	147
		宝顶山大佛湾第19号咏心偈第7行第3字	卷七	164

正字	异体字	位置	卷数	页码
经		宝顶山大佛湾第20号五官大王颂词第5行第2字	卷七	181
		宝顶山大佛湾第20号黑暗地狱经偈第4行第7字	卷七	200
		宝顶山大佛湾第20号截膝地狱经偈第1行第3字	卷七	204
		宝顶山大佛湾第20号大藏佛说华鲜经第1行第7字	卷七	205
		宝顶山大佛湾第20号阿鼻地狱经偈第1行第3字	卷七	206
		宝顶山大佛湾第20号饿鬼地狱经偈第1行第3字	卷七	207
		宝顶山大佛湾第20号粪秽地狱第1组经偈第1行第3字	卷七	219
		宝顶山大佛湾第21号柳本尊十炼图题记·第五割耳第3行第4字	卷七	257
		宝顶山大佛湾第21号柳本尊十炼图题记·第八舍臂第7行第1字	卷七	262
		宝顶山大佛湾第21号柳本尊十炼图题记·第九炼阴第12行第8字	卷七	263
		宝顶山圣寿寺维摩殿佛坛第3则偈语第3字	卷八	399
		宝顶山大佛湾第27号刘畋人撰《重开宝顶石碑记》第12行第13字	卷七	313
		宝顶山大佛湾第27号刘畋人撰《重开宝顶石碑记》第13行第4字	卷七	315
		宝顶山圣寿寺住持僧立《正堂示禁》碑第6行第10字	卷八	403
		宝顶山大佛湾第17号释迦因地鹦鹉行孝经文第2行第6字	卷七	64
		宝顶山大佛湾第17号释迦佛因地修行舍身求法经文第2行第20字	卷七	74
		宝顶山大佛湾第18号中品下生经第5行第16字	卷七	122
		宝顶山大佛湾第20号变成大王颂词第3行第2字	卷七	184
		宝顶山大佛湾第20号粪秽地狱第3组经偈第1行第3字	卷七	222
		宝顶山大佛湾第21号柳本尊十炼图题记·第四剜眼第2行第1字	卷七	256
		宝顶山广大寺僧洪参《重修小宝顶广大寺观音殿普陀岩碑志铭》第8行第23字	卷八	426
		宝顶山大佛湾第23号龙蕖声书《与佛有缘》碑并跋文尾款第3行第11字	卷七	285

正字	异体字	位置	卷数	页码
经		宝顶山大佛湾第29号四部经目第1行第6字	卷七	370
		宝顶山大佛湾第20号大藏佛说出曜经第1行第7字	卷七	196
		宝顶山大佛湾第20号大藏佛说护口经第1行第7字	卷七	213
		宝顶山小佛湾第1号第一级塔身北面左壁面经目第1行第9字	卷八	19
		宝顶山小佛湾第1号第一级塔身北面右壁面经目第2行第1字	卷八	19
		宝顶山小佛湾第1号第一级塔身东面经目第1行第12字	卷八	19
		宝顶山小佛湾第1号第一级塔身南面经目第1行第4字	卷八	21
		宝顶山小佛湾第1号第一级塔身西面经目第1行第6字	卷八	22
		宝顶山小佛湾第1号第二级塔身北面经目左壁面第1行第23字	卷八	24
		宝顶山小佛湾第1号第二级塔身东面经目左壁面第1行第8字	卷八	25
		宝顶山小佛湾第1号第二级塔身南面经目左壁面第1行第6字	卷八	26
		宝顶山小佛湾第1号第二级塔身西面经目右壁面第3行第8字	卷八	29
		宝顶山小佛湾第1号第三级塔身北面经目左壁面第1行第2字	卷八	31
		宝顶山小佛湾第1号第三级塔身东面经目左壁面第2行第2字	卷八	31
		宝顶山小佛湾第1号第三级塔身南面经目右壁面第4行第5字	卷八	32
		宝顶山小佛湾第1号第三级塔身西面经目左壁面第2行第11字	卷八	35
		宝顶山小佛湾第1号第三级塔身西面经目右壁面第1行第2字	卷八	35
		宝顶山小佛湾第2号佛偈戒第1行第1字	卷八	39
		宝顶山小佛湾第2号恒沙佛说大藏灌顶法轮经碑额第11字	卷八	39
		宝顶山小佛湾第2号恒沙佛说大藏灌顶法轮经第3行第32字	卷八	39
		宝顶山小佛湾第2号祖师传偈第12行第6字	卷八	44
		菩萨堡守护大千国土经经目第7字	卷八	252

正字	异体字	位置	卷数	页码
经		宝顶山大佛湾第18号释云劝善文第4行第7字	卷七	149
		多宝塔第43号任亮刊刻冯大学施钱造塔记第1则第7行第13字	卷四	228
		石门山第12号邓栲纪行诗碑第7行第6字	卷五	265
贰		石门山第13号僧弘明立道众小引碑第6行第5字	卷五	270
		石门山第13-1号佚名立重□荡荡碑第18行第3字	卷五	273
		石篆山佛会寺第3号僧文彬题七言诗第7行第3字	卷五	409
		石门山东侧石柱张书绅撰《契约存照》碑第6行第40字	卷五	421
		宝顶山小佛湾石窟零散文物僧晴舟立《实录碑记》第5行第17字	卷八	343
		宝顶山圣寿寺《亘古昭然》碑第25行第9字	卷八	406
春		南山第2号张澍重游南山诗并跋第1行第1字	卷五	298
		南山第5号张宗彦题七言诗第7行第3字	卷五	350
		南山第5号何格非和张宗彦诗第7行第3字	卷五	351
		石篆山佛会寺《严逊记碑》第8行第27字	卷五	396
珑		宝顶山大佛湾第27号游和书七律诗第3行第9字	卷七	316
珍		宝顶山大佛湾第17号释迦佛因行孝证三十二相经文第10行第3字	卷七	62
		宝顶山大佛湾第18号《再三相劝念弥陀》碑第7行第14字	卷七	146
持		宝顶山小佛湾第1号第一级塔身北面大圆龛内偈语右第1行第4字	卷八	18
		宝顶山小佛湾第1号第一级塔身北面左壁面经目第8行第1字	卷八	19
		宝顶山小佛湾第1号第一级塔身东面经目第27行第21字	卷八	20
		宝顶山小佛湾第1号第一级塔身南面经目第14行第1字	卷八	21
		宝顶山小佛湾第1号第一级塔身西面经目第5行第26字	卷八	22
		宝顶山小佛湾第9号右壁面左端颂词第4字	卷八	164

正字	异体字	位置	卷数	页码
持		佛祖岩大藏佛说守护大千国土经第4行第10字	卷八	259
		宝顶山圣寿寺灌顶井窟第3则戒律第1行第1字	卷八	384
		宝顶山小佛湾石窟零散文物僧晴舟立《实录碑记》第9行第20字	卷八	343
哉		石门山第12号邓栖纪行诗碑第21行第7字	卷五	265
拾		宝顶山大佛湾第18号《再三相劝念弥陀》碑第2行第9字	卷七	146
挑		宝顶山圣寿寺柳涯居士书诗第3行第6字	卷八	404
		宝顶山大佛湾第30号姜秋舫游记第8行第3字	卷七	397
指		宝顶山圣寿寺住持僧立《正堂示禁》碑第5行第5字	卷八	403
		宝顶山圣寿寺僧慧心立《正堂示禁》碑第10行第18字	卷八	406
		宝顶山圣寿寺僧永学立《县正堂示》碑第13行第15字	卷八	408
革		宝顶山圣寿寺僧永学立《县正堂示》碑第9行第15字	卷八	408
		宝顶山圣寿寺僧慧心立《圣旨》碑第8行第24字	卷八	414
		宝顶山圣寿寺僧慧心立《圣旨》碑第10行第25字	卷八	414
带		宝顶山圣寿寺罗元吉撰《关圣碑记》第5行第12字	卷八	404
		宝顶山圣寿寺僧慧心立《圣旨》碑第1行第23字	卷八	414
		宝顶山圣寿寺僧慧心立《正堂示禁》碑第1行第25字	卷八	406
草		北山佛湾第102号霍勤炜题书《教孝》碑第4行第12字	卷二	18
		宝顶山大佛湾第27号史彰撰《重开宝顶碑记》第12行第32字	卷七	312
		石篆山第6号刘纯斋撰修治庙貌神龛记碑第8行第28字	卷五	47
荒		南山第2号张澍重九日偕友登高记第4行第12字	卷五	299
		宝顶山小佛湾第8号王烈和杨昙原韵第2行第3字	卷八	139
		宝顶山圣寿寺廖沛霖撰重修宝顶山圣寿寺等处庙宇并诸佛像总碑第3行第37字	卷八	412

正字	异体字	位置	卷数	页码
荒		宝顶山广大寺僧洪参《重修小宝顶广大寺观音殿普陀岩碑志铭》第11行第1字	卷八	426
		南山第5号吕元锡游南山诗并跋第4行第9字	卷五	345
		宝顶山大佛湾第27号史彰撰《重开宝顶碑记》第9行第11字	卷七	312
故		石门山第12-2号但道玄撰建修劝善所叙碑第31行第5字	卷五	267
		宝顶山大佛湾第27号史彰撰《重开宝顶碑记》第10行第28字	卷七	312
药		宝顶山小佛湾第1号第一级塔身东面经目第33行第3字	卷八	20
柘		宝顶山圣寿寺柳涯居士书诗第2行第4字	卷八	404
柳		宝顶山大佛湾第18号《普劝持念阿弥陀佛》碑第12行第1字	卷七	146
		宝顶山大佛湾第24号刘翰卿题诗并序第13行第4字	卷七	299
		宝顶山小佛湾第7号《唐柳本尊传》碑碑额第2字	卷八	120
树		宝顶山广大寺僧德芳《重创碑》第11行第31字	卷八	425
勃		北山佛湾第279号佛顶尊胜陀罗尼经第3行第6字	卷三	331
		北山佛湾第168号潘绂撰《西域坐化大禅师记事》碑第8行第33字	卷二	400
面		石门山第12号邓栖纪行诗碑第17行第12字	卷五	265
		宝顶山大佛湾第15号"生子忘忧恩"颂词第4行第5字	卷七	19
		宝顶山大佛湾第20号铁轮地狱经偈第10行第5字	卷七	218
		宝顶山圣寿寺《善果流芳》碑第10行第11字	卷八	407
残		宝顶山大佛湾第17号大藏佛说大方便佛报恩经第4行第13字	卷七	56
		宝顶山大佛湾第20号剑树地狱经偈第8行第1字	卷七	190
		宝顶山大佛湾第27号史彰撰《重开宝顶碑记》第2行第45字	卷七	312
轻		宝顶山圣寿寺住持僧立《正堂示禁》碑第9行第20字	卷八	403
皆		石篆山第12号僧希昼书严逊记碑第9行第4字	卷五	107

正字	异体字	位置	卷数	页码
皆		石门山第13-1号杨才友修斋庆赞记第5行第3字	卷五	273
	皆	宝顶山大佛湾第20号天堂地狱论第22行第8字	卷七	224
		宝顶山大佛湾第27号玄极立《重修宝顶事实》碑第10行第16字	卷七	314
	皆	石门山第6号岑忠用修造十圣观音洞镌记第7行第13字	卷五	193
		石篆山佛会寺《严逊记碑》第8行第24字	卷五	396
	皆	石篆山佛会寺《述思古迹记碑》第6行第22字	卷五	397
		宝顶山大佛湾第17号释迦佛因行孝证三十二相经文第11行第9字	卷七	62
		宝顶山大佛湾第17号佛因地修行舍身济虎经文第19行第7字	卷七	69
		宝顶山大佛湾第17号释迦因地剜肉经文第3行第12字	卷七	70
		宝顶山大佛湾第17号释迦佛因地为睒子行孝经文第4行第14字	卷七	73
		宝顶山大佛湾第17号释迦牟尼佛为末世众生设化法故担父王棺经文第4行第18字	卷七	77
		宝顶山大佛湾第17号《三圣御制佛牙赞》碑第10行第5字	卷七	81
		宝顶山大佛湾第18号下品中生经第5行第17字	卷七	123
	皆	宝顶山大佛湾第18号上品观颂词第1行第3字	卷七	142
		宝顶山大佛湾第19号咏苦诗第2行第4字	卷七	163
		宝顶山大佛湾第19号咏心歌第3行第11字	卷七	163
		宝顶山大佛湾第19号咏心偈第3行第11字	卷七	164
		宝顶山大佛湾第20号截膝地狱经偈第20行第1字	卷七	204
		宝顶山大佛湾第20号刀船地狱经偈第15行第4字	卷七	210
		宝顶山大佛湾第21号柳本尊十炼图题记·第三炼踝第9行第5字	卷七	256
		宝顶山大佛湾第21号柳本尊十炼图题记·第五割耳第4行第7字	卷七	257
战	戰	北山佛湾第103号范祖禹书《古文孝经》碑第一面第9行第18字	卷二	21

正字	异体字	位置	卷数	页码
战	戰	宝顶山圣寿寺碑碣题刻第5饶玉成书诗第5行第1字	卷八	404
点		南山第5号何格非和张宗彦诗第5行第10字	卷五	351
	點	宝顶山大佛湾第27号游和书七律诗第6行第13字	卷七	316
		宝顶山大佛湾第30号姜秋舫游记第8行第4字	卷七	397
临		宝顶山大佛湾第18号下品下生经第3行第2字	卷七	126
	臨	宝顶山大佛湾第18号《再三相劝念弥陀》碑第12行第10字	卷七	146
	臨	宝顶山大佛湾第29号魏了翁书"宝顶山"题刻第2行第1字	卷七	370
	臨	宝顶山大佛湾第29号佚名题无题诗第2行第10字	卷七	373
览	覽	宝顶山圣寿寺王德嘉书张澍《前游宝顶山记》碑第23行第35字	卷八	411
竖	豎	石篆山第6号县正堂示禁碑第11行第5字	卷五	48
	豎	宝顶山大佛湾第7号悟朝立善功部碑第12行第15字	卷六	149
	豎	宝顶山圣寿寺王德嘉书张澍《前游宝顶山记》碑第4行第44字	卷八	410
尝	嘗	南山第5号何光震钱郡守王梦应记碑第15行第9字	卷五	352
	嘗	宝顶山大佛湾第4号戴光升装彩千手观音华严三圣父母恩重装变像镌记第7行第2字	卷六	94
	嘗	宝顶山大佛湾第27号刘畋人撰《重开宝顶石碑记》第6行第3字	卷七	313
	嘗	宝顶山大佛湾第27号刘畋人撰《重开宝顶石碑记》第5行第47字	卷七	315
显		石门山第5号赵维元捐刻阿弥陀佛像镌记第2行第9字	卷五	152
		南山第5号县正堂桂示禁碑第2行第15字	卷五	352
	顯	石门山零散碑刻乾隆装塑碑第3行第26字	卷五	425
		宝顶山小佛湾第1号第一级塔身东面经日第21行第15字	卷八	20
		宝顶山小佛湾第9号额枋左端头第3字	卷八	141
	顯	石篆山佛会寺《述思古迹记碑》第10行第34字	卷五	397

附录四 《大足石刻全集》铭文异体字与简化字对照表 189

正字	异体字	位置	卷数	页码
显		宝顶山小佛湾第1号第一级塔身西面经目第13行第21字	卷八	22
		宝顶山圣寿寺陈宗昭等立《释迦佛碑》第3行第20字	卷八	412
		宝顶山大佛湾第14号胡靖等游记第2行第4字	卷六	353
		宝顶山大佛湾第20号黑暗地狱经偈第7行第5字	卷七	200
冒		宝顶山小佛湾石窟零散文物《皇恩》碑第6行第22字	卷八	343
昭		石门山东侧石柱舒宏明撰《圣府洞置常住田碑序》第6行第13字	卷五	421
		宝顶山大佛湾第20号五官大王颂词第3行第2字	卷七	181
		宝顶山大佛湾第27号玄极立《重修宝顶事实》碑第12行第8字	卷七	314
毗		石篆山佛会寺《严逊记碑》第5行第40字	卷五	396
		宝顶山大佛湾第27号史彰撰《重开宝顶碑记》第6行第52字	卷七	312
		宝顶山大佛湾第27号刘畋人撰《重开宝顶石碑记》第11行第29字	卷七	313
		宝顶山大佛湾第29号觉寿妆鎏培修记第7行第1字	卷七	372
		宝顶山大佛湾第29号涂永明妆鎏圆觉洞像记第2行第5字	卷七	372
		宝顶山小佛湾第7号《恩荣圣寿寺记》碑第11行第6字	卷八	123
		宝顶山圣寿寺僧万庵等立《重修大佛碑记》第10行第1字	卷八	409
		宝顶山圣寿寺王德嘉书张澍《前游宝顶山记》碑第2行第13字	卷八	410
		宝顶山圣寿寺张龙□等装修大佛湾、圣寿寺像记第7行第1字	卷八	413
界		宝顶山大佛湾第18号树观颂词第4行第4字	卷七	130
		宝顶山小佛湾第1号第一级塔身东面经目第18行第7字	卷八	20
		宝顶山小佛湾第9号"毗卢庵"题名及偈句第1行第4字	卷八	141
		宝顶山小佛湾石窟零散文物僧晴舟立《实录碑记》第16行第13字	卷八	343
思		宝顶山小佛湾第1号第一级塔身东面经目第18行第4字	卷八	20

正字	异体字	位置	卷数	页码
思		宝顶山小佛湾第1号第一级塔身南面经目第3行第15字	卷八	21
		宝顶山小佛湾第1号第一级塔身西面经目第12行第9字	卷八	22
虽		宝顶山大佛湾第17号释迦牟尼佛诣父王所看病经文第6行第1字	卷七	76
		宝顶山大佛湾第18号下品上生经第1行第13字	卷七	122
		宝顶山大佛湾第18号《再三相劝念弥陀》碑第20行第1字	卷七	147
		宝顶山大佛湾第27号史彰撰《重开宝顶碑记》第5行第36字	卷七	312
品		宝顶山小佛湾石窟零散文物众善立《善由人作》碑第4行第16字	卷八	344
勋		宝顶山大佛湾第29号觉寿妆鎏培修记第9行第14字	卷七	372
		石门山南侧石柱余源□撰书《掉常住田》碑第7行第21字	卷五	419
		宝顶山圣寿寺僧永学立《县正堂示》碑第2行第23字	卷八	407
		宝顶山圣寿寺廖沛霖撰重修宝顶山圣寿寺等处庙宇并诸佛像总碑第13行第6字	卷八	413
哗		北山佛湾第2号胡密撰书君靖碑第31行第8字	卷一	42
		石篆山第6号县正堂示禁碑第8行第24字	卷五	48
响		宝顶山大佛湾第18号《普劝持念阿弥陀佛》碑第10行第4字	卷七	146
贱		宝顶山大佛湾第19号"恶祸苦"系偈颂·人中贫贱第4字	卷七	160
骨		宝顶山大佛湾第17号释迦因地行孝剜睛出髓为药经文第9行第5字	卷七	64
		宝顶山大佛湾第17号佛因地修行舍身济虎经文第5行第4字	卷七	69
		宝顶山大佛湾第17号释迦牟尼佛为末世众生设化法故担父王棺经文第10行第19字	卷七	77
		宝顶山大佛湾第17号《三圣御制佛牙赞》碑第13行第6字	卷七	81
		宝顶山大佛湾第17号颂词第1行第6字	卷七	81
		宝顶山大佛湾第20号刀船地狱经偈第21行第8字	卷七	212
		宝顶山大佛湾第20号粪秽地狱第1组经偈第18行第2字	卷七	222

正字	异体字	位置	卷数	页码
骨		宝顶山小佛湾第8号王烈和杨昱原韵第8行第5字	卷八	139
幽		石篆山佛会寺《述思古迹记碑》第2行第10字	卷五	396
		宝顶山大佛湾第29号康圭题"游圆觉洞有怀"诗第3行第7字	卷七	373
		宝顶山大佛湾第24号刘翰卿题诗并序第4行第7字	卷七	299
卸		南山第2号张澍重游南山诗并跋第8行第7字	卷五	298
拜		石门山第5号赵维元捐刻阿弥陀佛像镌记第4行第4字	卷五	152
		宝顶山大佛湾第24号刘翰卿题诗并序第10行第6字	卷七	299
看		南山第5号县正堂示禁碑第7行第18字	卷五	352
		宝顶山大佛湾第18号释云劝善文第6行第1字	卷七	149
		宝顶山大佛湾第30号姜秋舫游记第7行第12字	卷七	397
适		宝顶山大佛湾第23号龙蕴声书《与佛有缘》碑并跋文尾款第5行第1字	卷七	290
香		宝顶山大佛湾第4号戴光升装彩千手观音华严三圣父母恩重经变像镌记第9行第18字	卷六	94
		宝顶山小佛湾第1号第一级塔身西面经目第31行第14字	卷八	22
		南山第5号陈及之省坟莓溪过南山题记第2行第8字	卷五	355
秋		南山第9号王德嘉步吕张二公留题原韵诗第8行第4字	卷五	368
		宝顶山圣寿寺碑碣题刻第5饶玉成书诗第1行第10字	卷八	404
复		宝顶山大佛湾第27号史彰撰《重开宝顶碑记》第8行第50字	卷七	312
		宝顶山大佛湾第30号姜秋舫游记第8行第5字	卷七	397
傅		南山第10号王德铭临山谷道人书后汉诗三篇第8行第5字	卷五	369
		宝顶山大佛湾第27号刘畋人撰《重开宝顶石碑记》第12行第46字	卷七	313
俨		宝顶山大佛湾第27号刘畋人撰《重开宝顶石碑记》第11行第37字	卷七	315
		宝顶山小佛湾第7号《恩荣圣寿寺记》碑第13行第12字	卷八	123

正字	异体字	位置	卷数	页码
便		宝顶山大佛湾第14号胡靖等游记第7行第6字	卷六	353
		石篆山第7号戊辰年修水陆斋题记第1行第8字	卷五	52
		石门山第6号岑忠用修造十圣观音洞镌记第1行第3字	卷五	193
		石门山第6号岑忠用造宝经手观音镌记第1行第3字	卷五	194
		石门山第11-1号宋以道书"圣府洞"题刻左款第2行第11字	卷五	264
		石门山第13-1号杨才友修斋庆赞记第2行第10字	卷五	273
		宝顶山小佛湾第2号南无金幢宝胜佛教诫	卷八	43
		多宝塔第43号任亮刊刻冯大学施钱造塔记第1则第11行第1字	卷四	228
		南山第5号吕元锡游南山诗并跋第5行第9字	卷五	345
		南山第5号张宗彦题七言诗第5行第16字	卷五	350
		南山第5号邓早阆辛酉岁张、何二公诗跋第1行第13字	卷五	351
修		南山第5号何光震钱郡守王梦应记碑第12行第20字	卷五	352
		石篆山佛会寺《严逊记碑》第4行第20字	卷五	396
		石篆山佛会寺《述思古迹记碑》第9行第41字	卷五	397
		宝顶山大佛湾第13号"天胜修罗"题名第3字	卷六	263
		宝顶山大佛湾第15号佛说为于父母供养三宝经第5行第3字	卷七	31
		宝顶山大佛湾第17号大藏佛说大方便佛报恩经第11行第15字	卷七	56
		宝顶山大佛湾第17号佛因地修行舍身济虎经文第1行第4字	卷七	69
		宝顶山大佛湾第17号释迦因地剔肉经文第25行第8字	卷七	72
		宝顶山大佛湾第17号释迦佛因地修行舍身求法经文第1行第6字	卷七	74
		宝顶山大佛湾第17号《三圣御制佛牙赞》碑第5行第4字	卷七	80
		宝顶山大佛湾第18号观无量寿佛经及上品上生经第3行第18字	卷七	110

正字	异体字	位置	卷数	页码
修	脩	宝顶山大佛湾第18号上品中生经第18行第6字	卷七	112
		宝顶山大佛湾第18号中品上生经第1行第18字	卷七	117
		宝顶山大佛湾第18号中品中生经第3行第7字	卷七	118
		宝顶山大佛湾第19号咏乐诗第5行第5字	卷七	162
		宝顶山大佛湾第19号锁六耗诗第3行第14字	卷七	164
		宝顶山大佛湾第19号第12则偈语第14字	卷七	164
		宝顶山大佛湾第20号秦广大王颂词第3行第2字	卷七	172
		宝顶山大佛湾第20号太山大王颂词第5行第2字	卷七	184
		宝顶山大佛湾第20号速报司官颂词第6行第2字	卷七	186
		宝顶山大佛湾第20号镬汤地狱经偈第6行第2字	卷七	189
		宝顶山大佛湾第20号大藏佛说华鲜经第9行第9字	卷七	213
		宝顶山大佛湾第21号柳本尊十炼图题记·第二立雪第7行第1字	卷七	255
		宝顶山大佛湾第21号柳本尊十炼图题记·第十炼膝第2行第6字	卷七	263
		宝顶山大佛湾第27号刘畋人撰《重开宝顶石碑记》第1行第2字	卷七	313
		宝顶山大佛湾第27号刘畋人撰《重开宝顶石碑记》第1行第2字	卷七	315
		宝顶山小佛湾第1号第一级塔身东面经目第19行第14字	卷八	20
		宝顶山小佛湾第1号第一级塔身南面经目第21行第14字	卷八	21
		宝顶山小佛湾石窟零散文物僧晴舟立《实录碑记》第5行第1字	卷八	343
	脩	宝顶山圣寿寺廖沛霖撰《重修宝顶山圣寿记》碑第1行第2字	卷八	408
		宝顶山广大寺僧德芳《重创碑》第1行第11字	卷八	423
侮	侮	石篆山第6号县正堂示禁碑第9行第4字	卷五	48
	侮	石篆山第12号僧希昼书严逊记碑第14行第12字	卷五	107

正字	异体字	位置	卷数	页码
俗	偣	宝顶山圣寿寺曹琼撰《恩荣圣寿寺记》碑第5行第13字	卷八	402
饭		宝顶山大佛湾第18号观无量寿佛经及上品上生经第6行第20字	卷七	110
	皈	宝顶山大佛湾第19号"恶祸苦"系偈颂第5行第6字	卷七	159
		宝顶山大佛湾第21号柳本尊十炼图题记·第九炼阴第3行第3字	卷七	263
		宝顶山大佛湾第27号刘畋人撰《重开宝顶石碑记》第5行第11字	卷七	313
	皈	宝顶山大佛湾第27号刘畋人撰《重开宝顶石碑记》第5行第5字	卷七	315
鬼		南山第5号张宗彦题七言诗第13行第7字	卷五	350
		石篆山子母殿外东碑第6号佚名刻"破迷歌"第8行第6字	卷五	416
		宝顶山大佛湾第15号"究竟怜悯恩"颂词第3行第4字	卷七	27
		宝顶山大佛湾第18号《再三相劝念弥陀》碑第14行第3字	卷七	146
		宝顶山大佛湾第19号"恶祸苦"系偈颂·饿鬼饥渴第2字	卷七	160
		宝顶山大佛湾第19号论六耗颂第2行第7字	卷七	164
	鬼	宝顶山大佛湾第20号平正大王颂词第3行第3字	卷七	185
		宝顶山大佛湾第20号饿鬼地狱经偈首行第2字	卷七	207
		宝顶山小佛湾第7号《唐柳本尊传》碑第6行第32字	卷八	120
		佛祖岩大藏佛说守护大千国土经第3行第11字	卷八	259
		宝顶山小佛湾石窟零散文物李开先撰《宝顶山颂》碑第3行第7字	卷八	342
		宝顶山圣寿寺王德嘉书张澍《前游宝顶山记》碑第16行第21字	卷八	411
	魁	宝顶山大佛湾第20号大藏佛说护口经第1行第12字	卷七	213
		宝顶山小佛湾第1号第二级塔身南面经目左壁面第1行第13字	卷八	26
侯	侯	石门山第6号侯良造数珠手观音龛记第1行第5字	卷五	196
	侯	石门山第12-2号但道玄撰建修劝善所叙碑第9行第1字	卷五	267

正字	异体字	位置	卷数	页码
侯	侯	宝顶山圣寿寺佚名立《清正廉明》碑左款第2字	卷八	410
	侯	南山第5号何光震钱郡守王梦应记碑第7行第9字	卷五	351
		南山第2号张澍重游南山诗并跋第12行第1字	卷五	299
	侯	南山第2号张澍重九日偕友登高记第32行第25字	卷五	300
		南山第8号张澍题"辰秀太清"题刻第8行第6字	卷五	366
	侯	北山佛湾第134号民国大足石刻考察团记事碑第6行第1字	卷二	189
	矦	南山第10号王德铭临山谷道人书后汉诗三篇第4行第10字	卷五	369
追		宝顶山圣寿寺《亘古昭然》碑第9行第2字	卷八	405
	追	宝顶山广大寺僧德芳《重创碑》第6行第9字	卷八	423
待	待	宝顶山圣寿寺碑碣题刻第5饶玉成书诗第4行第6字	卷八	404
须		宝顶山小佛湾第1号第一级塔身北面右壁面经目第6行第10字	卷八	19
	須	宝顶山小佛湾第1号第一级塔身东面经目第37行第17字	卷八	20
		宝顶山小佛湾第1号第一级塔身南面经目第20行第11字	卷八	21
	湏	宝顶山圣寿寺僧永学立《县正堂示》碑第12行第5字	卷八	408
叙	敘	石门山第12-2号但道玄撰建修劝善所叙碑第1行第6字	卷五	267
	敍	南山第8号张澍题"辰秀太清"题刻第6行第6字	卷五	366
剑		南山第5号张宗彦题七言诗第1行第7字	卷五	350
		宝顶山大佛湾第20号宋帝大王颂词第6行第1字	卷七	173
	劍	宝顶山大佛湾第20号剑树地狱经偈第4行第1字	卷七	190
		宝顶山大佛湾第20号截膝地狱经偈第23行第3字	卷七	204
	劎	宝顶山大佛湾第29号陈重书七绝诗第6行第2字	卷七	375
逃	迯	北山佛湾第290号范府书林俊诗并跋左部分第3行第9字	卷三	376

正字	异体字	位置	卷数	页码
逃	迯	宝顶山大佛湾第27号史彰撰《重开宝顶碑记》第4行第37字	卷七	312
	逸	宝顶山圣寿寺碑碣题刻第5饶玉成书诗第4行第3字	卷八	404
食	飡	宝顶山大佛湾第29号觉寿妆銮培修记第3行第12字	卷七	371
胜	滕	北山佛湾第279号王承秀造药师变龛记第1行第29字	卷三	334
	滕	宝顶山小佛湾第8号赵紫光和杨昙原韵第7行第3字	卷八	138
	滕	宝顶山小佛湾第8号若虚庄主人步杨昙原韵第8行第1字	卷八	136
	滕	宝顶山广大寺僧德芳《重创碑》第4行第19字	卷八	423
独	獨	宝顶山大佛湾第27号史彰撰《重开宝顶碑记》第13行第48字	卷七	312
狱		宝顶山大佛湾第20号大藏佛说护口经第9行第4字	卷七	215
	獄	宝顶山小佛湾第1号第一级塔身北面右壁面经目第4行第10字	卷八	19
		宝顶山小佛湾第1号第一级塔身西面经目第39行第11字	卷八	23
饶	饒	宝顶山大佛湾第17号《三圣御制佛牙赞》碑第8行第10字	卷七	80
		宝顶山大佛湾第18号《普劝持念阿弥陀佛》碑第11行第2字	卷七	146
将	將	南山第2号张澍重游南山诗并跋第8行第6字	卷五	298
		宝顶山大佛湾第17号《三圣御制佛牙赞》碑第12行第10字	卷七	81
		宝顶山大佛湾第18号《普劝持念阿弥陀佛》碑第20行第8字	卷七	146
		宝顶山大佛湾第19号咏心歌第4行第4字	卷七	163
	將	宝顶山大佛湾第20号拔舌地狱枷面左侧偈颂第2字	卷七	191
		宝顶山大佛湾第20号截膝地狱经偈第22行第8字	卷七	204
		宝顶山大佛湾第21号柳本尊十炼图题记·第三炼踝第6行第3字	卷七	256
		宝顶山大佛湾第21号柳本尊十炼图题记·第四剜眼第9行第5字	卷七	257
	將	宝顶山大佛湾第21号柳本尊十炼图题记·第十炼膝第7行第6字	卷七	263

附录四 《大足石刻全集》铭文异体字与简化字对照表　193

正字	异体字	位置	卷数	页码
将		宝顶山大佛湾第23号龙董声书《与佛有缘》碑并跋文尾款第5行第5字	卷七	290
奖		宝顶山大佛湾第21号柳本尊十炼图题记·第八舍臂第15行第6字	卷七	262
度		宝顶山小佛湾第1号第二级塔身北面经目右壁面第5行第24字	卷八	25
		宝顶山小佛湾第1号第二级塔身东面经目右壁面第11行第4字	卷八	26
迹		南山第5号何光震饯郡守王梦应记碑第3行第15字	卷五	351
		宝顶山小佛湾第8号赵紫光和杨昺原韵第7行第4字	卷八	138
		宝顶山圣寿寺僧慧心立《正堂示禁》碑第3行第16字	卷八	406
		宝顶山小佛湾第8号若虚庄主人步杨昺原韵第8行第2字	卷八	136
庭		北山佛湾第149号郭庆祖逃暑岩阿题记第2行第3字	卷二	304
		石门山第13-1号杨才友造山王龛镌记及匠师镌名第5行第14字	卷五	271
		宝顶山大佛湾第30号姜秋舫游记第16行第6字	卷七	397
施		宝顶山小佛湾第1号第一级塔身东面经目第10行第19字	卷八	20
		宝顶山小佛湾第1号第一级塔身南面经目第36行第5字	卷八	21
		宝顶山小佛湾第1号第一级塔身西面经目第32行第6字	卷八	22
闻		宝顶山大佛湾第17号佛因地修行舍身济虎经文第3行第6字	卷七	69
		宝顶山大佛湾第18号上品中生经第15行第3字	卷七	112
		宝顶山大佛湾第21号柳本尊十炼图题记·第八舍臂第14行第5字	卷七	262
		宝顶山大佛湾第17号释迦因地剜肉经文第28行第2字	卷七	72
		宝顶山小佛湾第1号第二级塔身北面经目右壁面第5行第11字	卷八	25
养		宝顶山大佛湾第29号觉寿妆鉴培修记第9行第3字	卷七	372
美		宝顶山大佛湾第27号刘畋人撰《重开宝顶石碑记》第2行第20字	卷七	313
		宝顶山大佛湾第27号玄极立《重修宝顶事实》碑第10行第18字	卷七	314

正字	异体字	位置	卷数	页码
美		宝顶山大佛湾第27号刘畋人撰《重开宝顶石碑记》第2行第20字	卷七	315
首		南山第2号张澍重九日借友登高记第26行第23字	卷五	299
		宝顶山小佛湾第1号第一级塔身南面经目第11行第30字	卷八	21
逆		宝顶山大佛湾第16号圣谕第3行第1字	卷七	43
		宝顶山大佛湾第16号古圣雷音霹雳诗第30行第6字	卷七	46
		宝顶山大佛湾第17号释迦因地割肉供父母经文第5行第5字	卷七	67
		宝顶山大佛湾第18号中品上生经第2行第7字	卷七	117
		宝顶山大佛湾第18号下品下生经第1行第15字	卷七	126
		宝顶山大佛湾第20号截膝地狱枷板右侧偈颂第4字	卷七	201
兹		宝顶山圣寿寺僧慧心立《正堂示禁》碑第3行第34字	卷八	406
		宝顶山圣寿寺陈宗昭等立《释迦佛碑》第8行第19字	卷八	412
		石篆山佛会寺寺第2号佛会寺觉朗拾饶记第9行第8字	卷五	408
总		宝顶山大佛湾第4号戴光升装彩千手观音华严三圣父母恩重经变像镌记第19行第1字	卷六	94
		宝顶山大佛湾第18号总观颂词碑额第1字	卷七	131
		宝顶山大佛湾第21号"唐瑜伽部主总持王"题刻中部第6字	卷七	267
		宝顶山大佛湾第20号天堂地狱论第38行第17字	卷七	225
		宝顶山小佛湾石窟零散文物僧晴舟立《实录碑记》第12行第3字	卷八	343
		宝顶山小佛湾第1号第一级塔身东面经目第28行第19字	卷八	20
		宝顶山小佛湾第1号第一级塔身西面经目第20行第7字	卷八	22
		宝顶山小佛湾第8号若虚庄主人步杨昺原韵第5行第5字	卷八	136
炼		宝顶山大佛湾第17号《三圣御制佛牙赞》碑第4行第1字	卷七	80
		宝顶山大佛湾第17号颂词第2行第4字	卷七	81

正字	异体字	位置	卷数	页码
炼	鍊	宝顶山大佛湾第24号刘翰卿题诗并序第14行第5字	卷七	299
		宝顶山圣寿寺王德嘉书张澍《前游宝顶山记》碑第18行第39字	卷八	411
		宝顶山大佛湾第21号柳本尊十炼图题记·第一炼指碑额第3字	卷七	243
		宝顶山大佛湾第21号柳本尊十炼图题记·第三炼踝碑额第3字	卷七	256
	煉	宝顶山大佛湾第21号柳本尊十炼图题记·第六炼心碑额第3字	卷七	258
		宝顶山大佛湾第21号柳本尊十炼图题记·第七炼顶碑额第3字	卷七	258
		宝顶山大佛湾第21号柳本尊十炼图题记·第九炼阴碑额第3字	卷七	263
		宝顶山大佛湾第21号柳本尊十炼图题记·第十炼膝碑额第3字	卷七	263
炯	烱	石门山南侧石柱余源□撰书《掉常住田》碑第3行第3字	卷五	419
派	泒	石门山零散碑刻《正堂寇示》碑第6行第8字	卷五	422
	底	宝顶山大佛湾第23号龙蓍声书《与佛有缘》碑并跋文尾款第3行第1字	卷七	285
济		南山第5号唐子俊装修玉皇古洞天尊碑记第7行第9字	卷五	354
	濟	宝顶山小佛湾石窟零散文物僧晴舟立《实录碑记》第25行第2字	卷八	343
		宝顶山圣寿寺僧万庵等立《重修大佛碑记》第16行第5字	卷八	409
	濟	石门山零散碑刻《正堂寇示》碑第4行第8字	卷五	422
	濟	宝顶山大佛湾第17号佛因地修行舍身济虎经文第3行第2字	卷七	69
恼		宝顶山大佛湾第3号偈语第2则第3行第4字	卷六	81
		宝顶山大佛湾第15号佛说不孝罪为先经第11行第1字	卷七	35
	惱	宝顶山大佛湾第17号释迦佛因地修行舍身求法经文第7行第6字	卷七	74
		宝顶山大佛湾第17号释迦牟尼佛诣父王所看病经文第17行第1字	卷七	76
		宝顶山大佛湾第19号咏心偈第5行第7字	卷七	164
		宝顶山大佛湾第21号柳本尊十炼图题记·第一炼指第9行第3字	卷七	255

正字	异体字	位置	卷数	页码
恼	惱	宝顶山大佛湾第21号柳本尊十炼图题记·第六炼心第6行第4字	卷七	258
		宝顶山大佛湾第18号法身观颂词第1行第2字	卷七	137
举	擧	宝顶山大佛湾第27号刘畋人撰《重开宝顶石碑记》第8行第35字	卷七	313
		宝顶山大佛湾第27号刘畋人撰《重开宝顶石碑记》第8行第28字	卷七	315
		宝顶山大佛湾第29号彭世琏装彩圆觉洞像记第5行第15字	卷七	376
	擧	宝顶山大佛湾第27号史彰撰《重开宝顶碑记》第23行第22字	卷七	312
	舉	宝顶山大佛湾第18号释云劝善文第10行第9字	卷七	149
	擧	宝顶山大佛湾第23号龙蓍声书《与佛有缘》碑并跋文尾款第7行第4字	卷七	290
	舉	宝顶山大佛湾第20号大藏佛说护口经第2行第16字	卷七	213
		宝顶山大佛湾第21号柳本尊十炼图题记·第三炼踝第9行第1字	卷七	256
	舉	宝顶山圣寿寺僧慧心立《正堂示禁》碑第10行第10字	卷八	406
觉		多宝塔第1、2号付觉明等在塔内宿题名第1行第20字	卷四	97
		石门山东侧石柱舒宏明撰《圣府洞置常住田碑序》第2行第8字	卷五	420
		宝顶山大佛湾第7号悟朝立善功部碑第11行第2字	卷六	149
	覺	宝顶山大佛湾第17号佛因地修行舍身济虎经文第16行第6字	卷七	69
		宝顶山大佛湾第18号《再三相劝念弥陀》碑第13行第9字	卷七	146
		宝顶山大佛湾第27号刘畋人撰《重开宝顶石碑记》第11行第50字	卷七	313
		宝顶山大佛湾第29号觉寿妆銮培修记第6行第12字	卷七	372
		宝顶山小佛湾第2号恒沙佛说大藏灌顶法轮经第7行第33字	卷八	39
		南山第2号张澍重游南山诗并跋第1行第9字	卷五	298
	覺	宝顶山大佛湾第18号树观颂词第2行第2字	卷七	130
		宝顶山大佛湾第18号《普劝持念阿弥陀佛》碑第9行第4字	卷七	146

附录四 《大足石刻全集》铭文异体字与简化字对照表　195

正字	异体字	位置	卷数	页码
觉		宝顶山大佛湾第19号锁六耗诗第3行第13字	卷七	164
		宝顶山大佛湾第20号粪秽地狱第1组经偈第5行第4字	卷七	219
	寶	宝顶山大佛湾第29号李蓍岗书"报恩圆觉道场"题刻第2行第2字	卷七	370
		宝顶山大佛湾第29号觉寿妆銮培修记第2行第1字	卷七	371
	覺	宝顶山大佛湾第24号杨渭莘题诗并序第7行第8字	卷七	298
		宝顶山大佛湾第27号史彰撰《重开宝顶碑记》第7行第46字	卷七	312
	覺	宝顶山大佛湾第27号玄极立《重修宝顶事实》碑第15行第5字	卷七	314
		宝顶山大佛湾第29号僧有久修装圆觉洞、万岁楼等处佛像记第3行第8字	卷七	376
突	突	宝顶山圣寿寺王德嘉书张澍《前游宝顶山记》碑第20行第18字	卷八	411
衿	襟	宝顶山圣寿寺王德嘉书张澍《前游宝顶山记》碑第5行第11字	卷八	410
祛	袪	宝顶山小佛湾第1号第一级塔身南面经目第14行第16字	卷八	21
误	悮	宝顶山小佛湾第8号"西竺仙景"题刻右侧第1行第4字	卷八	137
说		石篆山子母殿外东碑第6号佚名刻"破迷歌"第17行第2字	卷五	416
		宝顶山大佛湾第17号释迦因地鹦鹉行孝经文第10行第10字	卷七	66
		宝顶山大佛湾第17号释迦佛因地为睒子行孝经文第2行第4字	卷七	73
		宝顶山大佛湾第17号释迦因地修行舍身求法经文第5行第19字	卷七	74
		宝顶山大佛湾第18号观无量寿佛经及上品上生经第3行第6字	卷七	110
	說	宝顶山大佛湾第18号下品中生经第2行第2字	卷七	123
		宝顶山大佛湾第20号刀山地狱经偈第4行第2字	卷七	188
		宝顶山大佛湾第20号大藏佛说华鲜经第1行第4字	卷七	205
		宝顶山大佛湾第20号大藏佛说华鲜经第1行第4字	卷七	213
		宝顶山大佛湾第20号大藏佛说护口经第1行第4字	卷七	213

正字	异体字	位置	卷数	页码
	說	龙潭佛说大鱼事经名第1行第2字	卷八	264
		宝顶山大佛湾第17号大藏佛说大方便佛报恩经第1行第4字	卷七	56
		宝顶山大佛湾第17号释迦因地雁书报太子经文第1行第4字	卷七	69
		宝顶山大佛湾第17号释迦因地剜肉经文第9行第1字	卷七	70
		宝顶山大佛湾第18号上品中生经第15行第7字	卷七	112
		宝顶山大佛湾第18号中品上生经第5行第4字	卷七	117
		宝顶山大佛湾第18号中品下生经第3行第7字	卷七	118
说	說	宝顶山大佛湾第18号下品上生经第11行第7字	卷七	122
		宝顶山大佛湾第18号下品下生经第10行第7字	卷七	126
		宝顶山大佛湾第18号《普劝持念阿弥陀佛》碑第23行第7字	卷七	146
		宝顶山大佛湾第19号咏心偈第7行第8字	卷七	164
		宝顶山大佛湾第20号剑树地狱经偈第6行第2字	卷七	190
		宝顶山大佛湾第20号大藏佛说出曜经第1行第4字	卷七	196
		宝顶山大佛湾第20号粪秽地狱第3组经偈第13行第2字	卷七	223
郡	郡	宝顶山圣寿寺僧慧心立《圣旨》碑第5行第24字	卷八	414
退	還	宝顶山小佛湾第1号第二级塔身东面偈语第4行第1字	卷八	25
		三块碑第1则偈语第4行第1字	卷八	239
既	旣	石篆山佛会寺《严逊记碑》第8行第19字	卷五	396
	旣	宝顶山大佛湾第20号天堂地狱论第5行第10字	卷七	224
	旣	宝顶山大佛湾第30号姜秋舫游记第8行第2字	卷七	397
	旣	宝顶山圣寿寺陈宗昭等立《释迦佛碑》第6行第1字	卷八	412
除	除	石篆山第6号县正堂示禁碑第11行第23字	卷五	48

正字	异体字	位置	卷数	页码
除		宝顶山圣寿寺僧慧心立《正堂示禁》碑第10行第19字	卷八	406
		宝顶山大佛湾第18号下品上生经第4行第7字	卷七	122
		宝顶山大佛湾第18号下品中生经第4行第16字	卷七	123
		宝顶山大佛湾第18号下品下生经第6行第8字	卷七	126
		宝顶山大佛湾第27号史彰撰《重开宝顶碑记》第17行第50字	卷七	312
险		石门山第12号邓栓纪行诗碑第25行第10字	卷五	265
		宝顶山大佛湾第20号刀山地狱经偈第5行第3字	卷七	188
娆		宝顶山大佛湾第17号释迦佛因地修行舍身求法经文第20行第7字	卷七	74
息		宝顶山小佛湾第1号第二级塔身东面经目右壁面第3行第7字	卷八	26
圣		宝顶山大佛湾第29号觉寿妆銮培修记第2行第10字	卷七	371
全		宝顶山大佛湾第18号《普劝持念阿弥陀佛》碑第2行第12字	卷七	145
绕		宝顶山大佛湾第18号中品上生经第4行第12字	卷七	117
		宝顶山大佛湾第20号饿鬼地狱经偈第8行第3字	卷七	207
绘		宝顶山大佛湾第30号姜秋舫游记第6行第18字	卷七	397
绝		南山第13号王德嘉书"绝尘"题刻第1字	卷五	372
秦		宝顶山大佛湾第20号秦广大王颂词碑额第1字	卷七	172
		宝顶山广大寺僧洪参《重修小宝顶广大寺观音殿普陀岩碑志铭》第10行第5字	卷八	426
栽		石篆山佛会寺《严逊记碑》第1行第17字	卷五	396
		石门山第12号邓栓纪行诗碑第15行第13字	卷五	265
起		南山第3号张澍书"蔚然云起"题刻第1行第4字	卷五	302
		宝顶山圣寿寺碑碣题刻第7饶玉成书诗第3行第2字	卷八	404
		宝顶山惜字塔第二级塔身北面中部题记第7行第16字	卷八	445

正字	异体字	位置	卷数	页码
起		宝顶山大佛湾第17号释迦因地行孝剜睛出髓为药经文第11行第9字	卷七	64
		南山第5号唐子俊装修玉皇古洞天尊碑记第3行第13字	卷五	354
捐		宝顶山大佛湾第4号戴光升装彩千手观音华严三圣父母恩重经变像镌记第11行第13字	卷六	94
		宝顶山大佛湾第27号刘畋人撰《重开宝顶石碑记》第10行第21字	卷七	313
		宝顶山大佛湾第27号刘畋人撰《重开宝顶石碑记》第10行第18字	卷七	315
		宝顶山圣寿寺僧万庵等立《重修大佛碑记》第8行第6字	卷八	409
		宝顶山圣寿寺僧德芳捐银重修圣寿寺碑第1行第8字	卷八	413
损		石篆山佛会寺《严逊记碑》第1行第3字	卷五	396
		宝顶山大佛湾第18号《普劝持念阿弥陀佛》碑第18行第5字	卷七	146
哲		石篆山第6号刘纯斋撰修治庙貌神龛记碑第4行第25字	卷五	47
换		宝顶山大佛湾第18号释云劝善文第1行第5字	卷七	149
		宝顶山大佛湾第17号释迦因地割肉供父母经文第12行第5字	卷七	67
		宝顶山大佛湾第17号释迦佛因地修行舍身求法经文第13行第10字	卷七	74
热		宝顶山大佛湾第20号第6幅偈语第1行第3字	卷七	196
		宝顶山大佛湾第20号第16幅偈语第1行第3字	卷七	213
		宝顶山大佛湾第30号牧牛图第11组偈语第1行第3字	卷七	391
		宝顶山大佛湾第17号偈语第1行第3字	卷七	77
恐		宝顶山大佛湾第18号《普劝持念阿弥陀佛》碑第8行第12字	卷七	146
		宝顶山小佛湾第1号第一级塔身南面经目第22行第20字	卷八	21
耽		宝顶山大佛湾第19号"恶祸苦"系偈颂第3行第3字	卷七	159
恭		宝顶山大佛湾第17号释迦牟尼佛为末世众生设化法故担父王棺经文第2行第22字	卷七	77
莽		宝顶山大佛湾第27号刘畋人撰《重开宝顶石碑记》第8行第13字	卷七	313

正字	异体字	位置	卷数	页码
莽		宝顶山大佛湾第27号刘畋人撰《重开宝顶石碑记》第8行第6字	卷七	315
获		多宝塔第7号刘升等镌造如意轮像龛题记第12行第1字	卷四	112
恶		石篆山佛会寺《严逊记碑》第3行第19字	卷五	396
		宝顶山大佛湾第15号"为造恶业恩"颂词第2行第3字	卷七	26
		宝顶山大佛湾第15号佛说不孝罪为先经第6行第5字	卷七	34
		宝顶山大佛湾第15号偈语第1行第1字	卷七	36
		宝顶山大佛湾第17号大藏佛说大方便佛报恩经第3行第17字	卷七	56
		宝顶山大佛湾第17号释迦因地割肉供父母经文第5行第4字	卷七	67
		宝顶山大佛湾第18号下品上生经第1行第11字	卷七	122
		宝顶山大佛湾第18号下品中生经第2行第13字	卷七	123
		宝顶山大佛湾第18号下品下生经第1行第17字	卷七	126
		宝顶山大佛湾第18号下品观颂词第1行第5字	卷七	142
		宝顶山大佛湾第19号"恶祸苦"系偈颂第3行第6字	卷七	159
		宝顶山大佛湾第19号祖师颂词第11字	卷七	162
		宝顶山大佛湾第19号咏苦诗第5行第2字	卷七	163
		宝顶山大佛湾第19号咏心偈第3行第1字	卷七	164
		宝顶山大佛湾第20号变成大王颂词第5行第4字	卷七	184
		宝顶山大佛湾第20号都市大王颂词第3行第1字	卷七	185
		宝顶山大佛湾第20号刀山地狱经偈第7行第5字	卷七	188
		宝顶山大佛湾第20号大藏佛说出曜经第1行第13字	卷七	196
		宝顶山大佛湾第20号锉碓地狱经偈第6行第3字	卷七	196
		宝顶山大佛湾第20号大藏佛说护口经第1行第14字	卷七	213

正字	异体字	位置	卷数	页码
恶		宝顶山大佛湾第20号镬汤地狱经偈第2行第6字	卷七	218
		宝顶山小佛湾第1号第二级塔身南面经目左壁面第2行第27字	卷八	28
		佛祖岩第4则偈语第2行第2字	卷八	259
真		宝顶山大佛湾第19号第12则偈语第48字	卷七	164
		宝顶山大佛湾第21号柳本尊十炼图题记·第四剜眼第12行第7字	卷七	257
桃		宝顶山圣寿寺鹤寿书诗第2行第5字	卷八	405
唇		宝顶山大佛湾第20号截膝地狱经偈第18行第6字	卷七	204
致		石门山第12号邓柽纪行诗碑第27行第11字	卷五	265
		石篆山佛会寺《严逊记碑》第3行第41字	卷五	396
柴		宝顶山圣寿寺柳涯居士书诗第4行第3字	卷八	404
赀		宝顶山大佛湾第27号刘畋人撰《重开宝顶石碑记》第10行第22字	卷七	313
虑		宝顶山大佛湾第29号战符题"圆觉洞用韵"诗第5行第4字	卷七	372
监		宝顶山大佛湾第7号净明立遥播千古碑第2行第6字	卷六	148
		宝顶山大佛湾第29号僧有久修装圆觉洞、万岁楼等处佛像记第7行第8字	卷七	376
紧		宝顶山大佛湾第29号佚名题无题诗第1行第14字	卷七	373
晓		石篆山第6号县正堂示禁碑第17行第14字	卷五	48
		宝顶山大佛湾第27号刘畋人撰《重开宝顶石碑记》第13行第36字	卷七	313
		宝顶山大佛湾第27号刘畋人撰《重开宝顶石碑记》第12行第22字	卷七	315
哦		北山佛湾第279号佛顶尊胜陀罗尼经第9行第5字	卷三	334
		石篆山佛会寺《述思古迹记碑》第14行第14字	卷五	397
恩		宝顶山大佛湾第15号"咽苦吐甘恩"颂词第6行第4字	卷七	21
		宝顶山大佛湾第17号释迦佛因行孝证三十二相经文第12行第10字	卷七	62

正字	异体字	位置	卷数	页码
恩	恩	宝顶山大佛湾第17号释迦因地行孝剜睛出髓为药经文第12行第8字	卷七	64
		宝顶山大佛湾第17号佛因地修行舍身济虎经文第17行第5字	卷七	69
		宝顶山大佛湾第17号释迦因地雁书报太子经文第1行第10字	卷七	69
		宝顶山大佛湾第17号释迦牟尼佛为末世众生设化法故担父王棺经文第5行第4字	卷七	77
		宝顶山大佛湾第27号刘畋人撰《重开宝顶石碑记》第8行第22字	卷七	315
		宝顶山大佛湾第29号佚名观音金像妆彩记第5行第1字	卷七	373
		宝顶山圣寿寺张龙□等装修大佛湾、圣寿寺像记第9行第10字	卷八	413
	恩	宝顶山小佛湾第1号第二级塔身南面经目左壁面第1行第27字	卷八	26
峨	峨	宝顶山小佛湾第9号门柱颂词第1行第3字	卷八	140
	峨	宝顶山大佛湾第21号柳本尊十炼图题记·第二立雪第2行第6字	卷七	255
		宝顶山大佛湾第21号柳本尊十炼图题记·第三炼踝第1行第7字	卷七	256
		宝顶山大佛湾第30号姜秋舫游记第5行第4字	卷七	397
		宝顶山圣寿寺王德嘉书张澍《前游宝顶山记》碑第12行第8字	卷八	410
		南山第2号张澍重九日偕友登高记第27行第21字	卷五	299
		南山第5号张宗彦题七言诗第2行第14字	卷五	350
		南山第5号何格非和张宗彦诗第2行第14字	卷五	351
		南山第5号何光震饯郡守王梦应记碑第16行第12字	卷五	352
峰	峯	南山第5号残记第1行第5字	卷五	353
		石篆山佛会寺《述思古迹记碑》第9行第17字	卷五	397
		石篆山子母殿外西第1号僧圣质"题岩窝古楼"诗第2行第2字	卷五	411
		宝顶山大佛湾第21号柳本尊十炼图题记·第二立雪第5行第2字	卷七	255
		宝顶山圣寿寺曹琼撰《恩荣圣寿寺记》碑第5行第28字	卷八	402

正字	异体字	位置	卷数	页码
峰	峯	宝顶山广大寺黄体□撰《永垂万古碑记》第2行第19字	卷八	425
	峯	宝顶山圣寿寺廖沛霖撰《重修宝顶山圣寿寺记》碑第2行第44字	卷八	408
	峯	宝顶山圣寿寺王德嘉书张澍《前游宝顶山记》碑第12行第38字	卷八	410
	峯	石门山东侧石柱舒宏明撰《圣府洞堂常住田碑序》第2行第14字	卷五	420
	峯	宝顶山圣寿寺廖沛霖撰重修宝顶山圣寿寺等处庙宇并诸佛像总碑第3行第2字	卷八	412
圆	圓	宝顶山大佛湾第7号悟朝立善功部碑第12行第3字	卷六	149
		宝顶山大佛湾第13号《佛母大孔雀明王经》经文第4行第2字	卷六	249
		宝顶山大佛湾第15号"投佛祈求嗣息"颂词第4行第5字	卷七	9
		宝顶山大佛湾第20号锯解地狱经偈第3行第6字	卷七	198
		宝顶山大佛湾第27号刘畋人撰《重开宝顶石碑记》第11行第49字	卷七	313
		宝顶山大佛湾第29号李菖岗书"报恩圆觉道场"题刻第2行第1字	卷七	370
		宝顶山大佛湾第29号觉寿妆鎏培修记第6行第11字	卷七	372
		宝顶山大佛湾第29号涂永明妆鎏圆觉洞像记第2行第1字	卷七	372
		宝顶山大佛湾第29号黄朝题培修圆觉洞记第4行第3字	卷七	374
		宝顶山大佛湾第30号牧牛图偈颂·第12组偈第4行第1字	卷七	394
		宝顶山大佛湾第30号姜秋舫游记第5行第17字	卷七	397
		宝顶山圣寿寺王德嘉书张澍《前游宝顶山记》碑第4行第36字	卷八	410
		石门山第8-2号达荣修理功字镌记第3行第8字	卷五	219
		石门山第11-1号宋以道书"圣府洞"题刻右款第4行第4字	卷五	264
钱	錢	石门山第13号僧弘明立道众小引碑第6行第4字	卷五	270
		宝顶山小佛湾石窟零散文物僧晴舟立《实录碑记》第18行第4字	卷八	343
		宝顶山匄愿菩萨造像功德主题名第1行第4字	卷八	451

正字	异体字	位置	卷数	页码
钱		石门山第13-1号张子华等重修大殿记碑第2行第7字	卷五	273
		宝顶山圣寿寺僧秀然装彩古佛记第3行第9字	卷八	400
		宝顶山大佛湾第2号大藏佛说守护大千国土经第3行第5字	卷六	63
		宝顶山大佛湾第7号悟朝立善功部碑第14行第13字	卷六	149
		宝顶山大佛湾第20号现报司官颂词第4行第2字	卷七	172
		宝顶山惜字塔第二级塔身西面中部题记第6行第6字	卷八	444
		宝顶山惜字塔第二级塔身北面中部题记第2行第11字	卷八	445
钻		宝顶山大佛湾第30号姜秋舫游记第12行第1字	卷七	397
铁		宝顶山大佛湾第15号佛说不孝之人堕阿毗地狱经第5行第4字	卷七	35
		宝顶山大佛湾第17号释迦因地割肉供父母经文第12行第6字	卷七	67
		宝顶山大佛湾第20号拔舌地狱经偈第3行第7字	卷七	191
		宝顶山大佛湾第20号第6幅偈语第1行第4字	卷七	196
		宝顶山大佛湾第20号铁床地狱经偈第2行第5字	卷七	198
		宝顶山大佛湾第20号阿鼻地狱经偈碑额第1字	卷七	206
		宝顶山大佛湾第20号铁轮地狱经偈第5行第4字	卷七	209
		宝顶山大佛湾第20号第16幅偈语第1行第4字	卷七	213
		宝顶山大佛湾第20号铁轮地狱经偈第2行第2字	卷七	218
		宝顶山大佛湾第20号"铁轮地狱"题名第1字	卷七	219
		宝顶山大佛湾第17号偈语第1行第4字	卷七	77
		宝顶山大佛湾第20号大藏佛说出曜经第1行第15字	卷七	196
		宝顶山小佛湾石窟零散文物李开先撰《宝顶山颂》碑第3行第10字	卷八	342
乘		南山第5号何格非和张宗彦诗第8行第17字	卷五	351

正字	异体字	位置	卷数	页码
乘		宝顶山小佛湾第1号第一级塔身东面经目第8行第8字	卷八	20
		宝顶山大佛湾第17号释迦佛因地修行舍身求法经文第4行第2字	卷七	74
		宝顶山大佛湾第18号观无量寿佛经及上品上生经第13行第10字	卷七	110
		宝顶山大佛湾第18号上品中生经第4行第6字	卷七	112
		宝顶山大佛湾第18号下品上生经第3行第7字	卷七	122
		宝顶山大佛湾第20号阿鼻地狱经偈第5行第6字	卷七	206
		宝顶山小佛湾第1号第一级塔身南面经目第24行第18字	卷八	21
		宝顶山小佛湾第1号第一级塔身西面经目第9行第14字	卷八	22
敌		宝顶山大佛湾第18号《普劝持念阿弥陀佛》碑第7行第2字	卷七	146
称		石篆山第6号县正堂示禁碑第5行第14字	卷五	48
		宝顶山大佛湾第24号杨渭莘题诗并序第2行第6字	卷七	298
		石篆山佛会寺《严逊记碑》第5行第11字	卷五	396
		宝顶山圣寿寺住持僧立《正堂示禁》碑第5行第17字	卷八	403
		石门山零散碑刻《正堂寇示》碑第3行第11字	卷五	422
		宝顶山小佛湾第1号第一级塔身东面经目第24行第12字	卷八	20
笑		宝顶山圣寿寺袁衍和郭通府韵第5行第11字	卷八	403
借		宝顶山圣寿寺僧慧心立《正堂示禁》碑第8行第27字	卷八	406
值		石门山南侧石柱余源□撰书《掉常住田》碑第7行第12字	卷五	419
		宝顶山小佛湾石窟零散文物僧晴舟立《实录碑记》第12行第26字	卷八	343
倚		宝顶山大佛湾第15号"远行忆念恩"颂词第10行第2字	卷七	27
		宝顶山圣寿寺廖沛霖撰《重修宝顶山圣寿寺记》碑第4行第32字	卷八	408
		宝顶山圣寿寺廖沛霖撰重修宝顶山圣寿寺等处庙宇并诸佛像总碑第5行第32字	卷八	412

正字	异体字	位置	卷数	页码
俺		宝顶山大佛湾第30号姜秋舫游记第2行第5字	卷七	397
俱		宝顶山大佛湾第21号柳本尊十炼图题记·第九炼阴第10行第3字	卷七	263
俾		石门山东侧石柱舒宏明撰《圣府洞置常住田碑序》第5行第24字	卷五	421
		宝顶山大佛湾第27号史彰撰《重开宝顶碑记》第19行第31字	卷七	312
		宝顶山大佛湾第27号玄极立《重修宝顶事实》碑第12行第7字	卷七	314
		宝顶山圣寿寺《亘古昭然》碑第8行第25字	卷八	405
臭		宝顶山大佛湾第20号大藏佛说护口经第2行第8字	卷七	213
息		宝顶山小佛湾第9号《释迦舍利宝塔禁中应现之图》碑右颂词第5字	卷八	165
般		宝顶山小佛湾第1号第一级塔身东面经目第1行第6字	卷八	19
		宝顶山小佛湾第1号第一级塔身西面经目第11行第11字	卷八	22
途		宝顶山大佛湾第27号史彰撰《重开宝顶碑记》第20行第7字	卷七	312
		宝顶山大佛湾第27号刘畋人撰《重开宝顶石碑记》第11行第17字	卷七	315
拿		宝顶山小佛湾第1号第一级塔身东面经目第37行第19字	卷八	20
		石篆山佛会寺《述思古迹记碑》第6行第14字	卷五	397
胸		宝顶山大佛湾第17号释迦佛因地为睒子行孝经文第9行第10字	卷七	73
		宝顶山大佛湾第20号铁轮地狱经偈第12行第3字	卷七	218
脑		宝顶山广大寺僧洪参《重修小宝顶广大寺观音殿普陀岩碑志铭》第2行第18字	卷八	426
脓		宝顶山大佛湾第20号大藏佛说护口经第2行第4字	卷七	213
卿		宝顶山大佛湾第21号柳本尊十炼图题记·第十炼膝第2行第5字	卷七	263
逢		宝顶山大佛湾第29号偈语第2行第14字	卷七	371
留		石篆山佛会寺寺第2号佛会寺觉朗拾镜记第10行第12字	卷五	408
		宝顶山小佛湾第2号恒沙佛说大藏灌顶法轮经第4行第29字	卷八	39

正字	异体字	位置	卷数	页码
留		宝顶山小佛湾第7号《唐柳本尊传》碑第7行第37字	卷八	120
凌		宝顶山圣寿寺住持僧立《正堂示禁》碑第3行第26字	卷八	403
		宝顶山圣寿寺王德嘉书张澍《前游宝顶山记》碑第17行第48字	卷八	411
恋		宝顶山大佛湾第20号大藏佛说护口经第3行第18字	卷七	213
		石门山第3号赵氏一娘子镌释迦佛龛记及匠师题名第11行第4字	卷五	146
衰		南山第5号何格非和张宗彦诗第11行第6字	卷五	351
		宝顶山大佛湾第20号大藏佛说护口经第2行第7字	卷七	213
		宝顶山大佛湾第27号史彰撰《重开宝顶碑记》第11行第8字	卷七	312
座		宝顶山大佛湾第27号玄极立《重修宝顶事实》碑第11行第20字	卷七	314
		北山佛湾第279号解氏妆銮尊胜幢镌记第6行第1字	卷三	334
		石门山第13-1号杨才友修斋庆赞记第3行第1字	卷五	273
		宝顶山大佛湾第2号大藏佛说守护大千国土经第5行第4字	卷六	63
		宝顶山大佛湾第20号五官大王颂词第1行第2字	卷七	181
		宝顶山大佛湾第20号都市大王颂词第5行第2字	卷七	185
斋		宝顶山大佛湾第20号速报司官颂词第6行第3字	卷七	186
		宝顶山大佛湾第20号饿鬼地狱经偈第2行第5字	卷七	207
		宝顶山大佛湾第20号铁轮地狱经偈第7行第4字	卷七	209
		宝顶山小佛湾第1号第一级塔身西面经目第8行第12字	卷八	22
		宝顶山大佛湾第7号悟朝立善功部碑第13行第14字	卷六	149
		宝顶山圣寿寺僧慧心立《正堂示禁》碑第4行第10字	卷八	406
效		宝顶山大佛湾第21号柳本尊十炼图题记·第七炼顶第3行第7字	卷七	258
唐		宝顶山圣寿寺廖沛霖撰《重修宝顶山圣寿寺记》碑第3行第4字	卷八	408

正字	异体字	位置	卷数	页码
凉		南山第2号张澍重九日偕友登高记第4行第13字	卷五	299
竞		南山第5号张宗彦题七言诗第7行第1字	卷五	350
		石篆山佛会寺《严逊记碑》第12行第44字	卷五	396
旁		南山第2号张澍重九日偕友登高记第14行第16字	卷五	299
旃		宝顶山大佛湾第17号释迦因地行孝剜睛出髓为药经文第8行第9字	卷七	64
阅		宝顶山大佛湾第27号刘畋人撰《重开宝顶石碑记》第13行第46字	卷七	313
		宝顶山大佛湾第27号刘畋人撰《重开宝顶石碑记》第12行第32字	卷七	315
兼		北山佛湾第103号范祖禹书《古文孝经》碑第二面第3行第13字	卷二	21
		多宝塔第43号任亮刊刻冯大学施钱造塔记第1则第3行第9字	卷四	228
		宝顶山大佛湾第18号曾志敏书"西竺一脉"题刻第8行第4字	卷七	151
		宝顶山大佛湾第23号龙葊声书《与佛有缘》碑并跋文尾款第8行第5字	卷七	290
		宝顶山圣寿寺王德嘉书张澍《前游宝顶山记》碑第15行第28字	卷八	411
		宝顶山大佛湾第27号史彰撰《重开宝顶碑记》第22行第11字	卷七	312
		北山佛湾第281号刘恭造药师经变龛镌记第1行第35字	卷三	347
朔		宝顶山圣寿寺僧慧心立《正堂示禁》碑第14行第9字	卷八	406
烧		宝顶山大佛湾第15号佛说不孝之人堕阿鼻地狱经第8行第7字	卷七	35
		宝顶山大佛湾第16号圣谕第1行第2字	卷七	43
		宝顶山大佛湾第20号铁床地狱经偈第4行第6字	卷七	198
		宝顶山大佛湾第20号阿鼻地狱经偈第13行第4字	卷七	206
		宝顶山大佛湾第20号饿鬼地狱经偈第9行第4字	卷七	207
		宝顶山大佛湾第20号铁轮地狱经偈第5行第6字	卷七	218
		宝顶山大佛湾第21号柳本尊十炼图题记·第九炼阴第13行第1字	卷七	263

正字	异体字	位置	卷数	页码
烧		宝顶山大佛湾第21号柳本尊十炼图题记·第三炼踝第7行第6字	卷七	256
		宝顶山大佛湾第21号柳本尊十炼图题记·第十炼膝第7行第9字	卷七	263
		宝顶山大佛湾第27号玄极立《重修宝顶事实》碑第5行第38字	卷七	314
烟		北山佛湾第163号无尽老人语录碑第12行第2字	卷二	352
		宝顶山广大寺僧洪参《重修小宝顶广大寺观音殿普陀岩碑志铭》第11行第2字	卷八	426
涅		宝顶山大佛湾第20号阿鼻地狱经偈第5行第9字	卷七	206
		宝顶山大佛湾第29号四部经目第4行第4字	卷七	370
		宝顶山小佛湾第1号第一级塔身东面经目第22行第7字	卷八	20
		宝顶山小佛湾第1号第一级塔身南面经目第38行第9字	卷八	21
		宝顶山小佛湾第1号第一级塔身西面经目第12行第18字	卷八	22
海		宝顶山小佛湾第1号第一级塔身西面经目第1行第10字	卷八	22
涂		宝顶山大佛湾第29号涂永明妆盉圆觉洞像记第1行第12字	卷七	372
浴		宝顶山大佛湾第15号"洗濯不净恩"颂词第9行第2字	卷七	26
流		石篆山佛会寺《严逊记碑》第2行第17字	卷五	396
		宝顶山大佛湾第30号姜秋舫游记第10行第7字	卷七	397
		宝顶山圣寿寺鹤寿书诗第2行第7字	卷八	405
浣		宝顶山圣寿寺《亘古昭然》碑第27行第14字	卷八	406
涌		宝顶山大佛湾第18号《再三相劝念弥陀》碑第4行第10字	卷七	146
悔		宝顶山小佛湾第1号第一级塔身西面经目第8行第17字	卷八	22
		南山第5号县正堂桂示禁碑第13行第11字	卷五	353
宽		宝顶山大佛湾第30号牧牛图偈颂·第11组第2行第7字	卷七	391
		宝顶山圣寿寺住持僧立《正堂示禁》碑第10行第14字	卷八	403

正字	异体字	位置	卷数	页码
冢		宝顶山大佛湾第17号《三圣御制佛牙赞》碑第12行第7字	卷七	81
冥		宝顶山大佛湾第20号现报司官颂词第5行第1字	卷七	172
		宝顶山大佛湾第20号秦广大王颂词第6行第4字	卷七	173
		宝顶山大佛湾第20号平正大王颂词第5行第3字	卷七	185
		宝顶山大佛湾第20号黑暗地狱经偈第5行第3字	卷七	200
		宝顶山大佛湾第18号《普劝持念阿弥陀佛》碑第20行第3字	卷七	146
冤		宝顶山大佛湾第19号第12则偈语第25字	卷七	164
		宝顶山大佛湾第30号姜秋舫游记第11行第1字	卷七	397
谄		宝顶山大佛湾第19号"恶祸苦"系偈颂第2行第5字	卷七	159
		宝顶山大佛湾第21号柳本尊十炼图题记·第三炼踝第10行第2字	卷七	256
陵		宝顶山大佛湾第14号胡靖等游记第3行第6字	卷六	353
陬		宝顶山大佛湾第23号龙蜚声书《与佛有缘》碑并跋文尾款第10行第2字	卷七	290
陷		宝顶山大佛湾第18号《普劝持念阿弥陀佛》碑第18行第6字	卷七	146
		宝顶山圣寿寺僧慧心立《正堂示禁》碑第9行第3字	卷八	406
通		石门山第12号邓桂纪行诗碑第24行第10字	卷五	265
		石篆山佛会寺《严逊记碑》第3行第13字	卷五	396
		宝顶山大佛湾第3号偈语第2则第3行第1字	卷六	81
		宝顶山大佛湾第17号释迦因地鹦鹉行孝经文第11行第8字	卷七	66
能		宝顶山大佛湾第30号牧牛图偈颂·第4组第3行第4字	卷七	383
		佛祖岩重修大佛寺碑序第7行第1字	卷八	260
		宝顶山小佛湾石窟零散文物众善立《善由人作》碑第4行第2字	卷八	344
		宝顶山圣寿寺碑碣题刻第5饶玉成书诗第4行第2字	卷八	404

正字	异体字	位置	卷数	页码
能		宝顶山广大寺僧德芳《重创碑》第5行第15字	卷八	423
		宝顶山惜字塔第二级塔身北面左立柱题记第3行第15字	卷八	444
		宝顶山大佛湾第17号释迦牟尼佛诣父王所看病经文第5行第3字	卷七	76
		宝顶山大佛湾第27号史彰撰《重开宝顶碑记》第12行第30字	卷七	312
		宝顶山小佛湾第1号第一级塔身东面经目第5行第16字	卷八	19
		宝顶山小佛湾第1号第一级塔身南面经目第37行第2字	卷八	21
		宝顶山小佛湾第1号第一级塔身西面经目第10行第3字	卷八	22
		石门山第3号赵氏一娘子镌释迦佛龛记及匠师题名第4行第9字	卷五	146
		宝顶山大佛湾第17号释迦因地剐肉经文第25行第4字	卷七	72
		南山第5号何格非和张宗彦诗第7行第9字	卷五	351
		南山第5号何光震饯郡守王梦应记碑第4行第8字	卷五	351
		宝顶山大佛湾第15号"咽苦吐甘恩"颂词第7行第5字	卷七	21
		宝顶山大佛湾第15号"究竟怜悯恩"颂词第5行第8字	卷七	27
		宝顶山大佛湾第17号大藏佛说大方便佛报恩经第2行第20字	卷七	56
难		宝顶山大佛湾第17号释迦因地行孝剜睛出髓为药经文第8行第1字	卷七	64
		宝顶山大佛湾第17号释迦因地割肉供父母经文第2行第8字	卷七	67
		宝顶山大佛湾第17号释迦因地为睒子行孝经文第2行第12字	卷七	73
		宝顶山大佛湾第17号释迦因地修行舍身求法经文第7行第9字	卷七	74
		宝顶山大佛湾第17号释迦牟尼佛为末世众生设化法故担父王棺经文第2行第15字	卷七	77
		宝顶山大佛湾第17号《三圣御制佛牙赞》碑第2行第14字	卷七	80
		宝顶山大佛湾第18号观无量寿佛经及上品上生经第11行第4字	卷七	110
		宝顶山大佛湾第18号《普劝持念阿弥陀佛》碑第6行第6字	卷七	145

附录四 《大足石刻全集》铭文异体字与简化字对照表　203

正字	异体字	位置	卷数	页码
难		宝顶山大佛湾第19号"恶祸苦"系偈颂·畜生患难第4字	卷七	160
		宝顶山大佛湾第17号释迦牟尼佛诣父王所看病经文第8行第6字	卷七	76
		宝顶山大佛湾第19号咏心歌第1行第6字	卷七	163
		宝顶山大佛湾第27号史彰撰《重开宝顶碑记》第10行第20字	卷七	312
验		宝顶山小佛湾石窟零散文物众善立《善由人作》碑第3行第11字	卷八	344
继		宝顶山大佛湾第27号史彰撰《重开宝顶碑记》第10行第21字	卷七	312
焘		宝顶山大佛湾第29号觉寿妆銮培修记第3行第6字	卷七	371
琉		宝顶山大佛湾第18号地观颂词第1行第3字	卷七	130
		宝顶山小佛湾第1号第一级塔身东面经目第33行第5字	卷八	20
掩		宝顶山大佛湾第17号《三圣御制佛牙赞》碑第10行第3字	卷七	81
		宝顶山广大寺僧德芳《重创碑》第7行第8字	卷八	425
焉		宝顶山大佛湾第20号天堂地狱论第5行第1字	卷七	224
		宝顶山大佛湾第27号玄极立《重修宝顶事实》碑第12行第15字	卷七	314
		宝顶山大佛湾第27号刘畋人撰《重开宝顶石碑记》第6行第14字	卷七	315
埵		宝顶山大佛湾第17号佛因地修行舍身济虎经文第2行第6字	卷七	69
教		石门山第12号邓桎纪行诗碑第9行第2字	卷五	265
		石门山第12-2号但道玄撰建修劝善所叙碑第3行第2字	卷五	267
		南山第5号玉皇观置田产契约碑第9行第3字	卷五	354
		宝顶山大佛湾第7号悟朝立善功部碑第1行第1字	卷六	149
据		宝顶山大佛湾第29号黄朝题培修圆觉洞记第1行第9字	卷七	373
		宝顶山小佛湾第7号《恩荣圣寿寺记》碑第10行第13字	卷八	123
		宝顶山圣寿寺曹琼撰《恩荣圣寿寺记》碑第7行第3字	卷八	402

正字	异体字	位置	卷数	页码
职		宝顶山圣寿寺僧永学立《县正堂示》碑第2行第19字	卷八	407
聊		宝顶山大佛湾第29号康圭题"游圆觉洞有怀"诗第5行第3字	卷七	373
著		宝顶山广大寺黄体□撰《永垂万古碑记》第3行第1字	卷八	425
		石门山第13-1号杨才友造山王龛镌记及匠师镌名第7行第5字	卷五	273
		南山第5号唐子俊装修玉皇古洞天尊碑记第5行第21字	卷五	354
		石篆山佛会寺《严逊记碑》第6行第2字	卷五	396
		石门山南侧石柱余源□撰书《掉常住田》碑第5行第32字	卷五	419
勒		石门山南侧石柱《勒石为记》捐资碑碑额第1字	卷五	419
		石门山东侧石柱舒宏明撰《圣府洞置常住田碑序》第5行第42字	卷五	421
		宝顶山大佛湾第19号"缚心猿锁六耗"图名第1行第2字	卷七	152
		宝顶山大佛湾第29号彭世珽装彩圆觉洞像记第8行第15字	卷七	376
		宝顶山圣寿寺僧慧心立《圣旨》碑第2行第37字	卷八	414
		石篆山佛会之塔僧志容装彩观音等像镌记第4行第4字	卷五	404
		宝顶山圣寿寺住持僧立《正堂示禁》碑第4行第13字	卷八	403
		宝顶山圣寿寺王德嘉书张澍《前游宝顶山记》碑第24行第49字	卷八	411
乾		宝顶山大佛湾第7号净明立遥播千古碑第10行第3字	卷六	148
		石门山第6号岑忠信造宝扇手观音镌记第3行第4字	卷五	194
		石篆山佛会寺《严逊记碑》第6行第19字	卷五	396
萨		宝顶山大佛湾第17号释迦佛因行孝证三十二相经文第3行第1字	卷七	59
		宝顶山大佛湾第17号佛因地修行舍身济虎经文第2行第5字	卷七	69
		宝顶山大佛湾第18号观无量寿佛经及上品上生经第16行第5字	卷七	111
		宝顶山大佛湾第18号上品中生经第13行第9字	卷七	112

正字	异体字	位置	卷数	页码
萨		宝顶山大佛湾第18号中品上生经第4行8字	卷七	117
		宝顶山大佛湾第18号中品中生经第4行8字	卷七	118
		宝顶山大佛湾第18号下品上生经第11行第5字	卷七	122
		宝顶山大佛湾第18号下品中生经第6行第3字	卷七	123
		宝顶山大佛湾第18号上品观颂词第1行第5字	卷七	142
		宝顶山大佛湾第18号性寅妆绚观经变左岩像记第2行第7字	卷七	147
		宝顶山大佛湾第20号毒蛇地狱经偈第3行第4字	卷七	196
		宝顶山大佛湾第20号锉碓地狱经偈第1行第6字	卷七	196
		宝顶山大佛湾第20号铁床地狱经偈第1行第8字	卷七	198
	薩	宝顶山大佛湾第20号饿鬼地狱经偈第1行第8字	卷七	207
		宝顶山大佛湾第20号刀船地狱经偈第13行第4字	卷七	210
		宝顶山大佛湾第20号大藏佛说华鲜经第12行第4字	卷七	213
		宝顶山大佛湾第20号粪秽地狱第1组经偈第2行第4字	卷七	219
		宝顶山大佛湾第21号柳本尊十炼图题记·第二立雪第8行第4字	卷七	255
		宝顶山大佛湾第21号柳本尊十炼图题记·第四剜眼第11行第5字	卷七	257
		宝顶山大佛湾第21号柳本尊十炼图题记·第七炼顶第6行第4字	卷七	258
		宝顶山大佛湾第22号（不动尊金刚明王）题名第5字	卷七	277
		宝顶山大佛湾第22号降三世明王题名第9字	卷七	277
		宝顶山大佛湾第22号马首明王题名第9字	卷七	279
		宝顶山大佛湾第18号性寅妆绚观经变右岩像记第2行第5字	卷七	150
		宝顶山大佛湾第29号涂永明妆銮圆觉洞像记第4行第9字	卷七	372
救		北山佛湾第52号黎氏造阿弥陀佛龛锦记第2则第3行第1字	卷一	211

正字	异体字	位置	卷数	页码
救		石篆山子母殿外东碑第6号佚名刻"破迷歌"第4行第8字	卷五	416
曹		南山第5号县正堂桂示禁碑第3行第9字	卷五	352
		南山第5号曹伟卿游南山记第1行第3字	卷五	353
		宝顶山大佛湾第24号刘翰卿题诗并序第3行第4字	卷七	299
		北山佛湾第104号范祖禹撰赵懿简公神道碑第14行第70字	卷二	23
		宝顶山大佛湾第16号圣谕第1行第1字	卷七	43
		宝顶山大佛湾第21号柳本尊十炼图题记·第五割耳第4行第2字	卷七	257
		宝顶山大佛湾第27号刘畋人撰《重开宝顶石碑记》第7行第14字	卷七	313
敕		宝顶山大佛湾第27号刘畋人撰《重开宝顶石碑记》第7行第8字	卷七	315
		宝顶山大佛湾第27号史彰撰《重开宝顶碑记》第22行第1字	卷七	312
		宝顶山小佛湾石窟零散文物众善立《善由人作》碑第2行第5字	卷八	344
		宝顶山圣寿寺曹琼撰《恩荣圣寿寺记》碑第5行第1字	卷八	402
		宝顶山圣寿寺僧万庵等立《重修大佛碑记》第3行第9字	卷八	409
		宝顶山圣寿寺李德《创修□宇大殿碑记》第3行第1字	卷八	414
硚		宝顶山小佛湾石窟零散文物僧晴舟立《实录碑记》第19行第15字	卷八	343
爽		石门山第12号邓怪纪行诗碑第27行第12字	卷五	265
		石篆山佛会寺寺第2号佛会寺觉朗拾饶记第3行第8字	卷五	408
		宝顶山圣寿寺罗元吉撰《关圣碑记》第4行第24字	卷八	404
		多宝塔第43号任亮刊刻冯大学施钱造塔记第1则第7行第4字	卷四	228
盛		石篆山第6号刘纯斋撰修治庙貌神龛记碑第8行第23字	卷五	47
		宝顶山圣寿寺廖沛霖撰《重修宝顶山圣寿寺记》碑第3行第5字	卷八	408
		宝顶山圣寿寺廖沛霖撰重修宝顶山圣寿寺等处庙宇并诸佛像总碑第3行第21字	卷八	412

附录四 《大足石刻全集》铭文异体字与简化字对照表 205

正字	异体字	位置	卷数	页码
雪		南山第5号曹伟卿游南山记第2行第8字	卷五	353
辄		北山佛湾第2号胡密撰韦君靖碑第51行第16字	卷一	42
		宝顶山大佛湾第17号释迦因地剜肉经文第27行第3字	卷七	72
虚		石门山第12号邓栌纪行诗碑第27行第7字	卷五	265
		宝顶山大佛湾第19号"恶祸苦"系偈颂第2行第7字	卷七	159
		宝顶山大佛湾第20号五官大王颂词第4行第2字	卷七	181
		宝顶山大佛湾第21号柳本尊十炼图题记·第六炼心第4行第5字	卷七	258
		宝顶山大佛湾第20号锉碓地狱偈颂第8字	卷七	196
		宝顶山大佛湾第20号饿鬼地狱右侧枷板偈颂第7字	卷七	207
晨		石门山第13-1号杨才友修斋庆赞记第2行第7字	卷五	273
悬		宝顶山大佛湾第29号陈重书七绝诗第2行第2字	卷七	375
啮		宝顶山大佛湾第20号太山大王颂词第3行第4字	卷七	184
		多宝塔第78号僧成书培修多宝塔记第9行第1字	卷四	352
略		石篆山佛会寺《严逊记碑》第20行第25字	卷五	396
		宝顶山大佛湾第30号姜秋舫游记第14行第16字	卷七	397
蛆		宝顶山大佛湾第20号大藏佛说护口经第2行第2字	卷七	213
蛇		宝顶山大佛湾第20号毒蛇地狱经偈第2行第6字	卷七	196
		宝顶山大佛湾第27号史彰撰《重开宝顶碑记》第14行第5字	卷七	312
累		宝顶山小佛湾石窟零散文物僧晴舟立《实录碑记》第6行第13字	卷八	343
		宝顶山大佛湾第15号"究竟怜悯恩"颂词第2行第3字	卷七	27
唯		宝顶山大佛湾第17号大藏佛说大方便佛报恩经第5行第7字	卷七	56
		宝顶山大佛湾第20号转轮圣王颂词第3行第2字	卷七	186

正字	异体字	位置	卷数	页码
崎		南山第5号何格非和张宗彦诗第3行第10字	卷五	351
崩		石门山第11-1号宋以道书"圣府洞"题刻左款第3行第10字	卷五	264
银		南山第5号唐子俊装修玉皇古洞天尊碑记第3行第14字	卷五	354
		南山第5号玉皇观置田产契约碑第4行第7字	卷五	354
秽		宝顶山大佛湾第17号释迦因地行孝剜睛出髓为药经文第8行第4字	卷七	64
		宝顶山大佛湾第22号大秽迹金刚题名第2字	卷七	276
		宝顶山圣寿寺僧永学立《县正堂示》碑第7行第15字	卷八	408
笛		宝顶山圣寿寺王德嘉书张澍《前游宝顶山记》碑第19行第49字	卷八	411
第		宝顶山大佛湾第21号柳本尊十炼图题记·第一炼指碑额第1字	卷七	243
		宝顶山大佛湾第21号柳本尊十炼图题记·第三炼踝碑额第1字	卷七	256
		宝顶山大佛湾第21号柳本尊十炼图题记·第四剜眼碑额第1字	卷七	256
		宝顶山大佛湾第21号柳本尊十炼图题记·第五割耳碑额第1字	卷七	257
		宝顶山大佛湾第21号柳本尊十炼图题记·第八舍臂碑额第1字	卷七	262
		宝顶山大佛湾第21号柳本尊十炼图题记·第九炼阴碑额第1字	卷七	263
		宝顶山大佛湾第21号柳本尊十炼图题记·第十炼膝碑额第1字	卷七	263
		宝顶山大佛湾第23号龙崟声书《与佛有缘》碑并跋文尾款第7行第8字	卷七	290
		宝顶山大佛湾第27号刘畋人撰《重开宝顶石碑记》第11行第14字	卷七	315
		宝顶山大佛湾第21号柳本尊十炼图题记·第六炼心碑额第1字	卷七	258
		宝顶山大佛湾第21号柳本尊十炼图题记·第二立雪碑额第1字	卷七	255
筵		石篆山第6号刘纯斋撰修治庙貌神龛记碑第8行第11字	卷五	47
偕		宝顶山大佛湾第27号玄极立《重修宝事实》碑第2行第15字	卷七	314
偈		宝顶山大佛湾第27号史彰撰《重开宝顶碑记》第7行第44字	卷七	312

正字	异体字	位置	卷数	页码
兜		宝顶山大佛湾第14号"兜率宫"题刻第1字	卷六	337
		宝顶山大佛湾第17号佛因地修行舍身济虎经文第7行第7字	卷七	69
		宝顶山小佛湾第1号第一级塔身东面经目第20行第9字	卷八	20
假		宝顶山大佛湾第17号释迦因地割肉供父母经文第12行第3字	卷七	67
		宝顶山大佛湾第20号大藏佛说华鲜经第2行第5字	卷七	213
		宝顶山小佛湾第1号第一级塔身西面经目第20行第3字	卷八	22
衔		宝顶山圣寿寺僧永学立《县正堂示》碑第1行第5字	卷八	407
船		宝顶山大佛湾第20号速报司官颂词第1行第1字	卷七	186
		宝顶山大佛湾第20号"刀船地狱"题名第2字	卷七	209
龛		石门山第5-1号"观音龛"题名第3字	卷五	152
		石篆山佛会寺《严逊记碑》第1行第11字	卷五	396
悉		北山佛湾第2号胡密撰韦君靖碑第29行第24字	卷一	42
		宝顶山小佛湾第1号第一级塔身南面经目第31行第6字	卷八	21
		宝顶山圣寿寺住持僧立《正堂示禁》碑第8行第21字	卷八	403
欲		南山第5号何光震饯郡守王梦应记碑第11行第25字	卷五	352
		石篆山子母殿外东碑第6号佚名刻"破迷歌"第4行第7字	卷五	416
		宝顶山大佛湾第14号毗卢道场楹联左联第1字	卷六	280
		宝顶山大佛湾第17号大藏佛说大方便佛报恩经第9行第1字	卷七	56
		宝顶山大佛湾第17号释迦佛因地为睒子行孝经文第15行第5字	卷七	74
		宝顶山大佛湾第17号释迦牟尼佛诣父王所看病经文第7行第10字	卷七	76
		宝顶山大佛湾第17号释迦牟尼佛为末世众生设化法故担父王棺经文第5行第18字	卷七	77
		宝顶山大佛湾第18号观无量寿佛经及上品上生经第3行第17字	卷七	110

正字	异体字	位置	卷数	页码
		宝顶山大佛湾第18号中品中生经第3行第13字	卷七	118
		宝顶山大佛湾第18号中品下生经第2行第4字	卷七	118
		宝顶山大佛湾第18号下品上生经第2行第14字	卷七	122
		宝顶山大佛湾第18号下品中生经第2行第21字	卷七	123
		宝顶山大佛湾第18号《再三相劝念弥陀》碑第18行第1字	卷七	147
		宝顶山大佛湾第19号"恶祸苦"系偈颂第3行第4字	卷七	159
		宝顶山大佛湾第20号现报司官颂词第1行第1字	卷七	172
欲		宝顶山大佛湾第20号太山大王颂词第6行第2字	卷七	184
		宝顶山大佛湾第21号柳本尊十炼图题记·第四刲眼第8行第1字	卷七	257
		宝顶山大佛湾第29号康圭题"游圆觉洞有怀"诗第4行第8字	卷七	373
		宝顶山大佛湾第30号牧牛图偈颂·第10组第3行第1字	卷七	391
		宝顶山小佛湾第8号李枕宇和杨昱原韵第8行第3字	卷八	137
		佛祖岩第5则偈语第1行第1字	卷八	259
		宝顶山大佛湾第19号"善福乐"系偈颂·人天五欲第4字	卷七	159
		宝顶山大佛湾第21号柳本尊十炼图题记·第九炼阴第13行第6字	卷七	263
		宝顶山圣寿寺僧慧心立《正堂示禁》碑第9行第26字	卷八	406
彩		多宝塔第7号刘升等镌造如意轮像龛题记第10行第9字	卷四	112
		石篆山佛会寺《严逊记碑》第10行第15字	卷五	396
		宝顶山大佛湾第27号玄极立《重修宝顶事实》碑第10行第14字	卷七	314
		宝顶山大佛湾第27号刘畋人撰《重开宝顶石碑记》第12行第25字	卷七	313
脚		宝顶山大佛湾第21号柳本尊十炼图题记·第三炼踝第7行第3字	卷七	256
脱		石门山第3号赵氏一娘子镌释迦佛龛记及匠师题名第9行第5字	卷五	146

附录四 《大足石刻全集》铭文异体字与简化字对照表　207

正字	异体字	位置	卷数	页码
脱		宝顶山大佛湾第17号释迦牟尼佛诣父王所看病经文第12行第9字	卷七	76
		宝顶山大佛湾第29号觉寿妆銮培修记第2行第8字	卷七	371
		宝顶山小佛湾第1号第一级塔身东面经目第29行第8字	卷八	20
	脱	宝顶山小佛湾第1号第二级塔身西面经目左壁面第11行第13字	卷八	29
		宝顶山小佛湾第2号恒沙佛说大藏灌顶法轮经第1行第25字	卷八	39
		宝顶山圣寿寺维摩殿佛坛维摩卧像题刻第1行第9字	卷八	385
		宝顶山大佛湾第18号中品上生经第8行第11字	卷七	117
	脱	宝顶山大佛湾第18号下品中生经第4行第9字	卷七	123
		宝顶山大佛湾第20号镬汤地狱经偈第6行第5字	卷七	189
逸	遨	多宝塔第54号第八级宝塔上舍钱施主题名第9行第15字	卷四	264
凑	湊	北山佛湾第2号胡密撰韦君靖碑第29行第15字	卷一	42
庶		宝顶山大佛湾第4号戴光升装彩千手观音华严三圣父母恩重经变像镌记第7行第13字	卷六	94
		宝顶山大佛湾第17号《三圣御制佛牙赞》碑第8行第8字	卷七	80
	庻	宝顶山小佛湾第7号《恩荣圣寿寺记》碑第12行第7字	卷八	123
		宝顶山小佛湾石窟零散文物僧晴舟立《实录碑记》第13行第32字	卷八	343
		宝顶山圣寿寺僧万庵等立《重修大佛碑记》第14行第11字	卷八	409
		宝顶山惜字塔第二级塔身西面中部题记第8行第11字	卷八	444
麻	蔴	宝顶山小佛湾石窟零散文物僧晴舟立《实录碑记》第18行第24字	卷八	343
庵	菴	宝顶山小佛湾第1号第一级塔身西面经目第3行第6字	卷八	22
		宝顶山圣寿寺陈宗昭等立《释迦佛碑》第13行第10字	卷八	412
	庵	宝顶山小佛湾石窟零散文物《皇恩》碑第5行第11字	卷八	344
	菴	宝顶山圣寿寺《亘古昭然》碑第7行第7字	卷八	405

正字	异体字	位置	卷数	页码
庵	菴	宝顶山圣寿寺僧万庵等立《重修大佛碑记》第22行第10字	卷八	409
		宝顶山圣寿寺王德嘉书张澍《前游宝顶山记》碑第9行第40字	卷八	410
痒	痒	宝顶山圣寿寺灌顶井窟第3则戒律第2行第8字	卷八	384
族	族	宝顶山大佛湾第7号悟朝立善功部碑第11行第14字	卷六	149
望	望	宝顶山大佛湾第18号大势智观颂词第2行第3字	卷七	137
	望	宝顶山大佛湾第20号铁轮地狱经偈第12行第2字	卷七	218
	望	宝顶山大佛湾第27号史彰撰《重开宝顶碑记》第6行第33字	卷七	312
衮	衮	宝顶山大佛湾第27号刘畋人撰《重开宝顶石碑记》第10行第2字	卷七	315
率	䢖	宝顶山大佛湾第17号佛因地修行舍身济虎经文第7行第8字	卷七	69
	率	宝顶山大佛湾第27号史彰撰《重开宝顶碑记》第10行第31字	卷七	312
		宝顶山大佛湾第18号《普劝持念阿弥陀佛》碑第20行第13字	卷七	146
		宝顶山大佛湾第18号《再三相劝念弥陀》碑第14行第13字	卷七	146
阎	閻	宝顶山大佛湾第20号阎罗天子颂词碑额第1字	卷七	184
		宝顶山大佛湾第20号拔舌地狱经偈第5行第3字	卷七	191
	閻	宝顶山大佛湾第30号姜秋舫游记第5行第19字	卷七	397
盖	蓋	宝顶山大佛湾第21号柳本尊十炼图题记·第九炼阴第14行第1字	卷七	263
	蓋	宝顶山圣寿寺王德嘉书张澍《前游宝顶山记》碑第22行第51字	卷八	411
粗	麤	宝顶山大佛湾第15号佛说不孝罪为先经第8行第5字	卷七	34
断	斷	南山第2号张澍重九日偕友登高记第23行第8字	卷五	299
兽	獸	宝顶山大佛湾第20号天堂地狱论第29行第16字	卷七	224
	獸	宝顶山大佛湾第27号游和书七律诗第5行第8字	卷七	316
焕	煥	宝顶山圣寿寺廖浦霖撰重修宝顶山圣寿寺等处庙宇并诸佛像总碑第10行第22字	卷八	412

208　大足石刻全集　第十一卷

正字	异体字	位置	卷数	页码		正字	异体字	位置	卷数	页码
焕		宝顶山广大寺僧德芳《重创碑》第10行第2字	卷八	425		密		宝顶山小佛湾第9号左壁面右端颂词第6字	卷八	155
		宝顶山广大寺僧洪参《重修小宝顶广大寺观音殿普陀岩碑志铭》第7行第16字	卷八	426		谏		宝顶山大佛湾第17号佛因地修行舍身济虎经文第10行第2字	卷七	69
清		宝顶山大佛湾第7号净明立遥播千古碑第10行第2字	卷六	148				石门山第12-2号但道玄撰建修劝善所叙碑第6行第4字	卷五	267
		宝顶山圣寿寺《亘古昭然》碑第27行第2字	卷八	406		祷		南山第5号张宗彦题七言诗第5行第6字	卷五	350
渎		石篆山第6号县正堂示禁碑第9行第20字	卷五	48				宝顶山大佛湾第27号史彰撰《重开宝顶碑记》第14行第10字	卷七	312
淫		宝顶山大佛湾第19号咏心歌第3行第6字	卷七	163				石篆山第12号僧希昼书严逊记碑第15行第13字	卷五	107
		宝顶山大佛湾第20号截膝地狱经偈第11行第2字	卷七	204				宝顶山大佛湾第19号"恶祸苦"系偈颂·祸	卷七	159
		宝顶山小佛湾第1号第一级塔身西面经目第27行第4字	卷八	22		祸		宝顶山大佛湾第19号咏苦诗第3行第2字	卷七	163
深		南山第2号张湋重游南山诗并跋第4行第16字	卷五	298				宝顶山大佛湾第19号咏心歌第2行第11字	卷七	163
		宝顶山大佛湾第18号释云劝善文第8行第13字	卷七	149				宝顶山大佛湾第19号咏心偈第3行第3字	卷七	164
婆		南山第5号玉皇观置田产契约碑第3行第4字	卷五	354		敢		石门山第12号邓栐纪行诗碑第19行第6字	卷五	265
梁		宝顶山大佛湾第27号刘畋人撰《重开宝顶石碑记》第12行第1字	卷七	313		随		宝顶山圣寿寺僧慧心立《正堂示禁》碑第1行第24字	卷八	406
		宝顶山小佛湾第1号第一级塔身北面右壁面经目第7行第8字	卷八	19		隆		石门山第13-1号张子华等重修大殿记碑第16行第2字	卷五	273
情		南山第5号玉皇观置田产契约碑第3行第8字	卷五	354				宝顶山大佛湾第7号净明立遥播千古碑第10行第4字	卷六	148
惜		宝顶山惜字塔第二级塔身西面中部题记第14行第3字	卷八	444		绮		宝顶山大佛湾第18号《普劝持念阿弥陀佛》碑第12行第13字	卷七	146
惧		北山佛湾第102号霍勤炜题书《教孝》碑第13行第5字	卷二	18				宝顶山大佛湾第20号大藏佛说护口经第9行第7字	卷七	215
寇		南山第5号何光震饯郡守王梦应记碑第6行第12字	卷五	351				南山第2号张湋重九日偕友登高记第24行第20字	卷五	299
寄		宝顶山大佛湾第29号佚名题无题诗第1行第3字	卷七	373				南山第5号张宗彦题七言诗第4行第15字	卷五	350
寂		宝顶山大佛湾第27号史彰撰《重开宝顶碑记》第15行第29字	卷七	312		骑		宝顶山大佛湾第18号《普劝持念阿弥陀佛》碑第6行第10字	卷七	145
宿		宝顶山大佛湾第18号上品中生经第14行第10字	卷七	112				宝顶山圣寿寺王德嘉书张湋《前游宝顶山记》碑第17行第43字	卷八	411
窑		宝顶山小佛湾石窟零散文物僧晴舟立《实录碑记》第11行第9字	卷八	343		绿		宝顶山大佛湾第24号杨渭莘题诗并序第17行第6字	卷七	299
密		宝顶山大佛湾第17号《三圣御制佛牙赞》碑第5行第7字	卷七	80		琢		宝顶山大佛湾第27号刘畋人撰《重开宝顶石碑记》第5行第14字	卷七	315

附录四 《大足石刻全集》铭文异体字与简化字对照表　209

正字	异体字	位置	卷数	页码
琼		宝顶山大佛湾第27号刘畋人撰《重开宝顶石碑记》第18行第3字	卷七	313
	瓊	宝顶山大佛湾第27号玄极立《重修宝顶事实》碑第15行第3字	卷七	314
		宝顶山大佛湾第27号刘畋人撰《重开宝顶石碑记》第17行第3字	卷七	315
	瓊	宝顶山小佛湾第8号王烈和杨昱原韵第4行第1字	卷八	139
款		多宝塔第78号僧成书培修多宝塔记第4行第4字	卷四	352
	欸	南山第5号吕元锡游南山诗并跋第5行第7字	卷五	345
		石门山零散碑刻《正堂宪示》碑第4行第5字	卷五	422
塔	塔	北山佛湾第2号胡密撰韦君靖碑第40行第11字	卷一	42
	塔	南山第2号张澍重九日偕友登高记第24行第3字	卷五	299
		石篆山第12号僧希昼书严逊记碑第16行第13字	卷五	107
	塔	石篆山佛会之塔题刻第4字	卷五	398
		宝顶山大佛湾第17号"净饭大王舍利宝塔"题刻第4行第2字	卷七	77
超	趨	石篆山佛会寺《严逊记碑》第3行第20字	卷五	396
	趨	宝顶山大佛湾第19号咏乐诗第4行第1字	卷七	162
		宝顶山大佛湾第20号太山大王颂词第7行第3字	卷七	184
	超	宝顶山大佛湾第27号刘畋人撰《重开宝顶石碑记》第18行第2字	卷七	313
		宝顶山大佛湾第27号玄极立《重修宝顶事实》碑第15行第2字	卷七	314
插	挿	宝顶山圣寿寺廖沛霖撰《重修宝顶山圣寿寺记》碑第7行第43字	卷八	408
	挿	宝顶山圣寿寺廖沛霖撰重修宝顶山圣寿寺等处庙宇并诸佛像总碑第10行第7字	卷八	412
搜	搜	南山第9号王德嘉步吕张二公留题原韵诗第6行第4字	卷五	368
煮		宝顶山大佛湾第15号佛说不孝之人堕阿毗地狱经第11行第2字	卷七	35
	煮	宝顶山大佛湾第20号铁轮地狱经偈第3行第8字	卷七	218

正字	异体字	位置	卷数	页码
煮	煮	宝顶山圣寿寺柳涯居士书诗第3行第11字	卷八	404
散		石门山第12号邓栢纪行诗碑第23行第2字	卷五	265
	散	宝顶山惜字塔第二级塔身北面中部题记第2行第10字	卷八	445
葬	塟	宝顶山小佛湾第1号第二级塔身东面经目右壁面第11行第8字	卷八	26
葺	葺	石篆山佛会寺《严逊记碑》第11行第31字	卷五	396
戟	戟	宝顶山大佛湾第20号铁轮地狱经偈第9行第9字	卷七	218
朝	朝	石篆山第6号刘纯斋撰修治庙貌神龛记碑第3行第14字	卷五	47
棋	棊	北山佛湾第176号吕元锡等避暑北山题记第2行第2字	卷二	439
	碁	宝顶山大佛湾第18号《普劝持念阿弥陀佛》碑第14行第1字	卷七	146
植		南山第5号县正堂桂示禁碑第8行第22字	卷五	352
	植	宝顶山大佛湾第29号彭世琏装彩圆觉洞像记第1行第3字	卷七	376
焚	燓	宝顶山大佛湾第27号史彰撰《重开宝顶碑记》第10行第3字	卷七	312
赍	賫	宝顶山大佛湾第17号释迦佛因行孝证三十二相经文第9行第9字	卷七	62
棘		石篆山佛会寺《述思古迹记碑》第4行第27字	卷五	396
		宝顶山大佛湾第27号刘畋人撰《重开宝顶石碑记》第8行第16字	卷七	313
	棘	宝顶山大佛湾第27号玄极立《重修宝顶事实》碑第6行第19字	卷七	314
		宝顶山大佛湾第27号刘畋人撰《重开宝顶石碑记》第8行第9字	卷七	315
雁	鴈	南山第2号张澍重九日偕友登高记第29行第16字	卷五	299
	鴈	宝顶山大佛湾第17号释迦因地雁书报太子经文第2行第5字	卷七	69
	鴈	宝顶山圣寿寺曹琼撰《恩荣圣寿寺记》碑第12行第12字	卷八	402
厥	厥	宝顶山广大寺僧德芳《重创碑》第6行第4字	卷八	423
雄	雄	宝顶山大佛湾第27号史彰撰《重开宝顶碑记》第5行第21字	卷七	312

210　大足石刻全集　第十一卷

正字	异体字	位置	卷数	页码
雄		宝顶山小佛湾石窟零散文物李开先撰《宝顶山颂》碑第3行第4字	卷八	342
暂		南山第10号王德铭临山谷道人书后汉诗三篇第8行第11字	卷五	369
		宝顶山大佛湾第20号阎罗天子颂词第4行第1字	卷七	184
辈		北山佛湾第168号潘绂撰《西域坐化大禅师记事》碑第17行第15字	卷二	400
		宝顶山大佛湾第27号玄极立《重修宝顶事实》碑第3行第1字	卷七	314
		宝顶山大佛湾第29号战符题"圆觉洞用韵"诗第3行第7字	卷七	372
悲		宝顶山小佛湾第1号第一级塔身南面经目第8行第8字	卷八	21
		宝顶山小佛湾第1号第三级塔身北面经目左壁面第8行第12字	卷八	31
紫		北山佛湾第156号赵紫光题《西域禅师坐化塔》诗第7行第7字	卷二	342
		多宝塔第43号任亮刊刻冯大学施钱造塔记第1则第4行第13字	卷四	228
		宝顶山小佛湾第8号赵紫光和杨昺原韵第10行第4字	卷八	138
凿		南山第5号何正言凿三清古洞镌记第2行第5字	卷五	345
		宝顶山大佛湾第5号战符题《灵漱泉》诗第3行第1字	卷六	124
		宝顶山大佛湾第27号游和书七律诗第3行第12字	卷七	316
睛		宝顶山圣寿寺王德嘉书张澍《前游宝顶山记》碑第2行第53字	卷八	410
最		北山佛湾第163号无尽老人语录碑第5行第3字	卷二	352
		石门山第12号邓桂纪行诗碑第4行第4字	卷五	265
		宝顶山大佛湾第20号寒冰地狱经偈第3行第3字	卷七	190
		宝顶山大佛湾第18号《普劝持念阿弥陀佛》碑第22行第6字	卷七	146
		宝顶山大佛湾第18号《再三相劝念弥陀》碑第9行第12字	卷七	146
		宝顶山大佛湾第20号剑树地狱经偈第7行第2字	卷七	190
		宝顶山小佛湾第1号第一级塔身南面经目第18行第21字	卷八	21

正字	异体字	位置	卷数	页码
量		宝顶山大佛湾第27号刘畋人撰《重开宝顶石碑记》第5行第26字	卷七	313
		宝顶山大佛湾第27号刘畋人撰《重开宝顶石碑记》第5行第20字	卷七	315
		宝顶山小佛湾第9号《释迦舍利宝塔禁中应现之图》碑左颂词第11字	卷八	165
鼎		石门山南侧石柱姜□□撰《刊刻碑文》第13行第5字	卷五	420
		石门山东侧石柱舒宏明撰《圣府洞置常住田碑序》第2行第4字	卷五	420
		宝顶山大佛湾第8号张龙飞装修千手观音像记正面第5行第8字	卷六	163
		宝顶山大佛湾第29号僧有久修装圆觉洞、万岁楼等处佛像记第1行第13字	卷七	376
		宝顶山圣寿寺僧慧灿《重修山门内石坝碑记》第3行第5字	卷八	401
		宝顶山圣寿寺僧慧心立《正堂示禁》碑第2行第29字	卷八	406
		宝顶山圣寿寺僧万庵等立《重修大佛碑记》第2行第4字	卷八	409
		宝顶山圣寿寺陈宗昭等立《释迦佛碑》第2行第2字	卷八	412
		宝顶山圣寿寺僧慧心立《圣旨》碑第4行第3字	卷八	414
		宝顶山广大寺黄体□撰《永垂万古碑记》第1行第3字	卷八	425
		宝顶山广大寺佚名立《无量□□》碑第1行第16字	卷八	426
		宝顶山大佛湾第27号玄极立《重修宝顶事实》碑第11行第15字	卷七	314
畴		石篆山佛会寺《严逊碑》第18行第19字	卷五	396
践		宝顶山大佛湾第21号柳本尊十炼图题记·第三炼踝第9行第11字	卷七	256
嗟		石门山第12号邓桂纪行诗碑第20行第8字	卷五	265
喽		宝顶山大佛湾第18号《普劝持念阿弥陀佛》碑第18行第13字	卷七	146
赋		石门山第12号邓桂纪行诗碑第11行第1字	卷五	265
铺		宝顶山圣寿寺住持僧立《正堂示禁》碑第7行第4字	卷八	403
锁		宝顶山大佛湾第19号"缚心猿锁六耗"图名第4字	卷七	152

正字	异体字	位置	卷数	页码
锁		宝顶山大佛湾第19号心猿颂第3行第2字	卷七	160
		宝顶山大佛湾第19号锁六耗诗第1行第1字	卷七	164
		宝顶山大佛湾第20号阿鼻地狱经偈第12行第7字	卷七	206
锄		宝顶山大佛湾第27号史彰撰《重开宝顶碑记》第13行第31字	卷七	312
等		北山佛湾第155号徐荣德妆彩孔雀明王佛洞中诸神镌记第1行第11字	卷二	341
		石门山第6号岑忠志造宝蓝手观音镌记第3行第17字	卷五	193
		南山第5号县正堂桂示禁碑第6行第22字	卷五	352
		南山第5号玉皇观置田产契约碑第7行第1字	卷五	354
		石门山南侧石柱姜□□撰《刊刻碑文》第3行第21字	卷五	420
		石门山东侧石柱张书绅撰《契约存照》碑第11行第22字	卷五	421
		宝顶山大佛湾第29号涂永明妆盝圆觉洞像记第6行第1字	卷七	372
		宝顶山小佛湾石窟零散文物僧晴舟立《实录碑记》第8行第13字	卷八	343
		宝顶山圣寿寺僧万庵等立《重修大佛碑记》第17行第1字	卷八	409
		宝顶山广大寺黄体□撰《永垂万古碑记》第8行第11字	卷八	425
		石门山第3号赵氏一娘子镌释迦佛龛记及匠师题名第3行第7字	卷五	146
		石门山第13-1号杨才友修斋庆赞记第1行第8字	卷五	273
		宝顶山大佛湾第2号大藏佛说守护大千国土第4行第5字	卷六	63
		宝顶山大佛湾第20号大藏佛说护口经第7行第9字	卷七	215
		宝顶山小佛湾第1号第一级塔身北面右壁面经目第7行第23字	卷八	19
		宝顶山小佛湾第1号第一级塔身东面经目第13行第14字	卷八	20
		宝顶山小佛湾第2号南无金幢宝胜佛教诫	卷八	43
		石门山第6号岑忠用修造十圣观音洞镌记第11行第19字	卷五	193

正字	异体字	位置	卷数	页码
等		石门山第13-1号杨才友造山王龛镌记及匠师镌名第3行第13字	卷五	271
		宝顶山广大寺黄体□撰《永垂万古碑记》第11行第5字	卷八	425
答		宝顶山大佛湾第17号释迦因地行孝剜睛出髓为药经文第4行第11字	卷七	64
		宝顶山大佛湾第17号释迦因地鹦鹉行孝经文第9行第2字	卷七	66
		宝顶山大佛湾第17号释迦佛因地修行舍身求法经文第11行第5字	卷七	74
牌		石篆山佛会寺《述思古迹记碑》第13行第6字	卷五	397
		宝顶山广大寺黄体□撰《永垂万古碑记》第1行第9字	卷八	425
焦		宝顶山大佛湾第15号佛说不孝之人堕阿毗地狱经第11行第6字	卷七	35
		宝顶山大佛湾第20号阿鼻地狱经偈第14行第2字	卷七	206
		宝顶山圣寿寺柳涯居士书诗第2行第2字	卷八	404
御		宝顶山大佛湾第17号《三圣御制佛牙赞》碑碑额第3字	卷七	80
释		佛祖岩大藏佛说守护大千国土经第6行第4字	卷八	259
		宝顶山广大寺僧德芳《重创碑》第3行第15字	卷八	423
腊		宝顶山大佛湾第21号柳本尊十炼图题记·第七炼顶第3行第1字	卷七	258
		石门山第6号岑忠用修造十圣观音洞镌记第6行第10字	卷五	193
		宝顶山大佛湾第21号柳本尊十炼图题记·第九炼阴第12行第4字	卷七	263
猴		宝顶山大佛湾第19号第12则偈语第42字	卷七	164
		宝顶山大佛湾第4号戴光升装彩千手观音华严三圣父母恩重经变像镌记第15行第7字	卷六	94
然		宝顶山广大寺僧德芳《重创碑》第2行第30字	卷八	423
		宝顶山广大寺僧德芳《重创碑》第10行第3字	卷八	425
就		宝顶山大佛湾第17号释迦因地剜肉经文第11行第6字	卷七	70
闻		宝顶山广大寺僧德芳《重创碑》第6行第16字	卷八	423

正字	异体字	位置	卷数	页码
阔	澗	石篆山佛会寺《述思古迹记碑》第6行第15字	卷五	397
	潤	石门山东侧石柱舒宏明撰《圣府洞置常住田碑序》第2行第22字	卷五	420
	闊	宝顶山大佛湾第20号祖师说法图偈颂第1行第8字	卷七	212
善	善	石门山第12-2号但道玄撰建修劝善所叙碑第6行第14字	卷五	267
		宝顶山大佛湾第7号悟朝立善功部碑第15行第13字	卷六	149
		宝顶山大佛湾第18号《善劝持念阿弥陀佛》碑第7行第11字	卷七	146
	善	宝顶山大佛湾第20号转轮圣王颂词第4行第4字	卷七	186
		宝顶山大佛湾第20号黑暗地狱经偈第5行第2字	卷七	200
		宝顶山大佛湾第21号柳本尊十炼图题记·第四剜眼第12行第8字	卷七	257
		宝顶山小佛湾第1号第一级塔身北面右壁面经目第1行第3字	卷八	19
		宝顶山小佛湾第1号第一级塔身东面经目第11行第7字	卷八	20
	善	宝顶山小佛湾第1号第一级塔身南面经目第18行第2字	卷八	21
		宝顶山小佛湾第1号第一级塔身西面经目第28行第8字	卷八	22
		宝顶山小佛湾第1号第二级塔身北面经目右壁面第4行第24字	卷八	25
		宝顶山大佛湾第16号第3则偈语第3行第1字	卷七	47
	善	宝顶山小佛湾第2号恒沙佛说大藏灌顶法轮经第8行第4字	卷八	39
		佛祖岩第4则偈语第2行第1字	卷八	259
	善	宝顶山小佛湾石窟零散文物众善立《善由人作》碑碑额第1字	卷八	344
尊	尊	北山佛湾第279号王承秀造药师变龛记第1行第28字	卷三	334
		宝顶山大佛湾第5号性聪书残记第1行第3字	卷六	124
	尊	宝顶山大佛湾第7号悟朝立善功部碑第11行第12字	卷六	149
	尊	宝顶山大佛湾第17号大藏佛说大方便佛报恩经第7行第13字	卷七	56

正字	异体字	位置	卷数	页码
尊	公寸	石门山第6号岑忠志造宝蓝手观音龛记第5行第7字	卷五	193
	公寸	石篆山佛会寺《严逊记碑》第1行第6字	卷五	396
		石篆山佛会寺《述思古迹记碑》第8行第34字	卷五	397
		宝顶山大佛湾第29号觉寿妆銮培修记第6行第8字	卷七	372
	公寸	宝顶山大佛湾第29号觉寿妆銮培修记第7行第5字	卷七	372
	尊	宝顶山小佛湾第1号第一级塔身西面经目第29行第10字	卷八	22
		宝顶山小佛湾第9号正壁佛像头顶右侧颂词第2行第2字	卷八	146
道	道	宝顶山大佛湾第21号柳本尊十炼图题记·第二立雪第7行第4字	卷七	255
		佛祖岩大藏佛说守护大千国土经第3行第10字	卷八	259
	衜	宝顶山小佛湾第1号第二级塔身北面经目左壁面第1行第19字	卷八	24
曾	曾	宝顶山大佛湾第17号大藏佛说大方便佛报恩经第10行第25字	卷七	56
		宝顶山大佛湾第17号释迦因地鹦鹉行孝经文第14行第2字	卷七	66
		宝顶山大佛湾第17号《三圣御制佛牙赞》碑第13行第8字	卷七	81
		宝顶山大佛湾第18号下品观颂词第2行第1字	卷七	142
焰	焰	宝顶山大佛湾第15号佛说不孝之人堕阿毗地狱经第7行第6字	卷七	35
		多宝塔第38号邢信道镌造善财参礼普德净光夜神龛题记第2则第2行第2字	卷四	208
		石篆山第6号刘纯斋撰修治庙貌神龛记碑第6行第27字	卷五	47
		南山第4号梅亭诗第2行第3字	卷五	310
游	遊	南山第5号张宗彦题七言诗第13行第4字	卷五	350
		南山第5号残记第2行第8字	卷五	353
		南山第5号曹伟卿游南山记第1行第10字	卷五	353
		宝顶山大佛湾第18号《再三相劝念弥陀》碑第17行第7字	卷七	147

附录四 《大足石刻全集》铭文异体字与简化字对照表　213

正字	异体字	位置	卷数	页码
游		宝顶山大佛湾第21号柳本尊十炼图题记·第一炼指第12行第6字	卷七	255
		宝顶山大佛湾第21号柳本尊十炼图题记·第二立雪第2行第5字	卷七	255
		宝顶山大佛湾第23号龙茝声书《与佛有缘》碑并跋文尾款第4行第12字	卷七	285
		宝顶山大佛湾第24号杨渭莘题诗并序第10行第4字	卷七	298
		宝顶山大佛湾第24号刘翰卿题诗并序第3行第5字	卷七	299
	遊	宝顶山大佛湾第27号刘旸人撰《重开宝顶石碑记》第4行第18字	卷七	313
		宝顶山大佛湾第27号玄极立《重修宝顶事实》碑第10行第42字	卷七	314
		宝顶山大佛湾第27号刘旸人撰《重开宝顶石碑记》第4行第15字	卷七	315
		宝顶山大佛湾第27号游和书七律诗第2行第15字	卷七	316
		宝顶山大佛湾第29号康圭题"游圆觉洞有怀"诗第1行第8字	卷七	373
		宝顶山大佛湾第30号姜秋舫游记第2行第7字	卷七	397
	遊	南山第9号王德嘉步吕张二公留题原韵诗第10行第4字	卷五	368
	遊	石篆山佛会寺《严逊记碑》第8行第38字	卷五	396
滋	滋	宝顶山圣寿寺僧慧心立《圣旨》碑第6行第32字	卷八	414
愧		宝顶山大佛湾第17号大藏佛说大方便佛报恩经第6行第4字	卷七	56
		宝顶山大佛湾第18号下品上生经第2行第12字	卷七	122
	愧	宝顶山大佛湾第18号下品中生经第2行第7字	卷七	123
		宝顶山大佛湾第20号阿鼻地狱经偈第15行第5字	卷七	206
	媿	宝顶山圣寿寺曹琼撰《恩荣圣寿寺记》碑第23行第9字	卷八	402
慨	慨	宝顶山圣寿寺《亘古昭然》碑第7行第33字	卷八	405
割	割	宝顶山大佛湾第21号柳本尊十炼图题记·第五割耳碑额第3字	卷七	257
富	富	宝顶山大佛湾第18号《普劝持念阿弥陀佛》碑第8行第1字	卷七	146

正字	异体字	位置	卷数	页码
富	富	宝顶山大佛湾第20号初江大王颂词第7行第1字	卷七	173
	富	佛祖岩大藏佛说守护大千国土经第4行第16字	卷八	259
	富	宝顶山圣寿寺灌顶井窟第2则戒律第2行第5字	卷八	384
窗	窗	宝顶山惜字塔第二级塔身北面左立柱题记第7行第19字	卷八	444
遍		北山佛湾第134号民国大足石刻考察团记事碑第11行第7字	卷二	189
		石篆山子母殿外东碑第3号残诗碑第9行第14字	卷五	416
		宝顶山大佛湾第13号《佛母大孔雀明王经》经文第9行第5字	卷六	262
		宝顶山大佛湾第17号释迦因地剜肉经文第3行第4字	卷七	70
		宝顶山大佛湾第19号咏心偈第2行第3字	卷七	164
	徧	宝顶山大佛湾第20号剑树地狱经偈第3行第2字	卷七	190
		宝顶山大佛湾第20号铁床地狱经偈第2行第2字	卷七	198
		宝顶山大佛湾第20号黑暗地狱经偈第6行第7字	卷七	200
		宝顶山大佛湾第20号大藏佛说华鲜经第3行第5字	卷七	213
		宝顶山大佛湾第27号游和书七律诗第2行第2字	卷七	316
		宝顶山圣寿寺王德嘉书张澍《前游宝顶山记》碑第23行第30字	卷八	411
	徧	宝顶山小佛湾第9号"毗卢庵"题名及偈句第1行第5字	卷八	141
裙	裙	宝顶山大佛湾第20号天堂地狱论第18行第3字	卷七	224
禅	禅	宝顶山大佛湾第7号悟朝立善功部碑第7行第3字	卷六	149
		宝顶山大佛湾第18号水观颂词第1行第1字	卷七	129
	禅	宝顶山大佛湾第19号"善福乐"系偈颂第1行第6字	卷七	159
		宝顶山大佛湾第19号"善福乐"系偈颂·四禅清净第2字	卷七	160
	禅	宝顶山大佛湾第24号杨渭莘题诗并序第2行第3字	卷七	298

214 大足石刻全集 第十一卷

正字	异体字	位置	卷数	页码
禅		宝顶山大佛湾第30号姜秋舫游记第5行第7字	卷七	397
		宝顶山圣寿寺廖沛霖撰重修宝顶山圣寿寺等处庙宇并诸佛像总碑第7行第7字	卷八	412
谦		宝顶山大佛湾第14号胡靖等游记第4行第3字	卷六	353
属		南山第5号县正堂桂示禁碑第4行第5字	卷五	352
		宝顶山圣寿寺陈宗昭等立《释迦佛碑》第6行第3字	卷八	412
疏		北山佛湾第2号胡密撰韦君靖碑第51行第15字	卷一	42
隙		宝顶山大佛湾第27号游和书七律诗第4行第15字	卷七	316
婿		北山佛湾第279号王承秀造药师变镌记第3行第44字	卷三	334
缘		石门山第6号岑忠用造宝经手观音镌记第5行第6字	卷五	194
		宝顶山大佛湾第17号大藏佛说大方便佛报恩经第8行第3字	卷七	56
		宝顶山大佛湾第17号释迦佛因行孝证三十二相经文第4行第7字	卷七	59
		宝顶山大佛湾第20号宋帝大王颂词第3行第1字	卷七	173
		宝顶山大佛湾第18号观世音观颂词第4行第5字	卷七	137
		宝顶山大佛湾第18号《再三相劝念弥陀》碑第11行第11字	卷七	146
		宝顶山大佛湾第19号祖师颂词第7字	卷七	162
		宝顶山大佛湾第19号咏心偈第3行第12字	卷七	164
		宝顶山大佛湾第19号第12则偈语第32字	卷七	164
		宝顶山大佛湾第20号锉碓地狱经偈第6行第1字	卷七	196
		宝顶山大佛湾第23号龙躄声书《与佛有缘》碑并跋文前款第4字	卷七	285
		宝顶山大佛湾第29号黄朝题培修圆觉洞记第3行第4字	卷七	373
		宝顶山小佛湾第1号第一级塔身西面经目第1行第5字	卷八	22
		宝顶山小佛湾第4号第4则偈语第3行第2字	卷八	85

正字	异体字	位置	卷数	页码
缘		宝顶山小佛湾第9号右额枋偈句第3行第2字	卷八	141
		佛祖岩第2则偈语第3行第2字	卷八	255
		宝顶山大佛湾第23号龙躄声书《与佛有缘》碑并跋文匾心第4字	卷七	285
		宝顶山大佛湾第23号龙躄声书《与佛有缘》碑并跋文尾款第2行第7字	卷七	285
		宝顶山圣寿寺维摩殿佛坛第3则偈语第12字	卷八	399
		宝顶山大佛湾第8号张龙飞装修千手观音像记正面第4行第1字	卷六	163
		宝顶山小佛湾第1号第一级塔身南面经目第3行第20字	卷八	21
		宝顶山小佛湾第1号第三级塔身西面经目左壁面第6行第7字	卷八	35
		宝顶山小佛湾第1号第三级塔身西面经目右壁面第9行第3字	卷八	35
		宝顶山小佛湾第7号《恩荣圣寿寺记》碑第18行第13字	卷八	123
魂		石篆山子母殿外东碑第6号佚名刻"破迷歌"第10行第8字	卷五	416
摄		宝顶山大佛湾第21号柳本尊十炼图题记·第一炼指第9行第9字	卷七	255
		宝顶山小佛湾第2号恒沙佛说大藏灌顶法轮经第8行第32字	卷八	39
鼓		宝顶山大佛湾第27号史彰撰《重开宝顶碑记》第20行第15字	卷七	312
		宝顶山圣寿寺廖沛霖撰《重修宝顶山圣寿寺记》碑第9行第1字	卷八	409
		宝顶山圣寿寺廖沛霖撰重修宝顶山圣寿寺等处庙宇并诸佛像总碑第11行第39字	卷八	412
		宝顶山小佛湾第1号第一级塔身南面经目第28行第10字	卷八	21
携		南山第5号张宗彦题七言诗第12行第2字	卷五	350
		宝顶山大佛湾第18号性寅妆绚观经变左岩像记第4行第8字	卷七	147
		宝顶山大佛湾第18号性寅妆绚观经变右岩像记第4行第1字	卷七	150
		宝顶山惜字塔第二级塔身北面中部题记第1行第8字	卷八	445
勤		南山第10号王德铭临山谷道人书后汉诗三篇第13行第8字	卷五	370

附录四 《大足石刻全集》铭文异体字与简化字对照表　　215

正字	异体字	位置	卷数	页码
勤		宝顶山大佛湾第17号释迦因地剜肉经文第10行第2字	卷七	70
		宝顶山大佛湾第20号刀山地狱经偈第6行第5字	卷七	188
		宝顶山大佛湾第17号大藏佛说大方便佛报恩经第11行第24字	卷七	56
		宝顶山大佛湾第20号镬汤地狱经偈第3行第3字	卷七	189
		宝顶山大佛湾第27号史彰撰《重开宝顶碑记》第13行第38字	卷七	312
		宝顶山大佛湾第27号刘畋人撰《重开宝顶石碑记》第13行第11字	卷七	313
		宝顶山大佛湾第27号刘畋人撰《重开宝顶石碑记》第12行第2字	卷七	315
		宝顶山大佛湾第18号《再三相劝念弥陀》碑第18行第8字	卷七	147
蓝		宝顶山大佛湾第7号净明立遥播千古碑第8行第8字	卷六	148
蒙		宝顶山大佛湾第29号觉寿妆銮培修记第3行第4字	卷七	371
想		宝顶山小佛湾第1号第一级塔身北面右壁面经目第5行第4字	卷八	19
		宝顶山小佛湾第1号第一级塔身西面经目第34行第23字	卷八	22
楼		南山第5号张宗彦题七言诗第6行第9字	卷五	350
		宝顶山大佛湾第4号"广大宝楼阁"题名第4字	卷六	84
		宝顶山大佛湾第18号"大宝楼阁"题名第3字	卷七	100
		宝顶山大佛湾第18号"珠楼"题名第2字	卷七	100
		宝顶山大佛湾第27号游和书七律诗第3行第10字	卷七	316
		石篆山佛会寺《述思古迹记碑》第2行第11字	卷五	396
		宝顶山广大寺僧德芳《重创碑》第4行第20字	卷八	423
概		宝顶山圣寿寺廖沛霖撰重修宝顶山圣寿寺等处庙宇并诸佛像总碑第23行第21字	卷八	413
		宝顶山圣寿寺袁衍和郭通府韵第5行第3字	卷八	403
		宝顶山圣寿寺《亘古昭然》碑第6行第18字	卷八	405

正字	异体字	位置	卷数	页码
橡		石篆山子母殿外西第1号僧圣质"题岩窝古楼"诗第2行第10字	卷五	411
		宝顶山大佛湾第15号佛说不孝罪为先经第8行第4字	卷七	34
		宝顶山圣寿寺僧慧心立《正堂示禁》碑第2行第10字	卷八	406
赖		石门山第6号岑忠用修造十圣观音洞镌记第2行第6字	卷五	193
		宝顶山小佛湾第1号第一级塔身南面经目第20行第9字	卷八	21
		宝顶山小佛湾第1号第一级塔身西面经目第28行第3字	卷八	22
		石篆山第6号刘纯斋撰修治庙貌神龛记碑第3行第20字	卷五	47
		南山第5号唐子俊装修玉皇古洞天尊碑记第4行第22字	卷五	354
		石篆山佛会寺《述思古迹记碑》第8行第16字	卷五	397
		石门山东侧石柱舒宏明撰《圣府洞置常住田碑序》第3行第29字	卷五	421
		宝顶山大佛湾第21号柳本尊十炼图题记·第一炼指第9行第6字	卷七	255
		宝顶山大佛湾第21号柳本尊十炼图题记·第二立雪第7行第5字	卷七	255
感		宝顶山大佛湾第21号柳本尊十炼图题记·第三炼踝第10行第5字	卷七	256
		宝顶山大佛湾第21号柳本尊十炼图题记·第四剜眼第10行第6字	卷七	257
		宝顶山大佛湾第21号柳本尊十炼图题记·第五割耳第7行第3字	卷七	257
		宝顶山大佛湾第21号柳本尊十炼图题记·第六炼心第6行第5字	卷七	258
		宝顶山大佛湾第21号柳本尊十炼图题记·第七炼顶第5行第5字	卷七	258
		宝顶山大佛湾第21号柳本尊十炼图题记·第九炼阴第13行第7字	卷七	263
		宝顶山大佛湾第27号游和书七律诗第2行第6字	卷七	316
		龙潭"古迹龙潭"题刻第4行第2字	卷八	266
碍		石篆山第2号文惟简镌志公和尚龛记第8行第4字	卷五	23
碑		石篆山第6号县正堂示禁碑第11行第6字	卷五	48

正字	异体字	位置	卷数	页码
碑		石门山东侧石柱舒宏明撰《圣府洞置常住田碑序》第1行第8字	卷五	420
		宝顶山大佛湾第27号刘畋人撰《重开宝顶石碑记》碑额第6字	卷七	313
	碑	宝顶山圣寿寺《亘古昭然》碑第1行第10字	卷八	405
		宝顶山圣寿寺僧万庵等立《重修大佛碑记》第1行第5字	卷八	409
		宝顶山广大寺黄体□撰《永垂万古碑记》律诗第4行第4字	卷八	426
		南山第5号唐子俊装修玉皇古洞天尊碑记第1行第9字	卷五	354
		石篆山佛会寺《严逊记碑》第20行第18字	卷五	396
		石篆山佛会寺《述思古迹记碑》第5行第2字	卷五	396
	碑	宝顶山大佛湾第27号刘畋人撰《重开宝顶石碑记》第1行第9字	卷七	315
		宝顶山圣寿寺罗元吉撰《关圣碑记》碑额第3字	卷八	403
		宝顶山圣寿寺廖沛霖撰重修宝顶山圣寿寺等处庙宇并诸佛像总碑第1行第38字	卷八	412
		宝顶山广大寺僧洪参《重修小宝顶广大寺观音殿普陀岩碑志铭》第1行第15字	卷八	426
	碑	石门山第2号众姓同立妆塑玉皇碑记碑额第5字	卷五	141
	碑	南山第5号玉皇观置田产契约碑第19行第4字	卷五	355
		宝顶山大佛湾第27号史彰撰《重开宝顶碑记》第1行第9字	卷七	312
	碑	宝顶山圣寿寺王德嘉书张澍《前游宝顶山记》碑第4行第46字	卷八	410
		宝顶山广大寺僧德芳《重创碑》第11行第32字	卷八	425
		佛祖岩重修大佛寺序第1行第6字	卷八	260
	碑	宝顶山广大寺僧弘参立《万古不朽》碑第1行第7字	卷八	427
	碑	宝顶山小佛湾石窟零散文物僧晴舟立《实录碑记》第19行第23字	卷八	343
		宝顶山圣寿寺僧慧心立《正堂示禁》碑第3行第19字	卷八	406
	碑	宝顶山圣寿寺《善果流芳》碑第1行第17字	卷八	407

正字	异体字	位置	卷数	页码
碰	搖	石篆山佛会寺第2号佛会寺觉朗拾铙记第7行第2字	卷五	408
输		宝顶山圣寿寺《亘古昭然》碑第5行第40字	卷八	405
督	督	北山佛湾第2号胡密撰韦君靖碑第1行第15字	卷一	40
频	頻	石门山第12-2号但道玄撰建修劝善所叙碑第29行第1字	卷五	267
龄	齡	石篆山第6号县正堂示禁碑第2行第20字	卷五	48
鉴	監	石门山第13号僧弘明立道众小引碑第7行第6字	卷五	270
	鑒	石门山第13-1号杨才友造山王龛镌记及匠师镌名第2行第1字	卷五	271
	鑑	南山第5号何光震钱郡守王梦应记碑第2行第5字	卷五	351
		多宝塔第64号佚名造涅槃窟题记第18行第1字	卷四	310
		石门山第6号岑忠志造宝蓝手观音镌记第3行第19字	卷五	193
		石篆山佛会寺《严逊记碑》第20行第37字	卷五	396
		宝顶山大佛湾第4号戴光升装彩千手观音华严三圣父母恩重经变像镌记第10行第4字	卷六	94
		宝顶山大佛湾第17号《三圣御制佛牙赞》碑第3行第2字	卷七	80
睹	覩	宝顶山大佛湾第21号柳本尊十炼图题记·第三炼踝第2行第4字	卷七	256
		宝顶山大佛湾第27号史彰撰《重开宝顶碑记》第3行第13字	卷七	312
		宝顶山大佛湾第27号刘畋人撰《重开宝顶石碑记》第12行第30字	卷七	313
		宝顶山大佛湾第27号刘畋人撰《重开宝顶石碑记》第11行第21字	卷七	315
		宝顶山大佛湾第29号黄朝题培修圆觉洞记第3行第7字	卷七	373
		宝顶山圣寿寺《善果流芳》碑第11行第21字	卷八	407
睫	睫	宝顶山圣寿寺王德嘉书张澍《前游宝顶山记》碑第16行第19字	卷八	411
睡		宝顶山大佛湾第30号姜秋舫游记第9行第1字	卷七	397
鄙	鄙	宝顶山圣寿寺袁衍和郭通府韵第1行第17字	卷八	403

附录四 《大足石刻全集》铭文异体字与简化字对照表 217

正字	异体字	位置	卷数	页码
照		石门山南侧石柱姜□□撰《刊刻碑文》第15行第4字	卷五	420
		石门山零散碑刻《正堂寇示》碑第5行第17字	卷五	422
	照	宝顶山大佛湾第8号张龙飞装修千手观音像记背面第1行第4字	卷六	163
		宝顶山大佛湾第18号观无量寿佛经及上品上生经第17行第5字	卷七	111
		宝顶山大佛湾第18号杨秀爵装彩古佛记第8行第4字	卷七	148
		宝顶山大佛湾第17号释迦因地剜肉经文第31行第2字	卷七	72
	炤	宝顶山大佛湾第17号释迦牟尼佛诣父王所看病经文第11行第7字	卷七	76
	煟	宝顶山大佛湾第30号牧牛图偈颂·第12组第4行第2字	卷七	394
路	路	宝顶山小佛湾石窟零散文物僧晴舟立《实录碑记》第19行第16字	卷八	343
遣		宝顶山大佛湾第18号《再三相劝念弥陀》碑第16行第12字	卷七	147
	遣	宝顶山大佛湾第20号秦广大王颂词第1行第3字	卷七	172
		宝顶山大佛湾第21号柳本尊十炼图题记·第八舍臂第15行第3字	卷七	262
置	罝	石篆山佛会寺《严逊记碑》第17行第4字	卷五	396
	罯	宝顶山圣寿寺僧慧心立《正堂示禁》碑第6行第33字	卷八	406
	置	宝顶山广大寺僧德芳《重创碑》第5行第8字	卷八	423
罪	皐	宝顶山大佛湾第20号都市大王颂词第7行第1字	卷七	185
蜀	蜀	宝顶山大佛湾第27号史彰撰《重开宝顶碑记》第2行第28字	卷七	312
锯	鋸	宝顶山大佛湾第20号"锯解地狱"题名第1字	卷七	198
辞	辤	石门山第12号邓柽纪行诗碑第19行第7字	卷五	265
	辝	宝顶山大佛湾第4号戴光升装彩千手观音华严三圣父母恩重经变像镌记第16行第8字	卷六	94
	辝	宝顶山大佛湾第17号释迦佛因地修行舍身求法经文第21行第18字	卷七	74
		宝顶山大佛湾第21号柳本尊十炼图题记·第三炼踝第4行第10字	卷七	256

正字	异体字	位置	卷数	页码
稔	稔	宝顶山圣寿寺廖沛霖撰重修宝顶山圣寿寺等处庙宇并诸佛像总碑第6行第40字	卷八	412
颓	頽	宝顶山圣寿寺廖沛霖撰《重修宝顶山圣寿寺记》碑第8行第20字	卷八	408
	頽	宝顶山圣寿寺廖沛霖撰重修宝顶山圣寿寺等处庙宇并诸佛像总碑第10行第42字	卷八	412
毵	毿	宝顶山大佛湾第27号玄极立《重修宝顶事实》碑第8行第12字	卷七	314
筹		南山第2号张湖重九日借友登高记第31行第8字	卷五	300
赏	賞	南山第9号王德嘉步吕张二公留题原韵诗第3行第7字	卷五	368
	煋	北山佛湾第143号鲁瀛五古十七韵诗第12行第1字	卷二	271
	毁	石篆山第6号县正堂示禁碑第9行第8字	卷五	48
	毀	宝顶山大佛湾第27号史彰撰《重开宝顶碑记》第10行第4字	卷七	312
		石篆山佛会寺《严逊记碑》第10行第29字	卷五	396
	毀	宝顶山大佛湾第15号佛说不孝罪为先经第4行第7字	卷七	34
毁		宝顶山大佛湾第17号大藏佛说大方便佛报恩经第7行第5字	卷七	56
		宝顶山大佛湾第18号下品中生经第1行第14字	卷七	123
	毀	宝顶山大佛湾第20号五官大王颂词第1行第3字	卷七	181
		宝顶山大佛湾第20号饿鬼地狱左侧枷板偈颂第3字	卷七	207
	燬	宝顶山圣寿寺廖沛霖撰《重修宝顶山圣寿寺记》碑第3行第13字	卷八	408
	燬	宝顶山圣寿寺廖沛霖撰重修宝顶山圣寿寺等处庙宇并诸佛像总碑第3行第29字	卷八	412
	毀	宝顶山广大寺僧德芳《重创碑》第6行第22字	卷八	423
鼠	鼠	宝顶山大佛湾第20号太山大王颂词第3行第1字	卷七	184
牒	牒	北山佛湾第2号胡密撰韦君靖碑第35行第28字	卷一	42
像	像	石篆山佛会寺《严逊记碑》第1行第7字	卷五	396
		宝顶山大佛湾第7号悟朝立善功部碑第10行第11字	卷六	149

正字	异体字	位置	卷数	页码
像		宝顶山大佛湾第7号净明立遥播千古碑第9行第8字	卷六	148
愆		宝顶山大佛湾第15号佛说为于父母□悔罪愆经第2行第6字	卷七	31
腰		南山第9号王德嘉步吕张二公留题原韵诗第4行第6字	卷五	368
		宝顶山圣寿寺碑碣题刻第5饶玉成书诗第1行第8字	卷八	404
肆		宝顶山广大寺僧德芳《重创碑》第2行第7字	卷八	423
猿		宝顶山大佛湾第19号心猿颂第1行第2字	卷七	160
		宝顶山大佛湾第19号第12则偈语第41字	卷七	164
触		宝顶山大佛湾第27号史彰撰《重开宝顶碑记》第16行第6字	卷七	312
解		宝顶山大佛湾第17号释迦因地剜肉经文第4行第8字	卷七	70
		宝顶山大佛湾第18号上品中生经第2行第8字	卷七	112
		宝顶山大佛湾第18号中品上生经第8行第10字	卷七	117
		宝顶山大佛湾第18号下品上生经第11行第15字	卷七	122
		宝顶山大佛湾第18号下品中生经第4行第7字	卷七	123
		宝顶山小佛湾第1号第一级塔身东面经目第29行第7字	卷八	20
		宝顶山小佛湾第1号第二级塔身西面经目左壁面第11行第12字	卷八	29
		宝顶山圣寿寺碑碣题刻第5饶玉成书诗第4行第15字	卷八	404
痴		石篆山佛会寺《严逊记碑》第10行第32字	卷五	396
		宝顶山大佛湾第20号速报司官颂词第2行第3字	卷七	186
廉		南山第5号县正堂桂示禁碑第3行第11字	卷五	352
意		宝顶山小佛湾第1号第一级塔身北面左壁面经目第2行第17字	卷八	19
		宝顶山小佛湾第1号第一级塔身东面经目第11行第9字	卷八	20
		宝顶山小佛湾第1号第一级塔身南面经目第10行第4字	卷八	21

正字	异体字	位置	卷数	页码
意		宝顶山小佛湾第1号第一级塔身西面经目第16行第22字	卷八	22
		宝顶山小佛湾第1号第三级塔身南面经目右壁面第5行第1字	卷八	32
数		石门山第6号侯良造数珠手观音镌记第2行第5字	卷五	196
		宝顶山大佛湾第17号大藏佛说大方便佛报恩经第10行第3字	卷七	56
		宝顶山大佛湾第17号《三圣御制佛牙赞》碑第3行第3字	卷七	80
		宝顶山大佛湾第20号初江大王颂词第3行第4字	卷七	173
慈		宝顶山大佛湾第29号彭世琏装彩圆觉洞像记第6行第8字	卷七	376
		宝顶山小佛湾第1号第一级塔身西面经目第3行第23字	卷八	22
		北山佛湾第103号范祖禹书《古文孝经》碑第一面第8行第12字	卷二	21
		宝顶山大佛湾第18号性寅妆绚观经变左岩像记第2行第8字	卷七	147
		石门山第5号赵维元捐刻阿弥陀佛像镌记第4行第10字	卷五	152
		石门山第6号岑忠用修造十圣观音洞镌记第9行第13字	卷五	193
		宝顶山大佛湾第19号咏心偈第4行第8字	卷七	164
满		宝顶山大佛湾第19号第13则偈语第1行第3字	卷七	164
		宝顶山大佛湾第20号平正大王颂词第2行第1字	卷七	185
		宝顶山大佛湾第20号大藏佛说华鲜经第3行第6字	卷七	213
		宝顶山大佛湾第30号姜秋舫游记第15行第17字	卷七	397
		宝顶山大佛湾第29号僧有久修装圆觉洞、万岁楼等处佛像记第3行第10字	卷七	376
		宝顶山大佛湾第24号刘翰卿题诗并序第11行第5字	卷七	299
		宝顶山大佛湾第27号史彰撰《重开宝顶碑记》第15行第13字	卷七	312
源		石篆山佛会寺《述思古迹记碑》第5行第30字	卷五	396
溯		北山佛湾第149号郭庆祖逃暑岩阿题记第1行第7字	卷二	304

正字	异体字	位置	卷数	页码
溯		宝顶山广大寺僧洪参《重修小宝顶广大寺观音殿普陀岩碑志铭》第12行第4字	卷八	426
谨		宝顶山大佛湾第14号胡靖等游记第5行第8字	卷六	353
		宝顶山大佛湾第27号刘畋人撰《重开宝顶石碑记》第13行第39字	卷七	313
		宝顶山大佛湾第27号刘畋人撰《重开宝顶石碑记》第12行第25字	卷七	315
		宝顶山大佛湾第27号玄极立《重修宝顶事实》碑第11行第36字	卷七	314
		宝顶山大佛湾第29号黄朝题培修圆觉洞记第7行第8字	卷七	374
福		宝顶山大佛湾第29号彭世珽装彩圆觉洞像记第1行第4字	卷七	376
		宝顶山小佛湾第1号第一级塔身东面经目第42行第9字	卷八	20
		宝顶山小佛湾第1号第一级塔身西面经目第32行第9字	卷八	22
		宝顶山小佛湾第1号第三级塔身西面经目左壁面第3行第4字	卷八	35
群		南山第10号王德铭临山谷道人书后汉诗三篇第6行第11字	卷五	369
		石门山南侧石柱余源□撰书《掉常住田》碑第7行第3字	卷五	419
		宝顶山大佛湾第18号大势智观颂词第4行第4字	卷七	138
		宝顶山圣寿寺廖沛霖撰《重修宝顶山圣寿寺记》碑第2行第43字	卷八	408
		宝顶山圣寿寺王德嘉书张澍《前游宝顶山记》碑第12行第37字	卷八	410
		宝顶山圣寿寺廖沛霖撰重修宝顶山圣寿寺等处庙宇并诸佛像总碑第3行第1字	卷八	412
		宝顶山大佛湾第5号宇文屺诗碑第1行第6字	卷六	123
辟		宝顶山大佛湾第16号古圣雷音霹雳诗第2行第4字	卷七	43
		宝顶山大佛湾第27号史彰撰《重开宝顶碑记》12行第31字	卷七	312
憨		宝顶山大佛湾第20号锉碓地狱经偈第8行第2字	卷七	196
叠		宝顶山圣寿寺廖沛霖撰重修宝顶山圣寿寺等处庙宇并诸佛像总碑第3行第5字	卷八	412
缠		宝顶山大佛湾第19号咏心偈第8行第3字	卷七	164

正字	异体字	位置	卷数	页码
缠		宝顶山大佛湾第27号史彰撰《重开宝顶碑记》第3行第19字	卷七	312
		石篆山子母殿外西第5号比丘苣琴栽植柏树记第5行第5字	卷五	412
誓		宝顶山大佛湾第17号释迦因地割肉供父母经文第12行第1字	卷七	67
		宝顶山大佛湾第21号柳本尊十炼图题记·第八舍臂第9行第5字	卷七	262
		北山佛湾第2号胡密撰韦君靖碑第39行第23字	卷一	42
觉		宝顶山大佛湾第27号刘畋人撰《重开宝顶石碑记》第12行第33字	卷七	313
		宝顶山大佛湾第27号刘畋人撰《重开宝顶石碑记》第11行第24字	卷七	315
		北山佛湾第149号刘子发等较试南昌毕事拉游北山题记第2行第22字	卷二	304
		南山第2号张澍重游南山诗并跋第4行第13字	卷五	298
		南山第2号张澍重九日偕友登高记第18行第26字	卷五	299
		南山第5号樊允季领客避暑终日题记第2行第9字	卷五	352
		南山第5号吕元锡挈家寻仙追凉题记第2行第4字	卷五	353
熙		南山第5号梁当之等避暑南山题记第1行第2字	卷五	353
		南山第5号玉皇观置田产契约碑第18行第2字	卷五	355
		宝顶山大佛湾第27号史彰撰《重开宝顶碑记》第8行第45字	卷七	312
		宝顶山大佛湾第27号刘畋人撰《重开宝顶石碑记》第7行第11字	卷七	313
		宝顶山大佛湾第27号刘畋人撰《重开宝顶石碑记》第7行第5字	卷七	315
		南山第5号唐子俊装修玉皇古洞天尊碑记第10行第2字	卷五	354
		宝顶山广大寺佚名立《无量□□》碑第2行第25字	卷八	426
		宝顶山广大寺僧洪参《重修小宝顶广大寺观音殿普陀岩碑志铭》第3行第16字	卷八	426
		宝顶山广大寺黄体□撰《永垂万古碑记》第3行第14字	卷八	425
榛		宝顶山大佛湾第27号刘畋人撰《重开宝顶石碑记》第9行第36字	卷七	313

正字	异体字	位置	卷数	页码
榛		宝顶山大佛湾第27号刘畋人撰《重开宝顶石碑记》第9行第36字	卷七	315
歌		南山第2号王德嘉隶书碑第1行第2字	卷五	294
		石篆山子母殿外东碑第6号佚名刻"破迷歌"第1行第6字	卷五	416
遭		南山第9号王德嘉步吕张二公留题原韵诗第7行第5字	卷五	368
		宝顶山大佛湾第15号佛说不孝之人堕阿毗地狱经第20行第3字	卷七	36
		宝顶山大佛湾第20号速报司官颂词第2行第4字	卷七	186
		宝顶山大佛湾第27号刘畋人撰《重开宝顶石碑记》第7行第48字	卷七	313
		宝顶山大佛湾第27号刘畋人撰《重开宝顶石碑记》第7行第42字	卷七	315
		佛祖岩大藏佛说守护大千国土经第5行第12字	卷八	259
		宝顶山大佛湾第15号偈语第3行第2字	卷七	36
		宝顶山大佛湾第20号秦广大王颂词第7行第2字	卷七	173
碣		宝顶山大佛湾第27号史彰撰《重开宝顶碑记》第19行第26字	卷七	312
愿		石篆山第6号功德主严逊及匠师文惟简镌像记第2行第11字	卷五	47
		宝顶山小佛湾第1号第三级塔身西面经目左壁面第4行第7字	卷八	35
		石门山第3号赵氏一娘子镌释迦佛龛记及匠师题名第9行第7字	卷五	146
		石门山第13-1号杨才友造山王龛镌记及匠师镌名第5行第15字	卷五	271
		宝顶山大佛湾第7号悟朝立善功部碑第16行第4字	卷六	149
		宝顶山大佛湾第17号释迦因地鹦鹉行孝经文第9行第8字	卷七	66
		宝顶山大佛湾第17号释迦因地雁书报太子经文第16行第4字	卷七	70
		宝顶山大佛湾第17号释迦因地剜肉经文第6行第4字	卷七	70
		宝顶山大佛湾第17号释迦佛因地为睒子行孝经文第5行第3字	卷七	73
		宝顶山大佛湾第17号释迦佛因地修行舍身求法经文第15行第4字	卷七	74

正字	异体字	位置	卷数	页码
		宝顶山大佛湾第17号释迦牟尼佛为末世众生设化法故担父王棺经文第3行第15字	卷七	77
		宝顶山大佛湾第18号观无量寿佛经及上品上生经第12行第9字	卷七	110
		宝顶山大佛湾第18号上品中生经第5行第3字	卷七	112
		宝顶山大佛湾第18号中品中生经第2行第20字	卷七	118
		宝顶山大佛湾第21号柳本尊十炼图题记·第八舍臂第9行第4字	卷七	262
		宝顶山大佛湾第27号刘畋人撰《重开宝顶石碑记》第4行第41字	卷七	313
		宝顶山大佛湾第32号佛说大鱼事经文第10行第5字	卷七	408
		宝顶山小佛湾石窟零散文物李开先撰《宝顶山颂》碑第2行第5字	卷八	342
		宝顶山大佛湾第18号中品上生经第2行第18字	卷七	117
		宝顶山大佛湾第18号中品下生经第4行第13字	卷七	118
愿		宝顶山大佛湾第18号性寅妆绚观经变左岩像记第3行第8字	卷七	147
		宝顶山大佛湾第18号性寅妆绚观经变右岩像记第3行第2字	卷七	150
		宝顶山大佛湾第21号柳本尊十炼图题记·第三炼踝第8行第3字	卷七	256
		宝顶山大佛湾第27号刘畋人撰《重开宝顶石碑记》第12行第31字	卷七	315
		宝顶山大佛湾第17号《三圣御制佛牙赞》碑第8行第2字	卷七	80
		宝顶山大佛湾第20号宋帝大王颂词第4行第3字	卷七	173
		宝顶山大佛湾第21号柳本尊十炼图题记·第一炼指第10行第8字	卷七	255
		宝顶山大佛湾第21号柳本尊十炼图题记·第九炼阴第5行第2字	卷七	263
		宝顶山大佛湾第21号柳本尊十炼图题记·第十炼膝第8行第6字	卷七	263
		宝顶山大佛湾第27号史彰撰《重开宝顶碑记》第15行第10字	卷七	312
霙		宝顶山圣寿寺王德嘉书张澍《前游宝顶山记》碑第2行第31字	卷八	410
睿		宝顶山大佛湾第17号《三圣御制佛牙赞》碑第1行第13字	卷七	80

正字	异体字	位置	卷数	页码
睿		宝顶山小佛湾第9号《释迦舍利宝塔禁中应现之图》碑碑左颂词第6字	卷八	165
睐		宝顶山大佛湾第17号释迦因地割肉供父母经文第5行第3字	卷七	67
阕		宝顶山小佛湾第1号第一级塔身东面经目第8行第2字	卷八	20
踊		北山佛湾第103号范祖禹书《古文孝经》碑第六面第9行第20字	卷二	22
蜡		宝顶山大佛湾第21号柳本尊十炼图题记·第六炼心第2行第4字	卷七	258
算		北山佛湾第136号王陞造数珠手观音像龛记第5行第10字	卷二	257
算		石门山第6号侯惟正造善财功德像龛记第4行第5字	卷五	194
算		南山第5号玉皇观置田产契约碑第5行第16字	卷五	354
算		宝顶山大佛湾第18号《普劝持念阿弥陀佛》碑第8行第11字	卷七	146
算		宝顶山小佛湾第9号《释迦舍利宝塔禁中应现之图》碑碑左颂词第7字	卷八	165
算		宝顶山小佛湾石窟零散文物僧晴舟立《实录碑记》第22行第8字	卷八	343
算		宝顶山圣寿寺张龙□等装修大佛湾、圣寿寺像记第10行第18字	卷八	413
管		石门山东侧石柱张书绅撰《契约存照》碑第11行第12字	卷五	421
管		宝顶山圣寿寺僧慧心立《圣旨》碑第2行第15字	卷八	414
管		宝顶山圣寿寺僧慧心立《正堂示禁》碑第6行第28字	卷八	406
舆		宝顶山大佛湾第17号"王棺舆"题刻第3字	卷七	77
鼻		佛祖岩大藏佛说守护大千国土经第5行第19字	卷八	259
槃		宝顶山大佛湾第20号截膝地狱经偈第14行第7字	卷七	204
槃		宝顶山大佛湾第20号阿鼻地狱经偈第5行第10字	卷七	206
槃		宝顶山大佛湾第20号大藏佛说华鲜经第8行第6字	卷七	213
		宝顶山大佛湾第29号四部经目第4行第5字	卷七	370
		宝顶山小佛湾第2号恒沙佛说大藏灌顶法轮经第3行第31字	卷八	39

正字	异体字	位置	卷数	页码
槃		宝顶山小佛湾第1号第一级塔身东面经目第22行第8字	卷八	20
		石门山第12-2号但道玄撰建修劝善所叙碑第7行第1字	卷五	267
鲜		宝顶山大佛湾第20号大藏佛说华鲜经第1行第6字	卷七	205
鲜		宝顶山大佛湾第20号大藏佛说华鲜经第1行第6字	卷七	213
裹		宝顶山大佛湾第19号咏心偈第8行第5字	卷七	164
裹		宝顶山大佛湾第20号铁轮地狱经偈第2行第3字	卷七	209
裹		宝顶山大佛湾第21号柳本尊十炼图题记·第九炼阴第12行第6字	卷七	263
裹		宝顶山大佛湾第27号史彰撰《重开宝顶碑记》第10行第18字	卷七	312
敲		南山第9号王德嘉步吕张二公留题原韵诗第13行第5字	卷五	368
遮		石门山第6号岑忠用修造十圣观音洞龛记第8行第4字	卷五	193
粼		宝顶山大佛湾第24号刘翰卿题诗并序第7行第6字	卷七	299
漆		宝顶山大佛湾第18号《再三相劝念弥陀》碑第6行第7字	卷七	146
漆		宝顶山圣寿寺僧永学立《县正堂示》碑第13行第4字	卷八	408
漾		宝顶山大佛湾第5号战符题《灵湫泉》诗第3行第4字	卷六	124
慢		北山佛湾第103号范祖禹书《古文孝经》碑第一面第6行第4字	卷二	21
谯		南山第5号张宗彦题七言诗第9行第8字	卷五	350
谯		南山第5号曹伟卿游南山记第1行第1字	卷五	353
慧		宝顶山小佛湾第1号第一级塔身东面经目第12行第4字	卷八	20
播		宝顶山圣寿寺住持僧立《正堂示禁》碑第6行第2字	卷八	403
擒		宝顶山圣寿寺王德嘉书张澍《前游宝顶山记》碑第9行第56字	卷八	410
毂		宝顶山大佛湾第7号净明立遥播千古碑第10行第13字	卷六	148
毂		宝顶山大佛湾第18号曾志敏书"西竺一脉"题刻第5行第2字	卷七	151

222　大足石刻全集　第十一卷

正字	异体字	位置	卷数	页码
毂	穀	宝顶山大佛湾第27号史彰撰《重开宝顶碑记》第21行第11字	卷七	312
聪	聡	石篆山第6号功德主严逊及匠师文惟简镌像记第3行第5字	卷五	47
		宝顶山大佛湾第5号性聪书残记第2行第8字	卷六	124
		宝顶山大佛湾第18号性寅妆绚观经变左岩像记第9行第1字	卷七	147
		宝顶山大佛湾第18号性寅妆绚观经变右岩像记第7行第12字	卷七	150
觐	覲	宝顶山广大寺僧洪参《重修小宝顶广大寺观音殿普陀岩碑志铭》第12行第22字	卷八	426
嗣	嗣	宝顶山大佛湾第15号"投佛祈求嗣息"颂词第2行第3字	卷七	9
		宝顶山大佛湾第15号"乳哺养育恩"颂词第4行第2字	卷七	25
横	横	宝顶山大佛湾第27号史彰撰《重开宝顶碑记》第6行第44字	卷七	312
槐	槐	宝顶山小佛湾第1号第二级塔身东面经目右壁面第5行第15字	卷八	26
敷	敷	宝顶山大佛湾第17号释迦因地剜肉经文第5行第8字	卷七	70
影	影	石门山第12号邓栓纪行诗碑第25行第11字	卷五	265
	影	宝顶山大佛湾第5号战符题《灵湫泉》诗第4行第4字	卷六	124
踏	踏	宝顶山大佛湾第29号战符题"圆觉洞用韵"诗第5行第6字	卷七	372
	踏	宝顶山大佛湾第29号康圭题"游圆觉洞有怀"诗第6行第1字	卷七	373
骸	骸	宝顶山大佛湾第17号佛因地修行舍身济虎经文第5行第3字	卷七	69
镌	鐫	宝顶山圣寿寺王德嘉书张澍《前游宝顶山记》碑第9行第4字	卷八	410
稽	稽	宝顶山大佛湾第17号释迦佛因地修行舍身求法经文第18行第2字	卷七	74
		宝顶山大佛湾第20号平正大王颂词第6行第4字	卷七	185
	稽	宝顶山大佛湾第17号《三圣御制佛牙赞》碑第6行第5字	卷七	80
	稽	宝顶山大佛湾第27号史彰撰《重开宝顶碑记》第12行第34字	卷七	312
稻	稻	宝顶山大佛湾第17号释迦因地鹦鹉行孝经文第5行第3字	卷七	64

正字	异体字	位置	卷数	页码
稻	稻	宝顶山大佛湾第20号大藏佛说华鲜经第7行第7字	卷七	213
篆	篆	石篆山佛会寺《严逊记碑》第5行第29字	卷五	396
	篆	石篆山佛会寺《述思古迹记碑》第4行第38字	卷五	396
	篆	宝顶山广大寺僧德芳《重创碑》第12行第7字	卷八	425
德		南山第11号王德嘉书"寿"字题刻右款第4字	卷五	371
		南山第13号王德嘉书"绝尘"题刻右款第9字	卷五	372
		石门山南侧石柱余源□撰书《掉常住田》碑第7行第18字	卷五	419
	德	宝顶山大佛湾第17号释迦因地剜肉经文第6行第3字	卷七	70
		宝顶山大佛湾第27号刘畋人撰《重开宝顶石记》第5行第28字	卷七	313
		宝顶山大佛湾第27号玄极立《重修宝顶事实》碑第13行第2字	卷七	314
		宝顶山大佛湾第27号刘畋人撰《重开宝顶石记》第5行第22字	卷七	315
		宝顶山大佛湾第27号游和书七律诗第1行第2字	卷七	316
	德	宝顶山大佛湾第7号悟朝立善功部碑第14行第12字	卷六	149
	德	宝顶山小佛湾第1号第一级塔身北面右壁面经目第9行第5字	卷八	19
		宝顶山小佛湾第1号第一级塔身东面经目第18行第1字	卷八	20
		宝顶山小佛湾第1号第一级塔身南面经目第6行第1字	卷八	21
	德	宝顶山小佛湾第1号第一级塔身西面经目第31行第13字	卷八	22
		宝顶山小佛湾第1号第二级塔身西面经目右壁面第7行第3字	卷八	29
		宝顶山小佛湾第1号第一级塔身东面经目第18行第17字	卷八	20
	德	宝顶山小佛湾第1号第一级塔身南面经目第29行第19字	卷八	21
		宝顶山小佛湾第1号第二级塔身西面经目左壁面第11行第9字	卷八	29
	德	宝顶山小佛湾第1号第一级塔身西面经目第31行第20字	卷八	22

附录四 《大足石刻全集》铭文异体字与简化字对照表　223

正字	异体字	位置	卷数	页码
膝		宝顶山大佛湾第20号"截膝地狱"题名第1行第2字	卷七	201
		宝顶山大佛湾第21号柳本尊十炼图题记·第十炼膝碑额第4字	卷七	263
		宝顶山大佛湾第21号柳本尊十炼图题记·第十炼膝第7行第12字	卷七	263
摩		宝顶山大佛湾第29号康圭题"游圆觉洞有怀"诗第4行第9字	卷七	373
熠		宝顶山大佛湾第27号史彰撰《重开宝顶碑记》第8行第14字	卷七	312
澍		宝顶山圣寿寺王德嘉书张澍《前游宝顶山记》碑第1行第8字	卷八	410
鹤		南山第2号张澍重游南山诗并跋第7行第4字	卷五	298
戮		北山佛湾第2号胡密撰韦君靖碑第48行第10字	卷一	42
髻		宝顶山小佛湾第1号第一级塔身东面经目第19行第10字	卷八	20
		宝顶山小佛湾第1号第一级塔身西面经目第33行第5字	卷八	22
燕		宝顶山大佛湾第18号《普劝持念阿弥陀佛》碑第2行第11字	卷七	145
颠		石篆山子母殿外东碑第6号佚名刻"破迷歌"第15行第4字	卷五	416
		宝顶山大佛湾第20号大藏佛说华鲜经第19行第8字	卷七	205
		宝顶山大佛湾第20号粪秽地狱第1组经偈第17行第2字	卷七	222
		宝顶山大佛湾第30号牧牛图偈颂·第6组第4行第7字	卷七	384
		宝顶山小佛湾第2号恒沙佛说大藏灌顶法轮经第2行第32字	卷八	39
橐		宝顶山大佛湾第27号刘畋人撰《重开宝顶石碑记》第10行第24字	卷七	313
		宝顶山大佛湾第27号刘畋人撰《重开宝顶石碑记》第10行第21字	卷七	315
臻		宝顶山大佛湾第20号平正大王颂词第3行第1字	卷七	185
		北山佛湾第279号王承秀造药师变龛记第2行第32字	卷三	334
冀		多宝塔第7号刘升等镌造如意轮像龛题记第11行第5字	卷四	112
		石门山第6号庞师上造如意轮观音龛记第2行第8字	卷五	196

正字	异体字	位置	卷数	页码
冀		石门山第13-1号杨才友造山王龛镌记及匠师镌名第7行第3字	卷五	273
餐		宝顶山大佛湾第15号"咽苦吐甘恩"颂词第5行第5字	卷七	20
踵		宝顶山广大寺僧洪参《重修小宝顶广大寺观音殿普陀岩碑志铭》第11行第23字	卷八	426
蹄		南山第2号张澍重游南山诗并跋第1行第11字	卷五	298
器		宝顶山大佛湾第20号刀船地狱经偈第23行第4字	卷七	212
圆		多宝塔第54号王堂化众舍钱建塔第八级镌记及功德主题名上部左铭文第3行第1字	卷四	263
		南山第5号张宗彦题七言诗第2行第1字	卷五	350
		石篆山第6号功德主严逊及匠师文惟简镌像记第1行第15字	卷五	47
		石门山第13-1号杨才友修斋庆赞记第3行第3字	卷五	273
		宝顶山大佛湾第15号佛说于父母供养三宝经第6行第1字	卷七	31
		宝顶山大佛湾第15号佛说于父母□悔罪愆经第9行第1字	卷七	34
		宝顶山大佛湾第15号佛说不孝罪为先经第12行第5字	卷七	35
		宝顶山大佛湾第15号佛说不孝之人堕阿毗地狱经第17行第1字	卷七	36
		宝顶山大佛湾第17号大藏佛说大方便佛报恩经第3行第24字	卷七	56
赞		宝顶山大佛湾第17号释迦佛因地修行舍身求法经文第18行第4字	卷七	74
		宝顶山大佛湾第18号上品中生经第9行第2字	卷七	112
		宝顶山大佛湾第18号中品上生经第5行第11字	卷七	117
		宝顶山大佛湾第18号中品中生经第4行第18字	卷七	118
		宝顶山大佛湾第18号下品上生经第3行第5字	卷七	122
		宝顶山大佛湾第18号下品中生经第4行第3字	卷七	123
		宝顶山大佛湾第20号刀山地狱经偈第3行第3字	卷七	188
		宝顶山大佛湾第20号剑树地狱经偈第5行第1字	卷七	190

正字	异体字	位置	卷数	页码
赞		宝顶山大佛湾第20号毒蛇地狱经偈第3行第1字	卷七	196
		宝顶山大佛湾第20号锉碓地狱经偈第3行第3字	卷七	196
	讚	宝顶山大佛湾第20号黑暗地狱经偈第3行第1字	卷七	200
		宝顶山圣寿寺陈宗昭等立《释迦佛碑》第6行第11字	卷八	412
		宝顶山大佛湾第17号《三圣御制佛牙赞》碑碑额第7字	卷七	80
	赞	宝顶山大佛湾第27号史彰撰《重开宝顶碑记》第17行第12字	卷七	312
		宝顶山小佛湾第9号《释迦舍利宝塔禁中应现之图》碑第17行第15字	卷八	173
穆	穆	石门山第12号邓栓纪行诗碑第30行第12字	卷五	265
	穆	宝顶山大佛湾第29号僧有久修装圆觉洞、万岁楼等处佛像记第2行第13字	卷七	376
	穆	宝顶山圣寿寺曹琼撰《恩荣圣寿寺记》碑第19行第24字	卷八	402
雕	雕	南山第2号张澍重九日偕友登高记第6行第21字	卷五	299
	雕	宝顶山小佛湾第1号第二级塔身东面经目左壁面第6行第3字	卷八	25
廪	廩	宝顶山圣寿寺廖沛霖撰《重修宝顶山圣寿寺记》碑第10行第2字	卷八	409
燃	燃	宝顶山圣寿寺僧永学立《县正堂示》碑第6行第29字	卷八	408
濛	濛	宝顶山大佛湾第21号柳本尊十炼图题记·第四剜眼第4行第7字	卷七	257
		宝顶山大佛湾第21号柳本尊十炼图题记·第五割耳第2行第2字	卷七	257
壁	壁	宝顶山圣寿寺王德嘉书张澍《前游宝顶山》碑第2行第27字	卷八	410
	巘	南山第2号张澍重九日偕友登高记第30行第22字	卷五	299
鞠	鞠	宝顶山大佛湾第27号刘畋人撰《重开宝顶石碑记》第6行第24字	卷七	315
	鞠	宝顶山圣寿寺廖沛霖撰重修宝顶山圣寿寺等处庙宇并诸佛像总碑第12行第6字	卷八	412
藏	藏	北山佛湾第53号种审能造阿弥陀佛龛镌记第1则第1行第4字	卷一	215
	藏	宝顶山大佛湾第13号《佛母大孔雀明王经》经文第1行第2字	卷六	249

正字	异体字	位置	卷数	页码
藏	藏	宝顶山大佛湾第15号佛说为于父母供养三宝经第1行第2字	卷七	31
		宝顶山大佛湾第15号佛说为于父母□悔罪愆经第1行第2字	卷七	31
		宝顶山大佛湾第17号释迦因地行孝剜睛出髓为药经文第2行第2字	卷七	64
		宝顶山大佛湾第20号阿鼻地狱经偈第1行第2字	卷七	206
		北山佛湾第52号黎氏造阿弥陀佛龛镌记第2则第2行第2字	卷一	211
		宝顶山大佛湾第17号释迦因地雁书报太子经文第1行第2字	卷七	69
		宝顶山大佛湾第17号《三圣御制佛牙赞》碑第4行第8字	卷七	80
		宝顶山大佛湾第18号观无量寿佛经及上品上生经第1行第2字	卷七	110
		宝顶山大佛湾第18号中品中生经第1行第2字	卷七	118
		宝顶山大佛湾第18号下品中生经第1行第2字	卷七	123
		宝顶山大佛湾第20号大藏佛说出曜经第1行第2字	卷七	196
		宝顶山大佛湾第20号截膝地狱经偈第1行第2字	卷七	204
	藏	宝顶山大佛湾第20号大藏佛说华鲜经第1行第2字	卷七	205
		宝顶山大佛湾第20号饿鬼地狱经偈第1行第2字	卷七	207
		宝顶山大佛湾第20号大藏佛说护口经第1行第2字	卷七	213
		宝顶山大佛湾第20号粪秽地狱第1组经偈第1行第2字	卷七	219
		宝顶山大佛湾第27号刘畋人撰《重开宝顶石碑记》第13行第48字	卷七	313
		宝顶山大佛湾第27号刘畋人撰《重开宝顶石碑记》第13行第2字	卷七	315
		宝顶山小佛湾第1号第一级塔身西面经目第5行第19字	卷八	22
		宝顶山小佛湾第1号第二级塔身东面经目左壁面第1行第2字	卷八	25
		佛祖岩龛前案台题刻第7字	卷八	259
	藏	宝顶山大佛湾第15号佛说不孝罪为先经第1行第2字	卷七	34

附录四 《大足石刻全集》铭文异体字与简化字对照表　225

正字	异体字	位置	卷数	页码
藏		宝顶山大佛湾第15号佛说不孝之人堕阿毗地狱经第1行第2字	卷七	35
		宝顶山大佛湾第17号大藏佛说大方便佛报恩经第1行第2字	卷七	56
		宝顶山大佛湾第17号释迦佛因行孝证三十二相经文第2行第2字	卷七	59
		宝顶山大佛湾第17号释迦因地鹦鹉行孝经文第2行第2字	卷七	64
		宝顶山大佛湾第17号释迦因地割肉供父母经文第2行第2字	卷七	67
		宝顶山大佛湾第17号佛因地修行舍身济虎经文第2行第2字	卷七	69
		宝顶山大佛湾第17号释迦因地刺肉经文第2行第2字	卷七	70
		宝顶山大佛湾第17号释迦佛因地为睒子行孝经文第2行第2字	卷七	73
		宝顶山大佛湾第17号释迦佛因地修行舍身求法经文第2行第2字	卷七	74
		宝顶山大佛湾第17号释迦牟尼佛为末世众生设化法故担父王棺经文第2行第2字	卷七	77
		宝顶山大佛湾第18号上品中生经第1行第2字	卷七	112
		宝顶山大佛湾第20号刀船地狱经偈第1行第2字	卷七	209
		宝顶山大佛湾第20号大藏佛说华鲜经第1行第2字	卷七	213
		宝顶山大佛湾第20号铁轮地狱经偈第1行第2字	卷七	215
		宝顶山大佛湾第20号粪秽地狱第3组经偈第1行第2字	卷七	222
		宝顶山大佛湾第27号史彰撰《重开宝顶碑记》第5行第25字	卷七	312
		宝顶山大佛湾第20号镬汤地狱经偈第1行第2字	卷七	218
		宝顶山小佛湾石窟零散文物明成化七年香炉镌记第3行第1字	卷八	341
		宝顶山大佛湾第21号柳本尊十炼图题记·第四割眼第11行第3字	卷七	257
		宝顶山大佛湾第27号刘畋人撰《重开宝顶石碑记》第12行第11字	卷七	313
		宝顶山圣寿寺曹琼撰《恩荣圣寿寺记》碑第7行第6字	卷八	402
		石门山南侧石柱余源□撰书《掉常住田》碑第2行第23字	卷五	419

正字	异体字	位置	卷数	页码
檐		宝顶山圣寿寺王德嘉书张澍《前游宝顶山记》碑第22行第43字	卷八	411
檀		宝顶山大佛湾第17号释迦因地行孝剜睛出髓为药经文第11行第4字	卷七	64
		宝顶山大佛湾第21号柳本尊十炼图题记·第三炼踝第6行第4字	卷七	256
		宝顶山圣寿寺僧慧心立《正堂示禁》碑第8行第29字	卷八	406
壑		宝顶山大佛湾第27号刘畋人撰《重开宝顶石碑记》第2行第18字	卷七	313
		宝顶山大佛湾第27号刘畋人撰《重开宝顶石碑记》第2行第18字	卷七	315
		宝顶山圣寿寺僧慧心立《正堂示禁》碑第9行第27字	卷八	406
		宝顶山圣寿寺王德嘉书张澍《前游宝顶山记》碑第23行第49字	卷八	411
瞧		宝顶山大佛湾第30号姜秋舫游记第8行第6字	卷七	397
瞩		宝顶山大佛湾第23号龙蜚声书《与佛有缘》碑并跋文尾款第4行第2字	卷七	285
屬		北山佛湾第260号佛顶尊胜陀罗尼经第5行第6字	卷三	277
		北山佛湾第271号佛顶尊胜陀罗尼经第5行第12字	卷三	300
襄		石门山东侧石柱舒宏明撰《圣府洞置常住田碑序》第5行第17字	卷五	421
		宝顶山小佛湾石窟零散文物众善立《善由人作》碑第7行第13字	卷八	344
		宝顶山圣寿寺罗元吉撰《关圣碑记》第4行第15字	卷八	404
濬		宝顶山大佛湾第17号《三圣御制佛牙赞》碑第9行第15字	卷七	81
翼		宝顶山大佛湾第27号刘畋人撰《重开宝顶石碑记》第11行第25字	卷七	315
鍪		宝顶山大佛湾第20号铁轮地狱经偈第9行第8字	卷七	218
藤		宝顶山大佛湾第27号史彰撰《重开宝顶碑记》第3行第16字	卷七	312
羯		佛祖岩大藏佛说守护大千国土经第3行第18字	卷八	259
翻		宝顶山大佛湾第15号佛说不孝罪为先经第2行第3字	卷七	34
		宝顶山小佛湾第1号第二级塔身南面右端颂词第1行第5字	卷八	26

226　大足石刻全集　第十一卷

正字	异体字	位置	卷数	页码
壁		宝顶山广大寺僧德芳《重创碑》第4行第29字	卷八	423
攀		宝顶山大佛湾第19号祖师颂词第6字	卷七	162
醮		南山第5号何格非和张宗彦诗第2行第18字	卷五	351
醮		南山第5号邓早阆辛酉岁张、何二公诗跋第2行第13字	卷五	351
蹬		北山佛湾第156号赵紫光题《西域禅师坐化塔》诗第8行第3字	卷二	342
觑		北山佛湾第2号胡密撰韦君靖碑第7行第20字	卷一	41
麒		石门山第11-1号宋以道书"圣府洞"题刻右款第2行第6字	卷五	264
鳖		宝顶山圣寿寺《牖壁四邻赞》碑第12行第9字	卷八	400
骥		石篆山佛会寺《严逊记碑》第21行第18字	卷五	396
鬓		宝顶山圣寿寺柳涯居士书诗第1行第12字	卷八	404
耀		宝顶山大佛湾第27号史彰撰《重开宝顶碑记》第8行第16字	卷七	312
鳞		宝顶山大佛湾第27号玄极立《重修宝顶事实》碑第11行第37字	卷七	314
鳞		宝顶山小佛湾第9号《释迦舍利宝塔禁中应现之图》碑第15行第8字	卷八	173
鬘		宝顶山小佛湾第1号第一级塔身西面经目第33行第1字	卷八	22
髓		宝顶山大佛湾第17号释迦因地行孝刻睛出髓为药经文第1行第10字	卷七	64
廱		南山第2号王德嘉隶书碑第7行第4字	卷五	294
囊		宝顶山大佛湾第29号彭世琏装彩圆觉洞像记第6行第10字	卷七	376
囊		宝顶山圣寿寺廖沛霖撰重修宝顶山圣寿寺等处庙宇并诸佛像总碑第7行第40字	卷八	412
麟		宝顶山圣寿寺碑碣题刻第5饶玉成书诗第3行第6字	卷八	404
爨		宝顶山小佛湾石窟零散文物僧晴舟立《实录碑记》第11行第14字	卷八	343

索 引

索引

黎方银　张媛媛　黄能迁　邓启兵　赵凌飞　刘贤高　米德昉

凡　例

一、本索引检索范围包括第一至八卷上册（文本册）及第九卷《大足石刻专论》，未包括第一至八卷下册（图版册），以及第十卷《大足石刻历史图版》、第十一卷《附录及索引》。

二、本索引分为六部分：

（一）人名索引，包括人名、僧名、佛名、菩萨名、神名等。

（二）地名索引，包括国名、地名、洞窟名、寺院名、塔名及机构名等。

（三）书名索引，包括书名、期刊名、著述名、资料名等。

（四）铭文索引，包括造像记、培修记、装绚记、碑碣、题刻名等。

（五）年号索引。

（六）重要术语索引。

鉴于本报告集所涉北山佛湾、石篆山、石门山、南山、宝顶山石窟及多宝塔龛窟名已以附录形式列出，故本索引未再列目收入。请分别参见：《北山佛湾石窟造像一览表》（第三卷附录）；《多宝塔龛窟造像一览表》（第四卷附录一）；《石篆山、石门山、南山石窟造像一览表》（第五卷附录一）；《宝顶山大佛湾石窟造像一览表》（第七卷附录）；《宝顶山小佛湾石窟、宝顶山石窟周边区域造像及转法轮塔、释迦真如舍利宝塔造像一览表》（第八卷附录一）。

三、为便于检索，除年号以时间先后为序排列外，其余皆按现行汉语拼音字母次序排列。多字条目，第一字相同者，依第二字的拼音字母次序排列；第二字相同者，依第三字的拼音字母次序排列，以此类推。

四、各项条目以常用的称谓作主目，其他称谓以及对主目的补充说明附于主目之后的括号内。为节省篇幅，全部异称皆排在一起，不另立参见条目。在本报告集中常见，且出现频次过高的条目未收入，如"重庆""大足石刻""重庆出版社""宝顶山""北山"等。

五、日文和英文的人名、地名、书名等放在每部分之后另排。

六、条目所在卷数，用"D"字母加阿拉伯数字表示；页码用阿拉伯数字表示。如"阿底峡 D9　139，143，144，158"，表示该条目在第九卷第139、143、144、158页出现。同一条目在同一页码如出现若干次，仅标注该页码，未标注出现的次数。

七、正文（包括列表）中的主目及异称页码，用普通的阿拉伯数字表示；注释（包括插图说明）中出现的条目页码，在阿拉伯数字下画单线；正文及注释均出现的条目页码，在阿拉伯数字下画双线。如"大威德明王 D7　425，435；D9　152"，表示该条目出现在第七卷第425页正文及注释中、第七卷第435页正文中、第九卷第152页注释中。

八、为方便检索，汉语拼音索引前编有《索引字头笔画检字》表，供参考。

索引字头
笔画检字

一画

一 264, 306, 318, 344
乙 318

二画

二 243, 276, 296, 332
丁 243
十 257, 302, 303, 316, 340, 341
七 282, 338, 339
卜 239
人 282, 302, 339
入 302, 339
八 289, 329
九 248, 278, 313, 336
了 251
力 300

三画

三 256, 283, 302, 315, 339, 340
于 265, 287, 307, 319
工 244, 298
下 269, 344
丈 345
大 242, 275, 291, 292, 293, 294, 295, 296, 310, 321, 322, 323, 324, 331
与 345
万 259, 285, 317, 326
上 257, 283, 302, 340
小 286, 288, 318

山 256, 283, 302, 316, 340
千 255, 282, 301, 302, 315, 339
川 274, 275, 290, 331
广 245, 277, 298, 321, 322
义 264, 306
尸 257, 302
弓 244
子 288, 308
也 306
女 315
飞 276, 333
叉 330
马 253, 280, 314, 337

四画

丰 297
王 259, 260, 285, 317
开 279, 299, 321, 323
天 259, 285, 305, 317, 321, 322, 323, 326, 342
元 265, 307, 321, 323, 324, 325
无 261, 285, 305, 317, 343
韦 260, 261, 305, 317
云 265, 287, 307, 345
艺 286, 306
木 254, 269, 281
五 261, 262, 285, 305, 343
支 268
不 239, 240
太 258, 285, 304, 321, 323
历 300
戈 244
比 273, 290, 310
止 287
日 256, 302, 339

中 287, 288, 307, 308, 322, 346
内 281
水 257, 284, 303, 342
贝 330
牛 254, 281
毛 253
长 240, 274, 290, 321, 322
仁 256, 282, 302, 321
仇 256
化 277, 313, 335
介 299
从 242, 290
父 298, 312, 333, 334
公 244
月 265, 287, 345
风 333
丹 275, 296
乌 285
凤 276, 333
勾 312
六 300, 314, 337
文 261, 285, 305, 317
方 244, 276, 333
火 247, 313, 335
心 262, 306, 318, 344
尹 265
引 265
卍 305
孔 249, 279, 299, 336
巴 239, 270, 289
以 306
邓 242, 243, 275, 311
双 284, 342

五画

玉 265, 287, 319

未 305, 343
正 267, 287, 307, 320, 326, 345
邛 282, 302
功 244, 312, 334
甘 244, 276, 334
世 284, 303
艾 239, 270
古 245, 277, 298, 312
本 239, 330
左 268
右 307
石 257, 283, 284, 303, 316
布 240
戊 317
龙 252, 279, 280, 300, 314, 337
平 281, 301, 321
灭 338
东 243, 276, 296, 332
北 239, 273, 290, 310, 329, 330
卢 252
业 318
旧 278
申 257
电 332
田 259, 305
由 344
史 257
央 306
冉 256
四 257, 284, 303, 304, 317, 342
丘 256
付 244, 312
代 242

仙	286		六画	回	335	米	253, 280
白	239, 270, 289, 310, 329	刑	318	朱	268, 308	江	247, 278, 299
他	342	邢	262, 318	先	262, 306	汝	282
瓜	298	圭	334	竹	288	忏	330
丛	290, 331	吉	247, 278, 299	传	310	兴	262, 286
令	251	考	299	休	263	宇	265, 319
印	265, 286, 306	老	249, 299	伏	244, 311	守	257, 303, 317
乐	279, 299	巩	277	优	265, 306, 344	安	239, 270, 289
外	343	地	275, 296, 311, 331, 332	佃	296	军	249
邝	249, 313	扬	264, 286	延	263, 286, 306, 326	祁	255
冯	244, 297, 311	共	334	仲	268	许	263
玄	263, 318	亚	306	任	256, 315	论	300, 314
兰	279	朴	255	伦	280	阮	256
半	289, 329	机	278	华	277, 299, 334, 335	孙	258
汉	245, 277, 298, 312	过	298	自	268, 308	阳	263
忉	275, 310, 331	亘	312	伊	264	阴	306
宁	281	再	307	向	262	如	256, 302, 339
写	344	西	262, 286, 305, 306, 318, 344	后	299	负	265
礼	336	有	265, 287, 306	行	262, 344	观	277, 298, 312, 334
记	299	百	239, 270, 289	全	302	牟	254
永	265, 286, 287, 306, 319, 321, 322, 326	达	242, 275, 291, 310	会	278, 321, 335	欢	246, 335
司	257	列	300	合	277, 298, 334		
尼	254, 281	成	241, 274, 290, 326	众	320		七画
民	280, 301, 314, 328	夹	278, 299	杂	307	寿	257, 284
弗	244	夷	306	名	314	麦	280, 300
弘	245, 246, 299, 321, 325, 326	毕	239	多	243, 276, 296	玛	280
		至	287, 321, 323, 325, 326	冲	274	进	336
出	290, 330	贞	307, 321	妆	320	戒	299
辽	279, 300	师	257, 283	庄	268	运	287
发	332	尖	278, 335	庆	256, 282, 302, 323, 325	扶	276
圣	257, 283, 302, 316, 321, 340	光	277, 312, 322, 328, 334	刘	251, 252, 279, 300, 314	坛	304, 342
		吐	285, 305	齐	255, 282, 335	孝	306, 321
对	296	团	343	交	335	护	277, 299, 334
台	284, 285, 342	同	327, 328	产	330	志	268
母	254	吕	253, 314	羊	263	报	273, 290, 329
丝	303	因	265	并	273, 330	花	277, 334
				关	245, 277, 298	严	263

芦	280		311, 333	陈	240, 241, 274, 290, 310	尚	340
克	249, 279	伽	247	陀	305, 343	具	336
苏	258, 284, 304	余	265, 319	妙	253, 254, 280, 300, 314	昙	258, 342
杜	243, 311	希	262	忍	256, 339	昆	249, 279, 336
杏	318	谷	245	邵	258	国	277
巫	285	龟	282	鸡	278, 299	昌	240, 274
李	249, 250, 279, 300, 313, 314	鸠	248			明	254, 314, 323, 338
		邹	268		**八画**	易	306
杨	263, 264, 318	言	263	环	335	咏	319
求	256, 339	庑	243	武	262, 285, 305, 321, 322, 344	罗	253, 314, 337
两	279, 300	库	279			岭	279, 300
酉	307	应	286, 344	青	256, 282, 302	岷	280
丽	250	庐	280	现	306, 318	图	305
来	279	辛	262	表	290	钓	275
步	240, 330	闵	254	拨	289	知	268, 287
坚	247	汪	259	拘	248	牧	269, 315, 338
肖	262, 318	沙	256, 283, 302, 340	抱	329	和	277, 298
时	257	沧	273	招	287	竺	268
吴	261, 285, 317	汴	273	若	315	岳	265, 287
县	318	沈	257	茂	280	供	334
园	287	沉	330	苗	253	帛	239
邮	287	快	336	苟	244	径	278
别	290	宋	258, 284, 304, 317	范	243, 244, 297, 311	舍	257, 302, 316, 340
岐	282	宏	245	茅	300	金	248, 278, 299, 335, 336
帐	345	究	299	林	251, 279	受	303, 341
岑	240, 310	证	307, 321	松	257, 284	贪	258
我	305	诃	245, 298	杭	277, 298	念	281
利	325	启	255, 282	述	317	贫	301
秀	263	补	290	画	313	周	268, 288, 320
私	303	初	330	卧	285	鱼	345
每	280	社	283, 302	事	341	狐	313
何	245, 312, 313	灵	279	雨	265	变	330
但	242, 310	层	330	奈	281	京	278
佚	318, 319	张	266, 267, 307	欧	254, 301	庞	254, 315
伯	239	陆	253, 280, 300	转	268, 320, 346	夜	264, 286, 344
住	320	阿	239, 270, 276, 289, 310, 329	软	339	底	296, 331
佛	244, 276, 297, 298,			贤	262, 306, 344	净	248, 278, 299, 313, 336

刻	299, 336	参	290		315, 338	施	257
郑	267, 268, 287	线	286	贵	277	闻	261, 343
卷	336	绍	323, 324, 325	思	257, 303	养	306
浅	302	经	278, 336	响	286	美	280, 300
法	243, 276, 297, 311, 332, 333			幽	287	姜	247, 313
		九画		钟	268, 288	送	258
河	277, 298	契	255, 282	钦	255	娄	252
泸	280	持	241, 290, 310, 330	拜	270	前	302
沮	248	城	274	看	279	首	284, 303
泗	284, 304	政	324	选	263	炳	239
注	268, 308	赵	267, 287, 307, 319, 320	香	262, 286, 318	洪	246, 326
沱	285	指	307, 320	种	241, 310	洛	280
波	239, 273, 330	垫	275	科	279, 336	洺	280
泾	278	荆	278	重	274, 290, 310	济	247
治	323	荐	278	复	276	津	248
性	263, 318	茶	274	段	243, 296	恒	299, 313
学	286	茗	280	顺	257, 284, 317, 326, 326, 342	觉	248, 279, 299, 313
宝	239, 270, 271, 272, 273, 289, 290, 310, 321, 329	荒	246	修	318, 344	宣	286, 306, 324, 326, 328
		荣	256, 282	保	273	穿	331
		故	277, 298	俄	296	语	307
宗	268, 288, 308	胡	246, 313	俗	342	扃	248
定	243	南	254, 281, 301, 315	皇	277, 313, 323, 324	祖	268, 320
宕	275	药	264, 286, 306, 318, 344	禹	287	神	257, 302, 340
宜	286	柏	270	侯	246, 313	屋	343
穹	339	柳	252, 300, 314, 336, 337	须	263, 286, 344	屏	281
试	303	树	257, 317, 342	叙	286	费	244
房	276	柬	278	剑	278	逊	318
建	278, 299, 322, 324, 326	咸	321, 323, 327	俞	265	眉	280, 337
屈	256	威	260	胜	283, 302	胥	263
弥	253, 280, 300, 337, 338	砌	315	胎	304, 342	除	241
孟	253	残	310	狮	257, 340	险	286
孤	298	背	330	独	243, 276	姚	264
陕	283, 302	战	266	昝	265	贺	245, 277
降	262, 344	临	279, 300, 314, 336	饶	256, 315	癸	298, 312
陔	276	显	306, 321, 322, 344	彦	263	结	335
姓	306	星	306	帝	275, 332	绕	302
迦	247, 278, 299, 335	毗	254, 255, 281, 301,			绘	299

骆	253	峨	276	海	245, 277, 298, 312	萧	262
统	323	峰	276	涂	259, 317	萨	256, 302, 339
		圆	265, 287, 307, 345	浴	307	梦	300

十画

秦	255, 256	钱	255, 282	浮	244, 333	梵	297, 311, 333
珠	288, 320	铁	285	润	283	梅	253, 300, 314
捐	313	造	307	涌	287	梓	288
袁	265, 319	积	247, 278	悟	262, 317, 318	救	248, 313
都	276	秘	300	宰	265	曹	240, 310
哲	345	息	262	朗	249	奢	302
逝	284, 341	郫	281	诸	308	斋	296
耿	244	徐	263, 318	读	296	龚	244
莲	251, 336	般	239, 290, 330	祥	286	盛	257
莫	254, 280, 281, 301	颂	317	调	342	雪	263
莞	285	鸦	330	展	345	虚	263
晋	278	饿	332	陵	279	雀	339
恶	332	凌	279	陶	258	常	240, 274
莎	256	高	244, 269, 276, 277, 298, 312	通	342	悬	344
真	267, 287, 288, 307, 345	郭	245, 312	能	301	曼	337
桂	245, 277, 298, 312	席	262	难	254	冕	338
郴	274	座	288	绢	336	晚	322
栖	282	斋	345	绥	284	略	300
根	298	衮	312			崔	242, 310
速	317	唐	258, 285, 304, 305, 317, 321, 322, 342	十一画		崇	241, 274, 290, 324, 326
栗	251	资	288, 308	理	250	铜	285
贾	247	凉	279, 300	授	341	铭	254, 314
翅	310	旁	338	教	278, 335	秽	247
夏	262	阆	279	培	315	笼	337
破	255	粉	333	接	335	第	311
原	265, 307	益	286, 306	菁	278	偃	286
顾	245	朔	284	勒	313	偈	313, 335
顿	332	烟	286	黄	246, 247, 278, 313	兜	276, 311, 332
柴	240	剡	344	菊	299	得	242
虔	339	浙	287, 307	菩	255, 281, 301, 338	盘	281
紧	248	酒	278	萍	301	龛	313
剔	342	婆	284, 342	营	306	脱	259
恩	311			乾	255, 282, 315, 321, 322, 323, 325, 327	象	286
						减	335

庵 270	插 274	释 303, 316, 317, 341	楚 274
康 249, 279, 313, 326	斯 257	鲁 252, 314	榆 287, 307
章 287	联 279	颖 286	楼 252, 337
翊 264	募 315	装 308, 320, 346	置 248
商 283	葛 244	敦 276, 296, 332	赖 249, 279, 299
旌 278	董 243	童 259	甄 320
阎 257, 340	葡 338	善 256, 257, 283, 302, 316, 340	感 334
阁 263	敬 248, 278		碑 273
清 256, 282, 302, 323	蒋 248	翔 286	鄂 277
添 305	韩 245, 277	普 255, 282, 301, 315, 338	雷 249, 336
淑 257	朝 274, 287, 330	尊 346	频 255
渑 302	辜 244	道 242, 275, 296, 310, 327, 331	虞 265, 287
淳 323, 325	惠 247, 278, 313		鉴 247
涪 276	覃 255	遂 284, 304, 342	睒 256, 302
深 257, 283	雅 286	曾 266, 287, 319	歇 344
婆 255, 281, 338	翘 339	湖 277, 299	照 267
梁 251, 279, 300, 314	紫 268, 288, 346	温 261, 317	丰 279
惜 318	棠 285	渝 287	嗣 257
寂 299	晴 256	游 265, 306, 319, 344	蜀 303
宿 258, 284, 304	最 268, 346	割 334	锡 306, 344
密 253, 280, 300, 338	景 248, 299, 321, 322, 323	富 244, 276	简 278, 299
尉 265	跋 289, 329	寓 307	微 260
隆 280, 326	喻 265	遍 239	腾 259
续 306	黑 277	禅 240, 290, 330	触 331
维 261, 285, 305, 317, 343	锁 317	谢 262, 318	解 248, 318
绵 280, 300	智 268, 307, 345	遐 286	靖 324
绶 284	犊 332	登 275, 296	新 262, 286, 306
	稊 247		雍 286, 323, 326
十二画	程 241	**十三画**	数 257
塔 284	筑 288	瑞 282, 283, 339	慈 241, 242, 275, 290, 331
搭 331	策 274	瑜 307, 345	源 265
越 307	傅 244, 276	摄 302	褚 241
超 240	牌 315	鹊 339	裥 336
提 259	集 278	蓝 249	福 276, 298, 311, 312, 333
博 330	傍 329	蓬 281, 338	群 302
喜 262, 286	奥 270	蒲 255, 281, 282	辟 338
彭 254, 281, 315	舒 257, 284, 317, 341	蒙 253, 280	缚 312, 334

索引 237

十四画

静 248，278
碧 239，273
嘉 278，299，313，323，
　　325，326，327
蔡 240，310
熙 323
歌 244，312
裴 254
蝉 330
骷 336
鹘 334
舆 307
僧 256，302，315，316
鲜 262
廖 251，314
端 243，323，325
精 248，336
漆 255
谭 258
僬 255
暨 247
翟 266
缪 254

十五画

慧 247，278
增 266，307
靼 275
赜 265
樊 243，276，311
墨 314，315
黎 249，313
箱 286
牖 319，345
德 242，275，296
摩 254，280，301，338

颜 263
羯 335
遵 288
潭 258
潘 254，315
潼 285
澄 241
鹤 313
豫 319

十六画

燕 263，286
霍 247，313
氅 330
黔 282
赞 265
穆 254
衡 277
雕 296
磨 280
辩 239，290
燃 256

十七画

戴 242，310
鞞 255
藏 265，273，274，307，345
镡 304
魏 261，317
徽 278
鹫 279
蹇 247，313
臂 330

十八画

藤 285
覆 334

瞿 256
羂 336
璧 273

十九画

攒 331
藻 345
儴 256

二十画

灌 334

二十一画

夔 279

二十二画

懿 286

二十三画

麟 279，300

一、人名索引

A

阿閦佛（阿閦、阿閦）　　D7　421，424，425；D8　20，121，201，285，333，336，338；D9　108，113，131，213，214，407

阿底峡　　D9　139，143，144，158

阿地瞿多　　D9　207

阿那律　　D7　420；D9　130

阿阇世　　D7　423；D8　20，21；D9　113，114，115，130，337，338，364，366

阿修罗（修罗）　　D1　247；D5　276，385；D6　249；D7　160，418，421，423，424，429，430，434；D9　147，150，151，205，263，298，302，303，305，314，318，320，323，324，333

艾国寿　　D8　434

艾洪恩　　D2　90

安丙　　D9　407，411，414，417，419，444

安养居士　　D7　425；D8　121

B

巴仁钦贝　　D9　158

白拂手观音　　D9　312

白化文　　D9　330

白衣观音　　D8　410；D9　383，406，432，434，445，446，448，449，450，451，456，458，461

白中培　　D9　192，404

百桥明穗　　D9　282

宝乘和尚　　D9　330

宝光如来　　D8　254

宝髻　　D7　419，429；D9　119

宝髻长者　　D4　164，518，527，542

宝金如来　　D8　254

宝经手观音　　D5　193，276，384

宝镜观音　　D5　195，276，384

宝镜手观音（宝镜手）　　D9　435，437，438，439，440，442，445，447，448，450，451，456，459，461

宝蓝手观音（宝篮手观音）　　D5　193，276，383，384；D9　422，423，440，445，447，463

宝莲手观音　　D5　195，276

宝瓶手观音　　D9　432，433

宝扇手观音　　D5　194，276，384；D9　312，431，432，445，448，456

宝生佛（宝生）　　D7　424，425；D8　121，201，333，336，338；D9　108，131，213，214

宝胜然灯法炬佛（宝胜燃灯法炬佛）　　D8　332，334，338

宝思惟　　D1　247

宝相不动最胜佛　　D8　325，334，338

宝相不动尊王佛　　D8　325

宝月智严光音自在王如来　　D9　287

宝志（志公）　　D2　501；D3　393，414；D4　526，530，551；D5　13，23，112，113，382，396；D9　37，83，85，86，87，88，89

宝珠手观音（宝珠手）　　D5　384；D9　435，436，439，443，446，449，451，456

北进一　　D1　28

北周武帝（宇文邕）　　D9　207

本冲　　D6　149

本刚　　D4　135

本观　　D6　149

本国　　D6　149

本合　　D6　149

本钦　　D6　149

本堂　　D6　149

本孝　　D4　135

毕沅　　D9　217

毕云　　D8　344

碧峰　　D5　397

遍友童子（遍友童子师）　　D4　315，522，529，546

遍智　　D1　190

辨才天　　D9　265

辩音　　D7　426，436

炳灵公　　D5　117

波罗奈王　　D9　209

般剌密帝　　D9　262

般若　　D9　143，166，203，407

般若斫羯啰　　D1　92

伯希和　　D9　90，223，225，226，227，251

伯有　　D7　224

帛尸梨蜜多罗　　D9　284，298，299

卜商　　D5　46，113，382

不动佛　　D9　213

不动明王　　D1　190, 247；D3　389, 391, 392, 403, 404；D4　522, 530, 547；D9　266, 267, 268

不动优婆夷（不动优婆姨）　　D4　185, 519, 528, 542

不动尊金刚明王　　D7　425, 435

不空　　D1　92, 190；D7　421；D8　121；D9　108, 139, 142, 157, 172, 247, 250, 261, 262, 264, 265, 266, 282, 298, 299, 300, 301, 302, 305, 310, 312, 314, 320, 325, 326, 330, 332, 333, 334

不空成就佛（不空成就，不空成就如来）　　D7　424, 425；D8　201, 333, 336, 338；D9　108, 213, 214, 407

不空羂索观音（不空羂索）　　D1　28；D2　138, 276, 357, 358, 500, 501；D3　128, 129, 388, 389, 392, 393, 409, 410, 411, 412, 413, 414, 416；D4　519, 521, 522, 523, 524, 530, 545, 547, 549；D9　45, 50, 51, 52, 53, 115, 172, 288, 326, 329, 446, 449, 462

布袋和尚（契此）　　D9　88

步掷金刚明王　　D7　271, 425, 435

C

蔡秉彰　　D9　337, 404

蔡京　　D2　23, 28

蔡峻峰　　D5　299

蔡元志　　D4　96, 536, 538, 540

曹丹　　D1　28；D9　192, 404

曹公旭耀（曹旭耀）　　D4　352, 353, 354

曹琼　　D8　202, 401；D9　163, 190

曹世廉　　D5　352

曹学佺　　D1　25, 40, 92；D3　385；D6　24；D9　38, 70

曹中孚　　D9　343

曹中建　　D1　13

曹仲元　　D9　335

岑忠信　　D5　194, 384

岑忠用　　D5　193, 194, 384

岑忠志　　D5　193, 384

柴玉梅　　D9　68

柴泽俊　　D9　68

禅月大师　　D3　385；D9　38

昌远　　D8　408, 413

长广敏雄　　D9　288

长生太子　　D5　114

长寿王　　D5　13, 112, 113, 114, 382, 396, 397；D8　22；D9　117

常超　　D5　352

常灭　　D7　421

常明修　　D6　24

常青　　D9　178, 251

常书鸿　　D1　12

超禅　　D6　20；D8　123, 342

超慈　　D7　314

超福　　D7　314

超洪　　D7　314

超敬　　D8　341

超觉　　D7　314

超玘　　D7　313, 314, 315

超琼　　D7　313, 314, 315

超荣　　D7　314

超如　　D7　314

超习　　D7　314

超贤　　D7　313, 314, 315

超祥　　D7　314

超性　　D7　314

超学　　D7　314, 315

超严　　D7　314

超一　　D7　314

超用　　D7　314

超祖　　D7　314

陈伯疆　　D5　299, 354

陈昌其　　D9　404

陈充　　D5　195, 384

陈纯冕　　D5　48

陈纯钦　　D5　48

陈道荣　　D5　48

陈德用　　D2　304

陈典　　D6　27

陈刚　　D6　33

陈皓　　D9　275

陈皞　　D6　33

陈红帅　　D9　432

陈怀文　　D4　355

陈卉丽　　D6　34；D7　317

陈吉　　D2　229, 330, 331；D3　386, 398, 410
陈杰　　D1　34；D2　12；D3　12；D4　8；D5　5
陈敬瑄　D1　107, 137；D9　70
陈敬钊　D1　44；D9　75
陈静　　D1　12, 14, 34；D2　12；D3　12；D4　8；
　　　　D5　5, 410；D6　34；D7　5, 6；D8　5；D9　47, 104, 404
陈静喜　D3　222, 384, 418；D9　94, 337, 376
陈娟娟　D9　445
陈獒　　D9　300, 335
陈令成　D9　208
陈梦雷　D9　222
陈明达　D1　11；D6　25, 26；D9　110
陈明光（东登）　D1　6, 11, 12, 13, 19, 26, 27, 40, 73；D2　27, 262, 408；D3　384；D4　4, 9, 58, 93, 358, 373, 521, 523, 524, 525, 526；D5　13, 125, 373, 396；D6　25, 26, 27, 28, 207, 338；D7　128, 417, 422, 423, 425；D8　1, 120, 198, 202, 400, 462；D9　36, 37, 38, 56, 57, 58, 70, 77, 86, 105, 163, 164, 192, 231, 235, 258, 266, 305, 377, 398, 404, 407, 474
陈平平　D9　408, 417
陈清香　D6　27；D7　419；D9　264
陈荣柱　D8　451
陈汝宽　D1　27
陈绍珣　D3　250, 386, 387, 397, 399；D9　39
陈绍虞　D5　48
陈世松　D5　285
陈蜀仪　D9　38
陈述之　D2　90
陈思恭　D9　202
陈文明　D2　241；D3　386, 410；D9　36
陈希夷　D7　285
陈习删（习删）　D1　11, 16, 24, 26；D2　27, 189, 357, 500；D3　235；D4　4, 9；D5　13, 126, 242, 277, 285；D6　25, 26, 249；D7　419, 423, 424, 425, 426；D8　199, 200；D9　129, 139, 159, 163, 191, 218, 241, 269, 279, 298, 302, 333, 377
陈昕之（昕之）　D5　352
陈新柏　D4　352, 353, 354
陈秀慧　D9　333

陈怡安　D9　337, 404, 463, 470
陈用庚（用庚）　D5　352
陈玉女　D1　28
陈垣　　D9　84
陈悦新　D9　56, 66, 68, 69, 404
陈泽生　D8　408
陈肇修　D5　48
陈忠武　D9　75
陈灼　　D1　13, 27；D3　223；D5　9, 13, 114, 377；D6　27, 28；D7　370, 417, 424；D8　44, 468；D9　179, 181
陈宗昭　D6　20；D8　411, 412
成寒　　D1　11；D6　25
成书　　D4　1, 352, 353, 354, 522, 547, 548
成寻　　D9　330
程椿蔚　D1　11；D2　189
程郭村　D9　209
程颢　　D9　157
程晖和　D9　209
程彦晖　D1　171；D3　403；D9　35
程宅安　D9　144, 152, 155, 156
澄观　　D9　239, 240, 247
澄静　　D8　200；D9　111, 132, 218
澄圆　　D9　334
持国天王（提多罗咤）　D7　421；D8　348, 385；D9　207
持印观音（玉印观音）　D1　28；D2　138, 276；D3　129, 354, 388, 389, 392, 393, 409, 410, 416, 420；D4　484, 525, 530, 550；D9　18, 45, 50, 51, 53, 54, 405, 406, 409, 422, 424, 439, 440, 442, 444, 446, 448, 449, 450, 451, 455, 456, 463
种审能　D1　26, 215；D3　381, 385, 404；D9　35
崇书　　D4　337, 341, 347
除盖障菩萨（除盖障）　D7　277, 425, 435；D8　19, 23, 299, 333, 338
褚国娟　D5　13, 113, 114
慈渤　　D5　397
慈根　　D5　397
慈惠　　D7　73
慈受怀深（慈受深）　D9　462

C D

慈云法师（慈云遵式）　　D9　179，202

从谂禅师　　D9　159

崔叮子　　D2　303，304

崔耕　　D9　101

崔孟余　　D9　75

崔宁　　D1　1；D9　253

崔圣银　　D1　28

崔致远　　D9　201

D

达摩（达磨）　　D8　341，410；D9　206

达摩笈多　　D1　190；D9　284，287

达摩栖那　　D7　425

达磨掬多　　D9　247

达荣　　D5　219，277，385

大村西崖　　D1　26；D9　247

大梵王　　D9　236，237

大光明王　　D7　258，425；D9　152，195，209

大光王　　D4　193，519，528，543

大火头明王　　D7　276，425，435；D9　152，160

大爵　　D5　421

大力菩萨　　D6　11

大轮金刚明王　　D7　271，425，435

大轮明王　　D7　258；D8　120，201；D9　195，209

大轮王　　D9　163

大明王　　D7　418

大目乾连（目犍连，大目犍连）　　D7　418；D9　366

大日如来（大日佛，大日）　　D7　425；D9　142，143，144，212，214，215，218，219，228，238，240，241，242，247

大天神　　D4　524，529，550

大威德明王　　D7　425，435；D9　152

大笑金刚明王　　D7　276，425，435

大塚伸夫　　D9　299

大自在天　　D9　267，325

代宪章　　D5　352

代宗皇帝（李豫）　　D9　84

戴光升　　D6　21，83，93，94，128，140，149，174；D7　37

戴君元兴（戴元兴）　　D2　136

戴思兰　　D9　450

但道玄　　D5　267，277

道诚　　D9　429

道绰　　D9　362

道慈　　D9　223

道得　　D7　314

道广　　D1　193；D3　404；D9　34

道明　　D3　395；D9　42，44，422

道权　　D8　173，202，410；D9　198

道添　　D1　193；D3　404；D9　34

道贤　　D9　310

道宣　　D9　87，103，134，200，216，362，429，430

道颐　　D9　144

道原　　D9　206

道舟　　D9　204

道祖　　D7　298，425，435

得云　　D7　314

德芳　　D8　347，408，412，413，420，423，425，426，429，434，435

德深　　D7　312

德生童子　　D4　521，528，544

德云比丘　　D4　105，107，517，526，540

德舟　　D6　148；D8　466，468

邓柽　　D5　117，125，264，265，277，386

邓大科　　D7　376；D8　138

邓大廷　　D5　352

邓大学　　D5　352

邓福强　　D5　5

邓公立　　D9　75

邓鸿钧　　D9　253

邓启兵　　D1　14，28，34；D2　12；D3　12；D4　8；D5　5；D6　1，32，33，34；D7　5，6；D8　5，290；D9　47，104，188，404

邓太山　　D6　20；D7　315

邓惟明　　D2　467；D3　382，386，398，414；D9　35，406

邓锡侯　　D1　5

邓新航　　D1　28

邓永观　　D5　267

邓耘丛　　D4　4

邓早　　D5　299，351

邓之金　　D1　12，19，25，27；D2　173，187，204，

304, 341, 407, 440, 448; D3 387; D4 4, 148, 267, 557, 566; D5 125, 126, 149, 397; D6 21, 22, 23, 25, 26, 27, 35, 235, 266, 267, 359; D7 377, 424; D8 44, 50, 198, 199, 201, 384, 429; D9 37, 39, 178, 235, 404, 429, 474

邓知述 D1 163, 171; D3 381, 385, 402, 403; D9 35

邓仲元 D9 253, 261, 262, 273

邓宗禹 D7 376; D8 137

邓作民 D5 267

丁必称 D7 417

丁得天 D9 357

丁福保 D9 108, 221, 225

丁汉儒 D9 142, 158

丁甲神 D5 277

丁融昌 D2 90

丁文周 D2 399

丁祖春 D5 126, 277; D9 253

定光佛 D7 188, 424; D8 325, 333, 338

定光真人 D5 72, 113

定兰 D9 204

东岳大帝 D5 277, 385

董广强 D1 28

董华锋 D4 5

董佩笈 D8 429, 434

董新林 D9 190

董元倩 D9 75

独健 D3 390

杜斗城 D7 424; D9 357

杜宏章 D6 21; D7 398

杜慧修 D2 303

杜继文 D9 158, 159, 247

杜勒 D9 153

杜觑龟 D9 240, 335

杜审言 D1 44; D9 75

杜世高 D4 264, 545

杜文选 D9 75

杜详 D4 264, 545

杜孝严 D6 89, 91; D7 416, 417, 429; D8 411; D9 163

杜行颛 D9 291

杜元备 D1 42; D9 73

杜元立 D1 43; D9 73, 74

杜宗旦 D4 264, 545

端木 D5 46, 113, 382

段成式 D9 250, 253, 343

段大观 D5 48

段玉明 D7 419

段作蛟 D5 48

多摩罗跋 D7 421

E

二十七面千手观音 D9 261

F

法常 D8 341

法诚 D9 223

法海雷音如来 D9 287

法海胜慧游戏神通如来 D9 287

法护 D9 139

法慧 D4 228

法金 D8 402

法进 D3 146, 235, 418; D9 34, 94, 337

法琳 D9 131, 207

法明 D8 342

法凝 D9 200

法全 D8 342

法慎 D9 134, 462

法施比丘尼 D7 423

法顺 D5 149, 383

法天 D9 139

法显 D9 56, 210

法兴 D8 121, 122

法藏 D1 247; D9 201, 212, 240, 247

法藏比丘 D9 209, 337, 339, 399, 400

法照 D9 345

樊锦诗 D1 13; D9 253

樊谦 D6 353

樊允季 D5 299, 352

范成大 D9 191, 223, 240, 241, 274, 275, 450

范丽娜 D9 404

范米美 D3 375

F

范琼　D9　274，275，285

范祥雍　D3　385；D9　38

范祖禹　D1　27；D2　18，19，22，23；D3　378；D9　190

方广锠　D6　27；D8　200；D9　111，134，159，186

方海燕　D9　291

方珂　D1　28；D9　47

方南生　D9　250，253

方有重　D2　399

方云　D1　16，19；D6　7

费慰梅　D1　11；D6　25

费泳　D9　422，429

费著　D9　445

冯臣虞　D7　373

冯承钧　D9　299

冯尕才　D9　414

冯绘　D4　264，545

冯楫（冯大学）　D1　26；D4　1，210，211，214，215，218，222，228，233，235，248，516，520，530，537，538，543，544；D9　159

冯继仁　D9　99

冯节　D2　399

冯觉　D4　228

冯罗斋　D7　373

冯尼　D9　200

冯善元　D4　96，526，530，531，540

冯世伦　D2　400

冯四知　D1　11；D2　189

冯希京　D2　400

冯秀常　D5　420，421

冯延禧　D2　400

冯延祚　D2　400

冯义简　D9　74

冯翊　D8　121；D9　108

冯拯安　D4　264，537，538，545

冯忠信　D4　264，537，538，545

佛陀跋陀罗　D9　56，359

佛陀波利　D9　291

佛陀多罗　D7　426；D9　184

佛陀什　D9　56

佛陀耶舍　D9　56

弗若多罗　D9　56

伏虎（伏虎罗汉）　D8　249；D9　314

伏世能（世能）　D2　341，357，439；D3　382，386，387，412，414；D9　36，39，82，302

伏小八（小八）　D2　404，405；D3　382，413；D4　291，310，538，539，546；D9　36，39

伏元俊　D2　341，357，439，445，500；D3　382，386，387，412，414；D9　36，39，82，84，302，314

伏芝进　D1　43；D9　73

浮丘大圣　D7　257；D8　201；D9　195，208

付国瑞　D5　420

付觉明　D4　96，135

傅成金　D9　192，404，440

傅斯年　D1　40；D2　23；D8　120；D9　105，110

傅翕（傅大士）　D7　153；D9　143，151，159，173，174，178，200，203，207，208，209

傅振伦　D1　11，26；D2　189；D4　4；D5　285

富楼那　D6　249；D9　366

G

甘露玉观音　D5　194，276，384

高俊英　D9　253，261，262，273

高力士（冯元一）　D9　253

高孟球　D1　43；D9　73

高云从　D4　352，353，354

高智夫　D2　304

高祖贤　D4　263，545

戈五　D8　401

歌利王　D8　111；D9　155，205

葛玄昊　D9　203

耿纪朋　D5　285，377

工布查布　D9　79

弓通　D7　425

公刘　D7　224

功德林菩萨　D9　224，225

功德天　D9　264，265

龚国荣　D9　435

龚林盛　D4　337，341，347，352，353，354

苟宇　D4　545

苟元友　D4　264，545

辜其一　D1　26；D9　92，94，99，337

古贯之　D4　264, 545

古正美　D4　4；D6　27；D7　422, 423；D9　150

谷东方　D9　178

谷莉　D9　417

顾颉刚　D1　11, 19；D2　189；D6　11, 25；D9　1

顾彦晖　D9　38

关圣　D5　389；D8　348, 403, 407

广才　D8　462

广澈　D8　462

广目（广目天王，毗流波叉）　D7　421；D8　348；D9　207

广寿　D7　314

桂天培　D4　1, 337, 341, 347, 352, 353, 354, 522, 547

郭鸿厚（鸿厚）　D2　189

郭静　D1　12, 14, 34；D2　12；D3　12；D4　8；D5　5；D6　32；D8　5；D9　104

郭庆祖　D2　304

郭若虚　D9　253

郭绍林　D9　362

郭相颖　D1　5, 12, 28；D4　355；D5　277；D6　26, 28；D7　419；D9　92, 166, 168, 169, 170, 171, 175, 179, 184, 239, 298, 326, 330, 333, 406

郭兴建　D1　27；D9　256

郭正坤　D5　219

郭卓吾　D1　11

郭宗　D1　45；D9　75

H

海幢比丘　D4　129, 518, 526, 541

海通法师　D9　204

海秀　D8　467

海一　D8　467

海月　D8　467

海云比丘　D4　97, 99, 517, 526, 540

韩倩　D9　446

韩咸安　D9　164

韩秀升　D1　41；D9　70

汉卿　D4　265, 545

诃利帝母　D2　138；D3　378, 389, 393, 396, 409, 422；D5　13, 113, 117, 277, 382, 385；D7　418；D9　45, 50, 55, 298, 312, 330, 331, 332, 333, 440

何长文　D2　304；D5　353

何登俊　D5　48

何璠　D1　44；D9　74

何格非　D5　299, 350, 351, 377

何光震　D5　285, 299, 351, 352；D7　417, 418；D9　163

何浩　D4　119, 538；D5　307, 377

何敬仙　D9　75

何敬宗　D9　208

何君友　D1　126, 131；D3　385, 402；D9　337

何康　D1　11；D2　189

何利群　D9　261

何卯平　D6　27

何七娘　D1　229, 247；D3　384, 405；D9　34

何晴霞　D5　299

何荣　D1　43；D9　73

何市瓦　D4　23

何遂　D1　11；D2　189

何通进　D4　261, 545

何锡乡　D2　90

何显庸　D5　48

何彦鲁　D1　44；D9　74

何仪兴　D2　402；D3　382, 386, 398, 399；D9　35

何应龙（何公应龙）　D5　352

何正言　D4　116, 119, 516, 536, 538, 540；D5　307, 345, 377, 387

何志升　D2　304

何卓　D9　164, 176, 312

何资玺　D5　421

贺炳文　D5　421

贺恩水　D2　467；D3　414；D9　35

贺圣朝　D5　264

贺维典　D5　264

宏济　D5　125, 266, 277, 386

宏明　D5　264

宏位　D5　264

弘参　D6　20；D8　427

弘法大师（空海）　D9　105, 139, 142, 143, 144, 154, 155, 247, 333, 334

H

弘明	D5 125, 270, 424
弘位	D5 424
弘舟	D8 466
洪辩	D9 286
洪参	D6 20, 21; D8 420, 426
洪惠镇	D9 192
洪迈	D9 164, 312, 330
洪照	D9 139
侯冲	D1 12; D5 13, 53; D6 25, 26, 27, 28; D7 417, 422, 423; D9 159, 164, 174, 176, 190, 215, 377
侯良	D5 196, 384
胡昌健	D1 27; D2 23
胡承德	D9 229, 230
胡承进	D3 347, 386, 397
胡道修	D1 27
胡公国佐（胡国佐）	D8 402
胡海云	D7 302
胡靖	D6 352
胡考宁	D4 264, 545
胡良学	D1 12, 28; D5 126, 285; D6 26, 27; D7 418, 424, 425, 426; D9 168, 174, 184, 192, 235, 266, 279, 377, 387, 404, 426
胡密	D1 40, 45, 91; D9 70, 71, 76, 337
胡珀	D5 420
胡其畏	D5 126, 285
胡全父	D9 75
胡思高	D5 420
胡思渊	D5 420
胡思元	D5 420, 421
胡思知	D5 264
胡廷海	D5 420
胡廷伟	D5 421
胡同庆	D7 423
胡文成	D7 425; D9 235, 240, 241
胡文和	D1 11, 12, 28, 29, 89; D2 1; D5 2, 13, 126, 127, 276, 277, 285, 377; D6 25, 26, 27; D7 419, 423, 424, 425, 426; D8 120; D9 56, 57, 60, 163, 164, 172, 173, 192, 218, 231, 235, 236, 238, 240, 241, 247, 248, 253, 254, 262, 269, 276, 279, 298, 302, 305, 337, 338, 377, 404, 472
胡锡年	D9 230
胡鑫甫	D2 136
胡昭曦	D4 538; D5 13; D6 27; D7 417, 418; D9 190, 407
胡朝品	D8 425
胡梓川	D5 299
欢喜王菩萨	D3 146, 235, 381, 388, 389, 390, 418; D9 34, 39, 40, 54, 94, 337, 376
荒见泰史	D6 27
荒木见悟	D9 153
黄昌俸	D8 198
黄昌觐	D8 434
黄昌宁	D7 376
黄巢	D1 41; D9 70
黄朝	D6 20; D7 373, 377
黄朝觐	D8 426
黄成先	D6 148; D7 376
黄崇善	D8 408
黄存高	D8 198
黄大受	D1 11
黄铎	D7 147
黄法智	D4 228
黄奉希	D9 142, 156
黄公登云（黄登云）	D4 352, 353, 354
黄官佑	D7 302
黄玠	D4 264, 545
黄锦珍	D8 120; D9 105, 192
黄九经	D5 420
黄君清贵（黄清贵）	D8 408, 412, 434
黄君性炳（黄性炳）	D8 408, 412
黄克忠	D1 16, 19
黄理	D9 406
黄莉萍	D4 8; D8 5
黄龙	D9 202
黄铬	D4 264, 545
黄苗子	D9 222
黄能馥	D9 445
黄能迁	D1 14, 27, 34; D2 12; D3 12; D4 8, 566; D5 5, 410; D6 1, 32, 33, 34; D7 5, 6; D8 5; D9 47, 104, 188, 256, 404

黄平汉	D2	304
黄启江	D9	88
黄清莲	D7	302
黄清元	D6	21；D8 271
黄仁瑜	D4	355
黄体训	D8	426
黄文畅	D5	264
黄文智	D9	404, 421, 457, 463, 470
黄夏年	D6	28
黄相	D5	292, 386
黄兴隆	D8	138
黄星华	D8	273
黄性广	D8	451
黄休复	D9	165, 172, 223, 274, 285, 310, 312, 335
黄义官	D8	408
黄永武	D9	364
黄云高	D2	90
黄增	D8	408
秽迹金刚（乌枢沙摩明王）		D7 276, 425, 435；D9 128, 268, 269
惠果	D9	139, 142, 143, 247
惠妙（玄极）		D6 20, 28, 168；D7 313, 314, 315；D8 123, 290, 342, 347, 399, 429；D9 185
惠什	D9	334
惠祥	D9	201
惠修	D8	451
惠旭	D7	313, 314, 315；D9 185
惠志	D3	143, 146, 235, 381, 384, 418；D9 34, 37, 94, 337
慧岸	D4	525；D9 85
慧灿	D8	401
慧简	D9	284
慧皎	D9	200, 216
慧可	D9	206
慧克	D9	144
慧朗	D9	157
慧林	D8	467
慧琳	D9	57, 205, 326
慧能	D8	467；D9 429
慧然	D8	467
慧仁	D8	467
慧胜	D9	212
慧心	D8	347, 384, 401, 406, 407, 414
慧俨	D2	501；D3 414；D4 525；D9 85
慧远	D5	397；D7 423
慧志	D8	467
火德星君	D8	407
火首金刚	D8	121
霍勤炜	D2	18, 28

J

积广	D4	352, 353, 354
嵇康	D1	42；D9 72
吉祥天	D3	129, 130, 235, 354, 390, 417, 418, 420；D7 419；D9 41, 252
吉祥王如来	D9	287
济公	D8	349
暨远志	D1	12
伽梵达摩	D1	92；D9 171, 250, 262, 263, 265, 310
迦梨	D9	206
迦楼罗	D1	247；D9 205
迦叶佛	D3	404；D7 422, 431；D8 200
贾大泉	D3	387；D9 39
贾瑞广	D1	25；D2 193, 204, 229, 257；D4 355；D7 225
贾维维	D9	298
贾文	D8	121；D9 108
贾文洁	D1	43；D9 74
贾谊	D2	18
贾甄	D9	76
坚固解脱长者	D4	523, 529, 549
蹇知进	D3	154, 235, 381, 384, 418
蹇忠进	D1	171；D3 385, 403；D5 134, 383；D9 35, 297
鉴真	D9	222
江贵乾	D5	352
江坦	D4	352, 353, 354
江文焕	D4	556
江虚海（江君虚海）	D2	90, 136
姜有凤（姜君有凤）	D2	90, 136
姜正祥	D7	302
姜至彰	D7	397

J

蒋德才　D1　28；D9　266
蒋国柱　D2　400
蒋鸿勋　D8　413
蒋美华　D4　4
蒋思维　D1　25；D4　355
蒋廷锡　D9　222
蒋文斌　D9　145
蒋文和　D9　75
蒋以德　D7　225
疆良耶舍　D9　94，179，206，337，398，401
解脱月菩萨　D9　227
解脱长者　D4　131，133，518，523，526，529，541，549
解冤结菩萨　D3　53，57，129，388，389，393，416；D9　45，53
金柏东　D9　446
金刚爱　D7　425
金刚幢菩萨　D9　203，208，212，224
金刚髻　D7　419，429
金刚力士　D4　522，530，547
金刚萨埵　D8　121；D9　108，142，155，247
金刚善　D7　425
金刚神　D9　144，155，166，188
金刚手菩萨　D7　277，425，435；D8　23，299，333，338
金刚舞菩萨　D9　332
金刚嬉菩萨　D9　332
金刚藏　D7　257，426，436；D8　120，201；D9　106，146，193，195，207，208，212，227，228，231，236，237
金刚智　D1　190，247；D8　121；D9　108，142，157，247，250
金髻　D7　419，429
金轮炽盛光佛（炽盛光佛，金轮炽盛光如来，大威德炽盛光佛，大威德金轮炽盛光佛，炽盛光如来，金轮炽盛如来，炽盛光）　D1　171，190；D2　500；D3　381，387，389，391，392，393，403，413；D4　524，530，550；D5　107，112，113，114，383，396；D7　277，425，435；D9　35，41，42，48，52，60，152，302
金萨　D9　247

金山影晤　D9　144
金申　D1　28，92
金梓　D1　11
津田徹英　D9　279
紧那罗　D1　247；D7　421；D8　20；D9　114，205
精进力夜神（大愿精进力夜神）　D4　216，520，528，543
景安宁　D5　285，377
景超　D9　201
净饭王　D7　76，423；D9　143，150，176
净明（上净下明）　D6　20，148，149，174；D8　406，465，466，468
净瓶观音　D2　138，276，277；D3　129，378，388，389，391，392，393，409，410，417，422；D4　517，518，530，540；D5　276，383；D9　18，45，50，406，407，410，422，424，440，442，447，450，451，456，458，461
净善　D9　202
净业障　D7　426，436；D9　231
净渊　D9　203，207
敬修　D3　146，235，418；D9　34，94，337
静琬　D9　135
扃正龙　D7　312
鸠摩罗什　D7　418，419，421，423；D9　83，171，199，200，205，209，299，330，337
九天监生大神　D5　307，377，387
九天送生夫人　D5　307，377，387
救脱菩萨　D1　190；D3　403；D9　287
拘留孙佛（拘楼孙佛）　D7　422，431；D8　200
拘那含佛　D7　422，431；D8　200
沮渠京声　D9　176
觉本　D8　342
觉澄　D8　413，434
觉高　D8　342
觉华　D8　426
觉玟　D7　147
觉诗　D8　342
觉珣　D8　342
觉圆　D8　467
觉苑　D9　144
觉藻　D7　147
觉舟　D7　376；D8　466

军荼利明王　　D9　268，269

K

康圭　　D7　373

康孟详　　D7　420，421

康普　　D4　263，545

康僧会　　D9　205

康僧铠　　D9　209，337

克勤　　D9　159

孔繁礼　　D9　191

孔雀明王（摩诃摩瑜利）　　D1　24，25；D2　341，357；D3　382，386，389，393，396，398，399，412；D4　519；D5　117，126，276，277，385；D6　8，9，11，21，22，23，24，262，266；D7　421，430；D8　411；D9　45，51，143，148，158，163，168，169，171，172，264，298，299，300，301，302，303，304，305，307，308，309，310，311，312，313，314，320，323，325，326，330，332，333，334，335，440，474，525

孔子（文宣王，仲尼）　　D2　19；D5　9，13，37，47，112，113，382，396，416；D7　224；D9　37，86，178，190，445，474，507

邝国元　　D5　372，378，388

昆龙王护　　D9　142

L

赖守亮　　D6　28

赖文英　　D9　292

赖依缦　　D9　302

蓝勇　　D9　38

朗达玛　　D9　139

朗法　　D8　426

老君（太上老君）　　D5　13，65，68，112，113，382；D7　81，284；D9　37，178

雷娟　　D1　27

雷永发　　D2　90

雷玉华　　D1　14；D2　12；D9　38，93，288，404

雷震　　D1　11；D2　189

黎成鼎　　D5　420

黎道生　　D5　267

黎方银　　D1　5，12，13，27，28，34；D2　12；D3　12，235，382；D4　4，8，519，520，521，526；D5　5，13，377；D6　1，25，27，32，33，34；D7　5，6，416，419，425；D8　5；D9　1，2，92，182，188，192，219，228，256，337，338，404，408，474

黎汉爵　　D4　97，135

黎庶普　　D8　454

黎应田　　D4　355

李长春　　D7　302

李朝元　　D8　290

李承法　　D4　264，545

李崇峰　　D1　14；D2　12；D7　419；D9　184，404

李传授　　D8　290

李琮　　D9　75

李大郎　　D2　261；D3　382，386，411

李德　　D6　24；D8　413，414

李德芳　　D6　25

李德举　　D3　372

李德周　　D9　75

李鼎霞　　D9　330

李鼎祚　　D1　1；D2　137

李昉　　D9　178，182，202，310

李公时雍（李时雍）　　D8　402

李公展　　D9　75

李官智　　D9　404

李冠畿　　D9　337，345，353，373，404

李宏松　　D4　7，355

李鸿勋　　D8　407

李季升　　D3　372

李诚　　D9　444

李京　　D4　264，545

李敬之　　D8　434

李静　　D9　337，404

李静杰（李静傑）　　D1　12；D4　4；D6　25，27；D7　419，425，426；D8　287；D9　162，169，176，182，184，186，191，192，199，204，298，300，314，326，337，341，342，344，351，356，357，383，386，398，404，408，410，412，413，415，416，421，424，425，427，428，430，433，434，436，463，464，465，466，467，470

李君明元（李明元）　　D8　408，412，434

L

李君自文（李自文）　D8　408，412，434
李俊涛　D5　127，277
李开先（开先）　D8　342
李来凤　D2　400
李翎　D9　254
李明道　D4　264，545
李朋举　D8　35
李鹏翔　D9　414
李耆岗　D7　370，417，426
李琦　D1　28
李乾久　D5　420
李清悚　D1　11
李善　D9　208
李氏九娘子　D3　233，234，386，397，399
李世明　D2　407；D3　382，386
李书敏　D1　12；D9　298
李顺　D9　39
李思儒　D1　42；D9　73
李巳生　D1　5，12，26；D2　501；D6　25，26；D9　139，164，165，190，337，377，404
李淞　D2　138；D5　13，113，127，276，277，285，378
李焘　D9　39
李畋　D9　165
李通玄　D9　235，239，240
李维钧　D8　409
李文洁　D5　48
李文礼　D1　44；D9　75
李文生　D9　251
李先逵　D1　20，22；D6　178，179，180，181；D8　350，351，352，354，355，356，357，358，359，360，361，362，363，364，365，366，367，368，369，370，372，373，374，375，376，377，378，379，386，387，388，389，390，391，392，393，431，432，433，436，437
李咸　D4　264，537，538，545
李显朝　D5　352
李显文　D1　28；D9　337，338
李显学　D5　352
李相廷　D8　408
李小大　D4　277，279，517，537，538，545

李小强　D1　14，28；D3　354；D5　126，127，277；D7　201；D9　254，255，260，264，271，272，276
李晓红　D7　422
李晓云　D9　404
李行瑄　D1　43；D9　73
李型典　D5　13，389
李型廉　D5　116，126，201，278
李修五　D8　408
李学刚　D8　407
李延祚　D1　45；D9　75
李炎年　D4　564
李彦　D9　291
李义生　D5　267
李邕　D5　351；D9　84
李永翘　D1　12，28，29；D2　1；D5　2；D6　25；D7　419；D9　56，57，60，163，172，173，192，218，269，279，298，302，305，337，377，404，472
李勇先　D9　163，269
李祐之　D9　335
李玉昆　D9　251
李玉珉　D9　252，253，275，407
李裕群　D1　14；D2　12；D6　27，89；D7　416，417，419；D9　163，166
李元爱　D4　264，545
李远国　D5　126，277，285
李耘燕　D9　404
李真（李嗣真）　D9　247
李枕宇　D8　136，137
李正儒　D7　225
李正心　D6　26
李之纯　D9　223，275
李志　D9　74
李志荣　D1　12，27，28；D3　12；D4　8；D9　92，104，338，343
李卓　D9　75
李自成　D1　4
李自富　D8　400
李自文　D8　434
李祖廷　D7　302
理宗（赵昀）　D8　202；D9　129，159
丽天　D7　314；D8　342

栗咕婆子　　D7　426；D9　163

莲花手观音（莲花手）　　D5　195，276，384；D9　435，437，438，439，456，459，463

莲华生　　D9　139

梁伯乡　　D2　90

梁当之　　D5　353

梁德昌　　D1　42；D9　73

梁公瑗　　D1　43；D9　73

梁贵俨　　D1　43；D9　74

梁洪　　D9　38

梁履亨　　D4　352，353，354

梁能安　　D8　123

梁思成　　D1　11，24，26；D4　4，9，58，552；D6　24，25；D9　68，95，110

梁嗣宗　　D4　264，545

梁文备　　D1　43；D9　74

梁武帝（萧衍）　　D5　23，113，382；D9　86

梁一尚　　D5　352

梁志昭　　D8　341

了圭　　D7　315

了进　　D7　313，314，315；D9　185

了通　　D7　425

了因　　D2　400

了智　D2　400

廖芯雅　　D9　432

廖居瑶　　D9　73

廖沛霖　　D6　21；D8　347，408，409，412，435

廖昑　　D9　333

廖章品　　D5　48

林鞍钢　　D9　446

林保尧　　D9　337，404，470

林家长　　D1　26；D6　25

林俊（林公）　　D1　28；D3　370，376，377，378，380，382，422

林坤雪　　D4　4

林陪材　　D8　35

林士民　　D9　446

林世田　　D9　261

林树中　　D9　247

林洙　　D1　11，24；D6　25；D9　110

灵官大帝　　D8　420，425

令狐玉堂　　D4　337，341，347，352，353，354

令狐臻贤　　D4　337，341，347，352，353，354

刘艾荣　　D4　352，353，354

刘秉恒　　D5　48

刘炳南　　D4　353，354

刘炳煝　　D4　337，341，347，352，353，354

刘长久　　D1　11，28；D5　277，285；D7　419，425；D9　56，57，60，163，164，192，218，231，255，269，273，274，277，279，298，302，337，377，404，472

刘超儒　　D7　316

刘成漳　　D6　148

刘承汉　　D1　11

刘春　　D8　402

刘纯斋　　D5　9，47

刘登云　　D2　90

刘敦桢　　D1　11，26；D4　4，9；D9　92，95，98，101，103，110

刘法　　D9　164

刘法善　　D9　204

刘公文纬（刘文纬）　　D8　402

刘恭　　D3　347，382，385，421；D9　35，297

刘光汉　　D7　376；D8　413

刘光霞　　D9　404

刘圭（刘珪）　　D1　45；D9　76

刘翰卿　　D7　299

刘坚　　D4　355

刘建华　　D9　251

刘杰　　D4　291，516，537，538

刘净意　　D3　222，384，418；D9　37，94，337，376

刘九荣　　D6　148

刘九星　　D6　148

刘开渠　　D1　12

刘克庄　　D7　417

刘揆　　D4　112，540

刘联芳　　D4　337，341，347，352，353，354

刘琳　　D9　250

刘履中　　D9　414

刘蒙　　D9　450

刘念行　　D7　306，425，435

刘绮　　D8　434

L

刘人骥　D8　412

刘仁粹　D5　48

刘睿　D9　255

刘萨诃　D9　88

刘尚之　D5　48

刘升　D4　112, 516, 536, 538, 540

刘蜀仪　D1　27

刘涛　D9　417

刘倜　D8　343

刘畋人　D6　20, 22, 168, 353；D7　312, 313, 315, 316, 416, 417；D8　1, 202, 347, 429；D9　162, 163, 269, 185, 247, 269

刘万兴　D5　352

刘为　D8　343

刘文辉　D1　5

刘喜海　D1　26；D2　260；D5　1, 13, 126, 265, 285, 351, 396；D6　24；D8　120；D9　105, 110

刘贤高　D1　13, 27, 34；D2　12；D3　12；D4　8；D5　5；D6　27, 32；D7　5, 6；D9　104, 111, 174, 256

刘湘　D1　5

刘笑平　D1　27；D9　2

刘恂　D9　310

刘燕庭　D9　240

刘永增　D9　298

刘禹锡　D9　222

刘玉权　D9　253

刘豫川　D1　27；D3　384；D9　38

刘蕴华　D1　26；D6　24

刘真廉　D4　4

刘正彦　D9　164

刘知渐　D1　92；D6　24

刘治昌　D2　90

刘陟　D4　112, 536, 540

刘智　D9　206

刘灼先　D5　373, 378, 388

刘资生　D8　408

刘子发　D2　304, 357；D3　380, 412

柳本尊（柳居直，唐瑜伽部主总持王）　D1　9, 12；D6　11, 21, 22, 23, 24, 25, 26, 27；D7　267, 299, 312, 424, 425, 426, 435；D8　38, 119, 120, 141, 199, 201, 202, 285, 286, 335, 336, 339, 411；D9　105, 106, 129, 133, 134, 139, 141, 142, 144, 147, 149, 151, 152, 153, 155, 156, 157, 158, 159, 160, 161, 163, 164, 166, 172, 173, 174, 178, 182, 183, 185, 186, 189, 191, 192, 193, 194, 196, 197, 198, 199, 200, 202, 203, 204, 205, 206, 207, 208, 209, 210, 212, 213, 214, 215, 216, 217, 221, 230, 231, 233, 234, 235, 236, 238, 239, 240, 241, 242, 243, 244, 245, 246, 247, 248, 273, 391, 396, 408, 413

柳涯居士　D8　404

龙必飞　D7　306, 425, 435

龙蜚声　D7　285, 290

龙红　D1　28；D9　273

龙晦　D5　13；D6　27；D7　425；D9　183

龙久福　D8　290

龙久义　D7　306

龙猛　D9　108, 142, 247

龙女　D2　138, 276；D3　129, 393, 409, 410, 416；D5　196, 276, 384；D8　430；D9　49, 53, 257

龙树　D1　28；D4　291, 516, 521, 523, 530, 538, 546, 548, 549；D9　216, 247

龙腾　D1　27；D3　384；D9　38

龙万清　D6　20；D8　198

龙文芬　D7　376；D8　137

龙显昭　D9　204, 276, 406

龙智　D8　121；D9　108, 142, 247

龙著　D1　43；D9　73

娄机　D8　18

楼颖　D9　173, 200

卢斌　D9　38

卢井胜　D9　73

卢楞伽　D9　300, 335

卢舍那佛（卢舍那）　D2　138；D7　198, 276, 424, 425, 435；D9　131, 141, 148, 160, 166, 178, 186, 188, 204, 211, 212, 221, 229, 230, 240, 242, 291, 292, 293, 295, 314

卢训文　D5　408, 409

鲁班　D5　13；D6　11, 21, 24；D7　303, 312, 425, 435；D8　411；D9　86

鲁瀛　D2　263, 271, 272, 276, 277；D3　380, 411；

	D9 51
陆九渊	D9 190
陆人细	D7 302
陆嗣渊	D4 352, 353, 354
陆耀遹	D1 10, 26
陆游	D9 408, 414
陆贽	D2 18
罗才雅	D9 75
罗刹天	D9 326
罗从顺	D1 43；D9 73
罗道书	D4 97, 135
罗复明	D2 261；D3 382, 386, 411
罗公举	D9 75
罗贵方	D9 75
罗觉	D4 264, 545
罗君珊（罗珊）	D8 408, 412, 434
罗孟汀	D9 204
罗如纶	D7 373
罗瑞钦	D7 302
罗上达	D5 267
罗世平	D1 28；D9 77, 266
罗仕杰	D9 206
罗先	D4 264, 545
罗香林	D1 11
罗行舒	D9 73
罗性之	D6 94
罗玉册	D8 136
罗元昌	D8 273, 290
罗元吉	D8 403, 404
罗元直	D1 43；D9 73
罗远书	D7 302
罗云	D7 77；D8 19
罗炤	D1 12；D6 26；D9 213
罗哲文	D1 12
罗宗权	D1 43；D9 73
骆妙德	D9 203
吕澂	D9 143
吕品	D1 34；D2 12；D3 12；D4 8；D5 5；D8 5
吕太和	D7 376
吕文成	D6 33, 34；D7 6；D8 5
吕演	D1 44；D9 75
吕元丙	D2 407
吕元锡	D2 439；D3 375, 376；D5 299, 345, 353；D9 39
吕祖谦	D9 190

M

马贲	D9 335
马采	D9 139
马道者	D3 372, 382, 422；D9 35
马公连	D1 44；D9 75
马衡	D1 11, 19, 26；D2 19, 27, 189；D5 285；D6 11, 25；D9 1, 37, 70, 190
马健	D1 28
马胜比丘	D9 132
马世长	D1 12, 13, 14, 27, 28；D2 12, 439, 501；D3 12；D5 126；D6 25；D7 422；D9 77, 89, 104, 174, 422, 429
马首明王（马头明王）	D7 279, 425, 435；D9 268
马文彬	D9 414
马援	D1 41；D9 71
马远	D9 160
毛世福	D1 12, 14, 34；D2 12；D3 12；D4 8；D5 5；D6 32, 33；D7 5, 6；D8 5；D9 47, 104, 165
梅福	D7 397
梅健鹰	D1 11；D2 189
梅万恭	D5 408
蒙海云	D7 128
孟蜀主昶（孟昶）	D3 385；D9 38
孟元老	D9 444
孟知祥（知祥）	D3 385；D8 121；D9 38, 108
孟子	D5 267；D7 224
弥伽长者	D4 137, 518, 527, 541
弥勒佛母	D9 83
米德昉	D1 14, 28；D2 138；D9 279, 376
密迹金刚	D8 35, 348
苗以	D3 382, 386
妙法	D9 288
妙吉祥	D7 425；D8 23, 299, 333, 338
妙明	D4 228, 246, 520, 544
妙悟	D4 228, 246, 520, 544

索引 253

M N O P

妙行成就如来　D9　287

妙行真人　D5　68，113

妙月长者　D4　523，549

闵损　D5　46，113，382

明德　D4　558

明惠上人　D9　229，230，236

明俊　D4　558

明佺　D9　129

明太祖（朱元璋）　D1　4

明悟　D1　193；D3　381，384，404；D9　34，37

明玉珍　D1　4

明宗（李嗣源）　D7　313，315；D9　142

铭海月舟（月舟）　D7　313，315；D8　342

铭宗　D5　410；D9　397

缪荃孙　D9　330

摩诃摩耶　D7　420；D8　21；D9　116，169

摩诃衍　D9　159

摩睺罗伽　D1　247；D7　421；D9　205

摩利支天　D1　25，28；D2　276；D3　389，393；D4　519，542；D8　21；D9　45，51，116

摩醯首罗天　D9　256，266，267

摩耶夫人　D4　310，521，524，529，546；D7　420，429，430；D9　149，169

莫宗江　D1　11；D9　110

牟省立　D1　43；D9　74

母从政　D1　43；D9　73

木叉　D2　501；D3　414；D9　85

穆源远　D6　148；D7　376

N

南山（觉寿）　D6　20，149；D7　371，378

南翁（上南下翁）　D8　466，468

难提和罗　D7　420

难陀　D7　76，77

尼篮婆（尼蓝婆）　D1　92；D3　400

牛王菩萨　D7　376，397，398

O

欧必铎　D8　341

欧妙香　D7　315

欧阳瀚存　D9　142

欧阳仁　D4　337，341，347，352，353，354

欧阳修　D9　408，414，417

P

潘别桐　D1　16，19；D6　7

潘绂　D2　399，400

潘纮　D2　400

潘怀道　D2　400

潘怀建　D2　400

潘怀平　D2　400

潘怀远　D2　400

潘怀鄯　D2　400

潘绷　D2　400

潘延　D2　400

潘延矩　D9　74

潘延嗣　D1　45；D9　75

潘中玲　D4　4

庞广爱　D4　264，545

庞上明　D4　265，517，545

庞师上　D5　196，384

庞休　D5　194，384

裴方明　D9　200

裴镇　D9　76

彭高泉　D9　300

彭家胜　D9　254，261

彭坚　D9　275

彭金章　D9　250，251，253，261，262，264，265，298，310

彭善新　D8　123

彭生　D7　224

彭世琏　D6　20；D7　372，375，376，377，378

彭舟芳　D6　148

毗篮婆（毗蓝婆）　D1　92；D3　400

毗卢佛（毗卢遮那，毗卢舍那，毗卢大佛）　D1　92，190；D2　137；D3　388，389，390，393，401，407，408；D4　518，524，542，549；D5　113，382；D6　20；D7　307，372，377，419，421，422，425，426，429，436；D8　123，201，202，214，229，284，285，286，287，289，335，336，337，349，402，409，410，413；D9　47，58，59，61，62，128，131，139，141，142，143，144，145，146，

148，151，152，153，155，156，157，163，166，171，173，178，182，183，184，185，186，188，189，190，192，193，194，195，196，198，199，206，210，211，212，213，214，215，216，218，219，220，221，222，223，224，225，227，228，229，230，231，235，236，237，238，239，240，241，242，243，244，245，246，247，248，249，314，325，377，407，408，412，413，425，426

毗目瞿沙仙人　D4　524，529，550

毗那夜迦天　D7　419，429

毗婆尸佛　D7　422，431；D8　200

毗沙门天王（毗沙门，毗沙天王，多闻，多闻天王，北方天王，鞞沙门）　D1　25，28，92；D3　130，389，390，391，392，394，400，417；D7　421；D8　348，410；D9　37，38，39，40，47，53，207，260，263，264，275，276，277，278，320，325

毗舍婆佛　D7　422，431；D8　200

鞞瑟胝罗居士　D4　524，529，550

朴亨国　D9　240

朴玟静　D9　337，404

频那　D9　252

频婆娑罗王　D9　364，366

婆珊婆演底夜神　D4　206，519，528，543

婆薮仙（波斯仙）　D3　129，130，235，354，390，400，417，418，420；D7　419；D9　41，252，256，257，258，264，265

婆须密女（婆须密多女）　D4　168，519，527，542

破庵祖先　D9　159

菩提流支　D9　211

菩提流志　D7　419；D9　168，216，235，250，261，262，325

蒲存忠　D9　445

普安　D9　209

普得真人　D5　68，113

普德净光夜神　D4　208，519，528，543

普觉　D7　426，436；D9　153，231，237

普明（南朝）　D9　207

普明（晚唐五代）　D7　426；D9　183

普通大师　D3　385；D9　38

普眼菩萨（普眼）　D7　426，436；D9　184，231，236，237，240

普圆　D9　203

Q

漆天禄　D5　421

齐鸿浩　D9　261

齐庆媛　D9　199，305，325，337，342，351，371，383，391，398，403，409，411，413，416，419，420，425，427，428，430，431，432，434，436，462，463，464，467

齐武帝（萧赜）　D9　200

齐宣王　D7　224

祁姿妤　D9　404

启功　D9　414，444

契嵩　D9　153，159，190

千钵文殊　D9　250

千里眼　D5　138，276，383

千手观音（千手千眼，千手眼，千手目，千手大士，千眼千臂，大悲观音，大悲观世音，大悲菩萨）　D1　10，16，24，27，28，42，65，73，75，91，92，93，232，247；D3　25，128，129，130，154，235，354，372，381，384，388，389，390，391，392，396，400，405，415，417，418，420，422；D4　463，524，530，550；D6　11，20，21，23，33，83，93，94，128，140，148，149，150，151，152，154，155，159，160，163，169，174；D8　384，413，468；D9　34，36，38，39，40，41，47，49，52，53，54，72，128，143，148，158，159，168，169，170，171，172，204，250，251，252，253，254，255，256，257，258，259，260，261，262，263，264，265，266，267，268，269，270，271，272，273，274，275，276，277，278，288，310，312，326，335，374，376，400，404，409，474

钱俶　D9　332

钱绍武　D1　12

钱晓平　D9　462

乾闼婆　D1　247；D7　421；D9　205

谯珙　D1　44；D9　74

钦文胜　D1　44；D9　75

覃玉泉　D1　12

秦方瑜　D1　28；D9　338

秦弘燮　D9　240

Q

秦臻　　D5　113

秦仲文　　D9　222

秦自操　　D9　75

青莲华菩萨　　D9　224

清净慧　　D7　426，436；D9　231，236

清静自在道人　　D7　298

清凉圣人　　D8　120；D9　106

清舟　　D8　466

晴舟（上晴下舟）　　D6　27；D8　342，343，400，435，468

庆明　　D5　397

丘绍　　D7　263，425；D8　120；D9　107，152，196，209

丘守道　　D7　150

丘遵道　　D7　150

求那跋陀罗　　D7　420；D9　210

仇知训　　D9　101，102

屈涛　　D6　28

瞿昙僧伽提婆　　D7　423；D9　210

R

燃灯佛（燃灯古佛）　　D5　428；D7　397；D8　341，384，423

冉耕　　D5　46，113，382

冉求　　D5　46，113，382

冉有　　D5　46，113，382

儴佉王　　D9　83

饶玉成　　D8　404

仁辩（仁辨）　　D7　425；D8　121，122；D9　109

任公约　　D9　75

任亮　　D4　222，228，516，538，539，544

任寿山　　D2　90

任泰　　D4　263，545

任学荣　　D2　400

任宗易　　D2　303，357；D3　382，386，387，398，399，412；D9　36，326

忍辱太子　　D7　64；D9　192，207，208

忍辱仙人　　D9　205，206

日光菩萨（日光）　　D1　92，126，138，145，190；D2　137，501；D3　354，355，381，389，391，392，402，403，408，411，415，419，421；D8　349；D9　41，48，53，54，281，282，283，284，285，290，294，295，296，297，406，439，456

日野开三郎　　D1　26；D9　70

日月观音　　D9　406，417，418，440，450，452，453，461

日月净明德佛　　D9　200

荣欣　　D9　414

如意观音　　D4　523，530，549

如意轮观音（如意轮菩萨，如意轮圣观自在菩萨）　　D1　25，193，247；D2　303，357，501；D3　381，382，388，389，390，392，393，396，398，399，404，412；D4　112，516，517，518，521，530，540，545；D5　196，276，384；D9　34，36，39，40，45，48，51，288，326，406，435，439，462，464

如意珠观音　　D3　388，389，392，393，410；D9　45，51，462

如昭　　D5　397

阮瞻　　D5　265

S

萨埵太子　　D7　69；D9　192，199，207，210，211

三天大法师　　D5　68，113

僧伽（僧伽和尚，泗州大圣，泗州大师，普照明觉大师，证圣大师，泗州佛）　　D1　25；D2　439，501；D3　382，386，389，390，393，414；D4　525，551；D9　36，77，82，83，84，85，86，87，88，89，90，91，202，204

僧伽跋澄　　D9　209

僧伽婆罗　　D9　298，299，320

僧庆　　D9　36，200

僧崖　　D9　201，210，212

僧繇（张僧繇）　　D9　90

僧祐　　D9　56，130，134

僧肇　　D9　171

沙武田　　D9　292

莎底　　D5　276，385；D6　249；D7　421；D9　299，314，320，322

山行章　　D1　41，107，137；D3　384；D9　38，71

睒子　　D7　73，74，423，433；D8　200，335；D9　115，143，150，176

善导　　D9　364，383，391

善继　　D9　253

善清　　D9　462

善无畏　　D9　247，250，261，263

善友太子　　D7　69，70

善住比丘　　D4　148，518，527，541

上大下安（大安）　　D8　401

上惠下嵒（惠嵒）　　D8　412

上明下亮（明亮）　　D4　566

上普下华（普华）　　D8　462

上清　　D5　377，387；D7　425，435

上通下智（通智）　　D8　462，468

上原和　　D9　211

上照下性（照性）　　D8　466

舍利弗　　D5　51；D9　79，117，132，338，346，349

阇那崛多　　D7　420，421；D9　200

申国美　　D9　261

深沙神（深沙大神）　　D8　120；D9　107，108

神锋　　D5　409

神林隆净　　D9　142，147

沈从文　　D9　414，420

沈开基　　D4　352，353，354

沈潜　　D8　414

沈显文　　D2　90

圣质　　D5　408，410，411

盛天晔　　D9　414

尸弃佛　　D7　422，431；D8　200

师子频曲比丘（频曲比丘尼）　　D4　191，519，528，543

师子相　　D7　421

狮子音　　D7　421

施护　　D7　418；D9　139，194，312，314，332，333

施萍婷　　D9　357，364，367，374，392

十二面观音　　D9　90

十一面观音　　D9　85，254，256

十一面千手观音　　D9　254，255，256，261，271

石传　　D7　376

石公展　　D9　75

石守谦　　D9　302

石田尚豊　　D9　224，229，230，236，238

时南和尚　　D9　396

实叉难陀　　D7　422；D9　179，181，203，239，240，292

史浩　　D9　159

史岩　　D6　27；D9　332，429

史岩叟　　D2　304

史彰　　D6　20，24，266，359；D7　307；D8　198，200，347，400；D9　133

史正志　　D9　450

史铸　　D9　450

守真　　D9　139，333

寿山　　D7　302

舒大刚　　D1　27

舒宏明　　D5　420，421

舒志田　　D9　153

淑明皇后　　D5　277，385

树花夜神（开敷树花夜神）　　D4　220，520，528，543

数珠手观音　　D1　24；D2　257，275，276，277，501；D3　388，389，392，393，398，409，410，411；D5　196，276，384；D9　36，45，50，51，63，277，383，406，414，416，431，432，440，444，446，447，448，450，456，458，461，462

水野清一　　D9　288

水月观音　　D1　16，25，274；D2　138，276，357，500，501；D3　128，129，354，355，388，389，391，392，393，398，399，405，408，410，411，412，415，416，420，421；D4　517，518，521，523，524，530，540，541，545，548，549；D5　117，149，276，383；D9　37，41，45，49，50，51，52，53，54，55，288，404，406，417，419，435，436，438，439，440，444，445，446，447，456，459，468，469

顺风耳　　D5　139，276，383

司马光　　D9　204

司马寇　　D9　160

思觉　　D9　154，157，159

斯大猷　　D4　263，545

斯迪　　D4　264，545

斯坦因　　D9　87

斯完　　D4　264，537，538，545

斯逸　　D4　264，545

四郎子神　　D8　120；D9　107

嗣肇　　D9　222

松原三郎　　D9　429

宋高宗（高宗）　　D4　4；D7　315，417；D8　202；
　　　　D9　157，159，163
宋徽宗（徽宗）　　D9　85，217，442
宋朗秋　　D1　28；D6　27；D8　290
宋宁宗　　D8　202
宋琪　　D7　423
宋仁宗（仁宗）　　D2　26，27；D9　178，330，420，421
宋神宗（神宗）　　D7　313，315；D9　142，195，199，
　　　　416，417
宋树亭　　D5　299
宋太宗（太宗，至仁应道神功圣德文武睿烈大明广孝皇
　　　　帝）　　D7　80；D9　38，39，178，417，419
宋万有　　D6　21；D7　398
宋孝宗（孝宗）　　D2　19，23，27，137；D3　407；
　　　　D7　417；D9　37，159，190，248
宋以道　　D5　264，277，385
宋哲宗（哲宗）　　D2　18；D7　417；D9　190
宋真宗（真宗）　　D7　80；D9　178，230，414，417，
　　　　420
送子观音（送子娘娘）　　D2　136；D5　13；D8　413，423
苏汉臣　　D9　444，452
苏鸿恩　　D1　11；D2　189
苏晋仁　　D9　56
苏嚩罗　　D9　250，261，262
苏轼（苏文忠公）　　D2　18；D9　158，159，165，250，
　　　　274，275，276，414，445
苏子林　　D2　90
宿白　　D1　13；D7　422；D9　69，77，102，174，250，
　　　　251，253，445
孙膑　　D1　41；D9　71
孙伯清　　D2　304
孙崇先　　D2　400
孙大雅　　D9　178
孙光宪　　D9　178，182，202，203
孙科　　D1　11；D9　94
孙明利　　D9　336，337，404，427，431，434，464，470
孙善宽　　D1　26；D6　25
孙晓刚　　D9　88
孙修身　　D1　28；D6　27；D7　422；D9　77
孙贞人　　D5　112，113，382，396

T

邰惠莉　　D9　251
太极真人　　D5　68，113
太清　　D5　377，387；D7　425，435
太乙真人　　D5　68，113
贪王　　D5　114
昙景　　D7　420；D9　169
昙鸾　　D9　338
昙无谶　　D9　120，176，364
昙无蜜多　　D9　207，212
谭长兴　　D4　337，341，347，352，353，354
谭大金仙　　D7　397
谭公琼　　D8　198
谭浩源　　D9　404
谭玉贵　　D8　451
潭影　　D9　157
唐安朋　　D7　376
唐鳌翔　　D3　378，422
唐长清　　D1　12，34；D2　12；D3　12；D4　8；D5　5；
　　　　D6　34；D8　5
唐承义　　D9　192，206，404
唐高宗（高宗）　　D9　66，84，250，291
唐叔仪　　D1　42；D9　73
唐肃宗　　D1　1；D2　137
唐武宗　　D9　195，247
唐希鹏　　D9　462
唐僖宗（僖宗）　　D1　107，137；D9　38，70，85，165，
　　　　346，374
唐宣宗（宣宗）　　D7　313，315；D8　341；D9　195，
　　　　204，247
唐玄宗（玄宗，明皇）　　D1　1；D9　240，274
唐一高　　D8　413
唐毅烈　　D1　12，34；D2　12；D3　12；D4　8；D5　5；
　　　　D6　34；D7　6；D8　5，210
唐裕盛　　D7　302
唐则圣　　D5　354
唐志工　　D1　27
唐中宗（中宗）　　D9　84，86，89
唐子俊　　D5　284，353，354
陶君培　　D7　312
陶宗仪　　D9　178

腾千甫　　D8　412

提婆达兜　　D7　423

天蓬（天蓬元帅）　　D4　522；D5　126，277，378

天台大师　　D9　429，430

天息灾（法贤）　　D9　139，312

天猷　　D5　277，378

天主光女（天主光天女）　　D4　517，521，528，545

田边胜美　　D9　312

田久保周誉　　D9　299

童登金　　D1　12；D4　355；D5　126，285；D6　26；D7　426；D9　184，377，404，426

涂嘉位　　D7　372

涂永明　　D7　372，377

脱脱　　D7　417；D9　217，420

W

万庵　　D8　405，409

万回　　D1　28；D2　501；D3　393，414；D9　83，85，86，87，88，89

汪长炳　　D1　11

汪鋆　　D9　281

汪孟良　　D8　341

王安　　D4　463，465，537，538，550

王安邦　　D4　261，545

王安石　　D9　330

王褎　　D4　263，545

王秉　　D8　120；D9　106

王伯富　　D5　291，292，386

王伯楷　　D1　44；D9　74

王伯敏　　D9　229，241

王伯宁　　D4　263，545

王伯球　　D9　74

王伯通　　D4　264，545

王伯章　　D1　44；D9　74

王伯周　　D4　263，545

王才顺　　D9　75

王才志　　D4　264，545

王成益　　D5　419，420，421

王承熙　　D5　267

王承秀　　D3　334，382，385，397，421；D9　35，297

王慈济（慈济）　　D4　500，501，538，539，551

王存　　D9　39

王旦　　D4　264，545

王道琼　　D5　351

王德嘉（王公德嘉）　　D4　352，353，354；D5　294，355，368，369，371，372，377，378，386，387，388；D7　303，425，435；D8　410，411

王德铭　　D5　369，370，378，387

王德全　　D1　171；D3　403；D9　35

王恩洋　　D6　25；D9　72，160，161，218，277

王芳　　D9　333

王公进　　D1　43；D9　73

王珪　　D9　330

王合钦　　D8　408

王惠民　　D1　12，27；D5　277；D7　419；D9　251，253，261，263，265，298，300，310，326，338，365，374

王季立　　D3　375，376

王济　　D8　342

王家祐　　D1　27；D3　384；D5　126，277，285；D6　27；D7　425；D9　38

王坚　　D9　255

王建　　D3　385；D8　120；D9　38，70，106，139，204，235，273，274

王建新　　D9　66

王剑平　　D9　288，404

王金华　　D4　4，7，355；D5　124，125，247；D9　56

王景恩　　D4　264，537，538，545

王静如　　D9　299

王磊　　D9　404

王烈　　D8　139

王临乙　　D1　12

王玲娟　　D1　28

王美艳　　D6　28

王蒙　　D9　103

王孟言　　D1　171；D3　403；D9　35

王梦应　　D5　285，351；D7　417，418；D8　333；D9　163

王铭　　D9　292

王辟之　　D9　414

王聘益　　D5　421

王圻　　D5　135

W

王启仲　　D1　122；D3　385，401

王倩　　D9　404

王庆煜　　D1　11，26；D5　125，247；D6　25，36，128，168，207，241；D7　36；D8　435

王日休　　D9　209

王森　　D9　159

王山　　D2　257；D3　411；D9　36

王申之　　D5　352

王审知　　D9　134

王升（王陞）　　D2　257；D3　382，386，398；D9　36

王思业　　D9　288

王思志　　D4　264，545

王松修　　D1　26；D6　24

王堂　　D4　259，261，263，264，516，537，538，545

王滔韬　　D1　27

王天祥　　D1　28；D7　424

王婷　　D9　357

王万澄　　D5　408

王惟祖　　D2　406，407；D3　382，413

王维　　D9　300，335

王文安　　D5　351

王文楚　　D9　39

王文林　　D5　264

王希朝　　D5　421

王希富　　D5　420

王希进　　D5　421

王熙　　D5　299，352

王熙祥　　D1　12，27；D6　27；D7　425；D9　2，192，253，254，256，262，267，276，277，404

王象之　　D1　1，10，40；D2　262；D5　285；D6　24；D9　70，163，269

王小波　　D9　39

王晓波　　D9　250

王信言　　D4　264，545

王延禧　　D2　304

王衍　　D1　42；D9　72

王彦昌　　D1　43；D9　73，75

王彦文　　D9　75

王彦芝　　D9　74

王应瑞　　D6　148

王应祥　　D6　148

王友奎　　D9　337，387，398，404

王玉　　D9　254，255，394，398，474

王玉冬　　D9　269，273，275

王毓贤　　D9　335

王元照　　D1　43；D9　73

王远　　D6　33，34；D7　6；D8　5

王云五　　D3　385；D9　38

王泽　　D4　264，545

王朝闻　　D1　12

王诏　　D4　264，545

王照果　　D5　420

王正奇　　D7　312

王直清　　D8　121，122；D9　105，108，109

王子凡　　D9　450

王子钦　　D5　267

王子仪　　D2　304

王宗靖　　D1　206，229，247；D3　381，383，384，385，405；D9　34，37，260

威德自在　　D7　426，436；D9　231，237

微妙声佛　　D8　285；D9　131

韦宝铢　　D1　44；D9　74

韦伯锋　　D9　74

韦迪铢　　D9　74

韦皋　　D9　204

韦公铢　　D9　74

韦和铢　　D9　74

韦建铢　　D9　74

韦君靖　　D1　8，10，25，26，27，40，91，92，107，137；D3　235，380，383，384，385，400；D9　36，37，38，47，57，70，71，258，260，277，337

韦君迁　　D1　43；D9　74

韦君球　　D1　43；D9　73

韦君幸　　D9　74

韦君要　　D9　75

韦君意　　D1　43；D9　73

韦君贞　　D1　44；D9　74

韦君政　　D1　43；D9　73

韦君芝　　D1　43；D9　73

韦太仙　　D1　44；D9　75

韦提希　　D7　110；D9　151，158，179，181，337，352，364，366，367，369，372，383，389，392，

393，398，399

韦陀（韦驮）　　D5　117，125，266，277，386，389；D6　148；D8　348，410，413，423

韦彦昌　　D9　75

韦彦铢　　D1　44；D9　74

韦义丰　　D1　43；D9　73

韦益铢　　D1　44；D9　74

维庵　　D8　406，409

维摩（维摩诘）　　D1　10，25，28；D2　260，261，262，276；D3　382，386，389，390，393，411；D6　1，7，10，24；D7　312，372；D8　1，4，5，6，20，198，210，244，245，284，285，287，288，337，347，348，349，352，384，385，389，390，391，392，393，394，395，396，398，401，406，410，412，413，414，456；D9　45，51，114，159，171，199，200，202，207，222

魏八师　　D9　253

魏道儒　　D9　159

魏殿臣　　D9　101

魏鼎　　D4　337，341，347，352，353，354

魏了翁　　D6　148；D7　370，416，417，419，429；D8　202；D9　163

魏嵩山　　D9　39

魏天祺　　D4　97

魏文斌　　D7　422

温孟达　　D1　171；D3　381，385，403；D9　35

温廷宽　　D9　273

温玉成　　D1　12，13，27；D6　25；D7　418；D9　66，298，333

文彬　　D5　409

文昌　　D8　348，407，420，425

文道盛　　D5　134，264，383；D9　297

文居安（居安）　　D5　32，89，382；D9　440

文居道（居道）　　D5　147，149，273，383，386

文居礼（居礼）　　D5　32，53，89，382；D9　440

文居用（居用）　　D5　53，382

文居政　　D5　53，382

文庆廷（文君庆廷）　　D8　408，412，434

文王（姬昌）　　D2　21；D5　267；D7　224

文惟简　　D5　23，24，32，47，53，89，104，382，383；D9　86，241，440

文惟一　　D5　147，275，383，386

文锡三　　D4　337，341，347，352，353，354

文献直　　D1　45；D9　76

文志　　D2　261，403；D3　382，386，387，398，411，413；D9　36，39

文陟　　D4　275，516，537，545

文舟　　D8　466

文自钧　　D8　408

闻慧　　D8　429

无常大鬼　　D7　418，429；D9　147，168

无量佛（无量寿佛）　　D4　275，516，545；D5　193，384；D7　126，425；D8　271，285，286，337

无能胜金刚明王　　D7　271，425，435

无染　　D9　201，207

无胜军长者　　D4　524，549

无畏笈多　　D9　300

无涯（正海）　　D6　20；D7　374，378

无厌足王　　D4　158，518，527，542

无忧最胜吉祥如来　　D9　287

无准师范　　D9　159

吴从龙　　D5　48

吴道子　　D6　24；D8　411；D9　300，335，462

吴逢　　D5　147，383

吴节之　　D5　147，383

吴立元　　D8　400

吴平心　　D4　552

吴士伦　　D9　75

吴绶　　D9　297

吴舜之　　D5　147，383

吴天跃　　D9　404

吴显齐　　D1　11，24，25，26；D2　189；D5　126，285；D6　11，25，26；D8　200，202；D9　242，243

吴信之　　D5　147，383

吴兴顺　　D7　302

吴延爽　　D9　332

吴云　　D9　404

吴正乡　　D6　126

吴仲秋　　D6　149

吴自牧　　D9　450

吴自贤　　D6　149

五官大王（五官王）　　D7　173，181，225，424，427，

435；D9 151
五通大帝（五通大仙） D5 117，197，276，385；D9 330，332，333
五行道天女 D1 92；D3 390
武则天 D9 203，292
武者小路穰 D9 337
悟安忻 D7 372
悟本 D8 467
悟参 D8 467
悟朝 D6 20，148，149，174，235；D8 341，342
悟彻 D8 467
悟忱惜 D7 372
悟成 D8 467
悟春 D4 135
悟惊 D6 20，149，235
悟灯 D8 467
悟顶 D8 342
悟惇 D6 149；D7 372
悟贡 D4 556
悟慧 D8 467
悟经 D7 81
悟景 D4 135
悟开 D8 467
悟莲 D8 467
悟林 D7 315
悟南 D7 372；D8 342
悟瑞 D8 467
悟善 D7 375
悟性和 D7 372
悟宗 D6 20；D8 199，467，468

X

西尔文·列维 D9 299
西意（西意禅师） D8 420，423，426
希昼 D5 13，107，396，397；D9 159
息尘 D9 201
席存著 D7 417，418；D8 38，39，202；D9 162，163
席周宽 D7 317；D9 269
喜王如来 D9 176
夏光祖 D2 400

夏广兴 D9 291
夏珪 D9 160
夏竦 D9 330
夏永清 D7 149
夏仲宁 D4 263，545
先天菩萨 D9 253，254，261
鲜道仙 D1 44；D9 75
贤善首 D7 426，436；D9 231，236，237，247
贤圣优婆夷（贤胜优婆夷） D4 269，521，528，545
贤首 D9 240
香花菩萨 D5 117，146，276，383
香花童子 D5 35
降龙罗汉 D2 501；D3 354，389，391，392，393，415，419；D9 49，51，52，54
降三世明王 D7 425；D9 332
向世山 D9 462
肖捷 D1 34；D4 8
肖学圣 D5 420
萧链子 D9 56
萧默 D9 99，343，346
萧统 D9 208
谢本立 D1 16，19，25；D4 355；D7 317
谢公彦 D9 74
谢洪 D7 425；D9 152，195
谢继隆 D5 196，384
谢君福 D6 148
心超 D7 376
心朗 D7 306；D8 462
心善 D7 306；D8 462
心王菩萨 D9 224
辛澄 D9 223
辛玉 D9 404
新超 D8 137
兴照大师 D9 330
行安 D5 397
行明 D9 207
邢鹏 D9 404
邢信道（邢先生） D4 24，97，99，104，105，122，129，131，137，139，142，148，149，158，164，168，170，185，191，193，196，206，208，216，220，241，243，269，281，315，320，467，469，

476, 526, 527, 528, 529, 530, <u>532</u>, <u>533</u>, <u>534</u>, <u>535</u>, 536, 537, 538, 539, 540, 541, 542, 543, 544, 545, 546

性超　　D6　20, 28; D7　312; D8　<u>198</u>, 347, 408, 412

性聪　　D6　<u>124</u>; D7　150

性儒　　D8　342

性寅　　D6　<u>20</u>; D7　147, 150, 151

性正　　D7　312; D8　198, 342

休舍优婆夷　　D4　<u>524</u>, 529, 550

秀峰　　D8　425, 427

秀和　　D8　451

秀然　　D6　<u>20</u>; D8　400

秀心　　D8　451

须达拏太子　　D9　<u>199</u>

须阇提（阇提）　　D7　67; D9　178, <u>192</u>

胥安　　D2　241; D3　382, 386, 387, 410; D9　36, 39

虚空藏　　D7　<u>276</u>, 425, 435; D8　20, 22, <u>23</u>, 299, 333, 338; D9　114, 115, 127

虚空住　　D7　<u>421</u>

徐畅　　D9　<u>404</u>

徐观海　　D9　<u>407</u>

徐陵　　D9　<u>174</u>

徐苹芳　　D9　<u>88</u>, <u>94</u>, <u>103</u>

徐荣德　　D2　341, 358; D3　398

徐松　　D7　<u>417</u>

徐学书　　D1　<u>27</u>; D3　<u>384</u>; D9　<u>38</u>

徐胭胭　　D9　<u>404</u>

徐尹　　D9　208

徐兆复　　D5　48

许公文明（许文明）　　D8　402

许元基　　D8　414

玄超　　D9　247

玄奘　　D1　<u>190</u>; D9　56, 89, 120, 205, 284, 285, 287, <u>312</u>

玄中大法师　　D5　68, 113

选友　　D7　<u>420</u>

雪纯　　D8　420, 423

雪山大士　　D7　74

Y

延寿　　D9　159, <u>164</u>, <u>179</u>, <u>190</u>, 216

延一　　D9　<u>330</u>

严耕望　　D9　<u>274</u>, <u>275</u>

严松　　D9　<u>292</u>

严武　　D1　<u>1</u>

严逊　　D1　9; D2　<u>241</u>; D5　<u>6</u>, 8, <u>13</u>, 47, 107, <u>112</u>, <u>113</u>, <u>114</u>, 382, <u>389</u>, <u>396</u>; D9　56, 86

言偃　　D5　46, 113, 382

阎立本　　D9　<u>300</u>, 335

阎罗王（阎罗）　　D7　146, 147, 181, 184, 225, <u>424</u>, 427, 435; D9　291, 401, 402

阎摩天　　D9　332

阎文儒　　D1　11, 26, <u>27</u>, <u>190</u>; D5　<u>126</u>, <u>285</u>; D6　25; D7　<u>423</u>, <u>424</u>, <u>425</u>, <u>426</u>; D9　2, <u>218</u>, <u>281</u>

颜回　　D5　46, 113, 382

颜娟英　　D1　<u>28</u>; D9　<u>302</u>, <u>312</u>, <u>326</u>, <u>404</u>

彦悰　　D9　131

彦琪　　D9　<u>164</u>

燕学锋　　D9　<u>269</u>

羊士谔　　D9　277

阳文炳　　D6　148

杨伯达　　D9　<u>420</u>

杨伯高　　D5　141, 383

杨才友　　D5　271, 273, 386

杨大友　　D8　400

杨鼎新　　D4　352, 353, 354

杨锷　　D9　<u>165</u>

杨法健　　D7　225

杨方冰　　D5　<u>9</u>, <u>13</u>, <u>107</u>

杨芳灿　　D6　<u>24</u>

杨复新　　D4　352, 353, 354

杨高　　D4　264, 545

杨古城　　D9　435

杨古章　　D3　<u>263</u>, 419

杨光师　　D5　48

杨光宇　　D8　<u>290</u>

杨桂林　　D7　302

杨海北　　D5　267

杨海章　　D7　302

杨泓　　D1　14

杨淮清　　D2　90, 138; D3　<u>398</u>, 399, 408

杨继州　　D7　302

Y

杨家骆　　D1　5，11，19，24，26；D4　4；D5　13，126，285；D6　11，25，26；D7　419，423，425；D8　199；D9　1，70，105，110，139，140，163，165

杨杰（杨次公，无为子）　　D6　24；D7　395，417，426，436；D8　411；D9　140，143，154，183，190

杨荩臣　　D8　408

杨俊春　　D5　352

杨俊玉　　D5　352

杨林坤　　D9　450

杨柳观音　　D3　397，399；D9　422，423

杨鲁章　　D1　44；D9　74

杨明　　D9　446

杨明达　　D5　420

杨南照　　D1　44；D9　75

杨培褆　　D5　267

杨品三　　D5　267

杨谦　　D5　188，384

杨莘起　　D5　352

杨升庵　　D9　241

杨师立　　D3　384；D9　38，70

杨顺芬　　D4　352，353，354；D5　352

杨顺怀　　D5　352

杨顺祀　　D4　564；D5　365，378，387

杨顺芝　　D5　352

杨思及　　D1　43；D9　73

杨思进　　D8　138

杨思庆　　D9　75

杨昙　　D8　136，138，139，199

杨涛　　D3　396

杨渭莘　　D7　298，299

杨文忻　　D5　141，273，383，386

杨文兴　　D3　256

杨文秀　　D5　273，386

杨贤良　　D5　351，352

杨筱　　D9　298，337，404

杨行全　　D1　42；D9　73

杨雄　　D6　26，27；D7　424

杨秀爵　　D7　148，151

杨义贞　　D1　44；D9　75

杨莹沁　　D9　404

杨应章　　D6　148

杨渊　　D5　48

杨乐　　D1　28

杨再盛　　D5　352

杨诏　　D5　188，384

杨振国　　D9　426

杨正章　　D3　263，419

杨直京　　D7　425，426；D8　121；D9　107，108，231，233，234，235，240

杨宗厚　　D1　171；D3　403；D9　35

杨作安　　D5　188，384

杨作栋　　D8　414

扬之水　　D9　446

姚安品　　D8　451

姚崇新　　D1　27，28；D3　355；D9　164，250，266，279，291

姚宾恭　　D6　267；D7　416

姚思元　　D9　335

姚万美　　D6　125

药师（药师佛，药师如来，药师琉璃光佛，药师琉璃光如来）　　D1　24，28，138，190；D2　66，67，137，138，357，358，501；D3　130，236，262，334，347，354，355，382，387，388，389，390，391，392，393，397，398，399，401，403，408，411，412，415，417，419，421；D4　475，525，530，550；D5　117，134，276，278，383；D7　189，424，426，436；D8　20，285，286，287，337；D9　35，39，40，41，42，45，48，50，51，52，53，54，55，57，61，62，89，114，184，222，266，275，279，280，281，282，283，284，285，286，287，288，289，290，291，292，293，294，295，296，297，338，343，344，374，376，426

药王　　D5　112，113，382，396，397，425

夜迦　　D9　252

夜明　　D5　277，352

夜摩天　　D9　224，227，352

一行　　D8　121；D9　108，247，325

伊舍那天　　D9　325，326

伊永文　　D9　444

义净　　D5　276；D7　418；D9　56，168，216，217，284，285，287，291，298，299，312，320，330，334

翊圣　　D5　277，378

因幡聪美　D9　333

尹富　D9　290

尹公尚德（尹尚德）　D8　402

尹建华　D1　27；D9　2

引路菩萨　D4　521，546；D9　291，292，295

印照　D9　333

永达　D7　306

永桂　D8　408

永能　D7　306

永学　D8　407，408

优波离尊者　D5　51

优填王　D1　92；D9　79

游和　D6　24；D7　315，316

游于艺　D4　337，341，347，352，353，354

有德童女　D4　521，528，544

有久　D6　20；D7　376，377，378

于朝谔　D5　409

于承江　D3　334，421；D9　35，297

于春　D9　357

于君方　D9　266

于利富　D8　420，425

于彦章　D1　163，171；D3　381，385，402，403；D9　35

余倩倩　D1　34；D4　8；D8　5

余应廉　D8　259

俞剑华　D9　250

虞云国　D1　27；D2　27

宇文屺　D6　22，24，123，124，128；D7　416，427；D9　163，190

宇文之寅　D7　417

雨师　D7　423，432；D8　229

玉皇（玉皇大帝）　D5　117，125，141，276，277，278，283，284，285，299，353，354，378，383；D7　267，425，435；D8　348

玉宽　D8　408，412，434

玉清　D5　377，387；D7　425，435

玉贤　D8　425

喻丰年　D7　312

尉迟乙僧（尉迟）　D9　250

元慧　D9　201

元亮（晓山）　D3　223；D6　27，28；D7　313，315；D8　341，342，347，410，462；D9　396，397

元世祖（忽必烈）　D1　4；D2　137

元照　D9　56，407，429，430

袁承贵　D7　425，426；D8　120，121；D9　106，108，231，233，234，235，240

袁公会　D1　42；D9　73

袁化吉　D6　21；D8　453，454

袁文忠　D7　148

袁衍　D8　403

袁义遵　D1　42；D9　73

原始天尊　D5　378

圆海　D4　556

圆亨　D4　556

圆明　D8　467

圆仁　D9　87

圆通普照禅师　D9　201

圆悟　D4　566；D9　408

圆须　D4　568

圆照　D9　135

圆舟　D8　466

源湖璋　D8　462

源吉瑞　D8　462

月光菩萨　D1　92，126，138，145，190；D2　137，501；D3　354，355，381，389，391，392，402，403，408，411，415，419，421；D8　349；D9　41，48，53，54，281，282，283，284，285，290，294，295，296，297，406，456

月海　D8　406

岳添辅　D8　341

云自在　D7　421

云自在王　D7　421

贠安志　D6　26；D9　254

Z

宰我　D5　46，113，382

昝彦　D4　291，537，546

赞宁　D3　385；D9　38，56，84，157，201，217，310

赞陀崛多　D9　139

藏川　D7　424

藏饶萨　D9　139

颐藏　D9　408

Z

曾春霖　　D5　267	张南本（南本）　　D9　165，172，275，335
曾德仁　　D9　253，254，276，277，404	张讷　　D7　425；D8　121；D9　108
曾居艺　　D1　45；D9　75	张庀材　　D5　267
曾绍森　　D7　150	张强　　D1　34；D2　12；D3　12；D4　8；D5　5；D8　5
曾志敏　　D4　565；D7　151	张全一　　D4　538；D5　307，345，377，387
曾子　　D2　21，22	张仁山　　D6　148
增长天王（毗流离）　　D7　421；D8　348，385；D9　207，320	张汝霖　　D4　264，545
翟光远　　D4　264，545	张汝明　　D4　264，545
翟琰　　D9　300，335	张三才　　D5　420
战符　　D6　124，128；D7　372，427	张商英　　D9　159，235
张安兴　　D1　11，26；D5　285；D6　24	张莘民　　D2　241；D3　386，387，398，399，410；D9　36，39
张邦炜　　D3　387；D9　39	张圣奘　　D6　25
张壁　　D5　9，13，389，397	张胜温　　D9　252
张伯宣　　D4　264，545	张师明　　D2　67；D3　408；D9　297
张朝　　D1　1	张书绅　　D5　421
张萃民　　D3　382	张澍　　D1　10，11，24，26，40，92；D2　260，262；D3　250；D5　284，285，298，299，300，302，366，377，378，386，387；D6　10，24；D7　417；D8　1，38，198，199，200，202，339，342，400，410；D9　70，105，110
张大成　　D5　299，351	
张道陵　　D5　113	
张尔聘　　D5　420	
张公廷和（张廷和）　　D8　402	
张国风　　D9　310	张顺臣　　D5　352
张国龙　　D5　264	张唐英　　D3　385；D9　38
张国玩　　D5　420	张唯宗　　D9　159
张划　　D1　27；D3　387；D4　538；D6　27；D8　290；D9　38，39	张文刚　　D1　12
	张文信　　D3　227，397，419
张辉　　D2　66，67，137；D3　386，398，399，408；D9　297	张希照（希照）　　D7　425；D8　121；D9　109
	张显　　D6　353
张济　　D7　425	张献忠　　D1　4；D8　411
张济有　　D6　163	张学恭　　D5　425
张家泰　　D9　101	张雪芬　　D1　27
张建林　　D9　66	张雅　　D1　43；D9　74
张静秋　　D1　11；D2　189	张彦　　D1　11，26；D5　285；D6　24
张珏　　D9　255	张彦远　　D9　222，250
张君孝荣（张孝荣）　　D8　408，412，434	张燕　　D9　66
张可则　　D6　148；D7　376	张扬刺　　D9　281
张匡仕　　D7　314	张映莹　　D9　291
张龙飞　　D6　20，163，174	张永清　　D7　376
张茂鹏　　D9　445	张元隆　　D4　264，545
张岷　　D7　425；D9　109	张媛媛　　D1　14；D3　382；D4　5，518，519，520，521，524，526；D6　34；D7　5；D9　1
张明姝　　D9　450	

Z

张云程　D2　90

张哲　D9　101

张忠海　D2　90

张子华　D5　125, 273, 420, 421

张宗彦　D5　299, 350, 377

张总　D1　12；D6　27；D7　424

张祖勋　D9　506, 511, 524, 527, 544

赵昌　D9　160

赵长松　D9　139

赵超　D9　190

赵处谦　D9　76

赵逢源　D5　48

赵岗　D3　396；D9　471

赵公明　D7　425, 435

赵公武　D9　73

赵公祐　D9　240, 275, 285

赵恭　D5　195, 384

赵辉志　D6　26, 27

赵鉴　D1　44；D9　75

赵囧休　D9　75

赵炯　D8　402

赵觉　D5　195, 384

赵君（赵公）　D7　257, 425；D9　107, 152, 194, 195, 207

赵力光　D9　432

赵昤　D9　192, 404

赵凌飞　D1　14, 34；D2　12；D3　12；D4　8；D5　5；D6　32, 34；D7　6；D8　5；D9　47

赵沛　D9　73

赵彭年　D2　251；D3　382, 386, 387, 411；D9　36, 39

赵耆　D9　276

赵乾涗　D1　43；D9　73

赵勤典　D5　195, 384

赵全　D1　45；D9　75

赵锐涛　D5　13

赵若讯　D5　352

赵师恪　D1　229, 230, 247；D3　381, 384, 397, 405；D9　37

赵时　D1　26；D6　24

赵宋瑞　D2　304；D9　39

赵瓦　D4　23, 516, 538, 539

赵维元　D5　125, 152, 383, 421

赵伟　D5　126

赵文焕　D9　159

赵希忕　D5　352

赵希正　D9　240

赵循父　D2　439, 440

赵延富　D8　402；D9　163

赵懿简公（赵懿简，懿简赵公）　D1　11, 25, 26, 27；D2　13, 18, 23, 27, 28；D3　378, 380, 407；D9　50, 190

赵元进　D1　44；D9　75

赵智凤（赵智宗）　D1　9；D6　24, 26, 27；D7　313, 315, 416, 417, 418, 424；D8　1, 38, 122, 200, 202, 347；D9　105, 129, 131, 133, 134, 135, 139, 140, 141, 142, 147, 150, 153, 157, 158, 159, 160, 161, 162, 163, 164, 169, 178, 185, 190, 191, 199, 215, 218, 228, 231, 235, 236, 248, 249, 273, 305, 326, 333, 377, 389, 393, 407, 408

赵忠义　D9　223, 285

赵忠直　D4　264, 545

赵子充　D2　262；D9　39

赵紫光　D2　342, 356, 357, 358；D3　380, 412；D8　138, 139

照明　D8　198, 468

照知　D8　200；D9　111, 218

真净　D9　202

真武　D1　7；D4　522；D5　277, 291, 377, 378, 386

正法明如来　D9　171

正法明王观音　D5　188, 383

正趣菩萨　D4　524, 529, 549

正受　D9　462

正一真人　D5　68, 113

郑继猛　D9　414

郑君雄　D9　71

郑嗣宗　D4　264, 545

郑文武　D1　34；D2　12；D3　12；D4　8；D5　5；D6　33, 34；D7　6；D8　5

郑锡乡　D2　90

郑之林　D5　264

Z

郑志　D4　23

支娄迦谶　D9　206，354

知玄　D9　139

志安　D5　47

志诚　D2　261；D3　411

志广　D4　279，545

志磐　D9　179，201，202，310，407

志容（觉朗）　D5　9，404，408

志宣　D5　111

智朗　D9　203

智满　D9　141，144

智敏　D9　150

智品　D9　203

智升　D9　131，135

智通　D9　250，261

智颚　D9　211，273

智圆　D8　340；D9　145，159

钟海林　D2　90

仲敦　D9　144

仲林　D9　408

仲由　D5　46，113，382

周达　D9　182，202，203

周道宣　D4　337，341，347，352，353，354

周迪人　D9　446

周公（周公旦）　D2　21

周洪谟　D8　414

周杰华　D9　253

周良超　D5　5

周密　D9　178，414，440，445

周明监　D4　556

周童　D4　24，149，538，539，541

周文矩　D9　414，415

周旸　D9　446

周颖　D1　14，34；D2　12；D3　12；D4　8；D5　5；D6　32，33；D7　5，6；D8　5；D9　47，104

周瑜　D1　34；D2　12；D3　12；D4　8；D5　5；D8　5

周元勋　D8　434

周圆晖　D4　320，537，538，539

朱椿（蜀王，蜀献王，蜀献祖）　D5　397；D6　20；D8　123，341，347，429

朱公孔阳（朱孔阳）　D8　402

朱锦江　D1　11；D2　189

朱景玄　D9　250

朱时祯　D5　264

朱相吉　D8　434

朱彧　D9　314

竺大力　D7　420，421

竺道生　D9　56

竺法护　D7　420，421；D9　83，200

竺佛念　D9　56

竺昙无兰　D7　426；D8　286

注生后土圣母　D5　306，377，387

转轮王（转轮圣王）　D3　249；D6　11，66；D7　70，72，185，424，435；D9　176，178，209，221，333

庄绰　D9　444

庄尚严　D1　11；D2　189；D5　285

紫微大帝　D5　277，378

自在王如来　D9　181，209

宗敖　D6　149

宗顶　D6　149

宗昊　D9　159

宗慧　D7　426

宗鉴　D9　165

宗喀巴　D9　163

宗密　D9　154，158，159，184，247

宗清　D5　266，267，386

宗太　D6　149

宗贤　D6　149

宗祥　D8　406

宗晓　D9　202

宗义　D6　149

宗赜（慈觉）　D6　27；D7　9，19，20，21，25，26，416，417，422，423；D9　140，149，159，164，174，176，190，215，377

宗舟　D8　466

宗珠　D6　149

邹建林　D1　28

邹其昌　D9　444

祖觉　D8　120，121；D9　105，108，142，164，178

最澄　D9　143

最寂静婆罗门　D4　281，521，529，545

左全　D9　275

新井慧誉　D6　27

小野英二　D9　357

木宮泰彦　D9　230

栗原益男　D1　26；D9　70

肥塚隆　D9　214

小林太市郎　D9　253

下泉全暁　D6　27

菅谷文則（菅谷文则）　D9　77

高岡隆心　D9　312

橋村愛子（桥村爱子）　D9　298，310，332，333

浜田隆　D9　312

濱田瑞美（浜田瑞美）　D9　253，263，264，265，267，268，269，279

肥田路美　D9　314

船山徹　D9　200

牧田諦亮（牧田谛亮，牧田氏）　D9　77，85，86，88

増記隆介（增记隆介）　D9　312，334

松本榮一（松本栄一，松本荣一）　D9　94，211，222，223，226，253，265，422

宮治昭　D9　214

村上專精　D9　143

Angela F. Howard（何恩之，Angela）　D6　25，27；D9　164，219，235，236，240，249，256

Benoytosh Bhattacharya　D9　300，334

Chün-fang Yü　D9　266

Gerd J. R. Mevissen　D9　298，300

Henrik H. Sorensen　D1　28；D6　27；D9　219，249

Karil J. Kucera　D6　25

Thomas Suchan（苏默然，Tom Suchan）　D1　28；D4　522；D5　127；D9　279，298，310，312，330

二、地名索引

A

阿艾石窟　　D9　292

阿迦腻咤寺　　D9　212

阿育王山　　D8　173，202；D9　198

阿育王舍利塔　　D9　201

阿育王寺（宁波）　　D9　462

阿旃陀石窟（阿旃陀）　　D1　92；D9　168，354，356

艾罗拉石窟（埃洛拉石窟）　　D9　298，300，310，311，332

安丙墓　　D9　407，411，414，417，419，444

安汉　　D9　200

安徽省博物馆　　D9　441

安居乡　　D7　376

安仁里　　D7　371，372，377

安塞　　D9　426，429，430

安西　　D9　38，100，192，251，298，310，332

安县相宫　　D9　441，443

安祥寺　　D9　219

安岳石刻（安岳石窟）　　D9　69，192，230，231，235，249，254，404，408，420

安岳县文物局　　D9　404

庵堂寺　　D9　254，276，339，340，341，346，349，350，351，352，365，372

奥利萨邦　　D9　298

B

巴川　　D1　1

巴国　　D1　1

巴基斯坦　　D9　210

巴郡　　D1　1

巴蜀（巴蜀地区）　　D1　1，4；D6　24；D7　425；D9　38，40，42，110，159，204，235，238，240，241，242，247，250，253，276，285，288，290，298，299，302，305，310，312，314，325，330，332，333，337，406，407，469

巴蜀书社　　D6　24；D7　425；D9　159，204，235，240，241，247，276，288，290，337，406

巴县（巴县专区）　　D1　5；D3　377；D6　126，127；D7　267

巴扬寺（柬埔寨）　　D9　160

巴中　　D9　5，40，241，280，289，291，357，358，429，435，436

白鹤嘴村　　D9　300

白鹿山　　D9　158

白沙一号宋墓　　D9　445

百花文艺出版社　　D1　11；D6　25

柏孜克里克石窟　　D9　69

拜城　　D9　208，209，211

宝城禅院　　D7　312

宝顶老街（香山老街，宝顶山老街）　　D6　1；D8　210，266，276，293，400，463

宝顶山·豹子坡　　D8　210，276，290

宝顶山·本尊殿（圣寿本尊殿，寿圣本尊殿）　　D7　313，315，416，417；D8　1，6，38，201，202，347；D9　163，205，206，248，474

宝顶山·波涌梵宫　　D6　10，24；D7　284

宝顶山·大佛坡　　D6　1，25；D8　1，210，229，230，231，232，233，234，235，237，238，284，285，287，288，289，290，337；D9　56，188，527

宝顶山·大、小佛湾（大小佛湾）　　D6　1，7，9，11，28；D8　1，2，4，5，210，289，290，333，385；D9　129，162，163，185，188，189，191，192，199，205，206，213，215

宝顶山·担水坡　　D8　210，254

宝顶山·倒马坎　　D6　1；D8　290

宝顶山·倒塔坡　　D6　1，25；D8　1，230，290，293，385，463，464，467，468；D9　56

宝顶山·对面佛　　D6　1，21，25；D8　1，210，269，272，273，276，284，286，287，288，290，337，406；D9　163，188，528

宝顶山·佛祖寺　　D6　20，25

宝顶山·佛祖岩（佛祖崖）　　D6　1，21，25，66，280；D7　47，418；D8　1，122，210，246，254，256，258，260，284，286，287，288，289，290，291，337，451；D9　108，143，144，163，164，188，189，194，243，245，377，407，408，412，417，418，429，446，450，451，452，453，461，527

宝顶山·高观音　　D6　1，21，25；D8　239，290，452，453，454；D9　163

宝顶山·古佛村　　D8　290

宝顶山·古佛寺　D6　1；D8　1, 210, 269, 270, 284, 286, 287, 288, 290, 337；D9　188, 528

宝顶山·古佛湾　D6　24

宝顶山·古佛崖　D7　312

宝顶山·古佛岩　D6　24；D7　313, 315；D8　202, 289；D9　163

宝顶山·广大山　D1　6, 11；D6　1, 21, 25；D8　1, 210, 260, 261, 262, 263, 284, 286, 287, 288, 289, 290, 337, 420；D9　163, 188, 243, 245, 377, 407, 408, 528

宝顶山·广大寺　D1　11；D6　1, 20, 21, 23；D8　1, 4, 5, 210, 242, 260, 290, 413, 420, 421, 422, 423, 424, 426, 435

宝顶山·化龙水库　D6　1, 7

宝顶山·黄桷坡　D8　210, 273；D9　163

宝顶山·黄桷水库　D8　210, 239

宝顶山·黎家坡　D6　1；D8　290

宝顶山·礼佛大道　D6　1, 10, 24；D8　290

宝顶山·礼敬桥　D6　24

宝顶山·灵官殿　D6　10, 23, 195, 207；D8　4, 343, 400, 412, 435, 436, 437

宝顶山·龙潭　D1　6；D6　1, 25；D8　1, 210, 264, 265, 266, 284, 286, 287, 288, 290, 337；D9　163, 188, 528

宝顶山·龙堂沟　D6　1；D8　290

宝顶山·龙头山　D6　1, 25；D8　1, 210, 212, 213, 214, 215, 216, 217, 218, 219, 220, 221, 222, 223, 224, 225, 226, 227, 229, 230, 284, 285, 286, 287, 288, 289, 290, 336, 337, 405, 406；D9　56, 144, 163, 188, 194, 527, 528

宝顶山·木鱼坡　D6　7, 10；D8　210, 266

宝顶山·牧牛亭　D6　21, 22, 23；D7　4, 294, 377, 378, 398, 399, 400, 401, 427；D8　429

宝顶山·菩萨堡　D6　1；D8　1, 210, 246, 249, 250, 251, 252, 254, 284, 285, 287, 288, 289, 290, 337；D9　188, 189, 528

宝顶山·菩萨屋　D6　1；D8　1, 210, 246, 247, 248, 249, 254, 284, 285, 287, 288, 289, 290, 337；D9　188, 528

宝顶山·桥湾水库　D6　1；D8　210, 252, 290

宝顶山·仁功山　D6　1, 25；D7　307；D8　1, 210, 273, 274, 275, 276, 277, 278, 279, 284, 286, 287, 289, 290, 337, 338；D9　188, 528

宝顶山·瑞相广场　D6　1

宝顶山·瑞相桥　D6　1, 24

宝顶山·三块碑　D6　1, 25；D8　1, 210, 239, 240, 241, 284, 285, 287, 288, 289, 290, 291, 337；D9　188, 243, 528

宝顶山·三元洞　D6　1, 25；D8　1, 210, 227, 228, 284, 285, 287, 288, 290, 291, 293, 337；D9　56, 188, 527

宝顶山·砂坡　D6　1；D8　290

宝顶山·山王村　D8　450；D9　140

宝顶山·山王庙　D1　16；D6　1；D7　376；D8　290

宝顶山·圣迹池（圣迹石池，足迹池）　D6　7, 10, 20, 22, 24, 235, 241；D8　324, 347, 348, 399, 400, 435, 438

宝顶山·圣寿寺（圣寿院，寿圣寺）　D1　9, 11；D6　1, 10, 20, 21, 23, 24, 26, 174, 235；D7　148, 313, 315；D8　1, 4, 5, 6, 8, 36, 38, 122, 123, 124, 131, 136, 140, 198, 199, 201, 202, 210, 244, 289, 290, 324, 336, 341, 342, 347, 348, 349, 350, 351, 352, 354, 355, 356, 357, 358, 359, 360, 361, 362, 363, 364, 365, 366, 367, 368, 369, 370, 372, 373, 374, 375, 376, 377, 378, 379, 380, 381, 382, 384, 386, 387, 388, 389, 390, 391, 392, 393, 394, 395, 396, 398, 399, 400, 401, 408, 412, 413, 429, 435, 456, 463, 467, 468；D9　108, 140, 142, 163, 190, 247, 269, 507

宝顶山·释迦真如舍利宝塔（释迦真如舍利塔）　D6　1, 23, 28；D8　1, 2, 4, 5, 293, 324, 325, 326, 328, 329, 330, 331, 332, 333, 334, 335, 338；D9　140, 163

宝顶山·松林坡　D1　6；D6　1, 25；D8　1, 210, 242, 243, 284, 285, 286, 287, 288, 289, 290, 337, 420；D9　163, 188, 243, 377, 407, 528

宝顶山·塔耳田　D6　25；D8　1, 334

宝顶山·万岁楼（万岁阁，万岁楼阁）　D6　10, 20, 23, 24；D7　376, 377, 378；D8　4, 5, 343, 405, 411, 412, 429, 431, 432, 433, 450

宝顶山·维摩顶　D6　1, 7, 10；D8　4, 5, 6, 244, 347, 384, 394, 456

B

宝顶山·维摩顶西崖　　D6　1；D8　1，210，244，245，284，285，287，288，337；D9　528

宝顶山·文家坡　　D6　1；D8　290；D9　163

宝顶山·乌龟堡　　D8　210，269

宝顶山·吴家沟　　D6　1；D8　264，266，290

宝顶山·五十梯　　D6　1

宝顶山·惜字塔　　D8　5，438，440，442，443，446，448

宝顶山·香山场　　D6　23

宝顶山·香山社区　　D8　290，452

宝顶山·香樟沟　　D6　1；D8　290

宝顶山·香纸沟　　D6　1；D8　290

宝顶山·小宝鼎　　D3　423，425

宝顶山·岩湾（崖湾）　　D6　1，23，25；D8　1，210，266，267，268，284，286，287，288，290，337；D9　163，188，528

宝顶山·杨家后坡　　D8　210，252，290

宝顶山·杨家坡　　D6　1；D8　1，210，252，253，284，286，287，288，289，290，337；D9　163，188，528

宝顶山·杨尚沟　　D6　1；D8　290

宝顶山·游城坡　　D6　1；D8　210，260，290

宝顶山·张家坡　　D8　210，264

宝顶山·珠始山　　D6　1，25；D8　1，210，276，280，282，283，284，286，287，289，290，291，338；D9　144，163，188，528

宝顶山·转法轮塔（倒塔）　　D1　10，12，14；D6　1，23，26，28；D8　1，2，4，5，6，23，210，290，293，294，296，297，298，300，301，302，303，304，306，307，308，309，310，311，312，313，314，315，317，318，319，320，321，322，323，324，332，333，334，335，338，347，385，463；D9　140，145，228，507，527

宝顶山大佛湾·北崖　　D6　8，9，10，11，23，28，195，235，247，266；D7　1，3，7，37，48，88，152，166，237，271，284，295，417；D9　145，153，158，160，162，165，172，173，175，179，182

宝顶山大佛湾·大悲阁　　D6　10，23，24，30，33，150，168，178，179，180，181；D7　419，427；D9　269

宝顶山大佛湾·大悲桥　　D6　24

宝顶山大佛湾·东崖　　D6　8，9，10，11，22，28，195，207，216，235，280，281，284；D7　1，417；D8　400，435；D9　158，165，168，169，171，172，326，331

宝顶山大佛湾·佛缘桥　　D6　10，11，23；D7　295

宝顶山大佛湾·妙智宝塔　　D6　21，142；D9　148，163，168，169，170，171

宝顶山大佛湾·南崖　　D6　1，7，8，9，10，11，20，22，23，24，28，29，35，130，142，150，195，207，216；D7　1，294，295，300，303，307，317，378，402，405，417；D9　145，153，162，163，165，166，183，184，185，269

宝顶山大佛湾·毗卢洞（毗卢道场）　　D1　5；D6　11，21，22，23，266，267，359；D7　312，416，419，421，422，426，430，431；D9　61，62，64，140，143，144，145，147，149，152，153，157，160，172，173，174，189，212，218，219，223，227，228，230，236，238，242，248，273，408

宝顶山大佛湾·圆觉洞（圆觉古洞，元觉洞）　　D7　312，313，372，373，374，375，376，377，378，417，419，426；D8　289，411，429；D9　61，62，63，64，153，154，163，164，183，185，189，190，211，212，219，221，230，231，235，236，238，243，468，474

宝顶山圣寿寺·大雄宝殿　　D6　22，23；D7　314；D8　347，348，349，372，373，374，375，401，405，406，407，408，409

宝顶山圣寿寺·帝释殿　　D8　8，348，349，366，367，368，369，370，401，403，404，405

宝顶山圣寿寺·灌顶井窟　　D8　349，357，380，381，382，384

宝顶山圣寿寺·燃灯殿（燃灯佛殿）　　D8　200，341，342，384

宝顶山圣寿寺·三世佛殿　　D8　348，349，376，377，378，379，384，401，409，410，411，412，413

宝顶山圣寿寺·韦驮殿　　D8　410

宝顶山圣寿寺·维摩殿　　D8　1，198，348，384，385，389，390，391，392，393，394，395，396，398，401，410，412，413，414，456

宝顶山小佛湾·报恩经变洞　　D9　186，187，189，190

宝顶山小佛湾·经目塔（本尊塔）　　D6　25，26，27，28；D7　312；D8　23，36，200；D9　61，62，111，129，131，132，133，141，185，186，187，189，236，243，248，249

宝顶山小佛湾·毗卢殿阁　　D7　313；D9　185，269

宝顶山小佛湾·七佛壁　　D7　417；D8　335，342，344；
　　　　D9　143，144，147，154，158，159，162，163

宝顶山小佛湾·祖师法身大藏塔（祖师塔，法身塔）　　D6　27；
　　　　D8　200，202，242，244，263，335；D9　111，129，
　　　　131，132，141，142，144，154，157，158

宝顶寺（宝顶山寺，宝鼎寺）　　D6　20，24；D7　312，
　　　　314；D8　123，347，399，403，406，411

宝顶小学　　D6　1，10，24

宝顶镇　　D1　6，8；D6　1，7；D9　140

宝鼎（宝峰山）　　D5　419，420；D6　24；D9　163

宝历寺　　D9　165

宝山乡　　D1　6

宝石山　　D9　273

保家村　　D1　7；D9　37

保寿寺　　D9　247，253

报恩寺（大足）　　D6　20；D7　313，314，315；
　　　　D9　159，185，397

报恩寺（芦山郡）　　D9　269，270

报恩寺（平武）　　D9　271，272，273

报恩塔（泸州）　　D9　159

报国寺（安岳）　　D9　298，303，308

报国寺（乐至）　　D9　345，346，349，350，352，354，
　　　　359，367，369，372，373，376，383

碑林　　D9　102，432，440

北碚修志委员会　　D1　11

北京大学　　D1　11，12，13，14，26，27；D2　12；
　　　　D3　12；D5　13，114，126；D6　25；D9　66，218，
　　　　261，404，441

北京大学考古系　　D1　11，26；D6　25；D9　66

北京大学中国考古学研究中心　　D9　404，441

北京帝测科技股份有限公司　　D1　10，14；D6　33；D7　5

北京临京古籍印装厂　　D9　261

北京西山　　D9　132

北京燕山出版社　　D9　310

北拘卢洲　　D7　418

北龛（巴中）　　D9　289

北山·北塔坡　　D1　16，24；D4　1，4，9，556，559，
　　　　563，565

北山·北塔寺　　D1　11，24；D4　1，4，552，553，554，
　　　　555，556，558

北山·佛耳岩（周家白鹤林）　　D1　6，11，14，16；
　　　　D4　1，4；D9　1，56，256，258，264，265，279，
　　　　282，283，284，296，297

北山·佛岩坡　　D1　16；D3　380；D9　1

北山·观音坡　　D1　6，11，14，16；D4　1，538；
　　　　D5　377；D9　1，37，39，56，256，258

北山·五佛殿　　D4　1，509，559，561，562

北山·营盘坡　　D1　6，14，16；D4　1；D9　1，56，57，
　　　　60，64，65，256，258，262，263，264，265

北山·永昌寨　　D1　8，42，91，92；D3　384；D9　36，
　　　　38，47，70，72，258

北山佛湾·北区　　D1　16，19，24，25，312；D2　1，4，
　　　　6，12，13，29，137，140，278，360，500；D3　1，
　　　　4，6，13，131，237，357，380，383；D9　2，31，
　　　　37，39，41，42，78，93

北山佛湾·南区　　D1　19，24，25，29，35，38，45，
　　　　94，192，249，276，312；D3　380，383；D9　1，2，
　　　　31，39，40，41，42

北山佛湾·南区巷道　　D9　31，40

北山佛湾·送子殿　　D2　136

北山佛湾·西域禅师坐化塔　　D2　342，356，358，500；
　　　　D3　380，412，413；D9　51

北山南麓　　D1　16，25

北山石刻管理中心　　D1　19

北山文物管理区　　D1　276，309

北山院（绵阳）　　D9　87

北庭佛寺遗址　　D9　69

比哈尔邦　　D9　215

碧水寺　　D9　354，356

璧山（璧山县，璧山专区）　　D1　1，5；D6　126；
　　　　D7　267

汴京（汴梁）　　D9　157，330

并州　　D9　201，362

波轮寺　　D4　556

波罗奈（波罗奈国）　　D9　207，209

波士顿美术馆　　D9　229，236，237

C

沧浪亭　　D9　164

藏经洞　　D9　87，88，181，223，226，227，251，261，
　　　　332，364

C

藏经楼　　D7 312；D8 348；D9 102

策勒县　　D9 251

插旗山　　D5 281

茶园村宋墓　　D9 446

昌普渝合（昌普渝合四州）　　D1 8，40，41，107，137；D3 383，384，400；D9 38，70，71

昌元　　D1 1，4，43；D2 241；D3 250，386，387，397，399；D4 264，537，538，545；D5 396；D8 342；D9 33，70，73，74

昌州　　D1 1，4，8，26，27，40，92，107，137，207；D2 66，137，241，251，262，401，403，404，406，407，467；D3 381，382，383，384，385，386，387，398，399，400，404，408，410，411，413；D4 228，264，265，279，290，291，536，537，538，544，545，546；D5 69，146，188，195，271，285，298，299，351，352，354，377，382，383，384，386；D6 24，124；D7 370，416，417，418；D8 38，39，202，400；D9 36，37，38，39，47，70，71，162，163，258，273，297，397

长安　　D5 354；D9 66，84，85，89，101，139，143，201，217，250，253，414

长宁乡　　D7 374

长生村　　D9 39

长寿　　D8 342；D9 254，255，256

长松山　　D5 107，396

长溪里　　D5 146，271，383，386

长香寺（京都）　　C9 352

长洲　　D9 207

常熟　　D9 178

常州　　D9 330

朝鲜　　D9 89，158，159，298，333

郴州　　D7 373

陈皇后陵（巩义）　　D9 416，417

成都方圆建筑及环境艺术研究院　　D8 5

成都府　　D7 418；D8 123

成都府路　　D3 387；D9 39

成都琉璃厂窑　　D9 445，447，448

成都市文物局　　D9 446

成都文物考古研究所　　D9 404

城固　　D5 294，355，371，372，387，388；D7 303；D8 411

城南庄宋代壁画墓　　D9 420

冲相寺　　D9 354

崇道观　　D9 109

崇福寺（长安）　　D9 135

崇福寺（朔州）　　D9 68，159，426

崇庆　　D8 138，139

崇胜里　　D5 48

重庆大学　　D9 404

重庆大学出版社　　D1 20，22；D5 113；D6 178，179，180，181；D7 399，400，401；D8 350，351，352，354，355，356，357，358，359，360，361，362，363，364，365，366，367，368，369，370，372，373，374，375，376，377，378，379，386，387，388，389，390，391，392，393，431，432，433，436，437

重庆大学建筑城规学院　　D8 5

重庆大学大足石刻研究会（大足石刻研究会，大足石刻研究学会）　　D1 12，13，26，27，29；D2 1；D4 4，518，519，520，521，524；D5 2，125；D6 25，27，36，128，168，207，241；D9 164，168，404

重庆府　　D1 4；D3 378，422；D5 48，397，422；D6 148，353；D7 267，313，314，315，316，373，376，417；D8 123，403，406，407，414，434；D9 140，160，185，397

重庆建筑工程学院　　D1 10；D4 4；D6 33；D7 4；D8 5，348

重庆市编委　　D1 9

重庆市佛教协会　　D8 200；D9 111，218

重庆市人民政府　　D1 9

重庆市社会科学院大足石刻艺术研究所　　D7 167，173，185，212，215，424；D9 39，162，256，302，337

重庆市文化局　　D1 9

重庆蜀军政府　　D1 5

重庆镇抚府　　D1 5

重庆中国三峡博物馆　　D2 23；D6 26，27，28

楚州　　D1 1

川北　　D9 40，42，169

川东（川东地区）　　D1 5；D6 1；D7 312；D9 2，42，47，70，139，159，160，169，266，340，343，346，349，357，359，361，372，376

川东北　　D9 254

川东行署　D1　5

川陕　D1　11；D9　38，110

川西（川西地区）　D9　38，40，42，47，247，267，268，274，278

川西南　D9　139，267，268，278

川渝（成渝）　D1　1；D9　2，36，38，40，42，47，69，93，94，99，102，104，251，253，254，256，260，261，262，264，266，267，268，269，270，271，272，273，274，276，278，284

川中（川中地区）　D1　5；D9　169，340，343，346，349，354，359，361，374

慈恩寺　D9　250

慈善寺　D9　66

D

达里鼻茶国　D4　137，527，541

达玛沟喀拉墩1号佛寺　D9　251

鞑靼国　D7　418

大安路　D1　1

大安寺　D9　201，223

大安塔　D9　330

大宝坊　D8　121；D9　109

大报恩寺　D9　201

大悲阁（大圣慈寺）　D9　274，276

大悲寺　D9　270

大悲院　D9　274，275

大北街（大足）　D4　116，516，536，538，540

大佛寺　D9　239，325，407，408，412，413，426，428，462

大佛沱石窟　D9　87

大佛岩　D9　242，244，249

大埂子　D9　254，255

大理（大理地区）　D9　252，253

大理国　D9　159，252，268，291

大轮院　D9　108，195

大圣慈寺　D9　172，223，240，250，274，275，276，285，335

大石佛寺　D9　398

大潼路　D1　1

大夏（大夏国）　D1　4

大兴善寺　D9　247

大雄宝殿（平武报恩寺）　D9　271

大雄宝殿（山西开化寺）　D9　178

大英博物馆　D9　265，279

大正大學出版部　D9　299

大钟寺（大足）　D1　8，12；D2　501；D3　354；D9　37，39，429，431

大足川（濑溪河）　D1　1；D8　411

大足区政府（大足县人民政府，大足县人民委员会）　D1　9，10，26；D2　130；D6　25；D8　347

大足石刻监测预警中心　D1　10

大足石刻考察团　D1　5，11，12，14，19，24，25，26，27；D2　187，276；D3　380，410；D4　4，9；D5　13，126，285；D6　11，25，26；D7　201，423；D8　200，202；D9　1，51，70，105，110，132，163，192，236，242，243

大足石质文物保护中心　D1　10

大足县文物调查小组　D1　11，26；D6　11，25

大足县县志编修委员会　D1　1，5；D2　137

大足县政协　D1　12，13，26，29；D2　1；D4　4；D5　2，126；D6　25

丹棱　D9　253，262，267，343，345，350，357，383，384，435，440

宕渠县　D1　1

忉利天（忉利天宫）　D4　310，546；D7　418，420，423，429；D8　200；D9　150，169，176，181，224，227，228

道佛宫　D2　90；D3　398

德安县博物馆　D9　446

德国慕尼黑大学　D9　333

德里大学　D9　333

德行寺　D9　209

德云府　D8　120；D9　106，110

登封　D9　420，440，444

登封市文物局　D9　420，440

邓县　D9　208

地矿部南江水文地质队　D1　10

地藏寺　D9　291

帝释天宫（天帝释宫）　D9　225，226，227，228

帝王宫　D2　90；D3　398

垫江　D1　1；D8　403

钓鱼城　D9　254，255，256

D E F G

东川　　D1　1，26，27，107，137；D3　384；D8　423；
　　　D9　38，70，165

东川道　　D1　1，5

东大路　　D1　1

东大寺（日本）　　D9　228，229，230，241

东海　　D9　88，90，91

东京（北宋都城）　　D9　444，462

东京国立博物馆　　D9　176，199，312

东林寺（长寿）　　D9　254，255，256

东林寺（内江）　　D9　264，270，271，272，278

东毗提诃　　D7　418

东钱湖　　D9　435

东寺灌顶院（日本）　　D9　154

东西川　　D3　384；D9　38

东阳郡　　D9　174，207

东正街　　D2　137

兜率天（兜率陀天，兜率天宫）　　D7　69，422；D8　411；
　　　D9　221，224，227

都郎中寺　　D9　200

独乐寺　　D9　99

敦煌石窟　　D4　5；D7　419；D9　68，211，261，265，
　　　268，272，282，292，298，309，310，311，327，
　　　357，364，367，368，374，392，503

敦煌文物研究所　　D9　209，221，226

敦煌研究院　　D1　10，12，28；D4　5；D6　27；
　　　D9　68，248，251，298

多罗幢城　　D4　153，527，542

E

阿弥陀寺（奈良）　　D9　352，353

峨眉　　D6　24；D7　43，255，256，312，397；
　　　D8　120；D9　106，152，160，194，205，207

二佛寺（涞滩）　　D9　206，406，407，409，410，420，
　　　422，425，440，443

二佛寺（荣县）　　D9　254，349，351，352

二仙庙　　D9　439

二尊院（京都）　　D9　429

F

法海寺（北京）　　D9　68

法海寺（密县）　　D9　101，102

法隆寺（金华）　　D9　291

法隆寺（奈良）　　D9　286

法门寺　　D9　201，202，203，302

法王宫　　D7　349；D9　231

法兴寺　　D9　440，452，469

樊川　　D9　203

方志出版社　　D1　1，5；D2　137

房山　　D9　132，135

飞来峰　　D9　229，230，236，241

飞仙阁　　D9　435

峰山寺　　D9　429，431，432，444，462，464

凤翔府　　D4　556；D9　201

佛安桥　　D1　7，9；D9　37

佛宫寺　　D9　68

佛光寺　　D9　92，99，100，291

佛教文化研究所　　D9　111

佛书刊行会　　D9　89

扶风（扶风县）　　D1　40，41；D3　400；D9　70，71，
　　　302

涪江　　D9　247，339，340，357，372

涪州　　D1　1；D9　70

福建　　D9　134，445，446

福建省博物馆（福建博物院）　　D9　445，446

福井　　D9　312，334

福禄里　　D6　126

福州　　D9　444，445，446，447，449，457

复旦大学　　D1　11

复隆　　D8　290

傅斯年图书馆　　D1　40；D2　23；D8　120；D9　105

富顺　　D8　401；D9　254，271，272

富县　　D9　85，469

G

陔山乡　　D5　188，195，383，384

甘宁（甘宁地区）　　D9　66，67，69

甘肃　　D9　68，77，192，253

甘肃教育出版社　　D9　68，253

甘肃人民出版社　　D9　77

高安县　　D9　178

高昌　　D9　200

高句丽　　D9　240，247

高观音岩　　D9　254，255，261

高丽　　D9　77，89，129，190

高山寺　　D9　229

高升（安岳）　　D9　239，241，242，244，249，325，343，344，345，361，407，408，412，413，426，428，462

高升（大足）　　D1　7；D9　266

巩义　　D9　414，416，417，419，438

巩义市博物馆　　D9　417

古村　　D5　389，396

故宫博物院　　D1　11；D6　24；D9　56，169，178，346，383，414，432

关子门　　D9　346，349

观音阁（独乐寺）　　D9　99

光明日报出版社　　D6　26，28

光明山　　D9　207

光孝寺　　D9　281

广安　　D2　304；D9　354

广大庵　　D7　372

广汉　　D7　425；D8　120；D9　107，163，248，445，446

广汉县文物管理所　　D9　445，446

广仁王庙　　D9　92

广西师范大学出版社　　D9　281

广元　　D9　5，66，67，169，241，280，288，289，291

广元千佛崖·释迦多宝佛窟　　D9　66，67

广元千佛崖·苏颋窟　　D9　66

广州　　D9　222，281，314

贵泾坊　　D9　181

贵平县　　D9　182，202

贵州　　D1　10

桂林　　D8　403；D9　191

国家图书馆　　D1　92

国家文物局　　D1　5，10，12，13，14；D4　355；D7　225；D8　347

国立中央研究院历史语言研究所　　D9　299

H

海南出版社　　D6　24

韩国　　D9　84，89，240，242

汉城（首尔）　　D9　84，89

汉州　　D7　256，257，425；D9　105，139，152，157，159，163，194，207

杭州　　D9　85，178，179，204，229，230，241，273，298，332，441，462

杭州市文物考古所　　D9　441

合川　　D1　1，11；D6　127；D9　38，139，140，154，159，206，254，255，256，406，407，409，410，420，422，425，440，443

合阳　　D5　351

合州　　D1　1，4，41；D2　137，399；D9　38，71

和田　　D9　251

河北　　D9　101，201，250，251，261，270，291，420

河南　　D9　95，101，139，208，417，420，440，444

河南省文化局文物工作队　　D9　208

河南省文物考古研究所　　D9　417

河西地区　　D9　298，310，330，332，338，339，340

贺兰山　　D9　204

黑泉驿石窟　　D9　426，429，430

衡岳　　D9　207

湖北美术出版社　　D9　414

湖南美术出版社　　D9　426

湖南省文物考古研究所　　D9　444

湖州　　D9　181，441，443

湖州市博物馆　　D9　441

护国禅寺　　D9　330

护国寺（日本）　　D9　247

鄠县　　D9　209

花山文艺出版社　　D9　330

花置寺　　D9　99，100

华通书局　　D9　144

华严洞（安岳）　　D9　199，211，212，228，230，231，232，233，234，235，236，238，239，240，241，242，247，249，305，404，407，408，411，413，417，420，421，422，425，426，428，429，430，432，434，441，443，445，446，448，449，450，451，452，453，461，462，463，466，467，469

华严寺　　D9　201

华严堂　　D9　223

华蓥　　D9　407，411，414，417，419，444

化龙　　D6　1，7

皇泽寺　　D9　169

G J K

黄堡镇　　D9　417

黄陵　　D9　68，261

黄昇墓　　D9　444，445，446，447，449，457

徽州　　D8　402

会州　　D9　200

惠因寺　　D2　260，262

慧日永明寺　　D9　179

J

机械工业出版社　　D9　99

鸡公山　　D9　345，350，383，384

鸡足（山）　　D5　397

积翠　　D9　202

吉安府　　D7　313，315；D9　185

吉川弘文馆　　D9　211，429

集英社　　D9　312

夹江　　D1　89；D9　87，253，260，340，342，343，345，349，350，351，352，353，354，365，384，429，435

迦毗罗城　　D4　315，529，546

嘉陵江　　D1　5，11；D9　110，140，340

嘉胜里（加胜里）　　D5　48，352

嘉州　　D7　313，315；D8　120；D9　107，139，142，152，193，195，204

尖山子　　D1　6，8，12，25；D9　56，258，260，266，472，473，474，480，481，482，485，486，487，488，489，490，491，492，493，494，495，496，497，499，500，501，502，503，504

尖山子石窟　　D1　8

柬埔寨　　D9　139，160，161

简阳　　D1　1；D9　38

建长寺　　D9　229，230，236

建设部综合勘察研究设计院　　D1　10

建兴寺　　D9　201

荐福寺　　D9　84，201，212

剑川　　D7　375

剑关　　D9　39

剑南东川　　D1　1

剑南西川　　D1　1；D9　204

剑州　　D5　299，350，377

江津（江津专区）　　D1　5；D8　138；D9　406

江陵　　D8　402

江南　　D9　129，201，204，310，330，335，383，432，462

江苏古籍出版社　　D9　330

江苏人民出版社　　D9　159

江西　　D7　313，315；D9　185，337，446，450

江西科技大学　　D9　337

江西人民出版社　　D9　446

江原　　D5　299，352

江浙　　D9　159，230，462，469

江州　　D9　201

教育部中华教育电影制片厂　　D1　11

金碧崖　　D9　340，342，343

金刚寺　　D9　219

金谷寺　　D9　139

金华　　D9　200，291，330

金水　　D7　257；D9　152，195

金坛（江苏）　　D9　445

金堂　　D7　257；D9　107，152，195

金仙殿　　D2　90；D3　398

晋城　　D9　426，429，439

晋祠　　D9　438，439

京都　　D9　103，247，312，330，332，352，429

京都国立博物馆　　D9　312，332

泾阳　　D9　209

经目塔（安岳孔雀洞）　　D9　186

荆州　　D1　1

菁山宋墓　　D9　441，443

旌义乡　　D9　178

径山　　D9　462

净慈寺　　D9　462

净居天　　D7　76；D9　147

净明寺　　D6　20；D7　371

净土宫　　D9　171

净众寺　　D9　158

敬爱寺　　D9　222

静南　　D1　1，8，27，40，41，45，91，107，108，137；D9　38，70，258，260，397

九溪　　D8　402

酒流沟宋墓　　D9　439

旧州坝　　D9　87

鹫峰禅窟　　D9　154，159

觉风佛教艺术文化基金会　　D9　89，186，204

K

开宝寺　　D9　202，204，310

开封　　D6　353；D9　85，94，103，335，462

开化寺　　D9　178

开元寺（广州）　　D9　222

开元寺（台州）　　D9　230

开元寺（正定）　　D9　102

看灯山　　D9　93

康居国　　D9　201

康藏　　D9　158

科学出版社　　D1　92；D6　1；D7　419；D9　66

克孜尔　　D9　208，209，210，211，281，282

克孜尔·第205窟　　D9　211

克孜尔·第38窟　　D9　208

克孜尔石窟　　D9　209，210，211

孔雀洞　　D9　186，191，249，298，303，304，305，308，310，312，313，314，320，323，333

库车　　D9　209，292

库木吐喇　　D9　209，281，282

库木吐喇·第63窟　　D9　209

夔州　　D7　418

昆明　　D9　291

L

来凤驿　　D1　1

赖川　　D2　241；D3　382，386，387，410；D5　396；D9　36，39

兰州大学出版社　　D9　235

阆中　　D9　420，446

乐山　　D9　100，101，192，204，273，340，342，346，407

乐山大佛　　D9　273

乐至　　D1　1；D9　38，345，346，349，350，352，354，359，367，369，372，373，376，383

李皇后陵（巩义）　　D9　417，419

联合国教科文组织世界遗产委员会　　D9　507

凉水场　　D7　376

梁州　　D1　1

两京地区　　D9　66，67，69，251，310，346，374，398

两浙　　D7　417；D9　202，203

辽宁美术出版社　　D9　282

辽阳白塔　　D9　426

林凤镇　　D9　239

临安　　D9　157，335

临淮县　　D9　84

临江寺　　D9　312

临淄　　D9　207

麟游　　D9　66

灵鹫（山）　　D5　397

灵湫泉　　D6　24，124，128

灵泉　　D5　396

灵山　　D7　255，375；D8　138，425；D9　194

灵岩山　　D9　462

灵岩寺　　D9　164，275

灵隐寺　　D9　462

灵游院（安岳）　　D9　94，351，359，360

凌云寺　　D9　204，340，342

陵州　　D9　182，202，203

岭南　　D5　372，388；D7　373

刘嘴（丹棱）　　D9　253，262，267，357

龙洞东区（荣县）　　D9　339，352

龙凤山　　D7　298

龙岗山　　D1　8，11，26，27，42，91，190；D3　384；D9　2，36，56，70，258

龙泓寺　　D9　100，101，340，346

龙居寺　　D9　298，299，300，301，302，333，350

龙门石窟　　D1　12，92；D9　66，79，251，280，288

龙门石窟·宾阳南洞　　D9　66

龙门石窟·奉先寺　　D9　292

龙门石窟·高平郡王洞　　D9　66

龙门石窟·古上洞　　D9　280

龙门石窟·惠简洞　　D9　79

龙门石窟·潜溪寺　　D9　66

龙门石窟·万佛沟　　D9　251

龙门石窟·五佛洞　　D9　79

龙门石窟研究院（龙门文物保管所，龙门石窟研究所）　　D1　12；D9　66，251

龙神寺　　D8　273，290

龙水（龙水镇）　　D1　7；D8　290；D9　38，379

龙潭寺　　D9　351，352

龙兴寺（青州）　　D9　69，240

龙游县　　D9　142，195

隆昌　　D1　1；D8　290

隆康　　D1　1

隆山　　D2　304

隆兴寺　　D9　98，100，101，270

芦山郡　　D9　269，270

庐陵　　D7　313，315；D9　185

庐山　　D7　81，312，417；D9　249

泸南　　D4　1，212，214，218，228，233，235，248，537，538，543，544

泸溪　　D1　10

泸县宋墓　　D9　406，409，414，415，417，422，424，426，445，448

泸州　　D6　20；D7　315，371，417；D8　290，411；D9　159，254，255，256，261，271

陆家窑　　D9　446，449，450

伦敦　　D9　87

洛阳（洛阳地区）　　D9　66，79，84，85，310，408，414，417

洛阳关林石刻艺术博物馆（洛阳关林石刻艺术馆）　　D9　84

M

马拉喀什　　D9　507

马头巷　　D7　263；D8　120；D9　107，152，196，209

玛瑙院　　D9　145

麦积山石窟　　D1　28；D9　69，337，398

麦积山石窟艺术研究所　　D1　28；D9　337，398

茂县　　D9　176

茂州　　D9　157，158，159

眉山　　D2　304；D5　354；D7　425；D8　120，121；D9　106，109，110，165，178

眉州　　D7　418

每日新闻社　　D9　186

美国　　D1　11；D9　219，235，429，471，472

美国火奴鲁鲁艺术学院　　D9　429

美国普林斯顿大学　　D1　11

蒙古　　D9　163

弥濛（弥蒙、弥牟）　　D7　257，313，315，416，417；D8　38，120，121，202，347；D9　105，107，108，152，157，163，194，195，248

米粮里（米粮）　　D6　148；D7　313，315，376；D8　38，202，402，407；D9　163，235

密教辞典编纂会　　D9　219

绵阳　　D9　87，354，356，357

绵竹　　D9　154，157，159

妙峰山　　D4　107，526，540

妙高山　　D1　6，8，9，12；D5　13，126，277；D9　37，56，58，59，61，62，65，241，249，293，404，414，415，416，417，418，419，420，421，422，424，426，427，432，434，435，436，437，438，439，440，441，442，445，446，448，450，452，453，454，456，457，461，462，464，469

妙高寺　　D9　397

妙光城　　D4　193，528，543

妙积寺　　D9　253

民族出版社　　D9　142，158

岷峨　　D5　397

岷江　　D9　340，343，346，349

茗山寺　　D9　206，228，235，239，240，241，242，245，249，404，407，408，411，412，413，422，425，426，428，441，446，452，453，462，465

洺州　　D7　417

摩竭提国　　D9　225，226

摩洛哥　　D9　507

磨儿坡　　D9　379，381

莫高窟　　D7　419，422；D9　66，67，69，77，84，87，88，176，209，210，221，222，223，225，226，227，236，240，250，251，253，263，264，265，268，269，279，281，285，286，288，289，292，298，302，305，309，310，311，326，327，330，332，338，339，343，344，346，348，357，364，367，368，374，391，392

莫高窟·第113窟　　D9　251

莫高窟·第133窟　　D9　310，332

莫高窟·第148窟　　D9　268，269，326，327

莫高窟·第159窟　　D9　364

莫高窟·第165窟　　D9　310，332

莫高窟·第169窟　　D9　310，311，332

莫高窟·第171窟　　D9　288，339

莫高窟·第172窟　　D9　346，348，367，368

莫高窟·第176窟　D9　289
莫高窟·第205窟　D9　289, 305, 309, 310, 332
莫高窟·第220窟　D9　281, 286, 338
莫高窟·第275窟　D9　209
莫高窟·第302窟　D9　281
莫高窟·第320窟　D9　374
莫高窟·第322窟　D9　279, 281
莫高窟·第332窟　D9　357
莫高窟·第45窟　D9　374
莫高窟·第431窟　D9　310, 332, 367, 368, 391, 392
莫高窟·第433窟　D9　285
莫高窟·第445窟　D9　221
莫高窟·第446窟　D9　292
莫高窟·第456窟　D9　310, 332
莫高窟·第55号窟　D9　223, 226, 227
莫高窟·第76号窟　D9　225, 226, 227
莫高窟·第85窟　D9　226, 343, 344
莫高窟·第91窟　D9　102, 343
莫高窟·283窟　D9　66, 67
莫高窟·285窟　D9　69, 176
莫高窟·44窟　D9　66, 67, 226
莫高窟·72窟　D9　77, 84
木门寺　D9　96
木鱼山　D9　351, 352, 367, 374, 376

N

奈良　D9　241, 263, 252, 353, 426
奈良国立博物馆　D9　352, 426
南禅寺（五台山）　D9　92
南家湾　D9　354, 356, 357, 361, 391
南京　D9　163, 408, 420
南京博物院　D9　420
南龛（巴中）　D9　357, 358, 429, 435, 436
南山公园　D5　281
南山果园　D5　281
南赡部洲　D7　418
南溪李庄　D9　110
南熏殿　D9　440
南诏　D9　139
内江　D1　1；D9　264, 270, 271, 272, 277, 278, 376, 384

尼泊尔　D9　298
念定院　D9　204
宁波　D9　198, 426, 429, 430, 435, 446, 462
宁波出版社　D9　435
宁海　D9　202
牛斗山　D1　1；D9　38
牛角寨　D9　253, 261, 262, 273, 274, 345, 350, 352, 354, 355, 357, 358, 391, 444
牛仙寺　D9　253, 343, 345, 350, 352, 353, 354, 365

P

盘龙寺　D4　556
盘陀寺　D9　94, 339, 346, 352, 359
彭山县文化馆　D9　446
彭州　D9　408, 414, 441, 446, 449
蓬溪　D9　253, 260, 262
蓬州　D8　340
毗卢庵（安岳）　D9　192, 193, 194, 195, 196, 199, 204, 205, 207, 208, 209, 212, 213, 214
毗卢庵（宝顶山）　D7　416, 417, 419, 429；D8　71, 141, 199, 201, 202, 335, 410；D9　107, 140, 141, 148, 154, 155, 156, 157, 158, 159, 163, 166, 171, 185, 186, 187, 188, 189, 192, 196, 198, 199, 203, 205, 206, 207, 208, 209, 212, 213, 214, 215, 216, 243, 408, 412
毗卢洞（安岳）　D9　105, 142, 191, 192, 193, 228, 230, 235, 236, 239, 241, 242, 244, 247, 249, 404, 407, 408, 413, 435, 436, 439, 469
毗卢寺　D8　290
毗卢院　D9　195
郫县　D8　139
平等院（京都）　D9　103
平凡社　D9　221
平江　D9　178
平凉　D8　341
平顺　D9　92, 99
平武　D9　271, 272, 273
屏山县　D5　300, 387
婆罗浮屠　D9　139, 140, 161
菩提道场　D9　224, 227
蒲城　D8　402

蒲江　D9　93，346，349，435

普安郡　D1　1

普光法堂　D9　224

普光明殿　D9　224，225，226，227，228

普光王寺　D9　84，85

普康　D1　1

普明殿　D9　225

普陀山　D9　179

普陀岩　D6　20，21；D7　267，376

普州　D1　1，41；D7　374，418；D9　71，184，241，249，273

Q

七佛园　D8　343

七拱桥　D1　7，9

七塘乡　D7　267

七贤洞　D2　90；D3　398

栖霞山　D9　69

齐拉斯　D9　210

齐鲁　D1　11；D9　85

齐鲁大学国学研究所　D1　11

齐山　D9　200

岐阳　D9　201

启香坪　D8　290

契丹　D9　129，270

千佛村　D5　6，389

千佛洞（敦煌）　D9　223

千佛洞（夹江）　D9　87

千佛寺　D9　261

千佛崖（安岳）　D9　343，344，345，361

千佛崖（富顺）　D9　254，271，272

千佛崖（广元）　D9　66，67，241，280，288，289

千佛崖（千佛岩，夹江）　D1　89；D9　253，260，340，342，343，349，350，351，384，429，435

千佛崖（千佛岩，大足）　D1　7，8，9；D5　6，389，410；D9　56，273，274，336，394，395，396，397，398，472，473，474，480，481，482，485，486，487，488，489，490，491，492，493，494，495，497，498，499，500，501，502，503，504，505

千佛寨　D9　219，241，254，255，285，354，356，407，411，429，430，446，452，453

千手大悲宝阁（千手大悲殿）　D6　20；D7　313；D8　411；D9　185，269

钱塘　D9　179，201

乾明寺　D7　81，417

黔峡　D1　41；D9　71

青城山　D9　204

青岛大学　D9　404

青莲寺（晋城）　D9　426，429

青林洞　D9　229，241

青龙寺　D9　139，154，247

青龙镇　D9　409，424，445

青神　D9　359，369，371，374

青州市博物馆　D9　240

清川　D2　304

清华大学　D1　10，11，12，24；D6　25；D9　110，298，333，337，398，404，446

清华大学出版社　D1　11，24；D6　25；D9　110

清华大学环境学院　D1　10

清凉山　D9　207

清凉寺（日本）　D9　230

清流镇　D8　120；D9　106

庆阳北石窟　D9　69

庆元府　D8　173

邛崃　D9　94，100，238，253，264，267，268，278，339，340，346，352，359，435，440，443

龟兹国　D9　83

龟兹石窟　D9　209，211

R

人民出版社　D9　444

人民美术出版社　D9　139，164，165，172，222，429

仁和寺　D9　330，332

仁寿　D9　182，203，253，261，262，273，274，345，350，352，354，355，357，358，391，444

荣昌（荣昌县）　D1　1，4，10；D5　8，397；D6　20，24，148，149；D7　312；D8　290，347，414，434；D9　70

荣县　D9　38，254，339，340，342，343，349，351，352

汝州　D9　160

瑞安县　D9　84

瑞州　D9　178

润州　D7　395, 417, 426, 436；D9　154

S

三角山　D9　84, 89

三秦出版社　D7　419

三清殿　D2　90；D3　398；D7　284, 425, 435

三驱（三驱镇）　D1　6, 7；D5　1, 6, 389；D8　290；D9　56

三台　D1　1；D9　139

沙溥沱村　D9　432

沙溪　D7　313, 315；D8　38, 202；D9　163

山东　D8　344, 401；D9　163, 200, 275, 404, 414, 444

山东大学　D9　404

山东道　D8　401；D9　163

山东美术出版社　D9　414, 444

山奇大塔　D1　92

山西　D9　68, 92, 99, 100, 159, 178, 201, 426, 469

山西省古代建筑保护研究所　D9　68

陕北（陕北地区）　D1　28；D9　84, 85, 159, 169, 191, 261, 314

陕西　D1　28；D9　68, 164, 302, 432, 469, 485

陕西人民出版社　D1　28

陕西师范大学出版社　D9　432

善住阁院　D9　201, 207

商务印书馆　D3　385；D9　38, 143, 230, 298, 299

商务印书馆（香港）　D9　357

上海出版社　D9　143

上海辞书出版社　D9　462

上海古籍出版社　D5　135；D6　27；D9　111, 123, 161, 208, 248, 312, 314, 343

上海人民美术出版社　D9　250

上海世纪出版集团　D9　414

上海文艺出版社　D1　11；D6　25

社会科学文献出版社　D9　66, 69

深圳市博物馆　D1　12

圣寿寺（成都）　D9　271, 274, 275, 276

圣水寺（大足）　D1　7, 8, 12, 25；D9　256, 258, 260, 266, 267, 268, 278, 474

圣水寺（内江）　D9　270, 271, 272, 277, 278

圣兴寺　D9　275

胜持寺（日本）　D9　282, 286

胜乐国　D4　107, 526, 540

师子宫城　D4　164, 527, 542

石壁寺　D1　7, 8；D9　37, 39

石灯山　D4　556

石佛寺　D9　406

石膏滩　D4　279, 537, 545

石圹庄　D9　261

石泓寺　D9　85, 469

石经寺　D8　344

石镜县　D1　1

石马镇　D1　6, 7；D5　1, 116, 422；D9　56

石门村　D1　6, 7；D5　1, 116, 422

石门村小学　D5　116

石门山·陈家岩　D1　7, 9；D5　116；D9　56, 58, 59, 65, 243, 462, 468, 469

石门山·圣府洞寺　D5　116, 117, 124, 126, 421, 425, 426, 427, 428

石寺河石窟　D9　429

石笋山（石荀山）　D9　94, 99, 100, 238, 253, 264, 267, 268, 340

石头出版社　D9　302

石羊场（石羊镇）　D9　192, 193, 194, 195, 196, 199, 204, 205, 207, 208, 209, 211, 212, 213, 214, 231, 235, 239, 242, 247, 411, 413, 417, 420, 421, 422, 425, 426, 428, 429, 430, 432, 434, 441, 443, 445, 446, 448, 449, 450, 451, 452, 453, 461, 462, 463, 466, 467, 469

石篆山·佛会村　D1　6；D5　1, 6, 398

石篆山·佛会寺（佛惠寺）　D1　6；D2　241；D5　1, 5, 6, 9, 13, 47, 48, 108, 112, 113, 114, 389, 390, 391, 392, 393, 394, 395, 396, 397, 398, 406, 408, 409, 410, 413；D9　56, 86, 397

石篆山·古桐村　D5　152, 383

石篆山·罗汉湾　D5　1, 2, 6, 8, 9, 12, 13, 92, 95, 104, 107, 108, 112, 113, 114

石篆山·石篆（庄）　D5　389, 396

石篆山·石桌村　D5　6, 389

石篆山·铜鼓（庄）　D5　389, 396

石篆山·子母殿　D5　1, 6, 8, 9, 10, 11, 13, 14,

20，25，27，29，35，37，50，65，79，112，113，389，398，410，411，412，414，415

世界图书出版公司北京公司　D1　28

逝多林给孤独园　D9　226

首都博物馆　D9　404

寿隆寺　D4　556

寿州　D8　340

绥仁乡　D1　1

舒成岩　D1　6，8，9；D9　56，472，473，474，480，485，486，487，488，489，490，491，492，493，494，495，497，499，500，501，502，503，504

双林寺　D9　174，207

双流县　D9　253

双龙镇宋墓　D9　420，446

双桥区　D1　5

双石　D8　290

水陆院　D9　165

水宁寺　D9　280

顺庆　D7　418

朔方　D9　204

朔州　D9　68，426

四川博物院　D9　176，444

四川大学出版社　D9　163，269

四川府　D3　377

四川军政府　D1　5

四川美术出版社　D9　446

四川美术学院（西南美术专科学校）　D1　11，26；D6　25；D9　240，279，376

四川美术学院大足学研究中心　D9　279，376

四川盆地　D1　1；D9　404

四川人民出版社　D1　89；D5　285，377；D9　164，192，219，231，236，253，255，285，337，338，404

四川省考古研究所　D1　10

四川省人民委员会　D4　1

四川省人民政府　D1　9

四川省社会科学院　D1　11，12，13，26，28，29；D2　1，137，138，276，304，358，501；D3　236；D4　4；D5　2，117，271，378，410；D6　25，27；D7　271，276，303，419，423；D8　201，229，232，239，264，271，285；D9　56，57，60，70，129，163，192，218，269，279，298，302，337，404，472

四川省社会科学院出版社　D1　11，12，26，28，29；D2　1，137，138，276，304，358，501；D3　236；D4　4；D5　2，117，271，378，410；D6　25，27；D7　271，276，303，419，423；D8　201，229，232，239，264，271，285；D9　56，57，60，129，163，192，218，269，279，298，302，337，404，472

四川省文化局　D1　9；D6　235，267，359；D7　151

四川省文物管理委员会（四川省文管会）　D1　11，24，26；D4　4；D5　8，13，117，283，285；D6　11，25；D8　6；D9　1，446

四川省文物考古研究院　D9　254，271，349，407

四川石刻考察团　D1　11，26

泗州影堂　D9　85

泗州院　D9　85，88

松尾寺（日本）　D9　312

宋陵（巩义）　D9　416

苏门答腊　D9　314

苏严镇　D5　193，384

苏州　D9　417，462

苏州大学　D9　417

《宿白先生八秩华诞纪念文集》编辑委员会　D7　422

绥阳　D7　312

遂宁（遂宁县）　D1　1，16；D4　538；D5　6，116，281；D6　7，20，125，127，149，163；D7　371，372，377，417；D8　290，412，413；D9　38，159，254，255，298，299，300，301，302，333，350，351，352

遂州　D1　1，107，137；D4　537，538；D5　13，396

娑罗林　D7　420

T

塔坡　D9　239，240，241，242，244

台州　D9　109，179，202，230

台北故宫博物院（台北故宫）　D9　252，275，420，421，426，429，452，462

台北艺术大学　D9　337，404

台北中华佛教研究所　D5　13，126，277

台湾　D9　38，89，94，103，105，250，330，335，337，407

台湾大学艺术史研究所　D9　407

台湾华梵大学　D9　337

台湾商务印书馆　　D9　38, 250, 330, 335
台湾允晨文化实业股份有限公司　　D9　94, 103
太原　　D9　201, 292, 438, 439
太原寺　　D9　201, 292
太州　　D9　288
唐庄壁画墓（唐庄宋代壁画墓）　　D9　440, 444
棠城　　D4　558, 565；D5　19, 310, 397, 419, 420；D8　341, 407, 426
藤州　　D9　190
天池坝　　D9　142, 152, 195
天封塔　　D9　446
天津　　D5　126, 285；D6　20；D7　425, 426
天津古籍出版社　　D5　126, 285；D7　425, 426
天水　　D9　200
天台庵　　D9　92, 99
天台山　　D9　202
天童寺　　D9　103
天王殿　　D2　136；D6　23；D8　347, 348, 358, 359, 360, 361, 362, 363, 364, 365
天竺　　D5　419；D8　286；D9　202, 250
铁山　　D1　6, 7, 8；D8　290
铜川　　D9　417
铜梁（铜梁县）　　D1　1, 4, 11；D2　137；D4　556；D5　116, 126；D6　1, 125；D8　290, 341
潼川府　　D7　418
潼川府路　　D1　1；D3　387；D4　222, 228, 248, 537, 538, 544；D7　371, 417；D9　39
潼川路　　D7　417
潼川州　　D6　149；D7　371, 372
潼南　　D1　1；D6　1；D8　290；D9　110, 354, 356, 357, 361, 391
吐蕃　　D9　139, 142, 144, 157, 158, 236, 253, 263, 264, 265, 268, 292
吐鲁番　　D9　69
沱江　　D1　5；D9　140, 247, 339, 357, 376

W

莬山寺　　D8　466, 468
万德寺（福井县）　　D9　312, 334
万佛洞　　D9　261
万佛寺　　D9　410, 444, 445

万古　　D8　290
万年县　　D9　223
万寿寺（京都）　　D9　429
王建墓　　D9　273, 274
维摩寺　　D7　312
文安县　　D4　228, 248, 537, 538, 544
文峰塔　　D5　281
文物出版社　　D1　11, 12, 27, 28；D2　439, 501；D3　223；D4　4, 9, 358, 373, 521, 523, 524, 525；D5　13, 124, 125, 247, 285, 377；D6　23, 25, 27, 28, 89, 150, 174；D7　416, 417, 418, 419, 422, 423, 424, 425；D9　56, 66, 68, 69, 77, 92, 150, 163, 174, 192, 199, 208, 209, 211, 219, 221, 226, 250, 251, 254, 264, 266, 271, 298, 337, 338, 343, 349, 357, 398, 404, 406, 407, 417, 420, 445
文渊阁　　D5　47；D9　38, 250, 253, 274, 330, 335
卧佛院　　D9　254, 255, 256, 261
卧龙山　　D9　357
乌仗那国　　D9　205
巫山县　　D8　136
巫峡　　D9　39
无相寺　　D4　556
吴哥石窟　　D9　139, 140, 154, 161
吴郡　　D9　201, 207
吴越国　　D9　179, 190, 332
五桂场　　D8　426
五台山（五台）　　D5　397；D8　121, 402；D9　92, 109, 139, 201, 204, 207, 291, 330
武担寺　　D9　200
武功　　D9　203
武汉大学遥感信息工程学院（武汉大学遥感院）　　D9　507, 527
武汉华宇世纪科技发展有限公司　　D1　10, 14, 33, 34；D2　11, 12；D3　10, 12；D4　7, 8；D5　4, 5；D8　5；D9　506, 527
武汉朗视软件有限公司　　D9　506, 507
武威　　D1　10；D5　302, 366, 386, 387；D8　410
武信　　D5　352
武阳　　D8　120；D9　106

X

西安　D1　10，11，26，92；D3　250；D5　285；D6　24；D9　102，247，432，440

西安碑林博物馆（西安碑林石刻艺术馆）　D1　11，26，92；D3　250；D5　285；D6　24；D9　432，440

西安美术学院　D9　247

西北大学考古专业　D9　66

西禅（西禅寺）　D2　400

西禅院　D9　222

西充　D9　247

西佛宫　D2　90；D3　398

西教寺（日本）　D9　429

西京寺　D9　222

西凉　D5　299，300；D9　84

西凉府　D9　84

西南军政委员会文教部（西南文教部）　D6　25，266；D8　347

西南师范大学出版社　D9　38

西域（西域地区）　D1　26；D2　342，356，358，399，500；D3　380，412，413；D9　51，56，84，94，116，126，149，205，210，211，217，251，281

西藏　D9　79，159，249

西竺　D6　20，21

喜马拉雅地区　D9　300

遐龄寺　D8　344

仙岩寺　D9　84

险难国　D4　168，527，542

线装书局　D9　250

香港　D9　310，357

箱盖山　D9　242

祥符寺　D9　154，159

翔龙山　D9　270，271，277，376，384

响水滩水库　D5　6

象岛　D9　160

象耳山　D8　120；D9　106

小川东道　D1　1

小林（铜梁）　D8　290

新城县（高碑店市）　D9　250，251

新疆　D9　209，211，251，281，292，471

新疆维吾尔自治区文物管理委员会　D9　209，211

新开寺　D9　253，260，262

新罗　D9　201，240，241，242

新胜村（大足）　D1　7；D9　56

新石乡　D9　39

新文丰出版公司　D9　57，364

兴国寺（常州）　D9　330

兴国寺（河南）　D9　330

兴国寺（日本和歌山）　D9　429

兴隆寺　D7　374

兴善院　D9　172，275，335

须弥山　D2　204，352；D4　181，519，542；D9　221，223，224，225，239，343，352，366，369

须弥山（石窟）　D9　66，67，69

叙州　D5　366，387；D8　120；D9　106

叙州府　D7　165

宣化县　D8　120；D9　106

学生社　D9　240

学庄南朝画像砖墓　D9　208

Y

雅安　D9　269

雅州　D9　269

烟霞洞　D9　298，332

延安　D9　68，261

延安地区文物普查队　D9　68

延恩寺　D1　8；D9　37

偃师　D9　439

燕蓟地区　D9　85

扬州　D9　90，281

药师寺　D9　89

夜摩天宫　D7　422；D9　179，224，239，343

宜宾　D8　290；D9　87

艺术家出版社（台北）　D9　231，247

益州　D1　1；D9　94，165，172，201，212，223，274，275，285，335

懿德寺　D9　222

印度河　D9　210

印度尼西亚　D9　139，161，217

颍川　D1　27，41；D9　39，201

应县木塔　D9　68

雍州　D9　223

永川（永川地区）　D1　1，4，5，43；D3　250，386，

387，397，399；D4　264，265，537，538，545；D8　290，402；D9　39，74

永康　D1　1

永陵　D9　273，274

永昭陵（巩义）　D9　438

涌泉寺（京都）　D9　429

幽居洞　D9　228，236，241，242，244

邮亭（邮亭铺，邮亭镇）　D1　1，7；D5　281；D8　290

有正书局　D9　142，144，440

于阗　D9　203，250，292，357

渝州　D1　4；D8　341；D9　38，140，277

榆林窟　D9　100，192，251，253，292，298，310，330，332

虞公著夫妇合葬墓　D9　446

禹王庙　D8　426

玉蟾岩　D9　254，255，256，261，271

玉帝殿（晋城玉皇庙）　D9　439

玉皇殿（圣寿寺）　D8　412；D9　163

玉皇山　D9　178

玉津坊　D7　425；D8　120；D9　107，152，195

玉屏　D1　10

玉滩　D1　7，9；D9　37，298，303，304，310，311，312，313，314，320，321，322，330，331

玉溪井　D4　291，537，546

园城寺（日本）　D9　229

圆觉洞（安岳）　D9　153，184，228，236，237，238，242，254，260，274，275，404，406，409，410，420，422，423，426，427，433，440，441，442，443，444，454，456，461，462，464

圆通殿　D8　348，349，384，386，387，388

月波山　D9　159

月耳井村宋墓　D9　432

月富里　D7　150

月宫山　D4　556

月戒寺　D3　385；D9　38

岳池县　D8　466，468

岳阳　D5　24，32，47，53，89，104，275，382，383，386；D9　86，440

云峰寺　D9　349，350

云冈石窟　D9　87，281

云华寺　D9　201，222

云居山　D9　242

云居寺　D9　132，135

云龙山　D9　407

云南（滇）　D1　12；D5　13；D7　313，315，423；D8　402；D9　110，139，159，185，249，252

云南省社会科学院　D1　12

运城　D9　92

Z

曾家寨子坡　D8　210，269

章敬寺　D9　139

朝花美术出版社　D1　12，26

招提寺（奈良）　D9　219

赵州　D9　159，291

浙江　D1　26；D4　8；D6　25；D9　84，103，135，291，300，335，441，443，446，450

浙江大学　D4　8

浙江省工艺美术学会　D1　26；D6　25

浙江人民美术出版社　D9　300，335

真相寺（安岳）　D9　153，184，406

正北街　D4　112，536，540

正定　D9　98，100，101，102，270

正东街　D2　66；D3　386，398，399，408；D9　297

正觉门　D6　290；D9　145，221

正觉院　D6　185；D9　171

郑山　D9　253，262，267，343，357

郑县　D9　288

郑州　D9　420，440

郑州市文物考古研究所（郑州市文物考古研究院）　D9　420，440

知识出版社　D9　142，247

止贡寺　D9　158

至文堂　D9　224，238，312，334

中安里　D6　20，163；D8　413

中敖　D1　6，7，8；D8　290

中国辞典馆（中国学典馆）　D1　11，26；D5　13，285；D6　25，26；D9　105，110

中国地质大学（武汉）　D1　10，16，19；D5　6，116，281；D6　7

中国地质大学出版社　D1　16，19；D6　7

中国纺织出版社　D9　445

Z

中国佛教协会　　D1　11，26；D5　126，285；D6　25；
　　　D9　142，157，247
中国古籍出版社　　D9　153
中国建筑工业出版社　　D1　11；D4　4，9，58，552；
　　　D9　68，92，98，103
中国考古学会　　D9　251
中国科学院武汉岩土力学研究所　　D1　10；D6　7
中国历史博物馆　　D9　439
中国美术家协会　　D1　11，26；D6　25
中国青年出版社　　D1　11
中国三峡出版社　　D1　13；D2　262；D9　266，398
中国社会科学出版社　　D9　134，159，247，292
中国社会科学院历史所　　D9　251
中国社会科学院世界宗教研究所　　D1　12；D9　213
中国书店　　D9　225，408，414
中国文化遗产研究院（中国文物研究所）　　D1　10，14；
　　　D5　5，9；D6　23，33，150，174；D7　5；D8　4，
　　　5；D9　269
中国文联出版社　　D1　27；D5　13，126，277，285；
　　　D6　25，26，27，28；D7　167，173，185，212，
　　　215，317，418，423，424；D8　50，198，199，201，
　　　202，290，384；D9　168，266，377
中国戏剧出版社　　D7　370，417；D8　468
中国营造学社　　D1　11，26；D4　4，9；D6　24；
　　　D9　95，101，110
中华电子佛典协会　　D9　112
中华书局　　D1　1，25，92，107，137；D3　385；
　　　D5　285；D6　24；D9　38，39，56，142，164，176，
　　　178，182，191，202，204，217，222，250，253，
　　　300，310，312，330，335，362，414，420，422，
　　　444，445，446，450
中江　　D9　38，432
中江县文物保护管理所　　D9　432
中山大学出版社　　D9　164，184，251，266，420，422，
　　　432
中亚　　D9　84，88
中岩寺（眉山）　　D9　178
中岩寺（青神）　　D9　359，369，371，374
中央博物院筹备处　　D9　110
中州古籍出版社　　D9　417
钟山石窟　　D9　68，35，432，440

周王墓（巩义）　　D9　416，417
周瑀墓　　D9　445
周至（鄠县）　　D2　23，27
珠溪镇　　D1　7
竹林舍　　D9　279
筑波大学（日本）　　D9　333
资阳　　D5　299，352
资阳郡　　D1　1
资中　　D1　1；D2　304；D9　38，228，238，253，254，
　　　260，262，263，264，276，277，278，279，280，
　　　285，290，339，345，346，348，352，357，358，
　　　359，361，376
资中·重龙山（北岩）　　D9　238，253，254，260，262，
　　　263，276，277，280，339，345，346，348，352，
　　　357，358，359，361，376，397
资中·东崖　　D9　228
资中·西岩　　D9　254，260，285，290
子长（子长县）　　D9　68，85，261，429，432，434，
　　　440，443，469
子长县文物管理所　　D9　68
梓潼　　D9　207，357，440
梓州路　　D1　1；D3　387；D9　39
紫禁城出版社　　D9　314，432
宗教文化出版社　　D1　13；D9　158，159
遵义　　D2　263，272，277；D3　411
座右宝刊行会　　D9　288

小学館（小学馆）　　D9　103，214
真言宗全書刊行会　　D9　312
東方文化學院東京研究所（东方文化学院东京研究所）　　D9　211，
　　　223，226，253，422
豊山教学振興会　　D9　299
中央公論美術出版　　D9　268
平楽寺書店　　D9　77
Ohio State University　　D9　279，298
Oriental Institute　　D9　300，334
The Institute of Silk Road Studies　　D9　298
University of Hawai'i Press　　D9　330
Weatherhill　　D9　164，256

三、书名索引

A

《阿那律八念经》(《八念经》《禅行敛意》《禅行捡意》《禅行敛意经》）　D9　118,130

《阿毗达磨大毗婆沙论》　D9　205

《阿阇贳王女阿术达菩萨经》　D9　130

《阿娑缚抄》　D7　425

《安岳大足佛雕》　D9　231,247

《安岳、大足"柳本尊十炼图"题刻和宋立〈唐柳居士传〉碑的研究》　D6　27；D7　425；D9　192,247

《安岳大足石窟中"川密"教祖柳本尊造型分类》　D9　164,236

《安岳、大足石窟中〈柳本尊十炼图〉比较》　D6　27；D7　425；D9　192

《安岳华严洞石窟》　D9　404

《安岳名山寺摩崖造像》　D9　206,404

《安岳毗卢洞》　D9　192,404

《安岳毗卢洞石窟调查研究》　D9　192,404

《安岳石刻：〈柳居士十炼窟〉内容初探》　D9　192

《安岳石窟佛像着衣类型》　D9　69,404

《安岳石窟观音像的造型艺术及价值意义研究》　D9　404

《安岳石窟寺调查记要》　D9　254

《安岳石窟艺术》　D9　231,404,420

《安岳卧佛院调查》　D9　254,261

《安岳圆觉洞窟群调查记》　D9　184,404

B

《八十华严》　D9　203,204,205,206,212,215,224,227,241,292

《八—十世纪汉文大藏经史》　D9　134

《巴蜀佛教碑文集成》　D9　204,276,406,407

《巴蜀佛教雕刻艺术史》　D7　425；D9　235,240,241,337

《拔除过罪生死得度经》　D9　284

《跋赵懿简公神道碑后》　D1　11

《白宝抄》　D9　261,264,265,334

《白沙宋墓》　D9　445

《百集菊谱》　D9　450

《百丈怀海大智禅师语录之余》　D9　160

《半身形像与社会变迁》　D9　269,273,275

《宝顶大佛湾第15号龛镌"慈觉大师"考略》　D6　27；D9　174

《宝顶大佛湾第15号龛刻石之管见》　D6　27；D9　174

《宝顶大佛湾第15、16、18、22、24、25、26号龛抢险加固治理工程》　D6　22

《宝顶大佛湾卧佛弟子像水泥面层处理工程》　D6　23

《宝顶地狱变相龛及舍利塔防风化加固工程》　D6　23；D8　334

《宝顶雕像年代问题》　D6　26

《宝顶发现圣寿寺"牖壁"及其他——宝顶山石窟拾遗》　D8　400

《宝顶观音堂、牧牛亭、万岁楼古建筑治菌虫和局部木构件维修加固工程》　D6　23

《宝顶广大寺后殿五架梁抢险维修工程》　D6　23

《宝顶灵官殿古建筑抢险维修工程》　D6　23

《宝顶牧牛亭圆觉洞保护性建筑物抢险维修工程》　D6　23

《宝顶牧牛图至圆觉洞区域保护建筑维修工程》　D6　23

《宝顶山大佛湾柳本尊行化道场龛除险工程》　D6　22

《宝顶山大佛湾三部造像内容考探》　D9　170,298,333

《宝顶山大佛湾"西方净土变相"的调查研究》　D6　26；D9　377

《宝顶山大佛湾圆觉洞及卧佛脚部渗水治理工程》　D6　22

《宝顶山道场造像布局的探讨》　D9　164

《宝顶山广大寺维修工程》　D6　23

《宝顶山孔雀明王龛日常保养维护工程》　D6　23

《宝顶山摩崖造像是完备而有特色的密宗道场》　D6　26

《宝顶山摩岩造像的空间艺术》　D6　28

《宝顶山牧牛亭维修工程》　D6　23

《宝顶山圣寿寺文物调查清理报告》　D6　26

《宝顶山石刻区渗水病害及防治对策》　D6　7

《宝顶山石窟创建者——赵智凤事略》　D6　27

《宝顶山石窟概论——中国古代石窟艺术史上的最后一座殿堂》　D9　163,164,305

《宝顶山石窟寺》　D6　26

《宝顶山四方形字库石塔保护维修工程》　D6　23；D8　334

《宝顶山宋刻阿育王山之〈宝塔图〉考》　D8　202

《宝顶山有赵智凤自造像吗？——再谈宝顶山摩崖造像的年代问题》　D6　26

《宝顶山祖师法身经目塔刻经目录》　D9　111

《宝顶圣迹池整治工程》　D6　22

《宝顶石刻》　　D8　200；D9　111，129，132，218
《宝顶石窟铭文异体字考略》　　D6　27
《宝顶万岁楼基础塌陷抢险加固及治理工程》　　D6　23
《宝顶万岁楼维修工程》　　D6　23
《宝顶文物区排污隧洞及导沟工程》　　D6　22
《宝顶小佛湾大雄宝殿后檐排水沟渗水治理工程》　　D6　22
《宝顶小佛湾大雄宝殿屋面抢险维修工程》　　D6　23
《宝顶小佛湾古建筑及环境维修工程》　　D6　23
《宝顶小佛湾祖师法身经目塔经目版本暨"祖师颂曰"寓意考释》　　D6　27；D9　249
《宝顶圆觉洞维修工程》　　D6　22
《宝顶：中国大足佛教石窟艺术》　　D9　164
《报恩道场宝顶山》　　D9　139，164，165，190
《报恩道场仪文》　　D9　154
《报父母恩德经》　　D9　143
《〈报父母恩重经〉与相关变相图》　　D7　422；D9　174
《北京图书馆馆刊》　　D9　135
《北梦琐言》　　D9　178，182，202，203
《北山、宝顶山造像日常维护保养工程》　　D6　23
《北山记闻》　　D9　202
《北山石刻乐器考略》　　D1　28；D9　338
《北山石窟治水工程技术总结报告》　　D1　25
《北山245窟的图像与源流》　　D1　27，28；D9　338，365，374
《北宋皇陵》　　D9　416，417，419，435，438
《北宋金元墓葬壁饰所见"二十四孝"故事与高丽〈孝行录〉》　　D9　190
《北宋开封大相国寺平面复原图说》　　D9　94，103
《北宋严逊与石篆山造像》　　D5　13，114
《比丘尼传》　　D9　200
《辩正论》　　D9　207
《辩中边论颂》　　D9　118，130
《表现学部纪要》　　D1　28
《别尊杂记》卷十七　　D9　261
《般舟三昧经》　　D8　20；D9　114，206
《补新唐书韦君靖传》　　D9　70

C

《参天台五台山记》　　D9　330
《禅林宝训》　　D9　202
《长江文明》　　D1　28；D6　26，27，28
《陈治十事》　　D9　157
《成都古寺名笔记》　　D9　223，240，241，274，275
《成都馆藏文物精品选》　　D9　446，449
《成都考古研究》　　D9　404
《成都琉璃厂窑北宋窑工印记》　　D9　445，447，448
《成都文类》　　D9　276
《成就法鬘》　　D9　300，310，332，334
《持人菩萨经》　　D9　130
《崇宁藏》　　D9　129，135
《重广水陆法施无遮大斋仪》　　D9　164
《重开宝顶二名僧》　　D6　28
《重庆大足北山多宝塔龙树菩萨造像初探》　　D1　28
《重庆大足龙水镇明光村磨儿坡宋墓清理简报》　　D9　379
《重庆大足石刻宝顶山大佛湾水害治理工程勘察研究报告》　　D6　7
《重庆大足石刻大佛湾窟檐岩体抢救性加固保护工程竣工报告》　　D6　21
《重庆大足石刻研究会第七届年会论文汇编》　　D7　416
《重庆地区元明清佛教摩崖龛像》　　D9　254，255，394，398，474
《重庆交通大学学报（社会科学版）》　　D1　27
《重庆历史与文化》　　D1　28；D6　26；D9　206
《重庆三峡学院学报》　　D7　424
《重庆社会科学》　　D6　26；D9　168，190
《重庆师范大学学报（哲学社会科学版）》　　D3　384；D9　38
《重新校补宋刻〈唐柳本尊传〉碑》　　D6　27
《出三藏记集》　　D9　56，134
《出曜经》　　D9　143
《川康古建筑调查日记》　　D1　11
《川密造像艺术初探》　　D2　501
《慈善寺、麟溪桥窟龛造像的分期与编年》　　D9　66
《慈善寺与麟溪桥》　　D9　66
《慈受深和尚广录》　　D9　462
《从大足石刻的"三教合一"造像浅析三教的交流与融合》　　D5　13
《从大足四圣真君造像看图像的生成及流变》　　D5　126
《从〈韦君靖碑〉将校题名看唐末巴渝地区州县的镇寨化、军队的家族化和韦君靖的主要控制区域》　　D1　27
《丛书集成初编》　　D3　385；D9　38

D

《达摩多罗禅经》　D9　178

《大阿罗汉难提蜜多罗所说法住记》　D1　190

《大安寺资财帐》　D9　223

《大宝积经》　D8　20；D9　113，127，204，216

《大悲咒》　D9　253

《大般涅槃经》　D9　114，118，143，148，176，364

《大般若波罗蜜多经》　D9　312

《大般若经》　D9　135

《大乘本生心地观经》（《心地观经》《心地经》）　D9　139，143，158，166，178，185

《大乘十法经》　D9　130

《大乘义章》　D7　423

《大乘瑜伽金刚性海曼殊室利千臂千钵大教王经》　D9　218

《大阿弥陀经》　D9　209

《大方便佛报恩经》　D9　143，150，164，176，178，186，207，208，209，216

《大方等大云经》　D8　20；D9　114，130

《大方广佛华严经》（《华严经》）　D9　114，130，135，141，148，171，173，174，179，181，182，189，203，204，205，206，207，208，211，212，213，214，216，219，221，222，223，224，225，226，227，228，236，237，238，239，240，242，243，249，292，333，407，408

《大方广佛华严经》卷19《升夜摩天宫品》　D9　179

《大方广佛华严经》卷40《入不思议解脱境界普贤行愿品》　D9　407

《大方广佛华严经·入法界品》（《华严经·入法界品》）　D9　184，226，231，238，239，242，243

《大方广十轮经》　D9　422

《大方广圆觉修多罗了义经》（《圆觉经》《大方广圆觉了义经》）　D7　419，426；D9　143，153，158，184，212，218，235，236，237，238，239，242，247，248

《大方广圆觉修多罗了义经略疏注》　D9　184

《大寒林佛母经》　D9　298

《大慧法语》　D9　159

《大集经》　D9　131

《大孔雀经药叉名录舆地考》　D9　299

《大孔雀王神咒》　D9　299

《大孔雀王咒经》　D9　143

《大理国画工张盛温梵像卷》（《梵像卷》）　D9　159，252，268

《大陆杂志》　D9　274

《大秘咒随持陀罗尼经》　D9　298

《大毗卢遮那成佛经疏》　D9　325

《大毗卢遮那成佛神变加持经》（《大日经》）　D9　143，240

《大毗卢遮那略要速疾门五支念诵法》　D9　235，240

《大千摧碎佛母经》　D9　298

《大日本佛教全书》　D9　89

《大日经疏》　D9　218

《大日经演秘抄》　D9　144

《大圣慈寺画记》　D9　223，275

《大宋僧史略》　D9　56

《大随求陀罗尼经》　D9　298，314，332

《大唐内典录》　D9　134

《大唐西域记》　D9　56

《大唐贞元续开元释教录》（《续开元录》）　D9　111，112，113，129，135

《大同古建筑调查报告》　D9　95

《大威德神咒经》　D9　314，332

《大小石佛寺摩崖造像调查记略》　D9　398

《大原记》　D9　261

《大藏佛说守护大千国土经》　D9　143

《大藏经总目录》　D9　135

《大正藏》（《大正新修大藏经》）　D1　92，190，247；D7　418，419，420，421，422，423，426；D8　286，333，467；D9　57，87，88，94，131，142，144，145，146，147，148，153，154，155，156，164，166，168，169，171，172，174，176，178，179，181，184，190，194，199，200，201，202，203，205，206，207，209，210，211，212，216，218，221，222，223，228，235，239，240，250，261，262，263，264，265，266，267，281，282，285，287，290，291，292，299，301，302，310，312，314，320，325，326，330，332，333，334，337，338，345，354，359，364，383，401，407，408，422，429

《大智度论》　D9　199，209

《大众美学》　D6　27

《大周刊定众经目录》　D9　129，131

《大足安岳石刻初探》　D9　404

索引　291

D

《大足、安岳宋代华严系统造像源流和宗教意义新探索——以大足宝顶毗卢道场和圆觉洞图像为例》　D7　419，426

《大足安岳宋代石窟柳本尊十炼图像解析》　D6　25，27；D7　425；D9　182，192，408

《大足宝顶大佛湾六趣唯心图之管见》　D6　27；D7　418；D9　168

《大足宝顶大佛湾"牧牛图"调查报告》　D6　26

《大足宝顶大佛湾西方净土变相》　D7　424；D9　377，387

《大足宝顶〈父母恩重经变〉研究》　D6　27

《大足宝顶和敦煌的大方便（佛）报恩经变之比较研究》　D7　423

《大足宝顶九龙浴太子图的表现艺术》　D6　27

《大足宝顶九龙浴太子图浅析》　D6　27

《大足宝顶区石刻记略》　D6　26；D7　419，423，425；D8　199；D9　105，163，165

《大足宝顶鬓发人造像的佛教意义》　D7　424

《大足宝顶山"报德经变"慈觉禅师宗赜溯源》　D6　27

《大足宝顶山、北山、南山石刻文物名胜区保护建设总体规划》　D1　9

《大足宝顶山大佛湾地藏与十佛、十王、地狱变龛勘查报告》　D6　26；D7　167，173，185，212，215，424

《大足宝顶山大佛湾第14号窟调查报告》　D1　12；D6　26，32；D9　173，174，219

《大足宝顶山大佛湾"华严三圣"质疑》　D7　419

《大足宝顶山大佛湾"六耗图"龛调查》　D6　26；D7　424；D9　178

《大足宝顶山大佛湾石刻与忏斋仪文的关系》　D6　26

《大足宝顶山大佛湾"圆觉经变"窟的调查研究》　D6　26；D7　356，373，426；D9　184，426

《大足宝顶山的〈父母恩重经变像〉和〈报父母恩德经〉》　D6　27

《大足宝顶山广大宝楼阁图像考》　D6　27，89；D7　416，417，419；D9　163，166，168

《大足宝顶山"截膝地狱"和北山第136号窟维修加固工程技术总结报告》　D2　193，204，229，257

《大足宝顶山摩崖造像治水工程》（档案号：2-14）　D6　207

《大足宝顶山摩崖造像治水工程》（档案号：2-22）　D6　23

《大足宝顶山摩崖造像治水工程竣工报告》　D6　21

《大足宝顶山南宋石刻造像组合分析》　D7　419；D8　287；D9　162，326，383

《大足宝顶山石刻浅论》　D9　407

《大足宝顶山石刻志略》　D9　139，140

《大足宝顶山石窟》　D6　25

《大足宝顶山石窟"异体字"勘查与辨析》　D6　27

《大足宝顶山石窟造像年代布局及内容——宝顶山石窟密教道场造像研究之一》　D8　202

《大足宝顶山石窟造像年代布局及内容研究》　D6　26

《大足宝顶山石窟——中国石窟艺术史上最后的一座殿堂》　D8　1，202

《大足宝顶山石窟周边区域宋代造像考察研究》　D6　1；D9　187，188，404

《大足宝顶山小佛湾石窟调查——兼述小佛湾石窟属宋世原貌造像》　D6　25；D8　50，198，199，201，384

《大足宝顶山小佛湾"释迦舍利宝塔禁中应现之图"碑》　D6　25，26

《大足宝顶山小佛湾祖师法身经目塔勘查报告》　D1　12；D6　25，26；D8　36，200；D9　111，185

《大足宝顶山游客中心基建工地古墓群清理简报》　D8　456，468

《大足宝顶山与剑川石钟山十大、八大明王的比较研究》　D6　27

《大足宝顶山转法轮塔调查报告》　D1　12；D6　26

《大足宝顶山转法轮塔维修工程》　D6　23；D8　293，334

《大足宝顶石刻"地狱变相·十佛"考识》　D7　424；D9　181

《大足宝顶石刻与"孝"的教化》　D9　190

《大足宝顶石窟》　D1　11；D7　423，424；D9　218

《大足宝顶石窟的凿建与宋蒙（元）战争》　D7　418

《大足宝顶石窟防风化加固工程》　D6　23

《大足宝顶石窟真相解读》　D6　25；D7　418；D9　298，333

《大足宝顶香会》　D8　290

《大足宝顶小佛湾经目塔〈祖师颂〉解》　D6　28

《大足宝顶新发现"菩萨堡摩岩造像"及其年代、价值》　D8　210

《大足宝顶与敦煌莫高窟佛说父母恩重经变相的比较研究》　D6　27；D7　422

《大足北山第12号、第176号龛造像佛座所反映的印度影响》　D1　28，92

《大足北山多宝塔的建造性质与造像——宋高宗的支提信仰内容与造像》　D4　4

《大足北山多宝塔内善财童子五十三参石刻图像》　D4　4，

519，520，521

《大足北山佛湾发现开创者造像镌记》　D1　73；
D3　384；D9　37

《大足北山佛湾摩崖造像第245窟中反映的唐代建筑及结构》　D1　28；D9　338

《大足北山佛湾石刻转轮经藏窟之管见》　D1　28

《大足北山佛湾石窟的分期》　D1　12，27；D9　2，256，404

《大足北山佛湾石窟观音坐式刍议》　D9　404

《大足北山佛湾石窟考古调查新收获》　D1　27

《大足北山佛湾176与177窟——一个奇特题材组合的案例》　D1　27，28；D2　439，501

《大足北山佛湾245龛观无量寿佛经变相石刻建筑的调查》　D1　27；D9　338，343

《大足北山石刻》　D9　92

《大足北山石刻第254号造像题材探析——兼及大足五代十王造像的相关问题》　D1　28；D3　354

《大足北山石刻第51号龛探析》　D1　28

《大足北山石刻第51号龛天龙八部造像论略》　D1　28

《大足北山石刻区渗水病害成因分析及防治对策》　D1　16，19

《大足北山石窟的水害和治理》　D1　25

《大足北山石窟供养人题记》　D1　27

《大足北山石窟考察的新收获》　D1　27

《大足北山宋刻〈维摩诘经变〉及其相关问题考察》　D1　28

《大足道教摩崖造像》　D5　126，285

《大足等地古代雕刻给我们的启发》　D1　26；D6　25

《大足多宝塔善财童子五十三参造像初探》　D4　518，519，520，521，524

《大足多宝塔造像勘查简报》　D4　4，9，358，373

《大足佛教石刻〈父母恩重经变相〉跋》　D6　27

《大足佛教石刻〈牧牛图颂〉跋》　D6　27；D9　183

《大足佛教孝经经变的佛教源流》　D6　27；D7　422，423；D9　150

《大足尖山子、圣水寺摩崖造像调查简报》　D1　12；D9　266

《大足金石录》　D1　10，11，26，92；D3　250；D5　285；D6　24

《大足临济宗始祖元亮与师至福考——探述明代大足临济宗的传入与兴衰》　D6　28

《大足龙岗宝顶以外各区石刻记略》　D5　13，126，285

《大足龙岗区石刻记略》　D1　26

《大足龙岗山石窟》　D1　11，26，27，190；D9　2

《大足南北山石刻之体范》　D1　26；D4　4

《大足南山三清洞主尊身份考》　D5　285，377

《大足南山三清古洞和石门山三皇洞再识》　D5　127，277

《大足南山石刻区环境地质病害防治对策研究报告》　D5　281

《大足三皇洞研究简述及浅识》　D5　127，277

《大足三清洞十二宫神考辨》　D5　285

《大足石雕〈十牧〉散记》　D6　27

《大足石刻》（重庆出版社2012年版）　D1　5；D9　404

《大足石刻》（三秦出版社2004年版）　D7　419

《大足石刻》（文物出版社1958年版）　D1　11

《大足石刻》（朝花美术出版社1962年版）　D1　12，26；D6　25

《大足石刻百年研究综述》　D1　13

《大足石刻宝顶山观经变造像区岩体抢险加固工程》　D6　22

《大足石刻保护》　D4　4；D5　124，125，247

《大足石刻〈报恩经变〉疏理研讨——宝顶山大佛湾〈报恩经变〉图经为例》　D7　423

《大足石刻北山地藏组合造像管窥》　D1　28

《大足石刻北山佛湾石窟艺术中有关古代军事问题的初探》　D1　28

《大足石刻北山窟形探源》　D1　28

《大足石刻北山摩利支天女像的雕凿时局》　D1　28

《大足石刻北山"转轮经藏窟"中的头冠装饰图形分析》　D1　28

《大足石刻北山288号、290号龛林俊像及碑文研究》　D1　28

《大足石刻辨疑六题》　D3　223；D8　44

《大足石刻不空羂索观音像研究——大足密教造像研究之二》　D1　28

《大足石刻彩绘颜料检测分析报告》　D1　33；D2　11；D3　10，396；D4　7；D5　4；D6　29；D7　3；D8　4

《大足石刻禅宗〈牧牛图〉管见》　D6　27

《大足石刻档案（资料）》　D1　6；D2　408；D4　93；D5　125，373，396；D6　207，338；D7　128；D9　56，57，377

《大足石刻的地藏造像初识》　D1　28；D9　266

《大足石刻地狱——轮回图像丛考》　D6　27；D7　424

《大足石刻雕塑全集》　D1　5，12；D5　127；D9　298

《大足石刻雕塑全集·宝顶石窟卷（上）》　D9　163，

D

305，377，404，407，429

《大足石刻雕塑全集·宝顶石窟卷（下）》　D9　231，404，408，417

《大足石刻雕塑全集·北山石窟卷》　D1　27；D3　235；D9　92，326，329，337，404，435，456

《大足石刻雕塑全集·南山石门山石篆山等石窟卷》　D9　330，332，404，423，445，468，469

《大足石刻古文孝经考释》　D1　26；D2　19，27；D9　37

《大足石刻观音造像考察：以北山佛湾为中心》　D1　28

《大足石刻观音造像艺术研究》　D9　404

《大足石刻考察团日记》　D1　11，24，25，26；D5　126，285，D6　11，25，26；D8　200，202

《大足石刻考察与研究》　D1　13；D2　262；D6　27；D9　266，398

《大足石刻考古与研究》　D6　27；D9　58，258

《大足石刻铭文录》　D1　5，8，12，13，25，27，33，43，44，91，128，131，171，215；D2　11，18，21，22，23，26，90，128，241，261，271，304，342，399，400，406，439，466；D3　9，154，223，234，245，263，279，334，363，372，378，398；D4　1，6，97，112，135，139，148，185，211，216，228，261，263，264，267，279，310，311，337，501，538，557；D5　3，9，13，23，24，48，68，113，117，125，126，141，146，149，188，193，195，196，197，219，265，266，271，284，285，298，299，302，306，307，310，345，350，351，352，354，355，366，368，369，377，389，396，397，406，411，416，421；D6　10，20，21，25，29，63，66，83，94，123，124，128，140，148，149，168，174，235，262，266，280，353，359；D7　3，25，27，31，34，35，36，37，47，62，72，74，81，110，113，123，129，131，146，147，148，149，150，184，185，190，191，204，212，213，215，218，222，224，225，257，258，285，290，302，312，313，314，315，370，371，372，373，374，375，376，377，378，379，385，397，398；D8　1，3，18，19，26，29，39，43，45，50，99，101，103，122，123，136，137，138，139，141，173，198，200，202，214，242，244，255，259，260，263，287，289，325，333，339，341，342，343，344，347，384，385，393，397，399，400，401，402，403，404，405，406，407，408，409，410，411，412，413，414，420，423，425，426，427，429，435，453，454，468；D9　36，37，39，57，58，60，61，63，82，83，86，94，162，163，166，168，174，176，179，183，185，188，194，239，243，256，257，258，260，302，320，326，337，376，377，389，390，394，396，397，401，402，406，408，417，440，444

《大足石刻铭文录·编后记》　D1　27；D4　4

《大足石刻〈牧牛图〉考》　D6　27

《大足石刻内容总录》　D1　12，16，26，27，29；D2　1，90，137，138，276，290，304，358，501；D3　1，39，235，236，274，289，292，354；D4　4，5，6，87；D5　2，8，13，117，126，134，247，271，277，283，285，378，410，425；D6　11，25，29；D7　1，201，271，276，285，303，317，405，423；D8　2，6，8，201，210，229，232，239，264，271，275，285，287，337；D9　56，57，60，172，173，188，192，213，221，243，256，269，279，298，305，337，377，394，407

《大足石刻年表》　D6　21，22，23

《大足石刻千手观音造像抢救性保护工程前期研究》　D6　23，150，151，154，155，159，174

《大足石刻日常保养维护》　D6　23

《大足石刻石篆山宋代造像及相关问题》　D5　9，13，114

《大足石刻史话》　D7　370，417；D8　468

《大足石刻水月观音造像的调查与研究》　D9　404

《大足石刻四题》　D9　337

《大足石刻宋碑〈三圣御制佛牙赞〉考析》　D6　27；D7　417

《大足石刻"天元甲子"纪年考析》　D9　58

《大足石刻图征初编》　D1　11，26；D4　4；D6　11，25；D8　200，202

《大足石刻〈韦君靖碑〉题名研究》　D1　27

《大足石刻维修工程四十年回顾》　D1　25；D2　173，187，204，304，341，407，440，448；D5　125；D6　21，35，235，266，267，359；D7　377；D8　44，429

《大足石刻研究》（内部刊物）　D5　125，247；D6　36，128，168，207，241；D7　36

《大足石刻研究》（著述，1985年版）　D1　28；
　　D7　419；D9　56，57，60，129，163，172，173，
　　191，192，194，218，241，242，243，269，273，
　　277，279，298，302，337，377，394，404，417，
　　435，472

《大足石刻研究述评——20世纪90年代前之研究回顾》　D1　13

《大足石刻研究通讯》　D1　13，27，28

《大足石刻研究文集》（1）　D6　21，22，23；
　　D8　334；D9　38，256

《大足石刻研究文集》（2）　D1　25，27；D2　173，
　　187，193，204，229，257，304，341，407，440，
　　448；D3　387；D5　125；D6　27，35，235，266，
　　267，359；D7　225，377；D8　200，210，429；
　　D9　70，186，258，266，337，338

《大足石刻研究文集》（3）　D1　13，27；D5　13；
　　D6　25，26，27，28；D7　167，173，185，212，
　　215，317，418，424；D8　50，198，199，201，202，
　　384；D9　168，174

《大足石刻研究文集》（4）　D5　126，277，285；
　　D6　27；D7　423，424；D9　266，377

《大足石刻研究文集》（5）　D1　13，27，28；
　　D4　538；D5　9，13，114；D6　26，27；D7　417，
　　422，425；D8　400，456，468；D9　164，179，236，
　　243，248，269，279，404

《大足石刻研究文选》　D1　13，27；D6　27

《大足石刻"药师经变"的调查研究》　D9　279

《大足石刻与古建筑群》　D1　20，22；D6　178，179，
　　180，181；D8　350，351，352，354，355，356，
　　357，358，359，360，361，362，363，364，365，
　　366，367，368，369，370，372，373，374，375，
　　376，377，378，379，386，387，388，389，390，
　　391，392，393，431，432，433，436，437

《大足石刻之艺术与佛教》　D6　25；D9　72，160，
　　161，218，277

《大足石刻志略》　D1　11，16，24，26；D2　27，357，
　　500；D3　235；D4　4，9；D5　13，126，242，277，
　　285，397；D6　25，249；D7　419，423，424，425，
　　426；D8　199，200，342；D9　129，139，159，163，
　　191，218，241，279

《大足石刻志略校注》　D1　11；D9　269，298，333，
　　377

《大足石刻中的道教和三教合一造像》　D5　277

《大足石刻中的道教造像》　D5　126

《大足石刻中的明肃皇后、诃利帝母、九子母与送子观音》　D5　13

《大足石窟宋代复数大悲观音像初探》　D1　28；
　　D9　312，326，404

《大足石窟维修保护概况》　D5　125，247；D6　36，
　　128，168，207，241；D7　36；D8　435

《大足石窟艺术》　D5　377；D9　256，337，338

《大足石窟中的华严思想提要》　D6　27；D7　419；
　　D9　264

《大足石窟中的宋代道教造像》　D5　277，285

《大足石门山石刻区环境地质病害防治对策研究报告》　D5　116

《大足石篆山、妙高山摩岩造像的调查研究》　D1　12；
　　D9　404

《大足石篆山石刻区工程地质勘查及病害防治对策研究报告》　D5　6

《大足石篆山石窟"鲁班龛"当为"志公和尚龛"》　D5　13；
　　D9　86

《大足石篆山石窟造像补遗》　D5　9，13

《大足石篆山石门山妙高山宋代石窟与文氏镌匠世家的关系研究》　D5　13，126，277；D9　241，249

《大足"释迦行孝、修行图"中的外道人物及其相关问题研究》　D7　423

《大足宋代道教造像的神祇图像源流再探索》　D5　126，
　　276，277

《大足宋代石刻镌匠考述》　D1　27；D3　387；D4　538

《大足宋代石窟中的水陆遗迹》　D5　13

《大足唐代韦君靖摩崖碑探讨》　D1　27；D3　384；
　　D9　38

《大足〈韦君靖碑〉与韦君靖史事考辩》　D3　384；
　　D9　38

《大足文史》（第五辑）　D5　285

《大足县大钟寺宋代圆雕石刻遗址调查》　D1　12；
　　D9　37，39，429

《大足县第三次全国文物普查工作报告》　D1　12

《大足县文物调查小结》　D1　11，26；D4　4；D5　8，
　　13，117，283，285；D6　11，25

《大足县志》（道光）　D1　26，40；D5　13，116，
　　126，201，278；D6　24；D8　123，341，401；

D

D9 36，70，71，72，73，74，105

《大足县志》（光绪） D1 26，40；D2 260；D6 24；D9 36，70，71，72，73

《大足县志》（嘉庆） D1 10，26，40；D5 1，13，285；D6 24，123；D8 202，429；D9 36，70，71，72，73，74，105

《大足县志》（乾隆） D1 4；D4 552；D6 24；D7 417；D8 33，202；D9 162

《大足县志》（1996年版） D1 1，5；D2 137；D8 429

《大足县志、合州志、江津县志》 D6 24

《大足学刊》（第一辑） D1 27；D2 138；D5 126，276，277；D9 279，376

《大足"懿简公神道碑"考略》 D1 27；D2 27

《大足与安岳石窟某些造像的比较》 D7 425

《丹棱郑山—刘嘴大石包造像》 D9 253，262，267

《道藏》 D5 277

《德安南宋周氏墓》 D9 446

《登多宝塔记》 D1 11

《底哩三昧耶不动尊圣者念诵秘密法》 D9 266，267

《〈地狱变相〉初探》 D7 424

《地藏本愿经》 D9 143

《地藏菩萨本愿经》 D9 181

《地藏十王图像的遗存及其信仰》 D9 266

《奝然入宋求法巡行并瑞像造立记》 D9 230

《雕塑》 D5 13，113

《东方杂志》 D1 26；D6 24

《东京梦华录》 D9 444

《东南文化》 D9 292，441，443

《东坡志林》 D9 158

《东洋文化》 D5 126，277，285

《读〈论大足宝顶为佛教水陆道场〉十三疑》 D6 26

《段文杰敦煌研究五十年纪念文集》 D1 28

《对大足宝顶〈父母恩重变相〉重新研究》 D9 248

《对大足宝顶〈父母恩重经变〉重新研究》 D6 27

《对大足北山晚唐五代千手千眼观音造像的初步考察》 D1 27，28

《对大足石刻北山晚唐雕刻的考察》 D1 28

《对大足石门山石窟宋代10号窟的再认识》 D5 127，276，277

《对宋代道教图像志的观察——以大足北山111龛和南山6龛、安岳老君岩造像为例》 D2 138；D5 285，378

《敦煌版画中的曼荼罗》 D9 251

《敦煌宝藏》 D9 364

《敦煌的药师经变与日本的药师如来像》 D9 282

《敦煌建筑研究》 D9 99，343，344，346，348

《敦煌密宗文献集成续编》 D9 261

《敦煌莫高窟密教遗迹札记》 D9 250

《敦煌莫高窟内容总录》（《敦煌石窟内容总录》） D9 226，251，298

《敦煌千手千眼观音像》 D7 419；D9 251

《敦煌石窟全集10·密教画卷》 D9 298，309，310，311，327

《敦煌石窟全集5·阿弥陀经画卷》 D9 357，364，367，368，374，392

《敦煌泗州僧伽经像与泗州和尚信仰》 D9 77

《敦煌吐蕃统治时期石窟与藏传佛教艺术研究》 D9 253

《敦煌学辑刊》 D7 419，424；D9 254

《敦煌研究》 D1 28；D3 354；D4 4，519，520，521；D5 277；D6 27；D7 419，422，423，424，425，426；D9 105，139，164，173，174，192，219，235，247，250，251，253，292，298，305，377，391，462，470，474，498，503

《敦煌研究文集》 D9 77

《敦煌遗书总目索引》 D9 87

《佗真陀罗所问经》 D9 114，130

《多维语境中的护身女神——从后期演变看大足北山石刻中的摩利支造像》 D1 28

E

《俄藏〈大乘入藏录卷上〉研究》 D9 135

《二十史朔闰表》 D9 84

《"二十四孝"在何时形成》 D9 190

《二酉堂丛书》 D1 10

《2004年石窟研究国际学术会议论文集》 D6 27；D9 248

《2005年重庆大足石刻国际学术研讨会论文集》 D1 12，27，28；D2 439，501；D3 223；D4 4，9，358，373，521，523，524，525；D5 13，285，377；D6 25，27，28，89；D7 416，417，418，419，422，423，424，425；D8 44；D9 77，92，150，163，179，182，184，192，251，298，312，314，

338，377，404，408

《２００９年中国重庆大足石刻国际学术研讨会论文集》　D1　12，27，28；D3　355；D4　5；D5　13，53，126，127，276，277，285，377；D6　26，27，28，32；D9　139，164，170，173，219，249，266，279，298

《2014年大足学国际学术研讨会论文集》　D1　11，26，27；D2　23，138；D4　522；D5　285，378；D6　24；D7　418，419；D8　287；D9　56，162，188，199，383，404，470

《２０１６年重庆大足石刻研究会第七届年会论文汇编》　D4　518，519，520，521，524

F

《法海石塔记》　D9　101
《法海寺壁画中的佛像着衣》　D9　68
《法华经》　D9　135，171，182，189，203，204，205，216，326，330，333
《法华文句记》　D9　273
《法身塔》　D9　111，129，131，132
《法喜寺大藏经》　D9　135
《法显传》　D9　210
《范成大笔记六种》　D9　191
《范祖禹书大足石刻〈古文孝经〉校定》　D1　27
《梵网经》　D9　145，148，205，212，221
《丰山学报》　D6　27
《冯辑史踪初探》　D4　538
《佛本行经》　D9　143，148
《〈佛顶尊胜陀罗尼经〉及经幢》　D9　291
《佛顶尊胜陀罗尼信仰与唐代民俗风情》　D9　291
《佛教不只是非显即密——为拙文〈论大足宝顶为佛教水陆道场〉补白》　D6　26
《佛教典籍概论》　D9　135
《佛教美术丛考》　D1　92
《佛教史》　D9　159，247
《佛教文化》　D6　26
《佛教与儒教》　D9　153
《佛母宝德藏般若波罗蜜多经》　D9　312
《佛母般若波罗蜜多大明观想仪轨》　D9　312
《佛母般若波罗蜜多园集要义论》　D9　312
《佛母般若波罗蜜多园集要义释论》　D9　312

《佛母大孔雀明王经》（《孔雀经》《孔雀明王经》）　D6　262；D9　172，298，299，312，314，320，326，330，332，333
《佛母大孔雀明王经龙王大仙众生主名号夏梵藏汉合璧校释》　D9　299
《佛母大孔雀明王经夏梵藏汉合璧校释》　D9　299
《佛说不可思议金刚手经》　D9　143
《佛说大佛名经》　D9　135
《佛说大孔雀明王画像坛场仪轨》　D9　299，301，302，310，312，325，326，334
《佛说大孔雀咒王经》　D9　299，312，320，334
《佛说大威德金轮佛顶炽盛光如来消除一切灾难陀罗尼经》　D1　190
《佛说大鱼事经》（《大鱼事经》）　D8　286；D9　121
《佛说地藏菩萨经》　D9　290
《佛说阿弥陀佛经直解正行》　D3　396
《佛说阿弥陀讲经文》　D9　364
《佛说阿弥陀经》　D9　337，338，346，349，354，379，389
《佛说佛名经》　D9　134
《佛说观无量寿佛经》（《观无量寿佛经》）　D9　115，143，151，179，181，206，337，343，347，349，352，354，359，362，364，366，367，369，372，373，374，380，383，384，387，390，392，393，398，399，400，401
《佛说净饭王般涅槃经》　D9　176
《佛说孔雀明王画像仪轨》　D9　143
《佛说弥勒下生成佛经》　D9　83
《佛说弥勒下生经》　D9　87
《佛说睒子经》　D9　176
《佛说十王经》　D9　181
《佛说守护大千国土经》　D9　144，194，314，332
《佛说无量清净平等觉经》　D9　354
《佛说无量寿经》　D9　209，337，339，349，352，354，359
《佛说药师如来本愿经》　D1　190；D9　284
《佛说盂兰盆经疏》　D9　159
《佛说造像量度经》　D9　79
《佛说最上意陀罗尼经》　D9　143
《佛像的历史》　D1　11
《佛像衣着中的"带饰"问题》　D9　429

《佛学大辞典》 D9 108，221，225

《佛学研究》 D1 12；D6 27，28；D7 425；D8 1，202，462；D9 111，181，192

《佛学研究中心学报》 D7 419；D9 88，105，192

《佛衣与僧衣概念考辨》 D9 56

《佛制比丘六物图》 D9 56

《佛祖通载》 D9 87

《佛祖统纪》 D9 85，87，179，190，202，204，310，407

《福州南宋黄昇墓》 D9 445，446，447，449

《父母恩重经》 D9 143，150

G

《高丽史》 D9 77，89

《高平开化寺北宋大方便佛报恩经变壁画内容考察》 D9 178

《高僧传》 D9 200，207，211，216，217

《根本说一切有部毗奈耶经》 D9 143

《工程勘察》 D1 25

《工程做法则例》 D9 95

《孤山智圆与其时代——佛教与宋朝新王道的关系》 D9 145

《古代男子簪花杂谈》 D9 414

《古佛崖探秘——三谈宝顶山摩崖造像的年代问题》 D6 26

《古今图书集成》 D9 222

《古文孝经》 D1 10

《古文孝经考释》 D1 10

《古尊宿语录》 D9 160，408

《故宫博物院院刊》 D9 56，169，178，346，383，432

《故宫学刊》 D9 191，314，420，432

《瓜州榆林窟第3窟五字护佛母曼荼罗图像解说》 D9 298

《关于大足北山石刻〈维摩变〉作者之浅见》 D1 28

《关于地藏十王成立和演变的若干问题——以大足石窟地狱变龛为中心探讨》 D6 27

《关于莫高窟艺术的内容》 D9 226

《关于四川地区的地藏．观音并列像》 D9 314

《关于〈宋赵懿简公神道碑〉拓本的鉴定》 D1 27；D2 23

《观经序分义》 D9 364

《观普贤菩萨行法经》 D9 207，212

《观世音菩萨普门品》 D9 330

《观世音菩萨如意摩尼轮陀罗尼念诵法》 D1 247

《观世音菩萨如意摩尼陀罗尼经》 D9 130

《观药王药上二菩萨经》 D9 130

《观药王药上菩萨经》 D9 116，130

《观音特展》 D9 252，275

《观音与地藏：唐代佛教造像中的一种特殊组合》 D9 266

《观自在莲花顶瑜伽法》 D9 261

《观自在如意轮菩萨瑜伽法要》 D1 247

《广大宝楼阁善住秘密陀罗尼经》 D7 419；D9 147，166，168

《广平夫人往生记》 D9 202

《广清凉传》 D9 330

《广元石窟内容总录·千佛崖卷》 D9 288

《癸辛杂识》 D9 178，181

《桂海虞衡志》 D9 191

《过去庄严劫千佛名经》 D9 130

H

《海潮音文库》 D9 141，144

《海外藏中国历代名画4·辽金西夏元》 D9 426

《海外遗珍·佛像》 D9 429

《汉法本内传》 D9 126，131

《汉隶字源》 D8 18

《汉式佛像袈裟琐议》 D9 422，429

《汉语大字典》 D1 33；D2 11；D3 10；D4 7；D5 4；D6 29；D7 3；D8 3

《汉州志》 D9 152，159

《汉州志·柳本尊寺碑》 D9 159

《杭州慈云岭资贤寺摩崖造像》 D9 178

《杭州南山区雕刻史迹初步调查》 D9 332

《诃利帝母真言经》 D9 330

《合部金光明经》 D9 130

《合川涞滩摩崖石刻造像》 D9 406

《合川涞滩摩崖造像考古调查》 D9 206

《和田博士古稀纪念东洋史论丛》 D1 26；D9 70

《和田达玛沟佛寺遗址出土千手千眼观音壁画的初步考察——兼与敦煌的比较》 D9 251

《河北唐代密教雕刻》 D9 251

《河南登封城南庄宋代壁画墓》 D9 420

《河南省北部古建筑调查记》 D9 95，101

《恒沙佛说大灌顶法轮经》　D9　143
《弘法大师之佛教观》　D9　144
《弘赞法华传》　D9　201
《后村集》　D7　417
《后游宝顶山记》　D7　417；D8　1，38，199，200，202，342，400
《湖南桂阳刘家岭宋代壁画墓发掘简报》　D9　444
《护口经》　D9　143
《华夏考古》　D9　190
《华鲜经》　D9　143，158
《华严佛光三昧观秘宝藏》　D9　229
《华严合论》　D9　235
《华严经合论》　D9　235，240
《华严经卢舍那佛品》　D9　148
《华严经探玄记》　D1　247；D9　212
《华严经传记》　D9　223
《华阳集》　D9　330
《华蓥安丙墓》　D9　407，411，414，417，419，444
《绘事备考》　D9　335

J

《鸡肋篇》　D9　444
《吉祥寺赏牡丹》　D9　414
《记四川大足宝顶山唐宋石像》　D6　25
《寂子篇》　D9　153
《夹江千佛岩：四川夹江千佛岩古代摩崖造像考古调查报告》　D9　349
《夹江新发现的唐代摩崖造像》　D9　253
《迦当派》　D9　144
《嘉泰普灯录》　D9　462
《嘉兴藏》　D9　131
《"嘉州凌云寺大佛像记碑"的发现及其考析》　D9　204
《简述镌造大足石窟的工匠师》　D1　27；D3　387；D9　39
《建构、转述与重释——赵智凤形象考释》　D7　424
《江南式白衣观音造型分析》　D9　383，432
《江苏省通志稿·金石志》　D9　330
《介绍大足石刻及其文化评价》　D9　242，243
《戒坛图经》　D9　103
《金代与西夏菩萨像造型分析》　D9　420
《金刚般若波罗蜜经》　D9　205

《金刚顶经》　D9　143，240
《金光明经》　D9　114，130
《金石续编》　D1　10，26，40，91；D9　36，70，71，72，73，74，75，76
《金石苑》　D1　10，26，40，91；D2　260；D3　154；D5　1，13，126，265，285，351，396；D6　24；D8　120；D9　36，70，71，72，73，74，75，76，105，106，110，240，247
《金粟山大藏经》　D9　135
《景德传灯录》　D9　84，85，206
《景印文渊阁四库全书》　D9　250，253，274，330，335
《净饭王涅槃经》　D9　143，150
《净土五会念佛诵经观行仪》　D9　345
《究竟瑜伽鬘》　D9　300，334
《菊谱》　D9　450
《觉禅钞》　D9　312，334

K

《开宝藏》　D9　129，131，135
《开元释教录》　D9　111，131，135，186，240
《开元释教录·别录》（《别录》）　D9　112，130，131，135
《开元释教录·略出》（《略出》）　D9　111，112，113，116，117，118，119，120，121，122，129，130，131，134，135
《开元释教录·入藏录》（《入藏录》）　D9　111，116，117，118，119，129，130，131，135，186
《考古》　D1　28；D9　445
《考古学报》　D9　69，251，254，255，394，446，474
《考古与文物》　D1　27；D2　27；D6　26；D9　68，254，441，443
《刻在岩壁上的哲学伦理著作》　D9　168
《孔雀经法下》　D9　334
《孔雀王杂神咒》　D9　299
《孔雀王咒经》　D9　116，320

L

《赖咤和罗所问光德太子经》　D9　130
《老学庵笔记》　D9　85
《乐邦文类》　D9　202
《乐山市志资料》　D6　27；D7　425；D9　192，407

《李真〈真言七祖像〉及其他》　D9　247

《力士移山经》(《移山经》《四未有经》)　D9　119, 130

《历朝名画观音宝相》　D9　462

《历代佛祖通载》　D9　84

《历代名画记》　D9　222, 247, 250

《历史学研究》　D1　26; D9　70

《历史语言研究所集刊》　D9　190

《凉州府志备考》　D1　10

《梁思成、林徽因与我》　D1　11, 24; D6　25; D9　110

《梁思成全集》　D1　11; D4　4, 9, 58, 552; D9　68

《两部大法相承师资付法记》　D9　247

《辽金元三史姓氏录》　D1　10

《列仙传》　D9　208

《临川先生文集》　D9　330

《麟溪桥与慈善寺——佛教造像窟龛调查研究报告》　D1　13

《岭表录异》　D9　310

《刘敦桢全集》　D1　11

《〈柳本尊行化图〉的研究》　D6　27

《〈柳本尊行化图〉研究之二》　D6　27

《柳本尊与密教》　D6　27; D7　425; D9　192

《六波罗蜜多经》　D9　57

《六度集经》　D9　115, 205

《六趣轮回经》　D9　143

《六十华严》　D9　203, 205, 207, 212, 224, 240

《六字大陀罗尼经》　D9　130

《六字大陀罗尼咒经》　D9　130

《龙门石刻录文》　D9　288

《龙门石窟的研究》　D9　288

《龙门石窟一千五百周年国际学术讨论会论文集》　D9　251

《龙门唐代密宗造像》　D9　251

《龙门唐窟排年》　D9　66

《陆放翁全集》　D9　408, 414, 417

《论大足宝顶石刻的一些特点》　D9　273

《论大足宝顶石刻造像的佛教性质——一段隐没的历史》　D6　26

《论大足宝顶为佛教水陆道场》　D6　26; D9　164

《论大足石刻半身佛和半身菩萨像》　D9　273

《论地狱变相图》　D1　28

《论〈孔雀明王经〉及其在敦煌、大足的流传》　D5　277; D9　298, 300, 310, 326

《论入定观音像的形成与发展》　D9　391, 462

《论宋代朝廷戴花、簪花礼仪对世风的影响》　D9　414

《论宋代善财童子五十三参图像》　D4　4; D7　426; D9　184

《论唐末土豪的地方势力——四川韦君靖的情况》　D1　26; D9　70

《论新疆阿艾石窟的卢舍那》　D9　292

《略论安乐净土义》　D9　338

《略疏》　D9　154

《略述柳本尊、赵智凤可补密教史之缺页》　D6　27

《略述西南区的古建筑及研究方向》　D6　26

M

《麦积山明代写本〈报恩仪文〉初步研究》　D7　422

《茅亭客话》　D9　312

《梅兰竹菊谱》　D9　450

《美术》　D1　11, 26; D6　25

《美术观察》　D1　28

《美术史论》　D9　192

《美術史研究》　D9　357

《美术史研究集刊》　D9　407

《美术研究》　D6　26; D9　77, 333

《梦粱录》　D9　450, 452, 460

《弥沙塞部和醯五分律》　D9　56

《秘密三昧经》　D9　153

《密乘道次第广论章节略录》　D9　157

《密教大辞典》　D9　219, 247

《密教法流系谱》　D9　247

《密教学研究》　D6　27

《密教印图集》　D9　219, 220, 228

《密县法海寺石塔摭遗》　D9　101

《密藏记》　D9　264, 265

《密咒圆音往生集》　D9　144

《密宗大纲·大日释迦同体》　D9　142

《密宗大纲修证门》　D9　156

《密宗要义》　D9　144, 152, 155, 156

《密宗要旨》　D9　142, 147

《绵阳龛窟——四川绵阳古代造像调查研究报告集》　D9　357

《妙法莲华经》　D9　200, 210

《妙法莲华经文句》　D9　211, 212

《民国重修大足县志》（民国重修《大足县志》，民国《大足县志》） D1 11，24，25，26，40；D2 19，27，352，400；D4 4，9，228；D5 9，13，116，126，285，299，310，345，351，355，372，397；D6 11，25，26；D7 373，417；D8 1，38，120，123，198，200，202，400，401；D9 36，37，70，71，72，73，93，94，105，133

《民俗研究》 D9 414

《民族艺术》 D1 28

《摩诃吠室啰末那野提婆喝啰阇陀罗尼仪轨》 D1 92

《摩诃摩耶经》 D9 116，169

《莫高窟第266—275窟考古报告》 D1 13

《莫高窟佛教史迹故事画介绍（一）》 D9 77

《莫高窟吐蕃时期的千手千眼观音变——以眷属图像表现为中心》 D9 253，263，264，265，268

N

《南无大宝积经》 D9 143

《南无大般若经》 D9 143

《南无大华严经》 D9 143

《南无大涅槃经》 D9 143

《南无金幢宝胜佛教诫》 D9 143

《南朝龛像遗迹初探》 D9 69

《南村辍耕录》 D9 178

《南方民族考古》 D9 38，404

《南方杂志》 D6 25

《南海寄归内法传》 D9 56，132，217，330

《南郊青城彩内毕功大殿上开启保安祝寿讽法华经斋文》 D9 330

《南京晓庄学院学报》 D9 408

《南京艺术学院学报（美术与设计版）》 D1 28

《南山三清洞保护工程》 D5 284

《南山三清洞浸水治理和修砌石龙洞券拱工程》 D5 284

《南山石刻新建窟檐工程》 D5 284

《南山石窟综合抢险加固工程》 D5 284

《南山、石门山、石篆山等石窟概述》 D5 126，285

《南山文物区古建筑及保护建筑维修工程》 D5 285

《南山文物区古建筑物防雷工程》 D5 284

《南山文物区三清殿后殿维修及环境整治工程》 D5 284

《南山文物区三清殿迁建工程》 D5 284

《南宋川僧冠绝大宋国探源》 D9 462

《南宋大足宝顶山〈报父母恩德经变相〉辨正——赐紫慈觉禅师宗赜溯源》 D7 417，422

《南宋大足圣府洞道教三帝石刻造像的图像分析》 D5 127，277

《南宋的"天蓬元帅"造像》 D5 126

《南宋馆阁录》 D9 300，335

《南宋馆阁录续录》 D9 300，335

《南宋石雕》 D9 435

《南宋虞公著夫妇合葬墓》 D9 446

《南唐二陵发掘报告》 D9 420

《能断金刚般若波罗蜜多经论》 D9 130

O

《欧阳修全集》 D9 408，414，417

P

《毗卢藏》 D9 129，135

《毗卢遮那佛华严世界图赞》 D9 222

《毗沙门经》 D1 92

《毗沙门随军护法仪轨》 D1 92

《毗沙门仪轨》 D1 92

《贫穷老翁经》 D9 130

《平胡论》 D1 1

《萍州可谈》 D9 314

《菩萨诃睡眠经》（《离睡经》） D9 118，130

《菩萨引路：唐宋时期丧葬仪式中的引魂幡》 D9 292

《菩提道次第广论集注》 D9 150

《菩提道炬论》 D9 143，144，158

《普宁藏》 D9 131

《普贤行愿品》 D9 407

Q

《齐东野语》 D9 445

《碛砂藏》 D9 129，204

《千臂千眼陀罗尼》 D9 250

《千地绽放——中国千手观音造像遗存》 D9 254，255，260，264，271，272，276

《千光眼观自在菩萨秘密法经》 D9 250，261，262

《千手观音的历代培修及面积勘测》 D9 269

《千手观音菩萨曼荼罗》 D9 251

《千手观音造次第法仪轨》 D9 250，261，263，265

Q

《千手千眼观世音菩萨大悲心陀罗尼经》　D9　250，262，264，265

《千手千眼观世音菩萨广大圆满无碍大悲心陀罗尼经》　D1　92；D9　171，250，262，263，265，310

《千手千眼观世音菩萨广大圆满无碍陀罗尼经》　D9　143

《千手千眼观世音菩萨姥陀罗尼身经》　D9　250，261，262

《千手千眼观自在菩萨广大圆满无碍大悲心陀罗尼咒本》　D9　128，250

《千手眼大悲像的初步考察——以大足宝顶为例》　D7　419

《千禧年宋代文物大展》　D9　420，421，462

《千眼千臂观世音菩萨陀罗尼神咒经序》　D9　250

《千眼照见千手护持——敦煌密教经变研究之三》　D9　250

《前后蜀的历史与文化》　D9　247

《前游宝顶山记》　D1　10；D8　1，198，199，200，339，410

《浅谈安岳圆觉洞摩崖造像》　D9　404

《青州龙兴寺佛教造像艺术》　D9　240

《清代重庆大足〈实录碑记〉研究》　D6　28

《清净法身毗卢遮那心地法门成就一切陀罗尼三种悉地经》　D9　143，145

《清知县张澍游佛湾记》　D1　24

《庆祝蔡元培先生六十五岁论文集》　D9　299

《邛崃石笋山摩崖造像》　D9　253

《全蜀艺文志》　D9　241，250，274，275

《群书类丛》　D9　223

R

《绕佛塔功德经》　D9　130

《人民日报》　D1　11

《仁寿县牛角寨摩崖造象》　D9　253，261，262，273

《日本佛教史纲》　D9　143

《日本国承和五年入唐求法目录》　D9　87

《日本名宝事典》　D9　103

《日中文化交流史》　D9　230

《如幻三昧经》　D9　130

《如来广孝十种报恩道场仪》　D9　159

《如意轮陀罗尼经》　D9　325

《入唐求法巡礼行记》　D9　134

S

《萨迦派》　D9　142

《三宝感通录》　D9　87，90

《三才图会》　D5　135

《三国相承》　D9　247

《三劫三千佛名经》　D9　130

《三清古洞的主神位次与皇家祭祖神位》　D5　285，377

《三圣圆融观门》　D9　239，240

《三台东山摩岩遗存是唐代密宗道场》　D9　139

《僧伽和尚像及遗书〈僧伽和尚欲入涅槃说六度经〉有关问题考》　D9　88

《僧伽和尚欲入涅槃说六度经》　D9　88

《僧伽罗刹所集经》　D9　209

《僧伽造像的发现和僧伽崇拜》　D9　88

《僧伽传》　D9　85，86

《僧祐录》　D9　130

《沙门法琳别传》　D9　131

《山西古代彩塑》　D9　68

《山西应县佛宫寺辽释迦木塔》　D9　68

《陕北宋金石窟佛教图像的类型与组合分析》　D9　191，314

《睒子经》　D9　143，150

《善慧大士录》　D9　173，174，200，203，207，208

《上海师范大学学报》　D9　291

《奢华之色——宋元明金银器研究（一）》　D9　446，450，452，460

《舍利弗问造像量度经》　D9　79

《社会科学研究》　D6　26；D9　462

《摄无碍大悲心曼荼罗仪轨》　D9　261

《神僧传》　D9　84

《渑水燕谈录》　D9　414

《圣地宁波》　D9　426，429，430

《圣佛母般若波罗蜜多经》　D9　312

《圣佛母小字般若波罗蜜多经》　D9　312

《圣僧杂抄》　D9　87，89

《圣无动尊安镇家国等法》　D1　190

《圣一国师像》　D9　429

《胜军不动明王四十八使者秘密成就仪轨》　D1　190

《尸多林经》　D9　332

《十代奉佛》　D9　207

《十地经论》卷3《初欢喜地》　D9　211

《十二砚斋金石过眼续录》 D9 281

《十诵律》 D9 56，123，124

《十一面观音像式研究——以汉藏造像对比研究为中心》 D9 254

《十柱心论》 D9 143

《石窟寺研究》 D6 1，27；D7 419，423

《石窟遗存〈地藏与十佛、十王、地狱变〉造像的调查与研究——兼探〈十王经变〉与〈地狱变〉的异同》 D6 27；D9 266

《石窟艺术》 D1 28

《石窟艺术研究》 D9 199，337，398

《石门山摩崖造像：12世纪四川艺术中宗教折衷主义的典型》 D5 127

《石篆山石刻——雕在石头上的水陆画》 D5 13，53

《石篆山石刻防风化工程》 D5 9

《石篆山3号龛人物形象辨析》 D5 113

《世界宗教研究》 D5 277，285；D6 27；D9 105

《试论宝顶山造像的上限年代》 D6 26；D9 407

《试论大足宝顶山柳本尊十炼图》 D9 105，192

《试论大足宝顶山密宗造像的渊源》 D6 26

《试论大足宝顶山南宋法身塔》 D6 27

《试论大足北山五代造像》 D1 27；D9 2

《试论大足"十王"对敦煌"十王"的传承》 D6 27

《试论大足石刻范祖禹书〈古文孝经〉的重要价值》 D1 27

《试论龙门初唐密教雕刻》 D9 251

《试论牡丹在蜀作为名花之年代》 D9 414

《试论南山淳祐十年碑记的价值》 D5 285

《试述大足石刻与安岳石刻的关系》 D9 235

《试谈大足北山"心神车窟"的艺术特色》 D1 28

《释门正统》 D9 165

《释氏要览》 D9 429

《守护大千国土大明王陀罗尼经》 D9 332

《首楞严经》（《楞严经》） D8 121；D9 108，109，248，262

《受十善戒经》 D9 143，155

《蜀典》 D1 10

《蜀锦谱》 D9 445，446

《蜀梼杌》 D3 385；D9 38

《蜀中广记》 D1 1，10，25；D3 385；D9 38，70，110

《蜀中名胜记》 D1 40，92；D6 24；D9 36，70，71，72，73

《水文地质及工程地质论文集》 D6 7

《丝绸之路与永昌圣容寺国际学术研讨会论文集》 D9 357

《私诃昧经》 D9 130

《私诃三昧经》 D9 130

《思溪藏》 D9 129，131

《四川安岳石刻普查简报》 D9 192

《四川安岳石窟的年代与分期》 D9 404

《四川安岳四处重要佛教石刻——兼谈安岳与大足石刻的关系》 D9 192

《四川安岳县茗山寺石窟调查简报》 D9 404

《四川安岳县圆觉洞摩崖石刻造像调查报告》 D9 404，406

《四川安岳圆觉洞造像的初步研究》 D9 404

《四川重庆唐代石刻佛像序列考察》 D9 432

《四川大学学报（哲学社会科学版）》 D1 27

《四川大足宝顶山小佛湾大藏塔考》（《大藏塔考》） D6 27；D8 200；D9 111，129，186

《四川大足道教石刻概述》 D5 126，277，285

《四川大足石刻艺术考察报告》 D1 26；D6 25

《四川道教佛教石窟艺术》 D1 89；D5 285，377；D9 192，219，236，238，253，254，262，276，337，338，377，404

《四川道教摩崖石刻造像》 D5 126，277

《四川地区文殊菩萨信仰述论》 D1 28

《四川古代交通路线史》 D9 38

《四川广汉县雒城镇宋墓清理简报》 D9 445，446

《四川及大足石刻毗沙门天王像研究——大足密教造像研究之一》 D1 28

《四川夹江千佛岩摩崖造像》 D9 253

《四川摩崖造像中的"大方广华严十恶品经变"》 D6 27

《四川摩崖造像中的"维摩变"》 D1 28

《四川摩崖造像中的〈药师变〉和〈药师经变〉》 D1 28；D9 279

《四川摩崖造像中柳本尊化道"十炼图"由来及年代探索》 D9 192

《四川摩岩造像"唐瑜伽部主总持王"柳本尊化道"十炼图"调查报告及探疑》 D6 27；D7 425；D9 192

《四川散见唐宋佛道龛窟总录·达州卷》 D9 254

《四川散见唐宋佛道龛窟总录·自贡卷》 D9 254，271，272

《四川石窟雕塑艺术》　　D9　139，164

《四川石窟分区与分期初论》　　D9　38

《四川石窟华严经系统变相的研究》　　D6　27；D7　425，426；D9　173，219，235，247

《四川石窟现存的两尊万回像》　　D1　28

《四川石窟中的毗沙门天王诸相——以邛崃石笋山石窟第28号龛和大足北山石窟佛湾第5号龛为中心》　　D1　28

《四川宋代石刻菩萨像宝冠造型分析》　　D9　305，325，470

《四川唐代摩崖造像中的"西方净土变"》　　D1　28；D9　338

《四川唐代摩崖中反映的建筑形式》　　D1　26；D9　92，94，99，337

《四川唐五代观无量寿经变光明转与宝船因素分析》　　D9　346

《四川唐五代摩崖浮雕观无量寿经变分析》　　D9　337，398

《四川通志》　　D1　10；D6　24

《四川文物》　　D1　11，12，25，26，27，28，73，190；D3　384，387；D4　533；D5　9，13，107，126，127，277，285；D6　21，25，26，27；D7　419，423，424，425，426；D8　44；D9　2，37，38，39，58，139，178，184，192，204，206，218，235，253，254，262，266，300，338，379，404，406，407，414，426，429，432，445，474

《四川与敦煌石窟中"千手千眼大悲变相"的比较研究》　　D7　419

《四川中江县月耳井村宋墓清理简报》　　D9　432

《四川资中重龙山摩崖造像》　　D9　254，276，277

《四分律》　　D9　56，57，123

《四库全书》　　D7　417，418

《四库全书总目》　　D9　253

《四十华严》　　D9　203，212

《泗州大圣僧伽传奇新论——宋代佛教居士与僧伽崇拜》　　D9　88

《泗州大圣僧伽和尚考》　　D9　77，88

《泗州僧伽大师实录》　　D9　87，89

《宋大足令何光震等饯郡守王梦应记碑》　　D5　285

《宋代大足石刻崛起内因探讨》　　D3　387；D9　39

《宋代的信仰性佛教及其特点——以大足宝顶山石刻的解读为中心》　　D6　25，28；D9　377

《宋代牡丹品种和数目研究之三》　　D9　408

《宋代男子簪花习俗及其社会内涵探析》　　D9　414

《宋代漆器》　　D9　446

《宋代人物（上）》　　D9　414，415

《宋代四川地区的善财童子五十三参图像及相关问题试探》　　D4　5

《宋代四川发展的不平衡性》　　D3　387；D9　39

《宋代文化研究》　　D1　27

《宋范祖禹书〈古文孝经〉石刻校释》　　D9　190

《宋高僧传》　　D3　385；D9　38，84，85，86，87，134，157，201，202，204，207，211，216，240，310，333

《宋会要辑稿》　　D7　417

《宋季三朝政要》　　D7　418

《宋刻〈唐柳本尊传〉碑校补》　　D9　105

《宋刻〈唐柳本尊传碑〉校补文中"天福"纪年的考察与辨正》　　D9　105

《宋立〈唐柳本尊传〉碑再校释》　　D6　27

《宋辽金纪年瓷器》　　D9　417

《宋辽夏金装饰纹样研究》　　D9　417

《宋僧慈觉宗赜新考》　　D6　27；D7　417

《宋史》　　D7　417；D9　38，39，217，420，422，439，440，444，446，456，460

《宋史研究论丛》　　D6　27

《宋史研究通讯》　　D2　27

《宋〈赵懿简公神道碑〉校补》　　D1　27

《苏东坡全集》（1936年版）　　D9　445

《苏东坡全集（上）》（1986年版）　　D9　414

《宿白先生八秩华诞纪念文集》　　D7　422；D9　174

《遂宁摩崖造像艺术简述》　　D9　300

《遂州希昼与"宋初九僧"希昼——大足石刻宋碑〈书严逊记〉辨析》　　D5　13

T

《胎藏记》　　D9　261

《太平广记》　　D9　84，86，178，182，202

《太平广记会校（十九）》　　D9　310

《太平寰宇记》　　D1　1

《坛场画像法式》　　D9　299，320，334

《坛经》　　D9　158，160

《镡津文集》　　D9　159，190

《唐昌州刺史韦君靖碑》　　D1　26

《唐朝名画录》 D9 250

《唐大和尚东征传》 D9 222

《唐大荐福寺故寺主翻经大德法藏和尚传》 D9 201，212

《唐代成都寺观考略》 D9 274

《唐代证圣元年千手千眼大悲菩萨石雕立像》 D9 251

《唐末昌州永昌寨考略》 D9 38

《唐史论丛》 D1 27

《唐宋时期大足药师造像考察》 D2 138；D9 376

《唐〈韦君靖碑〉校补》 D1 27；D9 36，258

《唐"韦君靖碑"中应管诸镇寨节级的一点考察》 D1 26；D9 70

《唐韦君靖"节度使"辨证——与〈大足石刻韦君靖碑题名研究〉作者商讨》 D1 27

《唐研究》 D9 266

《天龙山石窟》 D1 13

《天蓬元帅考辨》 D5 126

《天王太子辟罗经》（《太子譬罗经》） D9 130

《添品妙法莲华经》 D9 200

《田野、实践与方法：美术考古与大足学研究》 D5 113

《图画见闻志》 D9 253

《图书集成》 D1 4，10

《图像抄》 D9 282，310，334

《吐蕃统治时期敦煌石窟研究》 D9 292

《陀罗尼集经》 D9 207，209

W

《韦君靖碑反映的晚唐地方行政机构与职官》 D1 27

《〈韦君靖碑〉考辨》 D3 384；D9 38

《"韦君靖碑"与唐代昌州的历史地理问题》 D1 27

《〈韦君靖碑〉与韦君靖史事考述》 D1 27

《〈韦君靖碑〉注》 D1 27

《韦君靖名讳辨证》 D1 27

《维摩诘经》 D2 276

《维摩诘所说经》 D9 171

《未来星宿劫千佛名经》 D9 130

《文博》 D1 28；D9 39，261，279

《文教丛刊》 D6 25；D9 72，160，161，218，277

《文史天地》 D9 414

《文史杂志》 D1 11，28

《文史知识》 D5 126

《文殊师利发愿经》 D9 359

《文物》 D1 12，26，27，28；D5 13；D6 26；D8 36，200；D9 2，69，86，88，92，94，99，111，131，178，185，186，229，241，250，251，253，254，256，266，305，337，404，407，420，440，444，446，474

《文物保护与环境地质》 D1 16，19

《文物参考资料》 D1 11；D6 26；D9 273，332

《文物世界》 D1 28；D9 291

《文物周刊》 D1 26；D5 13，126，285；D6 26；D7 419，423，425；D8 199；D9 105，163

《文选》 D9 208

《文渊阁四库全书》 D3 385；D9 38

《文庄集》 D9 330

《我对宝顶〈十炼图〉天福纪年的研究》 D6 27

《我国的观音信仰与龙门石窟的观音造像》 D9 251

《我国宋代的牡丹谱录及其科学成就》 D9 408

《我国宋代牡丹品种和数目的再研究》 D9 417

《无名和尚颂观音偈》 D9 445

《五十卷钞》 D9 312

《武林旧事》 D9 414，440，460

《5—8世纪汉地佛像着衣法式》 D9 66，69

《卍新纂续藏经》 D9 408，462

《卍续藏经》 D3 396；D7 424

X

《西安碑林博物馆藏张澍〈大足金石录〉考略》 D1 11，26；D5 285

《西安碑林佛教造像艺术》 D9 432

《西北美术》 D9 247

《西北民族研究》 D9 88

《西湖飞来峰的石窟艺术》 D9 229，241

《西华师范大学学报（哲学社会科学版）》 D9 414

《西南古建筑调查概况》 D1 11

《西南建筑图说》 D1 11；D4 4

《西南民族大学学报（人文社科版）》 D7 424

《西南师范大学学报（哲学社会科学版）》 D3 387；D9 39

《西南石窟文献》 D9 235

《西夏姓氏录》 D1 10

《西夏研究》 D9 299

《西域记》 D7 426；D9 149，205

《西藏佛教发展史略》　D9　159

《锡杖经》　D9　120, 130

《先天帧赞连句》　D9　253

《贤愚经》　D9　150, 176, 206, 209, 210, 211

《显密成佛心要集》　D9　144

《现代汉语词典》　D1　33；D2　11；D3　10；D4　7；D5　4；D6　29；D7　3；D8　3

《现在贤劫千佛名经》　D9　116, 130

《孝顺设供拔苦报恩道场仪》　D9　164

《孝行录》　D9　159, 174, 215

《心地经厌舍品》　D9　142

《心心心更有何心——炎宝顶山摩崖造像心法要旨》　D9　179

《新发现的新疆库车县阿艾1号石窟壁画》　D9　292

《新翻药师经序》　D9　285

《新华严经论》　D9　239

《新疆克孜尔石窟考古报告》　D1　13

《新开寺唐代摩崖造像初探》　D9　253

《新美术》　D6　27

《新唐书》　D1　1, 107, 137；D9　70

《星宿劫》　D9　130

《姓氏辨误》　D1　10

《姓氏寻源》　D1　10

《姓韵》　D1　10

《续高僧传》　D9　200, 201, 203, 207, 209, 210, 211, 212, 216, 362

《续黔书》　D1　10

《续藏经》　D9　164, 165, 173, 174, 200

《续资治通鉴》　D9　217

《续资治通鉴长编》　D9　39

《续贞元录》　D9　135

《宣和画谱》　D9　300, 335

Y

《亚洲艺术档案》　D5　127

《延安地区石窟寺密宗造像》　D9　261

《延安地区宋金时期石窟分期研究》　D9　261

《央掘魔罗经》　D9　210

《养素堂诗集》　D1　10

《养素堂文集》　D1　10；D2　262

《药师经》　D9　281, 284, 287

《药师琉璃光经》　D9　284

《药师琉璃光七佛本愿功德经》　D9　284

《药师琉璃光七佛本愿经》　D9　287

《药师琉璃光如来本愿功德经》　D1　190；D9　284

《药师如来念诵仪轨》　D9　282

《药师寺缘起》　D9　89

《药师与地藏——以大足北山佛湾第279、281号龛造像为中心》　D1　28；D3　355；D9　266, 279, 291

《也论大足北山176与177窟：一个独特题材组合的案例——以"妇人启门图"为中心》　D1　28

《也谈宝顶山摩崖造像的年代问题》　D6　26

《也谈"牧牛道场"的宗派问题》　D6　27

《一幅名画到石刻艺术——谈大足北山〈维摩问疾图〉》　D1　28

《一切经音义》　D9　57, 126, 205, 326

《一切时处轨》　D9　302

《一字佛顶轮王与炽盛光佛：佛教星宿信仰图像的唐宋之变》　D9　302

《夷坚志》　D9　164, 176, 312, 330

《以大足为中心的四川宋代道教雕塑——中国道教雕塑述略之六》　D5　13, 113

《义县万佛堂石窟》　D1　13

《艺术考古》　D9　429

《艺术史研究》　D4　4；D7　426；D9　164, 184, 251, 266, 269, 420, 422, 432

《艺术史中的汉晋与唐宋之变》　D9　302

《艺术学》　D9　186, 204

《艺术与设计》　D1　28

《易长观世音像考》　D9　407

《益州名画录》　D9　94, 165, 172, 223, 274, 275, 285, 335

《阴因事经》（《苦阴经》）　D9　118, 130

《印度佛学源流略讲》　D9　143

《营造法式》　D9　95, 101, 444, 445, 446, 448

《永嘉证道歌》　D9　174

《永乐大典》　D9　330

《优婆塞戒经》　D9　273

《游宝顶山记》　D9　105

《游石门山记》　D5　116, 126, 201, 278

《游石篆山记》　D5　13, 389

《游仙诗》　D9　208

《有关〈韦君靖碑〉中的几个疑点浅析》　D1　27

《酉阳杂俎》　　D9　250，253，343

《酉阳杂俎续集》　　D9　250，253

《右绕佛塔功德经》　　D9　130

《于阗系莲花化生像及其在中原北方的传播发展》　　D9　357

《瑜伽经》　　D9　106，108

《榆林窟第3窟〈千手经变〉研究》　　D9　253

《榆林窟第3窟五护佛母图像研究》　　D9　298

《舆地碑记目》　　D1　10

《舆地纪胜》　　D1　1，25，26，40，92；D2　262；
　　D5　285；D6　24；D9　70，110，163，269

《语石》　　D1　10

《浴佛功德经》　　D9　132

《寓孔雀书》　　D9　310

《元丰九域志》　　D1　1，4；D2　241；D9　39

《元和郡县志》　　D1　1

《原道论》　　D9　190

《圆光佛学学报》　　D9　292

《圆觉经大疏钞》　　D9　247

《圆悟佛果禅师语录》　　D9　408

《越中牡丹花品》　　D9　408

《云冈石窟研究》　　D9　281

《1987年敦煌石窟研究国际讨论会文集》（石窟考古
　　编）　　D9　282

Z

《杂宝藏经》　　D7　423；D9　125，126，143，150，176

《再论韦君靖并非"静南军节度使"——与大足石刻研究会陈
　　明光先生商榷》　　D1　27

《再识安岳圆觉洞摩崖造像》　　D9　440

《再谈宝顶山摩岩造像的年代问题》　　D6　26；D9　305，
　　407

《再谈宝顶山摩岩造像是密宗道场及研究断想》　　D6　26

《藏传佛教源流及社会影响》　　D9　142，158

《藏外佛教文献》　　D9　159

《造塔功德经》　　D9　132，133，134

《增修大悲阁记》　　D9　276

《增壹阿含经》　　D9　210

《张胜温〈梵像卷〉之观音研究》　　D9　252

《赵智凤生平再考》　　D6　27

《赵州观音院真际从谂禅师》　　D9　159

《浙江工艺美术》　　D1　26；D6　25

《浙江湖州菁山宋墓》　　D9　441，443

《浙江宁波天封塔地宫发掘报告》　　D9　446

《浙江省建德市大洋镇下王村宋墓发掘简报》　　D9　441

《浙江永嘉发现宋代窖藏银器》　　D9　446

《贞元续开元释教录》　　D9　135

《真相寺石观音像记》　　D9　406

《正法华经》　　D9　200

《证道歌注》　　D9　164

《指月录》　　D9　159

《智证大师请来目录》　　D9　87

《中国北方地区辽代与北宋菩萨像造型分析》　　D9　420

《中国禅宗通史》　　D9　159

《中国道教》　　D5　127，277

《中国地藏信仰研究》　　D9　290

《中国典籍与文化》　　D9　190

《中国雕塑史·前言》　　D1　11

《中国佛教》　　D9　142，157，247

《中国佛教艺术中的佛衣样式研究》　　D9　422，426，429

《中国佛教与中国文化》　　D9　158

《中国佛学》　　D7　422；D9　174，215

《中国古代服饰研究》　　D9　414，420，422

《中国古代建筑史》　　D9　92，98，103

《中国古代菊花谱录存世现状及主要内容的考证》　　D9　450

《中国古代木构建筑的考古学断代》　　D9　99

《中国国家博物馆馆刊》　　D1　28

《中国建筑之魂》　　D1　11；D6　25

《中国金银玻璃珐琅器全集2·金银器（二）》　　D9　420，
　　441，443，446

《中国考古学会第十四次年会论文集》　　D9　251

《中国历代绘画精品·人物卷2墨海瑰宝》　　D9　414，
　　444，452

《中国历代绘画精品·人物卷3墨海瑰宝》　　D9　414，
　　415，439

《中国历史考古学论丛》　　D9　94，103

《中国美术全集·雕塑编12·四川石窟雕塑》　　D9　164

《中国美术全集·雕塑编5·五代宋雕塑》　　D9　429，439

《中国美术史》　　D1　26

《中国美术史雕塑篇》　　D9　247

《中国农史》　　D9　408

《中国石窟·敦煌莫高窟（三）》　　D9　221

《中国石窟·敦煌莫高窟（一）》　　D9　209，210，240

Z

《中国石窟佛教考古文集》　D9　89

《中国石窟·克孜尔石窟（三）》　D9　211

《中国石窟·克孜尔石窟（一）》　D9　209

《中国石窟·库木吐喇石窟（一）》　D9　209

《中国石窟·龙门石窟》　D9　66，251

《中国石窟雕塑全集》　D5　127

《中国石窟雕塑全集第8卷·四川、重庆》　D9　404，406

《中国石窟雕塑全集7·大足》　D9　337，377，404

《中国石窟寺研究》　D3　8；D9　69，250

《中国石窟艺术总论》　D5　126，285；D7　425，426

《中国丝绸科技艺术七千年》　D9　445

《中国宋代牡丹谱录和类考略》　D9　408

《中国文化研究》　D9　273

《中国西南石窟艺术》　D9　164，255，274

《中国写本大藏经研究》　D9　111，112，123，131，135

《中国营造学社汇刊》　D9　95，101

《中国宗教研究年鉴1999—2000》　D1　13

《中韩古代佛教文化交流两例》　D9　84，89

《中华电子佛典集成》　D9　112

《中华佛学学报》　D5　13，126，277；D9　145，241，249

《中华文化论坛》　D1　28；D5　13；D6　26，27；D8　202；D9　183，377

《中央日报·文物周刊》　D9　139，140

《中原北方宋辽金涅槃图像考察》　D9　169

《中原北方唐代石刻佛像序列考察》　D9　432

《中原文物》　D9　101

《朱子语类》　D9　153

《诸佛境界摄真实经》　D9　139，143

《诸观音图像》　D9　261

《诸说不同记》　D9　265

《诸尊图像》卷上　D9　261

《注维摩诘经》　D9　171

《装饰》　D6　28

《资治通鉴》　D1　1；D9　204

《资中重龙山摩崖造像内容总录》　D9　254

《资中县续修资州志》　D9　277

《子长县钟山石窟调查记》　D9　68

《自然科学史研究》　D9　408，417，450

《宗教学研究》　D5　127，277；D6　27

《宗镜录》　D9　164，179，190，216

《宗赜〈孝行录〉及其与大足宝顶劝孝石刻的关系》　D6　27；D7　422，423；D9　174，176，190，215

《阿弥陀仏五十菩薩図像の成立と展開について》　D9　357

《絵解き研究》　D6　27

《王朝の仏画と儀礼》　D9　312，332

《韓国の仏像》　D9　240

《鬼子母神と石榴：研究の新視点》　D9　312

《慶北大学博物館所蔵砂岩造毘盧遮那仏坐像について》　D9　240

《小林太市郎著作集7 仏教芸術の研究》　D9　253

《最初期密教の実態：〈孔雀明王経〉を中心として》　D9　299

《捨身の思想——六朝仏教史の一断面》　D9　200

《初期孔雀経類とその大乗的展開》　D9　299

《真言宗全書》　D9　312

《世界美術大全集 東洋編 第14巻 インド（2）》　D9　214

《大正大學研究紀要》　D9　299

《玉虫厨子》　D9　211

《大足宝頂山石窟"地獄変龕"成立の背景について》　D6　27

《大足北山仏湾の薬師龕について》　D9　279

《中原北朝期のサッタ太子とスダーナ太子本生図》　D9　176，199

《中国近世仏教史研究》　D9　77

《中国石窟美術の研究》　D9　268，269

《中国大足石刻の十忿怒明王像について》　D6　27

《中国に於ける民俗仏教成立の一過程——泗州大聖・僧伽和尚について》　D9　77

《中国仏教彫刻史論：図版編3》　D9　429

《唐代の大悲観音》　D9　253

《東方学報》　D9　77，86，200

《特別展 聖地寧波 日本仏教1300年の源流》　D9　352，353

《豊山教学大会紀要》　D9　299

《燉煌畫の研究》（《敦煌画の研究》《敦煌画研究》）　D9　94，211，222，223，226，253，265，422

《敦煌唐末時代の千手千眼観音変の眷属衆について》　D9　263

《敦煌莫高窟及び安西榆林窟の孔雀明王（Mahāmāyūrī）について——帰義軍節度使曹氏による密教受容の一断面》　D9　298，310，332

《奈良美術研究》　　D9　263

《日本古寺美術全集 第13巻 金剛峯寺と吉野・熊野の古寺》　　D9　312

《日本の美術 270 華厳経絵》　　D9　224，229，230，236，237，238，241，247

《日本の美術 508 孔雀明王像》　　D9　312，334

《美学美術史研究論集》　　D9　298

《仏教芸術》　　D9　186，204，253

《寶志和尚傳考》（《宝志和尚传考》）　　D9　86

《北斉～隋の盧舎那法界仏像の図像解釈》（《北齐至隋代三尊卢舍那法界佛像的图像解释》）　　D9　186，204

《夢の記》　　D9　229，230

A Re-examination of the Iconographic Identities of the Seal-bearing Bodhisattvas of Beishan, Dazu　　D1　28

A Study of the "Ox-Herding Theme" as Sculptures at Mt. Baoding in Dazu County, Sichuan　　D6　27

Anthropology and Aesthetics　　D6　27

Artibus Asiae　　D6　27

Cliff Notes: Text and Image at Baodingshan　　D6　25

Deux Peintures Inedities du Fonds Paul Pelliot de Dunhuang　　D9　226

Further Research on the Stone Carvings of the Interior Sixth Level of the Prabhutaratna Pagouda at Beishan, Dazu　　D4　522

Les arts de l' Asie centrale La collection Paul Pelliot　　D9　226

Summit of Treasures: Buddhist Cave Art of Dazu, China　　D6　25；D9　164，219，235，236，249，256

The Cliff Sculpture of Stone-Gate Mountain: A Mirror of Religious Eclecticism in the Art of Twelfth-Century Sichuan　　D9　330，331

The Eight Brilliant Kings of Wisdom of Southwest China　　D6　27

The Eternally Flourishing Stronghold: An Iconographic Study of the Buddhist Sculpture of the Fowan and Related Sites at Beishan, Dazu　　D9　298，310，312

The Indian Connection: Images of Deified Spells in the Arts of Northern Buddhism　　D9　298，300

The Talismanic Seal Incorporated: A Discussion of Seal-Bearing Bodhisattvas in Chinese Esoteric Buddhism with Special Reference to the Buddhist Sculptures in Dazu　　D1　28

四、铭文索引

A

阿难像等墨书题名残记　　D5　33

B

白塔寺碑序　　D4　556

《白塔寺花园记》碑　　D4　556

《宝顶常住田产》碑　　D8　119，120

宝顶山倒塔坡M5墓塔第二级铭文·东北面　　D8　466

宝顶山倒塔坡M5墓塔第二级铭文·东面　　D8　466

宝顶山倒塔坡M5墓塔第二级铭文·东南面　　D8　467

宝顶山倒塔坡M5墓塔第二级铭文·西北面　　D8　466

宝顶山倒塔坡M5墓塔第二级铭文·西面　　D8　466

宝顶山倒塔坡M5墓塔第二级铭文·西南面　　D8　467

宝顶山圣寿寺维摩殿·塔存铭文（3则）　　D8　385

宝顶山惜字塔第二级塔身题记·北面　　D8　444

宝顶山惜字塔第二级塔身题记·东面　　D8　439

宝顶山惜字塔第二级塔身题记·南面　　D8　439

宝顶山惜字塔第二级塔身题记·西面　　D8　444

宝顶山惜字塔第三级塔身题记·东面　　D8　445

宝顶山惜字塔第三级塔身题记·南面　　D8　445

宝顶山惜字塔第四级塔身题记·北面　　D8　447

宝顶山惜字塔第四级塔身题记·南面　　D8　447

北山佛湾第253号龛造像题名·□□王　　D3　249

北山佛湾第253号龛造像题名·□示广王　　D3　248

北山佛湾第253号龛造像题名·太山大王　　D3　249

北山佛湾第253号龛造像题名·五官王　　D3　249

北山佛湾第253号龛造像题名·转轮王　　D3　249

北山佛湾第254号龛造像题名·□□判官　　D3　255

北山佛湾第254号龛造像题名·崔判官　　D3　255

北山佛湾第254号龛造像题名·延平判官　　D3　255

北山佛湾第254号龛造像题名·赵判官　　D3　255

比丘苾琴栽植柏树记　　D5　9，412

C

蔡元志镌造释迦佛龛镌记　　D4　96

残诗碑（石篆山子母殿东碑第3号）　　D5　412

曹琼撰《恩荣圣寿寺记》碑　　D6　24；D8　401

曹伟卿游南山记　　D5　353

岑忠信造宝扇手观音镌记　　D5　194

岑忠用造宝经手观音镌记　　D5　193

岑忠志造宝蓝手观音镌记　　D5　193

陈伯疆冬至日飨先考题记　　D5　354

陈充造莲花手观音镌记　　D5　195

陈及之省坟莓溪过南山题记　　D5　355

陈吉銮彩释迦佛像镌记　　D2　229

陈吉粧（题名）　　D2　330，331

陈绍珣妆绘观音地藏龛镌记　　D3　250

陈文明造大势至菩萨等像镌记及匠师题名　　D2　241

陈希夷书"福寿"题刻　　D7　285

陈重书七绝诗　　D7　375

陈宗昭等立《释迦佛碑》　　D6　20；D8　411

持刀落发（题刻）　　D8　246，285

翅头城（题名）　　D6　290

传灯续（题刻）　　D4　566

重开宝顶碑记（史彰撰《重开宝顶碑记》）　　D6　20，266，359；D7　307；D8　198，200，347，400；D9　133

重修大佛寺碑序　　D8　260

重修佛惠寺碑记　　D5　9，13，389，397

重修观音阁序　　D4　564

重修山门内石坝碑记　　D8　348，401

重修小佛湾坛台房宇记　　D6　20；D8　468

《重绚》碑　　D6　21；D8　263

种审能造阿弥陀佛龛镌记　　D1　215

崔叮子题刻　　D2　303

D

达荣修理功字镌记　　D5　219，277，385

大宝楼阁（题名）　　D7　100

大明蜀总制林公之像（题名）　　D3　370，378

大通智胜佛碑　　D7　371

大藏佛说大方便佛报恩经　　D7　56，69

大藏佛说守护大千国土经　　D6　63；D8　259，289，451

大藏佛言残文　　D8　263

大藏经残文　　D7　408

戴光升装彩千手观音华严三圣父母恩重经变像镌记　　D6　21，83，93，128，140，149，174

但道玄撰建修劝善所叙碑　　D5　267，277，386

忉利天宫（题名）　　D7　48，423，432

道祖、山君龛楹联　　D7　298

D E F

邓栻纪行诗碑　　D5　117，125，264，277，386

邓太山金妆古佛记　　D6　20；D7　315

邓惟明造画普见龛记　　D2　467

邓早阕辛酉岁张、何二公诗跋　　D5　351

地藏王菩萨（墨书题名）　　D7　223

地母、天父龛造像记　　D7　300

地狱变偈赞·第1幅（刀山地狱）　　D7　188

地狱变偈赞·第10幅（黑暗地狱）　　D7　199

地狱变偈赞·第2幅（镬汤地狱）　　D7　189

地狱变偈赞·第3幅（寒冰地狱）　　D7　190

地狱变偈赞·第4幅（剑树地狱）　　D7　190

地狱变偈赞·第5幅（拔舌地狱）　　D7　191

地狱变偈赞·第6幅（毒蛇地狱）　　D7　196

地狱变偈赞·第7幅（锉碓地狱）　　D7　196

地狱变偈赞·第8幅（锯解地狱）　　D7　198

地狱变偈赞·第9幅（铁床地狱）　　D7　198

地狱变经文·第11幅（截膝地狱）　　D7　204，205

地狱变经文·第12幅（阿鼻地狱）　　D7　206

地狱变经文·第13幅（饿鬼地狱）　　D7　207

地狱变经文·第14幅（铁轮地狱）　　D7　209

地狱变经文·第15幅（刀船地狱）　　D7　209

地狱变经文·第16幅（祖师说法图）　　D7　213

地狱变经文·第17幅（镬汤地狱）　　D7　218

地狱变经文·第17幅（铁轮地狱）　　D7　215

地狱变经文·第18幅（粪秽地狱）　　D7　219，222

地狱变颂词·初江大王　　D7　173

地狱变颂词·都市大王　　D7　185

地狱变颂词·平正大王　　D7　185

地狱变颂词·秦广大王　　D7　172

地狱变颂词·宋帝大王　　D7　173

地狱变颂词·速报司官　　D7　186

地狱变颂词·太山大王　　D7　184

地狱变颂词·五官大王　　D7　181

地狱变颂词·现报司官　　D7　172

地狱变颂词·阎罗天子　　D7　184

第八级宝塔上舍钱施主题名　　D4　259

兜率宫（题名）　　D6　337

杜宏章妆彩牧牛图像记　　D6　21；D7　398

杜慧修自赞　　D2　303

杜孝严书"宝顶山"题刻　　D6　89

E

恩荣圣寿寺记　　D6　20；D8　122，199，201，336，347，429

F

法王宫（题名）　　D7　349

樊允季领客避暑终日题记　　D5　352

范府书林俊诗并跋　　D3　376

梵刹永辉（额匾）　　D8　348

冯大学镌造文殊菩萨龛题记　　D4　233

冯大学镌造西方三圣窟题刻　　D4　210

冯大学施造普贤菩萨龛题记　　D4　218

冯大学造第陆层宝塔及造像全堂题记　　D4　248

冯大学造第陆层宝塔壹级镌记　　D4　235

冯善元镌装善财参礼文殊龛镌记　　D4　96

佛顶尊胜陀罗尼经（北山佛湾第260号龛）　　D3　277

佛顶尊胜陀罗尼经（北山佛湾第269号龛）　　D3　294，296

佛顶尊胜陀罗尼经（北山佛湾第271号龛）　　D3　298，299

佛顶尊胜陀罗尼经（北山佛湾第279号龛）　　D3　329，331

佛顶尊胜陀罗尼经（北山佛湾第281号龛）　　D3　337，347

佛会寺觉朗拾铙记　　D5　408

佛会之塔（题名）　　D5　398

佛会之塔残记　　D5　406

佛偈戒　　D8　39

佛名题刻　　D8　325，332

佛说报父母恩德经　　D7　30

佛说不孝之人堕阿毗地狱经　　D7　35

佛说不孝罪为先经　　D7　34

佛说大鱼事经经文　　D7　408

佛说十二部大藏经（题名）　　D8　19，200

佛说为于父母口悔罪愆经　　D7　31

佛说为于父母供养三宝经　　D7　31

佛因地修行舍身济虎（经文）　　D7　69

佛宇重新碑　　D6　21；D8　260

"佛"字题刻　　D4　149

"伏氏"题刻　　D2　330

伏小八匠师题名　　D4　291，310

伏元俊镌孔雀明王窟题名　　D2　341

伏元俊镌泗洲大圣龛题名　　D2　445

伏元俊镌像记　　D2　439

《福田广种》碑　　D4　558

索引　311

"福"字题刻　　D5　370

父母恩重经变颂词·怀担守护恩　　D7　18

父母恩重经变颂词·究竟怜悯恩　　D7　27

父母恩重经变颂词·临产受苦恩　　D7　19

父母恩重经变颂词·乳哺养育恩　　D7　25

父母恩重经变颂词·生子忘忧恩　　D7　19

父母恩重经变颂词·投佛祈求嗣息　　D7　9

父母恩重经变颂词·推干就湿恩　　D7　21

父母恩重经变颂词·为造恶业恩　　D7　26

父母恩重经变颂词·洗濯不净恩　　D7　25

父母恩重经变颂词·咽苦吐甘恩　　D7　20

父母恩重经变颂词·远行忆念恩　　D7　26

付觉明等题名　　D4　135

付觉明等在塔内宿题名　　D4　96

缚心猿锁六耗（图名）　　D7　152，424，434

G

高观音龛造像镌记　　D8　452

歌利王（题名）　　D8　111

《亘古昭然》碑　　D8　289，405，468

功德碑（宝顶山大佛湾第30号龛）　　D7　397

功德碑（宝顶山小佛湾第3号窟外）　　D8　342

功德碑（石篆山第6号龛）　　D5　48

功德主题名　　D8　451

功德主严逊及匠师文惟简镌像记　　D5　47

勾愿菩萨残存经文　　D8　451

古迹佛祖岩（题刻）　　D8　259

古迹广大山（题刻）　　D8　263

古迹龙潭所求灵感（题刻）　　D8　266

古迹仁功山（题刻）　　D8　275

古迹石池宝顶山（题刻）　　D8　45

古迹无忧石（题刻）　　D8　273

古迹珠始山（题刻）　　D8　283

古圣雷音霹雳诗　　D7　43，422

古文孝经碑（范祖禹书《古文孝经》碑）　　D1　25，27；
　　D2　13，19，28；D3　380，407；D9　37，50，157，
　　190

观经变龛经文·上品上生　　D7　110

观经变龛经文·上品下生　　D7　113

观经变龛经文·上品中生　　D7　112

观经变龛经文·下品上生　　D7　122

观经变龛经文·下品下生　　D7　126

观经变龛经文·下品中生　　D7　123

观经变龛经文·中品上生　　D7　117

观经变龛经文·中品下生　　D7　118

观经变龛经文·中品中生　　D7　118

观经变颂词·宝相观　　D7　131

观经变颂词·池观　　D7　131

观经变颂词·大势智观　　D7　137

观经变颂词·地观　　D7　130

观经变颂词·法身观　　D7　137

观经变颂词·观世音观　　D7　137

观经变颂词·普观　　D7　138

观经变颂词·日观　　D7　129

观经变颂词·上品观　　D7　142

观经变颂词·树观　　D7　130

观经变颂词·水观　　D7　129

观经变颂词·下品观　　D7　142

观经变颂词·丈六金身观　　D7　138

观经变颂词·中品观　　D7　142

观经变颂词·总观　　D7　131

观音洞（题名）　　D8　349

观音阁（题名）　　D4　563

观音龛（题名）　　D5　152，280

光明藏（题名）　　D7　356

癸亥功德碑　　D5　424

桂天培等培修多宝塔题名　　D4　337，341，347

衮服易衣（题刻）　　D8　245，285

郭庆祖逃暑岩阿题记　　D2　304

H

海棠香国（题刻）　　D4　1，564

汉广属国都尉丁鲂碑　　D8　18

汉卿等认砌第十一级宝塔镌记　　D4　265

何□妆銮弥勒下生经变相镌记　　D2　439

何格非和张宗彦诗　　D5　350

何光震饯郡守王梦应记碑（饯郡守王梦应记）　　D5　351；
　　D7　417，418；D8　333；D9　163

何浩镌造观音龛题记　　D4　119

何浩造后土圣母龛镌名　　D5　377

何君友造观音龛镌记　　D1　131

何君友造日月光菩萨龛镌记　　D1　126

何仪兴镌妆罗汉像记	D2	402
何正言镌造观音龛题记	D4	116
何正言凿三清古洞镌记	D5	345
鹤寿书诗	D8	405
恒沙佛说大藏灌顶法轮经	D8	39，200，335
侯良造数珠手观音镌记	D5	196
侯惟正造善财功德像镌记	D5	194
狐琳书镌造释迦佛龛镌记	D4	201
胡承进妆绘药师经变龛镌记	D3	347
胡靖等游记	D6	352
胡鑫甫等募建送子殿宇镌记	D2	136
化城（题名）	D6	182
画维摩石碑	D1	10，25
《皇恩》碑	D8	343
黄朝题培修圆觉洞记	D6	20；D7 373，377
黄清元装彩佛像金身记	D6	21；D8 271
黄体□撰《永垂万古碑记》	D8	420，425
惠志造观音龛镌记	D3	143
火浴（经文）	D6	249
霍勤炜题书《教孝》碑	D2	18，28

J

偈语（宝顶山大佛湾第15号龛）	D7	36
偈语（宝顶山大佛湾第16号龛壁面下部）	D7	47
偈语（宝顶山大佛湾第16号龛壁面中部）	D7	46
偈语（宝顶山大佛湾第17号龛）	D7	77
偈语（宝顶山大佛湾第19号龛第1则）	D7	160
偈语（宝顶山大佛湾第19号龛第12则）	D7	164
偈语（宝顶山大佛湾第19号龛第13则）	D7	164
偈语（宝顶山大佛湾第19号龛第14则）	D7	165
偈语（宝顶山大佛湾第19号龛第7则）	D7	163
偈语（宝顶山大佛湾第29号窟窟口）	D7	371
偈语（宝顶山大佛湾第3号龛右）	D6	81
偈语（宝顶山大佛湾第3号龛左）	D6	81
偈语（宝顶山大佛湾第7号龛）	D6	148
偈语（宝顶山大佛湾第9号龛）	D6	189
偈语（宝顶山大佛湾第9-1号龛）	D6	193
偈语（宝顶山小佛湾第3号窟）	D8	50
偈语（宝顶山小佛湾第4号窟）	D8	84、85
偈语（宝顶山小佛湾第9号窟窟门）	D8	141
偈语（宝顶山小佛湾第9号窟窟内）	D8	146

偈语（大佛坡第1号龛）	D8	232
偈语（对面佛）	D8	271
偈语（佛祖岩第1则）	D8	255
偈语（佛祖岩第2则）	D8	255
偈语（佛祖岩第3则）	D8	255
偈语（佛祖岩第4则）	D8	255
偈语（广大山第1则）	D8	263
偈语（广大山第3则）	D8	263
偈语（龙潭）	D8	264
偈语（菩萨堡）	D8	251
偈语（菩萨屋）	D8	248
偈语（三块碑）	D8	239
偈语（松林坡主尊右侧）	D8	244
偈语（松林坡主尊左侧）	D8	242
偈语（杨家坡）	D8	254
嘉州凌云寺大弥勒佛石像记	D9	204
蹇知进造千手观音龛镌记	D3	154
蹇忠进镌像记	D5	134
姜□□撰《刊刻碑文》	D5	419
姜秋舫游记	D7	397
净饭大王舍利宝塔（题刻）	D7	77
净明立遥播千古碑	D6	20，148，174；D8 468
净土宫（题名）	D6	187
九天监生大神（题名）	D5	307，377，387
九天送生夫人（题名）	D5	307，377，387
救苦观音（匾额）	D8	455
捐资题名碑	D5	428
觉寿妆銮培修记	D6	20；D7 371，378

K

龛沿楹联	D4	563
康圭题"游圆觉洞有怀"诗	D7	373
邝国元楹联题刻	D5	372，378，388

L

《勒石为记》捐资碑	D5	419
黎氏造阿弥陀佛龛镌记	D1	210
李□发装彩龛记	D5	19
李大郎等摹刻维摩图记	D2	261
李德《创修□宇大殿碑记》	D8	413
李季升题刻	D3	372

L

李彭氏装彩记　　D6　356

李耆岗书"报恩圆觉道场"　　D7　370，417，426

李氏九娘子妆绚观音地藏龛镌记　　D3　233

李世明造罗汉像镌记　　D2　407

李小大镌造观音龛题记　　D4　277

李学纲彩绚高观音像五尊题记　　D6　21；D8　453

李枕宇和杨昙原韵　　D8　136

梁当之等避暑南山题记　　D5　353

廖沛霖撰《重修宝顶山圣寿寺等处庙宇并诸佛像总碑》　　D6　21；D8　412，435

廖沛霖撰《重修宝顶山圣寿寺记》碑　　D8　347，408

临济正宗第十代恩师上普下华元老和尚之墓（题名）　　D8　462

临济正宗磬山下第十一代恩师上通下智宗老和尚之塔（题名）　　D8　462

刘超儒书"寿"字题刻　　D7　316

刘纯斋撰修治庙貌神龛记碑　　D5　9，47

刘恭造药师经变龛镌记　　D3　347

刘翰卿题诗并序　　D7　299

刘杰造龙树菩萨及施铁索镌记　　D4　291

刘净意造观经变相镌记　　D3　222

刘暌镌造释迦佛龛题记　　D4　253

刘念行题"山水佳处"题刻　　D7　306

刘升等镌造如意轮像龛题记　　D4　112

刘畋人撰《重开宝顶石碑记》　　D6　20，168；D7　312，315，416，417；D8　1，202，347，429；D9　162，163，185

刘灼先楹联题刻　　D5　373，378，388

刘子发等较试南昌毕事拉游北山题记　　D2　304，357；D3　380，412

柳本尊龛壬辰年装彩记　　D6　21；D7　267

柳本尊十炼图题记·割耳　　D7　257；D9　152，195，208

柳本尊十炼图题记·立雪　　D7　255；D9　152，194，205，207

柳本尊十炼图题记·炼顶　　D7　258；D9　152，195，209

柳本尊十炼图题记·炼踝　　D7　256；D9　152，194，205，207

柳本尊十炼图题记·炼膝　　D7　263；D9　152，196，210

柳本尊十炼图题记·炼心　　D7　258；D9　152，195，204

柳本尊十炼图题记·炼阴　　D7　262；D9　152，196，209

柳本尊十炼图题记·炼指　　D7　243；D9　152，194，207

柳本尊十炼图题记·舍臂　　D7　262；D9　152，195，209

柳本尊十炼图题记·剜眼　　D7　256；D9　152，194，207

柳涯居士书诗　　D8　404

六耗偈语·鼻如毒蛇　　D7　153

六耗偈语·耳如乌鸦　　D7　153

六耗偈语·舌如野狸　　D7　153

六耗偈语·身如大鱼　　D7　153

六耗偈语·眼如走犬　　D7　153

六耗偈语·意如野马　　D7　158

龙必飞书"福寿"题刻　　D7　306

龙蜇声书《与佛有缘》碑并跋文　　D7　285

龙王（题名）　　D5　274，277

鲁瀛诗碑　　D9　51

鲁瀛书"烽烟永靖"题刻　　D2　263，276；D3　380，411

鲁瀛五古十七韵诗　　D2　271，277；D3　380，411

罗玉删题七律诗　　D8　136

罗元吉撰《关圣碑记》　　D8　403

论六耗颂　　D7　164，424

吕元锡等避暑北山题记　　D2　439

吕元锡挈家寻仙追凉题记　　D5　353

吕元锡游南山诗并跋　　D5　345

M

马道者造阿弥陀佛龛镌记　　D3　372

梅亭诗　　D5　310

妙悟（题名）　　D4　246

妙智宝塔（题名）　　D6　142

民国大足石刻考察团记事碑　　D2　187，276；D3　380，410；D9　51

名垂千古捐资题名碑　　D5　420

明亮大和尚塔第三级塔身铭文·第二面（西北面）　　D4　566

明亮大和尚塔第三级塔身铭文·第四面（东北面）　　D4　566

明亮大和尚塔第三级塔身铭文·第五面（东南面）　　D4　568

明亮大和尚塔第三级塔身铭文·第一面（西南面）　　D4　566

明西域坐脱大禅师之塔（题名）　　D2　399

铭宗镌观音像记　　D5　410

墨书残记（多宝塔第97号窟）　　D4　408

墨书残文（宝顶山大佛湾第19号龛）　　D7　165

墨书题记（宝顶山大佛湾第20号龛）　　D7　186

墨书题记（宝顶山大佛湾第5号龛第1则）　　D6　124

墨书题记（宝顶山大佛湾第5号龛第10则）　　D6　127

墨书题记（宝顶山大佛湾第5号龛第11则） D6 127
墨书题记（宝顶山大佛湾第5号龛第12则） D6 127
墨书题记（宝顶山大佛湾第5号龛第13则） D6 127
墨书题记（宝顶山大佛湾第5号龛第14则） D6 127
墨书题记（宝顶山大佛湾第5号龛第15则） D6 128
墨书题记（宝顶山大佛湾第5号龛第16则） D6 128
墨书题记（宝顶山大佛湾第5号龛第2则） D6 125
墨书题记（宝顶山大佛湾第5号龛第3则） D6 125
墨书题记（宝顶山大佛湾第5号龛第4则） D6 126
墨书题记（宝顶山大佛湾第5号龛第5则） D6 126
墨书题记（宝顶山大佛湾第5号龛第6则） D6 126
墨书题记（宝顶山大佛湾第5号龛第7则） D6 126
墨书题记（宝顶山大佛湾第5号龛第8则） D6 126
墨书题记（宝顶山大佛湾第5号龛第9则） D6 126
墨书题记（宝顶山万岁楼） D8 430
牧牛图颂 D6 27；D7 426；D9 183
牧牛图颂偈·第1组 D7 378
牧牛图颂偈·第10组 D7 391
牧牛图颂偈·第11组 D7 391
牧牛图颂偈·第12组 D7 394
牧牛图颂偈·第2组 D7 379
牧牛图颂偈·第3组 D7 379
牧牛图颂偈·第4组 D7 383
牧牛图颂偈·第5组 D7 383
牧牛图颂偈·第6组 D7 383
牧牛图颂偈·第7组 D7 384
牧牛图颂偈·第8组 D7 385
牧牛图颂偈·第9组 D7 390
募化装塑佛菩萨像镌记 D5 125, 196

N

南无金幢宝胜佛教诫 D6 193；D8 39, 200, 335
女童妙明（题名） D4 246

P

牌楼楹联 D4 563
潘绂撰《西域坐化大禅师记事》碑 D2 399
庞师上造如意轮观音镌记 D5 196
庞休造甘露玉观音镌记 D5 194
培修多宝塔记 D4 354, 522, 548
培修佛祖寺并凿佛像记 D6 20

彭世琏装彩圆觉洞像记 D6 20；D7 375, 377, 378
毗卢庵（题名，宝顶山大佛湾第7号龛） D6 148
毗卢庵（题名，宝顶山小佛湾第4号窟） D8 71, 201
毗卢庵（题名，宝顶山小佛湾第9号窟） D8 141, 202
毗卢道场（题刻） D6 267
毗卢道场楹联 D6 280
毗卢佛龛经文 D8 214
毗沙门天王赞碑 D9 277
普劝持念阿弥陀佛碑文 D7 145；D9 401

Q

砌塔邢先生小师周童（题刻） D4 24, 539
砌塔邢先生小师周童镌造记 D4 149, 539, 541
千里眼（题名） D5 138, 383
乾隆装塑碑 D5 424
乾缘堂装绚柳本尊龛镌记 D6 21；D7 267

R

饶玉成书诗 D8 404
任亮刊刻冯大学施钱造塔记 D4 222, 516
任宗易镌妆如意轮观音窟镌记 D2 303
任宗易自赞 D2 303
若虚庄主人步杨昙原韵 D8 136

S

三清殿（题名） D7 284, 425, 435
三清古洞（题刻） D5 311, 377
三圣御制佛牙赞 D7 80, 417；D9 150, 159, 178
僧成书培修多宝塔记 D4 1, 352, 353, 522, 547, 548
僧德芳《重刨碑》（《重创广大寺碑》） D8 420, 423
僧德芳等《培修万岁楼记》 D8 429
僧德芳捐银重修圣寿寺碑 D8 413
僧法顺镌水月观音龛记 D5 149
僧弘明立道众小引碑 D5 125, 270
僧宏济装塑韦驮金身记碑 D5 125, 266, 277
僧洪参《重修小宝顶广大寺观音殿普陀岩碑志铭》 D6 21；D8 420, 426
僧慧心立《圣旨》碑 D8 384, 414
僧慧心立《正堂示禁》碑 D8 347, 406, 407
僧觉□妆彩残记 D6 91
僧明悟造如意轮菩萨龛镌记 D1 193

S

僧晴舟立《实录碑记》　　D8　342, 400, 435, <u>468</u>

僧神锋书"蕴翠"题刻　　D5　409

僧圣质书"白石青山"题刻　　D5　411

僧圣质"题岩窝古楼"诗　　D5　410

僧万庵等立《重修大佛碑记》　　D8　409

僧文彬题七言诗　　D5　409

僧希昼书严逊记碑（严逊碑、严逊记碑）　　D2　<u>241</u>；D5　<u>6</u>, 8, 13, 107, <u>112</u>, <u>113</u>, 114, <u>389</u>, <u>396</u>；D9　56, 86

僧秀然装彩古佛记　　D6　<u>20</u>；D8　400

僧永学立《县正堂示》碑　　D8　407

僧有久修装圆觉洞、万岁楼等处佛像记　　D6　<u>20</u>；D7　376, <u>377</u>, <u>378</u>

僧元亮偈赞题刻　　D3　223

僧志容装彩观音等像镌记　　D5　<u>9</u>, 404

僧志宣彩画记　　D5　111

山神众（题刻）　　D8　251, 285

《善果流芳》碑　　D8　406, 407

善慧大士碑　　D9　<u>174</u>

"舍利宝塔"塔名（宝顶山大佛湾第6号龛）　　D6　131

"舍利宝塔"塔名（宝顶山大佛湾第9-1号龛）　　D6　193

《圣府洞记》碑　　D5　421

圣寿禅院（额题）　　D8　348

十大明王题名·大秽迹金刚　　D7　276

十大明王题名·大火头明王　　D7　276

十大明王题名·大威德明王　　D7　277

十大明王题名·马首明王　　D7　279

十大明王题名·降三世明王　　D7　277

十恶罪报图名及罪报名·第八幅　　D8　101

十恶罪报图名及罪报名·第二幅　　D8　98

十恶罪报图名及罪报名·第九幅　　D8　103

十恶罪报图名及罪报名·第六幅　　D8　101

十恶罪报图名及罪报名·第七幅　　D8　101

十恶罪报图名及罪报名·第三幅　　D8　98

十恶罪报图名及罪报名·第十幅　　D8　103

十恶罪报图名及罪报名·第四幅　　D8　99

十恶罪报图名及罪报名·第五幅　　D8　99

十恶罪报图名及罪报名·第一幅　　D8　95

十方诸佛墨书镌记　　D5　53

石篆山第6号龛造像题名·卜商　　D5　46, 113, 382

石篆山第6号龛造像题名·端木　　D5　46, 113, 382

石篆山第6号龛造像题名·闵损　　D5　46, 113, 382

石篆山第6号龛造像题名·冉耕　　D5　46, 113, 382

石篆山第6号龛造像题名·冉求　　D5　46, 113, 382

石篆山第6号龛造像题名·冉有　　D5　46, 113, 382

石篆山第6号龛造像题名·言偃　　D5　46, 113, 382

石篆山第6号龛造像题名·颜回　　D5　46, 113, 382

石篆山第6号龛造像题名·宰我　　D5　46, 113, 382

石篆山第6号龛造像题名·至圣文宣王　　D5　37, 113

石篆山第6号龛造像题名·仲由　　D5　46, 113, 382

石篆山第7号龛造像题名·（潝）律尊者　　D5　51

石篆山第7号龛造像题名·□□□□□尊者　　D5　51

石篆山第7号龛造像题名·□□□尊者　　D5　51

石篆山第7号龛造像题名·舍利弗　　D5　51

石篆山第7号龛造像题名·优波离尊者　　D5　51

石篆山第8号龛造像题名·□□□人　　D5　68, 113

石篆山第8号龛造像题名·□□□人　　D5　68, 113

石篆山第8号龛造像题名·□□真人　　D5　68, 113

石篆山第8号龛造像题名·定光真人　　D5　68, 113

石篆山第8号龛造像题名·虎将军　　D5　68

石篆山第8号龛造像题名·妙光真人　　D5　68, 113

石篆山第8号龛造像题名·妙行真人　　D5　68, 113

石篆山第8号龛造像题名·普得真人　　D5　68, 113

石篆山第8号龛造像题名·三天大法师　　D5　68, 113

石篆山第8号龛造像题名·太极真人　　D5　68, 113

石篆山第8号龛造像题名·太上老君　　D5　65, 113

石篆山第8号龛造像题名·太乙真人　　D5　68, 113

石篆山第8号龛造像题名·玄中大法师　　D5　68, 113

石篆山第8号龛造像题名·正一真人　　D5　68, 113

释迦佛因地为睒子行孝（经文）　　D7　73

释迦佛因地修行舍身求法（经文）　　D7　74

释迦佛因行孝证三十二相（经文）　　D7　59

释迦牟尼佛为末世众生设化法故担父王棺（经文）　　D7　77

释迦牟尼佛诣父王所看病（经文）　　D7　76

《释迦舍利宝塔禁中应现之图》碑　　D8　165, 173

释迦因地割肉供父母（经文）　　D7　67

释迦因地剜肉（经文）　　D7　70

释迦因地行孝剜睛出髓为药（经文）　　D7　64

释迦因地雁书报太子（经文）　　D7　69

释迦因地鹦鹉行孝（经文）　　D7　64

释迦真如舍利宝塔塔名　　D8　325

释迦真如舍利塔佛名题刻·南无宝胜然灯法炬佛　　D8　332

释迦真如舍利塔佛名题刻·南无宝相不动最胜佛　D8　325

释迦真如舍利塔佛名题刻·南无宝相不动尊王佛　D8　325

释迦真如舍利塔佛名题刻·南无宝自在王定光佛　D8　325

释云劝善文　D7　149

守护大千国土经经目　D8　252

舒宏明撰《圣府洞置常住田碑序》　D5　420

述思古迹记碑　D5　396

树神众（题刻）　D8　251，285

顺风耳（题名）　D5　139，383

四部经目　D7　370

宋万有妆彩牧牛图记　D7　398

宋以道书"圣府洞"题刻　D5　264，277，385

颂词（宝顶山大佛湾第17号龛）　D7　81

颂词（宝顶山小佛湾第4号窟）　D8　81

颂词（松林坡左右壁）　D8　244

速报（图名）　D7　187

锁六耗诗　D7　164，424；D9　151

T

唐柳本尊传碑（柳碑，唐柳本尊传）　D6　24，27；D7　424，425；D8　119，120，199，201，336；D9　105，106，110，142，178

唐瑜伽部主总持王（题刻）　D7　267，424

唐子俊装修玉皇古洞天尊碑记　D5　284，353

天胜修罗（题名）　D6　249，263

天堂地狱论　D7　223

涂永明妆銮圆觉洞像记　D7　372，377

W

万古不朽碑　D6　20；D8　427

万岁阁题名记　D8　405

王安镌造千手观音龛镌记　D4　463

王伯富造真武龛香炉镌记　D5　291

王承秀造药师变镌记　D3　334

王慈济造释迦佛镌记　D4　500

王慈济自赞文　D4　501

王德嘉步吕张二公留题原韵诗　D5　368，378，387

王德嘉隶书碑　D5　294，377，386

王德嘉书"宝顶"题刻　D7　303

王德嘉书"绝尘"题刻　D5　372，378，388

王德嘉书"寿"字题刻　D5　371，378，388

王德嘉书张澍《前游宝顶山记》碑　D8　410

王德嘉行书碑　D5　355

王德铭临山谷道人书后汉诗三篇　D5　369，378，387

王棺舆　D7　77

王季立观吕元锡字题记　D3　375

王烈和杨昙原韵　D8　139

王启仲造阿弥陀佛龛镌记　D1　122

王陞造数珠手观音像镌记　D2　257

王堂化众舍钱建塔第八级镌记及功德主题名　D4　259

王堂镌造释迦佛题记　D4　259

王惟祖造像记　D2　406，407

王宗靖造观音地藏镌记　D1　229

王宗靖造三世佛龛镌记　D1　206

韦君靖碑（胡密撰韦君靖碑，唐韦君靖碑）　D1　10，25，26，27，40，91，92，107，137；D3　235，380，384，400；D9　36，37，38，47，57，70，71，258，260，337

维摩道场（题名）　D8　349

维摩圣境（题名）　D8　384

魏了翁书"宝顶山"题刻　D7　370，417

温孟达等造大威德炽盛光佛龛镌记　D1　171

文殊普贤像墨书题名　D5　33

文惟简镌地藏十王龛造像记　D5　89

文惟简镌文殊普贤龛镌记　D5　32

文惟简镌像记　D5　53

文惟简镌像题名　D5　104

文惟简镌志公和尚龛镌记　D5　23

文惟一题名镌记　D5　275

文言（题刻）　D2　330

文志认妆罗汉像镌记　D2　403

文志造像记　D2　261

文陞造无量寿佛龛镌记　D4　275，516

无尽老人语录碑（无尽老人碑）　D2　352，357，358；D3　380，412；D9　39，51，159

无涯妆严圆觉洞文殊像记　D6　20；D7　374，378

吴季子墓碑　D1　10，25

吴三五题名镌记　D5　407

戊辰年修水陆斋题记　D5　52

悟朝立《临济正宗记》碑　D8　341

悟朝立《善功部》碑（善功部碑）　D6　20，148，174，235

W X Y

悟春等题名　　D4　135

悟经装彩记　　D7　81

X

"西竺仙景"题刻　　D6　20；D8　137，468

西竺一脉（题刻）　　D7　151

惜字阁（题名）　　D3　439

县正堂丁示碑　　D4　1，557

县正堂桂示碑　　D4　1，557

县正堂桂示禁碑　　D5　352

县正堂示禁碑　　D5　9，47，48

现报司（题名）　　D7　186

香焚宝鼎（题刻）　　D7　298

香花童子像等墨书题名残记　　D5　35

肖周氏等妆绚记　　D7　147

小八镌罗汉像记　　D2　404

谢继隆造献珠龙女镌记　　D5　196

解氏造像残记　　D3　263

解氏妆銮尊胜幢镌记　　D3　334

心猿颂　　D7　160

刑法题记　　D7　35

邢信道镌造善财参礼□生夜神龛题记　　D4　241

邢信道镌造善财参礼宝髻长者龛题记　　D4　164

邢信道镌造善财参礼遍友童子师龛题记　　D4　315

邢信道镌造善财参礼不动优婆姨龛题记　　D4　185

邢信道镌造善财参礼大光王龛题记　　D4　193

邢信道镌造善财参礼德云比丘龛题记　　D4　105

邢信道镌造善财参礼海幢比丘龛题记　　D4　129

邢信道镌造善财参礼海云比丘龛题记　　D4　97

邢信道镌造善财参礼解脱长者龛题记　　D4　131

邢信道镌造善财参礼精进力夜神龛题记　　D4　216

邢信道镌造善财参礼弥伽长者龛题记　　D4　137

邢信道镌造善财参礼弥勒菩萨龛题记　　D4　104

邢信道镌造善财参礼婆珊婆演底夜神龛题记　　D4　206

邢信道镌造善财参礼婆须密女龛题记　　D4　168

邢信道镌造善财参礼普德净光夜神龛题记　　D4　208

邢信道镌造善财参礼善主比丘龛题记　　D4　148

邢信道镌造善财参礼师子频申比丘龛题记　　D4　191

邢信道镌造善财参礼树花夜神龛题记　　D4　220

邢信道镌造善财参礼文殊龛题记　　D4　142

邢信道镌造善财参礼无厌足王龛题记　　D4　158

邢信道镌造善财参礼贤圣优婆夷龛题记　　D4　269

邢信道镌造善财参礼最寂静婆罗门龛题记　　D4　281

邢信道镌造善财童子五十三参像龛镌记　　D4　467，469，476

邢信道镌造善财再会文殊龛题记　　D4　122

"杏林宫"题刻　　D5　268，277，386

性聪书残记　　D6　124

性寅妆绚观经变右岩像记　　D6　20；D7　150

性寅妆绚观经变左岩像记　　D6　20；D7　147

修建巷道券拱镌记　　D5　117，125

徐荣德妆彩孔雀明王佛洞中诸神镌记　　D2　341

玄极重开石池镌记　　D6　20；D8　399

玄极立《重修宝顶事实》碑　　D7　314；D8　347，399

逊斋书"忍"字题刻及偈句　　D7　150

Y

杨伯高造二神将像镌记　　D5　141

杨伯高造杨文忻真容像镌记　　D5　141

杨才友修斋庆赞记　　D5　273

杨才友造山王龛镌记及匠师镌名　　D5　271

杨次公证道牧牛颂题刻（杨次公证道牧牛颂）　　D6　24；D7　395，426，436；D9　140，143，154，183

杨淮清等彩化佛像碑记　　D2　90，138；D3　408

杨顺祀书"福寿"题刻　　D5　365，378，387

杨昙题七律诗　　D8　138

杨渭莘题诗并序　　D7　298

杨秀爵装彩古佛记　　D7　148

杨彦翔等追凉北山题记　　D2　407

杨子孝书楹联　　D2　128

杨作安造大势至菩萨镌记　　D5　188

药叉（题名）　　D6　249

业秤（题刻）　　D7　190，194，199，424

业镜（题刻）　　D7　199，424

一点心（题刻）　　D4　563

乙卯修路（题刻）　　D4　558

佚名残记（北山佛湾第136号窟）　　D2　241

佚名残记（北山佛湾第140号龛）　　D2　267

佚名残记（北山佛湾第155号窟右沿）　　D2　341

佚名残记（北山佛湾第155号窟左沿）　　D2　340

佚名残记（北山佛湾第168号窟第1则铭文）　　D2　401

佚名残记（北山佛湾第168号窟第11则铭文）　　D2　405

佚名残记（北山佛湾第168号窟第12则铭文）	D2 405	佚名造正法明王观音像镌记	D5 188	
佚名残记（北山佛湾第168号窟第3则铭文）	D2 401	《永垂不朽》碑	D7 397	
佚名残记（北山佛湾第168号窟第6则铭文）	D2 402	《永远万古》捐资碑	D5 421	
佚名残记（北山佛湾第168号窟第8则铭文）	D2 403	咏苦诗	D7 163	
佚名残记（北山佛湾第168号窟第9则铭文）	D2 404	咏乐诗	D7 162	
佚名残记（北山佛湾第177号窟）	D2 445	咏心歌	D7 163	
佚名残记（北山佛湾第253号龛）	D3 252	咏心偈	D7 164，424；D9 151，178	
佚名残镌记（北山佛湾第280号龛）	D3 335	游和书七律诗	D7 315	
佚名残镌记（北山佛湾第287号龛）	D3 365	牖壁四邻赞	D8 400	
佚名残刻（北山佛湾第160号龛）	D2 348	于彦章等造地藏菩萨龛镌记	D1 163	
佚名和吕元锡诗	D5 345	余源□撰书《掉常住田》碑	D5 419	
佚名画妆罗汉像镌记	D2 402	宇文屺诗碑	D6 22，123，124，128；D9 163，190	
佚名镌太上老君龛残记	D5 68	玉皇观置田产契约碑	D5 354	
佚名镌造阿弥陀佛龛题记	D4 175	豫章游和书律诗一首	D6 24	
佚名刻"破迷歌"	D5 416	袁化吉等装绘高观音金身记	D6 21；D8 453	
佚名立《清正廉明》碑	D8 409			
佚名立《无量□□》碑（无量□□碑）	D6 20；D8 426	**Z**		
佚名立重□荡荡碑	D5 273	再三相劝念弥陀碑文	D7 146；D9 401	
佚名培修残记（石门山第1号龛）	D5 134	昝彦造地藏菩萨镌记	D4 291	
佚名书"宝岩"题刻	D7 370，417	造炉镌记（明成化七年）	D8 341	
佚名书"江风山月"题刻	D7 376	造炉镌记（明成化十一年）	D8 340	
佚名题无题诗	D7 373	曾绍森合家发愿文	D7 150	
佚名造大悲观世音像残记	D1 73	战符题灵湫泉诗	D6 124，128；D7 427	
佚名造阿弥陀佛龛残记	D1 153	战符题"圆觉洞用韵"诗	D7 372	
佚名造观音地藏龛残记	D3 157	张辉造药师佛龛镌记	D2 66	
佚名造观音地藏龛题刻	D3 233	张龙飞装修大佛湾、圣寿寺像记（张龙□等装修大佛湾圣寿寺像记）	D6 20，174；D8 413	
佚名造观音龛残记	D1 128，133，217			
佚名造观音龛镌记	D3 363	张龙飞装修千手观音像记	D6 163	
佚名造解冤结菩萨龛题记	D3 53	张莘民造观音像镌记	D2 241	
佚名造救苦观音菩萨龛残记	D1 110	张书绅撰《契约存照》碑	D5 421	
佚名造罗汉三身镌记	D2 405	张澍重九日偕友登高记	D5 284，299，377，386	
佚名造涅槃窟题记	D4 310	张澍重游南山诗并跋	D5 298，377，386	
佚名造菩萨龛残记	D1 128	张澍书"蓊然云起"题刻	D5 302，377，386	
佚名造菩萨龛残记	D3 245	张澍题"辰秀太清"题刻	D5 366，378，387	
佚名造释迦佛龛残镌记	D4 290	张文信画妆观音龛镌记	D3 227	
佚名造像残记	D2 170	张子华等重修大殿记碑	D5 125，273	
佚名造像镌记	D2 466，467	张宗彦题七言诗	D5 350	
佚名造药师经变残镌记	D4 475	赵□可题记	D5 363	
佚名造药师净土变相残记	D3 262	赵彭年造文殊普贤像镌记	D2 251	
佚名造一佛二菩萨龛残记	D1 107	赵勤典造宝镜观音镌记	D5 195	
佚名造玉印观音残镌记	D4 484	赵师恪妆饰观音地藏镌记	D1 229	

Z

赵氏一娘子镌释迦佛龛记及匠师题名　D5　146

赵宋瑞等游北山题记　D2　304

赵瓦造大宋丁卯（题刻）　D4　23，516，539

赵维元捐刻阿弥陀佛像镌记　D5　125，152

赵循父登北山题记　D2　439

赵懿简公神道碑（赵懿简碑、蔡京碑）　D2　13，18，23，27，28；D3　378，380，407；D9　50，190

《赵智凤事实》碑（席存著撰《赵智凤事实》残文）　D7　417；D8　38

赵仲□妆绚罗汉像镌记　D2　406

赵子充等游北山题名　D2　262

赵紫光和杨昙原韵　D8　138

赵紫光题《西域禅师坐化塔》诗　D2　342，356，358；D3　380，412

甄典□造宝莲手观音镌记　D5　195

正觉门（题名）　D6　290

正觉院（题名）　D6　185

《正堂寇示》碑　D5　422

指路碑碑文　D7　81

指路碑记　D8　271，290

众善立《善由人作》碑（善由人作碑）　D6　21，235；D8　344

众姓同立妆塑玉皇碑记　D5　125，141

周氏造日月光菩萨龛镌记　D1　145

周圆晖题名　D4　320

周圆晖造像残记　D4　320

珠楼（题名）　D7　100

住持僧立《正堂示禁》碑　D8　403

住持僧心朗等捐资培修碑　D7　306

转法轮塔第一级塔身北面菩萨题名·南无弥勒大菩萨　D8　299

转法轮塔第一级塔身东北面菩萨题名·南无观世音菩萨　D8　299

转法轮塔第一级塔身东面菩萨题名·南无地藏王菩萨　D8　304

转法轮塔第一级塔身东南面菩萨题名·南无除盖障菩萨　D8　299

转法轮塔第一级塔身南面菩萨题名·南无妙吉祥菩萨　D8　299

转法轮塔第一级塔身西北面菩萨题名·南无虚空藏菩萨　D8　299

转法轮塔第一级塔身西面菩萨题名·南无普贤王菩萨　D8　299

转法轮塔第一级塔身西南面菩萨题名·南无金刚手菩萨　D8　299

妆牛王菩萨金身残记　D7　397

装彩高观音金身记　D6　21；D8　453

装塑燃灯古佛纠察灵官碑记　D5　428

祖师传偈　D8　44，200，335

祖师法身大藏塔第二级塔身经目、偈颂、题刻·北面　D8　24，25

祖师法身大藏塔第二级塔身经目、偈颂、题刻·东面　D8　25，26

祖师法身大藏塔第二级塔身经目、偈颂、题刻·南面　D8　26，28

祖师法身大藏塔第二级塔身经目、偈颂、题刻·西面　D8　28，29

祖师法身大藏塔第三级塔身经目·北面　D8　31

祖师法身大藏塔第三级塔身经目·东面　D8　31

祖师法身大藏塔第三级塔身经目·南面　D8　32

祖师法身大藏塔第三级塔身经目·西面　D8　32，35

祖师法身大藏塔第一级塔身经目、偈颂、题刻·北面　D8　18，19

祖师法身大藏塔第一级塔身经目、偈颂、题刻·东面　D8　19

祖师法身大藏塔第一级塔身经目、偈颂、题刻·南面　D8　21

祖师法身大藏塔第一级塔身经目、偈颂、题刻·西面　D8　22

祖师颂词　D7　160

五、年号索引

年号	出处
太康六年（285年）	D9　281
弘始元年（399年）	D9　330
孝建（454—456年）	D9　207
大明元年（457年）	D9　284
大明三年（459年）	D9　200
永明元年（483年）	D9　176
永明二年（484年）	D9　69
天监三年（504年）	D9　200
大统四年（538年）	D9　176
太清二年（548年）	D9　200，203
永定元年（557年）	D9　201，203，208
武成元年（559年）	D9　201
仁寿二年（602年）	D9　66
大业七年（611年）	D9　203
武德（618—626年）	D9　250
贞观（627—649年）	D9　250
贞观三年（629年）	D9　429
贞观八年（634年）	D9　357
贞观十五年（641年）	D9　66
永徽（650—655年）	D1　8；D9　250，266
永徽四年（653年）	D9　66
显庆（656—661年）	D9　84
武周（690—704年）	D9　113，129，135，163，178，217，240，250，251
天授元年（690年）	D9　66
天授二年（691年）	D9　217
证圣元年（695年）	D9　250，251，261
圣历二年（699年）	D9　240
长安（701—704年）	D9　250
景龙（707—710年）	D9　84
景龙四年（710年）	D9　84
开元（713—741年）	D9　143，240，242，253，254
开元十八年（730年）	D9　135
开元二十五年（737年）	D9　444
天宝（742—756年）	D9　253，262
天宝元年（742年）	D9　269
天宝五年（746年）	D9　300
天宝八载（749年）	D9　273
天宝九载（天宝九年，750年）	D9　222，253，254
至德（756—758年）	D9　274
乾元元年（758年）	D1　1；D2　137；D9　269
乾元二年（759年）	D1　1
广德元年（763年）	D1　1
广德二年（764年）	D1　1
大历元年（766年）	D1　1
大历二年（767年）	D9　238
大历六年（771年）	D1　1
大历十年（775年）	D1　1
大历十五年（建中元年，780年）	D9　84
贞元（785—805年）	D9　135
贞元七年（791年）	D9　201，207
平安至镰仓时代（794—1333年，日本）	D9　300
贞元十一年（795年）	D9　273
贞元十八年（802年）	D9　223
贞元十九年（803年）	D9　204
贞元二十年（804年）	D9　247
元和（806—820年）	D9　253，277
元和二年（807年）	D9　274
元和十四年（819年）	D9　202
长庆（821—824年）	D9　253
宝历（825—827年）	D9　275
大和元年（827年）	D9　204
大和七年（833年）	D9　139
大和九年（835年）	D9　339
开成（836—840年）	D9　152，201，275
唐会昌至宋太平兴国（841—984年）	D9　139
会昌元年（841年）	D9　201，247
会昌四年（844年）	D9　247
大中（847—860年）	D6　24；D8　402；D9　238
大中三年（849年）	D9　204
大中四年（850年）	D9　201
大中九年（855年）	D7　312，313，315；D8　341；D9　139，142，152，195，247
大中十年（856年）	D9　291
大中十一年（857年）	D9　99，291
咸通（860—874年）	D9　201，275
咸通元年（860年）	D9　253，260，262
咸通十四年（873年）	D9　302
乾符（874—879年）	D9　70，84
乾符四年（877年）	D9　291

索引　321

中和（881—885年）	D9 85，275，335
中和元年（881年）	D9 87
中和二年（882年）	D9 204
光启元年（885年）	D1 1，8；D9 165
唐光启二年至前蜀天福六年（886—941年）	D9 151
光启二年（886年）	D7 255，425；D8 120；D9 106，152，194
光启三年（887年）	D1 107，137
大顺元年至光化二年（890—899年）	D9 260
景福元年至乾宁二年（892—895年）	D1 91；D3 383，400，401；D9 258
景福元年至乾宁三年（892—896年）	D3 235，384；D9 37
景福元年至乾宁四年（892—897年）	D1 137
景福元年至天祐三年（892—906年）	D1 92
唐景福元年至后蜀广政八年（892—945年）	D3 235
唐景福至后蜀广政年间（892—965年）	D9 65
唐景福元年至南宋绍兴年间（892—1162年）	D9 56
晚唐景福至南宋淳祐（892—1252年）	D1 9
景福元年（892年）	D1 1，8，9，91；D3 235，384；D9 36，37，47，57，65，72，258
乾宁（894—898年）	D1 16，137，247；D4 352，353，354；D9 260，288，337
乾宁元年（894年）	D9 258
乾宁二年（895年）	D1 40，42，91，137；D3 400；D9 36，47，70，258，260，337
乾宁三年至四年（896—897年）	D9 38
唐乾宁三年至后蜀广政八年（896—945年）	D3 128，233
乾宁三年（896年）	D1 16，229，246；D3 128，143，146，222，234，235，381，384，397，399，404，405，418；D9 34，37，49，54，57，60，65，94，201，260，288，289，337，376，462
乾宁四年（897年）	D1 107，137，193，210，246；D3 381，384，404；D9 34，37，48，60，65，260
光化二年（899年）	D1 206，207，246；D3 381，384，404；D9 34，37，48，300
天复元年（901年）	D3 154，234，381，384，418；D9 34，37，54，257，260，376
天复二年（902年）	D9 107
天复三年（903年）	D9 107
天祐二年（905年）	D9 201
天复七年至永平三年（907—913年）	D1 153；D3 402
天复七年（天祐四年，907年）	D9 37，247
武成二年（909年）	D9 254，276
永平三年（913年）	D1 145，153；D3 381，385，402；D9 35，37，48
永平五年（915年）	D1 215，246；D3 381，385，404；D9 35，37，49，60，65，460
乾德（919—924年）	D1 126，137；D3 385；D9 37
乾德元年（919年）	D9 94
乾德二年（920年）	D1 131，137；D3 385，402
乾德四年（922年）	D1 137，171，189，190；D3 381，385，403；D9 35，37，48，60，65
天成元年（926年）	D9 364
长兴二年（931年）	D9 201
天福（936—944年）	D9 105，201，230
天福二年（937年）	D7 256；D9 194
天福三年（938年）	D9 195
广政元年（938年）	D1 133，137；D3 381，402；D9 35，37，48
天福四年（939年）	D7 257；D9 152，195
天福五年（940年）	D7 258，262，263；D9 152，195，196
广政三年（940年）	D1 137，163，189；D3 381，385，402，403；D9 35，37，48
天福六年（941年）	D7 263；D9 152，196，204
广政四年（941年）	D1 153；D3 381，402；D9 35，37，48，60，65
广政八年（945年）	D3 157，234，353，381，418；D9 35，37，54，376
显德（954—960年）	D9 270
广政十七年（954年）	D3 347，353，382，385，397，421；D9 35，37，55，57，65，290，297
广政十八年（955年）	D3 277，279，331，334，353，355，382，385，397，420，421；D9 35，37，54，57，65，290，295，297，456，462
显德二年（955年）	D9 217
建隆至熙宁（960—1077年）	D9 37
建隆元年（960年）	D9 439
建隆二年（961年）	D9 164
建隆四年（963年）	D9 446
广政二十六年（963年）	D8 121；D9 108

乾德至熙宁（963—1077年）　D1　8

乾德三年（965年）　D1　4

开宝四年（971年）　D9　270

太平兴国（976—984年）　D9　178

太平兴国五年（980年）　D9　312

太平兴国七年（982年）　D9　202

统和二年（984年）　D9　99

雍熙（984—987年）　D9　202

雍熙二年（985年）　D9　230

雍熙三年（986年）　D9　408

端拱（988—989年）　D9　38

端拱二年（989年）　D9　429

淳化二年（991年）　D9　38，312

淳化五年（994年）　D3　250，353；D9　38

至道（995—997年）　D3　233，234，386，397；D9　39，94

咸平（998—1003年）　D9　39

咸平至治平（998—1067年）　D9　429

咸平二年（999年）　D3　334，355，397，421；D9　101，102，295，297

咸平三年（1000年）　D9　39

咸平四年（1001年）　D3　250，334，353，355，386，397；D9　101，297

咸平六年（1003年）　D3　227，234，397，419

景德（1004—1007年）　D9　39

景德二年至三年（1005—1006年）　D9　312

景德二年（1005年）　D3　347，355，386，397

景德三年（1006年）　D9　165

大中祥符三年（1010年）　D9　277

大中祥符四年（1011年）　D9　312

大中祥符六年（1013年）　D9　37，39

大中祥符九年（1016年）　D9　204

乾兴元年（1022年）　D9　229，241

太平四年（1024年）　D9　84

天圣二年（1024年）　D9　84

天圣六年（1028年）　D9　87

明道二年（1033年）　D9　330

景祐元年（1034年）　D9　440

景祐五年（1038年）　D9　291

庆历至崇宁（1041—1106年）　D7　417

庆历四年（1044年）　D9　153，236，238，242

皇祐四年（1052年）　D9　98，100，249

皇祐五年（1053年）　D7　417

清宁二年（1056年）　D9　68

嘉祐七年（1062年）　D9　190

治平三年（1066年）　D9　39

治平四年（1067年）　D9　68，429，434

熙宁（1068—1077年）　D7　313，315，397；D8　402；D9　108，142，165，195，199

熙宁元年（1068年）　D8　121；D9　248

熙宁六年（1073年）　D9　330

元丰（1078—1085年）　D1　4，9；D3　387；D9　39，159

元丰至元祐（1078—1094年）　D5　396

元丰至绍圣（1078—1098年）　D5　1；D9　37

元丰至淳祐（1078—1252年）　D1　9；D9　65

元丰二年（1079年）　D9　444

元丰五年至元祐三年（1082—1088年）　D9　444

元丰五年至元祐五年（1082—1090年）　D5　112

元丰五年至绍圣三年（1082—1096年）　D5　104，113，382，383；D9　56

元丰五年（1082年）　D1　9；D5　53，112，382；D9　58，59，61，62，65，275，444

元丰六年（1083年）　D5　68，112，382；D9　37

元丰七年（1084年）　D9　241

元丰八年（1085年）　D5　23，112，382；D9　37，296

元祐（1086—1094年）　D2　23，27；D5　13，396；D7　417

元祐三年（1088年）　D2　26；D5　47，52，112，382；D9　37，444

元祐五年（1090年）　D5　32，107，112，113，382，383，389，396；D9　37，86，440

元祐七年（1092年）　D2　27；D9　84

绍圣（1094—1098年）　D5　276

绍圣至南宋绍兴二十一年（1094—1151年）　D9　56

绍圣至绍兴（1094—1162年）　D5　1

绍圣元年（1094年）　D5　149，271，273，275，276，383，386；D9　37，178，435，468

绍圣二年（1095年）　D5　273，275，276，386

绍圣三年（1096年）　D5　89，112，146，147，275，382，383；D9　37，58，59，65

元符二年至大观元年（1099—1107年）　D9　406，410，

427

元符二年（元符己卯，1099年）　　D9　406，429

崇宁二年（1103年）　　D9　444

崇宁三年（1104年）　　D9　450

大观至南宋建炎（1107—1130年）　　D9　37

大观到南宋淳熙（1107—1189年）　　D9　39

大观元年（大观丁亥，1107年）　　D3　353，372，378，382，422；D9　35，37，55，406

大观三年（1109年）　　D3　363，378，379，382，397，422；D9　35，37，55，63，65，432，433

大观四年（1110年）　　D9　217

政和三年（1113年）　　D7　417

政和六年至宣和四年（1116—1122年）　　D2　500；D3　382，398，414；D9　406，409

政和六年至靖康元年（1116—1126年）　　D2　500

政和六年（1116年）　　D2　467；D3　386，398，414；D9　35，37，52，63，64，65，406

政和七年（1117年）　　D9　217

宣和（1119—1125年）　　D2　401，402，403，404，405，406，407；D3　382，386，413；D9　36，164，300，417，444

宣和元年至宣和六年（1119—1124年）　　D9　52

宣和元年（1119年）　　D9　84，85

宣和二年（1120年）　　D2　467；D3　398；D9　35，37，52，429

宣和三年至四年（1121—1122年）　　D3　398，413

宣和三年（1121年）　　D2　407，500；D3　382，386，413；D9　36，37，52，462

宣和四年（1122年）　　D2　402，467，500；D3　382，386，398，399，413，414；D9　35，37，52，406，417

靖康（1126—1127年）　　D3　128

靖康至建炎（1126—1130年）　　D2　357

靖康元年（1126年）　　D2　341，357，439，445，500；D3　382，386，398，412，414；D9　36，37，51，52，58，59，65，82，84，302，312，314，320，326，349，350，427，440，462

建炎至绍兴（1127—1162年）　　D3　386

建炎二年（1128年）　　D2　303，357；D3　382，386，398，399，412；D9　36，37，51，326，406，409，432，433

建炎四年（1130年）　　D2　403；D3　386，398，413

绍兴（1131—1162年）　　D1　9，25；D2　262；D3　387；D4　352，353，354；D5　1，276，345，377，387，389；D8　409；D9　37，39，56，228，271，276，420，435，441，445

绍兴元年（1131年）　　D9　38

绍兴二年（1132年）　　D5　397；D9　462

绍兴三年（1133年）　　D9　202

绍兴四年（1134年）　　D2　261，275；D3　382，386，411；D9　36，37，51，159

绍兴四年至十二年（1134—1142年）　　D2　275

绍兴六年至十一年（1136—1141年）　　D9　302，312

绍兴七年（1137年）　　D9　303

绍兴八年至十一年（1138—1141年）　　D5　275，383，384

绍兴八年（1138年）　　D3　365，378，382；D9　36，37，55

绍兴十年至淳熙十四年（1140—1187年）　　D9　39

绍兴十年（绍兴庚申，1140年）　　D2　262；D5　193，195，384；D8　121；D9　39，105，108，109

绍兴十一年（辛酉绍兴，1141年）　　D5　188，193，194，195，196，350，351，377，383，384；D9　60，63，64，65，276，417，419，432

绍兴十二年至十六年（1142—1146年）　　D2　229，241，275；D3　382，398，410，411；D9　61，62，64，65，391，406，409，417

绍兴十二年（1142年）　　D2　241，275，348，357；D3　386，398，399，410，412；D9　36，37，51，406，407，410

绍兴十三年（1143年）　　D2　241，251；D3　386，398，410，411；D9　36，37，51，406，410，456

皇统三年（1143年）　　D9　68

绍兴十四年（1144年）　　D9　58，59，65

绍兴十六年（1146年）　　D1　9；D2　257；D3　386，398，411；D5　141，383；D9　36，37，51，406，414，416，432

绍兴十七年至二十五年（1147—1155年）　　D1　16；D4　96，97，104，105，119，122，129，131，137，142，148，158，164，168，175，185，191，193，206，208，210，216，218，220，233，235，241，248，253，269，281，290，291，315，320，463，467，469，475，476，484，517；D9　302

绍兴十七年（1147年）　　D4　500，501，516，517；D5　141，275，383；D9　276

绍兴十八年（1148年）　　D4　116，516，517，540；D5　377；D9　435

绍兴二十年（1150年）　　D4　112，201，516，517，540；D9　302

绍兴二十一年（绍兴辛未，辛未绍兴，1151年）　　D4　162，516，517；D5　134，275，351，377，383；D9　61，62，65，284，296，297

绍兴二十二年（绍兴壬申，1152年）　　D4　222，228，259，516，517，538，544；D9　276

绍兴二十三年（1153年）　　D4　275，291，516，517；D9　440

绍兴二十四年（甲戌绍兴，1154年）　　D4　310，311，516，517，538，546；D5　377

绍兴二十五年（1155年）　　D4　265，277，517，545；D9　417，436

绍兴二十九年（1159年）　　D7　313，315，417；D8　202；D9　162，163，235，248

绍兴三十年（绍兴庚辰，1160年）　　D7　417；D8　38；D9　379，381

乾道（1165—1173年）　　D1　9；D5　298；D9　39

乾道元年至七年（1165—1171年）　　D3　375

乾道五年（乾道己丑，1169年）　　D5　299，354

乾道七年（乾道辛卯，1171年）　　D3　375，376，378

乾道九年（1173年）　　D9　159

利贞三年（1174年）　　D9　252

淳熙（1174—1189年）　　D5　125，298；D7　417；D8　347；D9　47，248

淳熙至淳祐（1174—1252年）　　D1　9；D6　63，81，123，148，189，193；D7　30，31，34，35，36，43，46，47，77，80，81，145，146，160，162，163，164，165，267，370，371，395，402，408，418，429，430，431，432，433，434，435，436；D8　81，84，85，119，214，232，239，242，244，248，251，252，254，255，259，263，264，271，289，325，332，371，385，397，451；D9　56，65，105，140

淳熙元年（1174年）　　D9　435，436

淳熙二年（1175年）　　D9　159

淳熙三年（1176年）　　D7　417；D9　270

淳熙四年（淳熙丁酉，1177年）　　D2　439；D9　406

淳熙五年（淳熙戊戌，1178年）　　D2　407；D5　264，299，345，353；D9　414

淳熙六年（1179年）　　D8　202；D9　305，407

淳熙七年（1180年）　　D5　299；D9　129

淳熙八年（1181年）　　D9　190

淳熙九年（1182年）　　D5　264，275，386

元历元年（1184年，日本）　　D9　312

淳熙十三年（淳熙丙午，1186年）　　D2　304，356；D9　406

淳熙十四年（1187年）　　D2　304；D9　39

淳熙十五年（1188年）　　D5　353

淳熙十六年（1189年）　　D7　417

绍熙元年（1190年）　　D9　159

绍熙三年（1192年）　　D9　249，407，411

庆元四年（1198年）　　D9　184

庆元五年（1199年）　　D7　417

嘉定（1208—1224年）　　D7　417；D9　140

嘉定至绍定（1208—1233年）　　D9　140

嘉定至嘉熙（1208—1240年）　　D9　140，160

嘉定三年（1210年）　　D9　429，430

嘉定五年（1212年）　　D2　439

嘉定八年（1215年）　　D8　173；D9　198

嘉定十年（1217年）　　D8　173，410；D9　198

嘉定十一年（1218年）　　D7　417

嘉定十二年（1219年）　　D2　304

嘉定十五年至十七年（1222—1224年）　　D7　416，429

嘉定十六年（1223年）　　D6　89；D7　416，417，429；D8　202；D9　163

绍定二年（1229年）　　D9　163

绍定四年（1231年）　　D7　417；D8　173，202；D9　140，163，198，199，408

端平三年（1236年）　　D7　418

嘉熙（1237—1240年）　　D7　312，417，418；D8　38，39，202；D9　162，163

嘉熙元年（1237年）　　D9　165

淳祐（1241—1252年）　　D7　418；D9　163

淳祐五年（1245年）　　D7　417，418

淳祐七年（1247年）　　D7　417，418；D9　163

弘安二年（1279年，日本）　　D9　429

至元十九年（1282年）　　D1　4

至元二十二年（1285年）　　D1　4；D2　137

至大七年（1314年）　　D9　254

正和四年（1315年，日本） D9 429	嘉靖（1522—1566年） D1 7；D3 382；D7 81
延祐乙卯（1315年） D9 178	嘉靖二年（1523年） D6 20，91，93，124；D7 150，151，427
至正十七年（1357年） D1 4	嘉靖三年（1524年） D3 376，378，422；D6 20；D7 147，151；D9 55
至正二十三年（1363年） D1 4	
至正二十六年（1366年） D9 178	嘉靖四年（1525年） D7 150
洪武（1368—1398年） D7 377，427；D8 347	嘉靖九年（嘉靖庚寅，1530年） D8 401，403
洪武四年（1371年） D1 4	嘉靖十八年（1539年） D5 408
洪武六年（1373年） D1 4	嘉靖三十二年（嘉靖癸丑，1553年） D6 20；D7 371，372，378
洪武二拾叁年（1390年） D8 123	
洪武三十年（1397年） D8 452，453	嘉靖三十六年（1557年） D5 396；D7 375
洪武三十一年（1398年） D9 397	嘉靖三十八年（1559年） D5 9
建文元年（1399年） D3 223	嘉靖三十九年（1560年） D5 412
永乐（1403—1424年） D1 8，9；D8 123，199，399，400；D9 185，274	隆庆元年（1567年） D6 20；D7 374，378
	隆庆四年（1570年） D6 20，148，149，174，235
永乐元年（1403年） D9 397	隆庆五年（1571年） D8 341，342
永乐八年（1410年） D9 394	万历元年（1573年） D4 96，97，135
永乐九年（1411年） D9 204	万历十四年（万历丙戌，1586年） D9 231，235
永乐十年（永乐拾年，1412年） D6 20；D8 123，347，429；D9 394	万历二十年（1592年） D6 20；D7 315
	万历四十二年（1614年） D7 376
永乐十一年（1413年） D6 352，353；D7 427	崇祯七年（崇祯柒年，1634年） D2 399，400
永乐十四年（1416年） D9 398	崇祯十七年（1644年） D1 4
永乐十六年（永乐拾陆年，永乐戊戌，1418年） D6 20；D7 313，314，315；D8 123，347，399，429；D9 185	顺治（1644—1661年） D1 4
	顺治二年（1645年） D1 4
	康熙（1662—1722年） D1 4；D8 199，200，342，400，411，420，425，426，429；D9 133
洪熙元年（1425年） D7 312，313，417；D8 202；D9 162，163，185，243，247，269	
	康熙元年（1662年） D1 4
宣德元年（1426年） D6 20；D7 314，315，417；D8 347，399；D9 162，163	康熙二十年（1681年） D6 20；D8 347
	康熙甲子年（1684年） D8 409
宣德六年（1431年） D9 84	康熙二十四年（1685年） D8 347
宣德八年（宣德癸丑，1433年） D7 315，316	康熙二十五年（1686年） D6 24
天顺元年（1457年） D8 259	康熙二十九年（康熙庚午，1690年） D6 266，359；D7 307，312；D8 198，400
成化（1465—1487年） D1 7	
成化陆年（1470年） D8 123	康熙四十四年（1705年） D1 24
成化七年（1471年） D8 341	康熙四十八年（1709年） D6 23；D8 420，423，426
成化八年（1472年） D8 259	康熙四十九年（1710年） D8 468
成化十年（成化拾年，1474年） D8 122，123	康熙五十六年（1717年） D8 429，430，434
成化十一年（1475年） D8 340，341	康熙五十八年（1719年） D5 354，355
弘治癸亥（1503年） D8 402	康熙六十年（1721年） D5 284，353，354
弘治十七年（1504年） D8 401，402；D9 163，190	雍正四年（1726年） D8 409
正德庚午（1510年） D3 377	雍正八年（1730年） D1 4
正德十四年（1519年） D6 20；D7 373，374，377	

乾隆（1736—1795年）　D5　117，247，424，425；D7　165，428；D8　199，347，384，393；D9　162，407

乾隆三年（1738年）　D8　289，405，406，468

乾隆五年（1740年）　D4　558

乾隆九年（乾隆玖年，1744年）　D6　20；D8　413，414，426

乾隆十三年（1748年）　D6　20，148，174；D8　468

乾隆十五年（1750年）　D5　421

乾隆十六年（乾隆拾陆年，1751年）　D4　552；D5　420，421

乾隆十九年（1754年）　D8　420，423

乾隆二十二年（1757年）　D5　125，273

乾隆二十三年（乾隆戊寅，1758年）　D5　152，383，419，420；D6　20；D8　137，199，468

乾隆二十五年（1760年）　D5　419；D6　20，140；D7　376，377，378，427，428

乾隆二十八年（1763年）　D8　466，467，468

乾隆三十一年至四十年（1766—1775年）　D8　400，435

乾隆三十二年（1767年）　D8　384，414

乾隆三十五年（1770年）　D5　219，275，385

乾隆四十年（1775年）　D8　342，343

乾隆四十五年（1780年）　D6　20，163，174；D8　413

乾隆五十年（1785年）　D5　125，152，275，276，383

乾隆五十一年（乾隆伍十一年，1786年）　D5　424，425

乾隆五十三年（1788年）　D8　348

乾隆五十四年（1789年）　D5　117，125

乾隆五十七年（1792年）　D8　403

乾隆五十九年（乾隆甲寅，1794年）　D8　400，401

乾隆六十年（1795年）　D5　264，275，385；D6　20

嘉庆（1796—1820年）　D1　24；D5　389；D6　10；D7　428；D8　202，401；D9　110

嘉庆元年（1796年）　D8　401，406，414

嘉庆四年（1799年）　D8　420，423，425

嘉庆六年（1801年）　D1　10；D6　20，127；D8　411，412

嘉庆八年（1803年）　D6　125；D7　148，151

嘉庆十年（1805年）　D9　159

嘉庆十五年（1810年）　D6　126；D7　149；D8　407

嘉庆二十二年（1817年）　D8　420，425

嘉庆二十三年（嘉庆戊寅，1818年）　D1　10；D5　284，285，298，299，300，302，366，376，386，387，389；D8　400；D9　105

嘉庆二十四年（嘉庆己卯，1819年）　D1　10，24；D2　260，262；D8　198，199，203；D9　70

道光（1821—1850年）　D5　125，126，270，278，285，389；D8　423，466；D9　105，110

道光二年（1822年）　D6　20；D8　198，199，203

道光四年（道光甲申，1824年）　D6　20；D7　225，372，375，376，377，378；D8　420，425

道光五年（1825年）　D8　138

道光七年（1827年）　D5　1，19

道光八年（1828年）　D8　271，273，290

道光九年（1829年）　D5　428

道光十年（1830年）　D1　10

道光十一年（1831年）　D6　20；D8　400，427

道光十二年（1832年）　D4　556

道光十四年（1834年）　D8　420，425

道光十五年（1835年）　D5　125，141

道光十六年（道光丙申，1836年）　D5　389；D6　20；D8　426，453；D9　105

道光十八年（1838年）　D8　420

道光二十二年（1842年）　D8　420

道光二十三年（1843年）　D2　341，358；D3　398；D4　556

道光丙午（1846年）　D1　26；D2　260；D5　265；D9　240

道光丁未（1847年）　D8　273

道光二十八年（1848年）　D6　21，24；D7　398；D8　403，404

道光二十九年（1849年）　D8　423，425

道光三十年（1850年）　D6　21；D8　271

咸丰六年（1856年）　D4　1，564；D7　150，151

咸丰七年（1857年）　D6　21；D7　398

咸丰十年（1860年）　D8　348

同治（1862—1874年）　D6　21，174，235；D8　344，347，435，462

同治元年至九年（1862—1870年）　D6　21；D8　347，435

同治元年（同治壬戌，1862年）　D6　21；D8　412，453，454

同治二年（同治癸亥，1863年）　D6　21；D7　223，

索引　327

225；D8　260

同治三年（1864年）　　D4　563，564；D5　9，404

同治六年（1867年）　　D5　9，47，48；D8　462

同治七年（1868年）　　D8　429，434

同治八年（1869年）　　D8　138，199

同治九年（1970年）　　D5　408；D8　413，462

同治十一年至光绪元年（1872—1875年）　　D5　355

同治十二年（1873年）　　D5　368，371，372，376，387，388；D7　303，435

同治十三年（1874年）　　D1　26；D5　369，370，376，387；D6　21；D8　263，410，411

光绪（1875—1908年）　　D5　111，125，196，352，389；D6　84；D8　199

光绪元年（1875年）　　D5　294，376

光绪二年（1876年）　　D5　409

光绪四年（1878年）　　D8　408，412，465

光绪五年（1879年）　　D8　290

光绪七年（1881年）　　D5　125，266，275，386，410，411

光绪八年（1882年）　　D2　342，357；D8　138，344

光绪九年（1883年）　　D1　8；D7　306

光绪十一年（1885年）　　D4　1，557；D6　21；D8　453

光绪十二年（1886年）　　D8　413

光绪十五年（1889年）　　D5　365，376，387；D6　21，83，93，94，128，140，149，174；D7　37，427

光绪十六年（1890年）　　D8　343，344

光绪十八年（1892年）　　D6　21；D8　249

光绪十九年（1893年）　　D4　1，337，341，347，352，353，354，547，548

光绪二十年（1894年）　　D4　1，557，558

光绪二十七年（1901年）　　D5　389

光绪二十八年（1902年）　　D2　18，27；D3　407；D9　50

光绪二十九年（1903年）　　D8　409，410

光绪三十年（1904年）　　D5　372

光绪三十一年至三十四年（1905—1908年）　　D8　407

光绪三十三年（1907年）　　D5　372，376，388，422，424

宣统元年（1909年）　　D5　422；D7　285

宣统二年（1910年）　　D7　285，298，306，418，435

民国元年（1912年）　　D1　5

民国二年（1913年）　　D1　5；D6　10；D7　285

民国四年（1915年）　　D7　300，302，416，435

民国五年（1916年）　　D1　5

民国六年（1917年）　　D1　5；D7　397

民国九年（1920年）　　D5　267，275，373，376，386，388

民国十年（1921年）　　D8　349，384

民国十三年（民国拾叁年，1924年）　　D2　90，137，263，271，275；D3　398，399，408，411；D7　298，299；D9　50，51

民国十九年（1930年）　　D1　5

民国二十年（1931年）　　D9　281

民国壬申（1932年）　　D7　298

民国二十四年（1935年）　　D1　5

民国二十七年（1938年）　　D1　5

民国二十八年（1939年）　　D3　385

民国二十九年（1940年）　　D1　5

民国三十二年（1943年）　　D8　139

民国三十三年（民国卅三年，1944年）　　D6　21；D7　267，427；D8　136，137

民国三十四年（1945年）　　D1　26；D2　187，189，275；D3　410；D7　201；D9　51

民国三十五年（1946年）　　D1　5；D6　11

六、重要术语索引

A

阿兰若　　D7 422；D9 166，225

阿耨菩提（无上菩提，无上正觉，阿耨多罗三藐三菩
　　提）　　D7 56，62，72，74，112，206，419，421；
　　D8 146；D9 150，151，156，168，178，186，198，
　　200，203，204，206，207，209，215，216，400

阿僧祇　　D7 422；D9 181，208，209，210，212，
　　224，372

阿阇梨　　D7 424；D8 121，202；D9 139，141，142，
　　143，144，145，147，155，157，161，236

B

八臂观音　　D4 465，550

八部圣众　　D9 88，91

八大将军　　D9 194，239

八大六通（六通八大）　　D6 63；D7 418；D8 259，
　　451；D9 168

八大明王　　D6 27；D7 425；D8 201，202，336；
　　D9 172，186，198，215，216，243，267

八大五通　　D8 122

八定　　D7 159

八方天　　D9 301，302，325

八功德水　　D5 23，382；D7 146，423；D9 86，346，
　　349，366，369，370，389，390，401

八角形楼塔　　D9 92

八角形钟塔　　D9 92

八戒斋　　D7 117；D9 151，287，399，400

八力士　　D9 51

八菩萨（八大菩萨）　　D2 357，501；D3 347，354，
　　355，382，392，408，411，415，421；D4 525，
　　550；D7 425；D8 23，333，338；D9 35，41，48，
　　50，51，52，54，55，145，163，263，282，283，
　　284，285，286，287，290，292，294，295，296，
　　297，422，429，446

八十种好（八十随形好）　　D7 59，62，419；D9 147，
　　181，280

八正（八正道）　　D7 130

跋折罗手　　D9 262

白拂手　　D3 77，125，304；D9 312

半披式袈裟　　D9 389，422，429，431

傍生　　D1 247；D7 418；D9 147

宝钵手　　D3 77，125，304；D9 262

宝幢　　D7 419，422；D9 98，108，147，263，264，
　　334，343，349，352，361，367，369，389，390

宝地　　D8 138；D9 343，346，347，352，362，367，
　　369，389

宝铎　　D9 254，257，258，262

宝弓手　　D3 77，125，304

宝冠佛　　D8 289；D9 168，188，212，213，214，
　　406，408

宝戟手　　D3 77，125，304

宝剑手　　D3 125，151；D9 262

宝箭手　　D3 77，125，304

宝经手　　D3 304；D5 193，276，384；D9 445

宝镜手　　D3 304；D9 435，437，438，439，440，
　　442，445，447，448，450，451，456，459，461

宝篮手（宝蓝手）　　D3 77，125，151，304；D5 193，
　　276，383，384；D9 422，423，440，445，447，463

宝莲花　　D7 122；D9 399，400

宝扇手　　D9 312，431，432，445，448，456

宝塔手　　D3 125，151

宝印　　D9 257，258，262

宝装莲瓣　　D1 159，198，214

报恩道场　　D9 139，140，150，154，157，159，160，
　　164，165，190

抱肚　　D1 48，53，81，84，86，185；D2 56，66，
　　185，286，295，299，300，413，434，435；D3 53，
　　249，327；D4 122，166，231，286，345，473，
　　519，542；D5 68，85，99，104，131，133，138，
　　186，200，207，212，213，229，231，242，246，
　　332，333，339，340，341，342，343，344，359，
　　363；D6 39，44，45，63，72，81，150，187，205，
　　212，241，263，266，284，285，290，325，327，
　　339；D7 55，131，188，191，196，198，218，219，
　　266；D8 73，173，186，189，251，283，340，371，
　　450

抱鼓石　　D4 552；D5 389；D8 348，401

抱厦　　D3 159，185，186，187，194，195；D9 96，
　　97，98，100，101，338，340，364

北帝派　　D5 277

B

北极四圣　D5 <u>277</u>

贝叶经（贝叶）　D4 159；D6 152，155，156，157，160，281；D7 8，95，433；D8 37，73，74，91，105，109，131，146，187，201，255，286，315，395，397，423；D9 213，243

背子（褙子）　D2 136；D3 395；D8 266；D9 45，<u>422</u>，456，<u>460</u>

本生　D8 22；D9 117，139，143，<u>166</u>，<u>176</u>，<u>178</u>，<u>185</u>，<u>192</u>，<u>199</u>，205，<u>206</u>，207，<u>208</u>，209，210，<u>211</u>，212，299，333

本师　D2 229；D3 410；D5 397；D7 276，435；D8 26，50，122，123，341；D9 <u>109</u>，123，133，141，<u>239</u>，240，<u>397</u>

本尊教主　D7 243，255，256，262，263；D9 <u>141</u>，152，156，193，194，195，196，205，212，239

臂钏（宝钏）　D1 53，69，72，73，214，255；D2 170，276，389；D3 125，304；D4 24，133，210，305，323，518，522，543；D5 148，325；D7 <u>421</u>；D8 148，154，201；D9 266，302，305

臂甲　D2 56，185；D4 166；D5 85，104，186，229，231，246，340，359，399，411；D6 39，44；D7 266；D8 73，85，103，177，186，189

变文　D9 147，157，159，160

并蒂莲（并蒂仰莲，并蒂双重仰莲）　D1 95，111，124，135，163，174，198，242，244，255，277，284，289，292，294，298；D2 95，113，157，175，493；D3 22，25，31，57，254，304，306，313；D4 133；D5 79；D6 325

波罗蜜　D7 425；D8 19，20，22，121；D9 113，118，130，205，208，209，212，213，215，216，247，<u>312</u>，346，408

般若光明法门　D4 129，526，541

博鬓冠　D9 420

步摇　D2 123；D5 327

C

层理　D5 6，116，281

层面裂隙　D1 19；D5 6，8，116，124，281；D6 7，9

层状砂岩　D5 6，116，281

叉手　D3 187；D9 99

禅定　D7 <u>419</u>，426，436；D9 147，153，154，<u>178</u>，190，199，205，209，285，301，<u>365</u>，366，389，432，462

禅定印（定印）　D1 65，152，190，275；D3 151，180，210，211，213；D4 518，519，524，541，542，549，554；D5 397，399，403；D6 70，150，158，281，295，306，311；D7 8，118，129，243，262，331；D8 17，20，93，109，236，285，304，452；D9 114，178，194，205，213，214，215，254，258，266，269，276，284，295，301，312，314，357，389，396，407

禅林　D5 <u>389</u>，397；D7 298；D9 160，202

禅杖　D3 394，395；D9 40，42，<u>43</u>，45，83，85，281

禅宗　D6 <u>27</u>；D7 426；D8 468；D9 139，157，158，<u>159</u>，174，183，184，190，191，205，<u>206</u>，247，<u>406</u>，462

蝉鬓　D3 150，151

产状（岩层）　D1 <u>16</u>，<u>19</u>，25；D3 380；D5 <u>6</u>，<u>116</u>，<u>281</u>；D6 <u>7</u>，22

忏斋仪文　D6 <u>26</u>

氅　D2 73，137，179，408；D4 448；D5 65，68，170，227，237，316，323，324，332，333，338，340，344，357，377，378，387；D7 55，284，285

朝天幞头　D2 73；D5 229，277，385

沉积带　D5 6，116，281

沉积岩　D6 7

鸱尾　D2 52，123，430；D3 185，187，198，199，211，212，213；D4 94，96，101，142，147，168，188，193，265；D5 323；D6 72，168，185，187，195；D7 129，356；D9 94，96，97，98，99，<u>100</u>

鸱吻　D4 469，485；D5 323；D6 290，337，339；D7 349；D8 435

持经箧手　D3 151

持莲手　D1 <u>247</u>；D3 304

持螺手　D3 151

持矛手　D3 151

持日手　D3 77，125

持月手　D3 77，125，304

出游四门　D7 420，429；D9 148

初转法轮　D8 333，338

触地印　　D9　214，215，238，241，314，407

川密　　D2　501；D6　26；D9　129，133，164，230，236，239，242，243，247，248

穿斗式　　D1　19；D4　552；D5　389；D6　168；D8　348，349，384，420，423

慈力王施血本生　　D9　210

丛髻　　D1　56；D3　212，213

攒尖顶（攒尖式屋顶）　　D2　27，205，206；D3　294，337；D4　58；D6　95，146，182，284；D7　130，349，353；D8　316，324，384，429，430；D9　102，194，340

D

搭肘式　　D9　56，57，59，63，65，66，67，68，69

大悲心　　D1　92；D8　21，31；D9　128，141，152，171，196，206，209，250，261，262，263，264，265，285，310

大乘经典　　D7　123；D9　119，189，210，387，400

大乘经律　　D9　145

大乘律　　D9　130

大方便佛报恩经变　　D6　21，22，23；D7　423，432，433；D8　200，202，289；D9　142，164，172，173，174，176，177，178，186，190，191，192，198，208，215，231，273

大方便佛报恩经变·割肉供父母　　D7　67，423，432；D8　200，335；D9　150，176，178

大方便佛报恩经变·六师谤佛（六师外道谤佛）　　D7　56，423，432；D8　200，335；D9　153，155，176，177

大方便佛报恩经变·亲担父王棺（担父王棺）　　D7　77，423，433；D8　200，335；D9　150，155，176，177

大方便佛报恩经变·睒子行孝　　D7　73，423，433；D8　200，335；D9　150，176

大方便佛报恩经变·舍身济虎　　D7　69，423，432；D8　200，335；D9　150，176

大方便佛报恩经变·舍身求法　　D7　74，423，433；D8　200，202，335；D9　150，176

大方便佛报恩经变·舍身闻偈　　D9　176，192，211

大方便佛报恩经变·剜睛出髓为药　　D7　64，423，432；D8　200，335；D9　176，178

大方便佛报恩经变·剜肉求法（因地剜肉）　　D7　70，423，433；D8　200，335；D9　150，176

大方便佛报恩经变·行孝证三十二相（证三十二相）　　D7　59，423，432；D8　200，335；D9　150，176

大方便佛报恩经变·雁书报太子　　D7　69，423，432；D8　200，335；D9　150，176

大方便佛报恩经变·诣父王所看病（诣父王所诊病）　　D7　76，423，433；D8　200，202，335；D9　150，176

大方便佛报恩经变·鹦鹉行孝　　D7　64，423，432；D8　200，335；D9　150，176

大轮五部咒（大轮五部秘咒，大轮五部密咒）　　D7　424；D8　120；D9　106，107，139，142，152，196

大轮咒术　　D9　182，202，203

大千国土　　D6　63；D7　418；D8　252，259，285，289，451；D9　140，143，144，188，194，200，314，332

大千世界　　D7　213，418；D9　352，354

大日金轮曼荼罗　　D9　302

大鱼事经变　　D7　426，436；D8　286，287，337

大藏塔（本尊塔，法藏塔）　　D6　27；D7　312；D8　200，242，244，263，335；D9　111，112，113，129，130，131，133，134，135，186

忉利天　　D4　310，546；D7　418，420，423，429；D8　200；D9　150，169，176，181，224，227，228

忉利天会　　D7　422，431；D9　224，228

道场仪文　　D9　154，164

底本　　D1　33，40；D2　11；D3　9；D4　6；D5　3；D6　29；D7　3；D8　3，120；D9　70，94，101，106，119，125，131，299，389，397，401，402

地母　　D5　117；D7　300，302，425，435；D9　474

地神　　D4　519，527，530，542；D7　418；D8　259；D9　194，239，265，277

地天　　D1　92；D3　400

地狱变　　D1　28；D5　277；D6　21，22，23，26，27；D7　167，173，185，212，215，424，434，435；D8　334，411；D9　141，142，143，151，152，158，160，181，266，326

地狱变·阿鼻地狱（阿鼻）　　D7　36，184，206，422，423，424，435

地狱变·拔舌地狱（拔舌）　　D6　22；D7　191，225，424，427，435；D9　151

地狱变·锉碓地狱（锉碓）　　D7　196，218，225，424，427，435；D9　151

索引　331

D E F

地狱变·刀船地狱　　D6　8；D7　209，210，424，435
地狱变·刀山地狱（刀山）　　D7　188，225，424，435；D9　151
地狱变·毒蛇地狱（毒蛇）　　D7　196，424，435；D9　151
地狱变·恶鬼地狱　　D6　8
地狱变·饿鬼地狱　　D7　207，225，424，435；D9　151
地狱变·粪秽地狱　　D6　8；D7　222，225，424，435
地狱变·寒冰地狱（寒冰）　　D6　8；D7　190，225，424，435；D9　151
地狱变·黑暗地狱（黑暗）　　D7　199，424，435；D9　151
地狱变·镬汤地狱（镬汤）　　D6　8；D7　189，218，424，435；D9　151
地狱变·剑树地狱（剑树）　　D6　21；D7　190，225，424，435；D9　151
地狱变·截膝地狱　　D2　193，204，229，257；D6　8，22；D7　201，225，424，427，435；D9　151
地狱变·锯解地狱（锯解）　　D7　198，424，435；D9　151
地狱变·鏊戟地狱　　D7　218，219，424，435
地狱变·剖腹地狱　　D6　8
地狱变·十八地狱（十八组地狱）　　D8　19；D9　121，181
地狱变·铁床地狱（铁床）　　D7　198，424，435；D9　151
地狱变·铁轮地狱　　D7　209，218，225，424，435
地狱十王　　D3　353，419
地藏变　　D2　501
地藏十王　　D3　129，391，416；D5　89；D6　27；D7　424；D9　37，172，173，178，181，182，190，191，266
帝释会　　D9　226
帝释天（天帝释）　　D5　276，385；D7　418，420，421；D9　236，237，325，326，333
帝释天宫（天帝释宫）　　D9　225，226，227，228
电母　　D7　423，432；D8　229；D9　149，165，276
东方七佛　　D9　287
东坡巾　　D7　64，432；D9　236
兜鍪　　D1　57；D9　320，325，390，396
兜率天（兜率陀天）　　D7　69，422；D8　411；D9　221，224，227
兜率天会　　D7　422，431；D9　224，228
犊鼻裈（犊鼻裤）　　D1　69；D3　184，304；D4　158；D5　138；D6　72；D7　49，160，188，189，190，191，196，198，199，201，206，209，218，219，222，379；D8　103，187，189
敦煌遗书　　D9　87，90，134，285
顿项　　D1　57，72，81，166，203；D2　185，187，218，435，490；D3　53，249，262，267，328，343；D5　187，212，399；D6　150，197，205，241，248，339；D7　131；D8　73，189，283，340，371

E

恶道（恶趣）　　D7　126，419，422，423；D8　39；D9　181，195，291，349，391，399，401
恶业　　D7　26，122，123，126，188，213，218，422，431；D8　44，200，335；D9　90，147，149，151，155，174，369，374，391，399，400，401
饿鬼（薜荔多）　　D1　92；D3　130，301，304，354，400，418，420；D5　416；D6　72，150，162，163，177；D7　49，160，206，207，213，215，224，418，419，421，423，424，429，432，434；D8　23，51；D9　117，119，147，151，252，254，255，258，265，269，276，291
二百五十戒　　D7　204
二乘　　D7　160；D9　151
二六时　　D2　257；D3　386，411；D5　193，384；D9　36
二十八星君　　D5　277
二十八宿　　D1　190；D3　393；D5　277；D8　23；D9　42，52，119
二十八药叉（二十八大药叉）　　D7　418；D9　301，326
二十四诸天　　D8　232，285

F

发愿文　　D7　150，314，427，428；D9　84
法幢　　D9　287
法供养　　D9　200
法会　　D5　13，112；D7　313，315，422；D9　135，154，159，165，168，236
法身　　D1　12；D6　25，26，27；D7　137，419，

424，434；D8 20，36，200，242，244，263，335；D9 111，129，131，132，133，134，141，142，143，145，166，168，169，170，171，172，178，181，182，184，185，186，187，188，189，190，191，193，195，202，206，210，211，212，213，216，218，236，239，243，248，249，279，314，391，396，397，408

法身偈　D9 134

法身舍利偈　D9 132，133，134

法像　D8 411，468；D9 165

法藏　D8 25，200；D9 125，132，134，240，241，247，249，338，339

法藏图像　D9 247

梵本　D9 212，250，261，262，292

梵夹　D9 305，310，312，313，320，333，334

梵天　D7 418，421；D9 114，118，132

梵网经变　D9 192

方胜纹（方胜）　D9 444，447，452，456，460，470

方心曲领　D5 227，229，230，242，246，261，277，324，332，337，338，339，340，341，343，344，377，385

方形平顶窟（方形窟，平顶方形窟）　D2 87，136，179，193，275，290，313，356，369，425，440，452，499；D3 395，408，410，411，412，413，414；D4 509；D5 153，223，275，294，376，383，384，385，386，425；D7 317，436；D8 45，68，335；D9 2，28，42，45，50，51，52

方形屋顶窟　D8 85，124，140，198，335，336

飞廊　D3 184，202，204，205；D9 95，98

飞人　D3 52，62，129，409，416

粉本　D9 169，188，192，199，251，274，276，277，278，343，346，357，374

风伯（风神）　D1 92；D7 432；D8 229；D9 149，265，276

风化裂隙　D1 19；D5 6

风天　D9 325，327，332

凤翅盔　D2 185，187，300；D5 85，212，217，344；D6 39，150，197，205，241，248，325，339；D7 131，257，266；D8 73，101，340，371；D9 269

凤冠　D2 123，124，138，218，295；D3 373，376，379；D4 307；D5 14，113，149，220，237，257，270，277，306，327，337，377，385，386，387；D6 146，162；D7 425，435；D9 460

佛传故事　D7 419，421；D8 333，338

佛传图　D8 285，287，337；D9 171

佛骨　D8 136，138，139；D9 202，203

佛会图　D9 223，335

佛教史迹　D9 77，210

佛母　D4 310，546；D5 117；D6 262；D7 420，421，429；D8 21；D9 83，116，148，149，172，298，299，312，314，320，330，332，333

佛牙　D6 27；D7 80，81，312，417，423；D8 411；D9 150，159，176，178，201，202

佛牙精舍　D9 163

佛牙舍利　D9 132

浮图　D1 26，42；D3 384；D7 213；D9 36，154，258

福田　D4 558；D7 31；D8 21，413，427；D9 116，161，211，216

父母恩重经变　D6 21，23，27，83，93，128，140，149，174；D7 37，422，431，432；D8 200，202；D9 140，142，143，149，150，155，157，158，159，160，164，172，173，174，175，178，186，190，191，198，208，215

父母恩重经变·怀胎（担）守护恩　D7 18，422，431；D8 200，335；D9 149，174

父母恩重经变·究竟怜悯恩　D7 27，422，432；D8 200，335；D9 149，174

父母恩重经变·临产受苦恩　D7 19，422，431；D8 200，335；D9 149，174

父母恩重经变·乳哺养育恩　D7 25，422，431；D8 200，335；D9 149，174

父母恩重经变·生子忘忧恩　D7 19，422，431；D8 200，335；D9 149，174

父母恩重经变·投佛祈求嗣息　D7 9，422，431；D8 200，335；D9 149，174

父母恩重经变·推干就湿恩　D7 21，422，431；D8 200，335；D9 149，174

父母恩重经变·为造恶业恩　D7 26，422，431；D8 200，335；D9 149，174

父母恩重经变·洗濯不净恩　D7 25，422，431；

父母恩重经变·咽苦吐甘恩　D7　20，422，431；
　　D8　200，335；D9　149，174

父母恩重经变·远行忆念恩　D7　26，422，431；
　　D8　201，335；D9　149，174

缚裤　D1　48，56，72，81，86；D2　228，300；
　　D5　27，85，95，104，187，212，213，291，332，
　　359，411；D6　295，326，339

覆钵式塔　D8　105

G

甘露手　D3　125，304；D9　265

感应事迹　D7　425；D9　182，191，199，207，210，
　　216

割舍　D9　182，192，199，200，203，204，205，206，
　　207，208，211，216，217，408

功德主　D2　90，138；D3　387，398，399，408；
　　D4　259，264，520，530，536，537，538，539，
　　544，558，564；D5　47，197，267，273，389，419，
　　422，424，425；D7　150，306，397；D8　263，342，
　　405，451；D9　287

共命鸟　D3　208，209，235，418；D9　349，350，380

供养菩萨　D1　189，198；D3　403；D5　50，51，143，
　　276，383；D7　423；D9　202，258，359，377，380，
　　394

鹊尾　D1　48，53，72，84，86，185；D2　185，286，
　　299，300，435；D3　249，327，328；D5　68，85，
　　99，104，186，187，200，212，229，231，242，246，
　　359；D6　39，45，205，290；D7　188，191，198，
　　266；D8　73，283

观无量寿佛经变（观经变，观无量寿佛经图，观无量寿经
　　变）　D1　24，27，28；D3　222，235，389，390，
　　418；D6　11，20，21，22，23，24，124；D7　147，
　　150，424，433，434；D9　40，54，92，93，94，
　　102，103，104，143，151，152，157，158，159，
　　160，172，173，178，179，180，181，182，190，
　　191，231，273，274，336，337，338，339，340，
　　341，342，343，344，345，346，347，348，349，
　　350，351，352，353，354，355，356，357，358，
　　359，360，361，362，363，364，365，366，367，
　　368，369，370，371，372，373，374，375，376，
　　377，378，379，380，381，382，383，384，385，
　　386，387，388，389，390，391，392，393，394，
　　395，396，397，398，399，474

观音地藏（地藏观音，地藏、观音，观音、地藏，观音与地
　　藏，地藏与观音，观世音菩萨地藏菩萨）　D1　138，
　　190，229，247，274，312；D2　138，500，501；
　　D3　128，129，157，233，234，235，236，250，
　　353，354，355，381，387，388，389，390，391，
　　392，393，397，399，401，403，404，405，406，
　　409，413，414，415，416，417，418，419，420，
　　421；D4　521，530，546；D8　264；D9　34，39，
　　40，41，42，45，48，49，50，52，53，54，55，279，
　　288，290，292，314，317，374，375，376，460，
　　462，469

灌顶　D8　20，39，200，202，335，349，357，380，
　　381，382，384；D9　114，139，140，141，142，
　　143，154，155，157，161，164，310

灌顶部　D7　424；D8　121；D9　108

灌顶坛　D9　139，140，141，143，144，148，154，
　　155，156，157，158

光明藏　D7　356；D8　20；D9　115，231

圭形龛　D4　218，231，249，277，279，293，301，
　　311，314，320，345，373，375，376，382，388，
　　393，398，408，414，419，425，431，437，443，
　　450，516，543，544，545，546，547，548，549，550

H

合掌手　D9　262，384

合掌印　D9　205，389

合智印　D9　219

护摩　D9　140，144，154，156，157，163，325

花翎　D8　407

花鬘冠（花蔓宝冠，花蔓冠）　D9　256，257，258，261，
　　276，277，284，295

华拱（华栱，实拍华拱）　D3　185，186，187，196，
　　198，199，204；D4　15，27，30，40，42，47；
　　D9　96，97，98，99

华严禅　D9　249

华严法藏　D9　240，241，249

华严教义　D9　239，240

华严教主　D9　239，240，241，242

华严经变（华严变）　D9　178，222，223，226，227

华严经会　D9　226

华严三圣（华严三身）　D2　137，138；D3　387，389，392，393，398，399，407，408；D4　517，518，530，542；D6　21，22，83，93，128，140，149，174；D7　37，418，419，429，431；D8　201，285，286，287，336，337；D9　58，59，63，147，148，163，166，167，168，188，189，190，229，235，236，238，239，240，241，242，243，244，249，264，314，377，407，408，412，418，420，422，446，451，452，453，461

华严宗　D9　190，203，222，230，240，247，248

华藏（华藏世界）　D7　422；D8　259；D9　218，221，222，223，227，228

化佛冠　D1　65，210，214；D2　17，65，91，453；D3　353；D6　150，212；D7　419，429；D8　285，286，348，349；D9　242，261，269，305

化佛手　D1　73；D3　304；D9　262，264

化宫殿手　D3　304

化首　D3　384；D4　228，538，539，544；D5　193，307，345，377，384，387；D9　37，337

化主　D5　194，384；D7　312；D8　409

欢门　D6　294，295，305，306，318，319，320，321，322，361；D7　421，422，430；D8　254

欢喜地　D7　113；D9　179，211，399，400

环髻　D2　185；D3　151；D7　205

回纹（回形纹，回字纹）　D6　267，352；D7　256；D8　430；D9　446，449

回向　D4　168，191，527，528，542，543；D7　110，112，117，118；D9　151，203，205，215，383，387，398，399，400

会首　D5　273，354，420，421；D6　148；D7　376；D8　137

火神　D1　92；D3　400；D8　348，407；D9　265

火天　D9　325，326，327

J

偈语　D6　11，25，81，148，189，190，193；D7　36，46，47，48，77，150，152，153，158，160，163，164，165，191，212，371，402，417；D8　25，28，50，84，85，141，200，202，232，239，242，244，248，251，254，255，259，263，271，289，335，371，397；D9　141，144，148，151，155，158，159，243，248

迦陵频伽　D1　225，247；D3　159，165，184，198，199，204，205，235，404，418；D6　37，39，66；D7　101，111，112，433；D9　96，349，350，351，380，382，394

尖拱龛（尖拱形龛）　D1　29，175，189；D2　10；D3　8，380，381，403，419；D5　2；D8　2

尖芒纹　D3　394；D9　40

减地（减地平钑）　D1　73；D2　107，165；D3　122，214，248，249，286；D4　23，24，25，149，552；D5　333，422；D6　35，72，76，79，182，285，294，295，307；D7　332，370；D8　148，159，297，305，333

交脚幞头　D5　79，84，85，88，135，332，339，343，344；D6　230；D7　187

教令身　D7　425

教相道场　D9　139，140，142，143，144，145，148，153，154，155，156，157，158，159，160，164，165

接引佛　D8　423；D9　380，387，394

结界像　D9　144，147，152，163，164，189，241

羯磨部　D7　424；D8　121；D9　108

金博山　D5　135，224，229，230，231，236，237

金翅鸟　D1　203；D2　430，440，445；D3　159，165，175，183，184，194，195，196，197，199，202；D7　423；D9　79，80，96，97

金幢　D9　343，367，389

金刚部　D7　424；D8　121；D9　108

金刚杵（独股金刚杵）　D1　206；D2　170，185，219，300；D3　165，214；D5　23，52，213，382；D6　44，156，157，161，327；D7　256，276，421；D8　50，173，299，348，423；D9　86，209，263，325，334，372

金刚杵手　D3　74，77，125，304；D9　262

金刚函　D7　77

金刚界　D7　425；D9　141，155，156，207，213，214，215，247，298，332

金刚界曼荼罗　D7　424；D9　157，164，213，214

金刚界五佛（金刚界五方佛）　D7　425；D9　182，213，214，215，407

金刚拳　D9　215，263

金刚台　D6　235；D7　111；D9　380，383，390，394，398，399

金刚座　D4　59；D9　231，256，257，258，274，276

金罡宝山　D8　259；D9　239

金棺说法　D9　169

金莲花　D7　126；D9　385，387，399，400，401

进贤冠　D2　150，300；D3　395；D4　562；D5　37，108，211，212，213，217，236，237，332，337，359；D6　230，263，284；D7　130，424；D8　159，173；D9　45，231

经幢　D1　26；D3　159，165，169，171，182，183，184，185，195，196，197，202，204，205，212，241，275，277，280，294，296，298，301，329，331，332，337，347，353，354，355，382，388，389，390，391，392，419，420，421；D4　1，559，560；D6　24；D8　200；D9　35，41，42，54，55，95，103，131，163，290，291，295，340，342，343，345，389，527

精舍　D9　200，339

净瓶手（宝瓶手）　D3　77，125，151，304；D9　432，433

净土信仰　D9　210，289，290，314，354，398，407

净土宗　D9　158，290，383

净业　D2　400；D7　110，426，436；D9　139，149，150，151，153，157，158，160，179，181，231，364，366，380，383，399，407

九横死　D9　285

九龙浴太子　D6　7，11，21，22，23，27；D7　421，429；D8　438；D9　168，169，170，191，273

九品往生　D9　151，179，337，338，362，372，377，379，380，382，383，384，386，387，388，391，392，394，395，396，398，399

九曜（九星）　D1　171，190；D3　392，393，403；D4　524，550；D9　35，41，42，48

具足戒　D7　118；D9　399，400

卷发人（鬈发人，卷发尊像，卷发僧，卷发形象，卷发修行者）　D6　70，117，121；D7　129，212，215，378，391，418，424，426，429，432，434，436；D8　26，81，90，104，107，129，130，177，178，187，200，201，202，304，333，335，336，338；D9　61，62，147，148，151，154，168，169，185，194，235，236，248

绢本　D9　227，247，251，312，330，332，352，353

羂索手　D3　304；D9　262

K

科仪　D5　13；D6　26

刻本　D5　114；D9　79，131，135

孔雀明王经变（孔雀明王洞，佛母大孔雀明王经变，孔雀王变相）　D5　117，277，385；D6　21，22，24；D7　421，430；D8　411；D9　168，172，335

孔雀明王坛　D9　300，301，302，305，312，314，325，326，333

孔雀王本生　D9　299，333

孔雀王陀罗尼　D9　298，299

骷髅手　D3　77，125，304

快目王施眼本生　D9　210

昆仑奴　D4　526；D9　359

L

雷神（雷公）　D1　92；D3　400；D7　418，423，432；D8　259；D9　149，165，265，276

礼忏　D9　287，387

莲花部（莲华部）　D7　424；D9　108

莲花冠　D5　227，237，316，332，338，340，344；D6　213，325；D7　284；D8　252，286

莲华合掌印　D9　231

莲华藏　D9　221，223，241

莲华藏海　D9　228，238，239

裲裆甲　D1　53，81，166，203；D2　185，299，300，434，435；D3　53，327，328，343，394，395；D5　68，85，99，138，186，229，231，242，246，277，333，342，385；D6　39，44，284，290；D7　72，185，188，191，198，218，219，256，433；D8　73；D9　40，42，45

临济（临济宗）　D4　556，566；D5　397；D6　28；D8　198，341，342，343，462，468；D9　159

柳本尊教派　D9　105，240

柳本尊十炼图（柳本尊行化十图，柳本尊行化图，十炼图，柳本尊行化十炼图）　D1　12；D6　11，21，22，

24, 25, 27; D7 425, 435; D8 201, 202, 336; D9 105, 106, 141, 142, 151, 152, 156, 157, 160, 172, 173, 174, 178, 182, 183, 186, 189, 191, 192, 193, 194, 196, 197, 198, 199, 200, 202, 203, 204, 205, 206, 207, 208, 209, 210, 212, 213, 214, 215, 216, 217, 235, 236, 239, 243, 247, 248, 391, 396, 408

柳本尊十炼图·割耳　D7 257, 425, 435; D8 201, 336; D9 107, 108, 152, 193, 195, 197, 198, 199, 204, 208, 235, 247

柳本尊十炼图·立雪　D7 255, 425, 435; D8 201, 336; D9 106, 151, 152, 193, 194, 195, 197, 198, 199, 200, 205, 207

柳本尊十炼图·炼顶　D7 258, 425, 435; D8 201, 336; D9 152, 193, 195, 197, 198, 199, 202, 203, 209, 239

柳本尊十炼图·炼踝　D7 256, 425, 435; D8 201, 336; D9 107, 152, 193, 194, 195, 197, 198, 199, 203, 205, 207

柳本尊十炼图·炼膝　D7 263, 425, 435; D8 201, 336; D9 108, 151, 152, 193, 196, 197, 198, 199, 203, 210

柳本尊十炼图·炼心　D7 258, 425, 435; D8 201, 336; D9 107, 152, 193, 195, 197, 198, 199, 203, 204, 205, 207, 209

柳本尊十炼图·炼阴　D7 262, 263, 425, 435; D8 201, 336; D9 107, 152, 193, 196, 197, 198, 199, 203, 209

柳本尊十炼图·炼指　D7 243, 425, 435; D8 201, 336; D9 106, 152, 193, 194, 195, 197, 198, 199, 207

柳本尊十炼图·舍臂　D7 262, 425, 435; D8 201, 336; D9 107, 152, 193, 195, 196, 197, 198, 199, 204, 209

柳本尊十炼图·剜眼　D7 256, 425, 435; D8 201, 336; D9 107, 152, 193, 194, 195, 197, 198, 199, 204, 207

六臂观音　D3 129, 388, 389, 391, 392, 417; D9 291, 295

六臂明王　D9 268

六臂菩萨　D1 274; D3 388, 389, 393, 405, 417;

D9 50, 51, 52, 53, 302

六波罗蜜　D5 23, 382; D9 57, 86, 141, 155, 176, 210

六部天官　D5 277

六代祖师　D1 9; D8 18, 155, 200; D9 131, 133, 141, 142, 156, 206, 218, 230, 243, 248, 249

六道轮回（六趣轮回，六趣生死轮）　D6 21, 23, 27; D7 418, 429; D9 143, 147, 153, 158, 166, 167, 168, 190, 391

六度　D8 20; D9 79, 88, 90, 91, 115, 171, 199, 205, 206, 209

六根　D7 418

六耗　D6 11, 21, 26, 27; D7 152, 164, 424, 434; D9 143, 151, 152, 158, 159, 172, 173, 178, 179, 181, 190, 191, 209

六劫　D7 123; D9 387, 399, 400

六挈具　D1 89; D4 520, 544; D9 79, 314

六念　D7 110; D9 383, 398, 399

六通　D7 117, 429; D8 201, 214, 335; D9 168, 391, 399, 400

六物　D9 56, 280

六贼　D7 160, 312; D8 411; D9 163

龙华三会（三会龙华）　D5 193, 384; D9 152, 196, 210, 221

龙众　D1 247; D9 302, 320, 325

笼冠　D5 332

楼阁塔（楼阁式塔，楼阁式石塔）　D3 184, 185, 196, 197, 200, 202, 204, 205; D6 95, 110, 190; D7 212, 419; D8 8, 200, 333, 335; D9 101, 102, 131, 194

罗刹　D1 92; D7 74, 421; D9 325, 326

罗汉道　D7 117; D9 391, 399, 400

M

马面角台　D3 174, 213

曼荼罗　D9 139, 146, 154, 155, 160, 164, 187, 189, 213, 214, 215, 216, 229, 237, 251, 261, 263, 292, 298, 302, 325, 332

眉山水陆　D9 165

弥勒化身　D9 143, 151, 174, 178

弥勒净土　D9 89, 221

弥勒下生经变　　D1　25；D2　439, 500；D3　382, 386, 389, 390, 393, 398, 399, 414；D9　45, 52, 83, 87, 314, 349, 350

弥陀定印（弥陀印）　　D1　154；D4　522, 523, 548, 549；D7　239；D8　37, 201；D9　213, 362, 369, 377, 383, 385, 391, 394, 396, 407

密教道场（密宗道场）　　D6　26；D8　202；D9　139, 163, 164, 165, 242, 243

密檐塔（密檐式塔，密檐式宝塔）　　D3　212；D4　164, 518；D6　153, 154；D9　369, 407

密印　　D1　9；D8　18；D9　133, 141, 142, 156, 218, 243, 248, 249

密语　　D8　122；D9　109, 250

密宗　　D1　9；D8　201；D9　105, 142, 144, 147, 152, 155, 156, 157, 158, 163, 164, 218, 247, 251, 261, 267, 507

密宗部主　　D9　129

冕冠　　D5　84, 135, 276, 324, 327, 332, 337, 338, 341, 342, 343, 344, 357, 377, 378, 383, 387；D7　181, 184, 300；D8　348

灭度　　D2　400；D5　396；D7　420；D8　26, 39；D9　122, 210, 339

明妃　　D9　332

明光甲　　D1　48, 185；D3　53, 394, 395；D9　40, 42, 45

摩尼珠（摩尼宝珠）　　D1　274；D7　76；D9　291, 407, 408, 446

牧牛道场（牧牛图）　　D6　11, 21, 22, 23, 24, 26, 27；D7　398, 426, 436；D9　140, 143, 153, 154, 158, 159, 160, 183, 184, 190, 191, 249

P

旁牌手　　D3　77, 125, 151, 304

蓬莱镇组　　D1　16；D6　7

毗楞竭梨王本生　　D9　211

毗卢道场　　D6　21, 267, 359；D7　416, 419, 421, 422, 426, 430, 431；D9　61, 62, 64, 140, 143, 144, 145, 147, 149, 152, 153, 157, 160, 172, 173, 174, 189, 212, 218, 219, 223, 227, 228, 230, 236, 238, 242, 248, 273

毗卢印　　D5　50, 113；D7　239, 307, 331, 402, 425, 435

辟支佛　　D9　176, 302

婆罗门　　D4　281, 521, 525, 529, 545, 550；D5　114；D7　70, 420；D8　22；D9　119, 147, 148, 168, 181, 209, 250

婆罗门教　　D9　143

婆罗门舍身闻偈本生　　D9　211

菩萨行　　D7　74, 423；D8　20, 21；D9　113, 116, 158, 166, 168, 171, 172, 174, 178, 179, 182, 185, 186, 187, 188, 189, 190, 191, 193, 208, 209, 212, 215, 217, 337, 339, 354, 357, 359, 364, 407, 408

菩提道场会　　D7　422；D9　224, 228

菩提瑞像　　D9　241, 242

葡萄手　　D1　69；D3　77, 125, 151；D9　262

普光明殿会　　D7　422, 431

普拍枋　　D4　9, 15, 23, 27, 30, 40, 42, 53, 101, 142, 168, 183, 193, 459；D5　323；D7　95, 100；D9　96, 98

Q

七宝　　D1　92；D7　419；D8　21, 39, 138；D9　91, 116, 207, 221, 261, 265, 339, 343, 346, 347, 349, 364, 367, 369, 389, 399, 446, 460

七宝池　　D7　112, 118, 123, 146, 423；D9　346, 383, 384, 385, 389, 391, 398, 399, 400, 401

七宝盖　　D7　263；D9　196, 209, 210

七宝果　　D9　349, 380

七宝莲（七宝莲花）　　D7　118, 131；D9　369, 385, 389, 399, 400

七处八会　　D9　223, 224, 225

七处九会　　D7　422；D9　173, 218, 219, 222, 223, 224, 225, 226, 227, 228, 241, 242, 243, 249

七佛（七如来，七尊佛陀）　　D2　137；D3　347, 354, 355, 382, 392, 421；D4　520；D6　11, 20, 22, 193；D7　16, 37, 313, 417, 422, 431；D8　20, 22, 200, 335, 342, 343, 344；D9　35, 41, 50, 55, 58, 59, 114, 117, 119, 143, 144, 147, 149, 154, 158, 159, 162, 163, 174, 185, 269, 279, 285, 287, 290, 295, 297, 299, 301, 302, 325, 366, 407, 408

七佛冠（七佛宝冠） D6 95, 247；D9 305, 325

七觉 D7 130；D9 216, 389

七曜 D1 190

七斋 D1 215；D3 404；D9 35

千手观音经变（千手千眼观音经变，千手千眼大悲变相，大悲变相） D1 92；D3 389, 390, 400；D7 419；D9 40, 47, 251, 263, 264, 265, 267, 268, 269, 270, 274, 275, 276

虔阇尼婆梨王本生 D9 211

翘翅幞头（翘脚幞头） D3 103, 115, 214, 262, 288, 296, 313, 331, 345, 376, 394；D5 254, 325, 363, 407；D9 40

穹隆顶 D2 39, 55, 82

求法布施本生 D9 211

雀替 D1 89；D2 123；D4 563；D5 323；D6 182；D7 95；D8 430, 434, 435；D9 5

鹊巢顶相 D7 258；D9 152, 195, 209

R

人字顶 D1 29；D2 10, 19, 27；D3 8, 407；D5 2；D8 198；D9 50

人字拱（人字栱） D3 187；D4 15, 30, 40, 42, 47；D9 97, 98, 99

忍辱 D5 23, 382；D7 64；D9 86, 155, 192, 199, 205, 206, 207, 208

日精摩尼手 D9 262

如幻解脱法门 D4 158, 527, 542

如意手 D3 125, 304

如意珠手 D9 262

入法界品会 D9 228

软脚幞头 D1 40, 53, 69；D2 100；D3 210, 250, 304；D4 562；D5 217, 260, 261, 262, 274, 386, 411；D6 146, 185, 187, 213；D7 43, 76, 186, 187, 266, 433；D8 73, 450；D9 256

瑞相 D7 418；D8 202

S

萨埵太子本生 D9 192, 199, 210, 211

三宝 D4 264, 537, 545；D5 147, 383；D7 31, 46, 123；D8 255, 289, 343, 344, 420, 425；D9 87, 88, 90, 126, 131, 134, 142, 144, 145, 149, 152, 153, 154, 157, 163, 179, 181, 185, 188, 200, 201, 202, 203, 330, 349, 400

三乘 D7 397

三重方形龛 D4 501, 516, 551

三大士 D9 139

三毒 D7 418；D9 168, 210, 216

三恶 D7 184；D9 86

三恶道（三恶趣） D7 422, 423；D8 39；D9 349

三福 D7 110；D9 151, 179, 380, 383, 391, 399

三官 D2 138；D5 277；D7 397

三官五帝 D9 165

三皈 D7 110, 159；D9 151, 399

三皇 D5 117, 126, 127, 277, 385；D7 81；D9 178, 456

三界 D1 190；D6 63, 81；D7 146, 159, 164, 371, 418, 420, 421, 423；D9 132, 147, 148, 168, 178, 194, 239, 267, 401

三界印 D9 282

三昧 D4 193, 528, 543；D5 23, 382；D7 112, 213, 422；D8 20, 21, 22, 31, 285；D9 86, 113, 114, 115, 116, 117, 128, 130, 153, 155, 157, 200, 202, 205, 206, 212, 213, 224, 225, 229, 247, 266, 267, 275, 352, 369, 398, 400

三密 D9 141, 156, 157

三面八臂（三头八臂） D2 165, 276；D3 410；D4 542；D7 49, 277, 432；D9 300, 334

三面六臂 D1 72, 203；D2 170, 185, 187, 299；D3 416；D5 187, 231, 359, 378, 387；D7 271, 276, 277；D9 268, 300, 320, 332, 334

三品九生 D7 89, 101, 108, 423, 424, 433；D9 338, 377

三清 D2 90, 138；D3 398；D5 127, 277, 283, 284, 285, 299, 311, 345, 377, 387；D6 11；D7 284, 417, 425, 435；D9 196, 197, 474

三身佛 D2 49；D3 345；D4 522, 524, 530, 547, 549；D8 285, 287, 337；D9 37, 166, 168, 173, 188, 189, 211, 231, 232, 235, 241, 242, 243, 314

三十二大力药叉 D7 418

三十六狱 D5 277

三十三天 D7 421

三世佛 D1 28, 206, 207, 247；D3 347, 355, 381,

索引 339

S

382，387，389，390，392，404，421；D6　11；D7　312，419；D8　348，349，376，377，378，379，384，401，409，410，411，412，413；D9　35，39，40，41，48，55，163，290，295，297，314

三涂　D7　147，173，185，218；D9　339，384，402

三小劫　D7　113；D9　179，399，400

三心（三种心）　D7　110；D9　383，399

三学　D9　153，157，210

三衣　D9　56，57

三藏　D5　276；D8　286；D9　56，83，89，94，116，134，144，203，209

三浊　D7　142

沙弥戒　D7　118；D9　399，400

山君　D7　298，425，435

山神　D5　107，125，193，384；D7　423，425；D8　249，251，285，385；D9　194，239

山王　D1　16；D5　113，114，117，271，273，277，278，383，386，396；D6　1；D7　376；D8　290，406，450；D9　37，140，314

山文甲　D1　84；D2　185；D5　186，187，188，229，231；D6　284，339；D7　266

善知识　D4　99，107，122，142，148，166，185，191，196，320，526，527，528，530，540，541，542，543，546；D5　107，396；D7　118，122，123，126，257，422；D8　39；D9　142，152，153，157，195，226，228，229，230，231，236，238，239，241，374，391，399，400，401

上品上生　D7　101，110，111，114，150，423，433；D9　151，362，372，380，382，383，387，390，394，395，396，398，399，401

上品往生　D9　362，363，380，391

上品下生　D7　101，112，113，116，117，433；D9　179，362，380，384，385，386，394，395，396，399，400

上品中生　D7　101，111，112，115，117，433；D9　180，362，380，383，384，394，395，398，400

上衣（僧伽梨）　D7　420；D9　56，57，60，61，65，68，69

尚阇梨仙人本生　D9　208，209

舍利塔（舍利宝塔）　D1　7，313；D3　407；D6　1，11，23，28，131，193；D7　77，419，429；D8　1，2，4，5，173，293，324，325，326，328，329，330，331，332，333，334，335，338；D9　132，140，148，158，163，166，168，169，170，171，201，202，203，239，310，527

舍身　D7　69，74，423，432，433；D8　35，200，202，335；D9　127，141，150，152，156，159，176，192，200，201，210，211，217，369

舍卫城神变　D3　393

阇维　D7　64，77，420

神道碑　D1　11，25，26，27；D2　13，23，27，28；D3　378，380，407；D9　37，50，190

圣母　D4　538；D5　13，19，113，284，306，377，387，396；D9　438，439

狮王　D6　20；D7　376，377

十八罗汉　D5　389；D8　349，423；D9　302，314

十波罗蜜　D9　155

十部乐　D9　338

十大明王　D6　27；D7　425，435；D8　202，289，333；D9　151，152，160，172，173，182，183，196，197，215，216，330

十地　D6　149；D8　20；D9　114，118，179，193，203，208，211，212，218，224，227，228

十地菩萨　D9　85

十定品　D9　224

十恶　D6　27；D7　126，424；D8　201，336，451；D9　155，194，239，399，401

十恩德　D9　140，143，149

十二部大藏经（十二部经）　D7　122，213；D8　19，200；D9　132，133，134，142，144，154，157，185，186，372，374，387，399，400

十二大劫　D7　126；D9　387，399，401

十二大愿　D9　285，287

十二宫曜　D9　301

十二光佛　D1　28；D3　404；D9　397

十二神将（十二药叉神将，十二神王）　D2　137，357，501；D3　347，382，354，355，392，408，411，419，421；D4　525，550；D9　35，41，48，50，51，52，54，55，282，283，284，285，286，290，294，295，296，297

十二因缘　D8　21，22，35；D9　115，118，127，164，168

十二圆觉　　D5　196；D7　426；D9　183，184，218，305，407，<u>411</u>，<u>422</u>，<u>426</u>，429，<u>430</u>，440，441，444，445，446，<u>469</u>

十二缘起　　D7　418

十二真人　　D5　<u>113</u>

十方佛（十方诸佛，十方千佛，十方一切诸佛，十方无量诸佛）　　D1　92；D3　334，382，392，401，421；D5　<u>53</u>；D7　<u>422</u>；D8　18，155；D9　35，41，54，85，133，141，142，156，<u>190</u>，225，243，263，264，290，291，295，297，<u>310</u>，314，<u>349</u>，<u>352</u>，<u>359</u>，<u>360</u>，<u>366</u>，377，<u>379</u>，380，387，391，394

十方佛国　　D9　<u>354</u>

十方三世　　D8　259；D9　263

十佛　　D1　92；D3　129，354，355，388，389，392，400，414，416；D6　<u>26</u>，<u>27</u>；D7　89，95，<u>102</u>，<u>167</u>，<u>173</u>，<u>185</u>，189，<u>212</u>，<u>215</u>，423，<u>424</u>，433，434，435；D9　47，53，54，151，<u>163</u>，<u>181</u>，225，263，<u>266</u>，276

十回向　　D9　203，204，206，208，212，215，224，227

十力　　D7　123；D9　399，400

十六观　　D3　235，390，418；D7　423，424；D9　40，93，94，103，151，179，181，<u>337</u>，338，<u>340</u>，352，<u>353</u>，<u>354</u>，364，366，<u>367</u>，<u>368</u>，369，<u>370</u>，<u>371</u>，<u>372</u>，<u>373</u>，<u>374</u>，377，387，<u>388</u>，<u>389</u>，<u>390</u>，391，<u>392</u>，<u>393</u>，394，397，398

十六观·观八功德水想　　D9　349，369，<u>370</u>，389，<u>390</u>

十六观·观大势至色身想　　D9　366，371，<u>372</u>，391，<u>392</u>

十六观·观地想　　D9　367，<u>368</u>，389，<u>390</u>

十六观·观观世音菩萨真实色身想　　D9　366，<u>369</u>，<u>371</u>

十六观·观花座想　　D9　369，<u>370</u>，<u>371</u>，374，390，<u>392</u>

十六观·观普观想　　D9　<u>372</u>，391，<u>393</u>

十六观·观日想　　D9　<u>367</u>，<u>368</u>，387，<u>389</u>

十六观·观上辈生想　　D9　372，<u>373</u>，391，<u>393</u>

十六观·观树想　　D9　354，369，<u>370</u>，380，389，<u>390</u>

十六观·观水想　　D9　367，<u>368</u>，<u>389</u>

十六观·观下辈生想　　D9　373，<u>374</u>，391，<u>393</u>

十六观·观像想　　D9　369，<u>371</u>，390

十六观·观杂想　　D9　366，372，<u>373</u>，391，<u>393</u>

十六观·观中辈生想　　D9　372，<u>373</u>，391，<u>393</u>

十六观·总观想　　D9　<u>352</u>，366，<u>369</u>，<u>370</u>，<u>390</u>

十六罗汉（十六身罗汉）　　D1　<u>190</u>；D3　129，389，391，392，393，402，417；D5　276，385；D9　41，48，52，53，<u>434</u>

十菩萨　　D2　55

十善　　D7　110，159；D8　39；D9　117，143，151，155，158，<u>179</u>，399

十圣观音　　D5　<u>117</u>，193，276，383，384；D9　45，52，<u>312</u>，<u>432</u>，474

十王　　D3　129，353，<u>354</u>，388，389，391，392，416，419；D5　113，382；D6　<u>26</u>，<u>27</u>；D7　166，<u>167</u>，<u>173</u>，<u>185</u>，<u>212</u>，<u>215</u>，225，226，<u>424</u>，434，435；D9　41，53，54，151，181，<u>266</u>，290

十信　　D9　227

十行　　D9　227

十一曜（十一活曜）　　D3　393；D5　112，113，114，383，396；D9　42，52

十斋　　D7　<u>424</u>，434；D9　151，181

十哲四配　　D5　47

事相坛场　　D9　139，140，142，143，144，154，156，157，158，159

逝多林重阁讲堂会　　D7　<u>422</u>，430

释迦多宝佛（释迦、多宝佛）　　D4　<u>1</u>，559，565；D8　285，287，337；D9　66，67，<u>176</u>，188

释迦涅槃圣迹图（释迦涅槃圣迹像，释迦牟尼涅槃图）　　D6　7，21，22，23；D7　420，429；D8　435；D9　474

释迦三尊　　D9　47，53

释迦舍利宝塔禁中应现（之）图　　D1　12；D6　24，25，<u>26</u>，<u>27</u>；D7　417；D8　165，201，202，336，410；D9　159，<u>163</u>，198，199，203，<u>408</u>

释迦五尊　　D9　54

释迦足相　　D9　140

受戒　　D8　1，202，<u>349</u>，384，425，466，468；D9　141，143，155，157，164，380，391

授记　　D8　121；D9　108，109，147，264，267，359，384

舒相坐（舒相姿，舒相）　　D1　102，111，112，124，135，159，163，174，184，222，245，277，297，298，312，313；D2　113，118，157，380，382，383，386，388，389，391，396，397，399，453，459，477，493，499；D3　214，233，236，254，258，298，304，306，310，313，331，345，354；

S / T

D4 342, 435, 480, 522, 524, 525, 550；D5 113, 202；D6 266；D7 333, 356, 430；D9 258, 265, 284, 290, 291, 293, 295

树神　　D8 249, 251, 285, 451；D9 194, 239

双重方形龛（双层方形龛）　　D2 189, 275；D3 289, 301, 323, 337, 353, 394, 410, 420, 421；D9 5, 41, 42, 294, 295, 296

双龛　　D3 39；D9 5, 36, 39

双窟　　D2 360, 439；D9 78, 87

双林示寂　　D4 310, 546；D9 149

水陆道场（水陆无碍道场）　　D6 26；D9 154, 159, 164, 165

水陆法会（水陆会）　　D5 13, 47, 112, 382；D9 135, 159, 165

水陆法事　　D9 164

水陆法像　　D9 165

水陆斋　　D3 250, 353, 397, 399；D5 52, 112, 382；D9 164

水神　　D8 348；D9 89, 265

水天　　D9 302, 325, 327

顺风幞头　　D5 332

四臂明王　　D9 268

四臂菩萨　　D3 408

四禅　　D7 159, 160；D9 151, 209

四重方形龛　　D4 438, 493, 507, 516, 551

四大声闻　　D9 301, 302

四大天王（四天王，四王）　　D1 92；D3 390, 401；D5 197, 389；D6 207, 281；D7 77, 256, 418, 421, 430；D8 120, 201, 259, 336, 348, 420, 423；D9 51, 83, 107, 145, 174, 194, 198, 205, 207, 295, 299, 314, 320, 330

四德　　D9 141

四谛　　D7 117；D9 164, 400

四恩　　D6 149；D7 372；D8 24, 409, 413；D9 124, 133, 134, 139, 141, 142, 144, 150, 153, 156, 157, 159, 160, 164, 185, 186, 230, 397

四方佛　　D8 285, 333, 338

四方结界　　D9 139, 140, 142, 143, 144, 145, 148, 160, 164, 165

四佛　　D8 201, 285, 287, 337, 338；D9 141, 155, 213, 214, 407

四金刚　　D3 401

四律　　D9 56

四辟支佛　　D9 301, 302

四菩萨（四大菩萨）　　D7 423, 424, 425, 435；D8 23, 121, 201；D9 50, 68, 108, 155, 182, 213, 215, 216, 284, 290, 294, 295, 364, 380, 383, 394, 396

四摄　　D9 155

四十八愿（四十八大愿）　　D7 118, 262；D9 107, 152, 195, 209, 337, 338, 339, 399, 400

四相　　D9 153

四象　　D7 284

四序　　D5 193, 194, 384

四愿　　D9 121, 287

俗讲道场　　D6 26；D9 147, 152, 164

遂宁组　　D1 16；D5 6, 116, 281；D6 7

娑婆世界（索诃世界）　　D7 418；D9 169, 176, 210, 389

T

他化天（他化自在天）　　D9 224, 227

他化自在天会（他化天会）　　D7 422, 431；D9 224, 228

胎藏界　　D9 213, 247

胎藏界曼荼罗　　D9 164, 209, 213

台密　　D9 143

坛场　　D7 421；D8 202, 401；D9 140, 154, 157, 298, 299, 301, 302, 305, 310, 312, 320, 325, 326, 333, 334

昙摩钳太子本生　　D9 211

唐密　　D9 266, 298, 333

剔地（剔地起突）　　D1 216；D3 396；D5 50, 99, 316；D9 46

天龙八部　　D1 28, 247；D3 404；D7 418；D8 214, 399；D9 40, 48, 169, 194, 239

天魔　　D7 418；D8 141, 259；D9 91, 196

天神　　D4 530；D7 418；D8 259, 410；D9 149, 165, 194, 239

天台宗　　D9 190, 202

调伏藏　　D8 22；D9 117, 130

通天冠　　D2 218, 408；D5 84, 85, 88, 224, 229,

230，231，277，332，337，338，339，340，341，342，343，344，385；D6 162，212，230，284；D7 56，59，66，67，69，74，172，173，184，185，255，256，297，332；D9 <u>439</u>

团冠　D2 207，300；D3 64；D4 201，275，285，345，435，463

陀罗尼法门　D9 383

陀罗尼经幢　D3 353，354，382；D9 41，42，54，55，290，291

W

外道　D4 <u>519</u>，527；D7 54，55，56，74，82，219，418，<u>423</u>，432；D8 35，141，200，<u>214</u>，259，335，451；D9 91，119，128，143，144，150，153，157，<u>176</u>，<u>177</u>，<u>194</u>，196，239

外缚印　D7 239

外院　D9 164，<u>325</u>

维摩变（维摩经变，维摩诘经变）　D1 <u>28</u>；D2 276；D3 382，386，389，390，393，411；D9 45，51，222

未生怨　D3 235，390，418；D7 424；D9 40，<u>121</u>，157，<u>337</u>，<u>340</u>，<u>354</u>，<u>364</u>，<u>365</u>，366，398

闻法菩萨　D9 359

屋形龛　D1 29；D2 10；D3 8；D5 2

无碍　D5 <u>23</u>，382；D7 <u>422</u>，426，436；D9 86，<u>128</u>，143，146，159，160，<u>171</u>，204，215，227，<u>250</u>，261，262，<u>263</u>，<u>265</u>，<u>310</u>

无常　D7 74，117，145，147，<u>418</u>，<u>421</u>，429；D9 123，147，153，<u>168</u>，346，351，<u>352</u>，<u>373</u>，399，400，401，402

无脚幞头　D3 210，395；D5 135，262，341；D6 153，162；D7 186；D9 45

无明　D7 74，129，<u>418</u>；D9 154，389

无上道心　D7 122，123；D9 399，400

无上菩提心（无上菩提之心）　D8 146；D9 150，151，156，186，198，204，207，215，216

无畏手　D9 262

无畏印　D3 199；D7 239；D9 213，214，238，242，314，362，407

五百罗汉　D2 500；D3 382，389，393，398，399，413；D9 <u>24</u>，45，52，204

五百仕女闻法　D9 392

五百太子　D7 72

五常　D7 159；D9 153，157，159，190

五道　D7 137，<u>418</u>，<u>424</u>；D9 120，391

五帝　D7 81；D9 <u>165</u>，178

五方佛　D7 <u>425</u>；D8 201；D9 <u>108</u>，407

五佛　D1 72，78，84，86，92；D4 1，509，559，<u>561</u>，<u>562</u>；D8 173；D9 <u>68</u>，<u>79</u>，182，193，213，<u>214</u>，<u>215</u>，216，258，276，<u>407</u>，408

五佛冠（五智冠，五宝天冠）　D9 <u>407</u>

五佛四菩萨（五佛、四菩萨）　D6 21；D7 237，238，424，<u>425</u>，435；D9 151，156，182，213，215

五根　D7 130；D9 <u>349</u>，351，389

五护佛母　D9 <u>298</u>，300，<u>332</u>

五教　D7 224

五戒　D7 117，159，204；D8 22，24；D9 119，124，151，190，399，400

五密坛场　D9 139

五逆　D7 117，126，201，<u>423</u>；D9 120，149，151，<u>194</u>，399，400，401

五趣　D7 56，<u>418</u>；D8 200；D9 <u>176</u>，<u>178</u>

五色云　D2 402；D3 398，413；D4 463；D6 156，157，161；D9 <u>364</u>

五色云手　D3 125，304

五圣曼荼罗　D9 <u>229</u>

五十二菩萨　D3 236，390；D9 40，338，339，347，352，354，<u>355</u>，357，<u>358</u>，359，364

五十三参　D4 4，5，467，469，476，517，<u>518</u>，<u>519</u>，<u>520</u>，<u>521</u>，523，<u>524</u>，525，526，529，530，<u>531</u>，<u>532</u>，<u>533</u>，<u>534</u>，<u>535</u>，538，540；D7 <u>426</u>，436；D9 153，157，183，<u>184</u>，190，212，227，<u>234</u>，239，<u>474</u>

五十三位善知识　D4 122，142，148，166，185，191，526，527，528，541，542，543；D9 231

五通圣者　D9 <u>194</u>，239

五星　D1 <u>190</u>

五月轮　D9 214

五浊　D8 26；D9 123，133，141，158，185，389，391

庑殿顶（庑殿式）　D2 49，52，430，434，435；D3 199，211，212，214；D4 188；D5 166，398；

D6　72，84，145，156，157，185，187，189，290，307，311，323，326，337，339；D7　48，100，129，434；D8　348，420，438；D9　100，340

武周新字　D9　113，135

X

西方净土变（西方净土经变）　D1　28；D6　26；D7　424；D9　338，340，342，343，354，357，359，377，387，398

西方三圣　D1　133，154；D3　354，387，389，390，391，392，393，401，402；D4　162，210，530，543；D5　117，276，383，384，389，397；D7　424；D9　40，41，48，93，151，179，238，273，274，290，338，346，347，349，352，353，354，355，359，362，364，369，377，380，383，384，385，387，391，394，396，398，407，422，432，474

锡杖手　D3　77，125，304

下品上生　D7　122，123，126；D9　374，385，386，387，396，399，400

下品往生　D9　362，380，385，387，396

下品下生　D7　122，123，126；D9　385，387，388，396，399，401

下品中生　D7　122，123；D9　151，385，387，388，396，399，400

下衣（安陀会）　D9　56

贤劫千佛　D7　190，424；D8　21；D9　116，130，151

显教　D9　143，144，158，163，165，216，247，298，302，326，333

降魔成道　D8　333，338；D9　314

歇山顶（歇山式）　D1　185；D2　123，124，205；D3　185，197，213，214；D4　94，96，101，139，142，147，168，183，193，265，469，485，552，563；D5　217，283，284，389；D6　168，182，195，307，323；D7　349，356，398；D8　348，349，384，423，435；D9　94，96，97，98，99，100，338，340，343

写本　D7　422；D9　77，87，88，90，111，112，123，131，135，174

心猿　D6　27；D7　152，160，424，434；D9　143，151，178，179，209

行缠　D5　211；D7　187

修楼婆王本生　D9　211

须弥山　D2　204，352；D4　181，519，542；D6　72，281，285，356；D7　430；D8　173；D9　66，67，69，221，223，224，225，239，343，352，366，369

须阇提太子割肉济父母本生　D9　178

须陀洹　D7　77，122；D9　391，399，400

悬山顶（悬山式）　D3　212；D4　552；D5　117，389，395；D8　140，348，384，420，435；D9　94

Y

剡电窗　D6　311，323，324

药师经变（药师净土变，药师变，药师净土经变）　D1　24，28，190；D2　137，357，501；D3　262，334，347，354，355，389，390，391，392，393，397，398，399，403，408，411，415，419，421；D4　475，525，530，550；D9　41，45，48，50，51，52，54，55，222，279，282，285，338，343，344

药师七佛（七佛药师）　D2　137；D3　393，408；D9　45，281，285，286，287，293，295

药师七佛净土　D9　286

药师三尊　D3　355；D9　289，295

药师说法　D9　281，285

药师五尊　D9　282，283，296

夜摩天会　D7　422；D9　224，228

一佛五十二菩萨　D3　390

一佛五十菩萨　D9　338，339，354，356，357，358

一面二臂　D9　268，298，300，305，310，313，332，334

一面四臂（一头四臂）　D2　170，185，187；D7　421，430；D9　268，298，299，300，301，305，310，313，326，332，334

应感天尊　D5　354，377，387

优婆夷（优婆姨）　D4　185，269，519，521，524，525，528，529，530，542，545，550，551；D9　117，122，203

由旬　D7　206，207，212，422；D8　45；D9　166，347，349，352，354，369

游戏坐（游戏）　D1　111，112，113，114，255，274；D2　82，138，276，337，357，361，452，453，500，501；D3　129，209，210，394，395，405，408，410；D4　517，529，540，563；D5　276；D8　285，

454；D9 15，22，26，28，30，40，41，45，231，261，271，294，296，357，422，462，469，470

牖壁 D8 348，400

鱼袋 D9 109

鱼符 D1 40，41；D2 295；D4 243，520；D5 229，234

瑜伽 D1 247；D7 425；D8 31，120；D9 106，108，118，128，139，142，144，147，148，154，155，156，157，158，160，163，164，182，218，241，300，310，330，334

瑜伽部主（瑜伽部主总持王） D1 12；D6 27；D7 267，424，425；D8 38，202；D9 105，139，141，151，156，157，164，182，192，196，218，235

瑜伽法 D9 139，261

瑜伽教 D6 26；D8 121；D9 108，157，158，164，182，248

瑜伽宗 D8 121；D9 108

与愿印 D3 151，199；D7 111；D9 214，215，228，310，334

圆拱龛（圆拱形龛） D1 29，38，63，89，193，246，264，274，293，294，300，312；D2 10，82，106，136，140，154，162，173，219，275，339，470，499；D3 8，131，234，245，353，380，381，394，395，400，404，406，407，408，409，410，411，413，414，415，417，418；D4 6，496，559；D5 2，150，152，197，202，275，302，303，376，383，385，386，387，388，398；D6 154，156，157，311，323；D7 307，435；D8 2，217，266，269，284，324，337，357，371，454；D9 2，5，28，39，40，41，42，47，48，49，50，51，52，53，54

圆觉道场 D7 370，417，426，436；D9 140，142，143，144，145，153，154，158，159，160，164，165，218，230，242，243，247，248，249

圆觉经变 D6 26；D7 356，373，426；D9 184，229，236，237，238，239，242，243，247，426

圆觉菩萨 D7 426；D9 183，184，190，218，231，236，237，238，243，305，411，422，426，429，430，440，441，444，445，446，469

圆形龛（圆形浅龛） D3 341；D5 29，112，382，383；D6 70，72，110，150，280；D7 49，100，137，152，238，256，332，429；D8 90，254，284，293，297，332，333，337，340，357，371，393，452，454，465；D9 193，196，198，214

月精摩尼手 D9 262

月轮龛 D8 198；D9 166，186

云门宗 D7 417；D9 462

Z

藏传密教 D9 298

藻井顶 D4 6，87，185，196，235，269，281，297，299，303，316，318，323，329，338，342，359，377，416，463，471，480，496，503，516，540，542，543，544，545，546，547，548，549，550，551，566

斋供 D3 234，397，399；D6 149

斋戒 D9 287

斋日 D7 188，424，434；D9 181

斋僧 D7 224；D9 36，287

展脚幞头（直角幞头） D1 242，286；D2 295；D3 25，64，79，395；D4 110，243，285，337，520，522；D5 84，85，88，229，260，261，262，277，307，337，385；D6 72，79；D7 137，167，186，266，434；D9 42

丈六金身 D7 138，312，424，434；D9 391，396，397

帐形龛 D9 286

哲那环 D2 32，52，54，62；D4 105，125，196；D5 108；D6 95，281，326，337；D7 8，48，95，111，130，166，332，353；D8 56，107，110，129，177，187，188，232，236，252，255，262，266，283，286，299，315，325，339，399，454；D9 231

真人 D5 65，68，113，382；D7 423

真言七祖 D9 247

真言宗 D9 139，141，142，143，154，312

正法轮 D6 280；D8 39，259，289；D9 144，145，159，174，188

正觉 D4 264，537，545；D6 20，21，22，23，24，185，290；D7 419，422，425，429，435；D8 121；D9 142，145，147，148，150，153，168，171，174，203，205，210，212，217，221，227，339，359

智拳印 D4 326，427，524，549；D5 403；D6 70，

Z

158；D7 138；D8 24, 79, 91, 107, 108, 109, 124, 129, 130, 287, 349；D9 214, <u>219</u>, 240, <u>241</u>, 242, 249, 314

中品上生　D7 117；D9 151, <u>373</u>, 385, <u>386</u>, 391, 396, 399, 400

中品往生　D9 362, 380, 385, 396

中品下生　D7 117, 118, 122；D9 374, 385, <u>386</u>, 391, 396, 399, 400

中品中生　D7 117, 118；D9 385, <u>386</u>, 391, 396, 399, 400

中心柱窟　D2 353；D3 395；D5 201, 275, 310, 376, 385, 387；D9 <u>2</u>, 28, 42, 45, 51, 305

中衣（欝多罗僧）　D9 56, <u>57</u>, <u>59</u>, <u>63</u>, 65, <u>66</u>, <u>67</u>, <u>68</u>, 69

转法轮印　D9 214, 314, 352, 354

转轮经藏（转轮藏，纶藏）　D1 25, <u>28</u>；D2 <u>204</u>, 205, <u>208</u>, <u>209</u>, <u>210</u>, <u>212</u>, <u>213</u>, <u>214</u>, <u>215</u>, <u>216</u>, <u>217</u>, <u>218</u>, 275, 276；D3 382, 389, 390, 393, 398, 399, 410, 411；D6 284, 285, 295, <u>300</u>, <u>301</u>, <u>302</u>, <u>303</u>, <u>304</u>, 305, 306, <u>308</u>, <u>310</u>, <u>312</u>, <u>314</u>, <u>315</u>, <u>316</u>, <u>317</u>, <u>318</u>, <u>319</u>, <u>320</u>, <u>321</u>, <u>322</u>, 324, 326, <u>328</u>, <u>330</u>, <u>331</u>, <u>332</u>, <u>333</u>, <u>334</u>, <u>335</u>, <u>336</u>, 361；D7 421, 422, 430；D9 39, <u>46</u>, 51, <u>173</u>, <u>174</u>, 186, <u>212</u>, 219, <u>220</u>, 221, <u>222</u>, 228, 230, 238, 391

转轮圣王剜身为灯求法本生　D9 178

装身具　D9 133, 404, <u>405</u>, 439, 460, 470

紫金台　D7 112；D9 383, 384, 394, 398, 400

紫金鱼袋　D4 228, 248, 537, 538, 544；D7 426, 436；D9 154

最上菩提印　D8 71, 178, 201

尊胜幢　D3 334, 347, 382, 397, 421；D9 35, 297

后 记

黎方银

历时整整14年，《大足石刻全集》(《大足石刻考古报告集》)11卷19册的样稿终于放在了我的桌上。反复轻抚这部行将付梓的书稿，我同所有参与这部书稿编写、出版的同仁一样，既心生欢喜，又感慨良多。回顾这14年的漫漫历程，既有过责任在肩的压力、时不我待的紧迫，也有过无所适从的困惑、止步不前的彷徨，还有过事繁心乱的挣扎、学力不济的痛苦。但在此时，所有这些又都变成了一个个令人印象深刻、值得久久回味的美好记忆。

一、缘起

"怀山之水，必有其源；参天之木，必有其根。"——引自《姓氏寻源·序》。

大足石刻的研究史可追溯至近两百年。从清嘉庆著名考据学家张澍对大足金石的收录考释，到民国后期梁思成、杨家骆、马衡、顾颉刚等人对大足石刻的整体考察；从20世纪50年代陈习删撰著《大足石刻志略》，到20世纪80年代《大足石刻内容总录》的出版；从1993年大足石刻铭文资料的专项收集整理，到2003年启动大足石刻系统的考古调查，在这两百年中，分别走过了前期发端、中期发展、近期发力的三个主要阶段。回溯这段历史，我们看到的是一位又一位学人，一代又一代先贤，以其高度的文化自觉及其信仰般的力量，不断延续着大足石刻的学术薪火，不断传递着大足石刻的人文光辉。

但无论如何，把大足石刻研究及至更为宽广的时间和空间中去考察，与诸如敦煌、云冈、龙门、麦积山、克孜尔这些早已蜚声中外，长期为中外学术界所关注，且成果丰硕的著名石窟相比，大足无疑是后来者。特别是在20世纪80年代前，大足石刻时断时续的考察和研究，与我国其他著名石窟欣欣向荣的研究局面有着巨大反差。这既反映出中外学术界对偏居一隅的大足石刻知之甚少，也反映出大足石刻巨大的学术潜力尚待开发。所幸者，大足知不足而后进，知后进而前行。正如马世长先生在《2005年重庆大足石刻国际学术研讨会论文集》序文中所言："大足石刻艺术博物馆的同仁们，几十年来始终秉承艰苦奋斗的优良传统，在做好石刻保护工作的同时，一直坚持不断地搜集、整理大足石刻基础资料。踏踏实实，兢兢业业。敬业精神，令人感动。"马先生的话虽有些过誉，但却道出了我们长期以来的追求。我们一直在思考，如何才能敞开大足石刻的大门，吸引更多的学人，凝聚更多的力量，让大足石刻的研究更上一层楼；如何才能建立更高、更广、更好的平台，把大足石刻的研究推向深入？在长期的实践中我们体会到，与相关高等院校和科研机构相比，基层文物单位最大的优势，在于能更方便、更快捷地了解和掌握本地文物的基本情况，更有条件开展与基础调查相关的工作。因此，利用自身优势，将第一手资料奉献给学界，从而推动大足石刻的深入研究，便成了我们几十年来坚持不懈开展基础研究的缘由。

早在大足石刻刚刚对外开放的1984年春，四川省社科院、大足县政协、大足县文物保管所、大足石刻研究会就组成课题组，对其时大足县13处重要石窟和多宝塔展开调查，并将调查成果编撰成《大足石刻内容总录》一书出版。1993年，为抢救大足石刻中的文字史料，重庆大足石刻艺术博物馆（大足石刻研究院前身）又组成专项课题组，历时数年，对分布于大足当时28个镇乡境内的75处石窟、两座古塔，以及数处寺院遗址出土的石刻铭文进行全面搜集，其后整理出版了《大足石刻铭文录》一书。此外，还相继对宝顶山小佛湾祖师法身经目塔、释迦舍利宝塔禁中应现图碑，宝顶山大佛湾第14号窟，宝顶山转法轮塔，北山多宝塔塔身外部龛像，以及尖山子、圣水寺、石篆山、妙高山等石窟开展专项调查研究。

无疑，这些调查工作的开展和相关调查成果的刊布，对推动大足石刻的学术研究和学术繁荣起到了十分重要的作用。但同时我们也注意到，由于受当时人力、物力、技术等条件的限制，此前所开展的调查工作在综合运用考古学理论、方法，以及现代科学技术手段，进行全面、系统、科学的考古学研究方面还做得不是很够，在认识方面也还有一定差距。而从20世纪90年代以来，国家文物主管部门、石窟保护和研究者，对系统的石窟调查和考古报告的编写给予了更多的关注。大家已经认识到，虽然当今科学技术日新月异，文物保护的观念和理念不断发展，文物保护的手段和方式不断丰富，文物保护的技术和能力不断提高，但仍难以完全阻挡历史遗迹自然消亡的脚步。从更宽广的空间和更久长的时间角度看，历史遗迹的最终消亡将是一种必然。因此，尽其所能，科学、完整、全面地记录和保存我们所处的时代所能见到的历史遗迹信息，已经不仅仅是人文科学工作者的研究范畴，它同样是文物保护科学工作者致力的目标。换句话说，编写和出版石窟考古报告，已经不仅仅是开展学术研究的需要，更重要的是完整建立基本文物信息档案的需要。在此背景下，无疑对我们各地石窟管理单位提出了加强考古报告编写和出版的现实要求，也赋予了我们更多的历史责任。

有鉴于此，20世纪90年代中后期，特别是在1999年《大足石刻铭文录》编纂出版后，我们即从石窟研究的发展趋势和文物保护工作的实际需要出发，大胆地提出了整体开展大足石刻考古学研究的设想。现在想来，这一设想在当时并不具备条件，而只是一个良好愿望，或者仅仅是需要致力的一个远大目标。但同样没想到的是，在2000年重庆大足石刻研究会第五届年会期间，大足石刻立足于基础调查的努力及其已有成果，开展大足石刻考古学研究的规划设想，得到了马世长教授的充分肯定和鼓励。他认为，大足石刻研究要迈上一个新台阶，就需要在考古学研究方面多做一些工作。为此，在经过两年多时间的人力、物力及学术储备后，2003年组成由黎方银任组长的课题组，以"大足北山石窟考古学研究"为题，分别申报"2003年度全国文物保护科学和技术科研课题"及"重庆市哲学社会科学重点科研课题"，并获国家文物局和重庆市社科基金办公室相继批准立项，予以资助。

需要说明的是，考虑到人工测绘十分困难、缓慢，考古报告编写量大、繁杂，按照2003年时的规划，是首先开展北山石窟的考古调查，并陆续出版报告。待北山石窟完成后，再视情况开展大足其他石窟的考古研究工作。但当2010年运用多基线数字近景摄影和2012年运用三维测绘两项现代技术，基本解决了考古测绘缓慢的瓶颈问题后，课题组认为将北山石窟以外的南山、石篆山、石门山、宝顶山石窟及北山多宝塔纳入此次考古学研究的基础条件渐趋成熟，应将其全部纳入，使其形成一项更有意义的系统性工作。

而恰在此时，重庆出版集团为加强文化整理研究，开发利用文化资源，弘扬优秀传统文化，在经过广泛调研、深入论证后，决定联合大足石刻研究院，以《大足石刻全集》书名，分别申报国家"十二五"重点出版规划项目、国家出版基金资助项目、重庆市重点出版项目，并于次年相继获批立项，共计获得项目资助935万元（国家出版基金资助465万元，重庆市财政配套资金420万元，重庆市出版专项资金50万元）。鉴于立项的《大足石刻全集》也是以造像图版、拓片、文字、线图等记实手段来展示和反映大足石刻，而北山石窟的考古学研究已有很多成果，大足石刻系统的考古学研究也已具初步的条件和很好的基础，为使两者不重复，故大足石刻研究院在与重庆出版集团具体商议出版规划时，提议将北山石窟考古学研究扩展为大足石刻考古学研究，仍用《大足石刻全集》书名，但以大足石刻考古报告集的形式出版。这一提议经过出版和文物专家的评估论证，得到了重庆出版集团的充分理解和支持。自此，以大足北山、石篆山、石门山、南山、宝顶山石窟及北山多宝塔为主要对象的大足石刻系统的考古学研究得以全面展开，以考古报告的形式来编写和出版《大足石刻全集》也得以正式确立。

二、经过

"不积跬步，无以至千里；不积小流，无以成江海。"——引自《荀子·劝学》。

从2003年到本书出版，历时长达14年。按照现场调查和编写工作的进展情况，大致可以分为两个阶段。

第一阶段，2003年4月至2008年3月。2003年在申报"大足北山石窟考古学研究"课题时，即组建由黎方银任组长的课题组，对北山佛湾第1—50号部分龛窟进行试验性考古调查，至2004年7月，完成文字记录10万余字，绘制平面、立面、剖面实测图30余幅。

2004年10月，鉴于北山佛湾第245号龛在其考古研究中极具代表性，故在马世长教授的指导下，决定首先开展包括第245号龛在内的第237—249号龛的考古调查工作。此次调查中，时在北京大学任教的李志荣博士重点参与了第245号龛建筑部分的记录和测绘工作；课题组刘贤高、黄能迁、邓启兵、陈静、郭静、黎方银等参与了现场文字记录；周颖、毛世福参考1983—1985年绘制的近景摄影图，在现场以1∶1比例绘制了各龛造像立面图，其后在室内按1∶4比例清绘；刘贤高、黄能迁、邓启兵、陈静、郭静完成了平、剖面图的现场测绘，后由周颖、毛世福清绘成图。在现场工作的同时，黎方银、刘贤高即开始商量本卷报告的有关编写事宜，并拟出编写提纲。现场调查完成后，黎方银、刘贤高按提纲要求进行整理，至2005年6月撰成《大足北山佛湾石窟第237—249号龛考古报告》初稿。其间，2005年1—6月，姚崇新、李裕群、李志荣分别到大足，对大足的石窟考古工作给予了悉心指导。7月，马世长、杨泓先生在大足认真审阅并修改了该报告，且对以后报告的编写和应注意的问题提出了指导性意见。在2005年8月召开的大足石刻国际学术研讨会上，课题组向大会提交了该报告的讨论稿。对于在不到一年时间所取得的初步成果，马世长教授给予了充分肯定和鼓励。

2005年9月至2006年7月，刘贤高、黄能迁、邓启兵、陈静、郭静等共同完成了北山佛湾第1—100号龛的现场调查记录。2006年2—7月，周颖、毛世福参考1983—1985年绘制的近景摄影图，在现场以1∶1比例绘制了第1—50号龛立面图，刘贤高、黄能迁、邓启兵、陈静、郭静等测绘了第1—50号龛平面、剖面图。

2006年8月至2008年3月，主要开展了以下工作：邓启兵、黄能迁等完成了北山佛湾总立面图和总平面图的测绘；周颖、毛世福完成了150多张北山佛湾第1—50号龛平、立、剖面图的校对、清绘；邓启兵对北山佛湾第1—100号龛文字记录进行了整理和初撰；黎方银、刘贤高再次对《大足北山佛湾石窟第237—249号龛考古报告》进行修改、审定，并请云冈石窟研究院摄影师张海燕拍摄了北山佛湾第237—249号龛图版。

从整体上看，这一阶段的工作主要是在实践中摸索大足石刻考古调查的方法和规范，处于起步阶段。由于包括大足北山佛湾石窟在内的大足石刻自身所具有的特殊性，包括崖面状况、龛窟形制、造像特征、铭文情况等，在考古调查记录中都需要逐步统一和规范，故基本上是边调查、边研究，边研究、边规范，边规范、边调整。

第二阶段，2010年4月至2017年12月。因2008年4月至2010年3月大足县开展第三次全国不可移动文物普查，2009年又筹备召开大足石刻国际学术研讨会，课题组的大多数成员都被抽调去从事文物普查和国际学术研讨会的筹备工作，北山佛湾石窟的考古调查工作处于时断时续的状态。时至2010年4月，大足县文物普查结束，相关人员回到课题组，大足石刻考古调查才又得以正常开展。其后，主要完成了以下六个方面的工作。

一是现场调查记录。2010年4月至2012年12月，黄能迁、邓启兵完成北山佛湾第101—123号龛的现场调查记录；黄能迁、邓启兵、郭静、陈静、赵凌飞分为两个小组，共同完成北山佛湾第124—236号，以及第250—290号等龛窟的现场调查记录。加之第一阶段完成的第1—100号、第237—249号龛，至此完成了北山佛湾石窟全部的现场调查记录工作。

2013年3—4月，完成了多宝塔内部结构和塔内第1—8层龛像及铭文的调查记录；2013年5—8月，自地坪向上八面搭架，完成了塔外龛像的调查记录。参加调查的有黄能迁、邓启兵、刘贤高、陈静、郭静、赵凌飞等。

2013年9月至2014年3月，邓启兵、黄能迁、赵凌飞、陈静、郭静等分为两个组，共同完成了石门山、石篆山和南山石窟的调查记录。2015年11月，邓启兵、周颖、黄能迁等补充调查记录了石篆山石窟附属建筑佛会寺。

2014年3—5月，邓启兵、赵凌飞、郭静、陈静等完成宝顶山小佛湾石窟现场调查记录（后黄能迁、邓启兵曾补充调查）；6—7月完成转法轮塔、释迦真如舍利宝塔、惜字塔等的调查记录；9—10月，黄能迁、邓启兵完成宝顶山大、小佛湾石窟周边区域造像的调查记录。2016年3—4月，黄能迁、邓启兵又补充完成圣寿寺、广大寺、万岁楼、维摩顶佛坛及其他文物遗存的现场调查记录工作。

2016年3—9月，黄能迁、邓启兵、张媛媛、赵凌飞、陈静、郭静分为两个组，完成了宝顶山大佛湾石窟的调查记录工作。

在进行室内整理和报告编写阶段，相关人员又有针对性地对所涉石窟进行了多次补充调查。

二是考古测绘。鉴于第一阶段工作中人工测绘十分困难、缓慢，已经成为开展大足石刻考古调查的瓶颈，在了解到由武汉大学张祖勋院士开发的多基线数字近景摄影测绘技术后，遂决定采用该技术开展考古测绘。为验证其效果，2010年7—12月，大足石刻研究院与武汉华宇世纪科技发展有限公司（以下简称武汉公司）合作，首次运用该技术对北山佛湾第124—135号龛进行实验性测绘。完成后，将部分测绘成果呈送北京大学马世长教授、李崇峰教授，中国社会科学院李裕群研究员，成都市考古研究院雷玉华研究员等有关专家审看，征求意见。其后结合专家意见，按照考古测绘线图的总体要求，对测绘数据现场采集、数据处理、线图绘制、现场调绘、出图线型等五项测绘内容进行了调整和完善，形成了专门的技术规范和标准。同时，考虑到此前很多现代测绘技术在考古测绘运用中，都因没有考古专业人员直接参与，而最终导致测绘成果不甚理想的实际情况，特别强调和要求，多基线数字近景摄影测绘技术运用到大足石刻考古测绘中，必须有考古专业人员直接参与，并主导这项工作的开展，所有工作都必须建立在满足考古测绘要求的基础上。经过梳理，明确最基本的测绘图绘制流程是：在武汉公司测绘人员现场测绘，并通过专门软件生成正射影像的基础上，由武汉公司绘图人员绘制出第一稿；武汉公司人员将第一稿带至现场，自行核对、调绘，修改后形成第二稿；课题组人员与武汉公司人员一道，将第二稿带至现场校对、调绘，经修改后形成第三稿；课题组人员与武汉公司人员一道，将第三稿再带至现场校对、调绘，经修改后形成第四稿；将第四稿送课题组，由课题组人员再行核对、检查，标注修改意见，经修改后形成第五稿；在其后报告整理、编辑、出版过程中，还应据文字记录、图版等再行核对、修改。后在实际工作中，基本执行了上述流程。

在运用多基线数字近景摄影测绘技术基本获得第124—135号龛相关测绘成果，并明确上述要求后，于2011年9月至2013年10月，完成北山佛湾除第1—50号、第237—249号龛（在第一阶段已人工测绘完成）以外的全部龛窟的测绘工作。2013年4—9月，完成北山多宝塔的测绘工作。2013年12月至2015年5月完成石篆山、石门山、南山石窟的测绘工作。2014年7月至2016年1月，完成宝顶山小佛湾石窟及周边区域造像的测绘工作。按照工作流程，在进行以上现场测绘时，同时交叉开展了测绘线图的室内绘制和现场调绘、核查、修改工作。

在上述工作中，武汉公司总经理黄莉萍、项目经理肖捷先后具体组织协调了己方工作；测绘人员张强、吕品等进驻现场采集数据，陈杰、潘春香、余倩倩等负责线图绘制和现场调绘，并按课题组要求进行修改。在获得测绘线图初稿后，双方工作人员在现场至少进行了三次以上的核对、修改。课题组参加测绘工作的有周颖、邓启兵、黄能迁、刘贤高、毛世福等，主要负责制订和落实具体的考古测绘要求，以及测绘图的现场调绘。其中，周颖用力甚多，大部分图件由其补充完善；黄能迁、邓启兵在报告整理、编辑、出版过程中对图件作了多次专项检查和修改。

2012年，"大足宝顶山大佛湾石刻三维测绘与数字化工程"获国家文物局批准立项。2013—2014年，大足石刻研究院委托中国文化遗产研究院联合北京帝测科技有限责任公司实施该工程一期项目，获得了包括正射影像在内的宝顶山大佛湾三维测绘成果。在此基础上，按照考古测绘图要求，2015年8月至2016年12月，课题组周颖绘制了宝顶山大佛湾第1—7号、第9—17号，以及第29—32号龛，毛世福绘制了第18—26号龛的平、立、剖面图及其他考古线图。2017年，在北京帝测科技有限责任公司实施大足宝顶山大佛湾石刻三维测绘与数字化工程二期项目时，又补充了部分测绘图。第8号龛测绘图系在开展千手观音造像抢救性保护工程前期勘察研究时，由其项目组绘制。

本书所有等值线图均由武汉公司总经理黄莉萍女士组织人员绘制。展开图、效果图等示意性图件主要由周颖绘制；地图、地形图、文物分布图等主要由毛世福绘制；三维地形图和宝顶山大佛湾剖面图由重庆大学城规学院陈刚教授、陈嗥博士绘制。

此外，宝顶山圣寿寺、万岁楼、大悲阁等建筑图件由原重庆建筑工程学院于1992年在开展国家自然科学基金项目"大足石刻保护研究"课题时测绘完成；北山多宝塔总剖面图、各层级平面图和剖面图由原中国文物研究所于1997年在制订"大足北山多宝塔保护维修方案"时测绘完成；宝顶山广大寺建筑图件由原中国文物研究所于2000年在制订"大足宝顶山广大寺保护维修方案"时测绘完成；宝顶山小佛湾坛台建筑图件由成都方圆建筑及环境艺术研究院于2011年在制订"大足宝顶山圣寿寺保护维修方案"时测绘完成；宝顶山圣寿寺维摩顶佛坛的图件由周颖、黄能迁、邓启兵于2016年测绘完成。

三是图版拍摄。由于本书体量大、图版多、拍摄要求高，重庆出版集团高度重视，专门购置专业设备和交通工具，组建以集团美术中心副主任郑文武领衔，周瑜、吕文成、王远、张跃、吴芝宇等参加的拍摄团队，从2012年3月至2017年10月，在5年多的时间里，按照课题组提供的拍摄大纲，开展全面的拍摄工作。其中，2012年3—7月完成北山佛湾第101—193号龛的拍摄（因拍摄中存在各点交叉及多次补充拍摄的情况，故起止时间主要是指首次拍摄的大致时间，下同）；2012年7月至2013年3月，完成北山佛湾第194—290号龛的拍摄；2013年3—7月，完成北山佛湾第1—100号龛的拍摄；2013年6—8月，完成北山多宝塔的拍摄；2013年12月至2015年12月完成石篆山、石门山、南山石窟的拍摄；2014年5—7月，完成宝顶山小佛湾石窟、转法轮塔、释迦真如舍利宝塔、惜字塔等的拍摄；2015年5月至2017年8月，完成宝顶山大佛湾石窟的拍摄；2016年5—7月，完成宝顶山大、小佛湾石窟周边造像点的拍摄。在首次拍摄完成后，根据课题组的要求和编写、出版过程中发现的问题，又先后进行了数次补拍。由于受石窟空间和地理环境位置，以及文物保护设施的影响，图版拍摄存在诸多困难。特别是需要搭架的高空拍摄，既存在安全性问题，也对拍摄提出了更高要求。但尽管如此，拍摄组仍费尽周折，克服种种困难，圆满完成了本书的拍摄任务。拍摄过程中，陈静、唐长青等协助了部分工作。

四是铭文拓片。本书中的拓片，大多系1993—1995年重庆大足石刻艺术博物馆在进行铭文收集时，由唐毅烈、唐长清所拓；少部分由唐长清于2013—2016年补拓。铭文实物及拓片由郑文武、周瑜、郭宜、吕文成、王远、吴芝宇、张跃等拍摄完成。

五是报告编写。本书总体体例和各卷报告体例由课题组与重庆出版集团共同讨论，经专家论证后，最后由黎方银确定。在每卷报告所涉石窟调查基本完成后，课题组即按照体例要求，着手开始进行室内整理和报告编写工作。大多数情况下，现场调查、室内整理和报告编写是同步或交叉进行的。各卷报告编写的具体情况如下：

第一卷《北山佛湾石窟第1—100号考古报告》。2011年8月至2012年10月，本卷报告进入编写阶段。其中，2011年8—12月，邓启兵、黄能迁对调查文字进行了整理、现场校对和修改；赵凌飞、陈静、郭静对铭文作了校对。至2012年10月，黎方银完成了报告总述及第一章概述的撰写，邓启兵、黄能迁完成了报告其余各章初稿的编写。2014年8月至2015年7月，刘贤高对第二、三、四章记录文字及各章小结，黎方银、邓启兵对第五章至第八章记录文字作了调整和修改。2015年8—9月，黎方银、邓启兵、黄能迁等，共同对本卷报告的文字、测绘图、图版作了调整、修改和审定，最终形成报告定稿。

第二卷《北山佛湾石窟第101—192号考古报告》。2012年8月至2014年11月，本卷报告进入编写阶段。其中，2012年8—12月，邓启兵、黄能迁对调查文字进行了整理、现场校对和修改；赵凌飞、陈静、郭静对铭文作了校对。至2013年5月，邓启兵、黄能迁完成了报告文本初稿的编写。2013年12月至2014年11月，由黎方银、黄能迁、邓启兵选配本卷报告图版、测绘图、示意图等。2014年3—11月，黎方银在邓启兵、黄能迁的协助下，对本卷报告的文字、测绘图、图版作了调整、修改和审定，最终形成报告定稿。

第三卷《北山佛湾石窟第193—290号考古报告》。2013年5月至2015年1月，本卷报告进入编写阶段。其中，2013年5月至2014年3月，邓启兵、黄能迁对调查文字进行了整理、现场校对和修改；赵凌飞、陈静、郭静对铭文作了校对。至2014年4月，邓启兵、黄能迁完成了报告文本初稿的编写（其中，第237—249号系2005年由刘贤高撰成），赵凌飞再次对铭文作了校对。2014年5月至2015年2月，黄能迁、邓启兵统筹选定本卷报告图版、测绘图、示意图等，其后黎方银对本卷报告文字、图件作了调整、修改和审订，最终形成报告定稿。

第四卷《北山多宝塔考古报告》。2013年10月至2016年12月，本卷报告进入室内整理和编写阶段。其中，2013年10—12月，邓启兵、黄能迁对现场调查文字进行了整理、现场校对和修改，赵凌飞对铭文作了校对。至2014年7月，邓启兵、黄能迁完成了报告文本初稿的编写。2014年10月，浙江大学李志荣教授对报告文本初稿进行了审阅，审看了部分测绘图件，并提出了修改意见。随后，邓启兵、黄能迁对文本初稿再次作了调整和修改。2015年2—5月，黎方银、黄能迁、邓启兵选配了本卷报告的图版、测绘图、示意图等。在此基础上，2015年6—9月，黎方银在邓启兵、黄能迁、周颖的协助下，对本卷报告的全部文字、测绘图、图版等作了调整、润色、修改和审定。2016年5月，本卷报告校样稿呈送李志荣教授审定，李志荣教授对第一、二、十三章作了具体的修改，并对其他各章提出了原则性的修改意见。2016年12月，邓启兵、黄能迁按照李志荣教授的意见，再次对本卷报告进行了部分修改。其后，由黎方银审定并最终形成报告定稿。

第五卷《石篆山、石门山、南山石窟考古报告》。2014年5月至2015年7月，本卷报告进入编写阶段。其中，2014年11月至2015年3月，黄能迁、邓启兵对调查文字进行整理后，又多次到现场校对和修改；赵凌飞对铭文再次作了校对。至2015年5月，黄能迁、邓启兵完成了报告文本初稿的编写，并与周颖一起对图版、测绘图、示意图等进行选配。在基本完成上述工作后，从2015年9月至2016年4月，在黄能迁、邓启兵的协助下，黎方银对本卷报告的文字、测绘图、图版等作了统筹调整、修改和审定，并最终形成报告定稿。

第六卷《宝顶山大佛湾石窟第1—14号考古报告》。2016年6—10月，本卷报告进入编写阶段。其中，2016年6—8月，邓启兵对调查文字进行了室内整理和规范；其后邓启兵、黄能迁、陈静在现场对文稿进行了校对和修改；赵凌飞对铭文作了整理和校对。至2016年10月，黎方银完成本卷报告第一章的撰写（其中，相关保护维修基础资料由陈卉丽提供，调查研究资料由张媛媛提供），邓启兵、黄能迁完成报告文本第二章至第五章初稿。2016年10—12月，黎方银在报告文本初稿的基础上，反复修改，最终形成报告文本定稿。2017年3月，黎方银、黄能迁、邓启兵选配本卷报告图版、测绘图、示意图等。2017年4月，黎方银、邓启兵、黄能迁等，共同对本卷报告的文字、测绘图、图版作了调整、修改和审定，最终形成报告定稿。

第七卷《宝顶山大佛湾石窟第15—32号考古报告》。2016年10月至2017年4月，本卷报告进入编写阶段。其中，2016年10—12月，邓启兵对调查文字进行了室内整理和规范；随后，邓启兵、黄能迁、陈静对调查文稿进行现场校对和修改；赵凌飞对铭文作了校对。至2017年2月，邓启兵、黄能迁完成了报告文本第一章至第五章的撰写，刘贤高完成报告文本第六章结语部分的撰写。2017年4月，黎方银、刘贤高、黄能迁、邓启兵选配本卷报告图版、测绘图、示意图等。2017年2—4月，刘贤高在报告文本初稿的基础上，反复修改，多次现场核实，最终形成报告文本定稿。2017年4月，黎方银、刘贤高、邓启兵、黄能迁等，共同对本卷报告的文字、测绘图、图版作了调整、润色、修改和审定，最终形成报告定稿。

第八卷《宝顶山小佛湾及周边石窟考古报告》。2014年12月至2016年7月，本卷报告进入室内整理和编写阶段。其中，2014年12月至2015年11月，邓启兵、黄能迁对现场调查文字进行了室内整理、现场校对和修改，赵凌飞对铭文作了校对。至2016年3月，邓启兵、黄能迁完成了报告文本初稿的编写。2016年4—6月，黎方银对报告文本作了调整和修改，并与黄能迁、邓启兵一起，选配报告图版、测绘图、示意图等。2016年6—7月，黎方银、邓启兵、黄能迁再次对本卷报告文本、图件、图版等进行调整、修改和审定，并最终形成报告定稿。

第九卷《大足石刻专论》。按照本书总体体例，在进行报告编写时，即约请有关专家撰写专题研究文章，以便与报告同步结集出版。此项工作由米德昉具体负责联系，并收集、整理、校对文稿，主编完成。

第十卷《大足石刻历史图版》。在最初确定的出版规划中，未规划本卷。2015年，敦煌研究院程博先生向我们提供了1940年初梁思成、刘敦桢等中国营造学社部分成员在大足考察期间所拍照片保存在清华大学建筑系资料室及梁思成夫人林洙教授的相关信息。2016年大足石刻研究院副院长刘贤高专程赴北京，联系到林洙教授并获清华大学建筑系资料室支持，收集到梁思成等人当年所拍照片。为此，决定增设本卷，将包括此前和此次收集到的部分历史图片结集出版。此项工作由李小强、黎方银负责，并具体收集、整理、校对文稿，主编完成。

第十一卷《附录及索引》。在最初确定的出版规划中，亦未规划本卷。2017年6月，丁明夷先生在审定本报告集后，提出应编制全书索引，以方便查检。随后，黎方银即组织人员开展此项工作。参加者有黎方银、黄能迁、邓启兵、张媛媛、赵凌飞、刘贤高、米德昉；赵岗、冯雪梅、唐玉霞、荣宇等协助完成了部分工作。由于该索引的编制量巨大，参与编制的人员又缺乏经验，加之可资参考的同类索引极少，故给编制工作带来极大困难。为此，黎方银、黄能迁、邓启兵等曾专程前往重庆图书馆，向王志坤等有关专家请教。编制过程中，则重点参考了北京大学李崇峰教授为宿白先生所著《中国石窟寺研究》一书所编的索引，并多次向李崇峰教授请教。标目选定后，本书印制方重庆新金雅迪艺术印刷有限公司制作部胡靳一、何璐、冉潇、肖蜀侠、代敏、杨琴、唐珊、朱良琴、杨柳等通过专门软件进行了检索标注。然因种种原因，后经人工查验，发现存在不少问题。为减少差错率，参与编制的人员只得通过人工方式全部逐条进行复核。由此虽带来巨大的工作量，且并不能确保再无差错，但编制者仍遵从初心，不惧烦琐，尽力而为，终于完成了编制任务。

在进行上述编写工作中，黄能迁、邓启兵、周颖、毛世福等曾多次到现场核对文字记录和测绘图。报告中的各种图件、图版等均由黄能迁、邓启兵、黎方银选配。铭文的终校由赵凌飞完成。英文翻译由姚淇琳完成。张媛媛、未小妹协助完成了部分工作。杨娟、李朝元、蒋晓菁、聂盛隆提供了部分资料。

六是编辑出版。2010年10月8日，重庆出版集团与大足石刻研究院签署合作协议，正式启动本书的出版工作。2012年11月26日，时任重庆出版集团董事长罗小卫，总编辑陈兴芜及有关专家到大足，就本书出版举行了首次现场工作会，就其定位、体例、版本、出版、延伸品开发及工作中存在的具体问题等进行了认真讨论。2014年5月8日和2016年7月6日，重庆出版集团党委书记、总编辑陈兴芜，副总编辑王怀龙等到大足，分别召开了本书出版第二次、第三次现场工作会，适时解决了报告编写过程中需要注意的一些原则性问题，以推动报告编写与后期编辑之间的相互衔接。大足石刻研究院院长、本书主编黎方银，以及双方相关人员均参加了上述会议。

由于本报告集各种图件较多，且皆与文字相配，为了方便编写和编辑人员审改，故采取了先排版、后审稿的方式。同时由于本书版式复杂，有别于一般书籍，需要编撰人员共同参与排版，才能较好地解决排版中的一些实际问题。为此，从2015年4月开始，承担本书印制任务的重庆新金雅迪艺术印刷有限公司就将设计部和制作部人员派往大足，在编撰人员的直接参与下，对已经陆续定稿的书稿进行现场排版工作。其后，经黎方银、黄能迁、邓启兵、赵凌飞等对排版后的书稿，按铭文、测绘图、图版等作了若干次专项检查和通读、修改后，再交重庆出版集团按流程进行编辑。鉴于本报告集的重要性和考古报告编辑的特殊性，重庆出版集团组建了以原副总编杨希之为组长，包括资深编辑李盛强、王怀龙、邱振邦、杨耘、廖建明、郭宜、曾海龙、刘向东、康聪斌为成员的审稿组；以美术出版中心主任郭宜为组长，郑文武、夏添、吴芝宇、王娟、杨帆、吴越剑、张跃、吕文成、王远为成员的编辑组；以校对室主任曾祥志为组长，何建云、李小君、廖应碧、刘艳、刘晓燕、谭荷芳为成员的校对组，分别负责审稿编辑、日常编务及校对工作。在近3年时间里，上述3个组的同志各自按照工作流程，做了大量艰苦细致的工作，特别是具体负责本书编辑出版事宜的郭宜、郑文武用力甚多，承担了大量的组织、协调工作。大足石刻研究院黎方银、黄能迁、邓启兵、米德昉、李小强等则具体负责了与重庆出版集团大量烦琐的相关编务的对接工作。

在出版印制环节，采取先排版、后审稿的方式，虽方便了本书编写和编辑人员的审改，但却给承担印制的重庆新金雅迪艺术印刷有限公司额外增加了很多工作量。特别是在审改过程中每次对各种图件的修改和调整，往往导致程度不同的推版。据不完全统计，每卷的修改大多在10次以上。但尽管如此，负责排版的同志仍不厌其烦、认真负责地做好每一次的修改工作。

本书共计约252万字，各种图件3539张（测绘图、等值线图3230张，展开图、效果图、示意图等309张），图版5170张（造像图版3622张，铭文及拓本图版1548张）。其中，第一卷14万字，图件453张（测绘图411张，展开图、效果图、示意图等42张），图版371张（造像图版335张，铭文及拓本图版36张）。第二卷18.8万字，图件512张（测绘图460张，展开图、效果图、示意图等52张），图版615张（造像图版525张，铭文及拓本图版90张）。第三卷19.9万字，图件344张（测绘图307张，展开图、效果图、示意图等37张），图版470张（造像图版428张，铭文及拓本图版42张）。第四卷17.7万字，图件836张（测绘图758张，展开图、效果图、示意图等78张），图版647张（造像图版528张，铭文及拓本图版119张）。第五卷17.3万字，图件366张（测绘图341张，展开图、效果图、示意图等25张），图版680张（造像图版376张，铭文及拓本图版304张）。第六卷10.8万字，图件290张（测绘图259张，展开图、效果图、示意图等31张），图版628张（造像图版556张，铭文及拓本图版72张）。第七卷15.6万字，图件312张（测绘图287张，展开图、效果图、示意图等25张），图版849张（造像图版392张，铭文及拓本图版457张）。第八卷19.9万字，图件426张（测绘图407张，展开图、效果图、示意图等19张），图版910张（造像图版482张，铭文及拓本图版428张）。第九卷约60万字；第十卷大足石刻历史图片502张；第十一卷57.2万字。

三、体会

"骐骥一跃，不能十步；驽马十驾，功在不舍。"——引自《荀子·劝学》。

本书所涉北山、石篆山、石门山、南山、宝顶山石窟及北山多宝塔，均为全国重点文物保护单位，在大足石刻中体量最大、最具特色。因其对象的宏大和内容的复杂，本书以11卷19册考古报告的形式，较为全面、翔实地记录和反映了这些文物遗存的基本情况。

著名考古学家、中国佛教考古的奠基人宿白先生在《新疆克孜尔石窟考古报告（第一卷）》序言中指出："石窟考古报告的编写应以石窟管理单位为主，他们最有条件"。但当我们身体力行去实践先生的教诲，开展大足石刻这样如此系统的大规模石窟考古调查和编写如此大体量的考古报告时，所尝试到的却是一次巨大的学术挑战和心理煎熬。虽然之前基于常识，对石窟考古和编写其报告的复杂性、艰巨性、长期性、及其巨大繁杂的工作量有所认识，也有足够的思想准备，但当这项工作真正开始后，所遇到的困难和问题还是远远超出了我们的预期。

一是组建和长期保持一支基本能满足工作需要的队伍存在诸多现实困难。由文物管理单位自身对本地文物开展考古调查，确实存在诸多优势，但其最大劣势是很难组建一支训练有素、经验丰富，能持之以恒、基本满足工作需要的人员队伍。过于年轻，资历不足；过于年长，又力不从心。特别是在前期工作中，需要很长时间用于边学习、边实践、边提高；要耗费大量的时间和精力，才能在考古记录、测绘和报告编写等方面，基本摸索总结出一套适合本地调查对象的方法、规范和要求。而对于组建的队伍，要保持长期的稳定，这对于目前很多基层文物单位而言，可能都存在诸多实际困难。正是考虑到上述问题，大足石刻考古学研究课题组在组建时，课题组组长黎方银，成员刘贤高、黄能迁、邓启兵、周颖、毛世福、陈静、郭静等8位同志，平均年龄34岁，至今也仅48岁；在长达14年的工作中，不仅最初这8位同志保持至今，未分配其他工作，专心于此，且先后新增了赵凌飞、米德昉、张媛媛、李小强、未小妹等5位同志，使课题组保持了长达14年的长期稳定。课题组成员中既有长期在大足石刻工作几十年的老同志，也有刚分配到单位的年轻同志。正是因为有这样一支结构相对合理、梯次搭配的人员队伍，才使大足石刻考古学研究得以坚持14年，并实现其最终目标。对此，马世长教授早在《2005年重庆大足石刻国际学术研讨会论文集》的序言中就给予了充分肯定和鼓励："当全国石窟单位独立完成石窟考古，目前尚是一片空白的情况下，大足石刻艺术博物馆的同仁们认识到，石窟基础资料的调查与整理工作，是今后业务工作的重点，必须迎头赶上。组织好专业队伍，长期坚持下去，务求取得成效。承担此项任务的是大足博物馆的一批年轻人，他们缺乏必要的专业基础知识和专业技能的训练，但是他们都积极努力，好学上进。他们边学边干，在干工作的实践中提高自己。尤为可贵的是，他们的敬业和团队精神，令人感动、钦佩。"

二是测绘工作是开展石窟考古调查的瓶颈。由于石窟规模往往较大，造像众多，空间关系和崖面状况复杂，因此测绘工作量十分巨大，很难在短期内完成。应该说，这是造成各地石窟考古工作难以开展或进展缓慢，且成果有限的主要原因。同样，在大足石刻考古调查中，2010年之前，虽然有1983—1985年绘制的近景摄影图作为参考，但因当时专业考古人员未参与绘图，且绘制者亦未到现场调绘，后经现场校对，仅轮廓数据较为准确，局部、细部误差甚大，仅可作参考，仍需采用传统人工方式，在现场以1∶1比例进行绘制，其后在室内按1∶4比例清绘完成。这种方式，仍使测绘工作变得十分困难、缓慢，几乎到了难以开展的地步。其后，不得不思考采用"多基线数字近景摄影测绘技术"和"三维测绘与数字化技术"来完成其测绘工作。不过应该看到，虽然这两项现代技术的运用，使石窟测绘工作变得更加方便、快捷和高效，推动和加快了工作的开展，但它同样离不开考古专业人员本身的直接参与，更与考古专业人员对遗迹的认识密切相关，因此，考古专业人员在其中的作用仍然是第一位的。从这个意义上讲，现代科学技术手段不能代替传统的理论和方法，而传统的理论和方法也要适应现代科学技术的发展，二者皆不可偏废。大足石刻目前采用的多基线数字近景摄影测绘和三维测绘两项技术仅仅是一种尝试，而不是经验的总结。随着技术的发展，必将产生更多、更好的现代考古测绘手段。因为科学的发展和学术的进步，将给我们提供更多的可能性。

三是各地石窟的特殊性使已有标准和规范缺乏普适性。一方面，经过几十年的发展，我国石窟考古工作取得了显著成绩，出版、发表了一大批石窟考古调查成果，积累和总结了石窟考古调查和报告编写的部分标准、规范和专业术语，为各地开展石窟考古研究提供了基本的指引。但另一方面，中国石窟在其长期的发展过程中，各地各时期的石窟都积淀了自己独特的内涵和模式。从开凿背景、题材内容，到崖面状况、石窟形制等，皆各具特色。北方与南方，黄河流域与长江流域，即使是在一个文化区域内、具有相同文化特质的各个石窟，如巴蜀各地的石窟，所呈现出的面貌都不尽相同，且不同的调查者所使用的规范和术语也不尽相同。而这些无疑使我们在开展大足石刻考古调查时，一方面要努力学习和借鉴已有的、约定俗成的相关规范和要求，另一方面则需要根据大足石刻实际，在实践中研究和制订相关调查及报告编写的规范和要求。实事求是讲，这对我们基层文物单位而言，十分困难，因为毕竟我们对相关问题认识的广度和深度十分有限，要对相关问题进行科学的归纳和总结既存在认识上的差距也缺乏学术上的高度。

四是调查记录和报告编写所要求的科学性常使我们深感学力不济。石窟考古调查和报告编写是一项综合性极强的工作，它需要多方面的专业知识作为支撑。仅调查记录文字，就涉及形制、造像、铭文、建筑、服饰、器物等；图版既有环境、造像、拓本，又有卫星、航拍等；线图既包括测绘图，又有各种示意图、地图等。因此，要做到所有调查记录文字用语准确，每张测绘图科学无误，每幅图版符合要求，对我们而言，难度确实极大。特别是建筑、器物、服饰，种类繁多，模糊难辨，常为其名称、术语苦思不得其解。

五是认识的差异和要求的不同使共识很难形成。由于对石窟考古测绘的要求、测绘成果的表达方式，崖面遗迹现象的认识、窟龛形制的判断，记录整理的繁简、报告结语的深度，以及报告体例和编排方式等，不同的学者有不同的看法和把握；特别是在目前尚无可资借鉴的系列石窟考古报告集范本的情况下，我们在编写本书时产生了很多的困惑，最后只能凭着我们的理解去遵从某一种处理方式。比如，文字记录就经过了从简至繁、又从繁到简的过程；测绘图的表达方式也经过多次调整。同时需要说明的是，考虑到大足石刻的研究已上百年，已有的研究成果颇丰，新的研究成果又不断出现，要在各章结语或小结部分深化相关问题的研究十分困难，提出新的重大的科学的学术观点则更加不易，同时报告编写的时间也不允许，为此，我们在结语或小结中仅作了简单的归纳和总结，而把对相关问题的深入的研究成果放在了本书第九卷专论部分，以供参考。

六是工作过程中往往会受到很多客观条件的限制。如本书所涉石窟规模宏大，需要反映和表达的内容极为丰富，但受11卷19册（规划时仅9卷17册）总体量的限制，无法做到更加细致完整，特别是很多侧视图、细部特征图等均未收入报告中。又如本书作为国家重点图书出版项目，所确定的出版时间与报告编写所需的时间存在很大矛盾，虽经批准已一延再延，但仍十分仓促。加之此项工作历时14年有余，前后认识有差异，虽对某些方面作了补充，但现在已无法回头全部修改，导致某些方面存在遗憾。

因上述种种问题和困难的存在，特别是由于学力不逮，力不能及，致使本书难免存在诸多不足，甚至错误，但我们仍不后悔用14年的时间作了一次新的尝试。因为我们的初心在于，作为文物工作者，不仅要尽最大努力去延续历史遗迹的生命，更应该把我们今天所能看到的、认识到的、了解到的历史遗迹信息，用可能的方式和手段记录和保存下来，以传承于后世，去完成一个时代赋予我们的责任。我们的初心还在于，虽然我们明知能力有限，学养不够，难以达到考古报告应有的学术高度，去从事和完成这项可谓困难重重的工作，但仍愿一以往之，是因为我们想紧紧抓住天时、地利、人和的机遇，趁现在还有从事这项工作的冲动、体力和精力，去完成这项应该由我们完成的任务。也许，结果并不完美，但我们是用心的。相信未来的学人们，能够体谅和理解我们今天的所作所为，以及我们的初心。

四、致谢

"乘众人之智，则无不任也；用众人之力，则无不胜也。"——引自《淮南子·主术训》。

《大足石刻全集》的编撰之所以能历经14年坚持不懈，得以顺利推进；之所以能克服重重困难，得以顺利出版，正是因为有众人之智、众人之力，方终成其事。

感谢国家新闻出版广电总局将本书列为国家"十二五"重点图书出版规划项目。

感谢国家出版基金办公室资助出版本书，以及对本书出版所给予的指导。

感谢国家文物局、重庆市社会科学规划办公室将"大足北山石窟考古学研究"项目，分别列为"2003年度全国文物保护科学和技术科研课题"和"重庆市哲学社会科学重点科研课题"，并予以经费资助。

感谢国家文物局于2012年批准立项、资助实施"大足宝顶山大佛湾石刻三维测绘与数字化工程"。该工程所获得的三维数字测绘成果，不仅运用于保护工程、文物监测和展示，也解决了本书中宝顶山大佛湾石窟的考古测绘问题，对本书的出版起到了十分重要的作用。

感谢重庆市财政局、重庆市文化委员会、重庆市新闻出版局、重庆市文物局分别从文物保护和图书出版等方面，对本书调查、编撰和出版所给予的经费支持。

感谢大足区委、区政府对本书给予的各方面支持。在本书编撰最为紧张的2010年、2012年和2013年，曾3次将本书的出版写入大足区（县）人民政府工作报告。将一项单一的，且仅涉及文物的科研工作列入地方政府工作报告予以强力推进，实不多见。事实上，像这种工作量如此之大、人力物力投入如此之多、历时又如此之长的基础科研工作，作为基层文物管理单位，没有各级领导的前瞻性认识和大力支持是难以完成的。因此，在本书即将付梓之时，要特别感谢大足区委、区政府和区级部门有关领导对大足石刻保护、研究工作的高度重视，以及对本书所给予的巨大支持。作为地方党委、政府领导，他们对大足石刻情有独钟，所表现出的对历史文化遗产高度负责的态度令人钦佩。

感谢重庆出版集团对文化保存和文化传承所奉献的巨大热情和巨大努力。原党委书记、董事长罗小卫先生，现任党委书记、总编辑陈兴芜女士，副总编辑王怀龙先生等集团领导，在本书立项及编撰出版的各个重要环节，都亲自过问，深入一线，认真协调，重点督办，解决了很多工作中的实际问题，并抽调精干力量编辑出版本书。作为具体承担本书出版任务的重庆出版集团美术出版中心主任郭宜、副主任郑文武两位先生，在长达数年的时间里，面对编辑出版本书的繁重任务，承受了巨大的压力和付出了巨大的辛劳。而作为本书各卷文字责任编辑的李盛强、王怀龙、邱振邦、杨耘、廖建明、郭宜、曾海龙、刘向东、康聪斌，美术责任编辑的郭宜、郑文武、杨帆、夏添、吴芝宇、张跃，以及协助各位编辑负责本书编务工作的王娟、吴越剑、吕文成、王远等诸同志，都不辞辛劳，为本书的出版付出了艰辛的劳动。在本书校对中，重庆出版集团校对室主任曾祥志先生，以及何建云、李小君、廖应碧、刘艳、刘晓燕、谭荷芳等，在时间紧、任务重的情况下，认真负责地完成了本书的校对工作。此外，重庆出版集团总编室主任程辉、基金办主任杨耘等都为本书的编撰出版提供了极大的帮助和支持。

感谢重庆新金雅迪艺术印刷有限公司为本书的印制提供的优质服务。本书体量较大、图件较多、版式要求较高，加之编校后修改量大、推版次数较多，导致在排版印制过程中付出了比一般出版物大得多的时间和精力。为此，张洪波董事长、张鉴总经理亲自组织协调，安排专人负责。负责版式设计、排版及图版制作的胡靳一、宋晓东、何璐、冉潇、肖蜀侠、代敏、杨琴、唐珊、朱良琴、杨柳等都为此付出了许多心血。他们在印制各个环节所表现出的认真负责的态度让人印象深刻。

感谢中国文化遗产研究院吴育华副研究员，北京建筑大学侯妙乐教授、胡云岗副教授，北京帝测科技股份有限公司张向前总经理，以及卢光宇、刘亚新、朱曦琳、李虹君、刘泽凡、韩阳、刘爱军、席艳峰等在"大足宝顶山大佛湾石刻三维测绘与数字化工程"中所付出的努力。

感谢武汉大学张祖勋院士开发出"基于多基线近景摄影测量的石窟考古技术"并首先用于大足石刻考古测绘中，基本满足了考古测绘的需求。为了不断优化该技术，张院士曾不顾年已八旬，两次到大足现场调研，其认真负责的态度给人留下了深刻印象。武汉华宇世纪科技发展有限公司黄莉萍女士、武汉朗视软件有限公司吴百川先生，在利用该技术组织实施时，不下十余次到大足，具体协调己方工作；测绘人员张强、吕品，绘图人员陈杰、潘春香、余倩倩等在大足度过了数个寒暑秋冬，与本书课题组一道，拼尽全力完成了相关工作。

感谢原重庆建筑工程学院、原中国文物研究所和现中国文化遗产研究院、成都方圆建筑及环境艺术研究院，以及李先逵、张兴国、陈刚、陈嘌、王金华、李宏松、顾军等绘制和提供的相关建筑图件。这些图件为本书的出版提供了极大方便和支持。

感谢大足石刻千手观音造像抢救性保护工程项目组提供的宝顶山大佛湾第8号千手观音龛未修复前的全部图片。这些图片已经成为大足石刻保护史的一部分，其价值尤为珍贵。

感谢清华大学建筑系资料室和林洙先生提供的梁思成、刘敦桢等于1940年拍摄的大足石刻图片，以及为此提供重要信息的程博先生；感谢梁思成、杨家骆、李巳生、李代才等历史图片的拍摄者，没有这些图片，就没有本书第十卷的出版。

感谢马世长、方广锠、李静杰、胡文和、姚崇新、陈悦新、李志荣、陈明光、李巳生、张媛媛、黎方银、米德昉、杨筱、孙明利、齐庆媛、杨涛、赵岗、黄莉萍等为本书撰写的专论文章。

感谢樊锦诗、蔡伟堂、黄文昆编著的《莫高窟第266—275窟考古报告》。该报告的出版，为本书的编撰出版提供了重要参考和借鉴。

值此本书付梓之际，还要特别感谢以下学者：

感谢著名考古学家、中国佛教考古的开创者宿白先生，正是在他的引领、倡导和推动下，才营造出了我国石窟寺考古学研究的浓厚氛围，才使我们产生了编写大足石刻考古报告的冲动，并转化为一种缘于历史责任的信心和力量。特别感激的是，在2004年"大足北山石窟考古学研究"课题组刚刚组建不久，宿白先生正好亲自在龙门石窟研究院举办"石窟寺考古培训班"，大足石刻研究院刘贤高、黄能迁、邓启兵、周颖四位课题组成员有幸参加该培训班并聆听先生教诲，收获巨大。四位同志后来都成为了大足石刻考古学研究的中坚和骨干。

感谢北京大学马世长教授长期以来对大足石刻研究工作给予的特别关爱，以及对基层文物工作者的大力提携。在总结20世纪大足石刻研究工作的基础上，马先生为大足石刻研究工作作了长期的谋划。包括不断召开大足石刻国际学术研讨会、以书代刊办好一本刊物、广开大门吸引学界研究大足石刻、致力于学术成果的出版等等。他特别指出，大足应集中力量，全力做好大足石刻考古报告的编写工作，以使研究工作有所突破。可以说，近十多年来大足石刻研究工作的点滴成绩，都是在马先生的指引下取得的。对于本书而言，从项目确立到开始实施，以及后来的工作，都凝聚了马先生的智慧和心血。从报告的体例，到记录的要点、测绘的要求，以至于文字的繁简等等，马先生都给予了十分具体、细致的指导。尤其在工作初期，当第237—249号龛报告初稿完成后，马先生仍抱病来到大足，亲临现场，审看文稿并提出修改意见。马先生虽已不幸病逝，但他对我们工作的热情关心，对后学者的无私关爱，对学术的严谨细致，对工作的认真负责，对生活的乐观豁达，都永远地铭记在我们的脑海中。谨以此书献给马世长先生！

感谢杨泓先生的指导和鼓励。杨泓先生不仅亲自给我们讲授军戎服饰等方面的知识，鼓励我们大胆实践，长期关注本书的编撰出版，还对最早编写的《北山佛湾石窟第237—249号龛考古报告》初稿作了逐字逐句的润色修改，并对以后报告的编写提出十分具体的指导意见。其关怀之情，令我们深受感动。

感谢丁明夷先生的无私帮助。早在20世纪80年代，他就把关注的目光投向包括大足石刻在内的巴蜀石窟研究，给了我们很多具体的帮助。大足石刻研究的很多重要成果，如先后发表在《文物》杂志上的《大足北山佛湾石窟的分期》《大足宝顶山小佛湾祖师法身经目塔勘查报告》《大足尖山子、圣水寺摩岩造像调查简报》《大足宝顶山小佛湾"释迦舍利宝塔禁中应现之图"碑》等都是在他关心指导下完成的。可以说，大足石刻几十年来的研究历程，始终伴随着丁明夷先生关注的目光，也饱含和寄予着丁先生的深情。特别是本书的出版，更是倾注了他大量心血。从2015年至2017年，他数次到大足，在百忙之中，认真而又仔细、具体而又负责地审定了本书的全部书稿，并为本书欣然赐序，为本书的顺利出版做出了巨大贡献。

感谢温玉成先生长期以来对大足石刻的厚爱，特别是在考古调查工作阶段，温先生多次亲临现场指导，使课题组成员获益匪浅。

感谢李志荣教授为本书的编撰出版做出的贡献。2004年10月下旬至11月初，李志荣教授曾随马世长教授率领的大足石刻考察团在大足进行了为期10天的考察。在大足考察期间，她重点对北山佛湾第245号龛的建筑图像作了详细调查，其后将记录稿无私交给课题组，为完成第245号龛的考古调查，以及大足石刻中其他建筑图像的调查奠定了基础。2005年5月，她在百忙中又赶赴大足，指导修改第245号龛建筑部分的文字稿和测绘图，并到现场进行了核对。2014年11月底，在大足学国际学术研讨会后，她审阅了大足北山多宝塔的报告初稿，并到现场进行指导，提出修改意见。2016年6—10月，李教授在百忙中对《北山多宝塔考古报告》第一章"概述"、第二章"多宝塔形制及龛像设置"和第十三章"结语"，作了重点修改，对其他章节的相关问题提出了修改意见，为该卷报告的最终完成提供了无私帮助。

感谢李巳生、李崇峰、李裕群、李静杰、胡文和、雷玉华、方广锠、孙华、霍巍、王川平、王惠民、姚崇新、陈悦新、白彬、刘永增等诸位学者，在长期的学术研究中，他们对大足石刻情有独钟，为大足石刻的学术发展做出了巨大贡献。在本书编撰过程中，他们又从不同方面，以不同方式给予了我们巨大的支持和帮助。

对大足石刻进行考古学研究，编写出版系列考古报告，不仅是我们这一代大足文物工作者致力的目标，也是历代大足文物工作者心中的愿望。因此，在本书编撰过程中，大足石刻研究院郭相颖、陈明光、邓之金、童登金等诸位老先生自始至终高度关注，多方指导，不断鼓励，同样为本书的出版做出了贡献。

感谢大足石刻研究院这个有朝气、有活力、有凝聚力，好学上进、团结和谐的大家庭，本书的出版要归功于这个集体。大足石刻考古学研究作为一项最基础的工作，在长达14年的时间里，能够得到全院上下的一致支持，并凝聚成一种集体共识，在今天这个稍显浮躁的社会里，本身就是一种团队品质和团队气质的彰显。14年来，院（馆）领导班子成员郭兴建、张腾才、贺尊超、刘怀光、陈小平、杨茂华、谢晓鹏、蒋思维、邓灿、龙伟、胡蓉，院内设机构负责人陈灼、蒋德才、杨方兵、唐毅烈、席周宽、曾建伟、刘光霞、陈卉丽、燕学峰、赵岗、刘坚、费红菊、黄英华、李吉英、周正勇、杨光宇、戴修平、谭冬洁、吴弋、王勇、傅利民、李红霞、杨林、唐秀智、覃洪萍、胡登俊，以及全院同仁，都从不同方面对本书的编撰出版给予了无微不至的关怀和力所能及的支持。因此，本书的出版既是编写者交给历史的一份答卷，也是大足石刻研究院这个集体送给未来的一份礼物。

作为本书主编和大足石刻考古学研究课题组组长，我还要特别感谢所有课题组成员14年来的不懈努力。没有他们的坚持和付出，就没有这部书稿的出版。

"梵宇之兴，非前贤之功不足以奋发后贤之愿，非后贤之心又乌足以表白前贤之功哉。"（张壁撰《重修佛惠寺碑记》）值此本书出版之际，向大足石刻的创建者们，向为大足石刻保护、研究、传承和弘扬做出奉献的先贤们，向所有给予我们帮助和支持的各级领导、各位专家、各界人士和相关机构，表示最衷心的感谢！

谨以此书献给历史和未来。

2017年10月于大足石刻研究院

黎方银

图书在版编目（CIP）数据

附录及索引 / 黎方银主编；大足石刻研究院编 . —重庆：重庆出版社，
2018.10

（大足石刻全集 . 第十一卷）

ISBN 978-7-229-12802-9

Ⅰ . ①附… Ⅱ . ①黎… ②大… Ⅲ . ①大足石窟－文献－附录②大足石窟－文献－索引 Ⅳ . ① Z89：K879.275

中国版本图书馆 CIP 数据核字 (2017) 第 262284 号

附录及索引
FULU JI SUOYIN

黎方银 主编　　大足石刻研究院 编

总 策 划：郭　宜　黎方银
责任编辑：曾海龙　夏　添
美术编辑：郭　宜　郑文武　夏　添
责任校对：刘　艳
装帧设计：胡靳一　郑文武
排　　版：肖蜀侠

重庆出版集团
重 庆 出 版 社　出版

重庆市南岸区南滨路162号1幢　邮政编码：400061　http://www.cqph.com
重庆新金雅迪艺术印刷有限公司印制
重庆出版集团图书发行有限公司发行
E-MAIL:fxchu@cqph.com　邮购电话：023-61520646
全国新华书店经销

开本：889mm×1194mm　1/8　印张：46.5
2018年10月第1版　2018年10月第1次印刷
ISBN 978-7-229-12802-9
定价：1500.00元

如有印装质量问题，请向本集团图书发行有限公司调换：023-61520678

版权所有　侵权必究